2025
제28회 시험대비 전면개정판

박문각 주택관리사

핵심기출문제 1차

회계원리 | 공동주택시설개론 | 민법

김종화·김용규·설신재 외 박문각 주택관리연구소 편저

합격까지 박문각
합격 노하우가 다르다!

박문각
주택관리사
핵심기출문제

이 책의 머리말

제28회 주택관리사 자격시험 합격이라는 목표에 대한 열정으로 불철주야 공부에 여념이 없으신 수험생 여러분들의 노고에 박수를 보냅니다.

합격을 목표로 하는 시험에서 문제난이도와 출제범위를 종잡을 수 없는 경우에는 지금까지 출제되었던 기출문제에 대한 정확하고 철저한 분석을 통한 체계적인 학습이 가장 안정적인 수험방법입니다.

최근 치러진 시험을 살펴보면 이해를 통한 문제풀이와 통합 및 응용을 요하는 문제의 비중이 늘어나고 있음을 알 수 있는데, 단순암기식 공부보다는 이해 위주의 학습으로 통합 및 응용문제에 대비해야 합니다.

수험공부를 옷 입는 것에 비유한다면 첫 단추를 잘 꿰어야 시험합격이라는 마지막 단계까지 시행착오 없이 다가갈 수 있은 것입니다.

이에 수험생들의 학습에 올바른 길을 제시하는 첫 단추가 되어 드리고자 본서를 출간하게 되었습니다.

본서의 특징

01 단원별 기출정리

본서는 제27회까지의 기출문제를 유형별로 정리하여 효율적으로 학습이 가능하도록 구성하였다.

02 최신 개정법령과 관련 이론 완벽 반영

꼭 필요한 이론은 해설과 함께 구성하여 지문의 완벽한 이해가 가능하도록 하였다.

03 정확하고 명쾌한 해설

정답에 해당하는 지문은 물론 오답에 해당하는 지문들 중 꼭 알아두어야 할 해설들도 구성하여 지문을 완벽하게 이해할 수 있도록 구성하였다.

본서가 시험의 최종합격이라는 마지막 순간까지 수험생들의 든든한 동반자가 되기를 바라며, 목표를 향해 매진하는 수험생 여러분께 합격의 기쁨이 함께 하시기를 기원합니다.

박문각 주택관리연구소 씀

자격안내

자격개요

주택관리사보는 공동주택의 운영·관리·유지·보수 등을 실시하고 이에 필요한 경비를 관리하며, 공동주택의 공용부분과 공동소유인 부대시설 및 복리시설의 유지·관리 및 안전관리 업무를 수행하기 위해 주택관리사보 자격시험에 합격한 자를 말한다.

변천과정

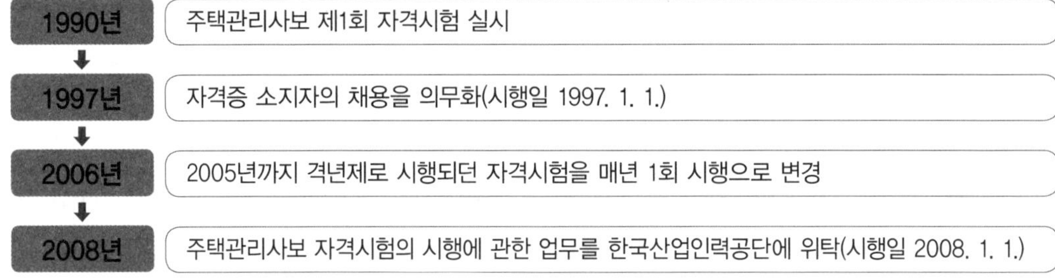
1990년
주택관리사보 제1회 자격시험 실시
1997년
자격증 소지자의 채용을 의무화(시행일 1997. 1. 1.)
2006년
2005년까지 격년제로 시행되던 자격시험을 매년 1회 시행으로 변경
2008년
주택관리사보 자격시험의 시행에 관한 업무를 한국산업인력공단에 위탁(시행일 2008. 1. 1.)

주택관리사제도

❶ 주택관리사 등의 자격

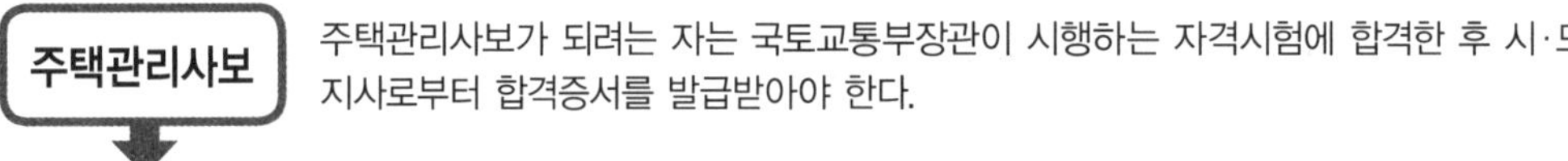
주택관리사보

주택관리사보가 되려는 자는 국토교통부장관이 시행하는 자격시험에 합격한 후 시·도지사로부터 합격증서를 발급받아야 한다.

주택관리사

주택관리사는 주택관리사보 합격증서를 발급받고 대통령령으로 정하는 주택관련 실무 경력이 있는 자로서 시·도지사로부터 주택관리사 자격증을 발급받은 자로 한다.

❷ 주택관리사 인정경력

시·도지사는 주택관리사보 자격시험에 합격하기 전이나 합격한 후 다음의 어느 하나에 해당하는 경력을 갖춘 자에 대하여 주택관리사 자격증을 발급한다.

- 사업계획승인을 받아 건설한 50세대 이상 500세대 미만의 공동주택의 관리사무소장으로 근무한 경력 3년 이상
- 사업계획승인을 받아 건설한 50세대 이상의 공동주택의 관리사무소의 직원(경비원, 청소원, 소독원 제외) 또는 주택관리업자의 직원으로 주택관리업무에 종사한 경력 5년 이상
- 한국토지주택공사 또는 지방공사의 직원으로 주택관리업무에 종사한 경력 5년 이상
- 공무원으로 주택관련 지도·감독 및 인·허가 업무 등에 종사한 경력 5년 이상
- 주택관리사단체와 국토교통부장관이 정하여 고시하는 공동주택관리와 관련된 단체의 임직원으로 주택관련 업무에 종사한 경력 5년 이상
- 위의 경력들을 합산한 기간 5년 이상

법적 배치근거

공동주택을 관리하는 주택관리업자·입주자대표회의(자치관리의 경우에 한함) 또는 임대사업자(「민간임대주택에 관한 특별법」에 의한 임대사업자를 말함) 등은 공동주택의 관리사무소장으로 주택관리사 또는 주택관리사보를 다음의 기준에 따라 배치하여야 한다.

- 500세대 미만의 공동주택: 주택관리사 또는 주택관리사보
- 500세대 이상의 공동주택: 주택관리사

주요업무

공동주택을 안전하고 효율적으로 관리하여 공동주택의 입주자 및 사용자의 권익을 보호하기 위하여 입주자대표회의에서 의결하는 공동주택의 운영·관리·유지·보수·교체·개량과 리모델링에 관한 업무 및 이와 같은 업무를 집행하기 위한 관리비·장기수선충당금이나 그 밖의 경비의 청구·수령·지출 업무, 장기수선계획의 조정, 시설물 안전관리계획의 수립 및 건축물의 안전점검에 관한 업무(단, 비용지출을 수반하는 사항에 대하여는 입주자대표회의의 의결을 거쳐야 함) 등 주택관리서비스를 수행한다.

진로 및 전망

주택관리사는 주택관리의 시장이 계속 확대되고 주택관리사의 지위가 제도적으로 발전하면서 공동주택의 효율적인 관리와 입주자의 편안한 주거생활을 위한 전문지식과 기술을 겸비한 전문가집단으로 자리매김하고 있다.

주택관리사의 업무는 주택관리서비스업으로서, 자격증 취득 후 아파트 단지나 빌딩의 관리소장, 공사 및 건설업체·전문용역업체, 공동주택의 운영·관리·유지·보수 책임자 등으로 취업이 가능하다. 과거 주택건설 및 공급 위주의 주택정책이 국가경제적인 측면에서 문제가 되었다는 점에서 지금은 공동주택의 수명연장 및 쾌적한 주거환경 조성을 우선으로 하는 주택관리의 시대가 되었다. 이러한 시대적 변화에 맞추어 전문자격자로서 주택관리사의 역할이 어느 때보다 중요해지고 있으며, 공동주택의 리모델링의 활성화로 주택관리사들이 전문기법을 연구·발전시켜 국가경제발전에도 크게 기여하게 될 것이다.

자격시험안내

시험기관

소관부처 국토교통부 주택건설공급과

실시기관 한국산업인력공단(http://www.Q-net.or.kr)

응시자격

❶ **개관**: 응시자격에는 제한이 없으며 연령, 학력, 경력, 성별, 지역 등에 제한을 두지 않는다. 다만, 시험시행일 현재 주택관리사 등의 결격사유에 해당하는 자와 부정행위를 한 자로서 당해 시험시행일로부터 5년이 경과되지 아니한 자는 응시가 불가능하다.

❷ **주택관리사보 결격사유자**(공동주택관리법 제67조 제4항)

1. 피성년후견인 또는 피한정후견인
2. 파산선고를 받은 사람으로서 복권되지 아니한 사람
3. 금고 이상의 실형의 선고를 받고 그 집행이 끝나거나(집행이 끝난 것으로 보는 경우를 포함한다) 집행이 면제된 날부터 2년이 지나지 아니한 사람
4. 금고 이상의 형의 집행유예를 선고받고 그 집행유예기간 중에 있는 사람
5. 주택관리사 등의 자격이 취소된 후 3년이 지나지 아니한 사람(제1호 및 제2호에 해당하여 주택관리사 등의 자격이 취소된 경우는 제외한다)

❸ **시험 부정행위자에 대한 제재**: 주택관리사보 자격시험에 있어서 부정한 행위를 한 응시자에 대하여는 그 시험을 무효로 하고, 당해 시험시행일부터 5년간 시험응시자격을 정지한다.

시험방법

❶ 주택관리사보 자격시험은 제1차 시험 및 제2차 시험으로 구분하여 시행한다.
❷ 제1차 시험문제는 객관식 5지 선택형으로 하고 과목당 40문항을 출제한다.
❸ 제2차 시험문제는 객관식 5지 선택형을 원칙으로 하되, 과목별 16문항은 주관식(단답형 또는 기입형)을 가미하여 과목당 40문항을 출제한다.
❹ 객관식 및 주관식 문항의 배점은 동일하며, 주관식 문항은 부분점수가 있다.

문항수		주관식 16문항
배 점		각 2.5점(기존과 동일)
단답형 부분점수	3괄호	3개 정답(2.5점), 2개 정답(1.5점), 1개 정답(0.5점)
	2괄호	2개 정답(2.5점), 1개 정답(1점)
	1괄호	1개 정답(2.5점)

※ 법률 등을 적용하여 정답을 구하여야 하는 문제는 법에 명시된 정확한 용어를 사용하는 경우에만 정답으로 인정

❺ 제2차 시험은 제1차 시험에 합격한 자에 대하여 실시한다.
❻ 제1차 시험에 합격한 자에 대하여는 다음 회의 시험에 한하여 제1차 시험을 면제한다.

합격기준

❶ 1차 시험 절대평가, 2차 시험 상대평가

국토교통부장관은 선발예정인원의 범위에서 대통령령으로 정하는 합격자 결정 점수 이상을 얻은 사람으로서 전과목 총득점의 고득점자 순으로 주택관리사보 자격시험 합격자를 결정한다(공동주택관리법 제67조 제5항).

❷ 시험합격자의 결정(공동주택관리법 시행령 제75조)

1. **제1차 시험**
   과목당 100점을 만점으로 하여 모든 과목 40점 이상이고 전 과목 평균 60점 이상의 득점을 한 사람
2. **제2차 시험**
   ① 과목당 100점을 만점으로 하여 모든 과목 40점 이상이고 전 과목 평균 60점 이상의 득점을 한 사람. 다만, 모든 과목 40점 이상이고 전 과목 평균 60점 이상의 득점을 한 사람의 수가 법 제67조 제5항 전단에 따른 선발예정인원(이하 "선발예정인원"이라 한다)에 미달하는 경우에는 모든 과목 40점 이상을 득점한 사람을 말한다.
   ② 법 제67조 제5항 후단에 따라 제2차시험 합격자를 결정하는 경우 동점자로 인하여 선발예정인원을 초과하는 경우에는 그 동점자 모두를 합격자로 결정한다. 이 경우 동점자의 점수는 소수점 이하 둘째자리까지만 계산하며, 반올림은 하지 아니한다.

시험과목

(2024. 03. 29. 제27회 시험 시행계획 공고 기준)

시험구분		시험과목	시험범위	시험시간
제1차 (3과목)	1교시	회계원리	세부 과목 구분 없이 출제	100분
		공동주택 시설개론	• 목구조·특수구조를 제외한 일반건축구조와 철골구조 • 장기수선계획 수립 등을 위한 건축적산 • 홈네트워크를 포함한 건축설비개론	
	2교시	민 법	• 총칙 • 물권 • 채권 중 총칙·계약총칙·매매·임대차·도급·위임·부당이득·불법행위	50분
제2차 (2과목)		주택관리 관계법규	「주택법」·「공동주택관리법」·「민간임대주택에 관한 특별법」·「공공주택 특별법」·「건축법」·「소방기본법」·「화재의 예방 및 안전관리에 관한 법률」·「소방시설 설치 및 관리에 관한 법률」·「승강기 안전관리법」·「전기사업법」·「시설물의 안전 및 유지관리에 관한 특별법」·「도시 및 주거환경정비법」·「도시재정비 촉진을 위한 특별법」·「집합건물의 소유 및 관리에 관한 법률」 중 주택관리에 관련되는 규정	100분
		공동주택 관리실무	• 공동주거관리이론 • 공동주택회계관리·입주자관리, 대외업무, 사무·인사관리 • 시설관리, 환경관리, 안전·방재관리 및 리모델링, 공동주택 하자관리(보수공사 포함) 등	

※ 1. 시험과 관련하여 법률·회계처리기준 등을 적용하여 답을 구하여야 하는 문제는 시험시행일 현재 시행 중인 법령 등을 적용하여 정답을 구하여야 한다.
2. 회계처리 등과 관련된 시험문제는 「한국채택국제회계기준(K-IFRS)」을 적용하여 출제된다.
3. 기활용된 문제, 기출문제 등도 변형·활용되어 출제될 수 있다.

Contents

이 책의 차례

회계원리

제1편 재무회계

제2편 원가 · 관리회계

공동주택
시설개론

제1편 건축설비

제2편 건축구조

이 책의 **차례**

민 법

제3편 채권법

제27회 출제경향 분석

제27회 시험은 재무회계 32문제(80%), 원가·관리회계 8문제(20%) 출제되었으며, 이론형 14문제(35%), 계산형 26문제(65%) 출제되었습니다. 난이도별로는 상 8문제, 중 24문제, 하 8문제로 중상위권의 문제들이 80% 출제되어 계산형 문제풀이에서 시간적 부담이 느껴졌을 것입니다. 전반적으로 제26회 시험에 비해 평이한 편이었으나 새로운 유형의 문제들이 출제되어 실전에서 더 어렵게 느껴졌을 것입니다. 특히 원가·관리회계 8문제는 전 범위에서 모두 계산형 문제로 출제되어 더 큰 부담을 주었을 것입니다.

회계원리는 단순암기가 아닌 회계처리에 의한 이론 및 계산과정의 숙달이 핵심이므로 기초 입문강의부터 기본강의, 문제풀이강의, 동형모의고사 및 마무리 특강까지 꾸준히 수강하며 반복 연습을 하시면 좋은 결과로 이어질 것입니다.

재무회계	회계의 기초 2.0%, 재무상태 및 재무성과 측정 3.5%, 회계의 기술적 구조(회계순환) 6.5%, 재무보고를 위한 개념체계 4.5%, 자산의 개념과 측정 1.0%, 금융자산(Ⅰ)-현금 및 현금성 자산 등 6.0%, 금융자산(Ⅱ)-금융자산손상 및 기타채권 3.0%, 금융자산(Ⅲ)-지분상품 및 채무상품자산 3.0%, 재고자산 10.0%, 유형자산 9.5%, 기타의 자산 3.5%, 부채회계 4.5%, 자본회계 5.5%, 수익과 비용회계 4.0%, 회계변경과 오류수정 0.5%, 재무제표 8.5%, 재무제표 분석 등 4.5%
원가·관리회계	원가·관리회계의 기초 0.0%, 원가의 흐름 및 제조원가명세서 2.5%, 원가의 배분 3.0%, 제품별 원가계산 2.5%, 전부원가계산과 변동원가계산 2.0%, 원가의 추정 1.0%, 원가·조업도·이익분석 2.5%, 표준원가계산 2.5%, 특수의사결정회계 2.0%, 예산회계 2.0%

박문각
주택관리사

PART

01

회계원리

제1편 재무회계

제2편 원가·관리회계

PART 01 재무회계

01 회계의 기초

연계학습: 기본서 p.23~37

01 ●●하

회계정보의 기능 및 역할, 적용환경에 관한 설명으로 옳지 않은 것은? 제17회

① 외부 회계감사를 통해 회계정보의 신뢰성이 제고된다.
② 회계정보의 수요자는 기업의 외부이용자뿐만 아니라 기업의 내부이용자도 포함된다.
③ 회계정보는 한정된 경제적 자원이 효율적으로 배분되도록 도와주는 기능을 담당한다.
④ 회계감사는 재무제표가 일반적으로 인정된 회계기준에 따라 적정하게 작성되었는지에 대한 의견표명을 목적으로 한다.
⑤ 모든 기업은 한국채택국제회계기준을 적용하여야 한다.

해설

한국채택국제회계기준 적용

구 분	한국채택국제회계기준 적용
상장법인	의무
비상장법인	선택

02 ●●하

한국채택국제회계기준에서 정하는 전체 재무제표에 포함되지 않는 것은? 제22회

① 기말 세무조정계산서
② 기말 재무상태표
③ 기간 손익과 기타포괄손익계산서
④ 기간 현금흐름표
⑤ 주석(유의적인 회계정책 및 그 밖의 설명으로 구성)

해설

한국채택국제회계기준상 재무제표

① 기말 재무상태표 ② 기간 손익과 기타포괄손익계산서
③ 기간 현금흐름표 ④ 기간 자본변동표
⑤ 주 석

03 하

20X1년 말 재무제표에 부채로 반영해야 하는 항목을 모두 고른 것은? (단, 각 거래는 독립적이다) 제27회

보기

㉠ 20X1년 근무결과로 20X2년에 연차를 사용할 수 있게 됨(해당 연차는 20X2년에 모두 사용될 것으로 예상되나, 사용되지 않은 연차에는 20X3년 초에 수당이 지급됨)
㉡ 20X1년 말 구매계약이 체결되고 20X2년에 컴퓨터 납품예정
㉢ 20X1년 재무제표 승인을 위해 20X2년 3월에 개최된 정기주주총회에서 현금배당 결의

① ㉠ ② ㉡ ③ ㉢
④ ㉠, ㉢ ⑤ ㉠, ㉡, ㉢

해설

㉠ 미지급급여부채
㉡ 계약체결은 회계상 거래 아니다.
㉢ 20X1년이 아닌 20X2년의 미지급배당금(부채)으로 계상된다.

04 하

재무상태표에 나타나지 않는 계정은? 제23회

① 자본금 ② 선급보험료
③ 손실충당금 ④ 이익준비금
⑤ 임차료

해설

구 분	분 류	
① **자본금**	자본	재무상태표 계정과목
② **선급보험료**	자산	재무상태표 계정과목
③ **손실충당금**	자산의 차감항목	재무상태표 계정과목
④ **이익준비금**	자본	재무상태표 계정과목
⑤ **임차료**	비용	포괄손익계산서 계정과목

Answer

01 ⑤ 02 ① 03 ① 04 ⑤

05 ●●하

포괄손익계산서에 표시되는 당기손익으로 옳지 않은 것은? 제26회

① 최초 인식된 토지재평가손실
② 기타포괄손익－공정가치측정 금융자산으로 분류된 지분상품의 평가손익
③ 원가모형을 적용하는 유형자산의 손상차손환입
④ 투자부동산평가손익
⑤ 사업결합시 발생한 염가매수차익

해설

② 기타포괄손익－공정가치측정 금융자산으로 분류된 지분상품의 평가손익은 기타포괄손익으로 분류한다.

06 ●●하

재무제표 표시에 관한 설명으로 옳지 않은 것은? 제26회

① 재무제표가 한국채택국제회계기준의 요구사항을 모두 충족한 경우가 아니라면 한국채택국제회계기준을 준수하여 작성되었다고 기재하여서는 아니 된다.
② 한국채택국제회계기준에서 요구하거나 허용하지 않는 한 자산과 부채 그리고 수익과 비용은 상계하지 아니한다.
③ 기업은 현금흐름 정보를 제외하고는 발생기준 회계를 사용하여 재무제표를 작성한다.
④ 부적절한 회계정책은 이에 대해 공시나 주석 또는 보충 자료를 통해 설명한다면 정당화될 수 있다.
⑤ 유사한 항목은 중요성 분류에 따라 재무제표에 구분하여 표시한다.

해설

④ 부적절한 회계정책은 정당화될 수 없다.

07 ●●하

외부감사인이 감사보고서에 표명하는 감사의견으로 옳지 않은 것은? 제26회

① 적정의견 ② 부적정의견 ③ 조정의견
④ 한정의견 ⑤ 의견거절

해설

감사의견: 적정의견, 한정의견, 부적정의견, 의견거절

08 외부회계감사에 관한 설명으로 옳지 않은 것은? 제25회

●●하

① 감사의 목적은 의도된 재무제표 이용자의 신뢰수준을 향상시키는 데 있다.
② 감사인이 충분하고 적합한 감사증거를 입수한 결과, 왜곡표시가 재무제표에 중요하나 전반적이지 않으면 한정의견이 표명된다.
③ 회계감사를 수행하는 감사인은 감사대상 재무제표를 작성하는 기업이나 경영자와 독립적이어야 한다.
④ 재무제표의 중요성 관점에서 일반적으로 인정된 회계기준에 따라 작성되었다고 판단되면 적정의견이 표명된다.
⑤ 감사대상 재무제표는 기업의 경영진이 감사인의 도움 없이 작성하는 것이 원칙이나, 주석 작성은 도움을 받을 수 있다.

해설

⑤ 재무제표뿐만 아니라 주석도 기업의 경영진이 감사인의 도움 없이 작성한다.

09 다음 각 설명에 해당하는 감사의견은? 제24회

●●하

(가) 한국채택국제회계기준을 위배한 정도가 커서 재무제표가 중대한 영향을 받았을 때 표명된다.
(나) 재무제표에 대한 감사범위가 부분적으로 제한되었거나 또는 재무제표가 한국채택국제회계기준을 부분적으로 위배하여 작성된 경우에 표명된다.

	(가)	(나)
①	적정의견	한정의견
②	한정의견	부적정의견
③	한정의견	의견거절
④	부적정의견	한정의견
⑤	부적정의견	의견거절

해설

구 분	감사의견
(가) 한국채택국제회계기준을 위배한 정도가 커서 재무제표가 중대한 영향을 받았을 때	부적정의견
(나) 재무제표에 대한 감사범위가 부분적으로 제한되었거나 또는 재무제표가 한국채택국제회계기준을 부분적으로 위배하여 작성된 경우	한정의견

Answer

05 ② 06 ④ 07 ③ 08 ⑤ 09 ④

02 재무상태 및 재무성과 측정

연계학습: 기본서 p.40~59

01 다음 자료를 이용하여 계산한 당기의 비용총액은? 제16회

중

기초자산	₩22,000	기말자산	₩80,000
기초부채	₩3,000	기말부채	₩50,000

• 현금배당 ₩1,000
• 유상증자 ₩7,000
• 수익총액 ₩35,000

① ₩10,000 ② ₩20,000 ③ ₩30,000
④ ₩40,000 ⑤ ₩50,000

해설

기초부채	₩3,000	기초자산	₩22,000
기말자산	₩80,000	기말부채	₩50,000
현금배당	₩1,000	유상증자	₩7,000
비용총액	(₩30,000)	수익총액	₩35,000

02 ㈜한국의 재무제표 자료가 다음과 같을 때, 기말부채는? 제26회

중

기초자산	₩12,000	총수익	₩30,000
기초부채	₩7,000	총비용	₩26,500
기말자산	₩22,000	유상증자	₩1,000
기말부채	?	현금배당	₩500

① ₩12,500 ② ₩13,000 ③ ₩13,500
④ ₩14,500 ⑤ ₩15,000

해설

기초자산 ₩12,000－기초부채 ₩7,000＝기초자본 ₩5,000

자본

현금배당	₩500	기초자본	₩5,000
총비용	₩26,500	유상증자	₩1,000
기말자본	₩9,000	총수익	₩30,000
	₩36,000		₩36,000

기말자산 ₩22,000－기말부채 (　　)＝기말자본 ₩9,000 → ₩13,000

03 (중)

다음 자료로 계산한 당기총포괄이익은? 제18회

• 기초자산	₩5,500,000	• 기말자산	₩7,500,000
• 기초부채	₩3,000,000	• 기말부채	₩3,000,000
• 유상증자	₩500,000		

① ₩500,000 ② ₩1,000,000 ③ ₩1,500,000
④ ₩2,000,000 ⑤ ₩2,500,000

해설

기초부채	₩3,000,000	기초자산	₩5,500,000
기말자산	₩7,500,000	기말부채	₩3,000,000
		유상증자	₩500,000
		총포괄이익	(₩1,500,000)

04 (중)

㈜한국의 20X1년 기초 자산총액은 ₩110,000이고, 기말 자산총액과 기말 부채총액은 각각 ₩150,000과 ₩60,000이다. 20X1년 중 현금배당 ₩10,000을 결의하고 지급하였으며, ₩25,000을 유상증자하였다. 20X1년도 당기순이익이 ₩30,000일 때, 기초 부채총액은? 제21회

① ₩60,000 ② ₩65,000 ③ ₩70,000
④ ₩75,000 ⑤ ₩80,000

해설

기말자산	₩150,000	기초자산	₩110,000
현금배당	₩10,000	기말부채	₩60,000
		유상증자	₩25,000
기초부채	(₩65,000)	당기순이익	₩30,000

Answer

01 ③ 02 ② 03 ③ 04 ②

05 중

다음 자료를 이용하여 계산한 기초자산은? 제24회

• 기초부채	₩50,000	• 기말자산	₩100,000
• 기말부채	₩60,000	• 유상증자	₩10,000
• 현금배당	₩5,000	• 총포괄이익	₩20,000

① ₩55,000 ② ₩65,000 ③ ₩70,000
④ ₩75,000 ⑤ ₩85,000

해설

기초부채	₩50,000	기말부채	₩60,000
기말자산	₩100,000	유상증자	₩10,000
현금배당	₩5,000	총포괄이익	₩20,000
		기초자산	(₩65,000)

06 중

㈜한국은 20X1년 초 현금 ₩1,000,000을 출자하여 설립하였으며, 이는 재고자산 200개를 구입할 수 있는 금액이다. 기중에 물가가 3% 상승하였으며, 기말 순자산은 ₩1,500,000이다. 20X1년 말 동 재고자산을 구입할 수 있는 가격이 개당 ₩6,000이라면, 실물자본유지개념에 의한 당기이익은? (단, 기중 자본거래는 없다)

제26회

① ₩270,000 ② ₩300,000 ③ ₩320,000
④ ₩420,000 ⑤ ₩470,000

해설

실물자본유지개념

- 소유주와의 거래를 제외하고 회계기간 말의 실물생산능력이 회계기간 초의 실물생산능력을 초과할 때 그 초과액을 투자이익으로 측정한다.
- 자산 및 부채에 대해 인식한 가격변동 효과를 유지해야 할 자본의 일부로 간주하여 자본의 조정항목으로 처리한다.

기초자본		₩1,000,000	> ₩200,000 자본의 조정항목
유지해야 할 자본	200개 × @₩6,000	₩1,200,000	
기말자본		₩1,500,000	> ₩300,000 투자이익(배당가능이익)

03 회계의 기술적 구조(회계순환)

연계학습 : 기본서 p.63~113

01 하

회계상 거래에 해당하지 않는 것은? 제22회

① 재고자산을 ₩300에 판매하였으나 그 대금을 아직 받지 않았다.
② 종업원의 급여 ₩500 중 ₩200을 지급하였으나, 나머지는 아직 지급하지 않았다.
③ 거래처와 원재료를 1kg당 ₩100에 장기간 공급받기로 계약하였다.
④ 비업무용 토지 ₩1,200을 타 회사의 기계장치 ₩900과 교환하였다.
⑤ 거래처의 파산으로 매출채권 ₩1,000을 제거하였다.

해설

③ 계약의 체결은 회계상 거래에 해당하지 않는다.

02 하

회계거래에 해당되지 않는 것은? 제18회

① 기숙사에 설치된 시설물 ₩1,000,000을 도난당하다.
② 원가 ₩1,300,000의 상품을 현금 ₩1,000,000에 판매하다.
③ 이자 ₩500,000을 현금으로 지급하다.
④ 영업소 임차계약을 체결하고, 1년분 임차료 ₩1,200,000을 현금으로 지급하다.
⑤ 직원과 월급 ₩2,000,000에 고용계약을 체결하다.

해설

⑤ 계약의 체결은 회계상 거래에 해당하지 않는다.

Answer

05 ② 06 ② / 01 ③ 02 ⑤

03 중

자산과 비용에 모두 영향을 미치는 거래는? 제25회

① 당기 종업원급여를 현금으로 지급하였다.
② 비품을 외상으로 구입하였다.
③ 현금을 출자하여 회사를 설립하였다.
④ 매입채무를 당좌예금으로 지급하였다.
⑤ 기존 차입금에 대하여 추가 담보를 제공하였다.

해설

구 분	거래결합관계
① 당기 종업원급여를 현금으로 지급하였다.	비용의 증가 – 자산의 감소
② 비품을 외상으로 구입하였다.	자산의 증가 – 부채의 증가
③ 현금을 출자하여 회사를 설립하였다.	자산의 증가 – 자본의 증가
④ 매입채무를 당좌예금으로 지급하였다.	부채의 감소 – 자산의 감소
⑤ 기존 차입금에 대하여 추가 담보를 제공하였다.	거래 아님

04 하

㈜한국의 회계상 거래 중 비용이 발생하고 부채가 증가하는 거래는? 제26회

① 전기에 토지를 처분하고 받지 못한 대금을 현금수취하였다.
② 화재로 인하여 자사 컴퓨터가 소실되었다.
③ 당해 연도 발생한 임차료를 지급하지 않았다.
④ 대여금에서 발생한 이자수익을 기말에 인식하였다.
⑤ 전기에 지급하지 못한 종업원 급여에 대하여 당좌수표를 발행하여 지급하였다.

해설

	분개						거래결합관계
①	(차)	현금	×××	(대)	미수금	×××	자산의 증가 – 자산의 감소
②	(차)	재해손실	×××	(대)	비품	×××	비용의 발생 – 자산의 감소
③	(차)	임차료	×××	(대)	미지급임차료	×××	비용의 발생 – 부채의 증가
④	(차)	미수이자	×××	(대)	이자수익	×××	자산의 증가 – 수익의 발생
⑤	(차)	미지급급여	×××	(대)	당좌예금	×××	부채의 감소 – 자산의 감소

05 자산을 증가시키면서 동시에 수익을 발생시키는 회계거래는? 제21회

●●하

① 상품판매계약을 체결하고 계약금을 수령하였다.
② 은행으로부터 설비투자자금을 차입하였다.
③ 건물에 대한 화재보험계약을 체결하고 1년분 보험료를 선급하였다.
④ 전기에 외상으로 매입한 상품 대금을 현금으로 지급하였다.
⑤ 경영컨설팅 용역을 제공하고 그 대금은 외상으로 하였다.

해설

구 분	거래결합관계
① 상품판매계약을 체결하고 계약금을 수령하였다.	자산의 증가 – 부채의 증가
② 은행으로부터 설비투자자금을 차입하였다.	자산의 증가 – 부채의 증가
③ 건물에 대한 화재보험계약을 체결하고 1년분 보험료를 선급하였다.	자산의 증가 – 자산의 감소
④ 전기에 외상으로 매입한 상품 대금을 현금으로 지급하였다.	부채의 감소 – 자산의 감소
⑤ 경영컨설팅 용역을 제공하고 그 대금은 외상으로 하였다.	자산의 증가 – 수익의 발생

06 수익 또는 비용에 영향을 주지 않는 것은? 제24회

●●하

① 용역제공계약을 체결하고 현금을 수취하였으나 회사는 기말 현재 거래 상대방에게 아직까지 용역을 제공하지 않았다.
② 외상으로 제품을 판매하였다.
③ 홍수로 인해 재고자산이 침수되어 멸실되었다.
④ 거래처 직원을 접대하고 현금을 지출하였다.
⑤ 회사가 사용 중인 건물의 감가상각비를 인식하였으나 현금이 유출되지는 않았다.

해설

분개	거래결합관계
① 용역제공계약을 체결하고 현금을 수취하였으나 회사는 기말 현재 거래 상대방에게 아직까지 용역을 제공하지 않았다.	자산의 증가 – 부채의 증가
② 외상으로 제품을 판매하였다.	자산의 증가 – 수익의 발생
③ 홍수로 인해 재고자산이 침수되어 멸실되었다.	비용의 발생 – 자산의 감소
④ 거래처 직원을 접대하고 현금을 지출하였다.	비용의 발생 – 자산의 감소
⑤ 회사가 사용 중인 건물의 감가상각비를 인식하였으나 현금이 유출되지는 않았다.	비용의 발생 – 자산의 감소

Answer

03 ①　04 ③　05 ⑤　06 ①

07 시산표에 관한 설명으로 옳은 것은?

하 제15회

① 시산표는 재무상태표와 포괄손익계산서를 작성하기 위한 필수적인 장부이다.
② 시산표는 각 계정과목의 잔액을 사용하여 작성할 수 있다.
③ 수정전시산표에는 선급비용과 선수수익의 계정과목이 나타나지 않는다.
④ 발생된 거래를 분개하지 않은 경우 시산표의 차변합계와 대변합계는 일치하지 않는다.
⑤ 수정후시산표에는 수익과 비용 계정과목이 나타날 수 없다.

해설

① 시산표의 작성은 선택적인 절차이다.
③ 수정전시산표에도 선급비용과 선수수익의 계정과목이 나타날 수 있다.
④ 발생된 거래를 분개하지 않은 경우 시산표의 차변합계와 대변합계는 일치한다.
⑤ 수정후시산표에도 수익과 비용 계정과목이 나타난다.

08 시산표에서 발견할 수 있는 오류는?

하 제16회 수정

① 비품을 현금으로 구입한 거래를 두 번 반복하여 기록하였다.
② 사채 계정의 잔액을 기타포괄손익－공정가치 측정 금융자산 계정의 차변에 기입하였다.
③ 건물 계정의 잔액을 투자부동산 계정의 차변에 기입하였다.
④ 개발비 계정의 잔액을 연구비 계정의 차변에 기입하였다.
⑤ 매입채무를 현금으로 지급한 거래에 대한 회계처리가 누락되었다.

해설

② 사채 계정의 잔액을 기타포괄손익－공정가치 측정 금융자산 계정의 차변에 기입한 오류는 시산표의 차변합계액과 대변합계액이 불일치하므로 시산표에서 발견할 수 있다.

09 수정전시산표에 관한 설명으로 옳지 않은 것은?

하 제20회

① 통상 재무제표를 작성하기 이전에 거래가 오류 없이 작성되었는지 자기검증하기 위하여 작성한다.
② 총계정원장의 총액 혹은 잔액을 한 곳에 모아놓은 표이다.
③ 결산 이전의 오류를 검증하는 절차로 원장 및 분개장과 더불어 필수적으로 작성해야 한다.
④ 복식부기의 원리를 전제로 한다.
⑤ 차변합계와 대변합계가 일치하더라도 계정분류, 거래인식의 누락 등에서 오류가 발생했을 수 있다.

해설

③ 시산표의 작성은 선택적인 절차이다.

10 하

다음 오류 중에서 시산표의 작성을 통하여 발견할 수 없는 것은? 제14회

① ₩100,000의 상품을 현금매입하고 거래에 대한 회계처리를 누락하였다.

② ₩300,000의 매출채권 회수시 현금계정 차변과 매출채권계정 차변에 각각 ₩300,000을 기입하였다.

③ ₩1,000,000의 매출채권 회수에 대한 분개를 하고 매출채권계정에는 전기하였으나 현금계정에 대한 전기는 누락하였다.

④ ₩550,000의 매입채무 지급시 현금계정 대변에 ₩550,000을 기입하고 매입채무계정 차변에 ₩505,000을 기입하였다.

⑤ ₩2,000,000의 비품 외상구입에 대한 분개를 하고, 비품계정 대변과 미지급금계정 대변에 각각 전기하였다.

해설

① 회계처리를 누락한 오류는 시산표의 차변합계와 대변합계가 일치하므로 오류를 발견할 수 없다.

11 중

시산표의 차변금액이 대변금액보다 크게 나타나는 오류에 해당하는 것은? 제23회

① 건물 취득에 대한 회계처리가 누락되었다.

② 차입금 상환에 대해 분개를 한 후, 차입금계정에는 전기를 하였으나 현금계정에는 전기를 누락하였다.

③ 현금을 대여하고 차변에는 현금으로, 대변에는 대여금으로 동일한 금액을 기록하였다.

④ 미수금 회수에 대해 분개를 한 후, 미수금계정에는 전기를 하였으나 현금계정에는 전기를 누락하였다.

⑤ 토지 처분에 대한 회계처리를 중복해서 기록하였다.

해설

구 분	시산표
① 건물 취득에 대한 회계처리가 누락되었다.	차변합계액 = 대변합계액
② 차입금 상환에 대해 분개를 한 후, 차입금계정에는 전기를 하였으나 현금계정에는 전기를 누락하였다.	차변합계액 > 대변합계액
③ 현금을 대여하고 차변에는 현금으로, 대변에는 대여금으로 동일한 금액을 기록하였다.	차변합계액 = 대변합계액
④ 미수금 회수에 대해 분개를 한 후, 미수금계정에는 전기를 하였으나 현금계정에는 전기를 누락하였다.	차변합계액 < 대변합계액
⑤ 토지 처분에 대한 회계처리를 중복해서 기록하였다.	차변합계액 = 대변합계액

Answer

07 ② 08 ② 09 ③ 10 ① 11 ②

12 하

㈜주택은 20X1년 10월 1일에 1년분 보험료 ₩120,000을 현금지급하면서 선급보험료로 회계처리하였다. 다음 중 ㈜주택의 기말 결산수정분개로 옳은 것은? (단, 보험료는 월할계산한다) 제13회

	차 변		대 변	
①	보 험 료	₩30,000	선급보험료	₩30,000
②	선급보험료	₩90,000	보 험 료	₩90,000
③	선급보험료	₩30,000	보 험 료	₩30,000
④	보 험 료	₩90,000	선급보험료	₩90,000
⑤	보 험 료	₩120,000	현 금	₩120,000

해설

20X1년 10월 1일	(차)	선급보험료	₩120,000	(대)	현 금	₩120,000
기말 결산수정분개	(차)	보 험 료	₩30,000*	(대)	선급보험료	₩30,000

* 당기보험료 = ₩120,000×3/12 = ₩30,000

13 중

㈜한국은 20X1년 4월 1일에 사무실을 임대하고, 1년분 임대료로 ₩1,200(1개월 ₩100)을 현금 수취하여 이를 전액 수익으로 처리하였다. 20X1년 기말 수정분개가 정상적으로 처리되었을 때, 동 사무실 임대와 관련하여 수익에 대한 마감분개로 옳은 것은? 제26회

	차 변		대 변	
①	임대료	₩900	집합손익	₩900
②	임대료	₩300	선수임대료	₩300
③	차기이월	₩300	선수임대료	₩300
④	집합손익	₩900	임대료	₩900
⑤	선수임대료	₩900	임대료	₩900

해설

20X1년 4월 1일	(차)	현 금	₩1,200	(대)	임 대 료	₩1,200
20X1년 12월 31일	(차)	임 대 료	₩300	(대)	선수임대료	₩300
		임 대 료	₩900		집 합 손 익	₩900

14 중

㈜대한의 회계담당자는 기중에 인식한 선수임대료 중에서 기간이 경과되어 실현된 금액에 대한 기말 수정분개를 하지 않았다. 이러한 오류가 ㈜대한의 당기재무제표에 미치는 영향으로 옳은 것은? 제14회

① 당기순이익이 과대표시된다.
② 기타포괄이익이 과대표시된다.
③ 자산이 과대표시된다.
④ 부채가 과대표시된다.
⑤ 자본이 과대표시된다.

해설

1. 누락한 수정분개
(차) 선수임대료 ××× (대) 임 대 료 ×××
2. 수정분개 누락시 영향

자 산	부 채	자 본	수 익	비 용	당기순이익	기타포괄이익
불변	과대	과소	과소	불변	과소	불변

15 중

㈜한국은 20X1년 10월 1일부터 1년간 상가를 임대하면서 동 일자에 향후 1년분 임대료 ₩6,000을 현금 수령하고 전액 수익으로 회계처리 하였다. 수정분개를 하지 않았을 경우, ㈜한국의 20X1년 재무제표에 미치는 영향은? (단, 임대료는 월할계산한다) 제25회

① 기말부채 ₩1,500 과대계상
② 기말부채 ₩4,500 과대계상
③ 당기순이익 ₩1,500 과대계상
④ 당기순이익 ₩4,500 과대계상
⑤ 당기순이익 ₩6,000 과대계상

해설

1. 20X1년 말 누락한 수정분개
(차) 임 대 료 ₩4,500 (대) 선수임대료 ₩4,500*
* 선수임대료＝₩6,000×9/12＝₩4,500
2. 수정분개 누락시 영향

자 산	부 채	자 본	수 익	비 용	당기순이익
불변	과소 ₩4,500	과대 ₩4,500	과대 ₩4,500	불변	과대 ₩4,500

Answer
12 ① 13 ① 14 ④ 15 ④

16 중

다음 수정분개의 누락이 재무제표에 미치는 영향으로 옳은 것은? 제21회

(차변) 이자비용	₩1,000	(대변) 미지급이자	₩1,000

① 비용, 부채, 자본이 과대표시된다.
② 비용, 부채, 자본이 과소표시된다.
③ 비용, 자본이 과대표시되고 부채는 과소표시된다.
④ 비용, 자본이 과소표시되고 부채는 과대표시된다.
⑤ 비용, 부채가 과소표시되고 자본은 과대표시된다.

해설

수정분개 누락시 영향

자 산	부 채	자 본	수 익	비 용	당기순이익
불변	과소 ₩1,000	과대 ₩1,000	불변	과소 ₩1,000	과대 ₩1,000

17 중

㈜한국은 20X1년 8월 1일 화재보험에 가입하고, 향후 1년간 보험료 ₩12,000을 전액 현금지급하면서 선급보험료로 회계처리 하였다. 동 거래와 관련하여 ㈜한국이 20X1년 말에 수정분개를 하지 않았을 경우, 20X1년 말 재무상태표에 미치는 영향은? (단, 보험료는 월할계산한다) 제24회

	자 산	부 채	자 본
①	₩5,000(과대)	영향 없음	₩5,000(과대)
②	₩5,000(과대)	₩5,000(과대)	영향 없음
③	₩7,000(과대)	영향 없음	₩7,000(과대)
④	₩7,000(과대)	₩7,000(과대)	영향 없음
⑤	영향 없음	₩7,000(과소)	₩7,000(과대)

해설

1. 누락한 수정분개
   (차) 보 험 료 ₩5,000* (대) 선급보험료 ₩5,000
   * 당기보험료 = ₩12,000 × 5/12 = ₩5,000
2. 수정분개 누락시 영향

자 산	부 채	자 본	수 익	비 용	당기순이익
과대 ₩5,000	불변	과대 ₩5,000	불변	과소 ₩5,000	과대 ₩5,000

18 상

㈜한국의 20X1년 말 결산수정사항 반영 전 당기순이익은 ₩1,070,000이었다. 다음 결산수정사항을 반영한 후의 당기순이익은? (단, 이자와 보험료는 월할계산한다) 제19회

> • 20X1년 7월 1일 거래처에 현금 ₩200,000을 대여하면서 1년 후에 원금과 이자(연 9%)를 회수하기로 약정하였다.
> • 20X1년 12월 1일에 향후 1년치 보험료 ₩24,000을 현금으로 지급하면서 선급보험료로 회계처리 하였다.

① ₩1,055,000 ② ₩1,061,500 ③ ₩1,077,000
④ ₩1,078,500 ⑤ ₩1,081,000

해설

1. 수정분개시 당기순이익 영향

구 분	수정분개				당기순이익 영향
이자수익 발생	(차) 미수이자	₩9,000	(대) 이자수익	₩9,000*	증가 ₩9,000
선급보험료 경과	(차) 보 험 료	₩2,000**	(대) 선급보험료	₩2,000	감소 ₩2,000
			계		증가 ₩7,000

* 당기이자수익 = ₩200,000 × 9% × 6/12 = ₩9,000
** 당기보험료 = ₩24,000 × 1/12 = ₩2,000

2. 수정 후 당기순이익 = 수정 전 당기순이익 ₩1,070,000 + ₩7,000 = ₩1,077,000

19 중

20X1년 초에 설립한 ㈜한국의 20X1년 말 수정전시산표상 소모품계정은 ₩50,000이었다. 기말실사 결과 미사용소모품이 ₩20,000일 때, 소모품에 대한 수정분개의 영향으로 옳은 것은? 제23회

① 비용이 ₩30,000 증가한다. ② 자본이 ₩30,000 증가한다.
③ 이익이 ₩20,000 감소한다. ④ 자산이 ₩30,000 증가한다.
⑤ 부채가 ₩20,000 감소한다.

해설

1. 수정분개
(차) 소모품비 ₩30,000* (대) 소 모 품 ₩30,000
* 당기사용 소모품 = 수정 전 소모품 ₩50,000 − 미사용 소모품 ₩20,000 = ₩30,000
2. 수정분개시 영향

자 산	부 채	자 본	수 익	비 용	당기순이익
감소 ₩30,000	불변	감소 ₩30,000	불변	증가 ₩30,000	감소 ₩30,000

Answer
16 ⑤ 17 ① 18 ③ 19 ①

20

중

다음 사항을 수정분개하였을 때 잔액시산표의 합계 금액을 변동시키지 않는 항목은?

제14회

① 보험료 중 기간 미경과분을 선급보험료로 인식
② 차입금에 대한 미지급이자의 인식
③ 건물 손상차손의 인식
④ 유형자산 감가상각비의 인식
⑤ 대여금에 대한 미수이자의 인식

해설

보험료 중 기간 미경과분을 선급보험료로 인식

<table>
<tr><th>수정분개</th><th colspan="4">잔액시산표의 합계액 영향</th></tr>
<tr><td rowspan="4">(차) 선급보험료××× (대) 보험료×××</td><td colspan="4">잔액시산표</td></tr>
<tr><td>선급보험료</td><td>(+)×××</td><td colspan="2"></td></tr>
<tr><td>보 험 료</td><td>(−)×××</td><td colspan="2"></td></tr>
<tr><td>합계액</td><td>불변</td><td>합계액</td><td>불변</td></tr>
</table>

21

하

기말에 장부마감시 재무상태표의 이익잉여금으로 대체되는 항목이 아닌 것은?

제16회 수정

① 재평가잉여금 증가
② 무형자산상각비
③ 수수료수익
④ 매출원가
⑤ 유형자산처분손실

해설

① "재평가잉여금 증가"는 기타포괄이익 항목으로 "기타포괄손익누계액"으로 대체되는 항목이다.

당기순이익과 기타포괄손익의 자본대체

구 분	자본대체
당기순이익에 반영되는 수익, 비용	이익잉여금
기타포괄손익에 반영되는 수익, 비용	기타포괄손익누계액

22 하

다음 회계연도로 잔액이 이월되지 않는 계정과목은? 제21회

① 이익잉여금 ② 유형자산처분이익
③ 미지급비용 ④ 감가상각누계액
⑤ 자본금

해설

① 이익잉여금(자본계정)	차기로 이월되는 계정과목(영구계정)
② 유형자산처분이익(수익계정)	차기로 이월되지 않는 계정과목(임시계정)
③ 미지급비용(부채계정)	차기로 이월되는 계정과목(영구계정)
④ 감가상각누계액(자산차감계정)	차기로 이월되는 계정과목(영구계정)
⑤ 자본금(자본계정)	차기로 이월되는 계정과목(영구계정)

재무상태표계정과 포괄손익계산서계정

재무상태표계정	• 자산계정, 부채계정, 자본계정 • 차기로 이월되는 계정 • 영구계정 • 실질계정, 실재계정
포괄손익계산서계정	• 수익계정, 비용계정 • 차기로 이월되지 않는 계정 • 임시계정 • 명목계정

23 중

수정후시산표의 각 계정잔액이 존재한다고 가정할 경우, 장부마감 후 다음 회계연도 차변으로 이월되는 계정과목은? 제24회

① 이자수익 ② 자본금 ③ 매출원가
④ 매입채무 ⑤ 투자부동산

해설

① 이자수익(수익계정)	차기로 이월되지 않는 계정과목
② 자본금(자본계정)	차기 자본금 계정의 대변으로 이월되는 계정과목
③ 매출원가(비용계정)	차기로 이월되지 않는 계정과목
④ 매입채무(부채계정)	차기 매입채무 계정의 대변으로 이월되는 계정과목
⑤ 투자부동산(자산계정)	차기 투자부동산 계정의 차변으로 이월되는 계정과목

Answer

20 ① 21 ① 22 ② 23 ⑤

24 중

기중거래에서 잔액이 발생되었을 경우, 기말 재무상태표에 표시되지 않는 계정을 모두 고른 것은? 제20회

보기

㉠ 부가가치세대급금	㉡ 가수금
㉢ 당좌차월	㉣ 예수금
㉤ 충당부채	

① ㉠, ㉡　② ㉠, ㉤　③ ㉡, ㉢
④ ㉢, ㉣　⑤ ㉣, ㉤

해설

㉡ 가수금	"가수금"은 원인불명으로 수취한 현금을 기록하기 위해 임시로 설정한 가계정으로 결산시점에 그 원인을 밝혀 해당 계정으로 대체한다. 따라서 기말 재무상태표에는 표시되지 않는다.
㉢ 당좌차월	"당좌차월"은 기말 재무상태표에 "단기차입금"으로 표시된다.

04·05 재무보고를 위한 개념체계 및 자산의 개념과 측정

연계학습: 기본서 p.116~148

01 하

다음 설명에 해당하는 재무정보의 질적 특성은? 제22회

(가) 정보이용자가 항목 간의 유사점과 차이점을 식별하고 이해할 수 있게 한다.
(나) 정보가 나타내고자 하는 경제적 현상을 충실히 표현하는지를 정보이용자가 확인하는 데 도움을 준다.

	(가)	(나)
①	비교가능성	검증가능성
②	중요성	일관성
③	적시성	중립성
④	중립성	적시성
⑤	검증가능성	비교가능성

해설

(가) 정보이용자가 항목 간의 유사점과 차이점을 식별하고 이해할 수 있게 한다.	비교가능성
(나) 정보가 나타내고자 하는 경제적 현상을 충실히 표현하는지를 정보이용자가 확인하는 데 도움을 준다.	검증가능성

02 하

재무정보의 질적 특성 중 목적적합성에 관한 설명으로 옳지 않은 것은? 제21회

① 재무정보가 예측가치를 갖기 위해서는 그 자체가 예측치 또는 예상치이어야 한다.

② 목적적합한 재무정보는 정보이용자의 의사결정에 차이가 나도록 할 수 있다.

③ 재무정보가 과거 평가에 대해 피드백을 제공한다면 확인가치를 갖는다.

④ 정보가 누락되거나 잘못 기재된 경우 특정 보고기업의 재무정보에 근거한 정보이용자의 의사결정에 영향을 줄 수 있다면 그 정보는 중요한 것이다.

⑤ 재무정보의 예측가치와 확인가치는 상호 연관되어 있다.

해설

① 재무정보가 예측가치를 갖기 위해서 그 자체가 예측치 또는 예상치일 필요는 없다.

03 중

재무보고를 위한 개념체계의 관련 문단에서 발췌되거나 파생된 용어의 정의로 옳지 않은 것은? 제26회

① 근본적 질적특성: 일반목적재무보고서의 주요 이용자들에게 유용하기 위하여 재무정보가 지녀야 하는 질적특성

② 미이행계약: 계약당사자 모두가 자신의 의무를 전혀 수행하지 않았거나 계약당사자 모두가 동일한 정도로 자신의 의무를 부분적으로 수행한 계약이나 계약의 일부

③ 부채: 현재사건의 결과로 실체의 경제적 자원을 이전해야 하는 미래의무

④ 인식: 자산, 부채, 자본, 수익 또는 비용과 같은 재무제표의 구성요소 중 하나의 정의를 충족하는 항목을 재무상태표나 재무성과표에 포함하기 위하여 포착하는 과정

⑤ 중요한 정보: 정보가 누락되거나 잘못 기재된 경우 특정 보고실체의 재무정보를 제공하는 일반목적재무보고서에 근거하여 이루어지는 주요 이용자들의 의사결정에 영향을 줄 수 있는 정보

해설

③ 현재사건 → 과거사건

Answer

24 ③ / 01 ① 02 ① 03 ③

04 ●●하

재무정보의 질적 특성에 관한 설명으로 옳지 않은 것은? 제18회

① 적시성은 의사결정에 영향을 미칠 수 있도록 의사결정자가 정보를 제때에 이용가능하게 하는 것을 의미한다.

② 중요성은 정보가 누락된 경우 정보이용자의 의사결정에 영향을 줄 수 있다면 그 정보는 중요하다는 것을 의미한다.

③ 비교가능성은 정보이용자가 항목 간의 유사점과 차이점을 식별하고 이해할 수 있게 하는 질적 특성이다.

④ 검증가능성은 정보가 나타내고자 하는 경제적 현상을 충실히 표현하는지를 정보이용자가 확인하는 데 도움을 준다.

⑤ 표현충실성은 모든 면에서 정확한 것을 의미한다.

해설

⑤ 표현충실성은 모든 면에서 정확한 것을 의미하지는 않는다.

05 ●●하

유용한 재무정보의 질적 특성에 관한 설명으로 옳지 않은 것은? 제19회

① 명확하고 간결하게 분류되고 특징지어져 표시된 정보는 이해가능성이 높다.

② 어떤 재무정보가 예측가치나 확인가치 또는 이 둘 모두를 갖는다면 그 재무정보는 이용자의 의사결정에 차이가 나게 할 수 있다.

③ 검증가능성은 정보가 나타내고자 하는 경제적 현상을 충실히 표현하는지를 정보이용자가 확인하는 데 도움을 주는 근본적 질적 특성이다.

④ 적시성은 정보이용자가 의사결정을 내릴 때 사용되어 그 결정에 영향을 줄 수 있도록 제때에 이용가능함을 의미한다.

⑤ 어떤 정보의 누락이나 오기로 인해 정보이용자의 의사결정이 바뀔 수 있다면 그 정보는 중요한 정보이다.

해설

③ 검증가능성은 정보가 나타내고자 하는 경제적 현상을 충실히 표현하는지를 정보이용자가 확인하는 데 도움을 주는 보강적 질적 특성이다.

06 재무정보의 질적특성에 관한 설명으로 옳지 않은 것은? 제25회

하

① 근본적 질적특성은 목적적합성과 표현충실성이다.
② 목적적합한 재무정보는 이용자들의 의사결정에 차이가 나도록 할 수 있다.
③ 재무제표에 정보를 누락할 경우 주요 이용자들의 의사결정에 영향을 주면 그 정보는 중요한 것이다.
④ 재무정보가 과거 평가에 개해 피드백을 제공한다면 확인가치를 갖는다.
⑤ 완벽한 표현충실성을 위해서는 서술에 완전성과 중립성 및 적시성이 요구된다.

해설

⑤ 완벽한 표현충실성을 위해서는 서술에 완전성과 중립성 및 무오류성이 요구된다.

07 재무제표 요소의 정의에 관한 설명으로 옳은 것은? 제24회

하

① 자산은 현재사건의 결과로 기업이 통제하는 미래의 경제적 자원이다.
② 부채는 과거사건의 결과로 기업이 경제적 자원을 이전해야 하는 과거의무이다.
③ 자본은 기업의 자산에서 모든 부채를 차감한 후의 잔여지분이다.
④ 수익은 자산의 감소 또는 부채의 증가로서 자본의 증가를 가져온다.
⑤ 비용은 자산의 증가 또는 부채의 감소로서 자본의 감소를 가져온다.

해설

① 자산은 과거사건의 결과로 기업이 통제하는 현재의 경제적 자원이다.
② 부채는 과거사건의 결과로 기업이 경제적 자원을 이전해야 하는 현재의무이다.
④ 수익은 자산의 증가 또는 부채의 감소로서 자본의 증가를 가져온다.
⑤ 비용은 자산의 감소 또는 부채의 증가로서 자본의 감소를 가져온다.

Answer

04 ⑤ 05 ③ 06 ⑤ 07 ③

08

●●하

재무보고의 개념체계에 관한 설명으로 옳은 것은? 제19회

① 일부 부채의 경우는 상당한 정도의 추정을 해야만 측정이 가능할 수 있다.
② 자산 측정기준으로서의 역사적 원가는 현행원가와 비교하여 적시성이 더 높다.
③ 보고기업의 경제적 자원과 청구권의 변동은 그 기업의 재무성과에 의해서만 발생한다.
④ 일반목적재무보고서는 보고기업의 가치를 직접 보여주기 위해 고안되었다.
⑤ 경영활동의 청산이 임박하거나 중요하게 축소할 의도 또는 필요성이 발생하더라도 재무제표는 계속기업의 가정을 적용하여 작성한다.

해설

② 자산 측정기준으로서 현행원가가 역사적 원가와 비교하여 적시성이 더 높다.
③ 보고기업의 경제적 자원 및 청구권은 재무성과 외의 사유(예 채무상품이나 지분상품의 발행)로도 변동될 수 있다.
④ 일반목적재무보고서는 보고기업의 가치를 보여주기 위해 고안된 것이 아니다. 그러나 그것은 현재 및 잠재적 투자자, 대여자와 그 밖의 채권자가 보고기업의 가치를 추정하는 데 도움이 되는 정보를 제공한다.
⑤ 경영활동의 청산이 임박하거나 중요하게 축소할 의도 또는 필요성이 발생하면 재무제표는 계속기업과는 다른 기준에 따라 작성되어야 한다.

09

●●하

재무보고를 위한 개념체계에서 제시한 측정기준에 관한 설명으로 옳은 것은? 제27회

① 공정가치는 자산을 취득할 때 발생한 거래원가로 인해 증가할 수 있다.
② 공정가치와 역사적 원가는 유입가치에 해당한다.
③ 사용가치는 기업 특유의 가정보다는 시장참여자의 가정을 반영한다.
④ 자산의 현행원가는 측정일 현재 동등한 자산의 원가로서 측정일에 지급할 대가와 그 날에 발생할 거래원가를 포함한다.
⑤ 역사적 원가를 기반으로 한 이익은 현행원가를 기반으로 한 이익보다 미래 이익을 예측하는 데 더 유용하다.

해설

① 공정가치는 거래원가를 포함하지 않는다.
② 공정가치는 유출가치이다.
③ 시장참여자의 가정을 반영하는 것은 공정가치이다.
⑤ 역사적 원가보다 현행원가를 기반으로 한 이익이 미래 이익을 예측하는 데 더 유용하다.

10 다음에 설명하는 재무제표의 측정기준으로 옳은 것은? 제26회

●●하

측정일에 시장참여자 사이의 정상거래에서 자산을 매도할 때 받거나 부채를 이전할 때 지급하게 될 가격이다.

① 역사적원가 ② 현행원가 ③ 이행가치
④ 사용가치 ⑤ 공정가치

해설

⑤ 공정가치에 대한 설명이다.

11 보강적 질적 특성 중 비교가능성은 측정기준의 선택에 영향을 미친다. 다음 중 기업 간 비교가능성을 높이거나 향상시킬 수 있는 측정기준을 모두 고른 것은? 제24회

상●●

보기

㉠ 역사적 원가 ㉡ 공정가치 ㉢ 사용가치
㉣ 이행가치 ㉤ 현행원가

① ㉠, ㉡ ② ㉡, ㉢ ③ ㉡, ㉤
④ ㉢, ㉣ ⑤ ㉢, ㉣, ㉤

해설

측정기준

측정기준	유입가치/유출가치	기업 간 비교가능성
㉠ 역사적원가	유입가치	감소
㉡ 공정가치	유출가치	증가
㉢ 사용가치	유출가치	감소
㉣ 이행가치	유출가치	감소
㉤ 현행원가	유입가치	증가

Answer

08 ① 09 ④ 10 ⑤ 11 ③

12 ●●하

일반목적재무보고에 관한 설명으로 옳지 않은 것은? 제25회

① 보고기업의 가치를 측정하여 제시하는 것을 주된 목적으로 한다.
② 현재 및 잠재적 투자자, 대여자 및 그 밖의 채권자가 주요이용자이다.
③ 보고기업의 경제적 자원 및 보고기업에 대한 청구권에 관한 정보를 제공한다.
④ 한 기간의 보고기업의 현금흐름에 대한 정보는 이용자들이 기업의 미래 순현금유입창출 능력을 평가하는 데 도움이 된다.
⑤ 보고기업의 경제적 자원에 대한 경영진의 수탁책임을 평가하는 데에도 유용하다.

해설

① 일반목적재무보고의 목적은 현재 및 잠재적 투자자, 대여자와 그 밖의 채권자가 기업에 자원을 제공하는 것과 관련된 의사결정을 할 때 유용한 보고기업 재무정보를 제공하는 것이다.

06 금융자산(Ⅰ)—현금 및 현금성자산, 매출채권과 기타수취채권

연계학습: 기본서 p.152~189

01 ●●하

금융자산에 해당하지 않는 것은? 제27회

① 매출채권
② 투자사채
③ 다른 기업의 지분상품
④ 당기법인세자산
⑤ 거래상대방에게서 국채를 수취할 계약상의 권리

해설

④ 당기법인세자산, 이연법인세자산은 금융자산에 해당하지 않는다.

02 하

㈜한국은 12월 1일 상품매입 대금 ₩30,000에 대해 당좌수표를 발행하여 지급하였다. 당좌수표 발행 당시 당좌예금 잔액은 ₩18,000이었고, 동 당좌계좌의 당좌차월 한도액은 ₩20,000이었다. 12월 20일 거래처로부터 매출채권 ₩20,000이 당좌예금으로 입금되었을 때 회계처리로 옳은 것은? 제23회

	차 변	대 변
①	당좌예금 ₩20,000	매출채권 ₩20,000
②	당좌차월 ₩20,000	매출채권 ₩20,000
③	당좌예금 ₩12,000 당좌차월 ₩8,000	매출채권 ₩20,000
④	당좌예금 ₩8,000 당좌차월 ₩12,000	매출채권 ₩20,000
⑤	당좌예금 ₩18,000 당좌차월 ₩2,000	매출채권 ₩20,000

해설

1. 12월 1일 회계처리

(차) 매 입 채 무 ₩30,000 (대) 당 좌 예 금 ₩18,000 / 당 좌 차 월 ₩12,000

* 당좌예금 잔액보다 초과 지급한 부분은 '당좌차월'로 회계처리한다.

2. 12월 20일 회계처리

(차) 당 좌 차 월 ₩12,000* / 당 좌 예 금 ₩8,000 (대) 매 출 채 권 ₩20,000

* 당좌예금으로 입금되었을 때 당좌차월이 존재하면 당좌차월을 먼저 차감한다.

03 하

㈜한국의 20X1년 말 재무상태표에 표시된 현금 및 현금성자산은 ₩500이다. 다음 자료를 이용할 경우 보통예금은? 제27회

• 통화 ₩50 • 송금수표 ₩100 • 선일자수표 ₩150
• 보통예금 ? • 당좌개설보증금 150 • 우편환증서 100
• 양도성예금증서(취득일 20X1년 10월 1일, 만기일 20X2년 1월 10일) 150

① ₩200 ② ₩250 ③ ₩300
④ ₩350 ⑤ ₩400

해설

현금 및 현금성자산 ₩500=50+100+(?)+100 → ₩250

Answer

12 ① / 01 ④ 02 ④ 03 ②

04 ●●㊦

㈜한국의 20X1년 말 재무자료에서 발췌한 자료이다. 20X1년 말 재무상태표의 현금 및 현금성자산으로 보고될 금액은? 제25회

• 당좌차월	₩300
• 타인발행수표	₩100
• 지급기일이 도래한 배당금 지급통지표	₩450
• 우편환증서	₩260
• 양도성예금증서(취득일 20X1년 12월 1일, 만기일 20X2년 3월 20일)	₩530
• 당좌개설보증금	₩340
• 자기앞수표	₩250
• 외국환 통화(외국환 통화에 적용될 환율은 $1=₩110)	$2

① ₩980　② ₩1,280　③ ₩1,620
④ ₩1,810　⑤ ₩2,150

해설

타인발행수표		₩100
지급기일이 도래한 배당금 지급통지표	+	₩450
우편환증서	+	₩260
자기앞수표	+	₩250
외국환 통화($2×₩110)	+	₩220
현금 및 현금성자산	=	₩1,280

05 ●●㊦

㈜한국이 20X1년 말 보유하고 있는 자산이 다음과 같을 때, 20X1년 말 재무상태표에 표시될 현금 및 현금성자산은? 제24회

• 통 화	₩1,000	• 보통예금	₩1,500
• 자기앞수표	₩2,000	• 받을어음	₩500
• 우편환증서	₩600	• 당좌개설보증금	₩800
• 정기예금(가입: 20X0년 3월 1일, 만기: 20X2년 2월 28일)			₩900
• 양도성예금증서(취득: 20X1년 12월 1일, 만기: 20X2년 1월 31일)			₩1,000

① ₩4,500　② ₩5,100　③ ₩5,900
④ ₩6,100　⑤ ₩7,000

해설

통 화		₩1,000
보통예금	+	₩1,500
자기앞수표	+	₩2,000
우편환증서	+	₩600
양도성예금증서(취득 : 20X1년 12월 1일, 만기 : 20X2년 1월 31일)	+	₩1,000
현금 및 현금성자산	=	₩6,100

06 상

다음 자료를 이용하여 ㈜대한의 20X1년 말 재무상태표에 표시될 현금 및 현금성자산은? 제14회

> ㉠ 20X1년 말 현재 통화는 ₩50,000이고, 우표는 ₩3,000이고, 만기가 2개월 남은 정기예금(3년 만기)은 ₩30,000이며, 거래처에서 받은 약속어음은 ₩25,000이다.
> ㉡ 20X1년 말 현재 은행에서 발급한 당좌예금잔액증명서의 잔액은 ₩130,000이다.
> ㉢ ㈜대한이 20X1년 12월 31일에 입금한 ₩20,000이 은행에서는 20X2년 1월 4일자로 입금처리되었다.
> ㉣ ㈜대한이 발행한 수표 중에서 20X1년 말 현재 은행에서 인출되지 않은 수표는 1장(no.121, ₩30,000)이다.
> ㉤ ㈜대한이 20X1년 중 발행한 수표(no.109)는 ₩10,000이었으나, 회사는 이를 ₩15,000으로 기록하였다.

① ₩170,000 ② ₩173,000 ③ ₩195,000
④ ₩198,000 ⑤ ₩223,000

해설

통 화		₩50,000
조정 후 당좌예금	+	₩120,000*
현금 및 현금성자산	=	₩170,000

* 조정 후 당좌예금

조정 전 은행측 당좌예금잔액증명서 잔액		₩130,000
미기입예금	+	₩20,000
기발행미인출수표	−	₩30,000
조정 후 당좌예금	=	₩120,000*

Answer

04 ② 05 ④ 06 ①

07 (중)

㈜한국의 기말 장부상 당좌예금계정 잔액은 ₩130,000이며, 은행으로부터 통지받은 잔액은 ₩10,000으로 불일치하였다. 불일치 원인이 다음과 같을 때, ㈜한국이 장부에 잘못 기록한 매출채권 회수액(A)은? 제26회

- 매출처로부터 수취하여 은행에 예입한 수표 ₩60,000이 부도 처리되었으나, 기말 현재 은행으로부터 통보받지 못하였다.
- 은행 업무시간 이후에 ₩70,000을 입금하였으나, 기말 현재 은행 측이 미기입하였다.
- 매입채무를 지급하기 위하여 ₩30,000의 수표를 발행하였으나, 기말 현재 아직 은행에서 결제되지 않았다.
- 은행수수료가 ₩500 발생하였으나, 기말 현재 회사측 장부에 반영되지 않았다.
- 매출처로부터 매출채권 회수액으로 받은 ₩50,000의 수표를 예입하면서, 회사 직원이 A금액으로 잘못 기록하였다.

① ₩30,500 ② ₩69,500 ③ ₩70,500
④ ₩88,500 ⑤ ₩100,500

해설

은행계정조정표

조정 전 회사측 잔액	₩130,000	조정 전 은행측 잔액	₩10,000
부도수표	−₩60,000	예입액 미기입분	₩70,000
은행수수료	−₩500	기발행 미인출수표	−₩30,000
예액액 오기*	−₩19,500		
조정 후 금액	=₩50,000	조정 후 금액	=₩50,000

* 예입액 오기입액(과다기입) : ₩50,000+₩19,500=₩69,500

08 (중)

㈜한국이 은행으로부터 통지받은 은행 예금잔액증명서상 잔액은 ₩10,000이고, 장부상 당좌예금 잔액과 차이가 있다. 당좌예금계정 잔액의 불일치 원인이 다음과 같을 때, ㈜한국의 조정 전 당좌예금 계정 잔액은? 제27회

- ㈜한국이 거래처에 발행하였으나 은행에서 미인출된 수표 ₩2,000
- ㈜한국은 입금처리하였으나 은행에서 미기록한 예금 1,000
- ㈜한국에서 회계처리하지 않은 은행수수료 300
- 타회사가 부담할 수수료를 ㈜한국의 계정에서 차감한 은행의 오류 400
- ㈜한국에서 회계처리하지 않은 이자비용 500

① ₩8,600 ② ₩9,400 ③ ₩9,800
④ ₩10,000 ⑤ ₩10,200

해설

은행계정조정표

회사측 잔액	〈10,200〉	은행측 잔액	10,000
은행수수료	−300	기발행 미인출 수표	−2,000
이자비용	−500	은행 미기록 예금	1,000
		수수료차감 오류	400
조정 후 잔액	₩9,400	조정 후 잔액	₩9,400

09 ●●하 **20X1년 말 현재 ㈜한국의 장부상 당좌예금 잔액은 ₩84,500으로 은행측 잔액증명서상 잔액과 차이가 있다. 차이가 나는 원인이 다음과 같을 때, 차이를 조정한 후의 올바른 당좌예금 잔액은?** 제24회

- 거래처에서 송금한 ₩5,600이 은행에 입금 처리되었으나, 기말 현재 은행으로부터 통보받지 못했다.
- 발행한 수표 중 ₩11,000이 기말 현재 은행에서 인출되지 않았다.
- 거래처로부터 받아 예입한 수표 ₩5,000이 부도처리 되었으나, 기말 현재 은행으로부터 통보받지 못했다.
- 회사에서는 입금 처리하였으나, 기말 현재 은행측에 미기입된 예금은 ₩12,300이다.

① ₩72,900 ② ₩79,100 ③ ₩83,900
④ ₩85,100 ⑤ ₩86,400

해설

은행계정조정표

조정 전 회사측 당좌예금 잔액		₩84,500
미통지입금	+	₩5,600
부도수표	−	₩5,000
조정 후 당좌예금	=	₩85,100

Answer

07 ② 08 ⑤ 09 ④

10 상●●

20X1년 말 현재 ㈜한국의 장부상 당좌예금 잔액은 ₩11,800이며, 은행측 잔액증명서상 잔액은 ₩12,800이다. 은행계정조정표 작성과 관련된 자료가 다음과 같다면, 은행측 미기입예금은? 제19회

- 거래처에서 송금한 ₩1,500이 은행에 입금 처리되었으나 아직 은행으로부터 통보받지 못했다.
- 은행이 부과한 은행수수료 ₩200이 아직 회사 장부에 미정리된 상태이다.
- 발행한 수표 중 ₩1,100이 아직 은행에서 인출되지 않았다.
- 거래처로부터 받아 예입한 수표 ₩600이 부도처리 되었으나 은행으로부터 통보받지 못했다.
- 나머지 잔액 차이는 모두 은행측 미기입예금에 의한 것으로 확인되었다.

① ₩300 ② ₩400 ③ ₩600
④ ₩800 ⑤ ₩1,000

해설

은행계정조정표

조정 전 은행측 당좌예금 잔액		₩12,800	조정 전 회사측 당좌예금 잔액		₩11,800
기발행미인출수표	−	₩1,100	미통지입금	+	₩1,500
미기입예금	+	(?)	은행수수료	−	₩200
			부도수표	−	₩600
조정 후 당좌예금 잔액	=	₩12,500	조정 후 당좌예금 잔액	=	₩12,500

∴ 미기입예금 = ₩800

11 상

㈜한국은 20X1년 12월 31일 직원이 회사자금을 횡령한 사실을 확인하였다. 12월 31일 현재 회사 장부상 당좌예금 잔액은 ₩65,000이었으며, 거래은행으로부터 확인한 당좌예금 잔액은 ₩56,000이다. 회사측 잔액과 은행측 잔액이 차이가 나는 이유가 다음과 같을 때, 직원이 회사에서 횡령한 것으로 추정되는 금액은? 제22회

- 은행 미기입예금 ₩4,500
- 기발행미인출수표 ₩5,200
- 회사에 미통지된 입금액 ₩2,200
- 은행으로부터 통보받지 못한 은행수수료 ₩1,500
- 발행한 수표 ₩2,000을 회사장부에 ₩2,500으로 기록하였음을 확인함

① ₩9,000 ② ₩9,700
③ ₩10,400 ④ ₩10,900
⑤ ₩31,700

해설

은행계정조정표

조정 전 은행측 당좌예금 잔액		₩56,000	조정 전 회사측 당좌예금 잔액		₩65,000
미기입예금	+	₩4,500	미통지입금	+	₩2,200
기발행미인출수표	−	₩5,200	은행수수료	−	₩1,500
			기록오류	+	₩500
			횡령 추정액	−	(?)
조정 후 당좌예금 잔액	=	₩55,300	조정 후 당좌예금 잔액	=	₩55,300

∴ 횡령 추정액＝₩10,900

12 중

㈜한국은 20X1년 1월 1일 거래처로부터 액면금액 ₩120,000인 6개월 만기 약속어음(이자율 연 6%)을 수취하였다. ㈜한국이 20X1년 5월 1일 동 어음을 은행에 양도(할인율 연 9%)할 경우 수령할 현금은? (단, 동 어음양도는 금융자산 제거조건을 충족하며, 이자는 월할계산한다) 제22회

① ₩104,701 ② ₩118,146 ③ ₩119,892
④ ₩121,746 ⑤ ₩122,400

해설

1. 현금수령액＝만기금액 ₩123,600−할인액 ₩1,854＝₩121,746
2. 만기금액＝₩120,000＋₩120,000×6%×6/12＝₩123,600
3. 할인액＝₩123,600×9%×2/12＝₩1,854

Answer

10 ④ 11 ④ 12 ④

13 중

㈜한국은 20X1년 4월 1일 다음과 같은 받을어음을 은행에서 할인하고, 할인료를 제외한 금액을 현금으로 수취하였다. 동 어음할인으로 매출채권처분손실이 ₩159 발생한 경우, ㈜한국이 수취한 현금은? (단, 금융자산의 양도는 제거조건을 충족하며, 이자는 월할계산한다) 제24회

- 액면금액: ₩10,000
- 표시이자율: 연 6%(이자는 만기에 수취)
- 어음발행일: 20X1년 1월 1일
- 어음만기일: 20X1년 6월 30일

① ₩9,841
② ₩9,991
③ ₩10,141
④ ₩10,159
⑤ ₩10,459

해설

1. 현금수취액=할인시점 장부금액 ₩10,150－매출채권처분손실 ₩159=₩9,991
2. 할인시점 장부금액=₩10,000+₩10,000×6%×3/12=₩10,150

14 중

㈜한국은 20X1년 7월 1일 액면금액 ₩100,000의 어음(발행일 20X1년 5월 1일, 만기일 20X1년 10월 31일)**을 은행에 연 12%로 할인하였다. 동 어음이 연 9% 이자부 어음인 경우 매출채권처분손실은?** (단, 어음할인 거래는 금융자산의 제거요건을 충족하며, 이자는 월할계산한다) 제19회

① ₩1,180
② ₩1,500
③ ₩2,090
④ ₩4,180
⑤ ₩4,500

해설

1. 매출채권처분손실=현금수령액 ₩100,320－할인시점 장부금액 ₩101,500=₩1,180
2. 할인시점 장부금액=₩100,000+₩100,000×9%×2/12=₩101,500
3. 현금수령액=만기금액 ₩104,500－할인액 ₩4,180=₩100,320
4. 만기금액=₩100,000+₩100,000×9%×6/12=₩104,500
5. 할인액=₩104,500×12%×4/12=₩4,180

15 (중)

㈜한국은 20X1년 7월 1일 거래처에 상품을 판매하고 이자부약속어음(액면금액 ₩480,000, 연 5%, 만기 5개월)**을 수령하였다. ㈜한국은 동 어음을 2개월 동안 보유 후 거래은행에 연 8%의 이자율로 할인하였다. 어음할인시 인식해야 할 처분손실은?** (단, 어음할인은 금융자산의 제거요건을 충족하며, 이자는 월할계산한다) 제21회

① ₩3,800 ② ₩6,000 ③ ₩12,400
④ ₩13,600 ⑤ ₩19,600

해설

1. 매출채권처분손실 = 현금수령액 ₩480,200 − 할인시점 장부금액 ₩484,000 = ₩3,800
2. 할인시점 장부금액 = ₩480,000 + ₩480,000 × 5% × 2/12 = ₩484,000
3. 현금수령액 = 만기금액 ₩490,000 − 할인액 ₩9,800 = ₩480,200
4. 만기금액 = ₩480,000 + ₩480,000 × 5% × 5/12 = ₩490,000
5. 할인액 = ₩490,000 × 8% × 3/12 = ₩9,800

07 금융자산(II) – 금융자산 손상 및 기타채권

연계학습: 기본서 p.191~209

01 (중)

㈜한국의 20X1년 초 매출채권은 ₩800,000이며, 매출채권에 대한 손실충당금은 ₩15,000이다. 20X1년도 매출채권 관련 자료가 다음과 같을 때, ㈜한국이 매출채권과 관련하여 20X1년도 포괄손익계산서에 인식할 손상차손은? (단, 매출채권에는 유의적 금융요소를 포함하고 있지 않다고 가정한다) 제26회

- 20X1년도 매출액은 ₩1,000,000이며, 이 중 외상매출액은 ₩700,000이다.
- 20X1년도에 감소된 매출채권은 총 ₩1,020,000으로, 이는 현금으로 회수된 ₩1,000,000과 회수불능이 확정되어 제거된 ₩20,000이다.
- 20X1년 말 매출채권에 대한 기대신용손실은 매출채권 잔액의 2%이다.

① ₩9,600 ② ₩10,600 ③ ₩14,600
④ ₩15,600 ⑤ ₩20,600

Answer

13 ② 14 ① 15 ① / 01 ③

해설

매출채권

기초잔액	₩800,000	회수액	₩1,000,000
외상매출액	₩700,000	대손발생액	₩20,000
		기말잔액	₩480,000
	₩1,500,000		₩1,500,000

손실충당금(대손충당금)

대손발생액	₩20,000	기초잔액	₩15,000
기말잔액*	₩9,600	손상차손	₩14,600
	₩29,600		₩29,600

* 기말잔액 : ₩480,000×2%=₩9,600

02 ●●하

㈜한국의 20X1년 초 매출채권에 대한 손실충당금은 ₩5,000이다. 매출채권과 관련된 자료가 다음과 같을 때, 20X1년도에 인식할 손상차손은? 제23회

- 20X1년 3월 2일 당기 외상매출한 ₩7,500의 매출채권이 회수불가능한 것으로 판명되었다.
- 20X1년 6월 3일 전기에 손실충당금으로 손상처리한 매출채권 ₩1,000이 회수되었다.
- 20X1년 12월 31일 기말수정분개 전 매출채권 잔액은 ₩201,250이며, 매출채권 잔액의 미래현금흐름을 개별적으로 분석한 결과 ₩36,000의 손상이 발생할 것으로 예상되었다.

① ₩30,500 ② ₩31,000 ③ ₩35,000
④ ₩36,500 ⑤ ₩37,500

해설

손실충당금

회수불능확정액(손상액)	₩7,500	기초	₩5,000
		손상액 회수	₩1,000
기말	₩36,000	손상차손	(₩37,500)

03 (하) **㈜한국의 20X1년 중 발생한 거래 및 20X1년 말 손상차손 추정과 관련된 자료는 다음과 같다. ㈜한국의 20X1년도 포괄손익계산서상 매출채권에 대한 손상차손이 ₩35,000일 때, 20X1년 초 매출채권에 대한 손실충당금은?** 제24회

- 20X1년 6월 9일: 당기 외상매출한 매출채권 ₩8,900이 회수불능으로 확정되어 제거되었다.
- 20X1년 7월 13일: 전기에 손실충당금으로 손상처리한 매출채권 ₩1,000이 회수되었다.
- 20X1년 12월 31일: 기말 매출채권 전체에 대한 기대신용손실액은 ₩30,000이다.

① ₩1,000　② ₩1,900　③ ₩2,900
④ ₩3,900　⑤ ₩5,000

해설

손실충당금

회수불능확정액	₩8,900	기초	(₩2,900)
		손상액 회수	₩1,000
기말	₩30,000	손상차손	₩35,000

04 (중) **㈜한국은 20X1년 말 매출채권 잔액은 ₩150,000이며, 매출채권에 대한 기대신용손실을 계산하기 위한 연령별 기대신용손실을 계산하기 위한 연령별 기대신용손실률은 다음과 같다.**

연체기간	금 액	기대신용손실률
연체되지 않음	₩120,000	0.4%
1일 ~ 60일	₩25,000	2.0%
61일 이상	₩5,000	8.0%
합 계	₩150,000	

㈜한국의 20X1년 초 매출채권에 대한 손실충당금 잔액이 ₩2,500이고, 20X1년 중 매출채권 ₩1,000이 회수불능으로 제거되었다. 20X1년 포괄손익계산서에 보고할 매출채권 손상차손(또는 손상차손환입)**은?** 제25회

① 손상차손환입 ₩120　② 손상차손환입 ₩380
③ 손상차손 ₩120　④ 손상차손 ₩1,120
⑤ 손상차손 ₩1,380

Answer

02 ⑤　03 ③　04 ①

해설

손실충당금

손상액	₩1,000		₩2,500
손상차손환입	(₩120)		
기말	₩1,380*		

* 기말손실충당금 = ₩120,000 × 0.4% + ₩25,000 × 2.0% + ₩5,000 × 8.0% = ₩1,380

05 중

㈜한국의 20X1년 말 손상평가 전 매출채권의 총 장부금액은 ₩220,000이고, 손실충당금 잔액은 ₩5,000이다. ㈜한국이 20X1년 말에 인식해야 할 손상차손(환입)은? (단, 기대신용손실을 산정하기 위해 다음의 충당금 설정률표를 이용한다)

제21회

연체기간	총 장부금액	기대신용손실률
연체되지 않음	₩100,000	0.3%
1일~30일	₩65,000	1%
31일~60일	₩30,000	5%
61일~90일	₩20,000	7%
91일 이상	₩5,000	10%
합 계	₩220,000	

① 손상차손 ₩650
② 손상차손 ₩4,350
③ 손상차손환입 ₩650
④ 손상차손환입 ₩950
⑤ 손상차손환입 ₩4,350

해설

손실충당금

손상차손환입	(₩650)	손상평가 전 잔액	₩5,000
기말	₩4,350*		

* 기말 손실충당금 = ₩100,000 × 0.3% + ₩65,000 × 1% + ₩30,000 × 5% + ₩20,000 × 7% + ₩5,000 × 10%
= ₩4,350

08 금융자산(Ⅲ)－지분상품 및 채무상품자산

연계학습: 기본서 p.211~242

01 하

당기손익－공정가치 측정 금융자산에 관한 설명으로 옳지 않은 것은? 제16회 수정

① 당기손익－공정가치 측정 금융자산의 취득과 직접 관련되는 거래원가는 최초 인식하는 공정가치에 가산한다.

② 당기손익－공정가치 측정 금융자산의 처분에 따른 손익은 포괄손익계산서에 당기손익으로 인식한다.

③ 당기손익－공정가치 측정 금융자산은 재무상태표에 공정가치로 표시한다.

④ 당기손익－공정가치 측정 금융자산의 장부금액이 처분금액보다 작으면 처분이익이 발생한다.

⑤ 당기손익－공정가치 측정 금융자산의 평가에 따른 손익은 포괄손익계산서에 당기손익으로 인식한다.

해설

① 당기손익－공정가치 측정 금융자산의 취득과 직접 관련되는 거래원가는 발생시점에 비용으로 인식한다.

02 하

㈜한국은 20X1년 4월 1일 ㈜대한의 보통주 100주를 1주당 ₩10,000에 취득하고 취득수수료 ₩20,000을 현금으로 지급하였다. ㈜한국은 취득한 보통주를 당기손익－공정가치 측정 금융자산으로 분류하였으며, 20X1년 8월 1일 1주당 ₩1,000의 중간배당금을 현금으로 수령하였다. 20X1년 말 ㈜대한의 보통주 공정가치는 1주당 ₩10,500이었다. 동 주식과 관련하여 ㈜한국이 20X1년 인식할 금융자산 평가손익은? 제24회

① 손실 ₩70,000　② 손실 ₩50,000　③ 손실 ₩30,000

④ 이익 ₩30,000　⑤ 이익 ₩50,000

해설

⑤ 금융자산 평가이익＝100주×(당기말 공정가치 ₩10,500－직전 장부금액 ₩10,000)＝₩50,000

Answer

05 ③ / 01 ① 02 ⑤

03 중

㈜한국은 20X1년 7월 초 ㈜대한의 주식 1,000주(액면가액 ₩7,000)를 주당 ₩7,500에 매입하여 공정가치 변동을 당기손익으로 인식하는 금융자산으로 분류하였다. ㈜한국은 20X1년 9월 초 ㈜대한의 주식 400주를 주당 ₩8,500에 처분하였고, 20X1년 말 ㈜대한 주식의 주당 공정가치는 ₩8,000이다. 동 주식과 관련하여 ㈜한국이 20X1년 포괄손익계산서에 인식할 당기이익은? 제20회

① ₩500,000 ② ₩700,000 ③ ₩1,000,000
④ ₩1,200,000 ⑤ ₩1,500,000

해설

당기손익-공정가치 측정 금융자산 처분(평가)손익	당기순이익 영향
처분이익 ₩400,000=400주×(처분금액 ₩8,500-직전 장부금액 ₩7,500)	증가 ₩400,000
평가이익 ₩300,000=600주×(당기말 공정가치 ₩8,000-직전 장부금액 ₩7,500)	증가 ₩300,000
합 계	증가 ₩700,000

04 하

㈜한국은 20X1년 중 금융자산을 취득하고 주식A는 당기손익-공정가치 측정 금융자산으로, 주식B는 기타포괄손익-공정가치 측정 금융자산으로 분류하였다. 20X1년 중 주식A는 전부 매각하였고, 주식B는 20X1년 말 현재 보유하고 있다. 주식A의 매각금액과 20X1년 말 주식B의 공정가치가 다음과 같을 때, 20X1년 당기순이익에 미치는 영향은? 제25회

구 분	20X1년 중 취득원가	비 고
주식A	₩250	매각금액 ₩230
주식B	₩340	20X1년 말 공정가치 ₩380

① ₩20 증가 ② ₩40 증가 ③ ₩60 증가
④ ₩20 감소 ⑤ ₩40 감소

해설

구 분	처분손익 및 평가손익	이익 영향		
		당기순이익	기타포괄손익	총포괄손익
주식A	처분손실=매각금액 ₩230-직전 장부금액 ₩250=₩20	감소 ₩20	-	감소 ₩20
주식B	평가이익=당기말 공정가치 ₩380-직전 장부금액 ₩340=₩40	-	증가 ₩40	증가 ₩40

05 상

㈜한국은 A주식을 20X1년 초 ₩1,000에 구입하고 취득수수료 ₩20을 별도로 지급하였으며, 기타포괄손익－공정가치 측정 금융자산으로 선택하여 분류하였다. A주식의 20X1년 말 공정가치는 ₩900, 20X2년 말 공정가치는 ₩1,200이고, 20X3년 2월 1일 A주식 모두를 공정가치 ₩1,100에 처분하였다. A주식에 관한 회계처리 결과로 옳지 않은 것은? 제22회

① A주식 취득원가는 ₩1,020이다.
② 20X1년 총포괄이익이 ₩120 감소한다.
③ 20X2년 총포괄이익이 ₩300 증가한다.
④ 20X2년 말 재무상태표상 금융자산평가이익(기타포괄손익누계액)은 ₩180이다.
⑤ 20X3년 당기순이익이 ₩100 감소한다.

해설

<table>
<tr><th colspan="2" rowspan="2">구 분</th><th colspan="3">이익 영향</th></tr>
<tr><th>당기순이익</th><th>기타포괄손익</th><th>총포괄손익</th></tr>
<tr><td>① 취득원가</td><td>=구입가격 ₩1,000+취득수수료 ₩20
=₩1,020</td><td>–</td><td>–</td><td>–</td></tr>
<tr><td rowspan="2">② 20X1년</td><td>(I/S) 평가손실 ₩120
=당기말 공정가치 ₩900−직전 장부금액 ₩1,020</td><td rowspan="2">영향 없음</td><td rowspan="2">감소 ₩120</td><td rowspan="2">감소 ₩120</td></tr>
<tr><td>(B/S) 평가손실 ₩120
=당기말 공정가치 ₩900−취득원가 ₩1,020</td></tr>
<tr><td rowspan="2">③④ 20X2년</td><td>(I/S) 평가이익 ₩300
=당기말 공정가치 ₩1,200−직전 장부금액 ₩900</td><td>영향 없음</td><td rowspan="2">증가 ₩300</td><td rowspan="2">증가 ₩300</td></tr>
<tr><td>(B/S) 평가손익(기타포괄손익누계액) ₩180
=당기말 공정가치 ₩1,200−취득원가 ₩1,020</td><td>영향 없음</td></tr>
<tr><td rowspan="2">⑤ 20X3년</td><td>(I/S) 평가손실 ₩100
=처분금액 ₩1,100−직전 장부금액 ₩1,200</td><td rowspan="2">영향 없음</td><td rowspan="2">감소 ₩100</td><td rowspan="2">감소 ₩100</td></tr>
<tr><td>처분이익 ₩0
=처분금액 ₩1,100−처분시점 공정가치 ₩1,100</td></tr>
</table>

Answer

03 ② 04 ④ 05 ⑤

06 중

㈜한국은 20X1년 7월 1일 ㈜대한의 주식 200주를 취득일의 공정가치인 주당 ₩1,000에 취득하였다. 취득시 추가로 ₩5,000의 거래원가가 발생하였으며, ㈜한국은 해당 주식을 당기손익－공정가치측정 금융자산으로 분류하였다. 20X1년 9월 1일 ㈜한국은 취득한 주식의 50%를 처분일의 공정가치인 주당 ₩800에 처분하였다. 20X1년 말 ㈜대한 주식의 주당 공정가치가 ₩1,300일 때, 동 주식과 관련하여 ㈜한국의 20X1년 포괄손익계산서의 당기순이익 증가액은? 제26회

① ₩1,000 ② ₩2,000 ③ ₩3,000
④ ₩4,000 ⑤ ₩5,000

해설

1. FVPL금융자산 취득원가: 200주×₩1,000=₩200,000
 * FVPL금융자산 취득시 거래원가는 당기손익으로 처리한다.
2. FVPL금융자산 처분손익: 200주×50%×(₩800－₩1,000)=(－)₩20,000
3. FVPL금융자산 평가손익: 200주×50%×₩1,300－₩1,000)=₩30,000
4. 당기순이익 증가액: (－)₩5,000+(－)₩20,000+₩30,000=₩5,000

07 중

㈜대한은 20X1년에 ㈜한국이 발행한 사채를 ₩180,000에 취득하였다. 취득한 사채는 단기간 내 매각을 목적으로 하고 있다. 취득시 발생한 거래 수수료는 ₩4,000이다. 20X1년 말에 ㈜대한은 액면 이자 ₩10,000을 현금 수취하였으며, 20X1년 말 사채의 공정가치는 ₩188,000이다. ㈜대한의 20X1년 당기순이익에 미치는 영향은? 제18회

① ₩4,000 증가 ② ₩6,000 증가 ③ ₩10,000 증가
④ ₩14,000 증가 ⑤ ₩18,000 증가

해설

〈방법1〉

손익항목	20X1년 당기순이익 영향
20X1년 거래수수료 ₩4,000	₩4,000 감소
20X1년 이자수익 ₩10,000	₩10,000 증가
20X1년 평가이익 ₩8,000*	₩8,000 증가
계	₩14,000 증가

* 20X1년 평가이익=당기말 공정가치 ₩188,000－직전 장부금액 ₩180,000=₩8,000

〈방법2〉

20X1년 초 자산		20X1년 말 자산
투자사채 ₩180,000 현 금 ₩4,000	당기순이익 증가 ₩14,000	투자사채 ₩188,000 현 금 ₩10,000
₩184,000	――――――――――→	₩198,000

08 상

㈜한국은 20X1년 1월 1일에 ㈜대한이 발행한 사채(액면금액 ₩10,000, 표시이자율 연 10%, 이자는 매년 12월 31일 지급, 만기 3년)**를 공정가치로 취득하고 상각후원가 측정 금융자산으로 분류하였다. 취득당시 유효이자율은 연 12%이다. 동 금융자산과 관련하여 ㈜한국이 20X2년 12월 31일에 인식할 이자수익과 20X2년 12월 31일 금융자산 장부금액은?** (단, 사채발행일과 취득일은 동일하며, 단수차이가 발생할 경우 가장 근사치를 선택한다) 제25회

기 간	단일금액 ₩1의 현재가치		정상연금 ₩1의 현재가치	
3	10%	12%	10%	12%
	0.7513	0.7118	2.4869	2.4019

	이자수익	장부금액		이자수익	장부금액
①	₩952	₩9,520	②	₩1,000	₩9,620
③	₩1,142	₩9,662	④	₩1,159	₩9,821
⑤	₩1,178	₩10,000			

해설

1. 20X2년 이자수익=(₩9,520* × 1.12 − ₩1,000) × 0.12 = ₩1,159
2. 20X2년 말 장부금액=(₩9,520* × 1.12 − ₩1,000) × 1.12 − ₩1,000 = ₩9,821

* 취득원가(현재가치)=액면금액 ₩10,000 × 0.7118 + 액면이자 ₩1,000 × 2.4019 = ₩9,520

09 중

㈜한국은 20X1년 초 만기보유 목적으로 ㈜대한이 발행한 사채를 ₩1,049,732에 구입하여 상각후원가로 측정한다. 발행조건이 다음과 같을 때, 20X2년 초 동 금융자산의 장부금액은? (단, 계산된 금액은 소수점 이하의 단수차이가 발생할 경우 근사치를 선택한다) 제20회

- 액면금액: ₩1,000,000
- 표시이자율: 연 12%(매년 말 지급)
- 유효이자율: 연 10%
- 만기: 3년(만기 일시상환)

① ₩1,034,705 ② ₩1,043,764 ③ ₩1,055,699
④ ₩1,064,759 ⑤ ₩1,154,705

해설

① 20X2년 초 장부금액=20X1년 초 장부금액 ₩1,049,732 × 1.1 − ₩120,000 = ₩1,034,705

Answer

06 ⑤ 07 ④ 08 ④ 09 ①

10 중

취득한 사채(채무상품)를 기타포괄손익－공정가치측정 금융자산으로 분류한 경우의 회계처리로 옳지 않은 것은? (단, 손상은 고려하지 않는다) 제26회

① 취득과 관련되는 거래원가는 최초 인식시점의 공정가치에 가산한다.
② 처분할 경우 기타포괄손익누계액에 누적된 평가손익을 당기손익으로 재분류한다.
③ 당기손익으로 인식하는 금액은 상각후원가측정 금융자산으로 분류하였을 경우 당기손익으로 인식하는 금액과 차이가 없다.
④ 액면금액 미만으로 취득(할인취득)한 경우 이자수익 인식금액이 현금으로 수취하는 이자금액 보다 크다.
⑤ 이자수익은 매 보고기간 말의 현행 시장이자율을 이용하여 인식한다.

해설

⑤ 이자수익은 발행(취득) 당시의 시장이자율을 이용하여 인식한다.

09 재고자산

연계학습: 기본서 p.246~295

01 하

재고자산에 관한 설명으로 옳은 것은?

① 재고자산은 취득원가와 순실현가능가치 중 높은 금액으로 측정한다.
② 개별법이 적용되지 않는 재고자산의 단위원가는 선입선출법, 가중평균법 및 후입선출법을 사용하여 결정한다.
③ 재고자산의 수량결정방법 중 실지재고조사법만 적용 시 파손이나 도난이 있는 경우 매출원가가 과소평가 될 수 있는 문제점이 있다.
④ 부동산매매를 주된 영업활동으로 하는 부동산매매기업이 보유하고 있는 판매목적의 건물과 토지는 재고자산으로 분류되어야 한다.
⑤ 물가가 지속적으로 상승하고 재고청산이 발생하지 않는 경우, 선입선출법의 매출원가가 다른 방법에 비해 가장 크게 나타난다.

해설

① 높은 → 낮은
② 후입선출법은 인정되지 않는다.
③ 기말재고액이 과소평가 될 수 있다.
⑤ 크게 → 작게

02 ●●하 ㈜한국은 20X1년 12월 1일 ₩1,000,000의 상품을 신용조건(5/10, n/60)으로 매입하였다. ㈜한국이 20X1년 12월 9일에 매입대금을 전액 현금 결제한 경우의 회계처리는? (단, 상품매입시 총액법을 적용하며, 실지재고조사법으로 기록한다) 제21회

	차 변		대 변	
①	매입채무	₩900,000	현 금	₩900,000
②	매입채무	₩950,000	현 금	₩950,000
③	매입채무	₩1,000,000	현 금	₩1,000,000
④	매입채무	₩1,000,000	현 금	₩900,000
			매입(할인)	₩100,000
⑤	매입채무	₩1,000,000	현 금	₩950,000
			매입(할인)	₩50,000

해설

1. 신용조건
   "5/10, n/60": 외상매입 후 10일 이내에 매입대금을 결제하면 5%를 할인해 주는 조건
2. 10일 이내 결제 매입할인액=결제금액 ₩1,000,000×5%=₩50,000
3. 현금지급액=₩1,000,000－매입할인액 ₩50,000=₩950,000
4. 20X1년 12월 9일 회계처리

(차) 매입채무	₩1,000,000	(대) 현금	₩950,000
		매입(할인)	₩50,000

03 ●●하 ㈜한국의 다음 재고자산 관련 자료를 이용하여 구한 재고자산의 취득원가는? 제27회

- 매입가격 ₩500,000
- 매입운임 ₩2,500
- 매입할인 15,000
- 하역료 10,000
- 수입관세(과세당국으로부터 추후 환급받을 금액 ₩7,500 포함) 10,000
- 재료원가, 기타 제조원가 중 비정상적으로 낭비된 부분 4,000
- 후속 생산단계에 투입 전 보관이 필요한 경우 이외의 보관원가 1,000

① ₩500,000 ② ₩505,000 ③ ₩514,000
④ ₩522,500 ⑤ ₩529,000

해설

재고자산 취득원가: 500,000+2,500－15,000+10,000+(10,000－7,500)=₩500,000

Answer

10 ⑤ / 01 ④ 02 ⑤ 03 ①

04 ●●●하

㈜한국의 20X1년 초 상품재고는 ₩100,000이고, 당기 상품매입액은 ₩400,000이다. ㈜한국의 당기 상품 매출액은 ₩500,000이고 20X1년 말 상품재고가 ₩200,000일 때, 20X1년 상품매출원가는? (단, 재고자산감모손실과 재고자산평가손실 및 재고자산평가충당금은 없다) 제25회

① ₩100,000 ② ₩200,000 ③ ₩300,000
④ ₩400,000 ⑤ ₩500,000

해설

③ 매출원가=기초재고 ₩100,000+당기매입액 ₩400,000−기말재고 ₩200,000=₩300,000

05 ●●●하

다음 자료를 이용하여 계산한 매출총이익은? 제22회

• 총매출액	₩100,000	• 총매입액	₩80,000
• 매출환입	₩2,000	• 매입운임	₩1,500
• 매출에누리	₩1,000	• 매입환출	₩2,000
• 매출할인	₩1,500	• 매출운임	₩8,000
• 기초재고	₩10,000	• 기말재고	₩30,000

① ₩20,000 ② ₩28,000 ③ ₩34,000
④ ₩36,000 ⑤ ₩40,500

해설

총매입액	₩80,000	총매출액	₩100,000
매출환입	₩2,000	매입환출	₩2,000
매입운임	₩1,500	기말재고	₩30,000
매출에누리	₩1,000		
매출할인	₩1,500		
기초재고	₩10,000		
매출총이익	(₩36,000)		

06 중

다음 자료를 이용하여 계산한 총매입액은? (단, 재고자산감모손실은 없다) 제22회

• 기초재고	₩400,000	• 매입환출	₩40,000
• 총매출액	₩2,000,000	• 기말재고	₩300,000
• 매출환입	₩200,000	• 매출총이익률	20%

① ₩1,300,000
② ₩1,340,000
③ ₩1,380,000
④ ₩1,700,000
⑤ ₩1,740,000

해설

기초재고	₩400,000	매출원가	₩1,440,000*
		매입환출	₩40,000
총매입액	(₩1,380,000)	기말재고	₩300,000

* 매출원가=(총매출액 ₩2,000,000−매출환입 ₩200,000)×(1−0.2)=₩1,440,000

07 중

다음 자료를 이용하여 계산한 기말재고자산은? (단, 재고자산평가손실과 재고자산감모손실은 없다) 제24회

• 기초재고	₩300	• 총매입액	₩1,300
• 매입환출	₩100	• 매입운임	₩70
• 총매출액	₩1,600	• 매출환입	₩50
• 매출운임	₩80	• 매출총이익률	10%

① ₩35
② ₩103
③ ₩130
④ ₩175
⑤ ₩247

해설

기초재고	₩300	매출원가	₩1,395*
총매입액	₩1,300	매입환출	₩100
매입운임	₩70	기말재고	(₩175)

* 매출원가=(총매출액 ₩1,600−매출환입 ₩50)×(1−0.1)=₩1,395

Answer

04 ③ 05 ④ 06 ③ 07 ④

08 중

㈜대한은 모든 상품을 전액 외상으로 매입하여, 외상으로 판매한 다음 차후에 현금으로 결제한다. 다음 자료를 이용할 때 ㈜대한의 매출총이익은? 제13회

항 목	기초잔액	기말잔액	현금회수/지급액
매출채권	₩120,000	₩80,000	₩890,000(회수)
매입채무	₩60,000	₩130,000	₩570,000(지급)
상품(재고액)	₩70,000	₩90,000	—

① ₩210,000 ② ₩220,000 ③ ₩230,000
④ ₩240,000 ⑤ ₩250,000

해설

매출채권 감소	₩40,000	상품 증가	₩20,000
매입채무 증가	₩70,000	현금회수액	₩890,000
현금지급액	₩570,000		
매출총이익	(₩230,000)		

09 중

다음 자료를 이용하여 상품매입과 관련된 당기현금 지급액을 계산하면? 제14회

- 매출액 ₩500
- 매출총이익 ₩100
- 기초상품재고액 ₩120
- 기말상품재고액 ₩110
- 기초매입채무 ₩80
- 기말매입채무 ₩120

① ₩310 ② ₩320 ③ ₩330
④ ₩340 ⑤ ₩350

해설

매출총이익	₩100	매출액	₩500
기초상품재고액	₩120	기말상품재고액	₩110
기말매입채무	₩120	기초매입채무	₩80
현금지급액	(₩350)		

10 중

다음 자료를 이용하여 계산한 총매출액은?

제26회

• 기초상품재고	₩6,000	• 매출에누리	₩1,500
• 총매입액	₩14,000	• 매출할인	₩2,500
• 매입환출	₩1,000	• 매출운임	₩3,000
• 매입할인	₩2,000	• 매출총이익률	20%
• 기말상품재고	₩9,000		

① ₩12,500 ② ₩12,750 ③ ₩14,000
④ ₩15,250 ⑤ ₩17,000

해설

순매입액: ₩14,000－₩1,000－₩2,000＝₩11,000
매출원가: ₩6,000＋₩11,000－₩9,000＝₩8,000
순매출액: ₩8,000/(1－0.2)＝₩10,000
총매출액: ₩10,000＋₩1,500＋₩2,500＝₩14,000
* 매출운임은 판매비와 관리비로 처리한다.

11 하

㈜한국의 20X1년 재고자산 매입과 매출에 관한 자료는 다음과 같다.

일 자	적 요	수량(개)	단위당 원가
1월 1일	기초재고	20	₩100
3월 1일	매 입	50	₩110
6월 1일	매 출	40	
9월 1일	매 입	80	₩120
12월 1일	매 출	30	

㈜한국이 계속기록법을 적용하면서 선입선출의 단위원가결정방법을 사용할 때, 20X1년 기말재고자산은? (단, 장부상 재고수량과 실지재고수량은 일치하며, 재고자산평가손실은 없다)

제25회

① ₩8,700 ② ₩9,120 ③ ₩9,320
④ ₩9,600 ⑤ ₩9,700

해설

기말재고자산＝기말재고수량 80개*×단위당 원가 ₩120＝₩9,600
* 기말재고수량＝20개＋50개－40개＋80개－30개＝80개

Answer

08 ③ 09 ⑤ 10 ③ 11 ④

12 ●●하

다음은 계속기록법을 적용하고 있는 ㈜한국의 20X1년 재고자산에 대한 거래내역이다. 선입선출법을 적용한 경우의 매출원가는? 제23회

일 자	적 요	수량(개)	단위당 원가
1월 1일	기초재고	100	₩11
5월 1일	판 매	30	
7월 1일	매 입	50	₩20
8월 1일	판 매	90	
11월 1일	매 입	150	₩30
12월 1일	판 매	140	

① ₩1,200 ② ₩2,860 ③ ₩5,400
④ ₩5,800 ⑤ ₩6,160

해설
③ 매출원가=100개×₩11+50개×₩20+110개×₩30=₩5,400

13 ●중●

다음은 ㈜한국의 상품 관련 자료이다. 선입선출법과 가중평균법에 의한 기말재고자산금액은? (단, 실지재고조사법을 적용하며, 기초재고는 없다) 제22회

구 분	수량(개)	단위당 원가
매입(1월 2일)	150	₩100
매출(5월 1일)	100	
매입(7월 1일)	350	₩200
매출(12월 1일)	200	
기말 실제재고(12월 31일)	200	

	선입선출법	가중평균법
①	₩34,000	₩34,000
②	₩34,000	₩40,000
③	₩36,000	₩34,000
④	₩40,000	₩34,000
⑤	₩40,000	₩40,000

해설
1. 선입선출법=200개×₩200=₩40,000
2. 가중평균법(총평균법)=200개×₩170*=₩34,000
   * 총평균단가=(150개×₩100+350개×₩200)÷500개=₩170

14 중

다음은 ㈜한국의 20X1년도 재고자산의 매입과 매출 관련 거래내역이다. 실지재고조사법에 의한 가중평균법을 적용할 경우 매출원가는? (단, 재고자산감모손실과 평가손실은 없다) 제26회

일 자	적 요	수량(단위)	단위당 원가
1월 1일	기초재고	60	₩10
3월 1일	매 입	40	₩15
6월 1일	매 출	80	
9월 1일	매 입	60	₩20
12월 1일	매 출	50	

① ₩1,800　② ₩1,860　③ ₩1,900
④ ₩1,950　⑤ ₩2,100

해설

실지재고조사법 + 가중평균법 = 총평균법

총평균단가: $\frac{60 \times ₩10 + 40 \times 15 + 60 \times ₩20}{60 + 40 + 60} = ₩15$

매출원가: 130 × ₩15 = ₩1,950

15 중

㈜한국의 다음 재고자산 관련 거래내역을 계속기록법에 의한 이동평균법을 적용할 경우 기말재고액은? (단, 재고자산감모손실과 재고자산평가손실은 없으며, 재고자산 단가는 소수점 둘째자리에서 반올림한다.) 제27회

일 자	적 요	수량(단위)	단위당 원가	단위당 판매가격
1월 1일	기초재고	500	₩75	
6월 1일	매 출	250		₩100
8월 1일	매 입	250	₩90	
12월 1일	매 출	300		₩100

① ₩15,000　② ₩16,000　③ ₩16,500
④ ₩18,000　⑤ ₩18,500

해설

8월 1일 이동평균단가: (250×75+250×90) ÷ 500단위=@₩82.5
기말재고액: 200단위×@₩82.5=₩16,500

Answer

12 ③　13 ④　14 ④　15 ③

16 중

다음은 ㈜한국의 재고자산 자료이다. 총평균법을 적용하여 계산된 매출원가가 ₩24,000일 경우 7월 15일 매입분에 대한 단위당 매입원가는? (단, 재고자산감모손실과 재고자산평가손실은 없다) 제19회

구 분	수 량	단위당 매입원가	단위당 판매가격
기초재고	100개	₩100	
7월 15일 매입	200개	?	
10월 1일 매출	200개		₩150
기말재고	100개		

① ₩100 ② ₩110 ③ ₩120
④ ₩130 ⑤ ₩140

해설

1. 총평균단가=매출원가 ₩24,000÷매출수량 200개=₩120
2. 총평균단가=(100개×₩100+200개×매입단가)÷300개=₩120
   ∴ 매입단가=₩130

17 중

다음 자료를 이용하여 계산된 ㈜한국의 20X1년 기말재고자산은? 제17회

- 20X1년 말 ㈜한국의 창고에 보관중인 기말재고자산 실사액은 ₩10,000이다.
- 20X1년 12월 1일 위탁한 적송품 중 기말까지 판매되지 않은 상품의 판매가는 ₩1,000(매출총이익은 판매가의 20%)이다.
- 20X1년 12월 11일 발송한 시송품(원가 ₩2,000) 중 기말 현재 80%에 대하여 고객의 매입의사표시가 있었다.
- 20X1년 말 현재 ㈜한국이 FOB 도착지인도조건으로 매입하여 운송중인 상품의 원가는 ₩3,000이다.
- 20X1년 말 현재 ㈜한국이 FOB 선적지인도조건으로 매출하여 운송중인 상품의 원가는 ₩4,000이다.

① ₩11,200 ② ₩11,400 ③ ₩14,200
④ ₩15,200 ⑤ ₩18,200

해설

기말재고자산 실사액		₩10,000
적송품 중 기말까지 판매되지 않은 상품=₩1,000×(1−20%)	+	₩800
시송품 중 매입의사 표시가 없는 상품=₩2,000×(1−80%)	+	₩400
기말재고자산	=	₩11,200

18 중

다음은 화장품 제조판매업을 영위하고 있는 ㈜한국의 20X1년 말 자료이다. ㈜한국의 20X1년 기말재고자산은? (단, 제시된 금액은 모두 원가 금액이다) 제26회

• 판매를 위하여 창고에 보관중인 ㈜한국의 화장품	₩700,000
• 전시관 내 홍보목적으로 제공하고 있는 ㈜한국의 화장품	₩10,000
• 화장품 생산에 사용하는 ㈜한국의 원재료	₩120,000
• 선적지인도조건으로 판매한 ㈜한국의 화장품 중 현재 선적후 운송 중인 화장품	₩90,000
• 위탁판매계약을 하고 수탁자에게 보낸 ㈜한국의 화장품 중 기말 현재 판매되지 않은 화장품	₩50,000
• 시용판매를 위해 고객에게 보낸 ㈜한국의 화장품 중 매입의사표시를 받지 못한 시송품	₩30,000

① ₩900,000 ② ₩910,000 ③ ₩990,000
④ ₩1,010,000 ⑤ ₩1,070,000

해설

기말재고자산: ₩700,000 + ₩120,000 + ₩50,000 + ₩30,000 = ₩900,000

19 하

다음은 ㈜한국의 20X1년 상품(원가) 관련 자료이다. ㈜한국의 20X1년 기말재고자산은? 제21회

20X1년 말 창고에 보관중인 ㈜한국의 상품(실사금액)	₩500,000
㈜한국이 수탁자에게 적송한 상품 중 20X1년 말 판매되지 않은 적송품	₩20,000
㈜한국이 시용판매를 위해 고객에게 발송한 상품 ₩130,000 중 20X1년 말 매입의사 표시가 없는 시송품	₩50,000
20X1년 말 선적지인도조건으로 ㈜한국이 판매하여 운송중인 상품	₩100,000
20X1년 말 선적지인도조건으로 ㈜한국이 매입하여 운송중인 상품	₩120,000

① ₩570,000 ② ₩620,000 ③ ₩690,000
④ ₩720,000 ⑤ ₩770,000

해설

창고에 보관 중인 상품(실사금액)		₩500,000
수탁자에게 적송한 상품 중 판매되지 않은 적송품	+	₩20,000
시용판매를 위해 고객에게 발송한 상품 중 매입의사 표시가 없는 시송품	+	₩50,000
선적지인도기준으로 매입하여 운송 중인 상품	+	₩120,000
기말재고자산	=	₩690,000

Answer

16 ④ 17 ① 18 ① 19 ③

20 중

㈜한국의 20X1년 손익관련 자료는 다음과 같다.

- 매출액 ₩4,400,000
- 기초재고자산 ₩1,000,000
- 매입액 ₩3,000,000
- 20X1년 말 장부상 재고자산은 ₩2,500,000(2,500개, @1,000)이었으나, 실사 결과 재고자산은 ₩1,800,000(2,000개, @900)이다.

20X1년도 ㈜한국의 당기순이익은? 제13회

① ₩1,000,000 ② ₩1,700,000 ③ ₩1,800,000
④ ₩2,000,000 ⑤ ₩2,200,000

해설

당기순이익=매출액(총수익) ₩4,400,000−총비용*=₩2,200,000
* 총비용=기초재고자산 ₩1,000,000+매입액 ₩3,000,000−기말재고자산 ₩1,800,000=₩2,200,000

21 중

㈜한국은 재고자산감모손실 중 40%는 비정상감모손실(기타비용)로 처리하며, 정상감모손실과 평가손실은 매출원가에 포함한다. ㈜한국의 20X1년 재고자산 관련 자료가 다음과 같을 때, 매출원가는? 제25회

- 기초재고자산 ₩10,000(재고자산평가충당금 ₩0)
- 당기매입액 ₩80,000
- 기말장부수량 20개(단위당 원가 ₩1,000)
- 기말실제수량 10개(단위당 순실현가능가치 ₩1,100)

① ₩74,000 ② ₩74,400 ③ ₩76,000
④ ₩76,600 ⑤ ₩88,000

해설

1. 매출원가=기초재고 ₩10,000+당기매입액 ₩80,000−저가기말재고자산 ₩10,000−비정상감모손실 ₩4,000=₩76,000
2. 저가기말재고자산=실제수량 10개×저가단가 ₩1,000=₩10,000
3. 비정상감모손실=(장부수량 20개−실제수량 10개)×단위당 원가 ₩1,000×40%=₩4,000

22 중

단일상품만을 매매하는 ㈜한국의 기초재고자산은 ₩2,000이고, 당기순매입액은 ₩10,000이다. 기말재고자산 관련 자료가 다음과 같을 때, 매출원가는? (단, 감모손실 중 60%는 비정상감모손실(기타비용)로 처리하며, 정상감모손실과 평가손실은 매출원가에 포함한다) 제24회

• 장부수량	50개	• 단위당 원가	₩50
• 실제수량	45개	• 단위당 순실현가능가치	₩40

① ₩9,750 ② ₩9,950 ③ ₩10,050 ④ ₩10,100 ⑤ ₩10,200

해설

1. 매출원가=기초재고자산 ₩2,000+당기매입액 ₩10,000－저가기말재고자산 ₩1,800－비정상감모손실 ₩150=₩10,050
2. 저가기말재고자산=실제수량 45개×저가단가 ₩40=₩1,800
3. 비정상감모손실=(장부수량 50개－실제수량 45개)×단위당 원가 ₩50×60%=₩150

23 중

㈜한국은 재고자산을 항목별 저가기준으로 평가하고 있다. 아래의 기말 자료를 이용하여 재고자산평가손실을 구하면 얼마인가? 제13회

항 목	재고수량	단위당 취득원가	단위당 추정 판매가격	단위당 추정 판매비용
A	120개	₩4,000	₩5,500	₩600
B	150개	₩3,400	₩3,400	₩500
C	130개	₩2,300	₩2,500	₩300
D	100개	₩3,500	₩4,600	₩600

① ₩88,000 ② ₩89,000 ③ ₩98,000 ④ ₩99,000 ⑤ ₩109,000

해설

항 목	취득원가	순실현가능가치	저가기말재고자산	평가손실
A	120개×₩4,000=₩480,000	120개×(₩5,500－₩600) =₩588,000	₩480,000	－
B	150개×₩3,400=₩510,000	150개×(₩3,400－₩500) =₩435,000	₩435,000	₩75,000
C	130개×₩2,300=₩299,000	130개×(₩2,500－₩300) =₩286,000	₩286,000	₩13,000
D	100개×₩3,500=₩350,000	100개×(₩4,600－₩600) =₩400,000	₩350,000	－
계			₩1,551,000	₩88,000

Answer

20 ⑤ 21 ③ 22 ③ 23 ①

24 중

다음은 ㈜한국의 20X1년 말 재고자산(상품) 관련 자료이다. ㈜한국의 재고자산평가손실은? (단, 기초재고는 없으며, 단위원가 계산은 총평균법을 따른다) 제21회

장부상 자료		실사 자료	
수 량	총 장부금액	수 량	순실현가능가치 총액
80개	₩2,400	75개	₩1,850

① ₩30 ② ₩150 ③ ₩400
④ ₩550 ⑤ ₩600

해설

1. 재고자산평가손실=실사기말재고자산 ₩2,250－저가기말재고자산(순실현가능가치) ₩1,850=₩400
2. 실사기말재고자산=실사수량 75개×단위당원가(총평균단가) ₩30=₩2,250
3. 단위당원가(총평균단가)=₩2,400÷80개=₩30

25 중

20X1년 초 설립한 ㈜한국의 기말상품재고와 관련된 자료는 다음과 같다.

항 목	취득원가	순실현가능가치
A	₩1,000	₩1,200
B	₩2,000	₩1,900

당기상품매입액이 ₩10,000일 때, 20X1년 말 재고자산 장부금액과 20X1년도 매출원가는? (단, 재고자산의 항목은 서로 유사하지 않으며, 재고자산평가손익은 매출원가에 가감한다) 제17회

	장부금액	매출원가
①	₩2,900	₩7,000
②	₩2,900	₩7,100
③	₩3,000	₩7,000
④	₩3,000	₩7,100
⑤	₩3,200	₩7,000

해설

1. 기말재고자산 장부금액(저가기말재고자산)

항 목	취득원가	순실현가능가치	저가기말재고자산
A	₩1,000	₩1,200	₩1,000
B	₩2,000	₩1,900	₩1,900
계			₩2,900

2. 매출원가=기초재고자산 ₩0+당기매입액 ₩10,000－저가기말재고자산 ₩2,900=₩7,100

26 중

20X1년 초에 설립된 ㈜한국의 재고자산은 상품으로만 구성되어 있다. 20X1년 말 상품 관련 자료는 다음과 같고 항목별 저가기준으로 평가하고 있다. 20X1년 매출원가가 ₩250,000일 경우 당기 상품매입액은? (단, 재고자산평가손실은 매출원가에 포함되며 재고자산감모손실은 없다) 제19회

구 분	재고수량	단위당 원가	단위당 추정 판매가격	단위당 추정 판매비용
상품 A	20개	₩100	₩120	₩15
상품 B	40개	₩150	₩170	₩30
상품 C	30개	₩120	₩120	₩20

① ₩251,000 ② ₩260,600 ③ ₩260,700
④ ₩261,200 ⑤ ₩262,600

해설

1. 매출원가 ₩250,000=기초재고자산 ₩0+당기매입액−저가기말재고자산 ₩10,600
∴ 당기매입액=₩260,600
2. 저가기말재고자산

항 목	취득원가	순실현가능가치	저가기말재고자산
A	20개×₩100=₩2,000	20개×(₩120−₩15)=₩2,100	₩2,000
B	40개×₩150=₩6,000	40개×(₩170−₩30)=₩5,600	₩5,600
C	30개×₩120=₩3,600	30개×(₩120−₩20)=₩3,000	₩3,000
계			₩10,600

27 중

다음은 ㈜대한의 당기 재고자산 관련 자료이다. 가중평균 소매재고법에 따른 당기 매출원가는? 제18회

구 분	원 가	매 가
기초재고	₩1,800	₩2,000
매 입	₩6,400	₩8,000
매 출	?	₩6,000
기말재고	?	₩4,000

① ₩4,800 ② ₩4,920 ③ ₩5,100
④ ₩5,400 ⑤ ₩6,000

Answer

24 ③ 25 ② 26 ② 27 ②

해설

1. 매출원가=기초재고자산원가 ₩1,800+매입원가 ₩6,400−기말재고자산원가 ₩3,280=₩4,920
2. 기말재고자산원가=기말재고자산매가 ₩4,000×원가율 82%=₩3,280
3. 원가율 $= \frac{\text{기초재고원가 ₩1,800+매입원가 ₩6,400}}{\text{기초재고매가 ₩2,000+매입매가 ₩8,000}}$ =82%

28

중

다음 상품 관련 자료를 이용하여 계산한 매출액은? 제21회

• 기초재고액	₩5,000
• 기말재고액	₩8,000
• 당기매입액	₩42,000
• 매출총이익률	20%

① ₩31,200 ② ₩39,000 ③ ₩46,800
④ ₩48,750 ⑤ ₩56,250

해설

1. 매출액=매출원가 ₩39,000÷(1−0.2)=₩48,750
2. 매출원가

기초재고액	₩5,000	매출원가	₩39,000
당기매입액	₩42,000	기말재고액	₩8,000

29

중

㈜한국의 창고에 화재가 발생하여 재고자산의 일부가 소실되었다. 남아있는 재고자산의 순실현가능가치는 ₩20,000이다. ㈜한국의 기초재고자산은 ₩400,000이고 화재 발생 직전까지 재고자산 매입액은 ₩1,600,000이며 매출액은 ₩2,000,000이었다. ㈜한국의 과거 3년 평균 매출총이익률이 25%일 경우 재고자산 화재손실 추정액은? 제15회

① ₩380,000 ② ₩400,000 ③ ₩440,000
④ ₩480,000 ⑤ ₩500,000

해설

기초재고자산	₩400,000	매출원가	₩1,500,000*
당기매입액	₩1,600,000	남아있는 재고자산	₩20,000
		화재손실 추정액	(₩480,000)

* 매출원가=매출액 ₩2,000,000×(1−0.25)=₩1,500,000

30 중

㈜한국은 재고자산을 실지재고조사법으로 기록하고 있으며, 잦은 도난사고가 발생하고 있다. 다음의 20X1년 1분기 자료를 이용하여 계산한 도난손실 추정액은? 제16회

• 기초재고 금액	₩100
• 기말재고 실사금액	₩90
• 매출액	₩220
• 매입액	₩200
• 매출총이익률	20%

① ₩20　② ₩34　③ ₩40
④ ₩44　⑤ ₩50

해설

기초재고 금액	₩100	매출원가	₩176*
매입액	₩200	기말재고 실사금액	₩90
		도난손실 추정액	(₩34)

* 매출원가=매출액 ₩220×(1－0.2)=₩176

31 중

㈜한국은 20X1년 12월 말 화재로 인하여 재고자산 중 ₩110,000을 제외한 나머지가 소실되었다. 기초재고는 ₩100,000이고, 12월 말까지의 매입액과 매출액은 각각 ₩600,000, ₩400,000이다. 과거 3년 동안의 평균 매출총이익률이 20%일 경우, 화재로 인하여 소실된 재고자산의 추정금액은? 제17회

① ₩270,000　② ₩320,000　③ ₩380,000
④ ₩600,000　⑤ ₩700,000

해설

기초재고 금액	₩100,000	매출원가	₩320,000*
매입액	₩600,000	남은 재고자산	₩110,000
		화재손실 추정액	(₩270,000)

* 매출원가=매출액 ₩400,000×(1－0.2)=₩320,000

Answer

28 ④　29 ④　30 ②　31 ①

32 (중)

㈜한국은 실지재고조사법을 적용하고 있다. 20X1년 8월 2일 폭우로 창고가 침수되어 보관 중인 상품이 모두 소실되었다. 다음은 ㈜한국의 총계정원장과 전년도 포괄손익계산서에서 얻은 자료이다. 전년도의 매출총이익률이 20X1년에도 유지된다고 가정할 때, 20X1년도 재해로 인해 소실된 추정 상품재고액은? 제26회

20X1년 8월 2일 현재 총계정원장 자료		전년도 포괄손익계산서 자료	
• 상품계정 차변잔액	₩30,000	• 매출액	₩900,000
• 매입계정 차변잔액	₩400,000	• 매출원가	₩630,000
• 매입환출계정 대변잔액	₩20,000		
• 매출계정 대변잔액	₩500,000		
• 매출환입계정 차변잔액	₩30,000		

① ₩51,000　② ₩60,000　③ ₩80,000
④ ₩81,000　⑤ ₩101,000

해설

상품(재고자산)

차변	금액	대변	금액
기초재고액	₩30,000	매입환출	₩20,000
매입액	₩400,000	매출액	₩500,000
매출환입	₩30,000		
매출총이익*	₩141,000	기말재고액	₩81,000
	₩601,000		₩601,000

* 매출총이익률 : (₩900,000 − ₩630,000)/₩900,000 = 30%
  매출총이익 : (₩500,000 − ₩30,000) × 30% = ₩141,000

33 상

㈜한국은 20X1년 7월 1일 홍수로 인해 창고에 있는 상품재고 중 30%가 소실된 것으로 추정하였다. 다음은 소실된 상품재고를 파악하기 위한 20X1년 1월 1일부터 7월 1일까지의 회계자료이다. ㈜한국의 원가에 대한 이익률이 25%일 때 소실된 상품재고액은? 제23회

- 20X1년 기초 재고자산은 ₩60,000이다.
- 1월 1일부터 7월 1일까지 발생한 매출액은 ₩1,340,000이고 매입액은 ₩1,260,000이다.
- 7월 1일 현재 F.O.B. 선적지인도조건으로 매입하여 운송 중인 상품 ₩4,000이 있다.

① ₩73,200 ② ₩74,400 ③ ₩93,300
④ ₩94,500 ⑤ ₩104,200

해설

1. 소실된 상품재고액=(홍수 직전 재고추정액 ₩248,000－운송 중인 상품 ₩4,000)×30%
=₩73,200
2. 홍수 직전 재고추정액

기초재고자산	₩60,000	매출원가	₩1,072,000*
매입액	₩1,260,000	홍수 직전 재고추정액	(₩248,000)

* 매출원가=매출액 ₩1,340,000÷(1+0.25)=₩1,072,000

34 하

재고자산 회계처리에 관한 설명으로 옳지 않은 것은? 제23회

① 재고자산의 취득원가는 매입원가, 전환원가 및 재고자산을 현재의 장소에 현재의 상태로 이르게 하는 데 발생한 기타 원가 모두를 포함한다.
② 재고자산을 순실현가능가치로 감액하는 저가법은 항목별로 적용한다.
③ 재고자산을 순실현가능가치로 감액한 평가손실과 모든 감모손실은 감액이나 감모가 발생한 기간에 비용으로 인식한다.
④ 도착지인도기준의 미착상품은 판매자의 재고자산으로 분류한다.
⑤ 기초재고수량과 기말재고수량이 같다면, 선입선출법과 가중평균법을 적용한 매출원가는 항상 같게 된다.

해설

⑤ 기초재고수량과 기말재고수량이 같다 하더라도, 선입선출법과 가중평균법을 적용한 매출원가는 항상 같지 않다.

Answer

32 ④ 33 ① 34 ⑤

35 하

재고자산에 관한 설명으로 옳은 것은? (단, 재고자산감모손실 및 재고자산평가손실은 없다) 제18회

① 선입선출법 적용시 물가가 지속적으로 상승한다면, 계속기록법에 의한 기말재고자산 금액이 실지재고조사법에 의한 기말재고자산 금액보다 작다.
② 선입선출법 적용시 물가가 지속적으로 상승한다면, 계속기록법에 의한 기말재고자산 금액이 실지재고조사법에 의한 기말재고자산 금액보다 크다.
③ 재고자산 매입시 부담한 매입운임은 운반비로 구분하여 비용처리한다.
④ 컴퓨터제조기업이 고객관리목적으로 사용하고 있는 자사가 제조한 컴퓨터는 재고자산이다.
⑤ 부동산매매기업이 정상적인 영업과정에서 판매를 목적으로 보유하는 건물은 재고자산으로 구분한다.

해설

①② 선입선출법 적용시 계속기록법에 의한 기말재고자산 금액과 실지재고조사법에 의한 기말재고자산 금액은 같다.
③ 재고자산 매입시 부담한 매입운임은 매입액에 가산한다.
④ 컴퓨터제조기업이 고객관리목적으로 사용하고 있는 자사가 제조한 컴퓨터는 유형자산이다.

36 중

재고자산의 회계처리에 관한 설명으로 옳은 것은? 제20회

① 완성될 제품이 원가 이상으로 판매될 것으로 예상하는 경우에는 그 생산에 투입하기 위해 보유하는 원재료 및 기타 소모품을 감액하지 아니한다.
② 선입선출법은 기말재고자산의 평가관점에서 현행원가를 적절히 반영하지 못한다.
③ 선입선출법은 먼저 매입 또는 생산된 재고자산이 기말에 재고로 남아 있고 가장 최근에 매입 또는 생산된 재고자산이 판매되는 것을 가정한다.
④ 통상적으로 상호 교환될 수 없는 재고자산항목의 원가와 특정 프로젝트별로 생산되고 분리되는 재화 또는 용역의 원가는 총평균법을 사용하여 결정한다.
⑤ 총평균법은 계속기록법에 의하여 평균법을 적용하는 것으로 상품의 매입시마다 새로운 평균 단가를 계산한다.

해설

② 선입선출법에 의한 기말재고자산은 기말시점에 가장 최근 매입한 상품의 원가이므로 현행원가를 적절히 반영한다.
③ 선입선출법은 먼저 매입 또는 생산된 재고자산이 판매되고 가장 최근에 매입 또는 생산된 재고자산이 기말에 재고로 남아 있다고 가정한다.
④ 통상적으로 상호 교환될 수 없는 재고자산항목의 원가와 특정 프로젝트별로 생산되고 분리되는 재화 또는 용역의 원가는 개별법을 사용하여 결정한다.
⑤ 이동평균법은 계속기록법에 의하여 평균법을 적용하는 것으로 상품의 매입시마다 새로운 평균 단가를 계산한다.

37 재고자산의 회계처리에 관한 설명으로 옳지 않은 것은? 제25회

중

① 재고자산은 취득원가와 순실현가능가치 중 낮은 금액으로 측정한다.
② 통상적으로 상호 교환될 수 없는 재고자산항목의 원가와 특정 프로젝트별로 생산되고 분리되는 재화의 원가는 개별법을 사용하여 결정한다.
③ 재고자산의 취득원가는 매입원가, 전환원가 및 재고자산을 현재의 장소에 현재의 상태로 이르게 하는 데 발생한 기타 원가 모두를 포함한다.
④ 완성될 제품이 원가 이상으로 판매될 것으로 예상하는 경우에는 그 생산에 투입하기 위해 보유하는 원재료 및 기타 소모품을 감액하지 아니한다.
⑤ 재고자산의 매입원가는 매입가격에 매입할인, 리베이트 및 기타 유사한 항목을 가산한 금액이다.

해설

⑤ 재고자산의 매입원가는 매입가격에 매입할인, 리베이트 및 기타 유사한 항목을 차감한 금액이다.

10 유형자산

연계학습 : 기본서 p.299~363

01 유형자산의 취득원가에 포함되지 않는 것은? 제22회

하

① 관세 및 환급 불가능한 취득 관련 세금
② 유형자산을 해체, 제거하거나 부지를 복구하는 데 소요될 것으로 최초에 추정되는 원가
③ 새로운 상품과 서비스를 소개하는 데 소요되는 원가
④ 설치원가 및 조립원가
⑤ 유형자산의 매입 또는 건설과 직접적으로 관련되어 발생한 종업원 급여

해설

③ 새로운 상품과 서비스를 소개하는 데 소요되는 원가는 유형자산의 취득원가에 포함되지 않고, 당기손익(비용)으로 인식한다.

Answer

35 ⑤ 36 ① 37 ⑤ / 01 ③

02 유형자산에 관한 설명으로 옳지 않은 것은? 제26회

●●하

① 새로운 시설을 개설하는 데 소요되는 원가는 유형자산의 취득원가에 포함되지 않는다.
② 기업의 영업 전부를 재배치하는 과정에서 발생하는 원가는 유형자산의 장부금액에 포함하지 않는다.
③ 유형자산의 감가상각액은 다른 자산의 장부금액에 포함될 수 있다.
④ 사용중인 유형자산의 정기적인 종합검사에서 발생하는 원가는 모두 당기비용으로 처리한다.
⑤ 유형자산에 내재된 미래경제적효익의 예상 소비형태가 유의적으로 달라졌다면 감가상각방법을 변경한다.

해설

④ 자산인식기준을 충족한 경우에는 유형자산의 장부금액에 포함한다.

03 유형자산의 회계처리에 관한 설명으로 옳은 것은? 제27회

●●하

① 자산을 해체, 제거하거나 부지를 복구하는 의무를 부담하게 되는 경우 의무이행에 소요될 것으로 최초에 추정되는 원가를 취득 시 비용으로 처리한다.
② 정기적인 종합검사과정에서 발생하는 원가가 인식기준을 충족하더라도 유형자산의 일부가 대체되는 것은 해당 유형자산의 장부금액에 포함되지 않는다.
③ 적격자산의 취득, 건설 또는 생산과 직접 관련된 차입원가는 발생기간에 비용으로 인식하여야 한다.
④ 재평가모형을 적용하는 유형자산의 손상차손은 해당 자산에서 생긴 재평가잉여금에 해당하는 금액까지는 기타포괄손익으로 인식한다.
⑤ 상업적 실질이 결여된 교환거래에서 취득한 자산의 취득원가는 제공한 자산의 공정가치로 측정한다.

해설

① 최초에 추정되는 원가의 현재가치를 취득원가에 산입한다.
② 자산인식기준을 충족하는 경우에는 유형자산의 장부금액에 포함한다.
③ 비용으로 인식 → 자산의 장부금액에 포함
⑤ 공정가치 → 장부금액

04 취득과 직접 관련된 차입원가를 자본화하여야 하는 적격자산이 아닌 것은?

●●하 제16회

① 금융자산 ② 무형자산 ③ 투자부동산
④ 제조설비자산 ⑤ 전력생산설비

해설

적격자산

① 재고자산	② 제조설비자산	③ 전력생산설비
④ 무형자산	⑤ 투자부동산	

05 기계장치 취득과 관련된 자료가 다음과 같을 때, 취득원가는? 제27회

●●하

• 구입가격	₩1,050
• 최초의 운송 및 취급 관련원가	100
• 신제품 광고 및 판촉활동 관련원가	60
• 정상작동여부를 시험하는 과정에서 발생하는 원가	100
• 시험가동과정에서 생산된 시제품의 순매각금액	20
• 다른 기계장치의 재배치 과정에서 발생한 원가	50

① ₩1,050 ② ₩1,150 ③ ₩1,230
④ ₩1,250 ⑤ ₩1,340

해설

취득원가: 1,050 + 100 + 100 = ₩1,250

Answer

02 ④ 03 ④ 04 ① 05 ④

06 중

㈜한국은 본사 신축을 위해 기존 건물이 있는 토지를 ₩500,000에 구입하였으며, 기타 발생한 원가는 다음과 같다. ㈜한국의 토지와 건물의 취득원가는? 제22회

- 구건물이 있는 토지를 취득하면서 중개수수료 ₩4,000을 지급하였다.
- 구건물 철거비용으로 ₩5,000을 지급하였으며, 철거시 발생한 폐자재를 ₩1,000에 처분하였다.
- 토지 측량비와 정지비용으로 ₩2,000과 ₩3,000이 각각 발생하였다.
- 신축건물 설계비로 ₩50,000을 지급하였다.
- 신축건물 공사비로 ₩1,000,000을 지급하였다.
- 야외 주차장(내용연수 10년) 공사비로 ₩100,000을 지출하였다.

	토 지	건 물		토 지	건 물
①	₩509,000	₩1,000,000	②	₩509,000	₩1,050,000
③	₩513,000	₩1,050,000	④	₩513,000	₩1,150,000
⑤	₩514,000	₩1,150,000			

해설

구 분	토지 취득원가	건물 취득원가	구축물 취득원가
토지 구입가격	₩500,000		
중개수수료	+ ₩4,000		
구건물 철거비용	+ ₩5,000		
철거시 발생한 폐자재 처분금액	− ₩1,000		
토지 측량비	+ ₩2,000		
토지 정지비용	+ ₩3,000		
신축건물 설계비		₩50,000	
신축건물 공사비		+ ₩1,000,000	
야외 주차장(내용연수 10년) 공사비			₩100,000
계	= ₩513,000	= ₩1,050,000	₩100,000

07 중

20X1년 7월 초 ㈜한국은 토지와 건물을 ₩2,400,000에 일괄 취득하였다. 취득 당시 토지의 공정가치는 ₩2,160,000이고, 건물의 공정가치는 ₩720,000이었으며, ㈜한국은 건물을 본사 사옥으로 사용하기로 하였다. 건물에 대한 자료가 다음과 같을 때, 20X1년도에 인식할 감가상각비는? (단, 건물에 대해 원가모형을 적용하며, 월할상각한다) 제23회

- 내용연수: 5년
- 잔존가치: ₩60,000
- 감가상각방법: 연수합계법

① ₩90,000 ② ₩110,000 ③ ₩120,000
④ ₩180,000 ⑤ ₩220,000

해설

① 20X1년 감가상각비=(₩600,000* − ₩60,000)×5/15×6/12=₩90,000
* 건물 취득원가=₩2,400,000×₩720,000/(₩2,160,000+₩720,000)=₩600,000

08 하

㈜미호는 소유하고 있던 유형자산을 ㈜월곡이 소유하고 있는 유형자산과 교환하였다. 두 회사가 소유하고 있는 유형자산의 장부금액과 공정가치는 다음과 같다.

구 분	㈜미호의 유형자산	㈜월곡의 유형자산
취득원가	₩1,000,000	₩2,000,000
감가상각누계액	₩300,000	₩1,600,000
공정가치	₩800,000	알 수 없음

해당 교환과 관련하여 ㈜미호가 현금 ₩100,000을 추가로 지급하였을 때 이 교환거래로 인해 ㈜미호가 인식할 유형자산은 얼마인가? (단, 유형자산의 교환거래는 상업적 실질이 있으며 ㈜미호의 유형자산 공정가치는 신뢰성이 있다) 제13회

① ₩500,000 ② ₩600,000
③ ₩800,000 ④ ₩900,000
⑤ ₩1,000,000

해설

④ 유형자산 취득원가=제공자산 공정가치 ₩800,000+현금지급액 ₩100,000=₩900,000

Answer

06 ③ 07 ① 08 ④

09 중

㈜한국은 20X1년 1월 1일 토지(장부금액 ₩1,000, 공정가치 ₩1,100)를 **㈜갑의 토지**(장부금액 ₩1,200, 공정가치 ₩1,400)**와 교환하면서 현금 ₩200을 추가 지급하였다. ㈜한국이 교환을 통해 취득한 토지의 취득원가는?** (단, ㈜갑 토지의 공정가치가 ㈜한국 토지의 공정가치에 비해 명백하다고 할 수 없으며, 이 교환거래는 상업적 실질이 없다고 가정한다) 제17회

① ₩1,000
② ₩1,100
③ ₩1,200
④ ₩1,300
⑤ ₩1,400

해설

③ 토지 취득원가=제공자산 장부금액 ₩1,000+현금지급액 ₩200=₩1,200

10 중

㈜한국은 보유하고 있던 기계장치 A(장부금액 ₩40,000, 공정가치 ₩30,000)를 **㈜대한의 기계장치** B(장부금액 ₩60,000, 공정가치 ₩50,000)**와 교환하였다. 동 교환거래가** (가) **상업적 실질이 결여된 경우와** (나) **상업적 실질이 있는 경우에 ㈜한국이 교환으로 취득한 기계장치 B의 취득원가는?** (단, 기계장치 B의 공정가치가 기계장치 A의 공정가치보다 더 명백하다) 제22회

	(가)	(나)
①	₩30,000	₩40,000
②	₩40,000	₩30,000
③	₩40,000	₩50,000
④	₩60,000	₩30,000
⑤	₩60,000	₩50,000

해설

구 분	취득원가
(가) 상업적 실질이 결여된 경우	제공자산(A) 장부금액 ₩40,000
(나) 상업적 실질이 있는 경우	취득자산(B) 공정가치 ₩50,000

11 하

㈜한국은 토지(장부금액 ₩10,000, 공정가치 ₩13,000)를 ㈜**대한의 건물**(장부금액 ₩10,000, 공정가치 ₩13,000)**과 교환하였다. ㈜한국이 동 교환거래에서 인식할 처분이익은?** (단, 동 교환거래는 상업적 실질이 있다고 판단되며, 토지의 공정가치가 건물의 공정가치보다 더 명백하다) 제19회

① ₩0
② ₩400
③ ₩2,600
④ ₩3,000
⑤ ₩3,200

해설

④ 유형자산(토지)처분이익=제공자산 공정가치 ₩13,000－제공자산 장부금액 ₩10,000=₩3,000

12 중

㈜한국은 20X2년 9월 1일 구형 컴퓨터를 신형 컴퓨터로 교환하면서 현금 ₩1,130,000을 지급하였다. 구형 컴퓨터(취득원가 ₩1,520,000, 잔존가치 ₩20,000, 내용연수 5년, 정액법 상각)**는 20X1년 1월 1일 취득하였으며, 교환시점의 공정가치는 ₩1,000,000이었다. 동 교환이 상업적 실질이 있는 경우 ㈜한국이 인식할 처분손익은?** (단, 원가모형을 적용하고, 감가상각은 월할상각한다) 제21회

① ₩0
② ₩20,000 손실
③ ₩20,000 이익
④ ₩30,000 손실
⑤ ₩30,000 이익

해설

1. 유형자산처분손실=제공자산 공정가치 ₩1,000,000－제공자산 장부금액 ₩1,020,000=₩20,000
2. 제공자산 장부금액=(₩1,520,000－₩20,000)×40월*/60월+₩20,000=₩1,020,000
   * 미경과월수=(20X1년 9월 1일～20X5년 12월 31일)=40월

Answer

09 ③ 10 ③ 11 ④ 12 ②

13 중

㈜한국은 20X1년 초에 상환의무가 없는 정부보조금 ₩100,000을 수령하여 기계장치를 ₩200,000에 취득하였으며, 기계장치에 대한 자료는 다음과 같다.

> • 내용연수: 5년
> • 잔존가치: ₩0
> • 감가상각방법: 정액법

정부보조금을 자산의 장부금액에서 차감하는 방법으로 회계처리 할 때, 20X1년 말 재무상태표에 표시될 기계장치의 장부금액은? 제23회

① ₩60,000 ② ₩80,000 ③ ₩100,000
④ ₩160,000 ⑤ ₩200,000

해설

② 20X1년 말 기계장치 장부금액=회사부담액 ₩100,000*×4/5=₩80,000
* 회사부담액=기계장치 취득원가 ₩200,000−정부보조금 ₩100,000=₩100,000

14 상

㈜한국은 20X1년 초 내용연수 종료 후 원상복구 의무가 있는 구축물을 ₩500,000에 취득하였다. 내용연수 종료시점의 복구비용은 ₩100,000이 소요될 것으로 추정되며, 복구비용의 현재가치 계산에 적용될 할인율은 연 10%이다. 구축물에 대한 자료가 다음과 같을 때, 20X1년도 감가상각비와 복구충당부채전입액은? (단, 이자율 10%, 5기간에 대한 단일금액 ₩1의 현재가치는 0.6209이다) 제23회

> • 내용연수: 5년
> • 잔존가치: ₩50,000
> • 감가상각방법: 정액법

	감가상각비	복구충당부채전입액
①	₩90,000	₩6,209
②	₩90,000	₩20,000
③	₩110,000	₩6,209
④	₩102,418	₩6,209
⑤	₩102,418	₩20,000

해설

1. 감가상각비=(취득원가 ₩562,090*−₩50,000)×1/5=₩102,418
   * 취득원가=500,000+복구원가 현재가치 ₩62,090*=₩562,090
   ** 복구원가 현재가치(복구충당부채)=₩100,000×0.6209=₩62,090
2. 복구충당부채전입액(이자비용)=₩62,090×10%=₩6,209

15 중

㈜한국은 20X1년 10월 1일 자산취득 관련 정부보조금 ₩100,000을 수령하여 취득원가 ₩800,000의 기계장치(내용연수 4년, 잔존가치 ₩0, 정액법 상각, 원가모형 적용)**를 취득하였다. 정부보조금에 부수되는 조건은 이미 충족되어 상환의무는 없으며, 정부보조금은 자산의 장부금액에서 차감하는 방법으로 회계처리한다. 20X1년 포괄손익계산서에 인식할 감가상각비는?** (단, 감가상각비는 월할계산하며, 자본화는 고려하지 않는다) 제25회

① ₩43,750 ② ₩45,000 ③ ₩46,250
④ ₩47,500 ⑤ ₩50,000

해설

① 20X1년 감가상각비=회사부담액 ₩700,000*×1/4×3/12=₩43,750
* 회사부담액=취득원가 ₩800,000−정부보조금 ₩100,000=₩700,000

16 중

㈜한국은 20X1년 초 토지를 ₩4,000,000에 취득하면서 현금 ₩1,000,000을 즉시 지급하고 나머지 ₩3,000,000은 20X1년 말부터 매년 말에 각각 ₩1,000,000씩 3회 분할지급하기로 하였다. 이러한 대금지급은 일반적인 시용기간을 초과하는 것이다. 취득일 현재 토지의 현금가격상당액은 총지급액을 연 10% 이자율로 할인한 현재가치와 동일하다. 20X2년에 인식할 이자비용은? (단, 수 차이가 발생할 경우 가장 근사치를 선택한다) 제25회

기 간	연 이자율 10%	
	단일금액 ₩1의 현재가치	정상연금 ₩1의 현재가치
3	0.7513	2.4869

① ₩100,000 ② ₩173,559 ③ ₩248,690
④ ₩348,690 ⑤ ₩513,100

해설

② 20X2년 이자비용=(₩2,486,900*×1.1−₩1,000,000)×0.1=₩173,559
* 20X1년 초 장기미지급금(현재가치)=₩1,000,000×2.4869=₩2,486,900

Answer

13 ② 14 ④ 15 ① 16 ②

17 ●중●

㈜한국은 20X1년 초 토지를 구입하고 다음과 같이 대금을 지급하기로 하였다.

구 분	20X1년 초	20X1년 말	20X2년 말
현 금	₩1,000	₩2,000	₩2,000

20X1년 말 재무상태표상 토지(원가모형 적용)**와 미지급금**(상각후원가로 측정, 유효이자율 10% 적용)**의 장부금액은?** (단, 정상연금의 10% 2기간 현재가치계수는 1.7355이며, 단수차이가 발생할 경우 가장 근사치를 선택한다) 제22회

	토 지	미지급금		토 지	미지급금
①	₩3,000	₩1,653	②	₩3,000	₩1,818
③	₩4,471	₩1,653	④	₩4,471	₩1,818
⑤	₩4,818	₩1,818			

해설

1. 20X1년 말 토지 장부금액=₩1,000+₩2,000×1.7355=₩4,471
2. 20X1년 말 미지급금 장부금액=20X1년 초 미지급금 ₩3,471*×1.1−₩2,000=₩1,818
   * 20X1년 초 미지급금=₩2,000×1.7355=₩3,471

18 ●●하

유형자산의 감가상각에 관한 설명으로 옳지 않은 것은? 제21회

① 감가상각은 자산이 사용가능한 때부터 시작한다.
② 감가상각방법은 자산의 미래 경제적 효익이 소비될 것으로 예상되는 형태를 반영한다.
③ 감가상각방법의 변경은 회계정책의 변경으로 회계처리한다.
④ 감가상각대상금액을 내용연수 동안 체계적으로 배부하기 위해 다양한 방법을 사용할 수 있다.
⑤ 잔존가치와 내용연수의 변경은 회계추정의 변경으로 회계처리한다.

해설

③ 감가상각방법의 변경은 회계추정의 변경으로 회계처리한다.

19 (중)

㈜한국은 20X1년 초에 총 100톤의 철근을 생산할 수 있는 기계장치(내용연수 4년, 잔존가치 ₩200,000)를 **₩2,000,000에 취득하였다. 정률은 0.44이고, 1차 년도부터 4차 년도까지 기계장치의 철근생산량은 10톤, 20톤, 30톤, 40톤인 경우 1차 년도에 인식할 감가상각비가 가장 크게 계상되는 방법은?** 제13회

① 정액법 ② 정률법 ③ 연수합계법
④ 생산량비례법 ⑤ 모두 동일함

해설

구 분	감가상각비
① 정액법	(₩2,000,000 − ₩200,000)×1/4 = ₩450,000
② 정률법	₩2,000,000×0.44 = ₩880,000
③ 연수합계법	(₩2,000,000 − ₩200,000)×4/10 = ₩720,000
④ 생산량비례법	(₩2,000,000 − ₩200,000)×10톤/100톤 = ₩180,000

20 (중)

해운업을 영위하는 ㈜한국은 20X1년 초 내용연수 4년, 잔존가치 ₩200,000의 해양구조물을 ₩1,400,000에 취득하였다. ㈜한국은 해양구조물의 사용이 종료된 후 해체 및 원상복구를 해야 하는 의무를 부담하는데, 4년 후 복구비용으로 지출할 금액은 ₩200,000으로 추정된다. 미래 지출액의 현재가치 계산시 사용할 할인율은 연 5%이다. 감가상각방법으로 정액법을 사용할 경우 20X2년도의 감가상각비 금액은? (단, 할인율 연 5%, 4기간 단일금액 ₩1의 현재가치는 0.8227이다) 제26회

① ₩300,000 ② ₩341,135 ③ ₩349,362
④ ₩349,773 ⑤ ₩391,135

해설

취득원가: ₩1,400,000 + ₩200,000 × 0.8227 = ₩1,564,540
감가상각비: (₩1,564,540 − ₩200,000) × 1/4 = ₩341,135

Answer

17 ④ 18 ③ 19 ② 20 ②

21 중

㈜한국은 20X1년 7월 1일 차량운반구(내용연수 5년, 잔존가치 ₩*1,000*)**를 ₩*10,000*에 취득하였다. 이 차량운반구에 대해 감가상각방법으로 이중체감법을 적용할 경우, 20X2년도 감가상각비는?** (단, 감가상각은 월할상각한다) 제17회

① ₩*2,000* ② ₩*2,880* ③ ₩*3,200*
④ ₩*3,600* ⑤ ₩*4,000*

해설

③ 20X2년도 감가상각비＝₩*10,000*×(1－0.4*×6/12)×0.4*＝₩*3,200*
* 이중체감률＝1/5×2＝0.4

22 중

㈜한국은 20X1년 4월 1일에 기계장치(취득원가 ₩*1,200,000*, 내용연수 5년, 잔존가치 ₩*0*)**를 취득하여 연수합계법으로 감가상각하였다. 20X2년 말 기계장치의 감가상각누계액은?** (단, 원가모형을 적용하며, 감가상각은 월할상각한다) 제21회

① ₩*100,000* ② ₩*240,000* ③ ₩*320,000*
④ ₩*640,000* ⑤ ₩*690,000*

해설

④ 20X2년 말 감가상각누계액＝₩*1,200,000*×(5＋4×9/12)/15＝₩*640,000*

23 상

㈜대한은 20X1년 1월 1일에 ₩*880,000*에 취득한 기계장치(내용연수 10년, 잔존가치 ₩*0*)**를 정액법에 따라 감가상각해 오던 중 20X3년 1월 1일에 잔여내용연수를 5년으로 새롭게 추정하였다. 20X3년 12월 31일 기계장치 장부금액은?** 제14회

① ₩*537,143* ② ₩*552,456* ③ ₩*563,200*
④ ₩*616,240* ⑤ ₩*740,500*

해설

③ 20X3년 말 장부금액=20X3년 초 변경 직전 장부금액 ₩*704,000**×4/5＝₩*563,200*
* 20X3년 초 변경 직전 장부금액＝₩*880,000*×8/10＝₩*704,000*

24 상

㈜한국은 20X1년 초에 업무용 차량운반구를 ₩10,000(내용연수 5년, 잔존가치 ₩0)에 취득하여 정액법으로 감가상각하여 오다가 20X2년부터 감가상각방법을 연수합계법으로 변경하였다. 이와 관련하여 20X2년도 말 재무상태표에 표시되는 동 차량운반구의 장부금액은? (단, 원가모형을 적용한다) 제16회

① ₩2,000 ② ₩3,200 ③ ₩4,000
④ ₩4,800 ⑤ ₩6,000

해설

④ 20X2년 말 장부금액=20X2년 초 변경 직전 장부금액 ₩8,000*×6/10=₩4,800
 * 20X2년 초 변경 직전 장부금액=₩10,000×4/5=₩8,000

25 상

㈜한국은 20X1년 1월 1일 건물을 ₩1,000,000(내용연수 8년, 잔존가치 ₩200,000)에 취득하여 정액법으로 감가상각하고 있다. 20X4년 1월 1일 ㈜한국은 감가상각방법을 연수합계법으로 변경하였으며, 잔존가치를 ₩40,000으로 재추정하였다. 20X4년의 감가상각비는? 제17회

① ₩44,000 ② ₩46,667 ③ ₩100,000
④ ₩220,000 ⑤ ₩233,333

해설

④ 20X4년 감가상각비=(20X4년 초 변경 직전 장부금액 ₩700,000*−₩40,000)×5/15=₩220,000
 * 20X4년 초 변경 직전 장부금액=(₩1,000,000−₩200,000)×5/8+₩200,000=₩700,000

26 상

㈜한국은 20X1년 1월 1일에 업무용 차량(취득원가 ₩500,000, 내용연수 5년, 잔존가치 ₩50,000)**을 취득하여 연수합계법으로 감가상각하였다. ㈜한국은 20X2년 초 동 차량의 잔존내용연수를 3년, 잔존가치를 ₩20,000으로 추정하여 변경하였으며, 동시에 감가상각방법을 정액법으로 변경하였다. 이러한 변경이 정당한 회계변경에 해당할 경우, ㈜한국이 20X2년도에 인식할 동 차량의 감가상각비는?** (단, 원가모형을 적용한다) 제21회

① ₩110,000 ② ₩125,000 ③ ₩130,000
④ ₩145,000 ⑤ ₩150,000

해설

① 20X2년 감가상각비=(20X2년 초 변경 직전 장부금액 ₩350,000*−₩20,000)×1/3=₩110,000
 * 20X2년 초 변경 직전 장부금액=(₩500,000−₩50,000)×10/15+₩50,000=₩350,000

Answer

21 ③ 22 ④ 23 ③ 24 ④ 25 ④ 26 ①

27 상

㈜한국은 20X1년 초 기계장치(취득원가 ₩200,000, 내용연수 5년, 잔존가치 ₩20,000, 정액법 적용)**를 취득하였다. 20X3년 초 ㈜한국은 20X3년을 포함한 잔존내용연수를 4년으로 변경하고, 잔존가치는 ₩30,000으로 변경하였다. 이러한 내용연수 및 잔존가치의 변경은 정당한 회계변경으로 인정된다. ㈜한국의 20X3년 동 기계장치에 대한 감가상각비는?** (단, 원가모형을 적용하며, 감가상각비는 월할계산한다) 제22회

① ₩23,000 ② ₩24,500 ③ ₩28,333
④ ₩30,000 ⑤ ₩32,000

해설

② 20X3년 감가상각비=(20X3년 초 변경 직전 장부금액 ₩128,000* − ₩30,000)×1/4=₩24,500
* 20X3년 초 변경 직전 장부금액=(₩200,000 − ₩20,000)×3/5+₩20,000=₩128,000

28 상

㈜한국은 20X1년 4월 초 기계장치(잔존가치 ₩0, 내용연수 5년, 연수합계법 상각)**를 ₩12,000에 구입함과 동시에 사용하였다. ㈜한국은 20X3년 초 동 기계장치에 대하여 ₩1,000을 지출하였는데, 이 중 ₩600은 현재의 성능을 유지하는 수선유지비에 해당하고, ₩400은 생산능력을 증가시키는 지출로 자산의 인식조건을 충족한다. 동 지출에 대한 회계처리 반영 후, 20X3년 초 기계장치 장부금액은?** (단, 원가모형을 적용하며, 감가상각은 월할계산한다) 제24회

① ₩5,600 ② ₩6,000 ③ ₩6,200
④ ₩6,600 ⑤ ₩7,000

해설

② 20X3년 초 장부금액=₩12,000×7*/15+자본적지출 ₩400=₩6,000
* 잔여연수합계=4×3/12+3+2+1=7

29 중 **유형자산의 재평가에 관한 설명으로 옳은 것은?** 제20회

① 재평가가 단기간에 수행되며 계속적으로 갱신된다면, 동일한 분류에 속하는 자산이라 하더라도 순차적으로 재평가할 수 없다.

② 감가상각대상 유형자산을 재평가할 때, 그 자산의 최초원가를 재평가금액으로 조정하여야 한다.

③ 특정 유형자산을 재평가할 때, 해당 자산이 포함되는 유형자산 분류 전체를 재평가한다.

④ 자산의 장부금액이 재평가로 인하여 감소된 경우에 그 자산에 대한 재평가잉여금의 잔액이 있더라도 재평가감소액 전부를 당기손익으로 인식한다.

⑤ 유형자산 항목과 관련하여 자본에 계상된 재평가잉여금은 그 자산이 제거될 때 이익잉여금으로 직접 대체할 수 없다.

해설

① 재평가가 단기간에 수행되며 계속적으로 갱신된다면, 동일한 분류에 속하는 자산은 순차적으로 재평가할 수 있다.

② 감가상각대상 유형자산을 재평가할 때, 그 자산의 장부금액을 재평가금액으로 조정하여야 한다.

④ 자산의 장부금액이 재평가로 인하여 감소된 경우에 그 자산에 대한 재평가잉여금의 잔액이 있다면 그 금액을 한도로 재평가감소액을 기타포괄손익으로 인식하고, 재평가잉여금의 잔액을 초과하는 재평가감소액은 당기손익으로 인식한다.

⑤ 유형자산 항목과 관련하여 자본에 계상된 재평가잉여금은 그 자산이 제거될 때 이익잉여금으로 직접 대체할 수 있다.

30 중 **㈜한국은 20X1년 초 사무용 건물(내용연수 10년, 잔존가치 ₩0, 정액법 상각)을 ₩800,000에 취득하였다. 건물에 대해 재평가모형을 적용하고 매년 말 재평가한다. 20X1년 말 공정가치가 ₩750,000일 때, 건물과 관련하여 20X1년 말 인식할 재평가잉여금은?** 제26회

① ₩30,000 ② ₩40,000 ③ ₩50,000

④ ₩75,000 ⑤ ₩80,000

해설

① 20X1년말 장부금액 : ₩800,000 − (₩800,000/10년) = ₩720,000
재평가잉여금 : ₩750,000 − ₩720,000 = ₩30,000

Answer

27 ② 28 ② 29 ③ 30 ①

31 중

㈜한국은 20X1년 초 토지(유형자산)를 ₩1,000에 취득하여 재평가모형을 적용하였다. 해당 토지의 공정가치가 다음과 같을 때, 토지와 관련하여 ㈜한국이 20X2년 당기손익으로 인식할 금액은? 제24회

구 분	20X1년 말	20X2년 말
공정가치	₩1,200	₩900

① 손실 ₩300 ② 손실 ₩200 ③ 손실 ₩100
④ 이익 ₩100 ⑤ 이익 ₩200

해설

③ 20X2년 당기손실=20X2년 재평가감소액 ₩300*－재평가잉여금 잔액 ₩200=₩100
* 20X2년 재평가감소액=당기말 공정가치 ₩900－직전 장부금액 ₩1,200=₩300

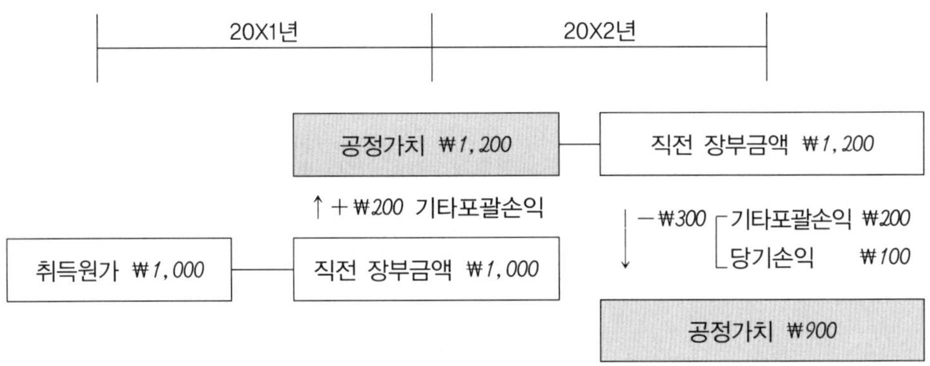

32 중

㈜한국은 20X1년 초 토지를 ₩100,000에 취득하였으며 재평가모형을 적용하여 매년 말 재평가하고 있다. 토지의 공정가치가 다음과 같을 때 20X2년도 당기이익으로 인식할 금액은? 제21회

구 분	20X1년 말	20X2년 말
공정가치	₩80,000	₩130,000

① ₩0 ② ₩20,000 ③ ₩30,000
④ ₩50,000 ⑤ ₩100,000

해설

② 20X2년 당기이익=20X2년 재평가증가액 ₩50,000* 중 전기 당기손실 인식액 ₩20,000
* 20X2년 재평가증가액=당기말 공정가치 ₩130,000−직전 장부금액 ₩80,000=₩50,000

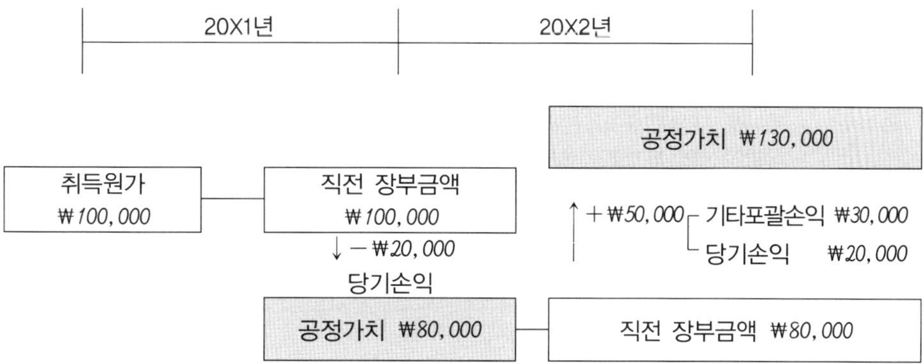

Answer
31 ③ 32 ②

33 하

유형자산의 회계처리에 관한 설명으로 옳은 것은? 제23회

① 기업이 판매를 위해 1년 이상 보유하며, 물리적 실체가 있는 것은 유형자산으로 분류된다.

② 유형자산과 관련된 산출물에 대한 수요가 형성되는 과정에서 발생하는 초기 가동손실은 취득원가에 포함한다.

③ 유형자산의 제거로 인하여 발생하는 손익은 총매각금액과 장부금액의 차이로 결정한다.

④ 기업은 유형자산 전체에 대해 원가모형이나 재평가모형 중 하나를 회계정책으로 선택하여 동일하게 적용한다.

⑤ 유형자산의 감가상각방법과 잔존가치, 그리고 내용연수는 적어도 매 회계연도 말에 재검토한다.

해설

① 기업이 사용목적으로 1년 이상 보유하며, 물리적 실체가 있는 것은 유형자산으로 분류된다.
② 유형자산과 관련된 산출물에 대한 수요가 형성되는 과정에서 발생하는 초기 가동손실은 취득원가에 포함하지 아니한다.
③ 유형자산의 제거로 인하여 발생하는 손익은 순매각금액과 장부금액의 차이로 결정한다.
④ 기업은 유형자산 분류별로 원가모형이나 재평가모형 중 하나를 회계정책으로 선택하여 동일하게 적용한다.

34 중

㈜한국은 20X1년 말 사용 중인 기계장치에 대하여 자산손상을 시사하는 징후가 있는지 검토한 결과, 자산손상 징후를 발견하였다. 다음 자료를 이용하여 계산한 기계장치의 손상차손은? (단, 원가모형을 적용한다) 제21회

• 감가상각 후 장부금액	₩225,000	• 사용가치	₩135,000
• 공정가치	₩155,000	• 처분부대원가	₩5,000

① ₩65,000 ② ₩70,000 ③ ₩75,000
④ ₩90,000 ⑤ ₩95,000

해설

1. 손상차손=감가상각 후 장부금액 ₩225,000−회수가능액 ₩150,000=₩75,000
2. 회수가능액=MAX [순공정가치 ₩150,000, 사용가치 ₩135,000]=₩150,000
3. 순공정가치=공정가치 ₩155,000−처분부대원가 ₩5,000=₩150,000

35 중

㈜한국은 20X1년 초 기계장치(취득원가 ₩180,000, 내용연수 3년, 잔존가치 없음, 연수합계법 적용)**를 취득하였다. ㈜한국은 기계장치에 대하여 원가모형을 적용하고 있다. 20X1년 말 기계장치의 순공정가치는 ₩74,000이고 사용가치는 ₩70,000이다. ㈜한국이 20X1년 말 기계장치와 관련하여 인식해야 할 손상차손은?** (단, 20X1년 말 기계장치에 대해 자산손상을 시사하는 징후가 있다) 제22회

① ₩4,000 ② ₩16,000 ③ ₩20,000
④ ₩46,000 ⑤ ₩50,000

해설

1. 손상차손＝장부금액 ₩90,000－회수가능액 ₩74,000＝₩16,000
2. 장부금액＝₩180,000×3/6＝₩90,000
3. 회수가능액＝MAX [순공정가치 ₩74,000, 사용가치 ₩70,000]＝₩74,000

36 중

㈜한국은 20X1년 7월 1일 공장 내 기계장치를 ₩2,000,000에 취득하였다. 동 기계장치의 감가상각 및 처분과 관련한 내용은 다음과 같다. 유형자산 처분손익은? (단, 기계장치는 원가모형을 적용하고, 감가상각비는 월할 계산한다) 제26회

- 감가상각: 내용연수 4년, 잔존가치 ₩200,000, 연수합계법 적용
- 처 분 일: 20X2년 12월 31일
- 처분금액: ₩1,000,000

① ₩10,000 손실 ② ₩80,000 손실 ③ ₩100,000 이익
④ ₩190,000 이익 ⑤ ₩260,000 이익

해설

1. 20X2년 12월 31일까지의 감가상각누계액:
{(₩2,000,000－₩200,000)×4/10}＋{(₩2,000,000－₩200,000)×3/10×6/12}＝₩990,000
2. 20X2년 12월 31일 장부금액: ₩2,000,000－₩990,000＝₩1,010,000
3. 처분손익: ₩1,000,000－₩1,010,000＝(－)₩10,000

Answer

33 ⑤ 34 ③ 35 ② 36 ①

37 중

다음은 ㈜한국의 기계장치 관련 내용이다. 유형자산 처분손익은? (단, 기계장치는 원가모형을 적용하고, 감가상각비는 월할계산한다) 제22회

> • 취득(20X1년 1월 1일): 취득원가 ₩2,000,000, 내용연수 5년,
> 잔존가치 ₩400,000, 정액법 적용
> • 처분(20X3년 7월 1일): 처분금액 ₩1,100,000

① ₩100,000 이익 ② ₩100,000 손실 ③ ₩300,000 이익
④ ₩400,000 이익 ⑤ ₩400,000 손실

해설

② 20X3년 7월 1일 유형자산처분손실=처분금액 ₩1,100,000−직전 장부금액 ₩1,200,000*
=₩100,000

* 직전 장부금액=(₩2,000,000−₩400,000)×2.5년/5년+₩400,000=₩1,200,000

38 상

㈜대한은 20X1년 1월 1일 유형자산(취득원가 ₩10,000, 내용연수 4년, 잔존가치 ₩0)**을 취득하고 이를 연수합계법으로 상각해왔다. 그 후 20X2년 12월 31일 동 자산을 ₩4,000에 처분하였다. 동 유형자산의 감가상각비와 처분손익이 20X2년 당기순이익에 미치는 영향의 합계는?** 제18회

① ₩4,000 감소 ② ₩3,000 감소 ③ ₩2,000 감소
④ ₩1,000 감소 ⑤ ₩1,000 증가

해설

〈방법1〉

손익항목	당기순이익 영향
20X2년 감가상각비=₩10,000×3/10=₩3,000	₩3,000 감소
20X2년 처분이익=처분금액 ₩4,000−직전 장부금액 ₩3,000*=₩1,000	₩1,000 증가
계	₩2,000 감소

* 직전 장부금액=₩10,000×3/10=₩3,000

〈방법2〉

20X2년 초 자산		20X2년 말 자산
유형자산 ₩6,000*	당기순이익 감소 ₩2,000 →	현 금 ₩4,000

* 20X2년 초 자산(유형자산)=₩10,000×6/10=₩6,000

39 상

㈜한국은 20X1년 7월 초 설비자산(내용연수 4년, 잔존가치 ₩2,000, 연수합계법으로 감가상각)을 ₩20,000에 취득하였다. **20X3년 초 ₩10,000을 지출하여 설비자산의 내용연수를 6개월 더 연장하고, 잔존내용연수는 3년으로 재추정되었으며, 잔존가치는 변화가 없다. 20X4년 초 설비자산을 ₩15,000에 처분하였을 때 인식할 처분이익은?** (단, 감가상각은 월할상각하며, 원가모형을 적용한다) 제20회

① ₩1,167 ② ₩2,167
③ ₩3,950 ④ ₩4,950
⑤ ₩5,500

해설

1. 20X4년 초 처분이익=처분금액 ₩15,000－20X4년 초 처분 직전 장부금액 ₩11,050＝₩3,950
2. 20X4년 초 처분 직전 장부금액=(20X3년 초 변경 직전 장부금액 ₩10,100＋자본적지출 ₩10,000－₩2,000)×3/6＋₩2,000＝₩11,050
3. 20X3년 초 변경 직전 장부금액=(₩20,000－₩2,000)×4.5년/10년＋₩2,000＝₩10,100

40 상

㈜한국은 **20X1년 초 취득하여 사용하던 기계장치**(내용연수 6년, 잔존가치 ₩0, 정액법 상각)를 **20X3년 초 처분하면서 현금 ₩5,500을 수취하고 유형자산처분손실 ₩500을 인식하였다. 기계장치의 취득원가는?** (단, 원가모형을 적용하며, 손상은 발생하지 않았다) 제24회

① ₩5,000 ② ₩6,000
③ ₩7,500 ④ ₩9,000
⑤ ₩10,000

해설

1. 취득원가×4/6＝처분 직전 장부금액 ₩6,000
2. 처분 직전 장부금액＝처분금액(현금수취액) ₩5,500＋처분손실 ₩500＝₩6,000

∴ 취득원가＝₩9,000

Answer

37 ② 38 ③ 39 ③ 40 ④

11 기타의 자산

연계학습 : 기본서 p.366~389

01 하

투자부동산에 해당하는 것을 모두 고른 것은? 제26회

> ㉠ 통상적인 영업과정에서 판매목적이 아닌, 장기 시세차익을 얻기 위하여 보유 하고 있는 토지
> ㉡ 미래에 자가사용하기 위한 토지
> ㉢ 장래 용도를 결정하지 못한 채로 보유하고 있는 토지
> ㉣ 금융리스로 제공한 토지

① ㉠, ㉡ ② ㉠, ㉢ ③ ㉡, ㉣
④ ㉠, ㉢, ㉣ ⑤ ㉡, ㉢, ㉣

해설

투자부동산 : ㉠, ㉢

02 하

㈜한국은 20X1년 초 건물을 ₩300,000에 취득하고 투자부동산(공정가치모형 선택)**으로 분류하였다. 동 건물의 20X1년 말 공정가치는 ₩320,000이며, ㈜한국이 20X2년 초에 동 건물을 ₩325,000에 처분하였다면, 20X1년 당기순이익에 미치는 영향은?** (단, ㈜한국은 유형자산으로 분류하는 건물을 내용연수 10년, 잔존가치 ₩0, 정액법 상각한다) 제25회

① ₩30,000 감소 ② ₩10,000 감소 ③ ₩5,000 증가
④ ₩20,000 증가 ⑤ ₩25,000 증가

해설

20X1년 투자부동산평가손익	20X1년 당기순이익 영향
평가이익 ₩20,000*	₩20,000 증가

* 평가이익 = 당기말 공정가치 ₩320,000 − 직전 장부금액(취득원가) ₩300,000 = ₩20,000

03 하

㈜한국은 20X1년 초 시세차익 목적으로 건물(취득원가 ₩80,000, 내용연수 4년, 잔존가치 없음)을 **취득하고 투자부동산으로 분류하였다. ㈜한국은 건물에 대하여 공정가치모형을 적용하고 있으며, 20X1년 말과 20X2년 말 동 건물의 공정가치는 각각 ₩60,000과 ₩80,000으로 평가되었다. 동 건물에 대한 회계처리가 20X2년도 당기순이익에 미치는 영향은?** (단, ㈜한국은 통상적으로 건물을 정액법으로 감가상각한다) 제22회

① ₩20,000 증가 ② ₩20,000 감소 ③ 영향 없음
④ ₩40,000 증가 ⑤ ₩40,000 감소

해설

20X2년 투자부동산평가손익	20X2년 당기순이익 영향
평가이익 ₩20,000*	₩20,000 증가

* 평가이익 = 당기말 공정가치 ₩80,000 − 직전 장부금액(전기말 공정가치) ₩60,000

04 하

㈜**한국은 20X1년 초 건물**(내용연수 10년, 잔존가치 ₩0, 정액법으로 감가상각)**을 ₩200,000에 구입하여 투자부동산으로 분류**(공정가치모형 선택)**하였다. 20X3년 초 이 건물을 외부에 ₩195,000에 처분하였을 때 인식할 손익은?** 제20회

구 분	20X1년 말	20X2년 말
건물의 공정가치	₩210,000	₩170,000

① 손실 ₩15,000 ② 손실 ₩5,000 ③ ₩0
④ 이익 ₩25,000 ⑤ 이익 ₩35,000

해설

투자부동산처분손익	당기순이익 영향
처분이익 ₩25,000*	₩25,000 증가

* 처분이익 = 처분금액 ₩195,000 − 직전 장부금액(전기말 공정가치) ₩170,000 = ₩25,000

Answer

01 ② 02 ④ 03 ① 04 ④

05 연구개발활동 중 개발활동에 해당하는 것은? 제24회

●●하

① 새로운 지식을 얻고자 하는 활동
② 생산이나 사용 전의 시제품과 모형을 설계, 제작, 시험하는 활동
③ 연구결과나 기타 지식을 탐색, 평가, 최종 선택, 응용하는 활동
④ 재료, 장치, 제품, 공정, 시스템이나 용역에 대한 여러 가지 대체안을 탐색하는 활동
⑤ 새롭거나 개선된 재료, 장치, 제품, 공정, 시스템이나 용역에 대한 여러 가지 대체안을 제안, 설계, 평가, 최종 선택하는 활동

해설

내용	구분
① 새로운 지식을 얻고자 하는 활동	연구활동
② 생산이나 사용 전의 시제품과 모형을 설계, 제작, 시험하는 활동	개발활동
③ 연구결과나 기타 지식을 탐색, 평가, 최종 선택, 응용하는 활동	연구활동
④ 재료, 장치, 제품, 공정, 시스템이나 용역에 대한 여러 가지 대체안을 탐색하는 활동	연구활동
⑤ 새롭거나 개선된 재료, 장치, 제품, 공정, 시스템이나 용역에 대한 여러 가지 대체안을 제안, 설계, 평가, 최종 선택하는 활동	연구활동

06 무형자산에 관한 설명으로 옳지 않은 것은? 제22회

●●하

① 무형자산은 물리적 실체는 없지만 식별 가능한 화폐성자산이다.
② 내부적으로 창출한 영업권은 자산으로 인식하지 아니한다.
③ 무형자산의 회계정책으로 원가모형이나 재평가모형을 선택할 수 있다.
④ 최초에 비용으로 인식한 무형항목에 대한 지출은 그 이후에 무형자산의 취득원가로 인식할 수 없다.
⑤ 내용연수가 유한한 무형자산은 상각하고, 내용연수가 비한정인 무형자산은 상각하지 아니한다.

해설

① 무형자산은 물리적 실체는 없지만 식별 가능한 비화폐성자산이다.

07 ●●하

무형자산의 회계처리에 관한 설명으로 옳지 않은 것은? 제15회

① 무형자산을 최초로 인식할 때에는 원가로 측정한다.
② 내용연수가 비한정인 무형자산에 대해서는 상각을 하지 않는다.
③ 최초에 비용으로 인식한 무형항목에 대한 지출은 그 이후에 무형자산의 원가로 인식할 수 없다.
④ 내부적으로 창출한 브랜드와 고객목록은 무형자산으로 인식한다.
⑤ 무형자산의 상각방법은 자산의 경제적 효익이 소비되는 형태를 반영한 방법이어야 한다.

해설

④ 내부적으로 창출한 브랜드, 제호, 고객목록, 출판표제는 무형자산으로 인식하지 않는다.

08 ●중●

㈜대한의 당기 신기술 개발프로젝트와 관련하여 발생한 지출은 다음과 같다.

구 분	연구단계	개발단계	기 타
원재료사용액	₩100	₩200	
연구원급여	₩200	₩400	
자문료			₩300

연구단계와 개발단계로 구분이 곤란한 항목은 기타로 구분하였으며, 개발단계에서 발생한 지출은 무형자산의 인식조건을 충족한다. 동 지출과 관련하여 당기에 비용으로 인식할 금액과 무형자산으로 인식할 금액은? (단, 무형자산의 상각은 고려하지 않는다) 제18회

	비 용	무형자산		비 용	무형자산
①	₩300	₩600	②	₩400	₩800
③	₩450	₩750	④	₩600	₩600
⑤	₩1,200	₩0			

해설

1. 비용=연구단계 지출 ₩300+연구단계와 개발단계로 구분이 곤란한 지출(기타) ₩300=₩600
2. 무형자산=무형자산의 인식조건을 충족 개발단계 지출 ₩600

Answer

05 ② 06 ① 07 ④ 08 ④

09 하

㈜한국은 20X1년 7월 1일 특허권을 ₩960,000(내용연수 4년, 잔존가치 ₩0)에 취득하여 사용하고 있다. 특허권의 경제적 효익이 소비될 것으로 예상되는 형태를 신뢰성 있게 결정할 수 없을 경우, 20X1년도에 특허권에 대한 상각비로 인식할 금액은? (단, 특허권은 월할상각한다) 제23회

① ₩0 ② ₩120,000 ③ ₩125,000
④ ₩240,000 ⑤ ₩250,000

해설

② 20X1년 특허권 상각비 = ₩960,000 × 1/4 × 6/12 = ₩120,000

특허권의 경제적 효익이 소비될 것으로 예상되는 형태를 신뢰성 있게 결정할 수 없는 경우에는 정액법으로 상각한다.

10 하

무형자산의 회계처리로 옳은 것은? 제17회

① 무형자산에 대한 손상차손은 인식하지 않는다.
② 내용연수가 한정인 무형자산은 상각하지 않는다.
③ 내용연수가 비한정인 무형자산은 정액법에 따라 상각한다.
④ 무형자산은 유형자산과 달리 재평가모형을 선택할 수 없으며 원가모형을 적용한다.
⑤ 무형자산의 잔존가치는 영(0)이 아닌 경우가 있다.

해설

① 무형자산에 대해서도 손상차손을 인식한다.
② 내용연수가 한정인 무형자산은 상각한다.
③ 내용연수가 비한정인 무형자산은 상각하지 않는다.
④ 무형자산도 유형자산과 같이 원가모형과 재평가모형 중 하나를 선택할 수 있다.

11 하

무형자산 회계처리에 관한 설명으로 옳지 않은 것은? 제19회

① 내용연수가 비한정인 무형자산은 상각하지 아니한다.
② 제조과정에서 사용된 무형자산의 상각액은 재고자산의 장부금액에 포함한다.
③ 내용연수가 유한한 경우 상각은 자산을 사용할 수 있는 때부터 시작한다.
④ 내용연수가 유한한 무형자산의 상각기간과 상각방법은 적어도 매 회계연도 말에 검토한다.
⑤ 내용연수가 비한정인 무형자산의 내용연수를 유한 내용연수로 변경하는 것은 회계정책의 변경에 해당한다.

해설

⑤ 내용연수가 비한정인 무형자산의 내용연수를 유한 내용연수로 변경하는 것은 회계추정의 변경에 해당한다.

12 하

20X1년 초 ㈜한국은 현금 ₩12,000을 이전대가로 지급하고 ㈜대한을 합병하였다. 합병일 현재 ㈜대한의 식별가능한 자산과 부채의 공정가치가 다음과 같을 때, ㈜한국이 인식할 영업권은? 제27회

• 매출채권	₩4,000	• 비유동부채	₩7,000
• 재고자산	7,000	• 매입채무	5,000
• 유형자산	9,000		

① ₩3,000 ② ₩4,000 ③ ₩5,000
④ ₩7,000 ⑤ ₩8,000

해설

영업권: 12,000−{(4,000+7,000+9,000)−(7,000+5,000)}=₩4,000

Answer
09 ② 10 ⑤ 11 ⑤ 12 ②

12 부채회계

연계학습: 기본서 p.393~427

01 부채에 해당하는 것은? 제26회

① 소득세예수금 ② 미수금 ③ 감자차손
④ 받을어음 ⑤ 대여금

해설
① 예수금은 부채에 해당한다.

02 기업이 종업원에게 급여를 지급하면서 소득세 등을 원천징수하여 일시적으로 보관하기 위한 계정과목은? 제27회

① 예수금 ② 선수금 ③ 선급금
④ 미수금 ⑤ 미지급금

해설
① 예수금에 대한 설명이다.

03 다음 중 금융부채에 속하는 것을 모두 고른 것은? 제19회

보기
㉠ 매입채무 ㉡ 선수금
㉢ 사 채 ㉣ 소득세예수금
㉤ 미지급법인세

① ㉠, ㉡ ② ㉠, ㉢
③ ㉠, ㉣, ㉤ ④ ㉡, ㉢, ㉣
⑤ ㉡, ㉢, ㉤

해설

㉠ 매입채무	미래에 현금을 지급해야하는 의무	금융부채
㉡ 선수금	미래에 재화를 이전해야하는 의무	비금융부채
㉢ 사 채	미래에 현금을 지급해야하는 의무	금융부채
㉣ 소득세예수금	계약상 의무가 아닌 법률상 의무	비금융부채
㉤ 미지급법인세	계약상 의무가 아닌 법률상 의무	비금융부채

04 ●●하 ㈜한국의 20X1년 말 부채와 관련된 자료가 다음과 같을 때, 20X1년 말 금융부채는? 제26회

• 충당부채	₩50,000	• 장기차입금	₩10,000
• 선수금	₩30,000	• 사채	₩40,000
• 매입채무	₩60,000	• 미지급법인세	₩15,000
• 미지급금	₩35,000		

① ₩95,000 ② ₩110,000 ③ ₩120,000
④ ₩145,000 ⑤ ₩160,000

해설

금융부채: ₩10,000 + ₩40,000 + ₩60,000 + ₩35,000 = ₩145,000

05 ●●하 사채에 관한 설명으로 옳지 않은 것은? 제15회

① 사채의 표시이자율은 사채소유자에게 현금으로 지급해야 할 이자계산에 사용된다.
② 사채할인발행차금은 발행금액에서 차감하는 형식으로 표시된다.
③ 사채발행비는 발행금액에서 차감된다.
④ 사채발행시 사채의 유효이자율이 표시이자율보다 낮은 경우 사채는 할증발행된다.
⑤ 사채가 할인발행되는 경우 사채발행자가 사채만기일에 상환해야 하는 금액은 발행금액보다 크다.

해설

② 사채할인발행차금은 액면금액에서 차감하는 형식으로 표시된다.

Answer

01 ① 02 ① 03 ② 04 ④ 05 ②

06 (중)

㈜대한은 20X1년 1월 1일에 액면가액 ₩8,000,000(이자는 매년도 말에 후불로 지급)의 사채를 ₩7,400,000에 발행하였다. ㈜대한은 20X1년 12월 31일에 사채와 관련하여 유효이자율법에 따라 다음과 같이 분개하였다.

(차) 이자비용	₩962,000	(대)	현　　금	₩800,000
			사채할인발행차금	₩162,000

이 사채의 연간 유효이자율과 표시이자율은 각각 몇 %인가? 제14회

① 12%, 10%
② 13%, 10%
③ 13%, 11%
④ 14%, 10%
⑤ 14%, 11%

해설

1. 유효이자율=이자비용 ₩962,000÷기초 장부금액 ₩7,400,000=13%
2. 표시이자율=액면이자(현금이자) ₩800,000÷액면가액 ₩8,000,000=10%

07 (중)

㈜한국은 액면금액이 ₩1,000,000인 사채를 발행하여 매년 말 이자를 지급하고 상각후원가로 측정하고 있다. 사채와 관련된 자료가 다음과 같을 때 표시이자율은? 제23회

- 사채 발행금액: ₩875,650
- 유효이자율: 연 10%
- 1차년도 사채할인발행차금 상각액: ₩37,565

① 4%
② 5%
③ 6%
④ 7%
⑤ 8%

해설

1. 표시이자율=액면이자 ₩50,000÷액면금액 ₩1,000,000=5%
2. 액면이자=이자비용 ₩87,565－사채할인발행차금상각액 ₩37,565=₩50,000
3. 이자비용=사채 발행금액(기초 장부금액) ₩875,650×유효이자율 10%=₩87,565

08 (중)

㈜한국은 20X1년 7월 1일 액면금액 ₩2,000,000(표시이자율 연 9%, 만기 5년)**의 사채를 ₩1,950,000에 발행하였다. 이자는 매년 6월 30일에 지급한다. 발행시부터 만기까지 ㈜한국이 인식할 총이자비용은?** 제15회

① ₩450,000 ② ₩500,000 ③ ₩850,000
④ ₩900,000 ⑤ ₩950,000

해설

1. 총이자비용=액면이자 합계 ₩900,000+사채할인발행차금 ₩50,000=₩950,000
2. 액면이자 합계=액면금액 ₩2,000,000×표시이자율 9%×5년=₩900,000
3. 사채할인발행차금=액면금액 ₩2,000,000−발행금액 ₩1,950,000=₩50,000

09 (중)

㈜한국은 20X1년 초 액면금액 ₩100,000의 사채(표시이자율 연 8%, 이자는 매년 말 후급, 유효이자율 연 10%, 만기 20X3년 말)**를 ₩95,026에 발행하고 상각후원가로 측정하였다. 동 사채와 관련하여 20X3년 인식할 이자비용은?** (단, 이자는 월할계산하며, 단수차이가 발생할 경우 가장 근사치를 선택한다) 제22회

① ₩9,503 ② ₩9,553 ③ ₩9,653
④ ₩9,818 ⑤ ₩9,918

해설

④ 20X3년 이자비용={(₩95,026×1.1−₩8,000)×1.1−₩8,000}×0.1=₩9,818

10 (중)

㈜한국은 20X1년 초 3년 만기 사채를 할인발행하여 매년 말 액면이자를 지급하고 상각후원가로 측정하였다. 20X2년 말 사채 장부금액이 ₩98,148이고, 20X2년 사채이자 관련 분개는 다음과 같다. 20X1년 말 사채의 장부금액은? 제22회

(차) 이자비용	₩7,715	(대)	현 금	₩6,000
			사채할인발행차금	₩1,715

① ₩90,433 ② ₩92,148
③ ₩94,863 ④ ₩96,433
⑤ ₩99,863

해설

④ 20X2년 말 사채 장부금액 ₩98,148=20X1년 말 사채 장부금액+사채할인발행차금 상각액 ₩1,715
∴ 20X1년 말 사채 장부금액=₩96,433

Answer
06 ② 07 ② 08 ⑤ 09 ④ 10 ④

11 중

㈜한국은 20X1년 1월 1일 사채(액면금액 ₩100,000, 3년 만기 일시상환)**를 발행하고, 상각후원가로 측정하였다. 액면이자는 연 5%로 매년 말 지급조건이며, 발행 당시 유효이자율은 연 8%이다. 20X3년 1월 1일 사채를 액면금액으로 조기상환하였을 경우, 사채상환손익은?** (단, 금액은 소수점 첫째자리에서 반올림하며, 단수차이가 있으면 가장 근사치를 선택한다) 제21회

할인율 / 기 간	단일금액 ₩1의 현재가치		정상연금 ₩1의 현재가치	
	5%	8%	5%	8%
3	0.8638	0.7938	2.7232	2.5771

① ₩2,219 이익
② ₩2,781 손실
③ ₩2,781 이익
④ ₩7,734 손실
⑤ ₩7,734 이익

해설

1. 20X3년 초 사채상환손실=상환금액 ₩100,000−상환 직전 장부금액 ₩97,219=₩2,781
2. 상환 직전 장부금액=(발행금액 ₩92,266×1.08−₩5,000)×1.08−₩5,000=₩97,219
3. 발행금액=₩100,000×0.7938+₩5,000×2.5771=₩92,266

12 상

㈜한국은 20X1년 1월 1일 상각후원가로 측정하는 액면금액 ₩1,000,000의 사채 (만기 3년, 표시이자율 연 8%, 이자는 매년말 후급)**를 ₩950,250에 발행하였다. 동 사채와 관련하여 ㈜한국이 20X1년도 포괄손익계산서에 인식한 이자비용은 ₩95,025이다. ㈜한국이 20X3년 1월 1일에 동 사채 전부를 ₩980,000에 조기상환하였을 때, 인식할 사채상환손익은?** (단, 단수차이가 발생할 경우 가장 근사치를 선택한다) 제26회

① 손실 ₩14,725
② 손실 ₩5,296
③ 이익 ₩1,803
④ 이익 ₩9,729
⑤ 이익 ₩20,000

해설

1. 유효이자율 ; ₩95,025÷₩950,250=10%
2. 20X1년말 장부금액 : ₩950,250×1.1−₩80,000(표시이자)=₩965,275
3. 20X2년말 장부금액 : ₩965,275×1.1−₩80,000=₩981,803
4. 사채상환손익 : ₩981,803−₩980,000=₩1,803

13 상

㈜대한은 20X1년 초 다음과 같은 조건의 사채를 발행하고, 상각후원가로 측정하였다.

- 액면금액: ₩100,000
- 만기: 5년
- 표시이자율: 5%
- 시장이자율: 8%
- 표시이자 지급방법: 매년 말
- 상환방법: 만기 일시상환

만기를 1년 앞둔 20X4년 말에 현금이자 지급 후 동 사채를 ₩95,000에 상환하였을 경우, 사채상환손익은? (단, 계산과정에서 단수차이가 있는 경우 가장 근사치를 선택한다) 제17회

<현재가치계수>

1. 단일 금액의 현재가치계수

구 분	1기간	2기간	3기간	4기간	5기간
5%	0.9524	0.9070	0.8638	0.8227	0.7835
8%	0.9259	0.8573	0.7938	0.7350	0.6806

2. 정상연금의 현재가치계수

구 분	1기간	2기간	3기간	4기간	5기간
5%	0.9524	1.8594	2.7232	3.5460	4.3295
8%	0.9259	1.7833	2.5771	3.3121	3.9927

① 손실 ₩5,000 ② 손실 ₩2,220 ③ ₩0
④ 이익 ₩2,220 ⑤ 이익 ₩5,000

해설

1. 20X4년 말 사채상환이익=상환금액 ₩95,000−상환 직전 장부금액 ₩97,220=₩2,220
2. 상환 직전 장부금액

방법1	₩105,000×0.9259=₩97,220
방법2	[{(발행금액 ₩88,024×1.08−₩5,000)×1.08−₩5,000}×1.08−₩5,000]×1.08−₩5,000 =₩97,225

3. 발행금액=₩100,000×0.6806+₩5,000×3.9927=₩88,024

Answer

11 ② 12 ③ 13 ④

14 중

㈜한국은 20X1년 1월 1일 액면금액 ₩1,000,000인 사채(만기 3년, 표시이자율 연 10%, 이자는 매년 말 후급)**를 ₩1,106,900에 발행하고, 상각후원가로 측정하였다. 발행 당시 유효이자율은 연 6%이었다. 20X2년 1월 1일 동 사채 전부를 조기상환하였고, 이로 인해 사채상환이익은 ₩4,500 발생하였다. ㈜한국이 동 사채를 상환하기 위해 지급한 금액은?** 제24회

① ₩1,068,814
② ₩1,077,814
③ ₩1,102,400
④ ₩1,135,986
⑤ ₩1,144,986

해설

① 상환금액=상환 직전 장부금액 ₩1,073,314*−20X1년 초 상환이익 ₩4,500=₩1,068,814
* 상환 직전 장부금액=발행금액 ₩1,106,900×1.06−₩100,000=₩1,073,314

15 상

20X1년 1월 1일 ㈜한국은 액면금액 ₩1,000,000의 사채를 ₩918,000에 할인발행하였다. 이 사채의 발행에 적용된 유효이자율은 7%, 액면이자율은 5%(이자지급 매년 말 지급)**이다. 이와 관련된 설명 중 옳지 않은 것은?** 제16회

① 20X1년도 사채의 유효이자는 ₩64,260이다.
② 20X1년도 사채할인발행차금의 상각액은 ₩14,260이다.
③ 20X1년도 말 사채의 장부금액은 ₩932,260이다.
④ 20X2년 1월 1일 이 사채를 ₩935,000에 상환한다면 ₩2,740의 상환이익이 발생한다.
⑤ 20X2년도 사채의 액면이자는 ₩50,000이다.

해설

① 20X1년도 사채의 유효이자(이자비용)	=기초장부금액×유효이자율 =₩918,000×7%=₩64,260
② 20X1년도 사채할인발행차금의 상각액	=이자비용−액면이자 =₩918,000×7%−₩1,000,000×5%=₩14,260
③ 20X1년도 말 사채의 장부금액	=기초장부금액×(1+유효이자율)−액면이자 =₩918,000×1.07−₩50,000=₩932,260
④ 20X2년 1월 1일 사채상환손실	=상환금액−상환 직전 장부금액 =₩935,000−₩932,260=₩2,740
⑤ 20X2년도 사채의 액면이자	=액면금액×액면이자율 =₩1,000,000×5%=₩50,000

16 중

㈜대한은 20X1년 1월 1일 다음과 같은 사채를 발행하였으며 유효이자율법에 따라 회계처리한다. 동 사채와 관련하여 옳지 않은 것은? 제18회

• 액면금액: ₩1,000,000	• 만기: 3년
• 액면이자율: 연 5%	• 이자지급시기: 매년 말
• 사채발행비: ₩20,000	
• 유효이자율: 연 8%(유효이자율은 사채발행비가 고려됨)	

① 동 사채는 할인발행사채이다.
② 매년 말 지급할 현금이자는 ₩50,000이다.
③ 이자비용은 만기일에 가까워질수록 증가한다.
④ 사채발행비가 ₩30,000이라면 동 사채에 적용되는 유효이자율은 연 8%보다 낮다.
⑤ 사채할인발행차금 상각이 완료된 시점에서 사채장부금액은 액면금액과 같다.

해설

④ 사채발행비가 ₩30,000이라면 동 사채에 적용되는 유효이자율은 연 8%보다 높다. 즉, 사채발행비가 커질수록 유효이자율도 커진다.

17 상

다음은 ㈜한국이 20X1년 1월 1일 발행한 사채의 회계처리를 위한 자료의 일부이다. 이를 통하여 알 수 있는 내용으로 옳은 것은? (단, 계산된 금액은 소수점 이하 첫째자리에서 반올림한다) 제20회

• 사채권면에 표시된 발행일은 20X1년 1월 1일, 액면금액은 ₩1,000,000이며 이자지급일은 매년 12월 31일이고 만기는 3년이다.

〈유효이자율법에 의한 상각표〉

일 자	유효이자	표시이자	상각액	장부금액
20X1년 1월 1일	–	–	–	₩951,963
20X1년 12월 31일	?	₩100,000	₩14,236	?

① 사채발행시 적용된 유효이자율은 연 10%이다.
② 사채발행시 인식할 사채할인발행차금은 ₩33,801이다.
③ 20X1년 말 상각 후 사채의 장부금액은 ₩937,727이다.
④ 20X2년 말 사채와 관련하여 손익계정에 대체되는 이자비용은 ₩117,857이다.
⑤ 20X3년 1월 1일 사채 전부를 ₩980,000에 상환한 경우 사채상환이익은 ₩2,143이다.

Answer

14 ① 15 ④ 16 ④ 17 ⑤

해설

① 사채발행시 유효이자율	=유효이자÷기초장부금액 =₩114,236÷₩951,963=12%
② 사채발행시 사채할인발행차금	=액면금액−발행금액 =₩1,000,000−₩951,963=₩48,037
③ 20X1년 말 사채의 장부금액	=기초장부금액×(1+유효이자율)−액면이자 =₩951,963×1.12−₩100,000=₩966,199
④ 20X2년 이자비용	=기초장부금액×유효이자율 =₩966,199×12%=₩115,944
⑤ 20X3년 1월 1일 사채상환이익	=상환금액−상환 직전 장부금액 =₩980,000−(₩966,199×1.12−₩100,000)=₩2,143

18 하

충당부채의 측정에 관한 설명으로 옳지 않은 것은? 제23회

① 충당부채로 인식하는 금액은 현재의무를 보고기간 말에 이행하기 위하여 필요한 지출에 대한 최선의 추정치이어야 한다.

② 충당부채로 인식하여야 하는 금액과 관련된 불확실성은 상황에 따라 판단한다.

③ 화폐의 시간가치 영향이 중요한 경우에 충당부채는 의무를 이행하기 위하여 예상되는 지출액의 현재가치로 평가한다.

④ 할인율은 부채의 특유한 위험과 화폐의 시간가치에 대한 현행 시장의 평가를 반영한 세전 이율이다.

⑤ 예상되는 자산 처분이익은 충당부채를 객관적으로 측정하기 위하여 고려하여야 한다.

해설

⑤ 예상되는 자산 처분이익은 충당부채를 측정하는 데 고려하지 아니한다. 즉, 충당부채에서 차감하지 않는다.

19 중

충당부채, 우발부채, 우발자산에 관한 설명으로 옳은 것은? 제25회

① 경제적 효익의 유입가능성이 높지 않은 우발자산은 그 특성과 추정금액을 주석으로 공시한다.

② 과거에 우발부채로 처리하는 경우에는 그 이후 기간에 미래 경제적 효익의 유출가능성이 높아졌다고 하더라도 이를 충당부채로 인식할 수 없다.

③ 미래에 영업손실이 발생할 가능성이 높은 경우에는 그러한 영업손실의 예상 금액을 신뢰성 있게 추정하여 충당부채를 인식한다.

④ 충당부채는 화폐의 시간가치 영향이 중요하다고 하더라도 의무이행시 예상되는 지출액을 할인하지 않은 금액으로 평가한다.

⑤ 충당부채는 최초 인식과 관련 있는 지출에만 사용한다.

해설

① 경제적 효익의 유입가능성이 높지 않은 우발자산은 그 특성과 추정금액을 주석으로 공시하지 아니한다.

② 과거에 우발부채로 처리하는 경우에는 그 이후 기간에 미래 경제적 효익의 유출가능성이 높아지면 이를 충당부채로 인식할 수 있다.

③ 미래에 영업손실이 발생할 가능성이 높더라도 그러한 영업손실의 예상 금액을 충당부채로 인식할 수 없다.

④ 충당부채는 화폐의 시간가치 영향이 중요한 경우에는 의무이행시 예상되는 지출액을 할인한 금액(현재가치)으로 평가한다.

20 중

충당부채와 우발부채에 관한 설명으로 옳지 않은 것은? 제20회

① 충당부채는 재무상태표에 표시되는 부채이나 우발부채는 재무상태표에 표시될 수 없고 주석으로만 기재될 수 있다.

② 충당부채를 현재가치로 평가하기 위한 할인율은 부채의 특유한 위험과 화폐의 시간가치에 대한 현행 시장의 평가를 반영한 세후이율이다.

③ 충당부채로 인식하는 금액은 현재의무를 보고기간 말에 이행하기 위하여 필요한 지출에 대한 최선의 추정치이어야 한다.

④ 우발부채는 처음에 예상하지 못한 상황에 따라 변할 수 있으므로, 경제적 효익이 있는 자원의 유출가능성이 높아졌는지를 판단하기 위하여 우발부채를 지속적으로 평가한다.

⑤ 예상되는 자산 처분이 충당부채를 생기게 한 사건과 밀접하게 관련되었더라도 예상되는 자산 처분이익은 충당부채를 측정하는 데 고려하지 아니한다.

해설

② 충당부채를 현재가치로 평가하기 위한 할인율은 부채의 특유한 위험과 화폐의 시간가치에 대한 현행 시장의 평가를 반영한 세전이율이다.

Answer

18 ⑤ 19 ⑤ 20 ②

21 상

다음은 20X1년 말 ㈜대한과 관련된 자료이다. 충당부채와 우발부채 금액으로 옳은 것은? 제18회 수정

- 20X1년 초 제품보증충당부채는 없었으며, 20X1년 말 현재 향후 보증청구가 이루어질 것으로 판단되는 최선의 추정치는 ₩20,000이다.
- ㈜대한은 특허권 침해소송에 피고로 계류되었으며, 패소시 부담하게 될 손해배상액은 ₩30,000이다. 패소가능성은 높지 않다.
- 기말 현재 매출채권에 대한 손실충당금으로 계상되어야 할 금액은 ₩20,000이다.
- 유형자산의 내용연수가 종료된 후 복구공사 비용으로 추정되는 지출액의 현재가치금액은 ₩50,000이다.

	충당부채	우발부채
①	₩30,000	₩30,000
②	₩50,000	₩50,000
③	₩70,000	₩50,000
④	₩70,000	₩30,000
⑤	₩100,000	₩0

해설

구 분	회계처리
20X1년 초 제품보증충당부채는 없었으며, 20X1년 말 향후 보증청구가 이루어질 것으로 판단되는 최선의 추정치는 ₩20,000이다.	충당부채 ₩20,000
㈜대한은 특허권 침해소송에 피고로 계류되었으며, 패소시 부담하게 될 손해배상액은 ₩30,000이다. 패소가능성은 높지 않다.	우발부채 ₩30,000
기말 현재 매출채권에 대한 손실충당금으로 계상되어야 할 금액은 ₩20,000이다.	손실충당금 ₩20,000 (매출채권의 차감계정)
유형자산의 내용연수가 종료된 후 복구공사비용으로 추정되는 지출액의 현재가치금액은 ₩50,000이다.	충당부채 ₩50,000

22 중

㈜대한은 20X1년부터 전자제품을 판매하면서 3년간 보증수리를 무상으로 해주는데 20X1년도에 ₩250,000, 20X2년도에 ₩500,000을 보증수리비로 인식하였다. 실제 지출한 보증수리비는 20X1년도에 ₩150,000, 20X2년도에 ₩320,000이었다. 20X2년도 말 제품보증충당부채 잔액은? 제14회

① ₩180,000
② ₩220,000
③ ₩250,000
④ ₩260,000
⑤ ₩280,000

해설

1. 20X2년도 말 제품보증충당부채 잔액=20X2년까지 누적 보증수리비 ₩750,000−20X2년까지 누적 실제지출액 ₩470,000=₩280,000
2. 20X2년까지 누적 보증수리비=₩250,000+₩500,000=₩750,000
3. 20X2년까지 누적 실제지출액=₩150,000+₩320,000=₩470,000

23 중

㈜한국은 제품매출액의 3%에 해당하는 금액을 제품보증비용(보증기간 2년)으로 추정하고 있다. 20X1년의 매출액과 실제 보증청구로 인한 보증비용 지출액은 다음과 같다.

제품매출액(20X1년)	실제 보증비용 지출액	
	20X1년	20X2년
₩600,000	₩14,000	₩6,000

20X2년 포괄손익계산서의 보증활동으로 인한 비용과 20X2년 말 재무상태표의 충당부채 잔액은? (단, ㈜한국은 20X1년 초에 설립되었으며, 20X2년의 매출은 없다고 가정한다) 제17회

	제품보증비	충당부채
①	₩2,000	₩0
②	₩3,000	₩0
③	₩4,000	₩0
④	₩5,000	₩4,000
⑤	₩6,000	₩4,000

해설

1. 20X1년 제품보증충당부채 설정액(=20X1년 보증비용)=20X1년 매출액 ₩600,000×3%=₩18,000
2. 20X2년 보증비용=20X1년 말 제품보증충당부채 잔액 ₩4,000*−실제 지출액 ₩6,000=₩2,000
   * 20X1년 설정액 ₩18,000−20X1년 실제 지출액 ₩4,000=₩14,000
3. 20X2년 말 제품보증충당부채=20X1년 설정액 ₩18,000−20X1년 실제 지출액 ₩14,000−20X2년 실제 지출액 ₩4,000=₩0

Answer

21 ④ 22 ⑤ 23 ①

13 자본회계

연계학습: 기본서 p.430~457

01 하

㈜한국은 20X1년 초 주당 액면금액 ₩5,000인 보통주 100주를 주당 ₩6,000에 현금으로 납입받아 회사를 설립하였다. 이에 대한 분개로 옳은 것은? 제22회

① (차) 현 금 ₩600,000 (대) 보통주자본금 ₩500,000 / 주식발행초과금 ₩100,000
② (차) 현 금 ₩600,000 (대) 보통주자본금 ₩600,000
③ (차) 현 금 ₩500,000 (대) 보통주자본금 ₩500,000
④ (차) 현 금 ₩500,000 / 주식할인발행차금 ₩100,000 (대) 보통주자본금 ₩600,000
⑤ (차) 현 금 ₩600,000 (대) 보통주자본금 ₩500,000 / 자본조정 ₩100,000

해설

① 주식을 발행한 경우 발행금액(현금납입액) 중 주식액면총액(발행주식수×주당 액면금액)은 자본금으로, 주식액면총액을 초과하는 금액은 주식발행초과금으로 회계처리한다.

02 중

다음 중 자본총계에 영향을 주는 거래는? 제15회

① 현물출자
② 주식배당
③ 무상증자
④ 주식분할
⑤ 주식병합

해설

① 현물출자를 받은 경우는 유상증자의 하나로 자산이 증가하고 자본이 증가한다.

03 하

당기순이익에 영향을 미치는 항목이 아닌 것은? 제19회

① 감자차익
② 재고자산평가손실
③ 유형자산손상차손
④ 당기손익－공정가치 측정 금융자산 평가손실
⑤ 기타포괄손익－공정가치 측정 금융자산 처분이익

해설

① 감자차익은 자본거래에서 발생한 이익(자본잉여금)으로 당기순이익에 영향을 미치지 않는다.

04 중

다음 중 자본이 증가하는 거래는? (단, 각 거래는 상호독립적이고, 자기주식의 취득은 상법상 정당한 것으로 가정한다) 제20회

① 중간배당(현금배당) ₩100,000을 실시하였다.
② 액면금액이 주당 ₩5,000인 주식 25주를 ₩4,000에 할인발행하였다.
③ 자기주식(액면금액 주당 ₩5,000) 25주를 주당 ₩4,000에 취득하였다.
④ 당기순손실 ₩100,000이 발생하였다.
⑤ 당기 중 ₩2,100,000에 취득한 기타포괄손익－공정가치 측정 금융자산의 보고기간 말 현재 공정가액은 ₩2,000,000이다.

해설

구 분	자본총액 영향
① 중간배당(현금배당)	감소
② 주식할인발행	증가
③ 자기주식 취득	감소
④ 당기순손실 발생	감소
⑤ 기타포괄손익－공정가치 측정 금융자산 평가손실	감소

05 중

자본을 증가시키는 거래는? 제23회

① 고객에게 용역을 제공하고 수익을 인식하였다.
② 주식배당을 결의하였다.
③ 유통 중인 자기회사의 주식을 취득하였다.
④ 소모품을 외상으로 구입하였다.
⑤ 건물을 장부금액보다 낮은 금액으로 처분하였다.

해설

구 분	자본총액 영향
① 고객에게 용역을 제공하고 수익을 인식	증가
② 주식배당	불변
③ 자기회사의 주식을 취득	감소
④ 소모품을 외상으로 구입	불변
⑤ 건물을 장부금액보다 낮은 금액으로 처분	감소

Answer

01 ① 02 ① 03 ① 04 ② 05 ①

06 중

㈜한국의 자기주식(주당 액면금액 ₩5,000)과 관련된 자료는 다음과 같다. 8월 7일 자기주식처분이 당기순이익에 미치는 영향으로 옳은 것은? 제19회

- 2월 1일: 자기주식 300주를 주당 ₩6,000에 취득하다.
- 6월 2일: 자기주식 100주를 주당 ₩6,300에 처분하다.
- 7월 5일: 자기주식 100주를 소각하다.
- 8월 7일: 자기주식 100주를 주당 ₩5,000에 처분하다.

① 영향 없음 ② ₩30,000 감소 ③ ₩30,000 증가
④ ₩70,000 감소 ⑤ ₩100,000 감소

해설

① 자기주식의 거래(취득, 처분, 소각)는 자본거래로 당기순이익에 영향을 미치지 않는다.

구 분	자본총액 영향	당기순이익 영향
자기주식 취득	감소	불변
자기주식 처분	증가	불변
자기주식 소각	불변	불변

07 중

㈜한국은 다음과 같이 액면가 ₩1,000인 자기주식을 취득하여 매각하였다. 11월 10일 매각 시점의 분개로 옳은 것은? 제23회

날 짜	적 요	금 액	주식 수
11월 1일	취득	₩950	50주
11월 5일	매각	₩970	20주
11월 10일	매각	₩930	30주

	차 변		대 변	
①	현 금	₩27,900	자 기 주 식	₩27,900
②	현 금	₩27,900	자 기 주 식	₩28,500
	자기주식처분손실	₩600		
③	현 금	₩27,900	자 기 주 식	₩28,500
	자기주식처분이익	₩400		
	자기주식처분손실	₩200		
④	현 금	₩30,000	자 기 주 식	₩28.500
			자기주식처분손실	₩600
			자기주식처분이익	₩900
⑤	현 금	₩30,000	자 기 주 식	₩28,500
			자기주식처분이익	₩1,500

해설

날 짜	차 변		대 변		
11월 1일 취득	자기주식	₩47,500	현 금	₩47,500	← 50주×₩950
11월 5일 매각	현 금	₩19,400	자기주식	₩19,000	← 20주×₩950
			자기주식처분이익	₩400	
11월 10일 매각	현 금	₩27,900	자기주식	₩28,500	← 30주×₩950
	자기주식처분이익	₩400			
	자기주식처분손실	₩200			

↳ 자기주식처분이익과 자기주식처분손실은 서로 상계한다.

08 중

㈜한국의 20X1년 초 자본의 내역은 다음과 같다.

보통주자본금(주당 액면금액 ₩500, 총발행주식수 4,000주)	₩2,000,000
주식발행초과금(보통주)	₩500,000
이익잉여금	₩800,000
자본조정(20X0년 중 주당 ₩1,100에 취득한 자기주식 30주)	₩(33,000)
자본총계	₩3,267,000

㈜한국은 20X1년 3월 1일 자기주식 30주를 주당 ₩1,200에 취득하였고, 20X1년 6월 30일 자기주식 40주를 주당 ₩1,300에 처분하였으며, 20X1년 10월 1일 자기주식 20주를 소각하였다. ㈜한국은 20X1년도 당기순손실 ₩200,000과 기타포괄이익 ₩150,000을 보고하였다. 20X1년 말 ㈜한국의 자본총계는? 제26회

① ₩3,181,000 ② ₩3,217,000 ③ ₩3,233,000
④ ₩3,305,000 ⑤ ₩3,405,000

해설

자 본

자기주식 취득	₩36,000	기초자본	₩3,267,000
당기순손실	₩200,000	자기주식 처분	₩52,000
기말자본	₩3,233,000	기타포괄이익	₩150,000
	₩3,469,000		₩3,469,000

Answer
06 ① 07 ③ 08 ③

09 하

다음은 ㈜한국의 20X1년 말 재무상태표 자료이다. ㈜한국의 20X1년 말 이익잉여금은? 제21회

• 현 금	₩70,000	• 자본금	₩50,000
• 매출채권	₩15,000	• 이익잉여금	?
• 매입채무	₩10,000	• 장기차입금	₩20,000
• 상 품	₩30,000	• 주식발행초과금	₩5,000

① ₩20,000 ② ₩25,000 ③ ₩30,000
④ ₩35,000 ⑤ ₩40,000

해설

현 금	₩70,000	매입채무	₩10,000
매출채권	₩15,000	장기차입금	₩20,000
상 품	₩30,000	자본금	₩50,000
		주식발행초과금	₩5,000
		이익잉여금	(₩30,000)

10 하

다음에 해당하는 자본항목은? 제27회

상법의 규정에 따라 자본금의 1/2에 달할 때까지 현금배당액의 1/10 이상을 의무적으로 적립해야 한다.

① 주식발행초과금 ② 감자차익 ③ 자기주식
④ 주식할인발행차금 ⑤ 이익준비금

해설

⑤ 이익준비금에 대한 설명이다.

11 중

다음의 자료를 사용하여 계산된 재무상태표상의 자본총계는? 제15회

• 자본금	₩10,000
• 자기주식	₩2,500
• 사 채	₩6,000
• 예수금	₩3,000
• 이익준비금	₩3,500
• 주식할인발행차금	₩1,200

① ₩9,800 ② ₩11,000 ③ ₩12,300
④ ₩13,500 ⑤ ₩14,600

해설

구 분	자 본	부 채
자본금	₩10,000	
자기주식	− ₩2,500	
사 채		₩6,000
예수금		+ ₩3,000
이익준비금	+ ₩3,500	
주식할인발행차금	− ₩1,200	
총 계	= ₩9,800	= ₩9,000

12 중

다음 자료를 이용하여 계산한 기말 자본총액은? 제17회

- 기초 자본총액: ₩10,000
- 7월 1일: 주당 액면가액 ₩100의 자기주식 10주를 주당 ₩300에 취득
- 8월 1일: 위 자기주식 중 5주를 주당 ₩350에 매각
- 9월 1일: 위 자기주식 중 3주를 소각

① ₩7,850 ② ₩8,150
③ ₩8,500 ④ ₩8,750
⑤ ₩9,650

해설

기말 자본총액	(₩8,750)	기초 자본총액	₩10,000
자기주식 취득 10주×₩300	₩3,000	자기주식 매각 5주×₩350	₩1,750

Answer

09 ③ 10 ⑤ 11 ① 12 ④

13 다음 자료를 이용하여 계산된 기말자본 금액은?

상

제20회

<기초자본 자료>

자본금	₩20,000
이익잉여금	₩500
재평가잉여금	₩800
계	₩21,300

- 당기 중 액면금액 ₩500인 보통주 10주를 주당 ₩1,000에 발행
- 당기순손실 : ₩200
- 당기 재평가잉여금 증가액 : ₩100

① ₩26,200 ② ₩29,800 ③ ₩30,050
④ ₩31,200 ⑤ ₩33,200

해설

기말자본	(₩31,200)	기초자본	₩21,300
당기순손실	₩200	유상증자 10주×1,000	₩10,000
		재평가잉여금 증가	₩100

14 자본에 관한 설명으로 옳은 것을 모두 고른 것은?

중

제22회

보기

㉠ 자기주식을 취득하면 자본총액은 증가한다.
㉡ 유상증자시에 자본금은 증가하나 자본총액은 변동하지 않는다.
㉢ 무상증자시에 자본금은 증가하나 자본총액은 변동하지 않는다.
㉣ 주식배당시에 자산총액과 자본총액은 변동하지 않는다.
㉤ 주식분할로 인해 발행주식수가 증가하여도 액면가액은 변동이 없다.
㉥ 임의적립금은 주주총회의 의결을 통해 미처분이익잉여금으로 이입한 후 배당할 수 있다.

① ㉠, ㉡, ㉢ ② ㉠, ㉤, ㉥ ③ ㉡, ㉢, ㉣
④ ㉡, ㉣, ㉤ ⑤ ㉢, ㉣, ㉥

해설

㉠ 자기주식을 취득하면 자본총액은 감소한다.
㉡ 유상증자시에 자본금은 증가하고 자본총액도 증가한다.
㉤ 주식분할로 인해 발행주식수가 증가하고 액면가액은 감소한다.

15 중

자본에 관한 설명으로 옳은 것을 모두 고른 것은? 제24회

보기

㉠ 주식 발행과 직접 관련하여 발생한 거래원가는 자본에서 차감하지 않고 당기손익으로 인식한다.
㉡ 유상감자는 자본금의 감소로 소멸되는 주식의 대가를 주주에게 실질적으로 지급하는 것으로 실질적 감자에 해당한다.
㉢ 무상증자시에는 납입자본과 자본총계가 모두 증가한다.
㉣ 임의적립금은 주주총회의 의결을 거쳐 미처분이익잉여금으로 이입한 후 배당재원으로 사용할 수 있다.
㉤ 이익준비금은 법정준비금이므로 그 금액만큼을 반드시 외부 금융기관에 예치해야 한다.

① ㉠, ㉣ ② ㉠, ㉤ ③ ㉡, ㉡
④ ㉡, ㉣ ⑤ ㉢, ㉤

해설

㉠ 주식 발행과 직접 관련하여 발생한 거래원가는 자본에서 차감하고 당기손익으로 인식하지 아니한다.
㉢ 무상증자시 자본총계는 불변한다.
㉤ 이익준비금은 법정준비금이지만 그 금액만큼을 외부 금융기관에 예치할 필요는 없다.

16 중

㈜한국의 20X1년도 포괄손익계산서상 당기순이익은 ₩*510,000*이고, 우선주(비참가적, 비누적적)**배당금은 ₩*30,000*이다. ㈜한국의 20X1년도 기본주당순이익이 ₩*30*일 때, 가중평균유통보통주식수는?** 제26회

① 12,000주 ② 13,000주 ③ 15,000주
④ 16,000주 ⑤ 17,000주

해설

$$\text{주당이익} = \frac{\text{당기순이익 ₩510,000} - \text{우선주배당금 ₩30,000}}{\text{가중평균유통보통주식수 (\quad)}} = \text{₩30}$$

* 가중평균유통보통주식수 → 16,000주

Answer

13 ④ 14 ⑤ 15 ④ 16 ④

17 중

20X1년도 자본과 관련된 자료가 다음과 같을 때 주당이익은? (단, 우선주는 누적적 우선주이다) 제19회

- 당기순이익 ₩26,000,000
- 기초 보통주(주당 액면금액 ₩5,000) 10,000주
- 기초 우선주(주당 액면금액 ₩5,000, 배당률 연 8%) 5,000주

① ₩1,500
② ₩2,000
③ ₩2,400
④ ₩2,500
⑤ ₩3,000

해설

$$\text{주당이익} = \frac{\text{당기순이익 ₩26,000,000} - \text{우선주배당금 ₩2,000,000*}}{\text{가중평균유통보통주식수 10,000주}} = \text{₩2,400}$$

* 우선주배당금 = 5,000주 × ₩5,000 × 8% = ₩2,000,000

18 중

㈜한국의 20X1년 1월 1일 유통보통주식수는 10,000주이다. 20X1년도에 발행된 보통주는 다음과 같다. 20X1년도 ㈜한국의 가중평균유통보통주식수는? (단, 가중평균유통보통주식수는 월수를 기준으로 계산한다) 제23회

- 4월 1일 무상증자 10%를 실시하였다.
- 9월 1일 유상으로 신주 15%를 공정가치로 발행하였다.

① 11,550주
② 11,600주
③ 11,650주
④ 11,700주
⑤ 11,750주

해설

1월 1일	유통보통주식수	10,000주	
4월 1일	무상증자(10%)	+ 1,000주	← 10,000주×10%×12/12
9월 1일	유상증자(15%)	+ 550주	← 11,000주×15%×4/12
가중평균유통보통주식수		= 11,550주	

14 수익과 비용회계

연계학습: 기본서 p.460~486

01 수익인식 5단계를 순서대로 바르게 나열한 것은? 제23회

하

㉠ 수행의무를 식별 ㉡ 고객과의 계약을 식별 ㉢ 거래가격을 산정 ㉣ 거래가격을 계약 내 수행의무에 배분 ㉤ 수행의무를 이행할 때 수익을 인식

① ㉠ ⇨ ㉡ ⇨ ㉢ ⇨ ㉣ ⇨ ㉤
② ㉠ ⇨ ㉢ ⇨ ㉡ ⇨ ㉣ ⇨ ㉤
③ ㉡ ⇨ ㉠ ⇨ ㉢ ⇨ ㉣ ⇨ ㉤
④ ㉡ ⇨ ㉠ ⇨ ㉣ ⇨ ㉢ ⇨ ㉤
⑤ ㉢ ⇨ ㉠ ⇨ ㉡ ⇨ ㉣ ⇨ ㉤

해설

수익인식의 5단계 순서

㉡ 고객과의 계약을 식별 ㉠ 수행의무를 식별 ㉢ 거래가격을 산정 ㉣ 거래가격을 계약 내 수행의무에 배분 ㉤ 수행의무를 이행할 때 수익을 인식

Answer

17 ③ 18 ① / 01 ③

02 (중)

㈜한국은 ㈜민국과 매출액의 10%를 판매수수료로 지급하는 위탁판매계약을 맺고 있으며, ㈜민국에게 적송한 재화의 통제권은 ㈜한국이 계속 보유하고 있다. 20X1년에 ㈜한국은 ㈜민국에 단위당 원가 ₩90인 상품A 10개를 적송하였으며, ㈜민국은 상품A 8개를 단위당 ₩100에 고객에게 판매하였다. 상품A의 판매와 관련하여 ㈜한국과 ㈜민국이 20X1년에 인식할 수익 금액은? 제25회

	㈜한국	㈜민국		㈜한국	㈜민국
①	₩100	₩80	②	₩800	₩80
③	₩800	₩800	④	₩1,000	₩100
⑤	₩1,000	₩800			

해설

1. ㈜한국의 수익(매출액)=8개×₩100=₩800
2. ㈜민국의 수익(수수료수익)=매출액 ₩800×10%=₩80

03 (중)

㈜대한의 20X1년 상품의 판매와 관련한 자료이다. 20X1년 매출액은? 제18회

㉠ 시송품(매가 ₩50,000)에 대해 20X1년 말 현재 고객으로부터 매입의사표시를 받지 못하였다.
㉡ 위탁판매를 위하여 적송된 상품(매가 ₩100,000) 중 최종소비자에게 판매된 금액은 ₩30,000이다.
㉢ 장기할부판매상품(총 할부대금은 ₩90,000이고, 현재가치는 ₩80,000) 중 50%만 현금으로 수취하였다.

① ₩70,000 ② ₩75,000 ③ ₩90,000
④ ₩110,000 ⑤ ₩120,000

해설

구 분	20X1년 매출액
㉡ 위탁판매	₩30,000
㉢ 장기할부판매(현재가치 측정)	₩80,000
합 계	₩110,000

04 중

㈜한국은 제품 200단위(단위당 취득원가 ₩6,000)를 단위당 ₩10,000에 현금판매하였다. ㈜한국은 동 제품판매와 관련하여 제품 판매 후 2주 이내에 고객이 반품을 요청하는 경우 전액 환불해 주고 있다. 동 제품판매에 대한 합리적인 반품률 추정치가 3%인 경우, ㈜한국이 상기 제품의 판매시점에 인식할 매출액은? 제26회

① ₩1,200,000 ② ₩1,500,000 ③ ₩1,680,000
④ ₩1,940,000 ⑤ ₩2,000,000

해설

반품이 예상되는 금액에 대해서는 수익을 인식하지 않고 환불부채로 인식한다.
매출액: 200단위×₩10,000×(1−3%)=₩1,940,000

05 상

㈜한국은 20X1년 초에 제품을 ₩300,000에 판매(제품을 실질적으로 인도함)하면서, 판매대금 중 ₩100,000은 판매 즉시 수취하고 나머지 ₩200,000은 향후 2년에 걸쳐 매년 말에 각각 ₩100,000씩 받기로 하였다. 동 거래에는 유의적인 금융요소가 포함되어 있고, 판매계약의 할인율은 연 10%로 동 할인율은 별도 금융거래에 적용될 할인율에 해당한다. 판매대금의 회수가능성이 확실하다고 가정할 때, 상기 제품의 판매 거래로 ㈜한국이 20X1년에 인식하게 될 수익의 총액은? (단, 현재가치 계산시 다음의 현가표를 이용하며, 단수차이가 발생하는 경우 가장 근사치를 선택한다) 제26회

기 간	연 이자율 10%	
	단일금액 ₩1의 현재가치	정상연금 ₩1의 현재가치
2	0.8264	1.7355
3	0.7513	2.4868

① ₩273,559 ② ₩290,905 ③ ₩300,000
④ ₩300,905 ⑤ ₩330,000

해설

1. 매출액: ₩100,000+₩100,000×1.7355=₩273,550
2. 이자수익: ₩173,550×10%=₩17,355
3. 총수익: ₩273,550+₩17,355=₩290,905

Answer

02 ② 03 ④ 04 ④ 05 ②

06 중

㈜한국은 20X1년 초 공장 신축공사(공사기간 3년, 계약금액 ₩8,000,000)**를 수주하였으며, 공사 관련 자료는 다음과 같다. ㈜한국이 20X2년도에 인식할 공사이익은?** (단, 수익은 진행기준으로 인식하며, 진행률은 발생한 누적계약원가에 기초하여 측정한다) 제21회

구 분	20X1년	20X2년	20X3년
발생 누적계약원가	₩700,000	₩4,200,000	₩7,000,000
추가소요예정원가	₩6,300,000	₩2,800,000	−

① ₩350,000
② ₩500,000
③ ₩600,000
④ ₩800,000
⑤ ₩850,000

해설

구 분	20X1년	20X2년
총계약금액	₩8,000,000	₩8,000,000
당기계약원가	₩700,000	₩3,500,000
누적계약원가	₩700,000	₩4,200,000
추가계약원가	₩6,300,000	₩2,800,000
총계약원가	₩7,000,000	₩7,000,000
누적진행률	10%	60%
당기진행률	10%	50%
계약수익	₩800,000*	₩4,000,000**
−계약원가	₩700,000	₩3,500,000
=계약손익	+₩100,000	+₩500,000

* 총계약금액 ₩8,000,000×당기진행률 10%=₩800,000
** 총계약금액 ₩8,000,000×당기진행률 50%=₩4,000,000

07 중

㈜한국은 고객과 20X1년부터 3년간 용역제공 계약을 체결하고 용역을 제공하고 있다. 최초 계약시 총계약금액은 ₩2,000이었다. 20X2년 중 용역계약원가의 상승으로 총계약금액을 ₩2,400으로 변경하였다. 용역제공과 관련된 자료가 다음과 같을 때, ㈜한국이 인식할 20X2년도 용역계약손익은? (단, 진행률에 의해 계약수익을 인식하며, 진행률은 총추정계약원가 대비 누적발생계약원가로 산정한다) 제23회

구 분	20X1년	20X2년	20X3년
당기발생계약원가	₩320	₩880	₩800
총추정계약원가	₩1,600	₩2,000	₩2,000

① 손실 ₩120 ② 손실 ₩80 ③ 이익 ₩120
④ 이익 ₩160 ⑤ 이익 ₩240

해설

구 분	20X1년	20X2년
총계약금액	₩2,000	₩2,400
당기계약원가	₩320	₩880
누적계약원가	₩320	₩1,200
총계약원가	₩1,600	₩2,000
누적진행률	20%	60%
당기진행률	20%	40%
계약수익	₩400*	₩1,040**
−계약원가	₩320	₩880
=계약손익	+₩80	+₩160

* 총계약금액 ₩2,000×당기진행률 20%=₩400

** 변경 총계약금액 ₩2,400×누적진행률 60%−전기까지 인식한 계약수익 ₩400=₩1,040

Answer

06 ② 07 ④

08 상

㈜대한의 건설계약과 관련된 자료는 다음과 같다.

계약기간: 20X1년 1월 1일 ~ 20X3년 12월 31일
총계약금액: ₩1,200,000
계약원가 관련자료

	20X1년	20X2년	20X3년
연도별 발생원가	₩400,000	₩575,000	₩325,000
완성시까지 추가소요 예정원가	₩600,000	₩325,000	−

㈜대한의 20X2년도 계약손실은? (단, 진행기준을 적용하여 수익을 인식하며, 진행률은 발생한 누적계약원가를 추정총계약원가로 나누어 산정한다) 제14회

① ₩180,000
② ₩185,000
③ ₩190,000
④ ₩195,000
⑤ ₩200,000

해설

〈방법1〉

1. 20X2년 계약손실=총계약손실 예상액 ₩100,000+전기까지 인식한 계약이익 ₩80,000
=₩180,000
2. 총계약손실예상액=총계약금액 ₩1,200,000−총계약원가 ₩1,300,000=₩100,000
3. 전기까지 인식한 계약이익(=20X1년 계약이익)

구 분	20X1년	20X2년	총계약손실예상액
총계약금액	₩1,200,000	₩1,200,000	
당기계약원가	₩400,000	₩575,000	
누적계약원가	₩400,000	₩975,000	
추가계약원가	₩600,000	₩325,000	
총계약원가	₩1,000,000	₩1,300,000	
누적진행률	40%		
당기진행률	40%		
계약수익	₩480,000*		
−계약원가	₩4,000,000		
=계약손익	+₩80,000	(?)	−₩100,000

* 총계약금액 ₩1,200,000×당기진행률 40%=₩480,000

〈방법2〉

구 분	20X1년	20X2년	20X3년	계
총계약금액	₩1,200,000	₩1,200,000	₩1,200,000	
당기계약원가	₩400,000	₩575,000	₩325,000	
누적계약원가	₩400,000	₩975,000	₩1,300,000	
추가계약원가	₩600,000	₩325,000	₩0	
총계약원가	₩1,000,000	₩1,300,000	₩1,300,000	
누적진행률	40%	75%	100%	
당기진행률	40%	35%	25%	
계약수익	₩480,000*1	₩420,000*2	₩300,000*3	₩1,200,000
계약원가	₩400,000	₩575,000	₩325,000	₩1,300,000
미래손실예상액	—	+₩25,000*	−₩25,000	₩0
계약손익	+₩80,000	−₩180,000	₩0	−₩100,000

*1 총계약금액 ₩1,200,000×당기진행률 40%=₩480,000

*2 총계약금액 ₩1,200,000×당기진행률 35%=₩420,000

*3 총계약금액 ₩1,200,000×당기진행률 25%=₩300,000

*4 미래손실예상액=총계약손실예상액 ₩100,000×(1−누적진행률 75%)=₩25,000

15 회계변경과 오류수정

연계학습: 기본서 p.489~504

01 (하) **회계변경 및 오류수정에 관한 설명으로 옳지 않은 것은?** 제13회

① 과거의 합리적 추정이 후에 새로운 정보추가로 수정되는 것은 오류수정이 아니다.

② 거래의 실질이 다른 거래에 대해 다른 회계정책을 적용하는 것은 회계정책의 변경이다.

③ 측정기준의 변경은 회계정책의 변경이다.

④ 자산으로 처리해야 할 항목을 비용처리한 것은 오류에 해당된다.

⑤ 감가상각자산의 추정내용연수가 변경되는 경우 그 변경 효과는 전진적으로 인식한다.

해설

② 거래의 실질이 다른 거래에 대해 다른 회계정책을 적용하는 것은 회계정책의 변경에 해당하지 않는다.

Answer

08 ① / 01 ②

02 상●●

20X1년 말 ㈜한국이 작성한 재무제표에서 다음과 같은 오류가 발견되었다. 이들 오류가 당기순이익에 미치는 영향은? 제15회

- 선적지인도조건으로 매입하여 20X1년 말 운송중인 상품 ₩600,000이 장부에 기록되지 않았으며, 기말재고자산에도 포함되지 않았다.
- 20X1년 초 본사의 사무용 비품 ₩1,000,000(내용연수 5년, 잔존가치 없음)을 취득하면서 비용으로 처리하였다. 동 비품은 정액법으로 감가상각하여야 한다.

① ₩400,000 과소계상
② ₩800,000 과소계상
③ ₩1,000,000 과소계상
④ ₩1,400,000 과소계상
⑤ ₩1,600,000 과소계상

해설

오 류	비용 영향	당기순이익 영향
매입 누락, 기말재고실사 누락	불변	불변
자산(비품)을 전액 비용처리	과대 ₩800,000 (감가비 ₩200,000 < 전액 비용 ₩1,000,000)	과소 ₩800,000

03 ●●하

회계추정의 변경에 해당하지 않는 것은? 제15회

① 유형자산의 잔존가치를 취득원가의 10%에서 5%로 변경하는 경우
② 유형자산의 내용연수를 5년에서 10년으로 변경하는 경우
③ 유형자산의 감가상각방법을 정률법에서 정액법으로 변경하는 경우
④ 제품보증충당부채의 적립비율을 매출액의 1%에서 2%로 변경하는 경우
⑤ 재고자산의 단위원가 결정방법을 선입선출법에서 총평균법으로 변경하는 경우

해설

⑤ 재고자산의 단위원가 결정방법을 선입선출법에서 총평균법으로 변경하는 경우는 회계정책의 변경에 해당한다.

04 (중)

실지재고조사법을 적용하는 ㈜한국은 20X1년 기말재고자산(상품) ₩10,000(원가)을 누락하여 과소계상 하였다. 해당 오류가 향후 밝혀지지 않을 경우, 다음 설명 중 옳은 것은? 제24회

① 20X1년 매출원가는 ₩10,000 과대계상 된다.
② 20X1년 영업이익은 ₩10,000 과대계상 된다.
③ 20X2년 기초재고자산은 ₩10,000 과대계상 된다.
④ 20X2년 매출원가는 ₩10,000 과대계상 된다.
⑤ 누락된 기말재고자산이 20X2년 중 판매되었다면, 20X3년 매출총이익은 ₩10,000 과대계상 된다.

해설

구 분	기초재고자산	매 입	기말재고자산	매출원가	영업이익
20X1년	–	–	과소 ₩10,000	① 과대 ₩10,000	② 과소 ₩10,000
20X2년	③ 과소 ₩10,000	–	–	④ 과소 ₩10,000	과대 ₩10,000

05 (상)

㈜한국은 20X1년 10월 1일 기계장치(잔존가치 ₩1,000, 내용연수 5년, 정액법 상각)**를 ₩121,000에 현금으로 취득하면서 기계장치를 소모품비로 잘못 기입하였다. 20X1년 결산시 장부를 마감하기 전에 동 오류를 확인한 경우, 필요한 수정분개는?** (단, 원가모형을 적용하며, 감가상각은 월할상각한다) 제21회

	차 변		대 변	
①	기계장치	₩115,000	현 금	₩115,000
②	기계장치	₩121,000	현 금	₩121,000
③	기계장치	₩115,000	소모품비	₩115,000
	감가상각비	₩6,000	감가상각누계액	₩6,000
④	기계장치	₩121,000	소모품비	₩121,000
	감가상각비	₩6,000	감가상각누계액	₩6,000
⑤	기계장치	₩121,000	소모품비	₩121,000
	감가상각비	₩24,000	감가상각누계액	₩24,000

Answer

02 ② 03 ⑤ 04 ① 05 ④

해설

잘못된 분개	(차)	소 모 품 비	₩121,000	(대)	현 금	₩121,000
올바른 분개	(차)	기 계 장 치 감가상각비	₩121,000 ₩6,000	(대)	현 금 감가상각누계액	₩121,000 ₩6,000
수정분개	(차)	기 계 장 치 감가상각비	₩121,000 ₩6,000	(대)	소 모 품 비 감가상각누계액	₩121,000 ₩6,000

16 재무제표

연계학습: 기본서 p.509~547

01 하

재무제표 표시에 관한 설명으로 옳지 않은 것은? 제25회

보기

㉠ 모든 재무제표는 발생기준 회계를 적용하여 작성한다.
㉡ 한국채택국제회계기준이 달리 허용하거나 요구하는 경우를 제외하고는 당기 재무제표에 보고되는 모든 금액에 대해 전기 비교정보를 표시한다.
㉢ 부적절한 회계정책은 이에 대하여 공시나 주석 또는 보충 자료를 통해 설명함으로써 정당화될 수 있다.
㉣ 상이한 성격이나 기능을 가진 항목은 구분하여 표시한다. 다만, 중요하지 않은 항목은 성격이나 기능이 유사한 항목과 통합하여 표시할 수 있다.
㉤ 수익과 비용은 어느 항목도 당기손익과 기타포괄손익을 표시하는 보고서에 특별손익으로 표시할 수 없다.

① ㉠, ㉡　② ㉠, ㉢　③ ㉡, ㉤
④ ㉢, ㉣　⑤ ㉣, ㉤

해설

㉠ 현금흐름표는 현금기준 회계를 적용하여 작성한다.
㉢ 부적절한 회계정책은 이에 대하여 공시나 주석 또는 보충 자료를 통해 설명하더라도 정당화될 수 없다.

02 하

재무제표 표시에 관한 설명으로 옳지 않은 것은? 제24회

① 전체 재무제표(비교정보를 포함)는 적어도 1년마다 작성한다.
② 재무제표는 기업의 재무상태, 재무성과 및 현금흐름을 공정하게 표시해야 한다.
③ 당기손익과 기타포괄손익은 단일의 포괄손익계산서에서 두 부분으로 나누어 표시할 수 없다.
④ 한국채택국제회계기준에서 요구하거나 허용하지 않는 한 자산과 부채 그리고 수익과 비용은 상계하지 아니한다.
⑤ 한국채택국제회계기준을 준수하여 작성된 재무제표는 국제회계기준을 준수하여 작성된 재무제표임을 주석으로 공시할 수 있다.

해설

③ 당기손익과 기타포괄손익은 단일의 포괄손익계산서에서 두 부분으로 나누어 표시할 수 있다.

03 하

재무제표에 관한 설명으로 옳지 않은 것은? 제23회

① 각각의 재무제표는 전체 재무제표에서 동등한 비중으로 표시한다.
② 경영진은 재무제표를 작성할 때 계속기업으로서의 존속가능성을 평가해야 한다.
③ 기업은 현금흐름 정보를 제외하고는 발생기준 회계를 사용하여 재무제표를 작성한다.
④ 부적절한 회계정책에 대하여 공시나 주석 또는 보충 자료를 통해 설명하면 정당화될 수 있다.
⑤ 재무제표의 목적은 광범위한 정보이용자의 경제적 의사결정에 유용한 기업의 재무상태, 재무성과와 재무상태변동에 관한 정보를 제공하는 것이다.

해설

④ 부적절한 회계정책은 이에 대하여 공시나 주석 또는 보충 자료를 통해 설명하더라도 정당화될 수 없다.

Answer

01 ② 02 ③ 03 ④

04 하

재무제표의 작성과 표시에 적용되는 일반사항에 관한 설명으로 옳지 않은 것은? 제27회

① 경영진은 재무제표를 작성할 때 계속기업으로서의 존속가능성을 평가해야 한다.
② 부적절한 회계정책은 이에 대하여 공시나 주석 또는 보충 자료를 통해 설명하더라도 정당화될 수 없다.
③ 전체 재무제표(비교정보를 포함)는 적어도 1년마다 작성한다.
④ 한국채택국제회계기준에서 요구하거나 허용하지 않는 한 자산과 부채 그리고 수익과 비용은 상계하지 아니한다.
⑤ 모든 재무제표는 발생기준 회계를 사용하여 작성해야 한다.

해설

⑤ 현금흐름표를 제외한 재무제표는 발생주의 회계를 사용하여 작성한다.

05 하

재무제표 구조와 내용에 관한 설명으로 옳지 않은 것은? 제23회

① 수익과 비용 항목이 중요한 경우 성격과 금액을 별도로 공시한다.
② 유동성 순서에 따른 표시방법을 적용할 경우 모든 자산과 부채는 유동성 순서에 따라 표시한다.
③ 정상적인 활동과 명백하게 구분되는 수익이나 비용은 당기손익과 기타포괄손익을 표시하는 보고서에 특별손익 항목으로 표시한다.
④ 중요한 정보가 누락되지 않는 경우 재무제표의 표시통화를 천 단위나 백만 단위로 표시할 수 있으며 금액 단위를 공시해야 한다.
⑤ 비용의 성격별 또는 기능별 분류방법 중에서 신뢰성 있고 목적적합한 정보를 제공할 수 있는 방법을 적용하여 당기손익으로 인식한 비용의 분석내용을 표시한다.

해설

③ 수익과 비용의 어느 항목도 당기손익과 기타포괄손익을 표시하는 보고서 또는 주석에 특별손익 항목으로 표시할 수 없다.

06

●●하

재무제표 표시에 관한 설명으로 옳지 않은 것은? 제17회

① 재무제표의 목적은 정보이용자의 경제적 의사결정에 유용한 정보를 제공하는 것이다.

② 부적절한 회계정책은 이에 대하여 공시나 주석 또는 보충자료를 통해 설명함으로써 정당화될 수 있다.

③ 재무제표에 인식되는 금액은 추정이나 판단에 의한 정보를 포함한다.

④ 당기 재무제표를 이해하는 데 목적적합하다면 서술형 정보의 경우에도 비교정보를 포함한다.

⑤ 재무제표의 작성 기준과 구체적 회계정책에 대한 정보를 제공하는 주석은 재무제표의 별도 부분으로 표시할 수 있다.

해설

② 부적절한 회게징책은 이에 대하여 공시나 주석 또는 보중자료를 통해 설명하더라도 정당화될 수 없다.

07

●●하

재무제표 작성원칙에 관한 설명으로 옳지 않은 것은? 제17회

① 전체 재무제표(비교정보를 포함)는 적어도 1년마다 작성한다.

② 재무제표의 표시통화는 천 단위 이상으로 표시할 수 없다. 예를 들어, 백만 단위로 표시할 경우 정보가 지나치게 누락되어 이해가능성이 훼손될 수 있다.

③ 자산과 부채, 수익과 비용은 상계하지 않고 구분하여 표시하는 것을 원칙으로 한다.

④ 한국채택국제회계기준이 달리 허용하거나 요구하는 경우를 제외하고는 당기 재무제표에 보고되는 모든 금액에 대해 전기 비교정보를 표시한다.

⑤ 상이한 성격이나 기능을 가진 항목은 구분하여 표시한다. 다만 중요하지 않은 항목은 성격이나 기능이 유사한 항목과 통합하여 표시할 수 있다.

해설

② 재무제표의 표시통화는 천 단위, 백만 단위로도 표시할 수 있다.

Answer

04 ⑤ 05 ③ 06 ② 07 ②

08 재무제표 표시에 관한 설명으로 옳지 않은 것은?

●●하 제19회

① 재고자산의 판매 또는 매출채권의 회수시점이 보고기간 후 12개월을 초과한다면 유동자산으로 분류하지 못한다.

② 재무상태표의 자산과 부채는 유동과 비유동으로 구분하여 표시하거나 유동성 순서에 따라 표시할 수 있다.

③ 수익과 비용의 어느 항목도 당기손익과 기타포괄손익을 표시하는 보고서에 특별손익 항목으로 표시할 수 없다.

④ 당기손익의 계산에 포함된 비용항목에 대해 성격별 또는 기능별 분류방법 중에서 신뢰성 있고 더욱 목적적합한 정보를 제공할 수 있는 방법을 적용하여 표시한다.

⑤ 포괄손익계산서는 단일 포괄손익계산서로 작성되거나 두 개의 보고서(당기손익 부분을 표시하는 별개의 손익계산서와 포괄손익을 표시하는 보고서)로 작성될 수 있다.

해설

① 유동자산은 보고기간 후 12개월 이내에 실현될 것으로 예상되지 않는 경우에도 재고자산과 매출채권과 같이 정상영업주기의 일부로서 판매, 소비 또는 실현되는 자산을 포함한다.

09 재무제표 작성원칙에 관한 설명으로 옳지 않은 것은?

●●하 제20회

① 기업은 현금흐름 정보를 제외하고는 발생기준 회계를 사용하여 재무제표를 작성한다.

② 한국채택국제회계기준의 요구에 따라 공시되는 정보가 중요하지 않다면 그 공시를 제공할 필요는 없다.

③ 재무제표가 한국채택국제회계기준의 요구사항을 모두 충족한 경우가 아니라면 한국채택국제회계기준을 준수하여 작성되었다고 기재하여서는 아니 된다.

④ 일반적으로 재무제표는 일관성 있게 1년 단위로 작성해야 하므로, 실무적인 이유로 특정 기업이 보고기간을 52주로 하는 보고관행은 금지된다.

⑤ 한국채택국제회계기준이 달리 허용하거나 요구하는 경우를 제외하고는 당기 재무제표에 보고되는 모든 금액에 대해 전기 비교정보를 표시한다.

해설

④ 일반적으로 재무제표는 일관성 있게 1년 단위로 작성한다. 그러나 실무적인 이유로 특정 기업이 보고기간을 52주로 하는 보고관행을 금지하지 않는다.

10 하

단일 포괄손익계산서에 표시될 수 없는 것은? 제13회

① 금융원가　　② 법인세비용
③ 당기순이익　　④ 특별손익
⑤ 자산재평가차익

해설

④ 수익과 비용의 어느 항목도 당기손익과 기타포괄손익을 표시하는 보고서 또는 주석에 특별손익 항목으로 표시할 수 없다.

11 하

포괄손익계산서에서 기타포괄손익의 세부항목으로 표시되는 항목은? 제14회 수정

① 지분법손실
② 상각후원가 측정 금융자산 처분이익
③ 기타포괄손익－공정가치 측정 금융자산 평가이익
④ 유형자산손상차손
⑤ 중단영업손실

해설

기타포괄손익항목

① 재평가잉여금의 변동
② 확정급여제도의 재측정요소
③ 해외사업장의 재무제표 환산으로 인한 손익
④ 기타포괄손익－공정가치 측정 금융자산 평가손익
⑤ 현금흐름위험회피에서 위험회피수단의 평가손익 중 효과적인 부분

12 하

기타포괄이익을 증가 또는 감소시키는 거래는? 제24회

① 매출채권에 대한 손상인식
② 신용으로 용역(서비스) 제공
③ 판매직원에 대한 급여 미지급
④ 영업용 차량에 대한 감가상각비 인식
⑤ 유형자산에 대한 최초 재평가에서 평가이익 인식

해설

⑤ 유형자산에 대한 최초 재평가에서 평가이익(재평가잉여금 증가)은 기타포괄이익이 증가한다.

Answer

08 ①　09 ④　10 ④　11 ③　12 ⑤

13 (중)

당기손익에 포함된 비용을 성격별로 표시하는 항목으로 옳지 않은 것은? 제20회

① 제품과 재공품의 변동
② 종업원급여비용
③ 감가상각비와 기타 상각비
④ 매출원가
⑤ 원재료와 소모품의 사용액

해설

④ 매출원가는 성격별로 표시하는 항목이 아니고, 기능별 분류에서 매출원가를 별도로 구분하여 공시한다.

14 (중)

㈜한국의 20X1년도 현금흐름표 자료가 다음과 같을 때, 투자활동현금흐름은? 제24회

- 기초 현금 및 현금성자산 ₩9,000
- 재무활동현금흐름 (−)₩17,000
- 기말 현금 및 현금성자산 ₩5,000
- 영업활동현금흐름 ₩25,000

① (−)₩12,000　② (−)₩8,000　③ (−)₩4,000
④ ₩4,000　⑤ ₩8,000

해설

기초 현금및현금성자산	₩9,000
± 영업활동현금흐름	+ ₩25,000
± 재무활동현금흐름	− ₩17,000
± 투자활동현금흐름	(?)
=기말 현금및현금성자산	= ₩5,000

∴ 투자활동현금흐름=(−) ₩12,000

15 중

㈜한국의 당기순이익은 ₩100,000이고, 장기차입금에서 발생한 이자비용은 ₩5,000이며, 보유하고 있는 유형자산의 감가상각비는 ₩11,000이다. 당기 영업활동과 관련된 자산과 부채의 변동내역은 다음과 같다.

• 재고자산의 증가	₩8,000
• 매출채권(손실충당금 차감후 순액)의 감소	₩3,000
• 매입채무의 감소	₩4,200
• 선수금의 증가	₩2,000

㈜한국의 당기 영업활동 순현금유입액은? (단, 이자의 지급과 수취는 각각 재무활동과 투자활동으로 분류한다) 제26회

① ₩76,800 ② ₩81,800 ③ ₩92,800
④ ₩106,000 ⑤ ₩108,800

해설

영업활동현금흐름	
당기순이익	₩100,000
이자비용	₩5,000
감가상각비	₩11,000
재고자산의 증가	−₩8,000
순매출채권의 감소	₩3,000
매입채무의 감소	−₩4,200
선수금의 증가	₩2,000
영업활동 순현금흐름	₩108,800

Answer
13 ④ 14 ① 15 ⑤

16

중

다음 주어진 자료를 이용하여 영업활동현금흐름을 구하면? 제13회

1. 포괄손익계산서 중의 일부
   - 유형자산감가상각비 ₩12,000
   - 당기순이익 ₩200,000
2. 영업 관련 자산/부채

구 분	기초잔액	기말잔액
재고자산	₩30,000	₩29,000
매입채무	₩45,000	₩39,000

① ₩205,000　② ₩207,000　③ ₩213,000
④ ₩215,000　⑤ ₩218,000

해설

당기순이익	₩200,000	영업활동현금흐름	(₩207,000)
감가상각비	₩12,000	매입채무 감소	₩6,000
재고자산 감소	₩1,000		

17

중

다음은 ㈜한국의 20X1년도 재무제표 자료이다. ㈜한국의 20X1년도 당기순이익이 ₩500,000일 때, 현금흐름표상 간접법으로 산출한 영업활동현금흐름은? 제21회

- 감가상각비 ₩130,000
- 사채상환손실 ₩40,000
- 단기차입금 감소 ₩50,000
- 매출채권(순액) 증가 ₩140,000
- 재고자산 감소 ₩120,000

① ₩600,000　② ₩610,000
③ ₩640,000　④ ₩650,000
⑤ ₩690,000

해설

당기순이익	₩500,000	영업활동현금흐름	(₩650,000)
감가상각비	₩130,000	매출채권(순액)증가	₩140,000
사채상환손실	₩40,000		
재고자산 감소	₩120,000		

18 중 다음의 자료를 사용하여 계산된 영업활동으로 인한 현금흐름은? 제15회

• 당기순이익	₩400,000	• 감가상각비	₩20,000
• 매입채무의 증가	₩30,000	• 사채상환	₩10,000

① ₩400,000
② ₩420,000
③ ₩450,000
④ ₩460,000
⑤ ₩470,000

해설

당기순이익	₩400,000	영업활동현금흐름	(₩450,000)
감가상각비	₩20,000		
매입채무 증가	₩30,000		

19 중 다음의 자료를 이용하여 계산한 영업활동 순현금흐름은? 제17회

• 당기순이익	₩300,000	• 감가상각비	₩30,000
• 재고자산 증가	₩40,000	• 매입채무 증가	₩60,000
• 기계장치 처분금액	₩90,000(장부금액: ₩70,000)		

① ₩270,000
② ₩290,000
③ ₩310,000
④ ₩330,000
⑤ ₩350,000

해설

당기순이익	₩300,000	영업활동현금흐름	(₩330,000)
감가상각비	₩30,000	재고자산 증가	₩40,000
매입채무 증가	₩60,000	기계장치처분이익	₩20,000*

* 기계장치처분이익 = 처분금액 ₩90,000 − 장부금액 ₩70,000 = ₩20,000

Answer

16 ② 17 ④ 18 ③ 19 ④

20 하

현금흐름표상 영업활동현금흐름에 관한 설명으로 옳은 것은? 제19회

① 영업활동현금흐름은 직접법 또는 간접법 중 하나의 방법으로 보고할 수 있으나, 한국채택국제회계기준에서는 직접법을 사용할 것을 권장하고 있다.
② 단기매매목적으로 보유하는 유가증권의 판매에 따른 현금은 영업활동으로부터의 현금유입에 포함되지 않는다.
③ 일반적으로 법인세로 납부한 현금은 영업활동으로 인한 현금유출에 포함되지 않는다.
④ 직접법은 당기순이익의 조정을 통해 영업활동현금흐름을 계산한다.
⑤ 간접법은 영업을 통해 획득한 현금에서 영업을 위해 지출한 현금을 차감하는 방식으로 영업활동현금흐름을 계산한다.

해설

② 단기매매목적으로 보유하는 유가증권의 판매에 따른 현금은 영업활동으로부터의 현금유입에 포함된다.
③ 일반적으로 법인세로 납부한 현금은 영업활동으로 인한 현금 유출에 포함된다.
④ 당기순이익의 조정을 통해 영업활동현금흐름을 계산하는 방법은 간접법이다.
⑤ 영업을 통해 획득한 현금에서 영업을 위해 지출한 현금을 차감하는 방식으로 현금흐름을 계산하는 방법은 직접법이다.

21 하

현금흐름표의 재무활동현금흐름에 포함되는 항목은? 제13회

① 이자수익으로 인한 현금유입
② 건물의 취득, 처분
③ 현금의 대여, 회수
④ 유가증권의 취득, 처분
⑤ 차입금의 차입, 상환

해설

구 분	활동 분류
① 이자수익으로 인한 현금유입	영업활동 또는 투자활동
② 건물의 취득, 처분	투자활동
③ 현금의 대여, 회수	투자활동
④ 유가증권의 취득, 처분	투자활동
⑤ 차입금의 차입, 상환	재무활동

22 하

현금흐름표상 투자활동현금흐름에 해당하는 것은? 제18회

① 설비 매각과 관련한 현금유입
② 자기주식의 취득에 따른 현금유출
③ 담보부사채 발행에 따른 현금유입
④ 종업원급여 지급에 따른 현금유출
⑤ 단기매매목적 유가증권의 매각에 따른 현금유입

해설

구 분	활동 분류
① 설비 매각과 관련한 현금유입	투자활동
② 자기주식의 취득에 따른 현금유출	재무활동
③ 담보부사채 발행에 따른 현금유입	재무활동
④ 종업원급여 지급에 따른 현금유출	영업활동
⑤ 단기매매목적 유가증권의 매각에 따른 현금유입	영업활동

23 하

현금흐름표상 재무활동현금흐름에 속하지 않는 것은? 제21회

① 토지 취득에 따른 현금유출
② 단기차입에 따른 현금유입
③ 주식 발행에 따른 현금유입
④ 회사채 발행에 따른 현금유입
⑤ 장기차입금 상환에 따른 현금유출

해설

① 토지 취득에 따른 현금유출은 투자활동현금흐름에 속한다.

24 하

현금흐름표상 영업활동현금흐름에 속하지 않는 것은? 제24회

① 신주발행으로 유입된 현금
② 재고자산 구입으로 유출된 현금
③ 매입채무 지급으로 유출된 현금
④ 종업원 급여 지급으로 유출된 현금
⑤ 고객에게 용역제공을 수행하고 유입된 현금

해설

① 신주발행으로 유입된 현금은 재무활동현금흐름에 속한다.

Answer

20 ① 21 ⑤ 22 ① 23 ① 24 ①

25 상

다음은 ㈜한국의 20X1년 재무제표 자료이다. ㈜한국의 20X1년 법인세비용차감전 순이익은 ₩10,000일 때, 간접법으로 산출한 영업활동현금흐름은? 제27회

• 감가상각비	₩4,000	• 매출채권(순액)의 증가	₩2,000
• 재고자산의 증가	4,000	• 매입채무의 감소	2,000
• 유상증자	2,000	• 사채의 상환	4,000

① ₩6,000　② ₩8,000　③ ₩10,000
④ ₩12,000　⑤ ₩14,000

해설

영업활동현금흐름

매출채권(순액)의 증가	2,000	법인세비용차감전순이익	10,000
재고자산의 증가	4,000	감가상각비	4,000
매입채무의 감소	2,000		
영업활동현금흐름	6,000		
	₩14,000		₩14,000

26 중

㈜한국의 영업활동으로 인한 현금흐름이 ₩500,000일 때, 다음 자료를 기초로 당기순이익을 계산하면? 제20회

• 매출채권(순액) 증가	₩50,000	• 재고자산 감소	₩40,000
• 미수임대료의 증가	₩20,000	• 매입채무의 감소	₩20,000
• 유형자산처분손실	₩30,000		

① ₩420,000　② ₩450,000　③ ₩520,000
④ ₩540,000　⑤ ₩570,000

해설

당기순이익	(₩520,000)	영업활동현금흐름	₩500,000
재고자산 감소	₩40,000	매출채권(순액) 증가	₩50,000
유형자산처분손실	₩30,000	미수임대료 증가	₩20,000
		매입채무 감소	₩20,000

27 중

다음 자료를 이용하여 계산한 매입으로 인한 현금유출액은? (단, 매입은 외상으로 이루어짐) 제16회

• 기초재고자산	₩500,000	• 기말재고자산	₩700,000
• 기초매입채무	₩400,000	• 기말매입채무	₩600,000
• 매출원가	₩800,000		

① ₩400,000
② ₩500,000
③ ₩600,000
④ ₩700,000
⑤ ₩800,000

해설

현금유출액	(₩800,000)	매출원가	₩800,000
매입채무 증가	₩200,000	재고자산 증가	₩200,000

28 상

다음 자료를 이용하여 계산한 매출로 인한 현금유입액은? 제16회 수정

• 당기매출액	₩1,108,000	• 기초매출채권	₩120,000
• 기말매출채권	₩130,000	• 기초손실충당금	₩3,000
• 기말손실충당금	₩2,400	• 당기손상차손	₩1,000

① ₩1,096,400
② ₩1,097,600
③ ₩1,098,000
④ ₩1,099,600
⑤ ₩1,118,000

해설

매출액	₩1,108,000	현금유입액	₩1,096,400
		매출채권 증가	₩10,000
		손실충당금 감소	₩600
		손상차손	₩1,000

Answer

25 ① 26 ③ 27 ⑤ 28 ①

29 중

㈜한국의 기초와 기말 재무상태표에 계상되어 있는 미수임대료와 선수임대료 잔액은 다음과 같다.

구 분	기 초	기 말
미수임대료	₩500	₩0
선수임대료	₩600	₩200

당기 포괄손익계산서의 임대료가 ₩700일 경우, 현금주의에 의한 임대료 수취액은?

제20회

① ₩500
② ₩600
③ ₩700
④ ₩800
⑤ ₩900

해설

임대료	₩700	현금유입액	(₩800)
미수임대료 감소	₩500	선수임대료 감소	₩400

30 중

㈜한국의 20X1년 초 미지급임차료 계정잔액은 ₩1,500이었다. 20X1년 말 수정후 시산표상 임차료 관련 계정잔액이 다음과 같을 때, ㈜한국이 임차와 관련하여 20X1년도에 지급한 현금 총액은?

제21회

• 임차료	₩12,000	• 선급임차료	₩300

① ₩12,300
② ₩12,800
③ ₩13,500
④ ₩13,800
⑤ ₩14,300

해설

현금유출액	(₩13,800)	임차료	₩12,000
		미지급임차료 증가	₩1,500
		선급임차료 증가	₩300

31 중

㈜한국의 20X1년도 포괄손익계산서의 이자비용은 ₩800(사채할인발행차금 상각액 ₩80 포함)이다. 20X1년도 이자와 관련된 자료가 다음과 같을 때, 이자지급으로 인한 현금유출액은? 제23회

구 분	기초잔액	기말잔액
미지급이자	₩92	₩132
선급이자	₩40	₩52

① ₩652 ② ₩692 ③ ₩748
④ ₩852 ⑤ ₩908

해설

현금유출액	(₩692)	이자비용	₩800
사채할인발행차금 상각	₩80	선급이자 증가	₩12
미지급이자 증가	₩40		

32 중

㈜한국의 20X1년 포괄손익계산서 상 종업원급여는 ₩10,000이다. 재무상태표 상 관련 계정의 기초 및 기말 잔액이 다음과 같을 때, 20X1년 종업원급여 현금지출액은? 제25회

계정과목	기초잔액	기말잔액
미지급급여	₩1,000	₩2,000

① ₩8,000 ② ₩9,000 ③ ₩10,000
④ ₩11,000 ⑤ ₩12,000

해설

현금지출액	(₩9,000)	급여	₩10,000
미지급급여 증가	₩1,000		

Answer

29 ④ 30 ④ 31 ② 32 ②

33

상●●

다음 자료를 이용하여 계산한 건물처분으로 유입된 현금흐름은? 제16회

구 분	건 물	감가상각누계액
기 초	₩400,000	₩140,000
기 말	₩460,000	₩160,000

• 기중 건물 취득금액은 ₩140,000이다.
• 기중 건물의 처분이익은 ₩10,000이다.
• 당기 건물의 감가상각비는 ₩50,000이다.

① ₩30,000 ② ₩40,000 ③ ₩50,000
④ ₩60,000 ⑤ ₩70,000

해설

1. 현금유입액(=처분금액)=처분건물 장부금액 ₩50,000+처분이익 ₩10,000=₩60,000
2. 처분건물 장부금액=취득원가 ₩80,000*−감가상각누계액 ₩30,000**=₩50,000

건 물

기초	₩400,000	처분	₩80,000*
취득원가	₩140,000	기말	₩460,000

감가상각누계액

처분	₩30,000**	기초	₩140,000
기말	₩160,000	감가상각비	₩50,000

34

상●●

다음 자료를 이용하여 계산된 20X1년도 재무활동 순현금흐름은? (단, 이자지급은 재무활동으로 분류하며, 납입자본의 변동은 현금 유상증자에 의한 것이다) 제17회

• 이자비용 ₩3,000
• 재무상태표 관련자료

구 분	20X1년 1월 1일	20X1년 12월 31일
자본금	₩10,000	₩20,000
주식발행초과금	₩10,000	₩20,000
단기차입금	₩50,000	₩45,000
미지급이자	₩4,000	₩6,000

① ₩4,000 ② ₩13,000 ③ ₩14,000
④ ₩15,000 ⑤ ₩16,000

해설

자본금 증가	₩10,000	이자비용	₩3,000
주식발행초과금 증가	₩10,000	단기차입금 감소	₩5,000
미지급이자 증가	₩2,000	현금유입액	(₩14,000)

17 재무제표 분석 등

연계학습 : 기본서 p.549~565

01 다음 재무분석자료에서 기업의 활동성을 분석할 수 있는 것을 모두 고른 것은?

하

제18회

보기

㉠ 매출채권회전율
㉡ 재고자산회전율
㉢ 총자산회전율
㉣ 부채비율
㉤ 재고자산평균회전기간
㉥ 자기자본이익율

① ㉠, ㉢, ㉤
② ㉠, ㉡, ㉢, ㉤
③ ㉠, ㉡, ㉣, ㉥
④ ㉠, ㉢, ㉤, ㉥
⑤ ㉡, ㉢, ㉣, ㉤, ㉥

해설

㉠ 매출채권회전율	활동성 분석
㉡ 재고자산회전율	활동성 분석
㉢ 총자산회전율	활동성 분석
㉣ 부채비율	안전성 분석
㉤ 재고자산평균회전기간	활동성 분석
㉥ 자기자본이익율	수익성 분석

Answer

33 ④ 34 ③ / 01 ②

02

중

다음 자료를 이용하여 계산한 유동비율과 부채비율(=부채/자본)은? 제16회

• 자 본	₩100,000	• 유동부채	₩40,000
• 비유동자산	₩120,000	• 비유동부채	₩60,000

	유동비율	부채비율
①	50%	100%
②	50%	200%
③	100%	100%
④	150%	200%
⑤	200%	100%

해설

B/S

차변			대변		
유동자산	₩80,000	②	유동부채	₩40,000	
비유동자산	₩120,000		비유동부채	₩60,000	
			자본총액	₩100,000	
자산총계	₩200,000	①	부채 및 자본총계	₩200,000	①

1. 유동비율=유동자산 ₩80,000÷유동부채 ₩40,000=200%
2. 부채비율=부채 ₩100,000÷자본 ₩100,000=100%

03

중

㈜한국은 20X1년 말 현금 ₩100,000을 보유하고 있는 상태에서 유동비율은 180%이고 당좌비율은 90%이다. 20X1년 말 ㈜한국이 단기차입금 ₩100,000을 상환하기 위해 현금을 모두 사용할 경우 유동비율과 당좌비율에 미치는 영향은? 제15회

① 유동비율 증가, 당좌비율 증가
② 유동비율 증가, 당좌비율 감소
③ 유동비율 감소, 당좌비율 증가
④ 유동비율 감소, 당좌비율 감소
⑤ 유동비율 불변, 당좌비율 불변

해설

종전 비율	거 래 (차) 단기차입금 ₩100,000 (대) 현 금 ₩100,000	종전 비율 증감
유동비율 180%	분모(유동부채)와 분자(유동자산) 동액 감소	증가
당좌비율 90%	분모(유동부채)와 분자(당좌자산) 동액 감소	감소

04 중

㈜한국은 상품을 ₩1,000에 취득하면서 현금 ₩500을 지급하고 나머지는 3개월 이내에 지급하기로 하였다. 이 거래가 발생하기 직전의 유동비율과 당좌비율은 각각 70%와 60%이었다. 상품취득 거래가 유동비율과 당좌비율에 미치는 영향은? (단, 상품거래에 대해 계속기록법을 적용한다) 제23회

	유동비율	당좌비율
①	감 소	감 소
②	감 소	변동없음
③	변동없음	감 소
④	증 가	변동없음
⑤	증 가	감 소

해설

종전 비율	거 래 (차) 상 품 ₩1,000 (대) 현 금 ₩500 매입채무 ₩500	종전 비율 증감
유동비율 70%	분모(유동부채)와 분자(유동자산) 동액 증가	증가
당좌비율 60%	분모(유동부채) 증가, 분자(당좌자산) 감소	감소

05 중

다음 자료를 이용하여 계산된 매출원가는? (단, 계산의 편의상 1년은 360일, 평균재고자산은 기초와 기말의 평균이다) 제20회

• 기초재고자산	₩90,000
• 기말재고자산	₩210,000
• 재고자산보유(회전)기간	120일

① ₩350,000 ② ₩400,000 ③ ₩450,000
④ ₩500,000 ⑤ ₩550,000

해설

1. 매출원가=평균재고자산 ₩150,000×재고자산회전율 3회=₩450,000
2. 평균재고자산=(기초재고자산 ₩90,000+기말재고자산 ₩210,000)÷2=₩150,000
3. 재고자산회전율=360일÷재고자산회전기간 120일=3회

Answer

02 ⑤ 03 ② 04 ⑤ 05 ③

06 중

㈜한국의 20X1년 재무자료가 다음과 같을 때, 20X1년도 매출액은? 제23회

- 평균재고자산: ₩100,000
- 재고자산회전율: 5회
- 매출총이익: ₩50,000

① ₩400,000 ② ₩450,000 ③ ₩500,000
④ ₩550,000 ⑤ ₩800,000

해설

④ 매출액=매출원가 ₩500,000*+매출총이익 ₩50,000=₩550,000
* 매출원가=평균재고자산 ₩100,000×재고자산회전율 5회=₩500,000

07 상

㈜한국의 영업주기(상품의 매입시점부터 판매 후 대금회수시점까지의 기간)**는 180일이다. 다음 20X1년 자료를 이용하여 계산한 매출액은?** (단, 매입과 매출은 전액 외상거래이고, 1년은 360일로 가정한다) 제17회

• 매출액	?
• 매출원가	₩8,000
• 평균매출채권	₩2,500
• 평균매입채무	₩1,600
• 평균재고자산	₩2,000

① ₩8,333 ② ₩8,833 ③ ₩9,000
④ ₩10,000 ⑤ ₩12,000

해설

1. 매출액=매출채권회전율 4회×평균매출채권 ₩2,500=₩10,000
2. 매출채권회전율=360일÷매출채권평균회수기간 90일=4회
3. 매출채권평균회수기간=영업주기 180일−재고자산평균회전기간 90일=90일
4. 재고자산평균회전기간=360일÷재고자산회전율 4회=90일
5. 재고자산회전율=매출원가 ₩8,000÷평균재고자산 ₩2,000=4회

08 상

외상판매만을 수행하는 ㈜한국은 20X1년 12월 31일 화재로 인해 창고에 있던 상품을 전부 소실하였다. ㈜한국의 매출채권회전률은 500%이고, 매출총이익률은 30%로 매년 동일하다. 20X1년 ㈜한국의 평균매출채권은 ₩600,000이고 판매가능상품(기초재고와 당기순매입액의 합계)**이 ₩2,650,000인 경우, 20X1년 12월 31일 화재로 소실된 상품 추정액은?** 제24회

① ₩350,000 ② ₩400,000 ③ ₩450,000
④ ₩500,000 ⑤ ₩550,000

해설

1. 소실된 상품 추정액=판매가능상품원가 ₩2,650,000−매출원가 ₩2,100,000=₩550,000
2. 매출원가=매출액 ₩3,000,000×(1−매출총이익률 30%)=₩2,100,000
3. 매출액=평균매출채권 ₩600,000×매출채권회전율 500%=₩3,000,000

09 중

총자산회전율과 매출채권회전율은 각각 1.5회와 2회이며 매출액순이익률이 3%일 경우 총자산순이익률은? 제15회

① 1.5% ② 2.0% ③ 4.5% ④ 6.0% ⑤ 9.0%

해설

총자산순이익률=매출액순이익률×총자산회전율

③ 총자산순이익률=매출액순이익률 3%×총자산회전율 1.5회=4.5%

10 중

㈜한국의 당기 자기자본이익률(ROE)**은 10%이고, 부채비율**(=부채/자본)**은 200%이며, 총자산은 ₩3,000,000이다. 당기 매출액순이익률이 5%일 때, 당기 매출액은?** (단, 자산과 부채의 규모는 보고기간 중 변동이 없다) 제26회

① ₩1,000,000 ② ₩1,500,000 ③ ₩2,000,000
④ ₩2,500,000 ⑤ ₩3,000,000

해설

- 총자산(=타인자본+자기자본)이 ₩3,000,000이고 부채비율이 200%이므로 부채(타인자본)는 ₩2,000,000, 자본(자기자본)은 ₩1,000,000이다.
- 자기자본이익률(=순이익/자기자본)이 10%이므로 당기순이익은 ₩100,000이다.
- 매출액순이익률(=순이익/매출액)이 5%이므로 매출액은 ₩2,000,000이다.

Answer

06 ④ 07 ④ 08 ⑤ 09 ③ 10 ③

11 중

㈜한국의 평균총자산액은 ₩40,000이고, 매출액순이익률은 5%이며, 총자산회전율(평균총자산 기준)이 3회일 경우, 당기순이익은? 제22회

① ₩2,000 ② ₩4,000
③ ₩5,000 ④ ₩6,000
⑤ ₩8,000

해설

④ 당기순이익=매출액 ₩120,000* × 매출액순이익률 5%=₩6,000
* 매출액=평균총자산 ₩40,000×총자산회전율 3회=₩120,000

12 상

㈜한국의 20X1년도 포괄손익계산서는 다음과 같다.

손익구성항목	금 액
매출액	₩1,000,000
매출원가	₩(600,000)
매출총이익	₩400,000
기타영업비용	₩(150,000)
영업이익	₩250,000
이자비용	₩(62,500)
당기순이익	₩187,500

㈜한국의 20X2년도 손익을 추정한 결과, 매출액과 기타영업비용이 20X1년도보다 각각 10%씩 증가하고, 20X2년도의 이자보상비율(=영업이익/이자비용)은 20X1년 대비 1.25배가 될 것으로 예측된다. 매출원가율이 20X1년도와 동일할 것으로 예측될 때, ㈜한국의 20X2년도 추정 당기순이익은? 제26회

① ₩187,500 ② ₩200,000 ③ ₩217,500
④ ₩220,000 ⑤ ₩232,000

해설

손익구성항목	20X1년		20X2년	
매출액	₩1,000,000	×1.1 =	₩1,100,000	
매출원가	₩(600,000)	매출원가율 60%	₩(660,000)	매출원가율 60%
매출총이익	₩400,000		₩440,000	
기타영업비용	₩(150,000)	×1.1 =	₩(165,000)	
영업이익	₩250,000	이자보상비율 400%	₩275,000	이자보상비율 500%
이자비용	₩(62,500)		₩(55,000)	
당기순이익	₩187,500		₩220,000	

* 20X2년 이자보상비율 : 20X1년 이자보상비율 400%×1.25배=500%

13 중

㈜한국의 20X0년 매출액은 ₩800이며, 20X0년과 20X1년의 매출액순이익률은 각각 15%와 20%이다. 20X1년 당기순이익이 전기에 비해 25% 증가하였을 경우, 20X1년 매출액은? 제25회

① ₩600 ② ₩750 ③ ₩800
④ ₩960 ⑤ ₩1,000

해설

구 분	20X0년	20X1년
매출액	₩800	(₩750) ③
당기순이익	₩120 ①	₩150 ②

1. 20X0년 당기순이익=매출액 ₩800×매출총이익률 0.15=₩120
2. 20X1년 당기순이익=20X0년 당기순이익 ₩120X1.25=₩150
3. 20X1년 매출액=당기순이익 150÷매출총이익률 0.2=₩750

Answer

11 ④ 12 ④ 13 ②

PART 02

원가 · 관리회계

01·02 원가 · 관리회계의 기초와 원가의 흐름 및 제조원가명세서

연계학습: 기본서 p.570~611

01 중

㈜한국의 20X1년도 원가자료가 다음과 같을 때, 당기제품제조원가는? (단, 본사에서는 제품생산을 제외한 판매 및 일반관리 업무를 수행한다) 제21회

• 직접재료원가	₩3,000	• 전기료－공장	₩120
• 직접노무원가	₩2,000	• 전기료－본사	₩50
• 간접노무원가	₩1,000	• 기타 제조간접원가	₩1,000
• 감가상각비－공장	₩250	• 기초재공품재고액	₩6,000
• 감가상각비－본사	₩300	• 기말재공품재고액	₩5,000

① ₩6,370
② ₩7,370
③ ₩7,720
④ ₩8,370
⑤ ₩8,720

해설

직접재료원가	₩3,000	기말재공품재고액	₩5,000
직접노무원가	₩2,000		
간접노무원가	₩1,000		
감가상각비－공장	₩250		
전기료－공장	₩120		
기타 제조간접원가	₩1,000		
기초재공품재고액	₩6,000	당기제품제조원가	(₩8,370)

02 중

㈜한국의 20X1년 6월 영업자료에서 추출한 정보이다.

• 직접노무원가	₩170,000	• 기타제조간접원가	₩70,000
• 간접노무원가	₩100,000	• 기초직접재료재고액	₩10,000
• 감가상각비(본부사옥)	₩50,000	• 기말직접재료재고액	₩15,000
• 보험료(공장설비)	₩30,000	• 기초재공품재고액	₩16,000
• 판매수수료	₩20,000	• 기말재공품재고액	₩27,000

6월 중 당기제품제조원가가 ₩554,000이라면 6월의 직접재료 매입액은? 제23회

① ₩181,000 ② ₩190,000 ③ ₩195,000
④ ₩200,000 ⑤ ₩230,000

해설

직접노무원가	₩170,000	기말직접재료재고액	₩15,000
간접노무원가	₩100,000	기말재공품재고액	₩27,000
보험료(공장설비)	₩30,000	당기제품제조원가	₩554,000
기타제조간접원가	₩70,000		
기초직접재료재고액	₩10,000		
기초재공품재고액	₩16,000		
직접재료 매입액	(₩200,000)		

03 중

㈜한국의 20X1년 발생 원가는 다음과 같다.

직접재료원가	직접노무원가	제조간접원가
₩10,000	₩20,000	₩24,000

20X1년 기초재공품이 ₩5,000이고, 기말재공품이 ₩4,000일 때, 20X1년 당기제품제조원가는? 제26회

① ₩52,000 ② ₩53,000 ③ ₩54,000
④ ₩55,000 ⑤ ₩56,000

해설

당기제품제조원가: ₩5,000 + ₩10,000 + ₩20,000 + ₩24,000 − ₩4,000 = ₩55,000

Answer

01 ④ 02 ④ 03 ④

04 중

다음은 ㈜한국의 20X1년 8월 재고자산에 관한 자료이다.

구 분	8월 1일	8월 31일
직접재료	₩4,000	₩5,000
재공품	₩7,000	₩6,000
제 품	₩20,000	₩22,000

㈜한국의 20X1년 8월 중 직접재료매입액은 ₩25,000이고, 매출원가는 ₩68,000이다. ㈜한국의 20X1년 8월의 가공원가는? 제16회

① ₩45,000
② ₩48,000
③ ₩50,000
④ ₩53,000
⑤ ₩55,000

해설

기초직접재료	₩4,000	기말직접재료	₩5,000
기초재공품	₩7,000	기말재공품	₩6,000
기말제품	₩20,000	기말제품	₩22,000
직접재료매입액	₩25,000	매출원가	₩68,000
가공원가	(₩45,000)		

05 중

㈜대한은 실제원가계산을 적용하고 있으며, 20X1년의 기초 및 기말재고자산은 다음과 같다.

• 기초원재료	₩50,000	• 기말원재료	₩20,000
• 기초재공품	₩80,000	• 기말재공품	₩50,000
• 기초제품	₩40,000	• 기말제품	₩130,000

당기 매입한 원재료는 ₩500,000이고 당기 발생한 직접노무원가와 제조간접원가는 각각 ₩200,000과 ₩380,000이다. 20X1년의 매출원가는? (단, 원재료는 모두 직접 재료이다) 제18회

① ₩1,050,000
② ₩1,110,000
③ ₩1,140,000
④ ₩1,180,000
⑤ ₩1,190,000

해설

기초원재료	₩50,000	기말원재료	₩20,000
기초재공품	₩80,000	기말재공품	₩50,000
기초제품	₩40,000	기말제품	₩130,000
원재료매입액	₩500,000		
직접노무원가	₩200,000		
제조간접원가	₩380,000	매출원가	(₩1,050,000)

06 상

㈜한국은 실제원가계산을 적용하고 있으며, 20X1년의 기초 및 기말 재고자산은 다음과 같다.

구 분	기 초	기 말
직접재료	₩10,000	₩12,000
재 공 품	₩100,000	₩95,000
제 품	₩50,000	₩55,000

당기 매출원가가 ₩115,000일 경우, 당기총제조원가는? 제25회

① ₩115,000 ② ₩120,000 ③ ₩125,000
④ ₩130,000 ⑤ ₩135,000

해설

기초재공품	₩100,000	기말재공품	₩95,000
기초제품	₩50,000	기말제품	₩55,000
당기총제조원가	(₩115,000)	매출원가	₩115,000

Answer
04 ① 05 ① 06 ①

07 중

㈜한국의 20X1년 원가자료는 다음과 같다. 직접노무원가가 기본원가(prime cost)의 40%일 때 기말재공품 금액은? 제27회

• 직접재료원가	₩90,000	• 제조간접원가	₩70,000
• 당기제품제조원가	205,000	• 기초재공품	5,000

① ₩10,000 ② ₩20,000 ③ ₩60,000
④ ₩90,000 ⑤ ₩110,000

해설

직접노무원가가 기본원가(직접재료원가+직접노무원가)의 40%이므로 직접재료원가 ₩90,000은 기본원가의 60%에 해당된다. 따라서 기본원가는 ₩150,000(=90,000/60%)이고 직접노무원가는 ₩60,000이다.

기말재공품 : 5,000+90,000+60,000+70,000−205,000=₩20,000

08 상

㈜한국의 20X1년도 매출액은 ₩115,000이며 매출총이익률은 40%이다. 같은 기간 직접재료매입액은 ₩22,000이고 제조간접원가 발생액은 직접노무원가의 50%이다. 20X1년 기초 및 기말 재고자산이 다음과 같을 때, 20X1년에 발생한 제조간접원가는? 제24회

구 분	직접재료	재공품	제 품
기초재고	₩4,000	₩8,000	₩20,400
기말재고	₩5,200	₩7,200	₩21,000

① ₩10,400 ② ₩16,000 ③ ₩20,800
④ ₩26,400 ⑤ ₩32,000

해설

1. 제조간접원가=직접노무원가 ₩32,000×0.5=₩16,000
2. 직접노무원가=가공원가 ₩48,000 ÷ 1.5=₩32,000
3. 가공원가

직접재료매입액	₩22,000	매출원가	₩69,000*
기초직접재료	₩4,000	기말직접재료	₩5,200
기초재공품	₩8,000	기말재공품	₩7,200
기초제품	₩20,400	기말제품	₩21,000
가공원가	(₩48,000)		

* 매출원가=₩115,000×(1−0.4)=₩69,000

03 원가의 배분

연계학습 : 기본서 p.614~646

01 상

㈜한국은 정상개별원가계산제도를 채택하고 있다. 제조간접원가는 직접노무원가를 기준으로 예정배부하고 있으며, 제조간접원가 배부차이는 전액 매출원가에서 조정하고 있다. 당기 원가자료가 다음과 같을 때, 당기제품제조원가는? (단, 제조간접원가 예정배부율은 매 기간 동일하다) 제24회

구 분	직접재료원가	직접노무원가	제조간접원가
기초재공품	₩2,500	₩2,800	₩4,200
당기실제발생액	₩15,000	₩18,000	₩25,500
기말재공품	₩3,000	₩3,800	?

① ₩55,500 ② ₩56,000 ③ ₩56,500
④ ₩57,000 ⑤ ₩57,500

해설

1. 개별원가계산표

구 분	직접재료원가 (실제발생액)	직접노무원가 (실제발생액)	제조간접원가 (예정배부액)	합 계
기초재공품	₩2,500	₩2,800	₩4,200	₩9,500 ①
당기투입 총제조원가	₩15,000	₩18,000	₩27,000 ②	₩60,000 ④
기말재공품	₩3,000	₩3,800	₩5,700 ③	₩12,500 ⑤

② 직접노무원가 ₩18,000×예정배부율 1.5*=₩27,000
③ 직접노무원가 ₩3,800×예정배부율 1.5*=₩5,700
 * 예정배부율=제조간접원가 ₩4,200÷직접노무원가 ₩2,800=1.5

2. 당기제품제조원가

기초재공품	₩9,500 ①	당기제품제조원가	(₩57,000)
당기총제조원가	₩60,000 ④	기말재공품	₩12,500 ⑤

Answer

07 ② 08 ② / 01 ④

02 중

㈜한국은 직접노무시간을 기준으로 제조간접원가를 예정배부한다. 당기의 제조간접원가 예산은 ₩300,000, 예정조업도는 100,000시간, 실제조업도는 120,000시간이다. 당기의 제조간접원가 배부차이가 ₩35,000(과대)일 때 제조간접원가 실제발생액은 얼마인가? 제13회

① ₩325,000
② ₩330,000
③ ₩335,000
④ ₩340,000
⑤ ₩345,000

해설

제조간접원가(예산)	₩300,000
÷예정조업도	100,000시간
=예정배부율	3/시간
×실제조업도	120,000시간
=예정배부액	₩360,000
−실제발생액	(₩325,000) ← 예정배부액 ₩360,000−과대배부 ₩35,000
=배부차이	₩35,000 과대배부

03 중

㈜한국은 정상원가계산(normal costing)을 적용하고 있으며, 제조간접원가 배부기준은 직접노무시간이다. 20X1년 제조간접원가 예산은 ₩10,000이고, 예정 직접노무시간은 100시간이었다. 20X1년 실제 직접노무시간은 90시간, 제조간접원가 부족(과소) 배부액은 ₩1,000이었다. 제조간접원가 실제발생액은? 제17회

① ₩7,000
② ₩8,000
③ ₩9,000
④ ₩10,000
⑤ ₩11,000

해설

제조간접원가(예산)	₩10,000
÷예정조업도	100시간
=예정배부율	100/시간
×실제조업도	90시간
=예정배부액	₩9,000
−실제발생액	(₩10,000) ← 예정배부액 ₩9,000+과소배부 ₩1,000
=배부차이	₩1,000 과소배부

04 중

정상개별원가계산제도를 채택하고 있는 ㈜한국의 20X1년도 원가자료는 다음과 같다.

구 분	직접재료원가	직접노무원가	제조간접원가
기초재공품	₩12,000	₩15,000	₩19,500
당기실제발생액	₩72,000	₩84,000	₩118,000
기말재공품	₩5,000	₩9,000	₩11,700

㈜한국이 직접노무원가 기준으로 제조간접원가를 예정배부하고 배부차이는 매출원가에서 전액 조정할 경우 20X1년도 제조간접원가 배부차이는? (단, 매년 제조간접원가 예정배부율은 동일하다) 제19회

① ₩7,800 과대
② ₩8,800 과소
③ ₩9,200 과대
④ ₩9,500 과소
⑤ ₩9,800 과대

해설

1. 제조간접원가 배부차이=실제발생액 ₩118,000−예정배부액 ₩109,200=₩8,800(과소배부)
2. 예정배부액=당기직접노무원가 ₩84,000×예정배부율 1.3=₩109,200
3. 예정배부율=기초재공품 예정배부액 ₩19,500÷기초재공품 직접노무원가 ₩15,000=1.3

05 중

㈜한국은 직접노무시간을 기준으로 제조간접원가를 예정배부하고 있다. 20X1년도 예산 직접노무시간은 20,000시간이며, 제조간접원가 예산은 ₩640,000이다. 20X1년도 제조간접원가 실제발생액은 ₩700,000이고, ₩180,000이 과대배부되었다. 실제 직접노무시간은? 제20회

① 16,250시간
② 18,605시간
③ 24,450시간
④ 25,625시간
⑤ 27,500시간

해설

제조간접원가(예산)	₩640,000	
÷ 예정조업도	20,000시간	
=예정배부율	32/시간	
× 실제조업도	(27,500시간) ②	← 예정배부액 ₩880,000÷예정배부율 32/시간
=예정배부액	₩880,000 ①	← 실제발생액 ₩700,000+과대배부 ₩180,000
−실제발생액	₩700,000	
=배부차이	₩180,000 과대배부	

Answer
02 ① 03 ④ 04 ② 05 ⑤

06 중

㈜한국은 기계가동시간을 기준으로 제조간접원가 예정배부율을 계산하고 있다. ㈜한국의 20X1년 정상기계가동시간은 10,000시간이고 제조간접원가 예산은 ₩330,000이다. 20X1년 실제기계가동시간은 11,000시간이고 제조간접원가 실제 발생액은 ₩360,000이다. 20X1년 제조간접원가 배부차이 조정 전 매출원가가 ₩5,220,000일 경우 매출원가 조정법으로 배부차이를 조정한 후의 매출원가는?

제15회

① ₩5,187,000
② ₩5,190,000
③ ₩5,217,000
④ ₩5,223,000
⑤ ₩5,250,000

해설

1. 조정 후 매출원가=조정 전 매출원가 ₩5,220,000−과대배부차이 ₩3,000=₩5,217,000
2. 과대배부차이

제조간접원가(예산)	₩330,000
÷예정조업도	10,000시간
=예정배부율	33/시간
×실제조업도	11,000시간
=예정배부액	₩363,000
−실제발생액	₩360,000
=배부차이	₩3,000 과대배부

07 중

정상원가계산하에서 개별원가계산제도를 적용하는 경우, 과대 또는 과소 배분된 제조간접원가 배부차이를 비례배분법에 의해 조정할 때, 차이조정이 반영되는 계정으로 옳은 것을 모두 고른 것은? (단, 모든 계정잔액은 “0”이 아니다)

제22회

보기

㉠ 기초재공품 ㉡ 기말원재료 ㉢ 기말재공품
㉣ 기초제품 ㉤ 기말제품 ㉥ 매출원가

① ㉠, ㉡, ㉢
② ㉡, ㉢, ㉣
③ ㉡, ㉤, ㉥
④ ㉢, ㉣, ㉤
⑤ ㉢, ㉤, ㉥

해설

⑤ ‘비례배분법’은 기말재공품, 기말제품 및 매출원가의 각 계정의 잔액에 비례하여 조정한다.

08 ●●하

㈜대한에는 두 개의 보조부문(수선부, 전력부)과 두 개의 제조부문(절단부, 조립부)이 있다. 각 부문간의 용역수수관계와 부문원가에 대한 자료는 다음과 같다.

구 분	보조부문		제조부문	
	수선부	전력부	절단부	조립부
부문원가	₩30,000	₩17,000	₩23,000	₩25,000
용역제공량				
수선부	–	200시간	600시간	200시간
전력부	400kw	–	300kw	300kw

㈜대한은 보조부문원가를 직접배분법으로 배부하고 있다. 조립부에 배부해야 할 보조부문원가는? 제18회

① ₩7,500
② ₩8,500
③ ₩11,100
④ ₩15,500
⑤ ₩16,000

해설

보조부문 → 조립부	배부액
수선부 → 조립부	₩30,000×200시간/(200시간+600시간)=₩7,500
전력부 → 조립부	₩17,000×300kw/(300kw+300kw)=₩8,500
합 계	₩16,000

09 ●중●

㈜한국은 두 개의 보조부문(S1, S2)과 두 개의 제조부문(P1, P2)을 운영하며, 단계배부법을 사용하여 보조부문원가를 제조부문에 배분한다. 보조부문원가 배분전 S1에 집계된 원가는 ₩120,000이고, S2에 집계된 원가는 ₩110,000이다. 부문 간의 용역수수관계가 다음과 같을 때, P1에 배분될 총 보조부문원가는? (단, S1 부문원가를 먼저 배분한다) 제26회

사 용 / 제 공	S1	S2	P1	P2
S1	20%	20%	20%	40%
S2	30%	–	42%	28%

① ₩88,800
② ₩96,000
③ ₩104,400
④ ₩106,000
⑤ ₩114,000

Answer

06 ③ 07 ⑤ 08 ⑤ 09 ⑤

해설

구 분	S1	S2	P1	P2
	₩120,000	₩110,000	?	?
S1	20%	20%	20%	40%
(1차) 120,000	–	₩30,000	₩30,000	₩60,000
S2	30%	–	42%	28%
(2차) 140,000	–	–	₩84,000	₩56,000
보조부문비 배부액	–	–	₩114,000	₩116,000

10 상

㈜한국은 두 개의 보조부문(S1, S2)과 두 개의 제조부문(P1, P2)으로 제품을 생산하고 있다. 각 부문원가와 용역수수관계는 다음과 같다.

구 분	보조부문		제조부문		계
	S1	S2	P1	P2	
부문원가	?	₩140,000	–	–	
S1	–	40	20	40	100%
S2	30	–	40	30	100%

직접배부법으로 보조부문원가를 배부한 결과, P1에 배부된 보조부문의 원가 합계액이 ₩120,000인 경우, S1에 집계된 부문원가는? 제25회

① ₩100,000　② ₩110,000
③ ₩120,000　④ ₩130,000
⑤ ₩140,000

해설

보조부문 → P1	배부액
S1 → P1	S1 부문원가 (?)×20/(20+40)
S2 → P1	S2 부문원가 ₩140,000×40/(40+30)
합 계	₩120,000

∴ S1 부문원가=₩120,000

11 상

㈜한국은 두 개의 보조부문(S1, S2)과 두 개의 제조부문(P1, P2)으로 제품을 생산하고 있다. 각 부문원가와 용역수수관계는 다음과 같다.

구 분	보조부문		제조부문		계
	S1	S2	P1	P2	
부문원가	₩250,000	₩152,000	–	–	
S1	–	40	20	40	100%
S2	40	–	40	20	100%

상호배부법으로 보조부문원가를 배부한 결과, S1의 총부문원가는 S2로부터 배부받은 금액 ₩120,000을 포함하여 ₩370,000이었다. P2에 배부되는 보조부문원가 합계액은? 제23회

① ₩164,400 ② ₩193,200 ③ ₩194,000
④ ₩208,000 ⑤ ₩238,400

해설

④ P2에 배부되는 보조부문원가 합계액=S1 ₩370,000×40%+S2 ₩300,000*×20%=₩208,000
* S2=(S2→S1) ₩120,000÷40%=₩300,000

12 하

보조부문원가 배부방법에 관한 설명으로 옳지 않은 것은? 제16회

① 직접배부법은 보조부문 상호간의 용역수수관계를 전혀 고려하지 않는 방법이다.
② 단계배부법은 보조부문원가의 배부순서를 정하여 그 순서에 따라 단계적으로 보조부문원가를 다른 보조부문과 제조부문에 배부하는 방법이다.
③ 단계배부법은 보조부문 상호간의 용역수수관계를 일부 고려하는 방법이다.
④ 상호배부법은 보조부문 상호간의 용역수수관계가 중요하지 않을 때 적용하는 것이 타당하다.
⑤ 상호배부법은 보조부문 상호간의 용역수수관계를 모두 고려하여 보조부문원가를 다른 보조부문과 제조부문에 배부하는 방법이다.

해설

④ 상호배부법은 가장 정확한 방법으로 용역수수관계가 중요할 때 적용하는 것이 타당하다.

Answer

10 ③ 11 ④ 12 ④

13 상●●

활동기준원가계산에 관한 설명으로 옳지 않은 것은? 제19회

① 전통적인 원가계산에 비해 배부기준의 수가 많다.
② 활동이 자원을 소비하고 제품이 활동을 소비한다는 개념을 이용한다.
③ 제조원가뿐만 아니라 비제조원가도 원가동인에 의해 배부할 수 있다.
④ 활동을 분석하고 원가동인을 파악하는 데 시간과 비용이 많이 발생한다.
⑤ 직접재료원가 이외의 원가를 고정원가로 처리한다.

해설

⑤ 활동원가계산에서는 직접재료원가 이외의 원가를 고정원가로 처리하지 않는다.

14 상●●

㈜한국은 전환원가에 대해 활동기준원가계산을 적용하고 있다. 회사의 생산 활동, 활동별 배부기준, 전환원가 배부율은 다음과 같다.

활 동	배부기준	전환원가 배부율
기계작업	기계작업시간	기계작업시간당 ₩50
조립작업	부품 수	부품 1개당 ₩10
품질검사	완성품 단위	완성품 1단위당 ₩30

당기에 완성된 제품은 총 50단위이고, 제품단위당 직접재료원가는 ₩100이다. 제품 1단위를 생산하기 위해서는 2시간의 기계작업시간과 5개의 부품이 소요된다. 당기에 생산된 제품 50단위의 총제조원가는? 제17회

① ₩9,000
② ₩12,000
③ ₩14,000
④ ₩16,000
⑤ ₩18,000

해설

직접재료원가		50단위×₩100=₩5,000	₩5,000
전환원가	기계작업	50단위×2시간×₩50=₩5,000	₩9,000
	조립작업	50단위×5개×₩10=₩2,500	
	품질검사	50단위×₩30=₩1,500	
총제조원가			₩14,000

15 상

㈜한국은 복수의 제품을 생산 · 판매하고 있으며, 활동기준원가계산을 적용하고 있다. ㈜한국은 제품원가계산을 위해 다음과 같은 자료를 수집하였다.

구 분	활동원가	원가동인	총원가동인수
조립작업	₩500,000	조립시간	25,000시간
주문처리	₩75,000	주문횟수	1,500회
검사작업	₩30,000	검사시간	1,000시간

제 품	생산수량	단위당 직접제조원가		조립작업	주문처리	검사작업
		직접재료원가	직접노무원가			
A	250개	₩150	₩450	400시간	80회	100시간

㈜한국이 당기에 A제품 250개를 단위당 ₩1,000에 판매한다면, A제품의 매출총이익은? 제22회

① ₩65,000
② ₩70,000
③ ₩75,000
④ ₩80,000
⑤ ₩85,000

해설

매출액			250개×₩1,000=₩250,000	₩250,000
−매출원가	직접재료원가		250개×₩150=₩37,500	₩165,000
	직접노무원가		250개×₩450=₩112,500	
	제조간접원가	조립작업	₩500,000×400시간/25,000시간=₩8,000	
		주문처리	₩75,000×80회/1,500회=₩4,000	
		검사작업	₩30,000×100시간/1,000시간=₩3,000	
=매출총이익				₩85,000

Answer

13 ⑤ 14 ③ 15 ⑤

04 제품별 원가계산

연계학습: 기본서 p.651~683

01 중

㈜한국은 종합원가계산을 사용하고 있다. 20X1년 생산에 관련된 자료는 다음과 같다.

	수 량	완성도
기초재공품	200단위	30%
당기착수량	1,300단위	
당기완성량	1,000단위	
기말재공품	500단위	40%

가공원가(전환원가)가 공정전반에 걸쳐 균등하게 발생한다면, 가중평균법과 선입선출법 간에 가공원가(전환원가)의 완성품환산량 차이는? 제25회

① 60단위 ② 120단위 ③ 180단위
④ 240단위 ⑤ 300단위

해설

1. 가공원가의 완성품환산량

가중평균법 가공원가의 완성품환산량	당기완성량＋기말재공품환산량
선입선출법 가공원가의 완성품환산량	당기완성량＋기말재공품환산량－기초재공품환산량
차 이	기초재공품환산량

2. 가공원가의 완성품환산량 차이＝기초재공품환산량＝200단위×30%＝60단위

02 중

㈜한국은 단일 공정으로 제품 A를 생산하고 있으며, 종합원가계산제도를 채택하고 있다. 직접재료는 공정 초에 전량 투입되며, 가공원가는 공정 전체에 걸쳐 균등하게 발생한다. 20X1년 9월의 물량자료는 다음과 같다.

• 월초재공품	20단위(가공원가 완성도 50%)
• 당월착수	250단위
• 당월완성	170단위
• 월말재공품	100단위(가공원가 완성도 50%)

선입선출법에 따르면 9월 직접재료원가의 완성품환산량은 몇 단위인가? 제13회

① 210단위 ② 220단위 ③ 230단위
④ 240단위 ⑤ 250단위

해설

⑤ 선입선출법 적용 직접재료원가의 완성품환산량
=완성품수량 170단위+월말재공품수량 100단위−월초재공품수량 20단위=250단위

03 중

㈜한국은 선입선출법에 의한 종합원가계산을 채택하고 있다. 재료는 공정 초에 전량 투입되며, 가공원가는 전체 공정에 걸쳐 균등하게 발생한다. 20X1년 6월 월초재공품은 3,000단위(가공원가 완성도 20%**), 당월완성품은 18,000단위, 월말재공품은 2,000단위(**가공원가 완성도 40%**)이다. 20X1년 6월 재료원가와 가공원가의 완성품환산량은?** 제15회

① 재료원가 17,000단위, 가공원가 16,400단위
② 재료원가 17,000단위, 가공원가 18,200단위
③ 재료원가 20,000단위, 가공원가 16,800단위
④ 재료원가 20,000단위, 가공원가 18,800단위
⑤ 재료원가 23,000단위, 가공원가 21,200단위

해설

선입선출법 재료원가 완성품환산량	완성품수량+기말재공품수량−기초재공품수량 =18,000단위+2,000단위−3,000단위=17,000단위
선입선출법 가공원가 완성품환산량	완성품수량+기말재공품환산량−기초재공품환산량 =18,000단위+2,000단위×40%−3,000단위×20%=18,200단위

Answer

01 ① 02 ⑤ 03 ②

04 상

㈜한국은 단일공정에서 단일제품을 생산 · 판매하고 있다. 회사는 실제원가에 의한 종합원가계산을 적용하고 있으며, 원가흐름가정은 선입선출법이다. 당기의 생산활동에 관한 자료는 다음과 같다.

항 목	물량(단위)	전환원가 완성도
기초재공품	500	50%
기말재공품	600	50%
당기착수량	4,000	–

전환원가는 공정 전반에 걸쳐 균등하게 발생한다. 기말에 전환원가의 완성품환산량 단위당 원가는 ₩20으로 계산되었다. 당기에 실제로 발생한 전환원가는? (단, 공손과 감손은 발생하지 않았다) 제17회

① ₩75,000 ② ₩79,000 ③ ₩82,000
④ ₩85,000 ⑤ ₩90,000

해설

1. 당기 발생 전환원가＝완성품환산량 3,950단위×완성품환산량단위당원가 ₩20＝₩79,000
2. 완성품환산량＝완성품수량＋기말재공품환산량－기초재공품환산량
   ＝3,900단위＋600단위×50%－500단위×50%＝3,950단위

05 중

단일 제품을 생산하는 ㈜한국은 선입선출법을 적용하여 종합원가계산을 한다. 전환원가(가공원가)는 전체 공정에 걸쳐 균등하게 발생한다. 생산 관련 자료는 다음과 같으며, 괄호 안의 숫자는 전환원가 완성도를 의미한다.

기초재공품	당기착수량	기말재공품
100단위 (40%)	1,000단위	200단위 (50%)

기초재공품 원가에 포함된 전환원가는 ₩96,000이고, 당기에 발생한 전환원가는 ₩4,800,000이다. 완성품환산량 단위당 전환원가는? (단, 공손과 감손은 발생하지 않는다) 제26회

① ₩4,800 ② ₩4,896 ③ ₩5,000
④ ₩5,100 ⑤ ₩5,690

해설

1. 완성품수량 : 100단위＋1,000단위－200단위＝900단위
2. 전환원가 완성품환산량 : 900단위－100단위×40%＋200단위×50%＝960단위
3. 완성품환산량 단위당 전환원가 : ₩4,800,000÷960단위＝₩5,000

06 상

㈜한국은 종합원가계산제도를 채택하고 있으며, 모든원가는 공정 전반에 걸쳐 균등하게 발생한다. 20X1년도 관련 자료가 다음과 같을 때 선입선출법을 사용하여 계산한 기말재공품원가는? (단, 공손 및 감손은 없다) 제19회

- 기초재공품: 300단위(직접재료원가 ₩10,000, 전환원가 ₩5,000)
  완성도 40%
- 당기발생원가: 직접재료원가 ₩240,000, 전환원가 ₩120,000
- 완성품: 900단위
- 기말재공품: 200단위, 완성도 60%

① ₩37,500 ② ₩40,000 ③ ₩48,000
④ ₩75,000 ⑤ ₩80,000

해설

1. 자료 파악

기초재공품	300단위 (40%)	재료원가 ₩10,000 전환원가 ₩5,000	완성품	900단위	?
당기투입		재료원가 ₩240,000 전환원가 ₩120,000	기말재공품	200단위 (60%)	?
총원가		₩375,000	총원가		₩375,000

2. 선입선출법 완성품환산량

재료원가+전환원가	완성품수량+기말재공품환산량−기초재공품환산량 =900단위+200단위×0.6−300단위×0.4=900단위

3. 선입선출법 완성품환산량 단위당원가

재료원가+전환원가	당기투입원가 (₩240,000+₩120,000)÷완성품환산량 900단위=₩400

4. 총원가 배분

기말재공품	(재료원가+전환원가)=200단위×60%×₩400=₩48,000
완성품	총원가 ₩375,000−기말재공품원가 ₩48,000=₩327,000

Answer

04 ② 05 ③ 06 ③

07 상

㈜한국은 가중평균법에 의한 종합원가계산제도를 채택하고 있으며, 모든 원가는 공정 전반에 걸쳐 균등하게 발생한다. ㈜한국의 당기 제조활동에 관한 자료는 다음과 같다.

• 기초재공품:	수 량	200단위
	직접재료원가	₩25,000
	전 환 원 가	₩15,000
	완 성 도	30%
• 당기투입원가:	직접재료원가	₩168,000
	전 환 원 가	₩92,000
• 완성품:	수 량	900단위
• 기말재공품:	수 량	400단위
	완 성 도	?

㈜한국의 당기 완성품 단위당원가가 ₩250일 경우, 기말재공품의 완성도는? (단, 공정 전반에 대해 공손과 감손은 발생하지 않는다) 제24회

① 55% ② 60% ③ 65%
④ 70% ⑤ 75%

해설

평균법 완성품환산량=완성품수량+기말재공품수량×완성도

1. 완성품환산량 1,200단위=완성품수량 900단위+기말재공품수량 400단위×완성도
   ∴ 완성도=75%
2. 완성품환산량=총원가 ₩300,000÷완성품 단위당원가 ₩250=1,200단위
3. 총원가=기초재공품원가(₩25,000+₩15,000)+당기투입원가(₩168,000+₩92,000)=₩300,000

08 상

㈜한국은 가중평균법으로 종합원가계산을 적용하고 있다. 모든 원가는 공정 전반에 걸쳐 균등하게 발생한다. 20X1년 기초재공품수량은 100개(완성도 60%), 당기착수수량은 1,100개, 당기완성품수량은 900개, 기말재공품수량은 200개(완성도 30%)이다. 20X1년의 완성품환산량 단위당 원가는 ₩187이다. 품질검사는 완성도 40% 시점에서 이루어지며, 검사를 통과한 합격품의 5%를 정상공손으로 간주한다. 정상공손원가를 정상품에 배분한 후의 기말재공품 금액은? 제27회

① ₩11,220 ② ₩11,430 ③ ₩11,640
④ ₩11,810 ⑤ ₩11,890

해설

기말재공품의 완성도가 검사시점을 통과하지 않았으므로 정상공손원가는 완성품에만 배분된다.
기말재공품: 200개 × 30% × ₩187=₩11,220

09 상

㈜한국은 선입선출법에 의한 종합원가계산제도를 채택하고 있다. 직접재료원가는 공정 초에 전량 투입되고, 전환원가(또는 가공원가)는 공정 전반에 걸쳐 균등하게 발생한다. 품질검사는 전환원가 완성도 60% 시점에서 이루어진다. 원가계산결과 정상공손원가가 ₩32,000이었다면 완성품에 배분될 정상공손원가는? 제20회

계 정	수량(단위)	전환원가 완성도
기초재공품	100	70%
당기투입량	1,000	
당기완성량	820	
정상공손	60	
비정상공손	40	
기말재공품	180	80%

① ₩25,600 ② ₩26,240 ③ ₩26,760
④ ₩27,200 ⑤ ₩27,560

해설

1. 당기검사시점 통과 여부

구 분		당기검사시점(60%) 통과 여부
당기완성품 820단위	기초재공품 100단위(70%)	전기 통과
	당기 착수 720단위	당기 통과 720단위
기말재공품 180단위(80%)		당기 통과 180단위

2. 완성품에 배분될 정상공손원가 = ₩32,000 × 720단위/(720단위 + 180단위) = ₩25,600

Answer

07 ⑤ 08 ① 09 ①

10 중

㈜한국은 20X1년 6월 결합공정을 거쳐 결합제품 A와 B를 각각 500단위와 400단위 생산하였다. 분리점에서 결합제품 A와 B의 단위당 판매가격은 각각 ₩200과 ₩150이다. 분리점에서의 판매가치를 기준으로 결합제품 A에 배분된 결합원가가 ₩20,000일 경우 결합원가의 총액은? (단, 재공품은 없다) 제15회

① ₩32,000 ② ₩33,000 ③ ₩34,000
④ ₩35,000 ⑤ ₩36,000

해설

1. 결합제품의 판매가치

제품 A의 판매가치	500단위×₩200=₩100,000
제품 B의 판매가치	400단위×₩150=₩60,000
합 계	₩160,000

2. 제품 A 결합원가 배분액 ₩20,000=결합원가 총액×₩100,000/₩160,000
∴ 결합원가 총액=₩32,000

11 중

㈜한국은 결합공정에서 제품 A, B, C를 생산한다. 당기에 발생된 결합원가 총액은 ₩40,000이며, 결합원가는 분리점에서의 상대적 판매가치를 기준으로 제품에 배분된다. 분리점에서의 단위당 판매가격과 생산량은 다음과 같다.

제 품	단위당 판매가격	생산량
A	₩10	1,500단위
B	₩15	1,000단위
C	₩20	1,000단위

추가가공할 경우, 제품별 추가가공원가와 추가가공 후 단위당 판매가격은 다음과 같다.

제 품	추가가공원가	추가가공 후 단위당 판매가격
A	₩5,000	₩12
B	₩4,000	₩20
C	₩10,000	₩35

추가가공이 유리한 제품만을 모두 고른 것은? (단, 추가가공 공정에서 공손과 감손은 발생하지 않고, 생산량은 모두 판매되며, 기초 및 기말 재공품은 없다) 제17회

① A ② B ③ A, B
④ A, C ⑤ B, C

해설

추가가공 후 판매시	A	B	C
증분수익	1,500단위×(₩12－₩10) ＝₩3,000	1,000단위×(₩20－₩15) ＝₩5,000	1,000단위×(₩35－₩20) ＝₩15,000
증분비용	₩5,000	₩4,000	₩10,000
증분손익	손실 ₩2,000	이익 ₩1,000	이익 ₩5,000
의사결정	분리점 판매	추가가공 후 판매	추가가공 후 판매

12 상

㈜한국은 세 가지 결합제품(A, B, C)을 생산하고 있으며, 결합원가는 분리점에서의 상대적 판매가치에 의해 배분된다. 관련 자료는 다음과 같다.

구 분	A	B	C	합 계
결합원가 배분액	?	₩10,000	?	₩100,000
분리점에서의 판매가치	₩80,000	?	?	₩200,000
추가가공원가	₩3,000	₩2,000	₩5,000	
추가가공 후 판매가치	₩85,000	₩42,000	₩120,000	

결합제품 C를 추가가공하여 모두 판매하는 경우 결합제품 C의 매출총이익은? (단, 공손과 감손, 재고자산은 없다) 제23회

① ₩65,000 ② ₩70,000 ③ ₩80,000
④ ₩110,000 ⑤ ₩155,000

해설

I/S		제품 A	제품 B	제품 C	합계
매출액		₩85,000	₩42,000	₩120,000	
－매출원가	결합원가 배분액	₩40,000 ①	₩10,000	₩50,000 ②	₩100,000
	추가가공원가	₩3,000	₩2,000	₩5,000	
＝매출총이익				₩65,000 ③	

① 제품 A 결합원가 배분액＝₩100,000×₩80,000/₩200,000＝₩40,000

Answer
10 ① 11 ⑤ 12 ①

13 중

㈜한국은 20X1년 10월에 결합제품 A와 B를 각각 2,000개, 3,000개 생산하였으며, 결합원가 ₩500,000이 발생하였다. 제품 A는 추가가공 없이 단위당 ₩150에 판매되지만, 제품 B는 추가가공원가 ₩40,000이 투입된 후 단위당 ₩180에 판매된다. ㈜한국은 순실현가치법을 이용하여 결합원가를 배분하고 있다. 10월에 발생한 결합원가 중에서 제품 B에 배분할 금액은? (단, 재공품은 없다) 제13회

① ₩310,000 ② ₩312,500 ③ ₩315,000
④ ₩317,500 ⑤ ₩320,000

해설

1. 결합제품의 순실현가치

제품 A	2,000개×₩150=₩300,000
제품 B	3,000개×₩180−₩40,000=₩500,000
합 계	₩800,000

2. 결합원가 배분액

제품 A	₩500,000×₩300,000/₩800,000=₩187,500
제품 B	₩500,000×₩500,000/₩800,000=₩312,500

05 전부원가계산과 변동원가계산

연계학습: 기본서 p.685~699

01 중

㈜한국은 20X1년 초에 설립되었다. 20X1년 중 제품을 10,000단위 생산하여 8,000단위를 판매하였다. 이와 관련된 원가자료는 다음과 같다.

구 분	총고정원가	단위당 변동원가
직접재료원가	–	₩22
가공원가	₩110,000	₩18
판매비와 관리비	₩70,000	₩10

전부원가계산과 변동원가계산에 의한 20X1년 기말제품재고액은 각각 얼마인가? (단, 재공품은 없다) 제13회

	전부원가계산	변동원가계산
①	₩122,000	₩80,000
②	₩122,000	₩100,000
③	₩102,000	₩100,000
④	₩102,000	₩80,000
⑤	₩80,000	₩60,000

해설

변동원가계산 기말제품재고액	2,000단위×(₩22+₩18)=₩80,000
전부원가계산 기말제품재고액	2,000단위×(₩22+₩18+₩11*)=₩102,000

* 단위당 고정제조간접원가=총고정제조간접원가 ₩110,000÷생산량 10,000단위=₩11

Answer

13 ② / 01 ④

02 중

㈜한국은 20X1년 2,000단위의 제품을 생산하여 1,500단위의 제품을 판매하였다. 기초재고는 없었으며 관련 원가자료는 다음과 같다.

• 제품단위당 직접재료원가	₩600
• 제품단위당 직접노무원가	₩200
• 제품단위당 변동제조간접원가	₩300
• 제품단위당 변동판매비와 관리비	₩100
• 총고정제조간접원가	₩800,000
• 총고정판매비와 관리비	₩300,000

변동원가계산에 의한 제품단위당 제조원가는? 제16회

① ₩800 ② ₩900 ③ ₩1,000
④ ₩1,100 ⑤ ₩1,500

해설

변동원가계산 제품단위당 제조원가	₩600＋₩200＋₩300＝₩1,100
전부원가계산 제품단위당 제조원가	₩600＋₩200＋₩300＋₩400*＝₩1,500

* 단위당 고정제조간접원가＝총고정제조간접원가 ₩800,000÷생산량 2,000단위＝₩400

03 중

㈜대한은 20X1년 초 영업을 개시하여 제품 A 5,000단위를 생산하고, 4,000단위를 단위당 ₩1,000에 판매하였다. 이와 관련된 자료는 다음과 같다.

구 분	단위당 변동원가	연간 고정원가
직접재료원가	₩200	
직접노무원가	₩150	
제조간접원가	₩50	₩1,500,000
판매관리비	₩100	₩300,000

20X1년의 변동원가계산에 의한 영업이익은? 제18회

① ₩100,000 ② ₩200,000 ③ ₩300,000
④ ₩400,000 ⑤ ₩500,000

해설

I/S	
매출액	₩4,000,000
－변동원가	₩2,000,000
＝공헌이익	₩2,000,000
－고정제조간접원가	₩1,500,000
－고정판매관리비	₩300,000
＝영업이익	₩200,000

← 4,000단위×단위당 판매가격 ₩1,000
← 4,000단위×단위당 변동원가 (₩200＋₩150＋₩50＋₩100)

04 상

㈜한국은 20X1년 1월 1일에 설립되었다. 20X1년부터 20X2년까지 제품 생산량 및 판매량은 다음과 같으며, 원가흐름은 선입선출법을 가정한다.

구 분	20x1년	20x2년
생산량	8,000단위	10,000단위
판매량	7,000단위	?
총고정제조간접원가	₩1,600,000	₩1,800,000

20X2년 변동원가계산에 의한 영업이익이 전부원가계산에 의한 영업이익에 비하여 ₩20,000 많은 경우, ㈜한국의 20X2년 판매수량은? (단, 재공품 재고는 없다)

제25회

① 8,500단위 ② 9,000단위 ③ 9,500단위
④ 10,000단위 ⑤ 11,000단위

해설

1. 20X2년 판매량

20X2년

기초제품수량	1,000단위*	판매량	(10,000단위)
생산량	10,000단위	기말제품수량	1,000단위

* 20X1년 생산량 8,000단위－20X1년 판매량 7,000단위＝1,000단위

2. 기말제품수량

20X2년

전부원가계산 영업이익 ₩0	변동원가계산 영업이익 ₩20,000
기초제품에 포함된 고정제조간접원가 1,000단위×① ₩200＝② ₩200,000	기말제품에 포함된 고정제조간접원가 ⑤ 1,000단위×④ ₩180＝③ ₩180,000

① 전기 단위당 고정제조간접원가＝₩1,600,000÷8,000단위＝₩200
④ 당기 단위당 고정제조간접원가＝₩1,800,000÷10,000단위＝₩180

Answer
02 ④ 03 ② 04 ④

05 중

㈜한국의 20X1년 기초 제품재고수량은 없고, 기말 제품재고수량은 1,000단위이다. 단위당 변동제조원가는 ₩400이고, 단위당 고정제조간접원가는 ₩100이다. 20X1년 전부원가계산에 의한 영업이익은 변동원가계산에 의한 영업이익보다 얼마 더 많은가? (단, 재공품은 없다) 제26회

① ₩100,000 ② ₩200,000 ③ ₩300,000
④ ₩400,000 ⑤ ₩500,000

해설

영업이익 차이 : 1,000단위×@₩100=₩100,000

06 중

㈜한국은 20X1년 초에 영업을 개시하고 5,000단위의 제품을 생산하여 단위당 ₩1,500에 판매하였으며, 영업활동에 관한 자료는 다음과 같다.

• 단위당 직접재료원가	₩500	• 고정제조간접원가	₩1,000,000
• 단위당 직접노무원가	₩350	• 고정판매관리비	₩700,000
• 단위당 변동제조간접원가	₩150		
• 단위당 변동판매관리비	₩100		

변동원가계산에 의한 영업이익이 전부원가계산에 의한 영업이익에 비하여 ₩300,000이 적을 경우, ㈜한국의 20X1년 판매수량은? (단, 기말재공품은 존재하지 않는다)

제24회

① 1,500단위 ② 2,000단위 ③ 2,500단위
④ 3,000단위 ⑤ 3,500단위

해설

1. 이익 차이 ₩300,000=(생산수량 5,000단위−판매수량?)×단위당 고정제조간접원가 ₩200
2. 단위당 고정제조간접원가=고정제조간접원가 ₩1,000,000÷생산수량 5,000단위=₩200
3. 생산수량 5,000단위−판매수량?=1,500단위
   ∴ 판매수량=3,500단위

07 (중)

㈜한국은 20X1년 초에 설립되었다. 20X1년과 20X2년의 생산 및 판매활동은 동일한데 생산량은 500개이고, 판매량은 300개이다. 원가 및 물량흐름은 선입선출법을 적용한다. 20X2년 전부원가계산의 영업이익이 변동원가계산의 영업이익보다 ₩120,000 더 많았다. 20X2년 말 기말제품재고에 포함된 고정제조간접원가는? (단, 재공품은 없다) 제27회

① ₩210,000 ② ₩220,000 ③ ₩230,000
④ ₩240,000 ⑤ ₩250,000

해설

20X2년 기말재고자산 : (500개−300개)+500개−300개=400개
단위당 고정제조간접원가(FOH) : ₩120,000 ÷ 200개=@₩600

	변동원가계산 영업이익		×××
	기말재고자산 포함 FOH	400개 × ₩600	₩240,000
(−)	기초재고자산 포함 FOH	200개 × ₩600	₩120,000
	전부원가계산 영업이익		(+)₩120,000

06 원가의 추정

연계학습 : 기본서 p.701~708

01 (하)

원가에 관한 설명으로 옳은 것은? 제20회

① 기회원가는 미래에 발생할 원가로서 의사결정시 고려하지 않는다.
② 관련범위 내에서 혼합원가는 조업도가 0이라도 원가는 발생한다.
③ 관련범위 내에서 생산량이 감소하면 단위당 고정원가도 감소한다.
④ 관련범위 내에서 생산량이 증가하면 단위당 변동원가도 증가한다.
⑤ 통제가능원가란 특정 관리자가 원가발생을 통제할 수는 있으나 책임질 수 없는 원가를 말한다.

해설

① 기회원가는 의사결정시 고려해야 한다.
③ 관련범위 내에서 생산량이 감소하면 단위당 고정원가는 증가한다.
④ 관련범위 내에서 생산량이 증가해도 단위당 변동원가는 불변한다.
⑤ 통제가능원가란 특정 관리자가 원가발생을 통제할 수 있고 책임지는 원가를 말한다.

Answer

05 ① 06 ⑤ 07 ④ / 01 ②

02 중

㈜한국의 20X1년 5개월 간의 기계시간과 전력비 관련 자료는 다음과 같다.

월	기계시간	전력비
1	1,000시간	₩41,000
2	1,300시간	₩53,000
3	1,500시간	₩61,000
4	1,400시간	₩57,000
5	1,700시간	₩69,000

㈜한국이 위 자료에 기초하여 고저점법에 의한 전력비 원가함수를 결정하였다. 이를 사용하여 20X1년 6월 전력비를 ₩81,000으로 예상한 경우, 20X1년 6월 예상 기계시간은? 제25회

① 1,800시간 ② 1,900시간 ③ 2,000시간
④ 2,100시간 ⑤ 2,200시간

해설

전력비=고정원가+단위당 변동원가×기계시간

1. 단위당 변동원가 $= \frac{\text{최고조업도 전력비 ₩69,000} - \text{최저조업도 전력비 ₩41,000}}{\text{최고조업도 1,700시간} - \text{최저조업도 1,000시간}} = ₩40$
2. 고정원가=전력비(총원가) ₩41,000−1,000시간×₩40=₩1,000
3. 6월 전력비 ₩81,000=고정원가 ₩1,000+₩40×6월 예상기계시간?
   ∴ 6월 예상기계시간=2,000시간

03 중

㈜한국은 고저점법을 사용하여 전력비를 추정하고 있다. 20X1년 월별 전력비 및 기계시간에 근거한 원가추정식에 의하면, 전력비의 단위당 변동비는 기계시간당 ₩4이었다. 20X1년 최고 조업도수준은 1,100 기계시간이었고, 이 때 발생한 전력비는 ₩9,400이었다. 20X1년 최저 조업도수준에서 발생한 전력비가 ₩8,800일 경우의 조업도수준은? 제22회

① 800 기계시간 ② 850 기계시간 ③ 900 기계시간
④ 950 기계시간 ⑤ 1,000 기계시간

해설

1. 단위당 변동비 $= \frac{\text{최고조업도 전력비 ₩9,400} - \text{최저조업도 전력비 ₩8,800}}{\text{최고조업도 1,100시간} - \text{최저조업도?}} = ₩4$
2. 최고조업도 1,100시간−최저저업도?=150시간
   ∴ 최저조업도=950시간

04 중

A아파트 전기작업반의 월별 직접노무시간과 경비에 대한 기록이 다음과 같다.

구 분	4월	5월	6월
직접노무시간	250시간	200시간	150시간
경 비	₩10,000	₩11,000	₩7,000

7월의 직접노무시간은 200시간으로 예상된다. 고저점법을 적용하여 7월의 경비를 추정하면? 제14회

① ₩8,500 ② ₩8,600 ③ ₩8,700
④ ₩8,800 ⑤ ₩8,900

해설

1. 단위당 변동원가 = $\frac{\text{최고조업도 경비 ₩10,000} - \text{최저조업도 경비 ₩7,000}}{\text{최고조업도 250시간} - \text{최저조업도 150시간}}$ = ₩30
2. 고정원가=경비(총원가) ₩7,000−변동원가 (₩30×150시간)=₩2,500
3. 7월 경비추정액(200시간)=고정원가 ₩2,500+단위당 변동원가 ₩30×200시간=₩8,500

05 중

최근 2년간 총고정제조원가와 단위당 변동제조원가는 변화가 없으며 생산량과 총제조원가는 다음과 같다.

구 분	생산량	총제조원가
20X1년	200단위	₩600,000
20X2년	300단위	₩800,000

20X3년도에 총고정제조원가가 10% 증가할 경우, 생산량이 400단위일 때 총제조원가는? 제16회

① ₩1,000,000 ② ₩1,020,000 ③ ₩1,040,000
④ ₩1,060,000 ⑤ ₩1,080,000

해설

1. 단위당 변동원가 = $\frac{\text{최고조업도 총제조원가 ₩800,000} - \text{최저조업도 총제조원가 ₩600,000}}{\text{최고조업도 300단위} - \text{최저조업도 200단위}}$
   = ₩2,000
2. 총고정제조원가=총원가 ₩600,000−변동원가(₩2,000×200단위)=₩200,000
3. 20X3년 총제조원가=₩2,000×400단위+₩200,000×1.1=₩1,020,000

Answer

02 ③ 03 ④ 04 ① 05 ②

06 상

타일시공 전문업체인 ㈜한국은 새로운 프리미엄 타일시공법을 개발하고, 이에 대한 홍보를 위해 10m² 면적의 호텔객실 1개에 대하여 무료로 프리미엄 타일시공을 수행하면서 총 20시간의 직접노무시간을 투입하였다. ㈜한국은 프리미엄 타일시공의 경우 직접노무시간이 90%의 학습율을 가지는 학습효과가 존재하고, 누적평균시간 학습곡선모형을 따를 것으로 추정하고 있다. ㈜한국은 동 호텔로부터 동일한 구조와 형태 및 면적(10m²)의 7개 객실(총 70m²)에 대한 프리미엄 타일시공 의뢰를 받았다. 이와 관련하여 투입될 것으로 추정되는 직접노무시간은? (단, 시공은 10m² 단위로 수행된다) 제24회

① 90시간 ② 96.64시간 ③ 116.64시간
④ 126시간 ⑤ 140시간

해설

② 7개 객실 타일시공시 투입 추정직접노무시간=116.64시간−20시간=96.64시간

누적 객실	단위당 평균직접노무시간	총 직접노무시간
1개	20시간	20시간
2개	20시간×90%=18시간	36시간
4개	18시간×90%=16.2시간	64.8시간
8개	16.2시간×90%=14.58시간	116.64시간

07 원가 · 조업도 · 이익분석(CVP분석)

연계학습: 기본서 p.711~723

01 하

㈜한국은 단위당 판매가격이 ₩*1,000*이고, 단위당 변동원가가 ₩*700*인 제품을 생산 · 판매하고 있다. 고정원가가 ₩*450,000*일 때, 손익분기점 수량은? 제25회

① 750단위 ② 1,000단위 ③ 1,250단위
④ 1,500단위 ⑤ 1,750단위

해설

$$\text{손익분기점 수량} = \frac{\text{고정원가}}{\text{단위당 공헌이익}}$$

④ 손익분기점 수량 $= \frac{₩450,000}{₩300^{*}}$ =1,500단위

* 단위당 공헌이익=단위당 판매가격 ₩*1,000*−단위당 변동원가 ₩*700*=₩*300*

02 중

㈜한국의 손익분기점 수량이 900단위일 때, 변동비는 ₩180,000이며, 고정비가 ₩45,000이다. ㈜한국이 930단위를 판매하여 달성할 수 있는 영업이익은? 제22회

① ₩500
② ₩900
③ ₩1,100
④ ₩1,300
⑤ ₩1,500

해설

영업이익=930단위×단위당 공헌이익 ₩50*−고정비 ₩45,000=₩1,500

* 단위당 공헌이익=고정비 ₩45,000÷손익분기점 수량 900단위=₩50

03 중

㈜한국의 20X1년 손익분기점은 500단위이고 제품단위당 변동원가는 ₩300이며 연간 고정원가는 ₩200,000이다. 단위당 판매가격은? 제15회

① ₩400
② ₩500
③ ₩600
④ ₩700
⑤ ₩800

해설

(단위당 판매가격 ?−단위당 변동원가 ₩300)×손익분기점 500단위=고정원가 ₩200,000

∴ 단위당 판매가격=₩700

04 중

㈜대한은 형광등을 제조하여 20X1년에 개당 ₩500에 400개를 판매하였다. 형광등 1개를 제조하는데 직접재료원가 ₩150, 직접노무원가 ₩80, 변동제조간접원가 ₩70이 소요되며, 연간 고정제조간접원가는 ₩30,000이 발생하였다. 제품판매과정에서 단위당 변동판매관리비는 ₩50, 연간 고정판매관리비는 ₩15,000이 발생하였다. 20X1년의 손익분기점 판매량은? 제18회

① 225개
② 300개
③ 360개
④ 450개
⑤ 600개

해설

1. 손익분기점 수량 $= \frac{\text{고정원가 ₩45,000}}{\text{단위당 공헌이익 ₩150}}$ =300개
2. 고정원가=고정제조간접원가 ₩30,000+고정판매관리비 ₩15,000=₩45,000
3. 단위당 공헌이익=단위당 판매가격 ₩500−단위당 변동원가 ₩350=₩150
4. 단위당 변동원가=직접재료원가 ₩150+직접노무원가 ₩80+변동제조간접원가 ₩70 +변동판매관리비 ₩50=₩350

Answer

06 ② / 01 ④ 02 ⑤ 03 ④ 04 ②

05 상

㈜한국의 20X1년도 손익분기점 판매량은 4,000개이고 제품 5,000개를 판매하여 영업이익 ₩700,000을 달성하였다. 20X2년도에 제품단위당 판매가격을 ₩100 인상할 경우 손익분기점 판매량은? (단, 연도별 원가행태는 변동이 없다) 제19회

① 700개 ② 1,000개
③ 3,500개 ④ 4,000개
⑤ 4,200개

해설

1. 20X1년 영업이익 ₩700,000=손익분기점 초과 판매량 1,000개×단위당 공헌이익 ?
   ∴ 단위당 공헌이익=₩700
2. 고정원가=20X1년 손익분기점 판매량 4,000개×단위당 공헌이익 ₩700=₩2,800,000
3. 20X2년 손익분기점 판매량=고정원가 ₩2,800,000÷단위당 공헌이익 ₩800=3,500개

06 상

㈜한국은 단일제품을 생산하고 있다. 20X1년의 예산자료가 다음과 같을 때, 손익분기점 분석에 관한 설명으로 옳지 않은 것은? 제21회

• 판매량	15,000단위
• 단위당 판매가격	₩20
• 단위당 변동원가	₩15
• 고정원가총액	₩50,000

① 고정원가총액이 ₩10,000 증가하면 안전한계 판매량은 3,000단위가 된다.
② 손익분기점에서 총공헌이익은 고정원가총액인 ₩50,000과 동일하다.
③ 판매량이 4,000단위 감소하면 총공헌이익은 ₩15,000 감소한다.
④ 고정원가총액이 ₩10,000 감소하면 손익분기점 판매량은 8,000단위가 된다.
⑤ 단위당 변동원가가 ₩5 감소하면 손익분기점 판매량은 5,000단위가 된다.

해설

③ 판매량 4,000단위의 총공헌이익은 ₩20,000(=4,000단위×₩5)
① 안전한계 판매량(=손익분기점 초과 판매량)=15,000단위−12,000단위*=3,000단위
  * 고정원가총액 ₩10,000 증가시 손익분기점 판매량=₩60,000÷₩5=12,000단위
② 손익분기점에서 총공헌이익=고정원가총액
④ 고정원가총액 ₩10,000 감소시 손익분기점 판매량=₩40,000÷₩5=8,000단위
⑤ 단위당 변동원가가 ₩5 감소시 손익분기점 판매량=₩50,000÷(₩20−₩10)=5,000단위

07 상

㈜한국은 당기 손익분기점 매출액은 ₩250,000으로 예상하고 있으며, 고정비는 ₩100,000이 발생할 것으로 추정하고 있다. ㈜한국이 당기에 매출액의 15%에 해당하는 영업이익을 획득할 경우, 안전한계율은? 제24회

① 22.5%　② 27.5%　③ 32.5%
④ 37.5%　⑤ 42.5%

해설

1. 안전한계율=(매출액 ₩400,000－손익분기점 매출액 ₩250,000)÷매출액 ₩400,000=0.375
2. 매출액×공헌이익률 0.4－고정비 ₩100,000=매출액×0.15
   ∴ 매출액=고정비 ₩100,000÷0.25=₩400,000
3. 공헌이익률=고정비 ₩100,000÷손익분기점 매출액 ₩250,000=0.4

08 중

㈜한국은 단일 제품을 생산·판매하고 있으며, 20X1년 공헌이익계산서는 다음과 같다.

구 분	금 액	단위당 금액
매출액	₩2,000,000	₩5,000
변동비	₩1,200,000	₩3,000
공헌이익	₩800,000	₩2,000
고정비	₩600,000	
영업이익	₩200,000	

㈜한국은 현재 판매사원에게 지급하고 있는 ₩150,000의 고정급여를 20X2년부터 판매수량 단위당 ₩700을 지급하는 판매수당으로 대체하기로 하였다. 다른 모든 조건이 동일할 경우, ㈜한국이 20X1년 동일한 영업이익을 20X2년에도 달성하기 위해 판매해야 할 수량은? 제22회

① 450개　② 500개　③ 550개　④ 600개　⑤ 650개

해설

② 판매수량×단위당 공헌이익 ₩2,000－고정비 ₩450,000－판매수량×₩700=₩200,000
∴ 판매수량=₩650,000÷₩1,300=500개

Answer

05 ③　06 ③　07 ④　08 ②

09 (중)

㈜한국은 단일제품을 생산한다. 20X1년의 단위당 판매가격은 ₩200, 고정원가총액은 ₩450,000, 손익분기점 판매량은 5,000단위이다. ㈜한국이 20X1년에 목표이익 ₩135,000을 얻기 위해서는 몇 단위의 제품을 판매해야 하는가? 제21회

① 6,300단위 ② 6,400단위 ③ 6,500단위
④ 6,600단위 ⑤ 6,700단위

해설

$$\text{목표이익 달성 판매량} = \frac{\text{고정원가} + \text{목표이익}}{\text{단위당 공헌이익}}$$

$$\text{목표이익 135,000 달성 판매량} = \frac{₩450,000 + ₩135,000}{₩90^*} = \text{6,500단위}$$

* 단위당 공헌이익=고정원가총액 ₩450,000÷손익분기점 판매량 5,000단위=₩90

10 (중)

㈜한국의 내년 예상손익자료는 다음과 같다. 연간 생산판매량이 20% 증가한다면 영업이익은 얼마나 증가하는가? 제27회

• 단위당 판매가격	₩2,000	• 변동원가율	70%
• 손익분기점 판매량	300개	• 연간 생산·판매량	400개

① ₩48,000 ② ₩54,000 ③ ₩56,000
④ ₩60,000 ⑤ ₩66,000

해설

단위당 공헌이익: ₩2,000×(1−70%)=₩600
영업이익: 400개×20%×₩600=₩48,000

11 중

㈜한국의 20X1년 제품 생산 · 판매와 관련된 자료는 다음과 같다.

• 판매량	20,000단위	• 공헌이익률	30%
• 매출액	₩2,000,000	• 손익분기점 판매량	16,000단위

20X2년 판매량이 20X1년 보다 20% 증가한다면 영업이익의 증가액은? (단, 다른 조건은 20X1년과 동일하다) 제23회

① ₩24,000 ② ₩120,000 ③ ₩168,650
④ ₩184,000 ⑤ ₩281,250

해설

② 판매량 20% 증가시 영업이익 증가액=공헌이익 증가액=₩600,000* × 20%=₩120,000
* 공헌이익=매출액 ₩2,000,000 × 공헌이익률 30%=₩600,000

12 중

㈜한국은 20X1년 단위당 판매가격이 ₩500이고, 단위당 변동원가가 ₩300인 단일 제품을 생산 · 판매하고 있다. 총고정원가는 ₩600,000이고, ㈜한국에 적용되는 법인세율은 20%이다. 20X1년 법인세차감후순이익 ₩40,000을 달성하기 위한 20X1년 제품 판매수량은? 제26회

① 2,500단위 ② 2,750단위 ③ 3,000단위
④ 3,250단위 ⑤ 3,500단위

해설

$$\text{세후목표이익 달성 판매량} = \frac{\text{고정원가} + \text{세후목표이익} \div (1 - \text{세율})}{\text{단위당 공헌이익}}$$

$$\text{세후목표이익 달성 판매수량} : \frac{₩600,000 + ₩40,000/(1-0.2)}{₩500 - ₩300} = 3,250\text{단위}$$

Answer

09 ③ 10 ① 11 ② 12 ④

08 표준원가계산

연계학습: 기본서 p.725~735

01 중

㈜한국은 표준원가계산제도를 채택하고 있으며, 단일 제품을 생산·판매하고 있다. 20X1년 직접재료원가와 관련된 표준 및 원가 자료가 다음과 같을 때, 20X1년의 실제 제품생산량은? (단, 가격차이 분석시점은 분리하지 않는다.) 제20회

• 제품단위당 직접재료 수량표준	2kg
• 직접재료 단위당 가격표준	₩250/kg
• 실제 발생한 직접재료원가	₩150,000
• 직접재료원가 가격차이	₩25,000(불리)
• 직접재료원가 수량차이	₩25,000(유리)

① 250단위 ② 300단위 ③ 350단위
④ 400단위 ⑤ 450단위

해설

실제생산량에 허용된 표준재료투입량(SQ)=실제생산량×제품단위당 표준직접재료수량

1. SQ 600kg=실제생산량?×2kg
   ∴ 실제생산량=300단위
2. 직접재료원가 차이분석

AQ×AP		AQ×SP		SQ×SP 600kg ③×₩250
₩150,000	가격차이 ₩25,000(불리)	₩125,000 ①	수량차이 ₩25,000(유리)	₩150,000 ②

02 중

직접재료원가의 제품단위당 표준사용량은 5kg이고, 표준가격은 kg당 ₩3이다. 4월에 직접재료 20,000kg을 총 ₩65,000에 구입하여 18,000kg을 사용하였다. 4월에 제품 3,000단위를 생산했을 때, 직접재료원가의 가격차이와 능률차이는? (단, 직접재료원가의 가격차이는 구입시점에서 계산한다) 제14회

① 가격차이 ₩5,000(불리), 능률차이 ₩6,000(불리)
② 가격차이 ₩5,000(불리), 능률차이 ₩9,000(불리)
③ 가격차이 ₩6,000(유리), 능률차이 ₩6,000(유리)
④ 가격차이 ₩6,000(유리), 능률차이 ₩15,000(유리)
⑤ 가격차이 ₩11,000(불리), 능률차이 ₩15,000(유리)

해설

직접재료원가 차이분석

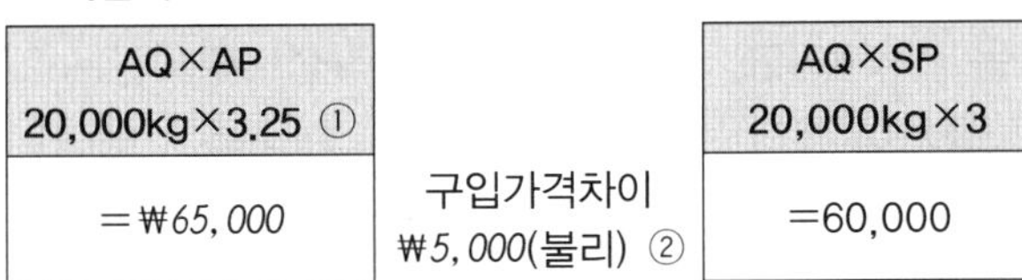

AQ×AP 18,000kg×3.25 ①	사용가격차이	AQ×SP 18,000kg×3	능률차이	SQ×SP 15,000kg ④×3
=₩58,500	₩4,500(불리) ③	=₩54,000	₩9,000(불리) ⑥	=₩45,000 ⑤

④ SQ=3,000단위×5kg=15,000kg

03
●중●

㈜한국은 표준원가계산제도를 채택하고 있으며, 단일 제품을 생산 · 판매하고 있다. 2분기의 예정생산량은 3,000단위였으나, 실제는 2,800단위를 생산하였다. 직접재료원가 관련 자료는 다음과 같다.

• 제품단위당 수량표준	2kg
• 직접재료 단위당 가격표준	₩300
• 실제 발생한 직접재료원가	₩1,593,000
• 직접재료원가 수량차이	₩120,000(불리)

2분기의 직접재료 실제사용량은? 제22회

① 5,600kg
② 5,800kg
③ 6,000kg
④ 6,200kg
⑤ 6,400kg

해설

직접재료원가 차이분석

AQ×AP	가격차이	AQ×SP 6,000kg ④×300	수량차이	SQ×SP 5,600kg ①×300
=₩1,593,000	₩207,000(유리) ⑤	=₩1,800,000 ③	₩120,000(불리)	=₩1,680,000 ②

① SQ=2,800단위×2kg=5,600kg

Answer

01 ② 02 ② 03 ③

04 ●중●

㈜한국은 표준원가계산제도를 채택하고 있다. 20X1년도 9월에 제품 2,100개를 생산했으며, 직접노무원가는 ₩4,000,000이 발생하였다. 시간당 실제임률은 ₩1,000이며, 시간당 표준임률은 ₩900이고, 제품단위당 표준직접노무시간은 2시간이다. 9월의 직접노무원가 능률차이(유리)는 얼마인가? (단, 재공품은 없다) 제13회

① ₩150,000 ② ₩160,000
③ ₩170,000 ④ ₩180,000
⑤ ₩190,000

해설

직접노무원가 차이분석

AQ×AP 4,000시간 ① ×₩1,000		AQ×SP 4,000시간 ① ×₩900		SQ×SP 4,200시간 ③ ×₩900
=₩4,000,000	임률차이 ₩400,000 (불리) ⑤	=₩3,600,000 ②	능률차이 ₩180,000 (유리) ④	=₩3,780,000

③ SQ=2,100단위×2시간=4,200시간

05 ●중●

㈜한국은 표준원가계산을 적용하고 있다. 당기의 제품생산량은 15단위이며, 직접노무원가와 관련된 자료는 다음과 같다.

• 실제직접노무원가	₩130,000
• 실제직접노무시간	130시간
• 제품단위당 표준직접노무시간	8시간
• 직접노무시간당 표준임률	₩900

직접노무원가 능률차이는? (단, 기초 및 기말 재공품은 없다) 제17회

① ₩9,000 불리 ② ₩10,000 불리 ③ ₩12,000 불리
④ ₩13,000 불리 ⑤ ₩22,000 불리

해설

직접노무원가 차이분석

AQ×AP		AQ×SP 130시간×₩900		SQ×SP 120시간 ③ ×₩900
=₩130,000	임률차이 ₩13,000 (불리) ⑥	=₩117,000 ①	능률차이 ₩9,000 (불리) ⑤	=₩108,000 ④

③ SQ=15단위×8시간=120시간

06 (중)

㈜한국은 표준원가계산제도를 사용하고 있으며, 3월의 직접노무원가 차이분석 결과는 다음과 같다.

구 분	임률차이	능률차이
직접노무원가	₩9,000(유리)	₩1,500(불리)

3월에 실제 직접노무시간은 18,000시간이고, 실제 임률은 시간당 ₩2.5이다. 3월의 실제 생산량에 허용된 표준직접노무시간은? (단, 재공품재고는 없다) 제21회

① 17,300시간　② 17,400시간　③ 17,500시간
④ 17,600시간　⑤ 17,700시간

해설

직접노무원가 차이분석

AQ×AP		AQ×SP		SQ×SP
18,000시간 × ₩2.5		18,000시간 × ₩3 ④		17,500시간 ⑤ × ₩3 ④
= ₩45,000 ①	임률차이 ₩9,000(유리)	= ₩54,000 ②	능률차이 ₩1,500(불리)	= ₩52,500 ③

③ SQ=15단위×8시간=120시간

07 (중)

㈜한국은 표준원가계산제도를 채택하고 있다. 직접노무원가 관련 자료가 다음과 같을 때, 직접노무원가 시간당 표준임률은? 제24회

- 표준직접노무시간　9,000시간
- 실제직접노무시간　8,600시간
- 실제발생 직접노무원가　₩3,569,000
- 능률차이　₩160,000(유리)
- 임률차이　₩129,000(불리)

① ₩380　② ₩385　③ ₩397
④ ₩400　⑤ ₩415

해설

직접노무원가 차이분석

AQ×AP		AQ×SP		SQ×SP
		8,600시간 × ₩400 ②		9,000시간 × ₩400 ②
= ₩3,569,000	임률차이 ₩129,000(불리)	= ₩3,440,000 ①	능률차이 ₩160,000(유리)	= ₩3,600,000 ③

Answer

04 ④　05 ①　06 ③　07 ④

08 상●●

㈜한국은 표준원가계산제도를 도입하고 있다. 20X1년 기준조업도 900기계작업시간 하에서 변동제조간접원가 예산은 ₩153,000이며, 고정제조간접원가 예산은 ₩180,000이다. 당기의 실제기계작업시간은 840시간, 실제 발생된 변동제조간접원가는 ₩147,000이었다. 조업도차이가 ₩10,000(불리)인 것으로 나타났다면, 변동제조간접원가 능률차이(유리)는? 제23회

① ₩1,700　② ₩2,000　③ ₩18,700

④ ₩32,400　⑤ ₩47,200

해설

1. 변동제조간접원가 차이분석

AQ×AP		AQ×SP 840시간 ×₩170 ④		SQ×SP 850시간 ③ × ₩170 ④
₩147,000	소비차이 ₩4,200(불리) ⑧	=₩142,800 ⑥	능률차이 ₩1,700(유리) ⑦	=₩144,500 ⑤

④ SP=₩153,000÷900시간=₩170

2. 고정제조간접원가 차이분석

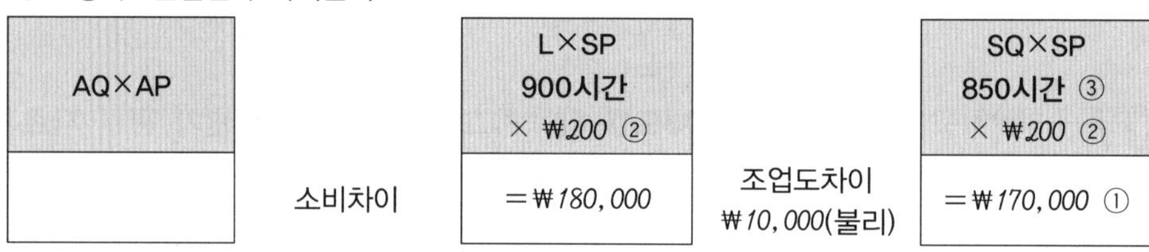

09 상

㈜한국은 표준원가계산을 사용한다. 관련 자료가 다음과 같을 때, 고정제조간접원가 조업도차이는? (단, 재공품 재고는 없다) 제26회

• 고정제조간접원가 실제발생액	₩119,700
• 기준조업도	4,200기계시간
• 제품 단위당 표준기계시간	8시간
• 목표 제품 생산량	525단위
• 고정제조간접원가 예산차이	₩6,300(유리)
• 실제 제품 생산량	510단위

① ₩0 ② ₩3,240(유리) ③ ₩3,240(불리)
④ ₩3,600(유리) ⑤ ₩3,600(불리)

해설

실제발생액	예산(AQ×SP)	배부액(SQ×SP)
₩119,700	₩126,000	510단위×8시간×@₩30* = ₩122,400

예산차이	조업도차이
₩6,300(유리)	₩3,600(불리)

* ₩126,000/4,200시간=@₩30

Answer
08 ① 09 ⑤

09 특수의사결정회계

연계학습: 기본서 p.737~748

01 상

A아파트는 건물의 수선 · 유지에 필요한 소모품을 자체생산하고 있다. 현재 필요한 수량은 월 20단위이고, 단위당 생산변동원가는 ₩100이며 고정원가는 월 ₩1,200이다. 이 소모품을 외부에서 구입하는 경우 A아파트의 생산설비를 월 ₩400에 임대할 수 있으며 A아파트의 월 고정원가는 80% 수준으로 감소한다. A아파트가 이 소모품을 외부에서 구입할 때 지급할 수 있는 단위당 최대금액은? 제14회

① ₩92 ② ₩132 ③ ₩148
④ ₩168 ⑤ ₩192

해설

〈방법1〉 총액법

Ⅰ. 자가제조시 총원가	Ⅱ. 외부구입시 총원가
① 변동원가=20단위×₩100=₩2,000	① 외부구입원가 =20단위×단위당 최대구입가격*
+② 고정원가 ₩1,200	+② 회피불가능 고정원가 =₩1,200×80%=₩960
	−③ 유휴설비 임대료 ₩400
₩3,200	₩3,200

* 단위당 최대구입가격=(₩3,200+₩400−₩960)÷20단위=₩132

〈방법2〉 증분법

외부구입시 증분수익	① 변동원가 감소=20단위×₩100=₩2,000 ② 고정원가 감소=₩1,200×20%=₩240 ③ 임대수익=₩400	₩2,640
−외부구입시 증분비용	외부구입원가=20단위×단위당 최대구입가격*	₩2,640
=외부구입시 증분손익		₩0

* 단위당 최대구입가격=₩2,640÷20단위=₩132

02 중

㈜한국은 ₩73,500에 구입한 원재료 A를 보유하고 있으나 현재 제품생산에 사용할 수 없다. ㈜한국은 원재료 A에 대해 다음과 같은 두 가지 대안을 고려하고 있다.

(대안 1) 원재료 A를 그대로 외부에 ₩45,600에 판매
(대안 2) 원재료 A에 ₩6,600의 다른 원재료를 혼합하여 원재료 B로 변환한 후, 외부에 ₩58,100에 판매

㈜한국이 (대안 2)를 선택하는 경우, (대안 1)에 비하여 증가 또는 감소하는 이익은?

제22회

① ₩5,900 증가 ② ₩12,500 증가 ③ ₩15,400 감소
④ ₩22,000 감소 ⑤ ₩27,900 감소

해설

(대안 2)를 선택하는 경우 증분수익(=₩58,100−₩45,600)	W12,500
−(대안 2)를 선택하는 경우 증분비용	₩6,600
=(대안 2)를 선택하는 경우 증분손익	+₩5,900

03 중

20X1년 예산공헌이익계산서는 다음과 같다.

- 매출액(단위당 판매가격 ₩40) ₩20,000
- 변동원가 ₩12,000
- 공헌이익 ₩8,000
- 고정원가 ₩3,000
- 영업이익 ₩5,000

연간 최대생산능력은 1,000단위이다. 그런데 신규고객이 20X1년 초에 단위당 ₩30에 500단위를 구입하겠다고 제의하였다. 이 제의를 수락할 경우. 20X1년 예산상 영업이익에 미치는 영향은?

제16회

① 영향 없음 ② ₩3,000 증가 ③ ₩5,000 증가
④ ₩8,000 증가 ⑤ ₩10,000 증가

해설

특별주문 수락시 증분수익(=판매금액 500단위×₩30)	₩15,000
−특별주문 수락시 증분비용(=변동원가 500단위×₩24*)	₩12,000
=특별주문 수락시 증분손익	+₩3,000

* 단위당 변동원가=변동원가 ₩12,000÷500단위=₩24

Answer

01 ② 02 ① 03 ②

04
중

㈜한국은 단일제품을 생산 · 판매하고 있다. 내년도 예정 생산량 2,000단위를 기준으로 편성된 제조원가 예산은 다음과 같으며, 제품의 단위당 판매가격은 ₩20이다.

항 목	단위당 원가	총원가
직접재료원가	₩4	₩8,000
직접노무원가	₩2	₩4,000
변동제조간접원가	₩2	₩4,000
고정제조간접원가	₩5	₩10,000
합 계	₩13	₩26,000

㈜한국은 거래처로부터 단위당 ₩12에 제품 100단위를 구매하겠다는 특별주문을 받았다. ㈜한국은 특별주문 수량을 생산하는데 필요한 여유생산설비를 충분히 확보하고 있으나, 초과근무로 인하여 특별주문 단위당 ₩2의 원가가 추가로 발생한다. ㈜한국이 특별주문을 수락할 경우, 내년도 영업이익의 증감은? (단, 기초 및 기말 재고자산은 없으며, 특별주문이 기존 시장에 미치는 영향은 없다) 제17회

① ₩200 증가 ② ₩300 감소 ③ ₩500 감소
④ ₩1,000 감소 ⑤ ₩1,000 증가

해설

특별주문 수락시 증분수익(=100단위×₩12)		₩1,200
−특별주문 수락시 증분비용	① 변동제조원가 100단위×₩8*=₩800 ② 변동제조원가 100단위×₩2=₩200	₩1,000
=특별주문 수락시 증분손익		+₩200

* 단위당 변동제조원가=직접재료원가 ₩4+직접노무원가 ₩2+변동제조간접원가 ₩2=₩8

05 중

㈜한국은 단일제품을 생산·판매한다. 제품의 단위당 판매가격은 ₩1,000, 단위당 변동원가는 ₩500, 총고정원가는 ₩1,800,000이다. 10월 중에 700단위를 단위당 ₩600에 구입하겠다는 특별주문을 받았다. 유휴생산능력은 충분하지만 700단위를 추가생산하기 위해 초과근무수당이 단위당 ₩80씩 추가 발생할 것으로 예상된다. 이 특별주문을 수락하는 것이 영업이익에 미치는 영향은? (단, 특별주문은 정규 판매에 영향을 미치지 않는다) 제26회

① ₩14,000 증가 ② ₩14,000 감소 ③ ₩16,000 증가
④ ₩16,000 감소 ⑤ ₩24,000 감소

해설

증분수익	700단위×₩600	₩420,000
증분비용		
제조원가	700단위×₩500=₩350,000	
초과근무수당	700단위×₩80=₩56,000	(₩406,000)
증분이익		₩14,000

06 중

㈜한국은 단위당 판매가격이 ₩1,000인 제품 A를 생산·판매하고 있으며 제품 A의 단위당 제조원가는 다음과 같다.

• 직접재료원가	₩250	• 직접노무원가	₩150
• 변동제조간접원가	₩200	• 고정제조간접원가	₩50

㈜한국은 제품 A 1,000개를 개당 ₩800에 구입하겠다는 특별주문을 받았다. 동 주문에 대해서는 개당 ₩80의 특수포장원가가 추가로 발생하고 동 주문에 대한 생산은 유휴설비로 처리될 수 있다. ㈜한국이 특별주문을 수락하여 생산·판매할 경우 이익 증가액은? (단, 특별주문은 기존 제품판매에 영향을 미치지 않고, 기초 및 기말재고는 없다) 제19회

① ₩70,000 ② ₩120,000 ③ ₩220,000
④ ₩270,000 ⑤ ₩320,000

해설

구분	내역	금액
특별주문 수락시 증분수익(=1,000개×₩800)		₩800,000
−특별주문 수락시 증분비용	① 변동제조원가 1,000개×₩600*=₩600,000 ② 특수포장원가 1,000개×₩80=₩80,000	₩680,000
=특별주문 수락시 증분손익		+₩120,000

* 단위당 변동제조원가=직접재료원가 ₩250+직접노무원가 ₩150+변동제조간접원가 ₩200=₩600

Answer

04 ① 05 ① 06 ②

07 상

㈜한국은 한 종류의 제품 X를 매월 150,000단위씩 생산 · 판매하고 있다. 단위당 판매가격과 변동원가는 각각 ₩75과 ₩45이며, 월 고정원가는 ₩2,000,000으로 여유생산능력은 없다. ㈜한국은 ㈜대한으로부터 매월 제품 Y 10,000단위를 공급해 달라는 의뢰를 받았다. ㈜한국은 제품 X의 생산라인을 이용하여 제품 Y를 즉시 생산할 수 있다. 그러나 ㈜한국이 ㈜대한의 주문을 받아들이기 위해서는 제품 X의 생산 · 판매량 8,000단위를 포기해야 하고, 제품 Y를 생산 · 판매하면 단위당 ₩35의 변동원가가 발생한다. ㈜한국이 현재의 이익을 유지하려면 이 주문에 대한 가격을 최소한 얼마로 책정해야 하는가? (단, 재고자산은 없다) 제23회

① ₩43 ② ₩59 ③ ₩63
④ ₩69 ⑤ ₩73

해설

특별주문 수락시 증분수익(=10,000단위×단위당 최소판매가격*)		₩590,000
−특별주문 수락시 증분비용	① 변동원가 10,000단위×₩35=₩350,000 ② X판매 감소에 따른 기회비용(공헌이익) 8,000단위×(₩75−₩45)=₩240,000	₩590,000
=특별주문 수락시 증분손익		₩0

* 단위당 최소판매가격=₩590,000÷10,000단위=₩59

08 상

㈜한국은 연간 최대 5,000단위의 제품을 생산할 수 있는 생산설비를 보유하고 있다. ㈜한국은 당기에 4,000단위의 제품을 기존 거래처에 단위당 ₩500에 판매할 수 있을 것으로 예상하고 있으며, 영업활동에 관한 자료는 다음과 같다.

- 단위당 직접재료원가 ₩150
- 단위당 직접노무원가 ₩100
- 단위당 변동제조간접원가 ₩50
- 단위당 변동판매관리비 ₩50
- 고정제조간접원가(생산설비감가상각비) ₩300,000
- 고정판매관리비 ₩100,000

㈜한국은 최근 중간도매상으로부터 2,500단위에 대한 특별주문을 요청받았다. ㈜한국이 해당 특별주문을 수락하는 경우 기존 거래처에 판매하던 수량 일부를 감소시켜야 한다. ㈜한국이 이 특별주문을 수락할 경우, 중간도매상에 제안할 수 있는 단위당 최소 판매가격은? (단, 기초 및 기말 재고자산은 없으며, 특별주문은 전량 수락하든지 기각해야 한다) 제24회

① ₩410 ② ₩440 ③ ₩450
④ ₩500 ⑤ ₩510

해설

특별주문 수락시 증분수익(=판매금액 2,500단위×단위당 최소판매가격*)		₩1,100,000
−특별주문 수락시 증분비용	① 변동원가 2,500단위×₩350=₩875,000 ② 기존판매 감소에 따른 기회비용(공헌이익) 1,500단위×(₩500−₩350)=₩225,000	₩1,100,000
=특별주문 수락시 증분손익		₩0

* 단위당 최소판매가격=증분비용₩1,100,000÷2,500단위=₩440

09 중

㈜한국은 제품 A를 포함하여 여러 종류의 제품을 생산한다. 20X1년도 제품 A에 관한 예산자료는 다음과 같다.

• 매출액	₩840,000	• 공헌이익	₩280,000
• 고정원가	₩320,000	• 영업이익	₩(−)40,000

만일 제품 A의 생산을 중단하면 제품 A의 고정원가 ₩320,000 중 ₩190,000을 절감할 수 있다. 제품 A의 생산 중단이 ㈜한국의 20X1년도 예산영업이익에 미치는 영향은? 제21회

① ₩90,000 증가 ② ₩90,000 감소 ③ ₩130,000 증가
④ ₩190,000 감소 ⑤ ₩190,000 증가

해설

제품A 생산중단시 증분수익(=고정원가 절감액)	₩190,000
−제품A 생산중단시 증분비용(=공헌이익 감소액)	₩280,000
=제품A 생산중단시 증분손익	−₩90,000

Answer

07 ② 08 ② 09 ②

10 (중)

㈜한국은 제품 A와 제품 B를 생산 · 판매하고 있으며, 제품 A의 20X1년도 공헌이익계산서는 다음과 같다.

구 분	금 액
매출액	₩1,200,000
변동비	₩810,000
공헌이익	₩390,000
고정비	₩480,000
영업이익	₩(90,000)

㈜한국의 경영자는 지난 몇 년 동안 계속해서 영업손실이 발생하고 있는 제품 A의 생산중단을 고려하고 있다. 제품 A의 생산을 중단하더라도 고정비 중 ₩210,000은 계속해서 발생된다. ㈜한국이 제품 A의 생산을 중단할 경우, 영업이익에 미치는 영향은? 제22회

① ₩100,000 증가 ② ₩100,000 감소 ③ ₩120,000 증가
④ ₩120,000 감소 ⑤ ₩180,000 감소

해설

제품A 생산중단시 증분수익(=고정원가 절감액) ₩480,000－₩210,000	₩270,000
－제품A 생산중단시 증분비용(=공헌이익 감소)	₩390,000
=제품A 생산중단시 증분손익	－₩120,000

10 예산회계

연계학습: 기본서 p.751~757

01 하

㈜대한의 20X1년 월별 예상판매량은 다음과 같다.

구 분	1월	2월	3월
예상판매량(개)	13,000	15,000	14,000

20X1년 초 제품재고는 1,800개이며, 제품의 월말 적정재고량은 다음달 예상판매량의 20%로 유지할 계획이다. 1월에 생산해야 할 제품의 수량은? 제18회

① 11,200개
② 11,800개
③ 14,200개
④ 14,800개
⑤ 16,000개

해설

1월 제품

기초	1,800개	판매량	13,000개
당기생산량	(14,200개)	기말	3,000개*

*1월 말 재고량=2월 예상판매량 15,000개×20%=3,000개

02 중

㈜한국은 제품 단위당 2kg의 재료를 사용하며, 재료의 kg당 가격은 ₩50이다. ㈜한국은 다음분기 재료 목표사용량의 30%를 분기말 재료재고로 유지한다. 2분기 목표생산량은 1,000단위이고, 3분기 목표생산량은 1,200단위이다. 2분기의 재료구입 예산은? (단, 재공품 재고는 없다) 제26회

① ₩100,000
② ₩94,000
③ ₩106,000
④ ₩112,000
⑤ ₩120,000

해설

재 료

기초 1,000단위×30%	300단위	소비	1,000단위
구입	1,060단위	기말 1,200단위×30%	360단위
	1,360단위		1,360단위

* 재료구입예산: 1,060단위×2kg×₩50=₩106,000

Answer
10 ④ / 01 ③ 02 ③

03 중

㈜한국은 20X1년 초 설립되었으며, 20X1년도에 제품 45,000단위를 생산할 계획이다. 제품은 하나의 공정을 거쳐 완성되며, 원재료는 공정 초에 전량 투입된다. 제품단위당 원재료 3kg이 필요하고, kg당 구입가격은 ₩2이다. 기말원재료와 기말재공품으로 23,000kg과 2,000단위를 보유할 계획이다. 20X1년도 원재료 구입예산은? 제20회

① ₩212,000 ② ₩270,000 ③ ₩294,000
④ ₩316,000 ⑤ ₩328,000

해설

1. 원재료 구입예산=원재료 구입량 164,000kg×₩2=₩328,000
2. 원재료 구입량

원재료

기초	0	투입량	141,000kg*
구입량	164,000kg	기말	23,000kg

* 47,000단위×3kg=141,000kg

재공품

기초	0	생산량	45,000단위
당기생산량	47,000단위	기말	2,000단위

04 중

㈜한국은 상품매매기업이다. 20X1년 상품 월별 예상판매량은 다음과 같다.

구 분	1월	2월	3월
상품 예상판매량	400단위	600단위	800단위

20X1년 1월 초 상품 재고는 없으며, 매월 말 상품의 적정재고수량은 다음 달 예상판매량의 25%이다. 2월 상품 구입수량은? 제25회

① 550단위 ② 575단위 ③ 600단위
④ 625단위 ⑤ 650단위

해설

2월 상품

기초상품재고수량	150단위*	판매량	600단위
구입량	(650단위)	기말상품재고수량	200단위**

* 기초상품재고수량=2월 판매량 600단위×25%=150단위
** 기말상품재고수량=3월 판매량 800단위×25%=200단위

05 중

㈜한국의 최근 3개월간 매출액은 다음과 같다.

구 분	4월	5월	6월
매출액	₩100,000	₩120,000	₩156,000

월별 매출액은 현금매출 60%와 외상매출 40%로 구성된다. 외상매출은 판매된 달에 40%, 판매된 다음 달에 58%가 현금으로 회수되고, 2%는 회수불능으로 처리된다. 6월의 현금유입액은? 제21회

① ₩118,560 ② ₩121,440 ③ ₩137,760
④ ₩146,400 ⑤ ₩147,360

해설

구 분	4월 현금유입액	5월 현금유입액	6월 현금유입액
4월 매출액 ₩100,000	₩76,000 (=₩100,000×60% +₩100,000×40%×40%)	₩23,200 (=₩100,000×40%×58%)	₩0
5월 매출액 ₩120,000	–	₩91,200 (=₩120,000×60% +₩120,000×40%×40%)	₩27,840 (=₩120,000×40%×58%)
6월 매출액 ₩156,000	–	–	₩118,560 (=₩156,000×60% +₩156,000×40%×40%)
계	₩76,000	₩114,400	₩146,400

Answer

03 ⑤ 04 ⑤ 05 ④

06 중

㈜한국의 20X1년 종합예산의 일부 자료이다.

	2월	3월	4월
매출액	₩100,000	₩200,000	₩300,000

월별 매출은 현금매출 60%와 외상매출 40%로 구성되며, 외상매출은 판매된 다음 달에 40%, 그 다음 달에 나머지가 모두 회수된다. 20X1년 4월 말 매출채권 잔액은?

제23회

① ₩48,000
② ₩56,000
③ ₩72,000
④ ₩144,000
⑤ ₩168,000

해설

구 분	2월 매출채권 잔액	3월 매출채권 잔액	4월 매출채권 잔액
2월 매출액 ₩100,000	₩40,000 (=₩100,000×40%)	₩24,000 (=₩100,000×40%×60%)	₩0
3월 매출액 ₩200,000	–	₩80,000 (=₩200,000×40%)	₩48,000 (=₩200,000×40%×60%)
4월 매출액 ₩300,000	–	–	₩120,000 (=₩300,000×40%)
계	₩40,000	₩104,000	₩168,000

07 중

㈜한국은 상품매매업을 영위하고 있다. 20X1년 3분기의 상품매입예산은 다음과 같다. 제27회

구 분	7월	8월	9월
상품매입액(예산)	₩70,000	₩90,000	₩80,000

매월 상품매입은 현금매입 40%와 외상매입 60%로 이루어진다. 매입시점의 현금매입에 대해서는 2%의 할인을 받고 있다. 외상매입의 30%는 매입한 달에 지급하고, 나머지는 그 다음 달에 지급한다. 20X1년 9월의 현금지출예상액은?

① ₩78,560　② ₩79,560　③ ₩83,560
④ ₩85,560　⑤ ₩88,560

해설

[9월 현금지출예상액]

8월 외상매출분 :	₩90,000×60%×70%	₩37,800
9월 현금매출분 :	₩80,000×40%×(1−2%)	₩31,360
9월 외상매출분 :	₩80,000×60%×30%	₩14,400
		₩83,560

Answer

06 ⑤　07 ③

제27회 출제경향 분석

제27회는 그동안 다루지 않았던 부분과 심화 지문들이 다소 출제되어, 좁은 영역을 단순 암기식으로 준비하신 수험생분들은 좋은 점수를 얻기 힘들었을 것입니다. 이번 시험에서는 문제의 난이도가 점진적으로 상승하는 추세를 확인할 수 있었습니나. 난이도 상 7문세, 중 26문제, 하 7문제로 상급의 문제는 증가했으며, 하급의 문제는 줄었습니다. 옳은 지문을 선택하는 문제가 14문제, 지문에 숫자가 포함된 문제는 11문제로 이러한 유형의 문제가 많아진다는 것은 그만큼 까다로운 시험이라고 할 수 있습니다. 계산문제는 구조편 적산에서 1문제, 설비편에서 2문제가 나오는데 2차 시험의 공동주택관리실무에서 1문제는 반드시 나오므로 이에 대한 대비도 필요합니다. 기본서와 강의를 중심으로 준비하고 기출문제집을 통해 문제의 유형과 지문형태를 익히시고 실전문제집을 통해 연습하시면 좋은 결과 있을 것입니다.

건축설비	급수설비 9.0%, 급탕설비 3.5%, 배수 및 통기설비 5.0%, 위생기구 및 배관재료 2.0%, 오수정화설비 2.0%, 소방설비 5.5%, 가스설비 2.0%, 냉·난방설비 10.0%, 전기설비 8.0%, 운송설비 1.5%, 건축물 에너지절약기준 등 1.5%
건축구조	구조총론 4.5%, 기초구조 4.0%, 철근콘크리트구조 8.0%, 철골구조 5.5%, 조적식구조 3.5%, 지붕공사 2.0%, 방수공사 4.5%, 창호 및 유리공사 5.5%, 수장공사 1.0%, 미장 및 타일공사 4.5%, 도장공사 2.0%, 적산 5.0%

박문각
주택관리사

PART 02

공동주택 시설개론

PART 01 건축설비

01 급수설비

연계학습 : 기본서 p.22~66

1 개 요

01 건축설비에 관한 내용으로 옳은 것은? 제22회

상●●

① 배관 내를 흐르는 물과 배관 표면과의 마찰력은 물의 속도에 반비례한다.
② 물체의 열전도율은 그 물체 1kg을 1℃ 올리는 데 필요한 열량을 말한다.
③ 공기가 가지고 있는 열량 중, 공기의 온도에 관한 것이 잠열, 습도에 관한 것이 현열이다.
④ 동일한 양의 물이 배관 내를 흐를 때 배관의 단면적이 2배가 되면 물의 속도는 1/4배가 된다.
⑤ 실외의 동일한 장소에서 기압을 측정하면 절대압력이 게이지압력보다 큰 값을 나타낸다.

해설

⑤ 절대압력은 대기압 + 게이지압력이므로 항상 게이지압력보다 절대압력이 크다.
① 배관 내를 흐르는 물과 배관 표면과의 마찰력은 물의 속도의 제곱에 비례한다.
② 물체의 비열은 그 물체 1kg을 1°C 올리는 데 필요한 열량을 말한다.
③ 공기가 가지고 있는 열량 중, 공기의 온도에 관한 것이 현열, 습도에 관한 것이 잠열이다.
④ 동일한 양의 물이 배관 내를 흐를 때 배관의 단면적이 2배가 되면 연속의 법칙 $A_1v_1=A_2v_2$에 따라 물의 속도는 1/2배가 된다.

02 건축설비의 기초사항에 관한 내용으로 옳은 것을 모두 고른 것은? 제26회

중

㉠ 순수한 물은 1기압 하에서 4℃일 때 밀도가 가장 작다.
㉡ 정지해 있는 물에서 임의의 점의 압력은 모든 방향으로 같고 수면으로부터 깊이에 비례한다.
㉢ 배관에 흐르는 물의 마찰손실수두는 관의 길이와 마찰계수에 비례하고 유속의 제곱에 비례한다.
㉣ 관경이 달라지는 수평관 속에서 물이 정상 흐름을 할 때, 관경이 클수록 유속이 느려진다.

① ㉠, ㉡　② ㉢, ㉣　③ ㉠, ㉡, ㉢
④ ㉡, ㉢, ㉣　⑤ ㉠, ㉡, ㉢, ㉣

해설

㉠ 순수한 물은 1기압 하에서 4℃일 때 밀도가 가장 크고 부피는 가장 작다.

03 배관의 마찰손실수두 계산시 고려해야 할 사항으로 옳은 것을 모두 고른 것은? 제25회

중

보기

㉠ 배관의 관경　㉡ 배관의 길이
㉢ 배관 내 유속　㉣ 배관의 마찰계수

① ㉠, ㉢　② ㉡, ㉣
③ ㉠, ㉡, ㉣　④ ㉡, ㉢, ㉣
⑤ ㉠, ㉡, ㉢, ㉣

해설

⑤ 마찰손실수두 계산시 고려 요소로는 배관의 마찰계수, 배관의 길이, 배관의 관경, 배관의 유속, 중력가속도가 있다.

$$\text{손}H = f\frac{l}{d}\frac{v^2}{2g}$$

Answer

01 ⑤　02 ④　03 ⑤

04 배관에 흐르는 유체의 마찰손실수두에 관한 설명으로 옳지 않은 것은? 제27회

중

① 배관의 길이에 비례한다. ② 배관의 내경에 반비례한다.
③ 중력가속도에 반비례한다. ④ 배관의 마찰계수에 비례한다.
⑤ 유체의 속도에 비례한다.

해설

⑤ 유체의 속도의 제곱에 비례한다.

2 급수일반사항과 급수량 등

05 다음 설명 중 옳지 않은 것은? 제13회

중

① 물의 높이 1m는 압력으로 나타낼 때 약 9.8kPa이다.
② 절대압력은 게이지압력과 그 때의 대기압의 합이다.
③ 베르누이 정리에 의하면, 유속이 빠른 곳이 정압이 작다.
④ 먹는 물의 수소이온농도 범위는 pH 2.5 이상 pH 5.7 이하이다.
⑤ 마찰손실은 관의 길이, 손실계수(마찰계수)에 비례하고 관경에 반비례한다.

해설

④ 먹는 물의 수소이온농도 범위는 pH 5.8 이상 pH 8.5 이하이다.

06 공동주택(아파트)의 급수설비에 대한 설명으로 틀린 것은? 제10회

중

① 1일 평균 사용수량은 160～250ℓ/day・인 정도이다.
② 급수설계시에는 최상층을 기준으로 최소 필요압력을 결정한다.
③ 세대 내 급수압력은 0.6 ~ 0.7MPa 정도이다.
④ 고층건축에서 급수계통을 적절하게 조닝하지 않으면 낮은 층일수록 수격작용이 발생하기 쉽다.
⑤ 저수조 재질은 위생적 측면에서 FRP 또는 스테인레스 강판 등이 사용된다.

해설

③ 세대 내 급수압력은 300kPa ~ 400kPa(0.3 ~ 0.4MPa) 정도이다.

07 중

급수배관의 관경결정법으로 옳은 것을 모두 고른 것은? 제21회

보기
㉠ 기간부하계산에 의한 방법　㉡ 관 균등표에 의한 방법
㉢ 마찰저항선도에 의한 방법　㉣ 기구배수부하단위에 의한 방법

① ㉠, ㉡　② ㉠, ㉢
③ ㉡, ㉢　④ ㉡, ㉣
⑤ ㉢, ㉣

해설

③ 급수배관의 관경결정법으로 관 균등표에 의한 방법과 마찰저항선도에 의한 방법이 있다.

08 상

고가탱크방식에서 수도꼭지로 가는 급수관의 관지름을 결정하기 위해 이용하는 마찰저항선도법과 관계가 없는 것은? 제18회

① 국부저항　② 권장유속
③ 동시사용유량　④ 시수본관의 최저압력
⑤ 기구급수 부하단위

해설

④ 고가탱크방식에서 수도꼭지로 가는 급수관은 저수조, 고가탱크 등을 거쳐야 하므로 시수(市水)본관의 최저압력과 관지름 결정과는 아무런 관련이 없다. 아래 순서를 참고하면 급수부하단위, 동시사용유량, 허용마찰손실을 구하기 위한 국부저항과 권장유속이 필요하다.

급수배관의 경로 설정

1. 각 구간별 순간 최대급수량(동시사용유량) 설정: 기구급수부하단위를 이용하여 급수배관계의 해당 구간별 순간 최대급수량을 산정하게 된다. 이때 순간 최대급수량은 해당 구간에 접속된 위생기구들의 동시사용률을 고려하고 있기 때문에 동시사용유량이라 한다.
2. 각 구간별 배관길이 및 상당길이 산정
3. 각 구간별 허용마찰손실 산정(국부저항)
4. 유속을 체크하여 필요에 따라 관경 수정(권장유속)

Answer

04 ⑤　05 ④　06 ③　07 ③　08 ④

3 급수방식과 급수배관

09 중 **급수방식에 관한 설명으로 옳지 않은 것은?** 제15회

① 압력탱크방식은 급수압력이 일정하게 유지되지 않는 단점이 있다.
② 펌프직송방식과 압력탱크방식은 고가수조를 설치하지 않아도 급수가 가능하다.
③ 펌프직송방식에서는 펌프의 회전수 제어를 위해서 인버터 제어방식 등이 이용된다.
④ 고가수조방식에서는 고층부 수전과 저층부 수전의 토출 압력이 동일하다.
⑤ 수도직결방식은 시설비 및 위생적인 측면에서 유리하나, 단수시 급수가 불가능하다는 단점이 있다.

해설

④ 고가수조방식에서는 수두차 때문에 고층부 수전과 저층부 수전의 수압차가 크다. 이에 고층 건물의 경우 조닝을 하여 저층부의 수압을 적절하게 유지한다.

10 중 **건물 내의 급수방식에 관한 설명으로 옳지 않은 것은?** 제17회

① 펌프직송방식은 정속방식과 변속방식이 있다.
② 수도직결방식은 기계실 및 옥상 탱크가 불필요하고, 단수시 급수가 불가능하다.
③ 압력탱크방식은 단수시 저수탱크의 물을 이용할 수 있으며, 옥상탱크가 불필요하다.
④ 펌프직송방식은 펌프의 가동과 정지시 급수압력의 변동이 있으며, 비상전원 사용시를 제외하고 정전시 급수가 불가능하다.
⑤ 고가탱크방식은 옥상탱크가 필요하며, 수도직결방식에 비해 수질오염의 가능성이 낮고 급수압력의 변동이 적다.

해설

⑤ 고가탱크방식은 옥상탱크가 필요하며, 수도직결방식에 비해 수질오염의 가능성이 크지만, 급수압력의 변동이 적다.

11 중

급수설비에 관한 내용으로 옳은 것은? 제19회

① 주택용 급수배관 내 유속은 4m/s 이상으로 하는 것이 바람직하다.
② 지하층 저수조에서 옥상층 고가수조로 양수할 때 펌프의 실양정(m)은 0이 된다.
③ 배관계 구성이 동일할 경우, 배관 내 물의 온도가 높을수록 캐비테이션의 발생 가능성이 커진다.
④ 고가수조방식은 압력수조방식에 비해 수압변동이 심하다.
⑤ 수도직결방식은 해당 주택이 정전되었을 때 물 공급이 불가능하다.

해설

① 주택용 급수배관 내 유속은 2m/s 정도로 하는 것이 바람직하다.
② 지하층 저수조에서 옥상층 고가수조로 양수할 때 펌프의 실양정(m)은 흡입양정과 토출양정과의 합으로 흡입양정은 흡입수면에서 펌프의 축중심까지이고, 토출양정은 펌프의 축중심에서 노출수면까지이다.
④ 고가수조방식은 수압이 일정하며, 압력수조방식은 수압변동이 심하다.
⑤ 수도직결방식은 해당 주택이 정전되었을 때도 물 공급이 가능하지만, 단수시 급수가 불가능하다.

12 중

급수설비에 관한 설명으로 옳은 것은? 제27회

① 고가수조방식은 타 급수방식에 비해 수질오염 가능성이 낮다.
② 수도직결방식은 건물 내 정전시 급수가 불가능하다.
③ 초고층 건물의 급수조닝 방식으로 감압밸브 방식이 있다.
④ 배관의 크로스 커넥션을 통해 수질오염을 방지한다.
⑤ 동시사용률은 위생기기의 개수가 증가할수록 커진다.

해설

① 고가수조방식은 타 급수방식에 비해 수질오염 가능성이 높다.
② 수도직결방식은 건물 내 정전시에도 급수가 가능하다.
④ 배관의 크로스 커넥션은 급수관에 다른 목적의 배관이 잘못 연결된 것으로 수질오염의 원인 중 하나이다.
⑤ 동시사용률은 위생기기의 개수가 증가할수록 작아진다.

Answer

09 ④ 10 ⑤ 11 ③ 12 ③

13 중

급수방식에 관한 내용으로 옳지 않은 것은? 제26회

① 고가수조방식은 건물 내 모든 층의 위생기구에서 압력이 동일하다.
② 펌프직송방식은 단수시에도 저수조에 남은 양만큼 급수가 가능하다.
③ 펌프직송방식은 급수설비로 인한 옥상층의 하중을 고려할 필요가 없다.
④ 고가수조방식은 타 급수방식에 비해 수질오염 가능성이 높다.
⑤ 수도직결방식은 수도 본관의 압력에 따라 급수압이 변한다.

해설

① 고가수조방식은 수두차에 의해 건물 내 모든 층의 위생기구에서 압력이 동일하지 않아 감압 밸브를 사용하는 등 조닝을 한다.

14 중

급수설비에 관한 설명으로 옳지 않은 것은? 제20회

① 경도가 높은 물은 기기 내 스케일 생성 및 부식 등의 원인이 된다.
② 수주분리가 일어나기 쉬운 배관 부분에 수격작용이 발생할 수 있다.
③ 급수설비는 기구의 사용목적에 적절한 수압을 확보해야 한다.
④ 고가수조방식에 비해 수도직결방식이 수질오염 가능성이 낮고, 설비비가 저렴하다.
⑤ 펌프를 병렬로 연결하여 운전대수를 변화시켜 양수량 및 토출압력을 조절하는 것을 변속운전방식이라 한다.

해설

⑤ 펌프를 병렬로 연결하여 운전대수를 변화시켜 양수량 및 토출압력을 조절하는 것을 정속운전방식(대수제어방식)이라 한다.

15 하

다음 중 고층건물에서 급수조닝을 하는 이유와 관련 있는 것은? 제22회

① 엔탈피
② 쇼트서킷
③ 캐비테이션
④ 수격작용
⑤ 유인작용

해설

④ 급수조닝의 이유는 고층부와 저층부의 급수압의 균등화, 수격작용 방지, 기구의 부속품 등의 파손 방지 등이 있다.

4 급수오염과 배관 시공시 주의사항

16 중 **급수설비에 관한 설명으로 옳지 않은 것은?** 제13회

① 중수(中水) 급수장치는 살수, 세차 및 대소변기의 세정 등에 이용된다.
② 수도직결방식은 고가수조방식보다 시설비 및 위생적인 면에서 유리하다.
③ 워터해머(Water Hammer)를 방지하기 위해 배관 내 유속은 2m/s 이내로 하는 것이 바람직하다.
④ 수질오염을 방지하기 위해 크로스 커넥션(Cross Connection)이 되도록 배관구성을 한다.
⑤ 관균등표에 의한 방법과 마찰저항선도(유량선도)에 의한 방법은 급수배관의 관경결정에 사용된다.

해설

④ 크로스 커넥션이란 급수관에 다른 용도의 배관이 연결되어 음용수를 오염시키는 것을 말하며, 따라서 음료용 급수관과 다른 용도의 배관을 연결해서는 안 된다.

17 중 **급수설비의 수질오염방지 대책에 관한 설명으로 옳지 않은 것은?** 제17회

① 수조는 부식이 적은 스테인리스 재질을 사용하여 수질에 영향을 주지 않도록 한다.
② 음료수 배관과 음료수 이외의 배관은 접속시켜 설비 배관의 효율성을 높이도록 한다.
③ 단수 등이 발생시 일시적인 부압에 의한 배수의 역류가 발생하지 않도록 토수구 공간을 두거나 역류방지기 등을 설치한다.
④ 배관 내에 장시간 물이 흐르면 용존산소의 영향으로 부식이 진행되므로 배관류는 부식에 강한 재료를 사용하도록 한다.
⑤ 저수탱크는 필요 이상의 물이 저장되지 않도록 하고, 주기적으로 청소하고 관리하도록 한다.

해설

② 음료수 배관과 음료수 이외의 배관은 연결하지 않는다.

Answer

13 ① 14 ⑤ 15 ④ 16 ④ 17 ②

18 중

급수설비의 수질오염에 관한 설명으로 옳지 않은 것은? 제22회

① 저수조에 설치된 넘침관 말단에는 철망을 씌워 벌레 등의 침입을 막는다.
② 물탱크에 물이 오래 있으면 잔류염소가 증가하면서 오염 가능성이 커진다.
③ 크로스 커넥션이 이루어지면 오염 가능성이 있다.
④ 세면기에는 토수구 공간을 확보하여 배수의 역류를 방지한다.
⑤ 대변기에는 버큠브레이커(Vacuum Breaker)를 설치하여 배수의 역류를 방지한다.

해설
② 물탱크에 물이 오래 있으면 잔류염소가 감소하면서 오염 가능성이 커진다.

19 중

급수설비의 수질오염방지 대책으로 옳지 않은 것은? 제26회

① 수조의 급수 유입구와 유출구 사이의 거리는 가능한 한 짧게 하여 정체에 의한 오염이 발생되지 않도록 한다.
② 크로스 커넥션이 발생하지 않도록 급수배관을 한다.
③ 수조 및 배관류와 같은 자재는 내식성 재료를 사용한다.
④ 건축물의 땅 밑에 저수조를 설치하는 경우에는 분뇨·쓰레기 등의 유해물질로부터 5m 이상 띄워서 설치한다.
⑤ 일시적인 부압으로 역류가 발생하지 않도록 세면기에는 토수구 공간을 둔다.

해설
① 수조의 급수 유입구와 유출구 사이의 거리는 가능한 한 길게 하여 정체에 의한 오염이 발생되지 않도록 한다.

20 중

급수설비에서 수격작용(Water Hammer)에 대한 다음의 설명 중 틀린 것은? 제7회

① 밸브를 급히 조작할 때 발생한다.
② 수전의 패킹이나 워셔 등에 손상을 입힌다.
③ 급수관 지름을 좁게 하여 수압을 증가시키면 수격작용이 완화된다.
④ 수격작용을 방지하기 위하여 공기실을 설치한다.
⑤ 유속의 급정지에 의한 충격압에 의해 발생한다.

해설
③ 급수관 지름을 크게 하여 유속을 줄이고 수압을 감소시키면 수격작용이 완화된다.

21 중

급수설비 및 수질에 관한 설명으로 옳지 않은 것은? 제12회

① 극연수는 연관이나 황동관을 침식시킨다.
② 경도가 높은 물을 보일러 용수로 사용하면 스케일이 생성되어 전열효율을 감소시킨다.
③ 수주분리란 관로에 관성력과 중력이 작용하여 물흐름이 끊기는 현상을 말한다.
④ 공동현상(Cavitation)은 유속이 큰 흐름을 급정지시킬 때 발생하는 현상이다.
⑤ 고가수조방식은 수도직결방식과 비교하여 수질오염의 가능성이 크다.

해설

④ 유속이 큰 흐름을 급정지시킬 때 발생하는 현상은 수격작용이고, 공동현상(Cavitation)이란 배관 내의 압력상태가 포화증기압보다 낮으면 증발이 발생하고 기포가 발생하는 현상을 말한다.

22 하

다음에서 설명하고 있는 배관의 이음방식은? 제25회

> 배관과 밸브 등을 접속할 때 사용하며, 교체 및 해체가 자주 발생하는 곳에 볼트와 너트 등을 이용하여 접합시키는 방식

① 플랜지 이음
② 용접 이음
③ 소벤트 이음
④ 플러그 이음
⑤ 크로스 이음

해설

① 플랜지 이음: 관 끝에 용접 또는 나사이음으로 플랜지를 연결하고 두 플랜지 사이에 패킹을 넣어 볼트로 체결하는 이음이다. 배관과 밸브 등을 접속할 때 사용하며, 교체 및 해체가 자주 발생하는 곳에 사용한다.

Answer

18 ② 19 ① 20 ③ 21 ④ 22 ①

23 중

급수설비에 관한 설명으로 옳지 않은 것은? 제20회

① 관경을 결정하기 위하여 기구급수 부하단위를 이용하여 동시사용유량을 산정한다.

② 초고층 건물에서는 급수압이 최고사용압력을 넘지 않도록 급수조닝을 한다.

③ 급수배관이 벽이나 바닥을 통과하는 부위에는 콘크리트 타설 전 슬리브를 설치한다.

④ 기구로부터 고가수조까지의 높이가 25m일때, 기구에 발생하는 수압은 25MPa이다.

⑤ 토수구 공간이 확보되지 않을 경우에는 버큠브레이커(Vacuum Breaker)를 설치한다.

해설

④ 기구로부터 고가수조까지의 높이가 25m일때, 수두 1mAq는 약 0.01MPa의 압력에 해당하므로 기구에 발생하는 수압은 0.25MPa이다.

5 펌 프

24 하

다음 중 펌프의 실양정 산정시 필요한 요소에 해당하는 것을 모두 고른 것은? 제23회

보기

㉠ 마찰손실수	㉡ 압력수두
㉢ 흡입양정	㉣ 속도수두
㉤ 토출양정	

① ㉠, ㉢ ② ㉢, ㉤

③ ㉠, ㉡, ㉣ ④ ㉡, ㉢, ㉣, ㉤

⑤ ㉠, ㉡, ㉢, ㉣, ㉤

해설

② 실양정 = 흡입양정 + 토출양정

25 펌프의 공동현상(Cavitation)을 방지하기 위한 대책으로 옳지 않은 것은? 제14회

① 펌프의 흡입양정을 작게 한다.
② 펌프의 설치위치를 가능한 낮춘다.
③ 배관 내 공기가 체류하지 않도록 한다.
④ 흡입배관의 지름을 크게 하고 부속류를 적게 하여 손실수두를 줄인다.
⑤ 동일한 양수량일 경우 회전수를 높여서 운전한다.

해설

⑤ 동일한 양수량일 경우 회전수를 낮춰서 운전한다.

공동현상(空洞現像; Cavitation)이란 배관 내의 임의의 지점에서의 압력이 그때의 액체의 포화증기압보다 낮아지게 되면, 액체는 부분적으로 증발을 일으키게 되고 기포가 발생하게 된다. 이런 현상이 발생하면 펌프의 운전 성능이 떨어지게 되고 양수불능 상태로 되며, 소음과 진동이 발생하게 되는 현상이다. 이러한 현상은 배관 내의 압력상태가 낮아지게 되거나(펌프의 회전수가 증가하면), 물의 온도 상승으로 포화증기압이 증가하게 되면 공동현상이 쉽게 발생한다.

26 급수설비에서 펌프에 관한 설명으로 옳은 것은? 제21회

① 공동현상을 방지하기 위해 흡입양정을 낮춘다.
② 펌프의 전양정은 회전수에 반비례한다.
③ 펌프의 양수량은 회전수의 제곱에 비례한다.
④ 동일 특성을 갖는 펌프를 직렬로 연결하면 유량은 2배로 증가한다.
⑤ 동일 특성을 갖는 펌프를 병렬로 연결하면 양정은 2배로 증가한다.

해설

② 펌프의 전양정은 회전수의 제곱에 비례한다.
③ 펌프의 양수량은 회전수에 비례한다.
④ 동일 특성을 갖는 펌프를 직렬로 연결하면 양정은 2배로 증가한다.
⑤ 동일 특성을 갖는 펌프를 병렬로 연결하면 유량은 2배로 증가한다.

Answer

23 ④ 24 ② 25 ⑤ 26 ①

27 상 **급수설비의 양수펌프에 관한 설명으로 옳은 것은?** 제23회

① 용적형 펌프에는 벌(볼)류트 펌프와 터빈 펌프가 있다.
② 동일 특성을 갖는 펌프를 직렬로 연결하면 유량은 2배로 증가한다.
③ 펌프의 회전수를 변화시켜 양수량을 조절하는 것을 변속운전방식이라 한다.
④ 펌프의 양수량은 펌프의 회전수에 반비례한다.
⑤ 공동현상을 방지하기 위해 흡입양정을 높인다.

해설

① 용적형 펌프는 펌프의 내용적을 변화시켜 압력의 변화를 이용한 펌프로 왕복 펌프(피스톤 펌프, 플런저 펌프)와 회전 펌프(기어 펌프)가 있고, 터보형 펌프에 원심 펌프로서 벌(볼)류트 펌프와 터빈 펌프가 있다.
② 동일 특성을 갖는 펌프를 병렬로 연결하면 유량은 2배로 증가하고, 직렬로 연결하면 양정이 2배로 증가한다.
④ 펌프의 양수량은 펌프의 회전수에 비례한다.
⑤ 공동현상을 방지하기 위해 흡입양정을 낮춘다.

28 상 **급수펌프를 1대에서 2대로 병렬 연결하여 운전시 나타나는 현상으로 옳은 것은? (단, 펌프의 성능과 배관조건은 동일하다)** 제24회

① 유량이 2배로 증가하며 양정은 0.5배로 감소한다.
② 양정이 2배로 증가하며 유량은 변화가 없다.
③ 유량이 1.5배로 증가하며 양정은 0.8배로 감소한다.
④ 유량과 양정이 모두 증가하나 증가폭은 배관계 저항조건에 따라 달라진다.
⑤ 배관계 저항조건에 따라 유량 또는 양정이 감소되는 경우도 있다.

해설

④ 급수펌프를 1대에서 2대로 병렬 연결하여 운전하면, 마찰손실을 무시할 때 양정은 그대로 유지하면서 유량이 2배로 증가한다. 하지만, 마찰손실을 고려하면 유량과 양정이 모두 증가하나 증가폭은 배관계 저항조건에 따라 달라진다.

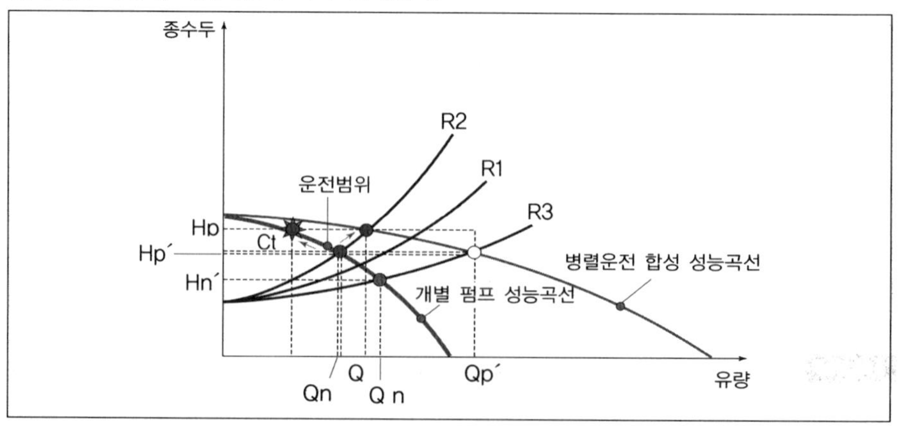

29 상

급수설비의 펌프에 관한 내용으로 옳은 것은? 제26회

① 흡입양정을 크게 할수록 공동현상(Cavitation) 방지에 유리하다.
② 펌프의 실양정은 흡입양정, 토출양정, 배관손실수두의 합이다.
③ 서징현상(Surging)을 방지하기 위해 관로에 있는 불필요한 잔류 공기를 제거한다.
④ 펌프의 전양정은 펌프의 회전수에 반비례한다.
⑤ 펌프의 회전수를 2배로 하면 펌프의 축동력은 4배가 된다.

해설

① 흡입양정을 작게 할수록 공동현상(Cavitation) 방지에 유리하다.
② 펌프의 전양정은 흡입양정, 토출양정, 배관손실수두의 합이다.
④ 펌프의 전양정은 펌프의 회전수의 제곱에 비례한다.
⑤ 펌프의 회전수를 2배로 하면 펌프의 축동력은 회전수의 3제곱에 비례하므로 8배가 된다.

30 중

급수설비에 관한 내용으로 옳지 않은 것은? 제24회

① 기구급수부하단위는 같은 종류의 기구일 경우 공중용이 개인용보다 크다.
② 벽을 관통하는 배관의 위치에는 슬리브를 설치하는 것이 바람직하다.
③ 고층건물에서는 급수계통을 조닝하는 것이 바람직하다.
④ 펌프의 공동현상(Cavitation)을 방지하기 위하여 펌프의 설치 위치를 수조의 수위보다 높게 하는 것이 바람직하다.
⑤ 보급수의 경도가 높을수록 보일러 내면에 스케일 발생 가능성이 커진다.

해설

④ 펌프의 공동현상(Cavitation)을 방지하기 위하여 펌프의 설치 위치를 수조의 수위보다 낮게 하는 것이 바람직하다.

Answer

27 ③ 28 ④ 29 ③ 30 ④

31

상

건축설비의 용어에 관한 내용으로 옳지 않은 것은? 제24회

① 국부저항은 배관이나 덕트에서 직관부 이외의 구부러지는 부분, 분기부 등에서 발생하는 저항이다.
② 소켓은 같은 관경의 배관을 직선으로 접속할 때 사용한다.
③ 서징현상은 배관 내를 흐르는 유체의 압력이 그 온도에서의 유체의 포화증기압보다 낮아질 경우 그 일부가 증발하여 기포가 발생하는 것이다.
④ 비열은 어떤 물질의 질량 1kg을 온도 1℃ 올리는 데 필요한 열량이다.
⑤ 고위발열량은 연료가 연소할 때 발생되는 수증기의 잠열을 포함한 총발열량이다.

해설

③ 공동현상은 배관 내를 흐르는 유체의 압력이 그 온도에서의 유체의 포화증기압보다 낮아질 경우 그 일부가 증발하여 기포가 발생하는 것이다.

32

중

서징(Surging)현상에 관한 설명으로 옳은 것은? 제16회

① 증기가 배관 내에서 응축되어 배관의 곡관부 등에 부딪히면서 소음과 진동을 유발시키는 현상이다.
② 만수 상태로 흐르는 관의 통로를 갑자기 막을 때, 수압의 상승으로 압력파가 관내를 왕복하는 현상이다.
③ 산형(山形)특성의 양정곡선을 갖는 펌프의 산형 왼쪽 부분에서 유량과 양정이 주기적으로 변동하는 현상이다.
④ 물의 압력이 그 물의 온도에 해당하는 포화증기압보다 낮아질 경우 물이 증발하여 기포가 발생하는 현상이다.
⑤ 배수수직관 상부로부터 많은 물이 낙하할 경우 순간적으로 진공이 발생하여 트랩 내 물을 흡입하는 현상이다.

해설

① 스팀해머
② 수격작용
④ 공동현상
⑤ 유도사이펀작용

33 급수설비에서 펌프에 관한 설명으로 옳지 않은 것은? 제25회

(중)

① 펌프의 양수량은 펌프의 회전수에 비례한다.
② 볼류트 펌프와 터빈 펌프는 원심식 펌프이다.
③ 서징(Surging)이 발생하면 배관 내의 유량과 압력에 변동이 생긴다.
④ 펌프의 성능곡선은 양수량, 관경, 유속, 비체적 등의 관계를 나타낸 것이다.
⑤ 공동현상(Cavitation)을 방지하기 위해 흡입양정을 낮춘다.

해설

④ 펌프의 성능곡선은 일정한 임펠러의 회전속도, 크기 조건에서 유량에 따른 양정을 나타내는 도표로 제동마력, 펌프 효율선도를 함께 나타낸다. 성능곡선도에서 펌프의 유량변화에 따른 전양정, 소요동력, 효율 등의 관계를 알 수 있다.

34 급수펌프의 회전수를 증가시켜 양수량을 10% 증가시켰을 때, 펌프의 양정과 축동력의 변화로 옳은 것은? 제27회

(상)

① 양정은 10% 증가하고, 축동력은 21% 증가한다.
② 양정은 21% 증가하고, 축동력은 10% 증가한다.
③ 양정은 21% 증가하고, 축동력은 33% 증가한다.
④ 양정은 약 33% 증가하고, 축동력은 10% 증가한다.
⑤ 양정은 약 33% 증가하고, 축동력은 21% 증가한다.

해설

③ 상사(相似, 비례)의 법칙을 적용하는 것으로 유량은 회전수에 비례하므로 회전수가 10% 증가한 것으로, 양정은 회전수의 제곱에 비례하므로 21%, 축동력은 회전수의 3제곱에 비례하여 33%가 증가한다.

Answer

31 ③ 32 ③ 33 ④ 34 ③

02 급탕설비

연계학습: 기본서 p.68~85

1 급탕방식

01 (중) **급탕설비에 관한 설명으로 옳지 않은 것은?** 제27회

① 중앙식에서 온수를 빨리 얻기 위해 단관식을 적용한다.
② 중앙식은 국소식(개별식)에 비해 배관에서의 열손실이 크다.
③ 대형 건물에는 간접가열식이 직접가열식보다 적합하다.
④ 배관의 신축을 고려하여 배관이 벽이나 바닥을 관통하는 경우 슬리브를 사용한다.
⑤ 간접가열식은 직접가열식에 비해 저압의 보일러를 적용할 수 있다.

해설

① 중앙식에서 온수를 빨리 얻기 위해 복관식을 적용한다.

02 (상) **급탕설비에 관한 설명으로 옳은 것은?** 제12회

① 급탕배관시 상향공급방식에서는 급탕 수평주관은 앞올림 구배로 하고 복귀관은 앞내림 구배로 한다.
② 스팀 사일런서(Steam Silencer)는 가스순간온수기의 소음을 줄이기 위해 사용한다.
③ 팽창관과 팽창수조 사이에는 밸브를 설치하여야 한다.
④ 중앙식 급탕공급방식에서 간접가열식은 직접가열식과 비교하여 열효율은 좋지만, 보일러에 공급되는 냉수로 인해 보일러 본체에 불균등한 신축이 생길 수 있다.
⑤ 팽창관의 관경은 동결을 고려하여 20A 이상으로 하는 것이 바람직하다.

해설

② 스팀 사일런서(Steam Silencer)는 기수혼합식의 소음을 줄이기 위해 사용한다.
③ 팽창관과 팽창수조 사이에는 밸브를 설치하지 않는다.
④ 중앙식 급탕공급방식에서 직접가열식은 간접가열식과 비교하여 열효율은 좋지만, 보일러에 공급되는 냉수로 인해 보일러 본체에 불균등한 신축이 생길 수 있다.
⑤ 팽창관의 관경은 동결을 고려하여 25A 이상으로 하며, 보일러의 전열면적을 고려하여 결정한다.

03 중

급탕설비에 관한 내용으로 옳지 않은 것은? 제22회

① 간접가열식은 직접가열식보다 수처리를 더 자주 해야 한다.
② 유량이 균등하게 분배되도록 역환수방식을 적용한다.
③ 동일한 배관재를 사용할 경우 급탕관은 급수관보다 부식이 발생하기 쉽다.
④ 개별식은 중앙식에 비해 배관에서의 열손실이 작다.
⑤ 일반적으로 개별식은 단관식, 중앙식은 복관식 배관을 사용한다.

해설

① 직접가열식은 급탕용 보일러를 이용하므로 수질의 영향을 직접 받기 때문에 간접가열식보다 수처리를 더 자주 해야 한다.

04 중

급탕설비에 관한 내용으로 옳지 않은 것은? 제23회

① 간접가열식이 직접가열식보다 열효율이 좋다.
② 팽창관의 도중에는 밸브를 설치해서는 안 된다.
③ 일반적으로 급탕관의 관경을 환탕관(반탕관)의 관경보다 크게 한다.
④ 자동온도조절기(Thermostat)는 저탕탱크에서 온수온도를 적절히 유지하기 위해 사용하는 것이다.
⑤ 급탕배관을 복관식(2관식)으로 하는 이유는 수전을 열었을 때, 바로 온수가 나오게 하기 위해서이다.

해설

① 직접가열식이 급탕용 보일러를 이용하므로, 가열코일을 설치하여 일종의 열교환 방식을 이용한 간접가열식보다 열효율이 좋다.

Answer

01 ① 02 ① 03 ① 04 ①

05 중앙식 급탕설비에 관한 내용으로 옳은 것만 모두 고른 것은? 제24회

중

보기

㉠ 직접가열식은 간접가열식에 비해 고층건물에서는 고압에 견디는 보일러가 필요하다.
㉡ 직접가열식은 간접가열식보다 일반적으로 열효율이 높다.
㉢ 직접가열식은 간접가열식보다 대규모 설비에 적합하다.
㉣ 직접가열식은 간접가열식보다 수처리를 적게 한다.

① ㉠, ㉡
② ㉡, ㉣
③ ㉢, ㉣
④ ㉠, ㉡, ㉢
⑤ ㉠, ㉢, ㉣

해설

㉢ 간접가열식은 직접가열식보다 설비비가 적게 들어가는 등 유리한 점이 많아 대규모 설비에 적합하다.
㉣ 간접가열식은 급탕수가 보일러로 순환하지 않기 때문에 스케일의 발생염려가 적어 직접가열식보다 수처리를 적게 한다.

06 급탕설비에 관한 내용으로 옳지 않은 것은? 제25회

중

① 저탕탱크의 온수온도를 설정온도로 유지하기 위하여 서모스탯을 설치한다.
② 기수혼합식 탕비기는 소음이 발생하지 않는 장점이 있으나 열효율이 좋지 않다.
③ 중앙식 급탕방식은 가열방법에 따라 직접가열식과 간접가열식으로 구분한다.
④ 개별식 급탕방식은 급탕을 필요로 하는 개소마다 가열기를 설치하여 급탕하는 방식이다.
⑤ 수온변화에 의한 배관의 신축을 흡수하기 위하여 신축이음을 설치한다.

해설

② 기수혼합식 탕비기는 고압 증기를 이용하기 때문에 소음이 크므로 스팀사일런서를 사용하지만, 열원인 증기가 직접 물에 혼합되어 온도를 올리기 때문에 손실이 적어 열효율이 우수하다.

2 급탕배관 등

07 상

급탕설비에 관한 설명으로 옳은 것은? 제15회

① 급탕순환펌프는 급탕사용기구에 필요한 토출압력의 공급을 주목적으로 한다.
② 급탕배관과 팽창탱크 사이의 팽창관에는 차단밸브와 체크밸브를 설치하여야 한다.
③ 직접가열방식은 증기 또는 온수를 열원으로 하여 열교환기를 통해 물을 가열하는 방식이다.
④ 역환수배관방식으로 배관을 구성할 경우 유량이 균등하게 분배되지 않으므로 각 계통마다 차압밸브를 설치한다.
⑤ 헤더공법을 적용할 경우 세대 내에서 사용 중인 급탕기구의 토출압력은 다른 기구의 사용에 따른 영향을 적게 받는다.

해설

① 급탕순환펌프는 복관식에서 관내마찰손실을 극복하여 강제적으로 순환시키기 위하여 사용하는 펌프이다.
② 급탕배관과 팽창탱크 사이의 팽창관에는 절대로 밸브를 설치하여서는 안 된다.
③ 간접가열방식은 증기 또는 온수를 열원으로 하여 열교환기를 통해 물을 가열하는 방식이다.
④ 역환수배관방식으로 배관을 구성할 경우 유량이 균등하게 분배할 수 있다.

08 중

건물의 급탕설비에 관한 설명으로 옳지 않은 것은? 제17회

① 개별식 급탕방식은 긴 배관이 필요 없으므로 배관에서의 열손실이 적다.
② 중앙식 급탕방식은 초기에 설비비가 많이 소요되나, 기구의 동시이용률을 고려하여 가열장치의 총용량을 적게 할 수 있다.
③ 기수혼합식은 증기를 열원으로 하는 급탕방식으로 열효율이 낮다.
④ 중·소 주택 등 소규모 급탕설비에서는 설비비를 적게 하기 위하여 단관식을 채택한다.
⑤ 신축이음쇠에는 슬리브형, 벨로즈형 등이 있다.

해설

③ 기수혼합식은 증기를 열원으로 하는 급탕방식으로 열효율이 100%에 가깝지만, 소음이 크기 때문에 스팀사일런서가 필요하다.

Answer

05 ① 06 ② 07 ⑤ 08 ③

09 급탕설비에 관한 설명으로 옳지 않은 것은? 제20회

중

① 유량을 균등하게 분배하기 위하여 역환수방식을 사용한다.
② 배관 내 공기가 머물 우려가 있는 곳에 공기빼기 밸브를 설치한다.
③ 팽창관의 도중에는 밸브를 설치해서는 안 된다.
④ 일반적으로 급탕관의 관경은 환탕관의 관경보다 크게 한다.
⑤ 수온변화에 의한 배관의 신축을 흡수하기 위하여 팽창탱크를 설치한다.

해설

⑤ 수온변화에 의한 배관의 신축을 흡수하기 위하여 신축이음을 설치한다.

10 급탕배관에 관한 설명으로 옳지 않은 것은? 제21회

중

① 2개 이상의 엘보를 사용하여 신축을 흡수하는 이음은 스위블 조인트이다.
② 배관의 신축을 고려하여 배관이 벽이나 바닥을 관통하는 경우 슬리브를 사용한다.
③ ㄷ자형의 배관시에는 배관 도중에 공기의 정체를 방지하기 위하여 에어챔버를 설치한다.
④ 동일 재질의 관을 사용하였을 경우 급탕배관은 급수배관보다 관의 부식이 발생하기 쉽다.
⑤ 배관 방법에서 복관식은 단관식 배관법보다 뜨거운 물이 빨리 나온다.

해설

③ ㄷ자형의 배관시에는 배관 도중에 공기의 정체를 방지하기 위하여 공기빼기 밸브를 설치한다.

11 다음에서 설명하고 있는 것은 무엇인가? 제22회

하

> 급탕배관이 벽이나 바닥을 통과할 경우 온수 온도변화에 따른 배관의 신축이 쉽게 이루어지도록 벽(바닥)과 배관 사이에 설치하여 벽(바닥)과 배관을 분리시킨다.

① 슬리브 ② 공기빼기 밸브
③ 신축이음 ④ 서모스탯
⑤ 열감지기

해설

① 슬리브는 배관이 주요 구조부를 관통할 때 배관의 신축과 수리·교체 등이 용이하도록 설치하는 덧관을 말한다.

12 하 배관의 신축에 대응하기 위해 설치하는 이음쇠가 아닌 것은? 제26회

① 스위블 조인트 ② 컨트롤 조인트 ③ 신축곡관
④ 슬리브형 조인트 ⑤ 벨로즈형 조인트

해설

② 컨트롤 조인트: 조절줄눈 또는 균열유발줄눈으로 구조체에 신축균열이 임의로 발생하지 않고 특정 부위에 발생하도록 유도하는 줄눈

13 중 급탕설비의 안전장치에 관한 설명으로 옳지 않은 것은? 제27회

① 팽창관 도중에는 배관의 손상을 방지하기 위해 감압밸브를 설치한다.
② 급탕온도를 일정하게 유지하기 위해 자동온도조절장치를 설치한다.
③ 안전밸브는 저탕조 등의 내부압력이 증가하면 온수를 배출하여 압력을 낮추는 장치이다.
④ 배관의 신축을 흡수 처리하기 위해 스위블 조인트, 벨로즈형 이음 등을 설치한다.
⑤ 팽창탱크의 용량은 급탕 계통 내 전체 수량에 대한 팽창량을 기준으로 산정한다.

해설

① 팽창관 도중에 밸브를 설치하지 않는다.

03 배수 및 통기설비

연계학습: 기본서 p.86~109

1 배수 및 트랩 등

01 중 배수설비에 대한 설명으로 알맞지 않은 것은? 제9회

① 세면대, 싱크대, 욕조 등에서 발생한 구정물은 일반배수(잡배수)이다.
② 공장폐수, 방사능 등 유해·유독물을 함유한 물은 특수배수이다.
③ 옥내배수관의 유속은 일반적으로 0.6~1.2m/s정도로 한다.
④ 구배는 관경에 따라 다르나 보통 1/50~1/100로 한다.
⑤ 위생기구 중에서 배수부하가 큰 대변기는 수직관에서 멀리 설치한다.

해설

⑤ 위생기구 중에서 배수부하가 큰 대변기는 수직관에 가깝게 설치한다.

Answer

09 ⑤ 10 ③ 11 ① 12 ② 13 ① / 01 ⑤

02 배수설비에 관한 설명으로 옳은 것은? 제20회

중

① 배수는 기구배수, 배수수평주관, 배수수직주관의 순서로 이루어지며, 이 순서대로 관경은 작아져야 한다.

② 청소구는 배수수평지관의 최하단부에 설치해야만 한다.

③ 배수관 트랩 봉수의 유효 깊이는 주로 50~100cm 정도로 해야 한다.

④ 기구를 배수관에 직접 연결하지 않고, 도중에 끊어서 대기에 개방시키는 배수방식을 간접배수라 한다.

⑤ 각개통기관은 기구의 넘침선 아래에서 배수수평주관에 접속한다.

해설

① 배수는 기구배수관, 배수수평지관, 배수수직주관, 배수수평주관의 순서로 이루어지며, 이 순서대로 관경은 커져야 한다.

② 청소구는 배수수평지관의 최상단부(기점부)에 설치해야만 한다.

③ 배수관 트랩 봉수의 유효 깊이는 주로 50~100mm 정도로 해야 한다.

⑤ 각개통기관은 기구의 넘침선 위에서 통기수직관에 접속한다.

03 옥내배수관의 관경을 결정하는 방법으로 옳지 않은 것은? 제24회

상

① 옥내배수관의 관경은 기구배수부하단위법 등에 의하여 결정할 수 있다.

② 기구배수부하단위는 각 기구의 최대 배수유량을 소변기 최대 배수유량으로 나눈 값에 동시사용률 등을 고려하여 결정한다.

③ 배수수평지관의 관경은 그것에 접속하는 트랩구경과 기구배수관의 관경과 같거나 커야 한다.

④ 배수수평지관은 배수가 흐르는 방향으로 관경을 축소하지 않는다.

⑤ 배수수직관의 관경은 가장 큰 배수부하를 담당하는 최하층 관경을 최상층까지 동일하게 적용한다.

해설

② 기구배수부하단위는 각 기구의 최대 배수유량을 세면기 최대 배수유량으로 나눈 값에 동시사용률 등을 고려하여 결정한다.

04 중

기구배수부하단위가 낮은 기구에서 높은 기구의 순서로 옳은 것은? 제24회

㉠ 개인용 세면기	㉡ 공중용 대변기	㉢ 주택용 욕조

① ㉠ − ㉡ − ㉢
② ㉠ − ㉢ − ㉡
③ ㉡ − ㉠ − ㉢
④ ㉢ − ㉠ − ㉡
⑤ ㉢ − ㉡ − ㉠

해설

㉠ 개인용 세면기: 1.0
㉢ 주택용 욕조: 2.0
㉡ 공중용 대변기: 8.0

05 중

배수 및 통기설비에 관한 설명으로 옳지 않은 것은? 제23회

① 결합통기관은 배수수직관 내의 압력변화를 완화하기 위하여 배수수직관과 통기수직관을 연결하는 통기관이다.
② 통기수평지관은 기구의 물넘침선보다 150mm 이상 높은 위치에서 수직통기관에 연결한다.
③ 신정통기관은 배수수직관의 상부를 그대로 연장하여 대기에 개방하는 것으로, 배수수직관의 관경보다 작게 해서는 안 된다.
④ 배수수평관이 긴 경우, 배수관의 관지름이 100mm 이하인 경우에는 20m 이내, 100mm를 넘는 경우는 매 35m마다 청소구를 설치한다.
⑤ 특수통기방식의 일종인 소벤트 방식, 섹스티아 방식은 신정통기방식을 변형시킨 것이다.

해설

④ 배수수평관이 긴 경우, 배수관의 관지름이 100mm 이하인 경우에는 15m 이내, 100mm를 넘는 경우는 매 30m마다 청소구를 설치한다.

Answer

02 ④ 03 ② 04 ② 05 ④

06 중

배수설비에서 청소구의 설치에 관한 사항으로 옳지 않은 것은? 제27회

① 배수수직관의 최하단부
② 배수수평지관의 최하단부
③ 건물 배수관과 부지 하수관이 접속하는 곳
④ 배관이 45° 이상의 각도로 구부러지는 곳
⑤ 수평관 관경이 100mm 초과시 직선길이 30m 이내마다

해설
② 배수수평지관의 기점부(최상단부, 최상류)

07 중

배수트랩의 구비조건에 관한 내용으로 옳지 않은 것은? 제24회

① 자기사이펀작용이 원활하게 일어나야 한다.
② 하수 가스, 냄새의 역류를 방지하여야 한다.
③ 포집기류를 제외하고는 오수에 포함된 오물 등이 부착 및 침전하기 어려워야 한다.
④ 봉수 깊이가 항상 유지되는 구조이어야 한다.
⑤ 간단한 구조이어야 한다.

해설
① 자기사이펀작용은 S트랩 등의 봉수 파괴 원인이며, 트랩은 자기세정작용이 원활하게 일어나야 한다.

08 하

트랩의 봉수파괴 원인이 아닌 것은? 제25회

① 수격작용
② 모세관현상
③ 증발작용
④ 분출작용
⑤ 자기사이펀작용

해설
① 봉수파괴 원인으로는 자기사이펀작용, 감압에 의한 흡출작용, 분출작용, 모세관현상, 증발작용, 운동량에 의한 관성작용 등이 있으며 수격작용은 봉수파괴 원인이 아니다.

09 다음 중 배수트랩에 해당하는 것을 모두 고른 것은? 제23회

●●하

보기

㉠ 벨트랩	㉡ 버킷트랩
㉢ 그리스트랩	㉣ P트랩
㉤ 플로트트랩	㉥ 드럼트랩

① ㉠, ㉡
② ㉠, ㉢, ㉥
③ ㉢, ㉣, ㉥
④ ㉠, ㉢, ㉣, ㉥
⑤ ㉡, ㉢, ㉣, ㉤

해설

1. 배수트랩 : ㉠ 벨트랩, ㉢ 그리스트랩, ㉣ P트랩, ㉥ 드럼트랩
2. 증기트랩 : ㉡ 버킷트랩, ㉤ 플로트트랩

10 배수트랩에 관한 설명으로 옳지 않은 것은? 제15회

●중●

① 구조상 수봉식이 아니거나 가동부분이 있는 것은 바람직하지 않다.
② 이중트랩은 악취를 효과적으로 차단하고, 배수를 원활하게 하는 효과가 있다.
③ 트랩의 가장자리와 싱크대 또는 바닥 마감 부분의 사이는 내수성 충전재로 마무리한다.
④ P트랩에서 봉수 수면이 디프(Dip)보다 낮은 위치에 있으면 하수 가스의 침입을 방지할 수 없다.
⑤ 정해진 봉수 깊이 및 봉수면을 갖도록 설치하고 필요한 경우 봉수의 동결방지 조치를 한다.

해설

② 이중트랩은 배수저항이 크므로 금지하고, 위생기구에 근접하여 트랩 1개만 설치한다.

Answer

06 ② 07 ① 08 ① 09 ④ 10 ②

11 중

배수수직관을 흘러내려가는 다량의 배수에 의해 배수수직관 근처에 설치된 기구의 봉수가 파괴되었을 때, 이에 대한 원인과 관계가 깊은 것을 〈보기〉에서 모두 고른 것은? 제15회

보기

㉠ 자기사이펀작용
㉡ 분출작용
㉢ 모세관현상
㉣ 흡출(흡인)작용
㉤ 증발현상

① ㉠, ㉡
② ㉡, ㉢
③ ㉡, ㉣
④ ㉠, ㉢, ㉤
⑤ ㉠, ㉣, ㉤

해설

1. 유인사이펀작용(흡인작용, 흡출작용)
   고층빌딩의 상층부에서 배수수직관에 접근하여 기구를 설치할 경우 수직관 상부에서 일시에 다량의 물을 배수하면 순간적으로 수직관 상부에 부압(負壓)이 생겨 트랩 내의 봉수가 배수 수직관으로 이끌려 배출되는 현상이다.
2. 분출작용(토출작용)
   하층부 수직관에 접근하여 설치된 트랩인 경우 기구의 트랩 속 봉수가 수직관 하부에 형성된 배압(背壓)에 의해 역으로 실내쪽으로 역류(분출)하는 현상이다.

12 중

배수트랩에 관한 설명으로 옳은 것은? 제12회

① 트랩 봉수의 깊이는 일반적으로 5~10cm로 한다.
② 트랩의 목적은 배수의 흐름을 원활히 하기 위한 것이다.
③ 트랩의 오버플로우 부근에 머리카락이나 헝겊이 걸린 경우에는 흡인작용에 의해 봉수가 파괴될 수 있다.
④ 벨트랩은 주방용 싱크나 소제용 싱크에 주로 사용된다.
⑤ U트랩은 배수수직주관에 사용된다.

해설

② 트랩의 목적은 배수관으로부터 악취나 유해가스 또는 해충의 실내 침입을 방지하기 위한 것이다.
③ 트랩의 오버플로우 부근에 머리카락이나 헝겊이 걸린 경우에는 모세관현상에 의해 봉수가 파괴될 수 있으며, 흡인작용은 고층빌딩에서 배수수직관 상층부에서 감압이 발생할 때 흡인작용에 의해 봉수가 파괴될 수 있다.
④ 드럼트랩은 주방용 싱크나 소제용 싱크에 주로 사용되며 벨트랩은 바닥배수용 트랩으로 사용된다.
⑤ U트랩은 옥내배수수평주관과 옥외배수관과 만나는 곳에 주로 설치한다.

13 트랩의 봉수파괴 원인 중 건물 상층부의 배수수직관으로부터 일시에 많은 양의 물이 흐를 때, 이 물이 피스톤작용을 일으켜 하류 또는 하층 기구의 트랩 봉수를 공기의 압축에 의해 실내측으로 역류시키는 작용은? 제21회

하

① 증발작용
② 분출작용
③ 수격작용
④ 유인사이펀작용
⑤ 자기사이펀작용

해설

② 고층빌딩의 배수수직관에서 다량의 배수가 흐를 때 하류 또는 하층부에서는 압력의 증가에 의한 분출작용(또는 토출작용)이 발생하기 쉽다.

2 통기설비

14 통기관의 설치목적으로 옳은 것을 〈보기〉에서 모두 고른 것은? 제16회

중

보기

㉠ 배수트랩의 봉수를 보호한다.
㉡ 배수관에 부착된 고형물을 청소하는 데 이용한다.
㉢ 신선한 외기를 봉하게 하여 배수관 청결을 유지한다.
㉣ 배수관을 통해 냄새나 벌레가 실내로 침입하는 것을 방지한다.
㉤ 배수관 내의 압력변동을 흡수하여 배수의 흐름을 원활하게 한다.

① ㉠, ㉡, ㉣
② ㉡, ㉢, ㉤
③ ㉠, ㉢, ㉤
④ ㉠, ㉡, ㉢, ㉣
⑤ ㉠, ㉢, ㉣, ㉤

해설

③ 옳은 것은 ㉠, ㉢, ㉤이다.

통기관 설치목적

1. 봉수 보호
2. 청결 유지
3. 관 내 기압 유지
4. 배수의 원활한 흐름

Answer

11 ③ 12 ① 13 ② 14 ③

15 중

통기관의 배관에 대한 설명으로 옳지 않은 것은? 제11회

① 통기수직관은 빗물수직관과 연결해서는 안 된다.
② 섹스티아 방식에서는 공기혼합이음과 공기분리이음을 사용한다.
③ 배수수직관 내의 배수 흐름을 원활히 하기 위하여 결합통기관을 설치한다.
④ 오수정화조의 배기관은 단독으로 대기 중에 개방해야 하며 일반 통기관과 연결해서는 안 된다.
⑤ 당해 층의 가장 높은 위치에 있는 위생기구의 오버플로면으로부터 최소 150mm 이상 높은 위치에서 통기배관을 한다.

해설

② 공기혼합이음과 공기분리이음을 사용하는 것은 소벤트 방식이며, 섹스티아 방식은 섹스티아 이음쇠와 섹스티아밴드로 구성된다.

16 하

2개 이상인 트랩을 보호하기 위하여 설치하는 통기관으로, 최상류 기구배수관이 배수수평지관에 접속하는 위치의 직하(直下)에서 입상하여 통기수직관에 접속하는 통기관은? 제18회

① 루프통기관
② 신정통기관
③ 결합통기관
④ 습윤통기관
⑤ 각개통기관

해설

통기관의 종류

종 류	내 용
각개통기관	봉수 보호에 가장 이상적인 통기관으로 각 위생기구의 트랩마다 설치
루프통기관 (환상통기관, 회로통기관)	① 2개 이상의 트랩에서 최고 8개까지 보호 ② 배수수평지관의 최상류 기구의 하류측에서 입상, 통기수직관에 접속
도피통기관	① 루프통기관의 통기 촉진을 위한 통기관 ② 배수수평지관 최하류측에서 입상 통기수직관에 연결
습식통기관	최상류 기구 바로 아래에서 연결되어 통기와 배수의 2가지 기능을 하는 통기관
결합통기관	통기수직관과 배수수직관과 연결하는 통기관
신정통기관	배수수직관의 상단을 축소치 않고 그대로 대기 중에 개방
통기헤더	통기수직관과 신정통기관을 대기 중에 개구하기 전 두 개의 관을 하나의 관으로 통합한 관 부분
특수통기방식	신정통기관 외에 별도의 통기관을 세우지 않고 배수수직관과 배수수평지관 접속부에 특수구조로 된 이음쇠 설치 ① 소벤트 방식 – 공기혼합이음쇠와 공기분리이음쇠 ② 섹스티아 방식 – 이음을 통해 배수수직관에 선회력을 주어 기압 유지

17 중

통기방식에 관한 설명으로 옳지 않은 것은? 제26회

① 외부에 개방되는 통기관의 말단은 인접건물의 문, 개폐 창문과 인접하지 않아야 한다.

② 결합통기관은 배수수직관과 통기수직관을 연결하는 통기관이다.

③ 각개통기관의 수직올림위치는 동수구배선보다 아래에 위치시켜 흐름이 원활하도록 하여야 한다.

④ 통기수직관은 빗물수직관과 연결해서는 안 된다.

⑤ 각개통기 방식은 기구의 넘침면보다 15cm 정도 위에서 통기수평지관과 접속시킨다.

해설

③ 각개통기관의 수직올림위치는 동수구배선보다 위에 위치시켜 흐름이 원활하도록 하여야 한다.

18 하

배수수직관 내의 압력변동을 방지하기 위해 배수수직관과 통기수직관을 연결하는 통기관은? 제27회

① 결합통기관 ② 공용통기관 ③ 각개통기관
④ 루프통기관 ⑤ 신정통기관

해설

① 결합통기관은 고층빌딩에서 배수수직관 내의 기압의 변동을 방지하기 위하여 통기수직관과 연결하여 설치하는 통기관이다.

19 중

배수 및 통기설비에 관한 내용으로 옳은 것은? 제22회

① 배수관 내에 유입된 배수가 상층부에서 하층부로 낙하하면서 증가하던 속도가 더 이상 증가하지 않을 때의 속도를 종국유속이라 한다.

② 도피통기관은 배수수직관의 상부를 그대로 연장하여 대기에 개방한 통기관이다.

③ 루프통기관은 고층건물에서 배수수직관과 통기수직관을 연결하여 설치한 것이다.

④ 신정통기관은 모든 위생기구마다 설치하는 통기관이다.

⑤ 급수탱크의 배수방식은 간접식보다 직접식으로 해야 한다.

Answer

15 ② 16 ① 17 ③ 18 ① 19 ①

해설

② 신정통기관은 배수수직관의 상부를 그대로 연장하여 대기에 개방한 통기관이다.
   ⇒ 도피통기관은 배수수평지관이 배수수직관에 접속하기 직전에 접속하여 통기수직관에 연결하는 통기관으로 회로통기의 통기능력이 부족할 때 통기를 촉진시키기 위하여 사용한다.
③ 결합통기관은 고층건물에서 배수수직관과 통기수직관을 연결하여 설치한 것이다.
④ 각개통기관은 모든 위생기구마다 설치하는 통기관이다.
⑤ 급수탱크의 배수방식은 직접식보다 간접식으로 해야 한다.

04 위생기구 및 배관용 재료

연계학습: 기본서 p.110~131

1 위생기구

01 하

위생도기에 관한 특징으로 옳지 않은 것은? 제18회

① 팽창계수가 작다.
② 오수나 악취 등이 흡수되지 않는다.
③ 탄력성이 없고 충격에 약하여 파손되기 쉽다.
④ 산이나 알칼리에 쉽게 침식된다.
⑤ 복잡한 형태의 기구로도 제작이 가능하다.

해설

④ 산·알칼리에 침식되지 않고 내구력이 있다.

02 중

위생기구설비에 관한 설명으로 옳지 않은 것은? 제20회

① 위생기구의 재질은 흡습성이 적어야 한다.
② 로우탱크식 대변기는 탱크에 물이 저장되는 시간이 불필요하므로 연속사용이 많은 화장실에 주로 사용한다.
③ 세출식 대변기는 유수면의 수심이 얕아서 냄새가 발산되기 쉽다.
④ 위생기구 설비의 유닛(Unit)화는 공기단축, 시공정밀도 향상 등의 장점이 있다.
⑤ 사이펀식 대변기는 세락식에 비해 세정능력이 우수하다.

해설

② 세정밸브식 대변기는 탱크에 물이 저장되는 시간이 불필요하므로 연속사용이 많은 화장실에 주로 사용한다.

03 위생기구설비에 관한 내용으로 옳지 않은 것은? 제22회

중

① 위생기구는 청소가 용이하도록 흡수성, 흡습성이 없어야 한다.
② 위생도기는 외부로부터 충격이 가해질 경우 파손 가능성이 있다.
③ 유닛화는 현장 공정이 줄어들면서 공기단축이 가능하다.
④ 블로아웃식 대변기는 사이펀볼텍스식 대변기에 비해 세정음이 작아 주택이나 호텔 등에 적합하다.
⑤ 대변기에서 세정밸브방식은 연속사용이 가능하기 때문에 사무소, 학교 등에 적합하다.

해설

④ 사이펀볼텍스식 대변기는 블로아웃식 대변기에 비해 세정음이 작아 주택이나 호텔 등에 적합하다.

04 위생기구에 관한 설명으로 옳지 않은 것은? 제13회

상

① 우수한 대변기의 조건으로는 건조면적이 크고 유수면이 좁아야 한다.
② 위생기구의 재질은 흡수성이 작아야 하며 내식성, 내마모성 등이 우수해야 한다.
③ 사이펀 제트식(Syphon-jet Type) 대변기는 세출식(Wash-out Type)에 비하여 유수면을 넓게, 봉수 깊이를 깊게 할 수 있다.
④ 세출식(Wash-out Type) 대변기는 오물을 대변기의 얕은 수면에 받아 대변기 가장자리의 여러 곳에서 분출되는 세정수로 오물을 씻어내리는 방식이다.
⑤ 블로우 아웃식(Blow-out Type) 대변기는 오물을 트랩 유수 중에 낙하시켜 주로 분출하는 물의 힘에 의하여 오물을 배수로 방향으로 배출하는 방식이다.

해설

① 우수한 대변기는 봉수 깊이가 깊고, 유수면이 넓어야 오물에 의한 오염과 취기가 작아진다.

Answer

01 ④ 02 ② 03 ④ 04 ①

05 위생기구에 관한 내용으로 옳은 것을 모두 고른 것은? 제25회

중

보기

㉠ 세출식 대변기는 오물을 직접 유수부에 낙하시켜 물의 낙차에 의하여 오물을 배출하는 방식이다.
㉡ 위생기구 설비의 유닛(Unit)화는 공기단축, 시공정밀도 향상 등의 장점이 있다.
㉢ 사이펀식 대변기는 분수구로부터 높은 압력으로 물을 뿜어내어 그 작용으로 유수를 배수관으로 유인하는 방식이다.
㉣ 위생기구는 흡수성이 작고, 내식성 및 내마모성이 우수하여야 한다.

① ㉠, ㉢ ② ㉡, ㉣
③ ㉠, ㉡, ㉣ ④ ㉡, ㉢, ㉣
⑤ ㉠, ㉡, ㉢, ㉣

해설

㉠ 세락식 대변기는 오물을 직접 유수부에 낙하시켜 물의 낙차에 의하여 오물을 배출하는 방식이다. 세출식 대변기는 오물을 변기 바닥의 얕은 수면에 일시적으로 받아 변기 가장자리의 여러 곳에서 토출되는 세정수로 오물을 씻어내리는 방식이다.
㉢ 블로아웃식 대변기는 분수구로부터 높은 압력으로 물을 뿜어내어 그 작용으로 유수를 배수관으로 유인하는 방식이다.

06 위생기구설비에 관한 설명으로 옳은 것은? 제21회

중

① 위생기구로서 도기는 다른 재질들에 비해 흡수성이 큰 장점을 갖고 있어 가장 많이 사용되고 있다.
② 세정밸브식과 세정탱크식의 대변기에서 급수관의 최소 관경은 15mm로 동일하다.
③ 세정탱크식 대변기에서 세정시 소음은 로우(Low)탱크식이 하이(High)탱크식보다 크다.
④ 세정밸브식 대변기의 최저필요압력은 세면기 수전의 최저필요압력보다 크다.
⑤ 세정탱크식 대변기에는 역류방지를 위해 진공방지기를 설치해야 한다.

해설

① 위생기구로서 도기는 다른 재질들에 비해 흡수성이 작은 장점을 갖고 있어 가장 많이 사용되고 있다.
② 세정밸브식과 세정탱크식의 대변기에서 급수관의 최소 관경은 25mm와 10mm로 다르다.
③ 세정탱크식 대변기에서 세정시 소음은 하이(High)탱크식이 로우(Low)탱크식보다 크다.
⑤ 세정밸브식 대변기에는 역류방지를 위해 진공방지기를 설치해야 한다.

07 상 위생기구의 세정(플러시)밸브에 관한 설명으로 옳지 않은 것은? 제23회

① 플러시밸브의 2차측(하류측)에는 버큠브레이커(Vacuum Breaker)를 설치한다.

② 버큠브레이커(Vacuum Breaker)의 역할은 이미 사용한 물의 자기사이펀작용에 의해 상수계통(급수관)으로 역류하는 것을 방지하기 위한 기구이다.

③ 플러시밸브에는 핸들식, 전자식, 절수형 등이 있다.

④ 소음이 크고, 단시간에 다량의 물을 필요로 하는 문제점 등으로 인해 일반 가정용으로는 거의 사용하지 않는다.

⑤ 급수관의 관경은 25mm 이상 필요하다.

해설

② 버큠브레이커(Vacuum Breaker)의 역할은 급수관 내의 부압의 형성에 의한 역사이펀작용에 의해 이미 사용한 물이 상수계통(급수관)으로 역류하는 것을 방지하기 위한 기구이다.

2 배관 및 밸브

08 중 배관설비에 대한 설명으로 옳지 않은 것은? 제11회

① 급탕용 배관재로 동관과 스테인리스 강관이 주로 사용된다.

② 배수수직관의 상부는 연장하여 신정통기관으로 사용하며, 대기 중에 개방한다.

③ 배관 지지철물은 수격작용에 의한 관의 진동이나 충격에 견딜 수 있도록 견고하게 고정한다.

④ 플랜지이음은 밸브, 펌프 및 각종 기기와 배관을 연결하거나 교환 해체가 자주 발생하는 곳에 사용한다.

⑤ 배관의 보온재는 보온 및 방로효과를 높이기 위하여 사용온도에 견디고 열관류율이 되도록 큰 재료를 사용한다.

해설

⑤ 배관의 보온재는 보온 및 방로효과를 높이기 위하여 사용온도에 견디고 열관류율이 되도록 작은 재료를 사용한다.

Answer

05 ② 06 ④ 07 ② 08 ⑤

09 중

배관재료에 관한 설명으로 옳지 않은 것은? 제12회

① 스테인리스 강관은 철에 크롬 등을 함유하여 만들어지기 때문에 강관에 비해 기계적 강도가 우수하다.
② 염화비닐관은 선팽창계수가 크므로 온도변화에 따른 신축에 유의해야 한다.
③ 동관은 동일관경에서 K 타입의 두께가 가장 얇다.
④ 강관은 주철관에 비하여 부식되기 쉽다.
⑤ 연관은 연성이 풍부하여 가공성이 우수하다.

해설

③ 동관은 K, L, M 타입이 있으며 K 타입이 가장 두껍다.

10 중

배관재료 및 용도에 관한 설명으로 옳지 않은 것은? 제15회

① 플라스틱관은 내식성이 있으며, 경량으로 시공성이 우수하다.
② 폴리부틸렌관은 무독성 재료로서 상수도용으로 사용이 가능하다.
③ 가교화 폴리에틸렌관은 온수 온돌용으로 사용이 가능하다.
④ 배수용 주철관은 건축물의 오배수배관으로 사용이 가능하다.
⑤ 탄소강관은 내식성 및 가공성이 우수하며 관 두께에 따라 K, L, M형으로 구분된다.

해설

⑤ 관 두께에 따라 K, L, M형으로 구분하는 것은 동관이며 탄소강관의 관 두께는 스케줄 넘버(SCH No.)로 표시된다.

11 하

배관 내 유체의 역류를 방지하기 위하여 설치하는 배관 부속은? 제26회

① 체크 밸브 ② 게이트 밸브 ③ 스트레이너
④ 글로브 밸브 ⑤ 감압 밸브

해설

① 체크 밸브는 배관 내 유체의 역류를 방지하기 위하여 설치하는 배관 부속으로 수직배관과 수평배관에 사용할 수 있는 스윙형과 수평배관에만 적용되는 리프트형이 있다.

12 하

배관설비 계통에 설치하는 부속이 아닌 것은? 제19회

① 흡입 베인(Suction Vane)
② 스트레이너(Strainer)
③ 리듀서(Reducer)
④ 벨로즈(Bellows) 이음
⑤ 캡(Cap)

해설

① 흡입 베인은 송풍기의 송풍량 조절을 위해 흡입측에 설치하는 부속으로 배관설비 계통의 부속이 아니다.

13 중

배관설비에 관한 설명으로 옳은 것은? 제13회

① 볼 조인트(Ball Joint)는 방열기에 주로 사용되는 신축이음이다.
② 플라스틱관은 흔히 PVC관이라고 불리는 것으로 배관두께별로 K형, L형, M형이 있다.
③ 리듀서(Reducer)는 하나의 배관이 두 개로 분기되거나 두 개의 배관이 하나로 합쳐질 때 사용되는 이음이다.
④ 글로브 밸브(Globe Valve)는 배관 내 유체 흐름의 역류를 방지하여 흐름 방향을 일정하게 유지하는 목적으로 사용되는 밸브이다.
⑤ 스트레이너(Strainer)는 배관 계통 내의 이물질을 거르는 역할을 하는 것이다.

해설

① 볼 조인트(Ball Joint)는 관절작용으로 신축을 흡수하고 고온이나 고압배관에 사용할 수 있다. 방열기에 주로 사용되는 신축이음은 스위블 이음이다.
② 배관두께별로 K형, L형, M형이 있는 것은 동관이다.
③ 리듀서(Reducer)는 서로 다른 지름의 관의 이음에 사용되며 하나의 배관이 두 개로 분기되거나 두 개의 배관이 하나로 합쳐질 때 사용되는 이음은 티(T) 또는 Y가 있다.
④ 배관 내 유체 흐름의 역류를 방지하여 흐름 방향을 일정하게 유지하는 목적으로 사용되는 밸브는 체크 밸브이다.

Answer

09 ③ 10 ⑤ 11 ① 12 ① 13 ⑤

14 중

배관의 부속품에 관한 설명으로 옳지 않은 것은? 제25회

① 볼 밸브는 핸들을 90도 돌림으로써 밸브가 완전히 열리는 구조로 되어 있다.
② 스트레이너는 배관 중에 먼지 또는 토사, 쇠 부스러기 등을 걸러내기 위해 사용한다.
③ 버터플라이 밸브는 밸브 내부에 있는 원판을 회전시킴으로써 유체의 흐름을 조절한다.
④ 체크 밸브에는 수평·수직 배관에 모두 사용할 수 있는 스윙형과 수평배관에만 사용하는 리프트형이 있다.
⑤ 게이트 밸브는 주로 유량조절에 사용하며 글로브 밸브에 비해 유체에 대한 저항이 큰 단점을 갖고 있다.

해설

⑤ 글로브 밸브는 배관개폐와 유량조절에 사용하며 게이트 밸브에 비해 유체에 대한 저항이 큰 단점을 갖고 있다.

05 오수정화설비

연계학습: 기본서 p.132~144

1 개 요

01 상

하수도법령상 용어의 내용으로 옳지 않은 것은? 제23회

① “하수”라 함은 사람의 생활이나 경제활동으로 인하여 액체성 또는 고체성의 물질이 섞이어 오염된 물(이하 “오수”라 한다)을 말하며 건물·도로, 그 밖의 시설물의 부지로부터 하수도로 유입되는 빗물·지하수는 제외한다.
② “하수도”라 함은 하수와 분뇨를 유출 또는 처리하기 위하여 설치되는 하수관로·공공하수처리시설 등 공작물·시설의 총체를 말한다.
③ “분류식 하수관로”라 함은 오수와 하수도로 유입되는 빗물·지하수가 각각 구분되어 흐르도록 하기 위한 하수관로를 말한다.
④ “공공하수도”라 함은 지방자치단체가 설치 또는 관리하는 하수도를 말한다. 다만, 개인하수도는 제외한다.
⑤ “배수설비”라 함은 건물·시설 등에서 발생하는 하수를 공공하수도에 유입시키기 위하여 설치하는 배수관과 그 밖의 배수시설을 말한다.

해설

① “하수”라 함은 사람의 생활이나 경제활동으로 인하여 액체성 또는 고체성의 물질이 섞이어 오염된 물(이하 “오수”라 한다)과 건물·도로, 그 밖의 시설물의 부지로부터 하수도로 유입되는 빗물·지하수를 말한다. 다만, 농작물의 경작으로 인한 것을 제외한다.

02 상

오수처리시설에 사용되는 BOD란 오수 중에서 오염이 되는 ( )이 이것과 공존하는 미생물에 의해 분해하여 안정화하는 과정에서 소비되는, 수중에 녹아있는 ( )의 감소량을 온도 20°C에서 5일간 시료를 방치해서 측정한 수중 물질의 지표이다. 괄호 안에 알맞은 것은? 제3회

① 유기물, 오염원
② 무기물, 오염원
③ 유기물, 산소
④ 무기물, 산소
⑤ 무기물, 고형분

해설

③ BOD란 오수 중에 오염되어 있는 유기물질을 미생물에 의해 분해하는 과정에 소비되는 수중에 녹아있는 산소의 감소량을 온도 20°C에서 5일간 시료를 방치해서 측정한 수중물질의 지표이다.

03 중

다음은 하수도법령상의 내용이다. ( )에 들어갈 용어로 옳은 것은? 제24회

- (㉠)란 건물・시설 등의 설치자 또는 소유자가 해당 건물・시설 등에서 발생하는 하수를 유출 또는 처리하기 위하여 설치하는 배수설비・개인하수처리시설과 그 부대시설을 말한다.
- (㉡)란 오수와 하수도로 유입되는 빗물・지하수가 함께 흐르도록 하기 위한 하수관로를 말한다.
- (㉢)한 오수와 하수도로 유입되는 빗물・지하수가 각각 구분되어 흐르도록 하기 위한 하수관로를 말한다.

① ㉠: 하수관로, ㉡: 공공하수도, ㉢: 개인하수도
② ㉠: 개인하수도, ㉡: 공공하수도, ㉢: 합류식하수관로
③ ㉠: 공공하수도, ㉡: 개인하수도, ㉢: 합류식하수관로
④ ㉠: 공공하수도, ㉡: 분류식하수관로, ㉢: 개인하수도
⑤ ㉠: 개인하수도, ㉡: 합류식하수관로, ㉢: 분류식하수관로

해설

⑤ ㉠: 개인하수도, ㉡: 합류식하수관로, ㉢: 분류식하수관로

Answer

14 ⑤ / 01 ① 02 ③ 03 ⑤

04 하

오수정화설비에서 BOD 제거율을 구하는 식으로 옳은 것은? 제12회

① $\frac{(\text{유출수의 BOD})}{(\text{유입수의 BOD})} \times 100$

② $\frac{(\text{유입수의 BOD})}{(\text{유출수의 BOD})} \times 100$

③ $\frac{(\text{유출수의 BOD} - \text{유입수의 BOD})}{(\text{유출수의 BOD})} \times 100$

④ $\frac{(\text{유입수의 BOD} - \text{유출수의 BOD})}{(\text{유입수의 BOD})} \times 100$

⑤ $\frac{(\text{유입수의 BOD} - \text{유출수의 BOD})}{(\text{유출수의 BOD})} \times 100$

해설

④ BOD 제거율은 정화조의 정화능력을 나타내는 지표가 된다.

05 상

〈보기〉에서 오수의 수질을 나타내는 지표를 모두 고른 것은? 제19회

보기

㉠ VOCs(Volatile Organic Compounds)
㉡ BOD(Biochemical Oxygen Demand)
㉢ SS(Suspended Solid)
㉣ PM(Particulate Matter)
㉤ DO(Dissolved Oxygen)

① ㉠, ㉡
② ㉡, ㉢
③ ㉠, ㉢, ㉣
④ ㉡, ㉢, ㉣
⑤ ㉡, ㉢, ㉤

해설

㉡ BOD(Biochemical Oxygen Demand) : 생물화학적 산소요구량(수질)
㉢ SS(Suspended Solid) : 부유물질(수질)
㉤ DO(Dissolved Oxygen) : 용존산소량(수질)
㉠ VOCs(Volatile Organic Compounds) : 휘발성 유기물질(공기질)
㉣ PM(Particulate Matter) : 미세입자(공기질)

06 부유물질로서 오수 중에 현탁되어 있는 물질을 의미하는 것은? 제13회

하

① BOD ② COD
③ DO ④ SS
⑤ ppm

해설

④ SS(Suspended Solid, 부유물질) : 오수 속에 포함되어 있는 0.1㎛ 이상의 고형물질로서 물에 용해되지 않는 것을 말하며 부유물질은 탁도(濁度)를 유발하는 원인물질이다.

1. 생화학적 산소요구량(BOD) : 생분해성 유기물질에 의한 하천의 오염을 나타내는 지표
2. 화학적 산소요구량(COD) : 유기물질과 중금속에 의한 하천의 수질오염을 나타내는 지표
   예 공장 폐수의 오염을 나타내는 지표
3. 용존산소량(DO) : 수질오염에 대한 하천의 자정능력을 나타내는 지표
4. SS(부유물질) : 하천의 탁도를 증가시킴
5. BOD 제거율 : 정화조의 정화능력을 나타내는 지표

07 오수처리설비에 관한 설명으로 옳지 않은 것은? 제25회

중

① DO는 용존산소량으로, DO 값이 작을수록 오수의 정화능력이 우수하다.
② COD는 화학적 산소요구량, SS는 부유물질을 말한다.
③ BOD 제거율이 높을수록 정화조의 성능이 우수하다.
④ 오수처리에 활용되는 미생물에는 호기성 미생물과 혐기성 미생물 등이 있다.
⑤ 분뇨란 수거식 화장실에서 수거되는 액체성 또는 고체성의 오염물질을 말한다.

해설

① DO는 용존산소량으로, DO 값이 클수록 오수의 정화능력이 우수하다.

Answer

04 ④ 05 ⑤ 06 ④ 07 ①

2 오수정화방식 등

08 오수정화처리 방식에 관한 설명으로 틀린 것은? 제9회

상●●

① 살수여상형, 평면산화형, 지하모래여과형 방식은 혐기성 처리방식이다
② 스크린, 침전, 여과는 물리적 처리방식이다
③ 오수를 중화시키거나 소독하는 방식은 화학적 처리방식이다
④ 부패탱크 방식의 처리과정은 부패조, 여과조, 산화조, 소독조의 순서이다
⑤ 교반은 폭기조에서 공기를 기계적으로 혼입시키는 것이다

해설

① 살수여상형, 평면산화형, 지하모래여과형 방식은 호기성 처리방식이다

09 공동주택의 오수처리시설에 대한 설명으로 틀린 것은? 제10회

●중●

① 활성오니법 및 생물막법은 혐기성 미생물을 이용하는 방식이다.
② 1일 오수발생량은 200ℓ/인으로 산정한다.
③ 부유물질량은 BOD와 함께 오수처리 정도의 척도로 사용된다.
④ 스크리닝과 침사는 오수처리의 전처리방식으로 사용된다.
⑤ 질소·인 제거를 위한 처리과정은 방류수 처리수준을 향상시키기 위한 것이다.

해설

① 활성오니법 및 생물막법은 호기성 미생물을 이용한 방식이다.
  ⇨ 혐기성 미생물에 의한 방식은 부패(소화)조를 이용한 방식이다.

10 오수처리방법 중 물리적 처리방법이 아닌 것은? 제18회

●●하

① 스크린 ② 침사
③ 침전 ④ 여과
⑤ 중화

해설

⑤ 중화는 화학적 처리방법에 속하며 pH 5.8~pH 8.5 내에 있도록 조정하는 것이다.

11 오수처리정화 설비에 관한 설명으로 옳지 않은 것은? 제17회

상

① 오수정화조의 성능은 BOD 제거율이 높을수록, 유출수의 BOD는 낮을수록 우수하다.
② SS는 부유물질, COD는 화학적 산소요구량을 말한다.
③ 부패탱크 방식의 처리과정은 부패조, 여과조, 산화조, 소독조의 순이다.
④ 살수여상형, 평면산화형, 지하모래여과형 방식은 호기성 처리방식이다.
⑤ 장시간 폭기방식의 처리과정은 스크린, 침전조, 폭기조, 소독조의 순이다.

해설

⑤ 장시간 폭기방식의 처리과정은 스크린, 폭기조, 침전조, 소독조의 순이다.

12 하수도법령상 개인하수처리시설의 관리기준에 관한 내용의 일부분이다. ( )에 들어갈 내용으로 옳은 것은? 제23회

상

> **제33조 【개인하수처리시설의 관리기준】** ① 〈생략〉
> 1. 다음 각 목의 구분에 따른 기간마다 그 시설로부터 배출되는 방류수의 수질을 자가측정하거나 「환경분야 시험·검사 등에 관한 법률」 제16조에 따른 측정대행업자가 측정하게 하고, 그 결과를 기록하여 3년 동안 보관할 것
>   가. 1일 처리용량이 200세제곱미터 이상인 오수처리시설과 1일 처리대상 인원이 2천 명 이상인 정화조: (㉠)회 이상
>   나. 1일 처리용량이 50세제곱미터 이상 200세제곱미터 미만인 오수처리시설과 1일 처리대상 인원이 1천 명 이상 2천 명 미만인 정화조: (㉡)회 이상

① ㉠: 6개월마다 1, ㉡: 2년마다 1
② ㉠: 6개월마다 1, ㉡: 연 1
③ ㉠: 연 1, ㉡: 연 1
④ ㉠: 연 1, ㉡: 2년마다 1
⑤ ㉠: 연 1, ㉡: 3년마다 1

Answer

08 ① 09 ① 10 ⑤ 11 ⑤ 12 ②

해설

하수도법 시행규칙 제33조【개인하수처리시설의 관리기준】 ① 법 제39조 제2항에 따른 개인하수처리시설의 관리기준은 다음 각 호와 같다. 다만, 공공하수처리시설 또는 「물환경보전법」 제48조에 따른 공공폐수처리시설로 오수를 유입시켜 처리하는 지역에 설치된 개인하수처리시설에는 제1호와 제4호를 적용하지 아니하고, 해당 지역에 설치된 오수처리시설은 제3호에 따른 내부청소를 연 1회 이상 하여야 한다.

1. 다음 각 목의 구분에 따른 기간마다 그 시설로부터 배출되는 방류수의 수질을 자가 측정하거나 「환경분야 시험·검사 등에 관한 법률」 제16조에 따른 측정대행업자가 측정하게 하고, 그 결과를 기록하여 3년 동안 보관할 것
   가. 1일 처리용량이 200세제곱미터 이상인 오수처리시설과 1일 처리대상 인원이 2천 명 이상인 정화조 : 6개월마다 1회 이상
   나. 1일 처리용량이 50세제곱미터 이상 200세제곱미터 미만인 오수처리시설과 1일 처리대상 인원이 1천 명 이상 2천 명 미만인 정화조 : 연 1회 이상
2. 정화조는 연 1회 이상 내부청소를 할 것. 다만, 영 제4조 제1호부터 제5호까지와 제10호에 따른 구역 또는 지역에서 다음 각 목의 어느 하나에 해당하는 영업을 하는 건물 등에 설치된 정화조는 6개월마다 1회 이상 내부청소를 하여야 한다.
   가. 「관광진흥법」 제3조에 따른 관광숙박업 또는 관광객 이용시설업(관광유람선업과 외국인전용 관광기념품판매업은 제외한다)
   나. 「식품위생법」 제36조 제1항 제3호에 따른 식품접객업{제과점영업과 다방영업(주로 차 종류를 조리·판매하는 영업을 말한다)은 제외한다}
   다. 「공중위생관리법」 제2조 제1항 제2호에 따른 숙박업
3. 오수처리시설은 그 기능이 정상적으로 유지될 수 있도록 침전 찌꺼기와 부유 물질 제거 등 내부청소를 하여야 하며, 청소 과정에서 발생된 찌꺼기를 탈수하여 처리하거나 법 제45조 제1항에 따른 분뇨수집·운반업자에게 위탁하여 처리할 것
4. 1일 처리대상 인원이 500명 이상인 정화조에서 배출되는 방류수는 염소 등으로 소독할 것

② 특별자치시장·특별자치도지사·시장·군수·구청장은 제1항에도 불구하고 업소의 휴업·폐업, 건물 전체의 사용 중지, 그 밖에 부득이한 사유로 내부청소 기간을 지킬 필요가 없다고 인정되면 기간을 연장하여 줄 수 있다.

③ 개인하수처리시설의 소유자나 관리자는 개인하수처리시설을 운영할 때에 다음 각 호의 행위를 하여서는 아니 된다.

1. 정화조의 경우에 수세식변기에서 나오는 오수가 아닌 그 밖의 오수를 유입시키는 행위
2. 전기 설비가 되어 있는 개인하수처리시설의 경우에 전원을 끄는 행위

06 소방설비

연계학습 : 기본서 p.146~196

1 화재의 분류 등

01 하

소방시설 설치 및 관리에 관한 법령상 화재를 진압하거나 인명구조활동을 위하여 사용하는 소화활동설비에 해당하는 것은? 제26회

① 이산화탄소소화설비 ② 비상방송설비 ③ 상수도소화용수설비
④ 자동식사이렌설비 ⑤ 무선통신보조설비

해설

① 소화설비 ② 경보설비 ③ 소화용수설비 ④ 경보설비

02 하

소방시설의 분류와 설비의 연결이 옳지 않은 것은? 제19회

① 소화활동설비 – 제연설비 ② 소화설비 – 스프링클러설비
③ 피난설비 – 무선통신보조설비 ④ 경보설비 – 자동화재탐지설비
⑤ 소화용수설비 – 소화수조

해설

③ 소화활동설비 – 무선통신보조설비

03 하

소방시설 설치 및 관리에 관한 법령에서 정하고 있는 소방시설에 관한 내용으로 옳지 않은 것은? 제22회

① 비상콘센트설비, 연소방지설비는 소화활동설비이다.
② 연결송수관설비, 상수도소화용수설비는 소화용수설비이다.
③ 옥내소화설비, 옥외소화설비는 소화설비이다.
④ 시각경보기, 자동화재속보설비는 경보설비이다.
⑤ 인명구조기구, 비상조명등은 피난구조설비이다.

해설

② 소화용수설비에는 상수도소화용수설비와 소화수조·저수조, 그 밖의 소화용수설비 등이 있다. 연결송수관설비는 소화활동설비이다.

Answer

01 ⑤ 02 ③ 03 ②

04 화재안전기준상 소화기구에 관한 설명으로 옳지 않은 것은? 제18회

중

① 소형소화기란 능력단위가 1단위 이상이고 대형소화기의 능력단위 미만인 소화기를 말한다.

② 대형소화기란 A급 10단위 이상, B급 20단위 이상인 소화기를 말한다.

③ 가스식자동소화장치란 열, 연기 또는 불꽃 등을 감지해 분말의 소화약제를 방사하여 소화하는 소화장치를 말한다.

④ 자동소화장치를 제외한 소화기구는 거주자 등이 손쉽게 사용할 수 있는 장소에 바닥으로부터 높이 1.5m 이하의 곳에 비치한다.

⑤ 아파트의 각 세대별 주방의 가스차단장치는 주방배관의 개폐밸브로부터 2m 이하의 위치에 설치한다.

해설

③ 지문은 분말식을 말하는 것이며 가스식자동소화장치는 수변전설비용 전기 판넬 내부, 또는 화재감지가 취약한 소형, 밀폐된 공간 및 화재 위험이 있는 기계/장비류의 국소지점에 화재 발생 시 이를 초기에 진입하여 화재의 확산을 예방하기 위하여 설치한다. 가스소화방식으로 소화력이 우수하며, 소화 후 잔여물이 남지 않으므로 전기판넬 및 고가장비의 손실을 최소화할 수 있다.

자동소화장치

소화약제를 자동으로 방사하는 고정된 소화장치로서 법 제36조 또는 제39조에 따라 형식승인이나 성능인증을 받은 유효설치 범위(설계방호체적, 최대설치높이, 방호면적 등을 말한다) 이내에 설치하여 소화하는 다음의 것

주거용 주방자동소화장치	주거용 주방에 설치된 열발생 조리기구의 사용으로 인한 화재 발생시 열원(전기 또는 가스)을 자동으로 차단하며 소화약제를 방출하는 소화장치
상업용 주방자동소화장치	상업용 주방에 설치된 열발생 조리기구의 사용으로 인한 화재 발생시 열원(전기 또는 가스)을 자동으로 차단하며 소화약제를 방출하는 소화장치
캐비닛형자동소화장치	열, 연기 또는 불꽃 등을 감지하여 소화약제를 방사하여 소화하는 캐비닛형태의 소화장치
가스자동소화장치	열, 연기 또는 불꽃 등을 감지하여 가스계 소화약제를 방사하여 소화하는 소화장치
분말자동소화장치	열, 연기 또는 불꽃 등을 감지하여 분말의 소화약제를 방사하여 소화하는 소화장치
고체에어로졸자동소화장치	열, 연기 또는 불꽃 등을 감지하여 에어로졸의 소화약제를 방사하여 소화하는 소화장치

05 중

소화기구 및 자동소화장치의 화재안전기준상 용어의 정의로 옳지 않은 것은?

제23회

① "대형소화기"란 화재시 사람이 운반할 수 있도록 운반대와 바퀴가 설치되어 있고 능력단위가 A급 10단위 이상, B급 20단위 이상인 소화기를 말한다.
② "소형소화기"란 능력단위가 1단위 이상이고 대형소화기의 능력단위 미만인 소화기를 말한다.
③ "주거용 주방자동소화장치"란 주거용 주방에 설치된 열발생 조리기구의 사용으로 인한 화재 발생시 열원(전기 또는 가스)을 자동으로 차단하며 소화약제를 방출하는 소화장치를 말한다.
④ "유류화재(B급 화재)"란 인화성 액체, 가연성 액체, 석유, 그리스, 타르, 오일, 유성도료, 솔벤트, 래커, 알코올 및 인화성 가스와 같은 유류가 타고 나서 재가 남시 않는 화재를 말한다.
⑤ "주방화재(C급 화재)"란 주방에서 동식물유를 취급하는 조리기구에서 일어나는 화재를 말한다. 주방화재에 대한 소화기의 적용 화재별 표시는 'C'로 표시한다.

해설

⑤ "주방화재(K급 화재)"란 주방에서 동식물유를 취급하는 조리기구에서 일어나는 화재를 말한다. 주방화재에 대한 소화기의 적용 화재별 표시는 'K'로 표시한다.

Answer

04 ③ 05 ⑤

2 옥내소화전설비

06 화재안전기준상 옥내소화전설비에 관한 용어의 정의로 옳지 않은 것은? 제19회

중

① 고가수조란 구조물 또는 지형지물 등에 설치하여 자연낙차의 압력으로 급수하는 수조를 말한다.

② 충압펌프란 배관 내 압력손실에 따른 주펌프의 빈번한 기동을 방지하기 위하여 충압역할을 하는 펌프를 말한다.

③ 기동용 수압개폐장치란 소화설비의 배관 내 압력변동을 검지하여 자동적으로 펌프를 기동 및 정지시키는 것으로서 압력챔버 또는 기동용 압력스위치 등을 말한다.

④ 체절운전이란 펌프의 성능시험을 목적으로 펌프 토출측의 개폐밸브를 닫은 상태에서 펌프를 운전하는 것을 말한다.

⑤ 진공계란 대기압 이상의 압력과 대기압 이하의 압력을 측정할 수 있는 계측기를 말한다.

해설

⑤ 연성계란 대기압 이상의 압력과 대기압 이하의 압력을 측정할 수 있는 계측기를 말하며, 진공계란 대기압 이하의 압력을 측정할 수 있는 계측기를 말한다.

07 소화설비에 대한 설명으로 옳지 않은 것은? 제11회

상

① 기동용 수압 개폐장치(압력챔버)의 용적은 100ℓ 이상의 것으로 한다.

② 옥내소화전 펌프의 성능은 체절운전시 정격토출압력의 150%를 초과하지 않아야 한다.

③ 호스릴옥내소화전설비의 방수량은 130ℓ/min 이상이다.

④ 옥외소화전에서 소방대상물의 각 부분으로부터 하나의 호스접결구까지의 수평거리는 40m 이하로 한다.

⑤ 인접건물의 연소를 방지하는 드렌처 설비의 헤드 설치 간격은 2.5m 이내로 한다.

해설

② 펌프의 성능은 체절운전시 정격토출압력의 140%를 초과하지 아니하고, 정격토출량의 150%로 운전시 정격토출압력의 65% 이상이 되어야 하며, 펌프의 성능시험배관은 기준에 적합하여야 한다(옥내소화전설비의 화재안전기술기준 NFTC 102).

08 (중)

옥내소화전설비에 관한 설명으로 옳지 않은 것은? 제16회

① 옥내소화전함의 문짝 면적은 $0.5m^2$ 이상으로 한다.
② 옥내소화전 노즐선단에서의 방수압력은 0.1MPa 이상으로 한다.
③ 옥내소화전 방수구 높이는 바닥으로부터 1.5m 이하가 되도록 한다.
④ 소방대상물 각 부분으로부터 하나의 방수구까지의 수평거리는 25m 이하로 한다.
⑤ 소화전 내에서 설치하는 호스의 구경은 40mm(호스릴옥내소화전설비의 경우에는 25mm) 이상으로 한다.

해설

② 옥내소화전 노즐선단에서의 방수압력은 0.17MPa 이상으로 한다.

구 분	옥내소화전	옥외소화전
소화범위(m)	25	40
방수압력(MPa)	0.17	0.25
방수량(ℓ/min)	130	350
저수량(m^3)	2.6 × N(1 − 2)	7 × N(1 − 2)

09 (중)

옥내소화전설비의 화재안전기준상 옥내소화전설비에 관한 내용으로 옳은 것을 모두 고른 것은? 제24회

보기

㉠ 옥내소화전설비의 수원은 그 저수량이 옥내소화전의 설치개수가 가장 많은 층의 설치개수(2개 이상 설치된 경우에는 2개)에 $2.6m^3$(호스릴옥내소화전설비를 포함한다)를 곱한 양 이상이 되도록 하여야 한다.
㉡ 옥내소화전 송수구의 설치높이는 바닥으로부터의 높이 1.5m에 설치하여야 한다.
㉢ 고가수조란 소화용수와 공기를 채우고 일정압력 이상으로 가압하여 그 압력으로 급수하는 수조를 말한다.
㉣ 옥내소화전함의 상부 또는 그 직근에 설치하는 가압송수장치의 기동을 표시하는 표시등은 적색등으로 한다.

① ㉡ ② ㉠, ㉢ ③ ㉠, ㉣
④ ㉡, ㉢, ㉣ ⑤ ㉠, ㉡, ㉢, ㉣

해설

㉡ 옥내소화전 송수구의 설치높이는 바닥으로부터의 높이가 0.5m 이상 1m 이하의 위치에 설치하여야 하며, 방수구의 설치높이는 1.5m 이하로 한다.
㉢ 압력수조란 소화용수와 공기를 채우고 일정압력 이상으로 가압하여 그 압력으로 급수하는 수조를 말한다.

Answer

06 ⑤ 07 ② 08 ② 09 ③

10 중

다음은 옥내소화전설비의 화재안전기준에 관한 내용이다. ( )에 들어갈 내용으로 옳은 것은? 제25회

> • 특정소방대상물의 어느 층에서도 해당 층의 옥내소화전(두 개 이상 설치된 경우에는 두 개의 옥내소화전)을 동시에 사용할 경우 각 소화전의 노즐선단에서 (㉠)메가파스칼 이상의 방수압력으로 분당 130ℓ 이상의 소화수를 방수할 수 있는 성능인 것으로 할 것
> • 옥내소화전방수구의 호스는 구경 (㉡)mm(호스릴옥내소화전설비의 경우에는 25mm) 이상인 것으로서 특정소방대상물의 각 부분에 물이 유효하게 뿌려질 수 있는 길이로 설치할 것

① ㉠: 0.12, ㉡: 35
② ㉠: 0.12, ㉡: 40
③ ㉠: 0.17, ㉡: 35
④ ㉠: 0.17, ㉡: 40
⑤ ㉠: 0.25, ㉡: 35

해설

④ 옥내소화전의 노즐 선단에서의 방수압은 0.17MPa 이상, 호스는 40mm 이상인 것을 사용한다.

11 중

옥내소화전설비의 화재안전성능기준상 배관에 관한 내용이다. ( )에 들어갈 내용으로 옳은 것은? 제27회

> 옥내소화전설비의 배관을 연결송수관설비와 겸용하는 경우 주배관은 구경 (㉠)mm 이상, 방수구로 연결되는 배관의 구경은 (㉡)mm 이상의 것으로 해야 한다.

① ㉠: 60, ㉡: 40
② ㉠: 65, ㉡: 40
③ ㉠: 65, ㉡: 45
④ ㉠: 100, ㉡: 45
⑤ ㉠: 100, ㉡: 65

해설

⑤ 옥내소화전설비의 배관을 연결송수관설비와 겸용하는 경우 주배관은 구경 100mm 이상, 방수구로 연결되는 배관의 구경은 65mm 이상의 것으로 해야 한다.

배관의 구경

종 류	가지배관	주배관
일 반	40mm 이상	50mm 이상
연결송수관 겸용	65mm 이상	100mm 이상

3 스프링클러설비 등

12 스프링클러설비에 대한 설명으로 옳지 않은 것은? 제11회 수정

중

① 주차장에 설치되는 스프링클러는 습식 이외의 방식으로 하여야 한다.
② 스프링클러헤드 가용합금편의 표준용융온도는 67~75℃ 정도이다.
③ 스프링클러헤드의 방수압력은 0.1~1.2MPa이고, 방수량은 80ℓ/min 이상이어야 한다.
④ 준비작동식은 1차 및 2차측 배관에서 헤드까지 가압수가 충만되어 있다.
⑤ 아파트 천장, 반자 등의 각 부분으로부터 하나의 스프링클러의 헤드까지의 거리는 2.6m 이하여야 한다.

해설

④ 준비작동식은 1차측에는 가압수, 2차측 배관에서 헤드까시는 내기압 상태로 되어 있다.

13 스프링클러설비에 관한 설명으로 옳은 것은? 제15회

중

① 교차배관은 스프링클러헤드가 설치되어 있는 배관이며, 가지배관은 주배관으로부터 교차배관에 급수하는 배관이다.
② 폐쇄형 스프링클러설비의 헤드는 개별적으로 화재를 감지하여 개방되는 구조로 되어 있다.
③ 폐쇄형 습식 스프링클러설비는 별도로 설치되어 있는 화재감지기에 의해 유수검지장치가 작동되어 물이 송수되는 구조로 되어 있다.
④ 폐쇄형 건식 스프링클러설비는 헤드가 화재의 열을 감지하면 헤드를 막고 있던 감열체가 녹으면서 헤드까지 차 있던 물이 곧바로 뿌려지는 구조로 되어 있다.
⑤ 폐쇄형 준비작동식 스프링클러설비는 헤드가 화재의 열을 감지하여 헤드를 막고 있던 감열체가 녹으면 압축공기 등이 빠져나가면서 배관계 도중에 있는 유수검지장치가 개방되어 물이 분출되는 구조로 되어 있다.

해설

① 가지배관은 스프링클러헤드가 설치되어 있는 배관이며, 교차배관은 주배관으로부터 가지배관에 급수하는 배관이다.
③ 폐쇄형 습식 스프링클러설비는 별도로 화재감지기를 설치하지 않는다.
④ 폐쇄형 습식 스프링클러설비는 헤드가 화재의 열을 감지하면 헤드를 막고 있던 감열체가 녹으면서 헤드까지 차 있던 물이 곧바로 뿌려지는 구조로 되어 있다.
⑤ 폐쇄형 건식 스프링클러설비는 헤드가 화재의 열을 감지하여 헤드를 막고 있던 감열체가 녹으면 압축공기 등이 빠져나가면서 배관계 도중에 있는 유수검지장치가 개방되어 물이 분출되는 구조로 되어 있다.

Answer

10 ④ 11 ⑤ 12 ④ 13 ②

14 하

소화설비 중 알람밸브(Alarm Valve)를 사용하는 스프링클러설비는? 제14회

① 건식 스프링클러설비
② 습식 스프링클러설비
③ 개방형 스프링클러설비
④ 일제살수식 스프링클러설비
⑤ 준비작동식 스프링클러설비

해설

② 습식 스프링클러설비는 일반적으로 가장 많이 이용하는 방식으로 가압송수장치에서 유수검지장치까지, 그리고 습식 유수검지장치에서 폐쇄형 스프링클러헤드까지 배관 내에 항상 물이 가압되어 있다가 화재로 인한 열로 폐쇄형 스프링클러헤드가 개방되면 곧바로 물이 방사된다. 이때 유수검지장치가 개방되며 가압펌프가 동작하고 동시에 경보도 발하게 되므로 알람밸브라고도 한다.

15 중

스프링클러설비에 관한 내용으로 옳지 않은 것은? 제26회

① 충압펌프란 배관 내 압력손실에 따른 주펌프의 빈번한 기동을 방지하기 위하여 충압역할을 하는 펌프를 말한다.
② 건식 스프링클러헤드란 물과 오리피스가 분리되어 동파를 방지할 수 있는 스프링클러헤드를 말한다.
③ 유수검지장치란 유수현상을 자동적으로 검지하여 신호 또는 경보를 발하는 장치를 말한다.
④ 가지배관이란 헤드가 설치되어 있는 배관을 말한다.
⑤ 체절운전이란 펌프의 성능시험을 목적으로 펌프 토출측의 개폐밸브를 개방한 상태에서 펌프를 운전하는 것을 말한다.

해설

⑤ 체절운전이란 펌프의 성능시험을 목적으로 펌프 토출측의 개폐밸브를 폐쇄한 상태에서 펌프를 운전하는 것을 말한다.
참고: 건식 스프링클러헤드는 드라이펜던트스프링클러헤드라고도 한다.

16 상

스프링클러설비에 관한 설명으로 옳지 않은 것은? 제17회

① 천장이 높은 무대부를 비롯하여 공장, 창고, 준위험물 저장소에는 개방형 스프링클러 배관방식이 효과적이다.
② 비상전원 중 자가발전설비는 스프링클러설비를 유효하게 20분 이상 작동할 수 있어야 한다.
③ 가압송수장치의 정격토출 압력은 하나의 헤드선단에 0.1MPa 이상, 2.0MPa 이하의 방수압력이 될 수 있게 하여야 한다.
④ 가압수조는 최대 상용압력 1.5배의 압력을 가하는 경우 물이 새지 않고 변형이 없도록 한다.
⑤ 가압송수장치의 송수량은 0.1MPa의 방수압력기준으로 80ℓ/min 이상의 방수 성능을 가진 기준개수의 모든 헤드로부터의 방수량을 충족시킬 수 있는 양 이상으로 한다.

해설

③ 가압송수장치의 정격토출 압력은 하나의 헤드선단에 0.1MPa 이상, 1.2MPa 이하의 방수압력이 될 수 있게 하여야 한다.

17 중

화재안전기준상 연결송수관설비에 관한 내용으로 옳지 않은 것은? 제19회

① 송수구는 지면으로부터 높이가 0.5m 이상 1m 이하의 위치에 설치해야 한다.
② 송수구는 화재층으로부터 지면으로 떨어지는 유리창 등이 송수 및 그 밖의 소화작업에 지장을 주지 아니하는 장소에 설치해야 한다.
③ 송수구는 구경 65mm의 쌍구형으로 해야 한다.
④ 주배관의 구경은 80mm로 해야 한다.
⑤ 방수구는 개폐기능을 가진 것으로 설치해야 하며, 평상시 닫힌 상태를 유지해야 한다.

해설

④ 주배관의 구경은 100mm로 해야 한다.

Answer

14 ② 15 ⑤ 16 ③ 17 ④

18 (중) **소방대가 건물 외벽 또는 외부에 있는 송수구를 통해 지하층 등의 천장에 설치되어 있는 헤드까지 송수하여 화재를 진압하는 소방시설은?** 제15회

① 연결살수설비 ② 소화용수설비
③ 옥내소화전설비 ④ 옥외소화전설비
⑤ 물분무소화설비

해설

① 연결살수설비는 소방관전용 소화전인 송수구를 통하여 소방차로 실내로 물을 공급하여 소화활동을 하는 것으로 주로 지하층 등의 화재진압용으로 사용된다.

4 자동화재탐지설비 등

19 (하) **일정한 온도 상승률에 따라 동작하며 공장, 창고, 강당 등 넓은 지역에 설치하는 화재감지기는?** 제17회

① 차동식 분포형 감지기 ② 정온식 스폿형 감지기
③ 이온화식 감지기 ④ 보상식 스폿형 감지기
⑤ 광전식 감지기

해설

① 일정온도 상승률에 따라 동작하는 감지기는 차동식이며 감지범위에 따라 스폿형(국소 감지), 분포형(넓은 지역 감지)이 있다.

20 하

화재안전기준상 자동화재탐지설비의 발신기 위치를 표시하는 표시등 설치기준으로 옳은 것은? 제20회

① 불빛은 부착면으로부터 15° 이상의 범위 안에서, 부착지점으로부터 10m 이내의 어느 곳에서도 쉽게 식별할 수 있는 적색등으로 하여야 한다.
② 불빛은 부착면으로부터 15° 이상의 범위 안에서, 부착지점으로부터 10m 이내의 어느 곳에서도 쉽게 식별할 수 있는 황색등으로 하여야 한다.
③ 불빛은 부착면으로부터 20° 이상의 범위 안에서, 부착지점으로부터 5m 이내의 어느 곳에서도 쉽게 식별할 수 있는 적색등으로 하여야 한다.
④ 불빛은 부착면으로부터 20° 이상의 범위 안에서, 부착지점으로부터 20m 이내의 어느 곳에서도 쉽게 식별할 수 잇는 적색등으로 하여야 한다.
⑤ 불빛은 부착면으로부터 20° 이상의 범위 안에서, 부착지점으로부터 20m 이내의 어느 곳에서도 쉽게 식별할 수 있는 녹색등으로 하여야 한다.

해설

① 옥내소화전, 자동화재탐지설비 등의 표시등의 불빛은 부착면으로부터 15° 이상의 범위 안에서, 부착지점으로부터 10m 이내의 어느 곳에서도 쉽게 식별할 수 있는 적색등으로 하여야 한다.

21 중

화재안전기준상 유도등 및 유도표지에 관한 내용으로 옳지 않은 것은? 제20회

① 피난구 유도등은 피난구의 바닥으로부터 높이 1.5m 이상으로서 출입구에 인접하도록 설치해야 한다.
② 복도통로 유도등은 바닥으로부터 높이 1.2m의 위치에 설치해야 한다.
③ 피난구유도표지란 피난구 또는 피난경로로 사용되는 출입구를 표시하여 피난을 유도하는 표지를 말한다.
④ 계단통로 유도등은 바닥으로부터 높이 1m 이하의 위치에 설치해야 한다.
⑤ 거실통로 유도등은 구부러진 모퉁이 및 보행거리 20m마다 설치해야 한다.

해설

② 복도통로 유도등은 바닥으로부터 높이 1m 아래 위치에 설치해야 한다.

Answer

18 ①　19 ①　20 ①　21 ②

22 중

유도등 및 유도표지의 화재안전기준상 유도등의 전원에 관한 기준이다. (   )에 들어갈 내용이 순서대로 옳은 것은? 제22회

> 비상전원은 다음 각 호의 기준에 적합하게 설치하여야 한다.
> 1. 축전지로 할 것
> 2. 유도등을 (㉠)분 이상 유효하게 작동시킬 수 있는 용량으로 할 것. 다만, 각 목의 특정소방대상물의 경우에는 그 부분에서 피난층에 이르는 부분의 유도등을 (㉡)분 이상 유효하게 작동시킬 수 있는 용량으로 하여야 한다.
>   가. 지하층을 제외한 층수가 11층 이상의 층
>   나. 지하층 또는 무창층으로서 용도가 도매시장 · 소매시장 · 여객자동차터미널 · 지하역사 또는 지하상가

① ㉠: 10, ㉡: 20
② ㉠: 15, ㉡: 30
③ ㉠: 15, ㉡: 60
④ ㉠: 20, ㉡: 30
⑤ ㉠: 20, ㉡: 60

해설

⑤ 유도등을 20분 이상 유효하게 작동시킬 수 있는 용량으로 할 것. 다만, 각 목의 특정소방대상물의 경우에는 그 부분에서 피난층에 이르는 부분의 유도등을 60분 이상 유효하게 작동시킬 수 있는 용량으로 하여야 한다.

비상전원

1. 자동화재 탐지설비
   비상전원의 축전지 용량은 최저 허용전압이 될 때까지 방전한 후 24시간 충전하고 그 후 충전하지 않고 1시간 감시상태를 계속한 직후에 10분 이상 경보
2. 유도등 · 비상조명등
   (1) 60분 이상(지하상가 및 층수가 11층 이상인 소방대상물)
   (2) 20분 이상(지하상가 및 11층 이상인 소방대상물 외의 소방대상물에 설치하는 경우)
3. 무선통신보조설비
   30분 이상(증폭기)
4. 비상콘센트
   20분 이상(대부분 소방 관련 시설)

23 유도등 및 유도표지의 화재안전기준상 통로유도등 설치기준의 일부분이다. (　　)에 들어갈 내용으로 옳은 것은? 제23회

제6조 【통로유도등 설치기준】 ① 통로유도등은 특정소방대상물의 각 거실과 그로부터 지상에 이르는 복도 또는 계단의 통로에 다음 각 호의 기준에 따라 설치하여야 한다.
1. 복도통로유도등은 다음 각 목의 기준에 따라 설치할 것
가. 복도에 설치할 것
나. 구부러진 모퉁이 및 (㉠)마다 설치할 것
다. 바닥으로부터 높이 (㉡)의 위치에 설치할 것. 다만, 지하층 또는 무창층의 용도가 도매시장・소매시장・여객자동차터미널・지하역사 또는 지하상가인 경우에는 복도・통로 중앙부분의 바닥에 설치하여야 한다.

① ㉠: 직선거리 10m, ㉡: 1.5m 이상
② ㉠: 보행거리 20m, ㉡: 1m 이하
③ ㉠: 보행거리 25m, ㉡: 1.5m 이상
④ ㉠: 직선거리 30m, ㉡: 1m 이상
⑤ ㉠: 보행거리 30m, ㉡: 2m 이하

해설

통로유도등
1. 복도에 설치할 것
2. 구부러진 모퉁이 및 보행거리 20m마다 설치할 것
3. 바닥으로부터 높이 1m 이하의 위치에 설치할 것
4. 조도: 1lx 이상

24 화재안전기준상 피난기구에 관한 용어의 정의로 옳지 않은 것은? 제20회

① 다수인피난장비란 화재시 2인 이상의 피난자가 동시에 해당층에서 지상 또는 피난층으로 하강하는 피난기구를 말한다.
② 구조대란 포지 등을 사용하여 자루형태로 만든 것으로서 화재시 사용자가 그 내부에 들어가서 내려옴으로써 대피할 수 있는 것을 말한다.
③ 피난사다리란 화재시 긴급대피를 위해 사용하는 사다리를 말한다.
④ 간이완강기란 사용자의 몸무게에 따라 자동적으로 내려올 수 있는 기구 중 사용자가 교대하여 연속적으로 사용할 수 있는 것을 말한다.
⑤ 승강식피난기란 사용자의 몸무게에 의하여 자동으로 하강하고 내려서면 스스로 상승하여 연속적으로 사용할 수 있는 무동력 승강식피난기를 말한다.

해설

④ 간이완강기란 사용자의 몸무게에 따라 자동적으로 내려올 수 있는 기구 중 사용자가 교대하여 연속적으로 사용할 수 없는 것을 말한다.

Answer

22 ⑤　23 ②　24 ④

25 중

다음은 피난기구의 화재안전기준상 피난기구에 관한 내용이다. (　　)에 들어갈 내용으로 옳은 것은? 제24회

- (㉠)란 사용자의 몸무게에 따라 자동적으로 내려올 수 있는 기구 중 사용자가 교대하여 연속적으로 사용할 수 있는 것을 말한다.
- (㉡)란 포지 등을 사용하여 자루형태로 만든 것으로서 화재시 사용자가 그 내부에 들어가서 내려옴으로써 대피할 수 있는 것을 말한다.
- (㉢)란 화재시 2인 이상의 피난자가 동시에 해당층에서 지상 또는 피난층으로 하강하는 피난기구를 말한다.

① ㉠: 간이완강기, ㉡: 구조대, ㉢: 하향식 피난구용 내림식사다리
② ㉠: 간이완강기, ㉡: 공기안전매트, ㉢: 다수인피난장비
③ ㉠: 완강기, ㉡: 구조대, ㉢: 다수인피난장비
④ ㉠: 완강기, ㉡: 간이완강기, ㉢: 하향식 피난구용 내림식사다리
⑤ ㉠: 승강식 피난기, ㉡: 간이완강기, ㉢: 다수인피난장비

해설

피난기구	1. 피난사다리	화재시 긴급대피를 위해 사용하는 사다리
	2. 완강기	사용자의 몸무게에 따라 자동적으로 내려올 수 있는 기구 중 사용자가 교대하여 연속적으로 사용할 수 있는 것
	3. 간이완강기	사용자의 몸무게에 따라 자동적으로 내려올 수 있는 기구 중 사용자가 연속적으로 사용할 수 없는 것
	4. 구조대	포지 등을 사용하여 자루형태로 만든 것으로서 화재시 사용자가 그 내부에 들어가서 내려옴으로써 대피할 수 있는 것
	5. 공기안전매트	화재 발생시 사람이 건축물 내에서 외부로 긴급히 뛰어내릴 때 충격을 흡수하여 안전하게 지상에 도달할 수 있도록 포지에 공기 등을 주입하는 구조로 되어 있는 것
	6. 다수인피난장비	화재시 2인 이상의 피난자가 동시에 해당층에서 지상 또는 피난층으로 하강하는 피난기구
	7. 승강식 피난기	사용자의 몸무게에 의하여 자동으로 하강하고 내려서면 스스로 상승하여 연속적으로 사용할 수 있는 무동력 승강식 피난기
	8. 하향식 피난구용 내림식사다리	하향식 피난구 해치에 격납하여 보관하고 사용시에는 사다리 등이 소방대상물과 접촉되지 아니하는 내림식 사다리

26 상●●● **공동주택의 화재안전성능기준에 관한 내용으로 옳지 않은 것은?** 제27회

① 소화기는 바닥면적 $100m^2$마다 1단위 이상의 능력단위를 기준으로 설치해야 한다.

② 주거용 주방자동소화장치는 아파트등의 주방에 열원(가스 또는 전기)의 종류에 적합한 것으로 설치하고, 열원을 차단할 수 있는 차단장치를 설치해야 한다.

③ 아파트등의 경우 실내에 설치하는 비상방송설비의 확성기 음성입력은 2와트 이상이어야 한다.

④ 세대 내 거실(취침용도로 사용될 수 있는 통상적인 방 및 거실을 말한다)에는 연기 감지기를 설치해야 한다.

⑤ 아파트등의 세대 내 스프링클러헤드를 설치하는 경우 천장・반자・천장과 반자사이 덕트・선반등의 각 부분으로부터 하나의 스프링클러헤드까지의 수평거리는 3.2m 이하로 해야 한다.

해설

⑤ 아파트등의 세대 내 스프링클러헤드를 설치하는 경우 천장・반자・천장과 반자사이 덕트・선반등의 각 부분으로부터 하나의 스프링클러헤드까지의 수평거리는 2.6m 이하로 해야 한다.

27 상●●● **화재안전기준상 누전경보기 설치에 관한 설명으로 옳지 않은 것은?** 제21회

① 경계전로가 분기되지 아니한 정격전류가 60A를 초과하는 전로에 있어서는 2급 누전 경보기를 설치할 것

② 누전경보기 전원은 분전반으로부터 전용회로로 하고 각 극에 개폐기 및 15A 이하의 과전류차단기를 설치할 것

③ 전원을 분기할 때는 다른 차단기에 따라 전원이 차단되지 아니하도록 할 것

④ 전원의 개폐기에는 누전경보기용임을 표기한 표지를 할 것

⑤ 수신부의 음향 장치는 수위실 등 상시 사람이 근무하는 장소에 설치하여야 하며, 그 음량 및 음색은 다른 기기의 소음 등과 명확히 구별할 수 있는 것으로 할 것

해설

① 경계전로가 분기되지 아니한 정격전류가 60A를 초과하는 전로에 있어서는 1급 누전 경보기를, 60A 이하의 전로에 있어서는 1급 또는 2급 누전경보기를 설치할 것

Answer

25 ③ 26 ⑤ 27 ①

28 상

다음은 소방시설 설치 및 관리에 관한 법령상 소방시설 등의 자체점검시 점검인력 배치기준에 관한 내용의 일부이다. (　)에 들어갈 내용으로 옳은 것은? 제25회 수정

> 제3호부터 제6호까지의 규정에도 불구하고 아파트등(공용시설, 부대시설 또는 복리시설은 포함하고, 아파트등이 포함된 복합건축물의 아파트등 외의 부분은 제외한다. 이하 이 표에서 같다)를 점검할 때에는 다음 각 목의 기준에 따른다.
> 가. 점검인력 1단위가 하루 동안 점검할 수 있는 아파트등의 세대수(이하 "점검한도 세대수"라 한다)는 종합점검 및 작동점검에 관계없이 (㉠)세대로 한다.
> 나. 점검인력 1단위에 보조 기술인력을 1명씩 추가할 때마다 (㉡)세대씩을 점검한도 세대수에 더한다.

① ㉠: 200, ㉡: 50　② ㉠: 200, ㉡: 60　③ ㉠: 250, ㉡: 40
④ ㉠: 250, ㉡: 50　⑤ ㉠: 250, ㉡: 60

해설

소방시설 설치 및 관리에 관한 법률 시행규칙 【별표4】

7. 제3호부터 제6호까지의 규정에도 불구하고 아파트등(공용시설, 부대시설 또는 복리시설은 포함하고, 아파트등이 포함된 복합건축물의 아파트등 외의 부분은 제외한다. 이하 이 표에서 같다)를 점검할 때에는 다음 각 목의 기준에 따른다.
   가. 점검인력 1단위가 하루 동안 점검할 수 있는 아파트등의 세대수(이하 "점검한도 세대수"라 한다)는 종합점검 및 작동점검에 관계없이 250세대로 한다.
   나. 점검인력 1단위에 보조 기술인력을 1명씩 추가할 때마다 60세대씩을 점검한도 세대수에 더한다.

07 가스설비

연계학습: 기본서 p.198~207

01 중

도시가스설비 배관에 관한 설명으로 옳지 않은 것은? 제20회

① 배관은 부식되거나 손상될 우려가 있는 곳은 피해야 한다.
② 배관의 신축을 흡수하기 위해 필요시 배관 도중에 이음을 설치한다.
③ 건물의 규모가 크고 배관 연장이 긴 경우에는 계통을 나누어 배관한다.
④ 배관은 주요 구조부를 관통하지 않도록 배관해야 한다.
⑤ 초고층 건물의 상층부로 공기보다 가벼운 가스를 공급할 경우, 압력이 떨어지는 것을 고려해야 한다.

해설

⑤ 초고층 건물의 상층부로 공기보다 무거운 가스를 공급할 경우, 압력이 떨어지는 것을 고려해야 한다.

02 중

LPG와 LNG에 관한 설명으로 옳지 않은 것은? 제23회

① 일반적으로 LNG의 발열량은 LPG의 발열량보다 크다.
② LNG의 주성분은 메탄이다.
③ LNG는 무공해, 무독성 가스이다.
④ LNG는 천연가스를 −162℃까지 냉각하여 액화시킨 것이다.
⑤ LNG는 냉난방, 급탕, 취사 등 가정용으로도 사용된다.

해설

① 일반적으로 LNG의 발열량은 LPG의 발열량보다 작다.

Answer

28 ⑤ / 01 ⑤ 02 ①

03 중

도시가스사업법령상 도시가스설비에 관한 내용으로 옳은 것은? 제27회

① 가스계량기와 전기개폐기 및 전기전멸기와의 거리는 30cm 이상의 거리를 유지하여야 한다.

② 지하매설배관은 최고사용압력이 저압인 배관은 황색으로, 중압 이상인 배관은 붉은색으로 도색하여야 한다.

③ 가스계량기와 화기(그 시설 안에서 사용하는 자체화기는 제외한다) 사이에 유지하여야 하는 거리는 1.5m 이상으로 하여야 한다.

④ 가스계량기와 절연조치를 하지 아니한 전선과의 거리는 10cm 이상의 거리를 유지하여야 한다.

⑤ 가스배관은 움직이지 않도록 고정 부착하는 조치를 하되 그 호칭지름이 13mm 미만의 것에는 2m마다 고정 장치를 설치하여야 한다.

해설

① 가스계량기와 전기개폐기와의 거리는 60cm, 전기전멸기와는 30cm 이상의 거리를 유지하여야 한다.

③ 가스계량기와 화기(그 시설 안에서 사용하는 자체화기는 제외한다) 사이에 유지하여야 하는 거리는 2m 이상으로 하여야 한다.

④ 가스계량기와 절연조치를 하지 아니한 전선과의 거리는 15cm 이상의 거리를 유지하여야 한다.

⑤ 가스배관은 움직이지 않도록 고정 부착하는 조치를 하되 그 호칭지름이 13mm 미만의 것에는 1m마다 고정 장치를 설치하여야 한다.

04 상

가스설비에 관한 설명으로 옳지 않은 것은? 제15회

① 고(위)발열량 또는 총발열량은 연소시 발생되는 수증기의 잠열을 제외한 것이다.

② 도시가스의 공급압력 분류에서 고압은 게이지압력으로 1MPa 이상인 경우를 말한다.

③ 가스계량기와 전기계량기 및 전기개폐기와의 거리는 60cm 이상을 유지해야 한다.

④ 정압기는 가스 사용 기기에 적합한 압력으로 공급할 수 있도록 가스압력을 조정하는 기기이다.

⑤ 발열량은 통상 $1Nm^3$당의 열량으로 나타내는데, 여기에서 N은 표준상태를 나타내는 것으로, 가스에서의 표준상태란 0℃, 1atm을 말한다.

해설

① 고(위)발열량 또는 총발열량은 연소시 발생되는 수증기의 잠열을 포함한 것이다.

05 중 가스설비에 관한 설명으로 옳지 않은 것은? 제16회

① 중압은 0.1kPa 이상 1kPa 미만의 압력을 말한다.
② 호칭지름이 13mm 미만의 배관은 1m마다, 13mm 이상 33mm 미만의 배관은 2m마다 고정장치를 설치한다.
③ 가스계량기와 전기점멸기와의 이격 거리는 30cm 이상을 유지한다.
④ 입상관의 밸브는 보호 상자에 설치하지 않는 경우 바닥으로부터 1.6m 이상 2m 이내에 설치한다.
⑤ 배관은 도시가스를 안전하게 사용할 수 있도록 하기 위하여 내압성능과 기밀성능을 가지도록 한다.

해설

① 중압은 0.1MPa 이상 1MPa 미만의 압력을 말한다.
⊕ 고압은 1MPa 이상이며, 저압은 0.1MPa 미만으로 0.5~2.5kPa의 압력으로 소규모 수용가에 공급한다.

06 중 도시가스설비공사에 관한 설명으로 옳은 것은? 제21회

① 가스계량기와 화기 사이에 유지하여야 하는 거리는 1.5m 이상이어야 한다.
② 가스계량기와 전기계량기 및 전기개폐기와의 거리는 30cm 이상을 유지하여야 한다.
③ 입상관의 밸브는 바닥으로부터 1m 이상 2m 이내에 설치하여야 한다.
④ 지상배관은 부식방지 도장 후 표면 색상을 황색으로 도색하고, 최고사용압력이 저압인 지하매설배관은 황색으로 하여야 한다.
⑤ 가스계량기의 설치 높이는 바닥으로부터 1m 이상 2m 이내에 수직·수평으로 설치하여야 한다.

해설

① 가스계량기와 화기 사이에 유지하여야 하는 거리는 2m 이상이어야 한다.
② 가스계량기와 전기계량기 및 전기개폐기와의 거리는 60cm 이상을 유지하여야 한다.
③ 입상관의 밸브는 바닥으로부터 1.6m 이상 2m 이내에 설치하여야 한다.
⑤ 가스계량기의 설치 높이는 바닥으로부터 1.6m 이상 2m 이내에 수직·수평으로 설치하여야 한다.

Answer

03 ②　04 ①　05 ①　06 ④

07 도시가스설비에 관한 내용으로 옳지 않은 것은?

중 제22회

① 가스의 공급압력은 고압, 중압, 저압으로 구분되어 있다.
② 건물에 공급하는 가스의 압력을 조정하고자 할 때는 정압기를 이용한다.
③ 가스계량기와 화기(그 시설 안에서 사용하는 자체화기는 제외)는 2m 이상 거리를 유지해야 한다.
④ 압력조정기의 안전점검은 1년에 1회 이상 실시한다.
⑤ 가스계량기와 전기개폐기와의 거리는 30cm 이상으로 유지해야 한다.

해설

⑤ 가스계량기와 전기개폐기와의 거리는 60cm 이상으로 유지해야 한다.

08 가스설비에 관한 설명으로 옳지 않은 것은?

중 제14회

① 액화천연가스(LNG)는 공기보다 가볍다.
② 공동주택의 가스배관은 건축물의 기초 밑에 설치한다.
③ 가스배관의 부식과 손상에 의한 가스누설은 안전사고로 이어질 수 있다.
④ 정압기(Governor)는 가스의 압력을 조정하는 것으로 가스공급설비에 포함된다.
⑤ 이론공기량은 가스 1m^{3}를 완전 연소시키는 데 필요한 이론상의 최소 공기량이다.

해설

② 본관 및 공급관은 건축물의 내부 또는 기초 밑에 설치하지 않는다.

09 도시가스설비에 관한 내용으로 옳은 것은?

중 제25회

① 가스계량기는 절연조치를 하지 않은 전선과는 10cm 이상 거리를 유지한다.
② 가스사용시설에 설치된 압력조정기는 매 2년에 1회 이상 압력조정기의 유지·관리에 적합한 방법으로 안전점검을 실시한다.
③ 가스배관은 움직이지 않도록 고정 부착하는 조치를 하되 그 호칭지름이 13mm 미만의 것에는 2m마다 고정 장치를 설치한다.
④ 가스계량기와 화기(그 시설 안에서 사용하는 자체화기는 제외) 사이에 유지하여야 하는 거리는 2m 이상이다.
⑤ 가스계량기와 전기계량기 및 전기개폐기와의 거리는 30cm 이상 유지한다.

해설

① 가스계량기는 절연조치를 하지 않은 전선과는 15cm 이상 거리를 유지한다.
② 가스사용시설에 설치된 압력조정기는 매 1년에 1회 이상 압력조정기의 유지·관리에 적합한 방법으로 안전점검을 실시한다.
③ 가스배관은 움직이지 않도록 고정 부착하는 조치를 하되 그 호칭지름이 13mm 미만의 것에는 1m마다 고정 장치를 설치한다.
⑤ 가스계량기와 전기계량기 및 전기개폐기와의 거리는 60cm 이상 유지한다.

08 냉 · 난방설비

연계학습: 기본서 p.208~279

1 열과 습도 등

01 (중) **다음의 용어에 관한 설명으로 옳은 것은?** 제19회

① 열용량은 어떤 물질 1kg을 1℃ 올리기 위하여 필요한 열량을 의미하며 단위는 kJ/kg · K이다.
② ppm은 농도를 나타내는 단위로 1ppm은 1g/L와 같다.
③ 엔탈피는 어떤 물질이 가지고 있는 열량을 나타내는 것으로, 현열량과 잠열량의 합이다.
④ 노점온도는 어떤 공기의 상대습도가 100%가 되는 온도로, 공기의 절대습도가 낮을수록 노점온도는 높아진다.
⑤ 크로스 커넥션(Cross Connection)은 급수, 급탕배관을 함께 묶어 필요에 따라 급수와 급탕을 동시에 공급할 목적으로 하는 배관이다.

해설
① 열용량은 어떤 물질을 1°C 올리기 위하여 필요한 열량을 의미하며 단위는 kJ/K이다.
② ppm은 농도를 나타내는 단위로 1ppm은 1mg/L와 같다.
④ 노점온도는 어떤 공기의 상대습도가 100%가 되는 온도로, 공기의 절대습도가 높을수록 노점온도는 높아진다.
⑤ 크로스 커넥션(Cross Connection)이란 급수관에 다른 목적의 배관이 잘못 연결되어 급수관을 통해 공급되는 음용수가 오염되는 것을 말한다.

02 (중) **건축설비의 기초사항에 관한 내용으로 옳은 것은?** 제25회

① 순수한 물은 1기압 하에서 4℃일 때 가장 무겁고 부피는 최대가 된다.
② 섭씨 절대온도는 섭씨온도에 459.7을 더한 값이다.
③ 비체적이란 체적을 질량으로 나눈 것이다.
④ 물체의 상태 변화 없이 온도가 변화할 때 필요한 열량은 잠열이다.
⑤ 열용량은 단위 중량 물체의 온도를 1℃ 올리는 데 필요한 열량이다.

해설
① 순수한 물은 1기압 하에서 4°C일 때 가장 무겁고 부피는 최소가 된다.
② 섭씨 절대온도는 섭씨온도에 273.16을 더한 값이고, 459.7을 더한 값은 화씨온도에서 이용된다.
④ 물체의 상태 변화 없이 온도가 변화할 때 필요한 열량은 현열이다.
⑤ 비열은 단위 중량 물체의 온도를 1°C 올리는 데 필요한 열량이다.

Answer
07 ⑤ 08 ② 09 ④ / 01 ③ 02 ③

03 상

습공기에 관한 설명으로 옳지 않은 것은? 제18회

① 현열비는 전열량에 대한 현열량의 비율이다.
② 습공기의 엔탈피는 습공기의 현열량이다.
③ 건구온도가 일정한 경우, 상대습도가 높을수록 노점온도는 높아진다.
④ 절대습도가 커질수록 수증기 분압은 커진다.
⑤ 습공기의 비용적은 건구온도가 높을수록 커진다.

해설
② 습공기의 엔탈피는 습공기의 현열량과 잠열량의 합이다.

04 상

습공기선도상에서 습공기의 성질에 관한 설명으로 옳은 것은? 제21회

① 습공기선도를 사용하면 수증기분압, 유효온도, 현열비 등을 알 수 있다.
② 상대습도 50%인 습공기의 건구온도는 습구온도보다 낮다.
③ 상대습도 100%인 습공기의 건구온도와 노점온도는 같다.
④ 건구온도의 변화 없이 절대습도만 상승시키면 습구온도는 낮아진다.
⑤ 절대습도의 변화 없이 건구온도만 상승시키면 노점온도는 낮아진다.

해설
① 유효온도는 알 수 없다.
② 불포화상태에서 습공기의 건구온도는 항상 습구온도보다 높다.
④ 건구온도의 변화 없이 절대습도만 상승시키면 습구온도는 높아진다.
⑤ 절대습도의 변화 없으면 건구온도의 변화 상관없이 노점온도는 일정하다.

05 중

결로에 관한 설명으로 옳지 않은 것은? 제13회

① 벽체의 열관류율이 클수록 발생하기 쉽다.
② 실내와 실외의 온도차가 클수록 발생하기 쉽다.
③ 내부결로 방지를 위해 단열재의 실외측에 방습막을 설치한다.
④ 표면결로 방지를 위해 실내에서 발생하는 수증기를 억제한다.
⑤ 표면결로 방지를 위해 외벽의 실내 측 표면온도를 실내공기의 노점온도보다 높게 유지한다.

해설
③ 내부결로 방지를 위해 적절한 투습저항을 갖춘 방습막을 단열재의 실내측에 설치한다.

06 겨울철 벽체의 표면결로 방지대책으로 옳지 않은 것은? 제21회

중

① 실내에서 발생하는 수증기량을 줄인다.
② 환기를 통해 실내의 절대습도를 낮춘다.
③ 벽체의 단열강화를 통해 실내 측 표면온도를 높인다.
④ 실내측 표면온도를 주변공기의 노점온도보다 낮춘다.
⑤ 난방기기를 이용하여 벽체의 실내측 표면온도를 높인다.

해설

④ 실내측 표면온도를 주변공기의 노점온도보다 낮추면 벽 표면에 결로가 발생하므로 표면온도를 노점온도보다 높인다.

2 공기조화의 부하 등

07 건물의 난방부하 계산에 관한 설명으로 옳지 않은 것은? 제13회

중

① 벽체의 열관류율이 클수록 건물의 열손실은 감소한다.
② 실내·외 온도차가 클수록 건물의 열손실은 증가한다.
③ 최대 열부하계산으로 송풍량 또는 장치용량을 결정할 수 있다.
④ 건물의 외벽 면적이 넓을수록 건물의 열손실은 증가한다.
⑤ 난방부하는 실내손실열량, 장치손실열량, 외기부하 등을 포함한다.

해설

① 열관류율은 온도가 높은 실내에서 벽체 등을 통해 온도가 낮은 실외로 열이 이동하는 정도(고온유체에서 고체를 통한 저온유체로 열 이동하는 정도)를 수치로 나타내는 것으로 그 값이 작을수록 단열상 유리하다.

Answer

03 ②　04 ③　05 ③　06 ④　07 ①

08 중

난방부하의 산정에 관한 설명으로 옳지 않은 것은? 제16회

① 외기부하는 현열과 잠열을 고려하여 산정한다.
② 외벽 및 창문의 열관류율이 클수록 손실열량이 증가한다.
③ 지하층의 손실열량은 실내온도와 지중온도를 고려하여 산정한다.
④ 외벽의 손실열량을 산정하는 경우 상당외기온도를 적용해야 한다.
⑤ 틈새바람에 의한 손실열량을 고려하여 산정한다.

해설

④ 상당외기온도는 일사의 영향을 받은 벽체의 온도가 올라가면서 부하에 영향을 미치는 것으로, 상당외기온도를 적용해야 하는 경우는 냉방부하 산정할 때이다.

09 중

건물의 냉방부하 계산에 관한 설명으로 옳지 않은 것은? 제17회

① 냉방부하 계산시 재실자 발열은 고려하지 않는다.
② 실내·외 온도차가 클수록 건물 열손실은 증가한다.
③ 벽체의 열관류율값이 낮을수록 건물 열손실은 감소한다.
④ 최대 열부하계산으로 공조기 송풍량을 결정할 수 있다.
⑤ 냉방부하에는 실내부하, 장치부하, 외기부하 등이 포함된다.

해설

① 냉방부하 계산시 재실자 발열, 전등의 발열 등 실내 취득열도 고려한다.

10 중

공기조화설비 계획시 고려해야 할 조닝(Zoning) 방법으로 옳은 것은? 제13회

① 조명방식별 조닝
② 실용도별 조닝
③ 급탕 조닝
④ 급수 조닝
⑤ 열원방식별 조닝

해설

② 공기조화설비 계획시 고려해야 할 조닝은 필요한 곳에 필요한 만큼만 열부하(냉방부하 및 난방부하)를 경감시켜 설비용량을 작게 하고 연간 에너지소비량을 절감시키는 것이다. 조닝의 방식은 건물 또는 각 실의 방위·용도·기능 등에 따라 공조계통을 분리하는 것이다.

3 공조방식 등

11 중 **공조방식 중 전공기방식과 전수방식에 관한 설명으로 옳은 것은?** 제12회

① 전공기방식은 외기냉방이 불가능하다.
② 전공기방식은 환기가 용이하다.
③ 전공기방식은 실내에 수배관이 필요하다.
④ 전수방식은 덕트 스페이스가 많이 소요된다.
⑤ 전수방식은 고성능 필터를 사용할 수 있어 실내 공기의 청정도가 높다.

해설
① 전공기방식은 외기냉방이 가능하다.
③ 전수방식은 실내에 수배관이 필요하며, 전공기방식은 수배관이 필요하지 않다.
④ 전공기방식은 덕트 스페이스가 많이 소요된다.
⑤ 전공기방식은 고성능 필터를 사용할 수 있어 실내 공기의 청정도가 높다.

12 중 **단일덕트 변풍량방식에 관한 설명으로 옳지 않은 것은?** 제16회

① 정풍량방식에 비하여 설비비가 적게 든다.
② 부분부하시 송풍기의 풍량을 제어하여 반송동력을 절감할 수 있다.
③ 부하가 감소되면 송풍량이 적어지므로 환기가 불충분해질 염려가 있다.
④ 변풍량 유닛을 배치하면 각 실이나 존(Zone)의 개별제어가 쉽다.
⑤ 전폐형 변풍량유닛을 사용하면 비사용실에 대한 공조를 정지하여 에너지를 절감할 수 있다.

해설
① 변풍량유닛의 설치 등으로 정풍량방식에 비하여 설비비가 많이 든다.

Answer
08 ④ 09 ① 10 ② 11 ② 12 ①

13 중

〈보기〉에서 공조방식에 대한 설명으로 옳은 항목을 모두 고른 것은? 제11회

보기

㉠ 정풍량 단일덕트방식은 부하특성이 다른 여러 개의 실이나 존이 있는 건물에 적합하다.
㉡ 정풍량 단일덕트방식은 외기냉방이 가능하다.
㉢ 가변풍량 단일덕트방식은 개별제어가 가능하고 칸막이 변경 또는 부하변동시 유연성이 있다.
㉣ 가변풍량 단일덕트방식은 정풍량 단일덕트방식에 비해 시스템이 간단하다.
㉤ 팬코일 유닛방식은 각 유닛마다 조절할 수 있으므로 실별 조절에 적합하다.

① ㉠, ㉣
② ㉢, ㉣
③ ㉡, ㉢, ㉤
④ ㉠, ㉢, ㉤
⑤ ㉠, ㉡, ㉣, ㉤

해설

㉠ 가변풍량 단일덕트방식은 부하특성이 다른 여러 개의 실이나 존이 있는 건물에 적합하다.
㉣ 정풍량 단일덕트방식은 가변풍량 단일덕트방식에 비해 시스템이 간단하다.

14 하

대형 공기조화기인 에어핸들링유닛(AHU, Air Handling Unit)의 구성요소에 속하지 않는 것은? 제15회

① 송풍기
② 가습기
③ 재생기
④ 에어필터
⑤ 냉온수코일

해설

③ 재생기는 흡수식 냉동기의 구성요소이다. 에어핸들링유닛(AHU, Air Handling Unit, 공기조화장치)의 구성요소는 공기여과기(에어필터), 공기냉각기(냉각코일), 공기가열기(가열코일), 가습기, 송풍기 등이다.

4 냉동설비

15 냉동기에 관한 설명으로 옳지 않은 것은? 제12회

중

① 흡수식 냉동기는 냉매로 브롬화리튬(LiBr), 흡수제로 물(H_2O)을 사용한다.
② 압축식 냉동기는 흡수식 냉동기와 비교하여 많은 전력을 소비한다.
③ 압축식 냉동기와 흡수식 냉동기에서 냉수의 냉각이 이루어지는 부분은 증발기이다.
④ 압축식 냉동기의 4대 구성요소는 압축기, 증발기, 응축기, 팽창밸브이다.
⑤ 흡수식 냉동기의 4대 구성요소는 재생기, 증발기, 응축기, 흡수기이다.

해설

① 흡수식 냉동기는 냉매로 물(H_2O), 흡수제로 브롬화리튬(LiBr)을 사용한다.

16 냉동기에 관한 설명으로 옳지 않은 것은? 제13회

중

① 흡수식 냉동기의 냉매로는 물이 사용된다.
② 냉동기의 성적계수(COP)는 그 값이 작을수록 에너지 효율이 좋아진다.
③ 터보식 냉동기는 임펠러의 원심력에 의해 냉매가스를 압축한다.
④ 압축식 냉동기의 냉매 순환은 증발기 ⇨ 압축기 ⇨ 응축기 ⇨ 팽창밸브 ⇨ 증발기 순으로 이루어진다.
⑤ 흡수식 냉동기의 냉매 순환은 증발기 ⇨ 흡수기 ⇨ 재생기(발생기) ⇨ 응축기 ⇨ 증발기 순으로 이루어진다.

해설

② 냉동기의 성적계수(COP, Coefficient of Performance)란 일반적인 기기에서의 효율과 비슷한 의미로 사용되며, 그 값이 클수록 에너지 효율이 좋다.

Answer

13 ③ 14 ③ 15 ① 16 ②

17 상●●

냉동기에 관한 설명으로 옳은 것은? 제15회

① 2중 효용 흡수식 냉동기에는 응축기가 2개 있다.
② 흡수식 냉동기에서 냉동이 이루어지는 부분은 응축기이다.
③ 흡수식 냉동기는 압축식 냉동기에 비해 많은 전력이 소비된다.
④ 압축식 냉동기에서는 냉매가 팽창밸브를 통과하면서 고온고압이 된다.
⑤ 증발기 및 응축기는 압축식 냉동기와 흡수식 냉동기를 구성하는 공통 요소이다.

해설

① 2중 효용 흡수식 냉동기에는 재생기가 2개(고온, 저온)가 있다.
② 흡수식 냉동기에서 냉동이 이루어지는 부분은 증발기이다.
③ 흡수식 냉동기는 압축식 냉동기에 비해 적은 전력이 소비된다.
④ 압축식 냉동기에서는 냉매가 팽창밸브를 통과하면서 저온저압이 된다.

18 상●●

히트펌프(Heat Pump)와 관계가 없는 용어는? 제14회

① 응축기(Condenser)
② COP(Coefficient of Performance)
③ 몰리에르 선도(Mollier Diagram)
④ 유효흡입수두(Net Positive Suction Head)
⑤ 팽창밸브(Expansion Valve)

해설

④ 히트펌프(Heat Pump; 열펌프)는 열을 자체적으로 생산하는 것이 아니라 저온의 열원에서 열을 흡수하여 고온의 열원으로 열을 운송하는 장치를 말한다. 즉, 냉동기의 압축기에서 고온고압으로 된 냉매를 냉각탑 또는 방열을 통해 외부로 버리지만, 이 응축기의 방열하는 열량을 난방으로 이용하므로 냉・난방에 대한 설비비를 절감할 수 있는 장치이다. 유효흡입수두는 펌프에서 캐비테이션을 일으키지 않는 수두를 말한다.

19 상●●

압축식 냉동기의 성적계수에 관한 설명으로 옳지 않은 것은? 제16회

① 성적계수가 높을수록 냉동기 성능이 우수하다.
② 히트펌프의 성적계수는 냉방시보다 난방시가 높다.
③ 증발기의 냉각열량을 압축기의 투입에너지로 나눈 값이다.
④ 증발압력이 낮을수록, 응축압력이 높을수록 성적계수는 높아진다.
⑤ 냉매의 압력과 엔탈피의 관계를 나타낸 몰리에르 선도를 이용하여 산정할 수 있다.

해설

④ 증발압력이 높을수록, 응축압력이 낮을수록 성적계수는 높아진다. 또는 증발온도는 가능하면 높을수록, 응축온도는 가능하면 낮을수록 성적계수는 높아진다. 즉, 증발기와 응축기의 온도차가 작을수록 성적계수는 커진다.

20 중

흡수식 냉동기의 구성요소로 옳은 것은? 제17회

① 압축기, 증발기, 흡수기, 재생기
② 흡수기, 증발기, 응축기, 재생기
③ 압축기, 흡수기, 응축기, 팽창밸브
④ 압축기, 증발기, 응축기, 팽창밸브
⑤ 흡수기, 팽창밸브, 응축기, 재생기

해설

② 흡수식은 흡수기, 증발기, 응축기, 재생기로 구성되며, 응축기 ⇨ 증발기 ⇨ 흡수기 ⇨ 재생기(발생기)의 순으로 작동한다.

21 중

냉동설비에 관한 내용으로 옳지 않은 것은? 제19회

① 일반적으로 압축식 냉동기는 전기, 흡수식 냉동기는 가스 또는 증기와 같은 열을 주 에너지원으로 사용한다.
② 히트펌프의 성적계수(COP)는 냉방시보다 난방시가 낮다.
③ 흡수식 냉동기의 냉매는 주로 물이 사용된다.
④ 증발기에서 냉매는 주변 물질로부터 열을 흡수하여 그 물질을 냉각시킨다.
⑤ 흡수식 냉동기의 주요 구성요소는 증발기, 흡수기, 재생기, 응축기이다.

해설

② 히트펌프의 성적계수(COP)는 냉방시보다 난방시가 더 높다.

22 중

냉동기의 압축기를 압축방법에 따라 분류할 때, 케이싱 안에 설치된 회전 날개의 고속회전운동을 이용하는 압축기는? 제18회

① 왕복식 압축기
② 흡수식 압축기
③ 터보 압축기
④ 스크류 압축기
⑤ 피스톤식 압축기

해설

③ 터보 압축기: 원심 펌프와 마찬가지로 임펠러의 고속회전에 의해 생기는 원심력으로 임펠러 속의 냉매가스를 압축하여 외부로 보내고, 그 후에 만들어진 공간을 메우기 위하여 가스가 새로 흡입되어 가는 작용을 이용해서 증발기로부터 가스를 흡입하여 응축기로 송출하는 압축기

Answer

17 ⑤ 18 ④ 19 ④ 20 ② 21 ② 22 ③

5 난방방식

23 ●●하

다음의 중앙난방방식에서 간접난방에 속하는 것은? 제13회

① 온수난방　　② 온풍난방
③ 증기난방　　④ 복사난방
⑤ 저온수난방

해설

② 직접난방방식은 실내에 열공급원을 직접 설치하거나 방열체를 설치하여 직접 실내공기를 가열하는 방식으로 증기난방, 온수난방, 복사난방이 여기에 속하며, 간접난방방식은 특정 공기를 가열하여 가열된 공기를 덕트를 통하여 각 실에 공급하는 난방방식으로 온풍난방이 이에 속한다.

24 ●중●

난방설비의 배관에 관한 설명으로 알맞지 않은 것은? 제9회

① 헤더에서 증기나 온수를 각 계통별로 공급하거나 환수한다.
② 역환수배관방식은 유량을 일정하게 분배하며, 배관길이를 짧아지게 한다.
③ 배관길이가 다를 경우에 밸런싱 밸브로 유량을 조절한다.
④ 온수배관에서 팽창탱크가 물의 부피 변화를 흡수한다.
⑤ 배관의 길이 변화는 신축이음을 통해 흡수된다.

해설

② 역환수배관방식은 유량을 일정하게 분배하며, 배관길이를 길어지게 한다.

25 ●중●

난방방식에 관한 설명으로 옳지 않은 것은? 제27회

① 온수난방은 증기난방에 비해 방열량을 조절하기 쉽다.
② 온수난방에서 직접환수방식은 역환수방식에 비해 각 방열기에 온수를 균등히 공급할 수 있다.
③ 증기난방은 온수난방에 비해 방열기의 방열면적을 작게 할 수 있다.
④ 온수난방은 증기난방에 비해 예열시간이 길다.
⑤ 지역난방방식에서 고온수를 열매로 할 경우에는 공동주택 단지 내의 기계실 등에서 열교환을 한다.

해설

② 온수난방에서 역환수방식은 배관의 길이가 길어지지만 관로의 마찰손실을 비슷하게 하여 직접환수방식에 비해 각 방열기에 온수를 균등히 공급할 수 있다.

26 난방설비에 관한 설명으로 옳지 않은 것은? 제13회

중

① 증기난방은 온수난방에 비해 방열량 조절이 어렵다.
② 증기난방은 온수난방에 비해 배관에 부식이 발생하기 쉽다.
③ 직접 환수방식은 각 난방기기의 유량을 동일하게 순환시키기 위해 적용되는 방식이다.
④ 보일러 종류 중 수관보일러는 구조상 고압 및 대용량에 적합하므로 지역난방과 같은 대규모 설비 등에서 많이 채택된다.
⑤ 100℃ 이상의 고온수를 이용하여 난방을 하는 경우, 온도 유지를 위해 고온수 난방계통 내에 가압이 이루어져야 한다.

해설
③ 각 난방기기의 유량을 동일하게 순환시키기 위해 적용되는 방식은 역환수방식이다.

27 난방설비에 관한 설명으로 옳지 않은 것은? 제18회

중

① 방열기는 열손실이 많은 창문 내측 하부에 위치시킨다.
② 증기난방은 증발잠열을 이용하기 때문에 열의 운반능력이 작다.
③ 방열기 내에 공기가 있으면 열전달과 유동을 방해한다.
④ 증기난방방식은 온수난방에 비교하여 설비비가 낮다.
⑤ 증기난방 방열기에는 벨로스 트랩 또는 다이어프램 트랩을 사용한다.

해설
② 증기난방은 온수난방에 비해 열용량이 작아 예열시간이 짧고, 난방지속시간이 짧다. 또한 잠열을 이용한 난방으로 열운반능력은 커서 배관경과 방열면적을 작게 할 수 있어 온수난방보다 설비비가 적다.

28 난방설비에 관한 내용으로 옳지 않은 것은? 제19회

중

① 온수난방은 현열을, 증기난방은 잠열을 이용하는 개념의 난방방식이다.
② 100℃ 이상의 고온수 난방에는 개방식 팽창탱크를 주로 사용한다.
③ 응축수만을 보일러로 환수시키기 위하여 증기트랩을 설치한다.
④ 수온변화에 따른 온수의 용적 증감에 대응하기 위하여 팽창탱크를 설치한다.
⑤ 개방식 팽창탱크에는 안전관, 오버플로우(넘침)관 등을 설치한다.

해설
② 100℃ 이상의 고온수 난방에는 가압이 필요하므로 밀폐식 팽창탱크를 사용하며, 온수난방은 개방식 또는 밀폐식 팽창탱크를 사용할 수 있다.

Answer
23 ② 24 ② 25 ② 26 ③ 27 ② 28 ②

29 온수난방에 관한 설명으로 옳은 것은? 제20회

중

① 증기난방에 비해 보일러 취급이 어렵고, 배관에서 소음이 많이 발생한다.
② 관내 보유수량 및 열용량이 커서 증기난방보다 예열시간이 길다.
③ 증기난방에 비해 난방부하의 변동에 따라 방열량 조절이 어렵고 쾌감도가 낮다.
④ 잠열을 이용하는 방식으로 증기난방에 비해 방열기나 배관의 관경이 작아진다.
⑤ 겨울철 난방을 정지하였을 경우에도 동결의 우려가 없다.

해설

① 증기난방은 온수난방에 비해 보일러 취급이 어렵고, 배관에서 소음이 많이 발생한다.
③ 증기난방은 온수난방에 비해 난방부하의 변동에 따라 방열량 조절이 어렵고 쾌감도가 낮다.
④ 증기난방은 잠열을 이용하는 방식으로 온수난방에 비해 방열기나 배관의 관경이 작아진다.
⑤ 온수난방은 겨울철 난방을 정지하였을 경우에도 동결의 우려가 크다.

30 난방설비에 관한 내용으로 옳지 않은 것은? 제26회

상

① 증기난방에서 기계환수식은 응축수 탱크에 모인 물을 응축수 펌프로 보일러에 공급하는 방법이다.
② 증기트랩에 기계식 트랩은 플로트 트랩을 포함한다.
③ 증기배관에서 건식환수배관방식은 환수주관이 보일러 수면보다 위에 위치한다.
④ 관경결정법에서 마찰저항에 의한 압력손실은 유체밀도에 비례한다.
⑤ 동일 발열량에 대하여 바닥복사난방은 대류난방보다 실의 평균온도가 높기 때문에 손실열량이 많다.

해설

⑤ 동일 발열량에 대하여 바닥복사난방은 대류난방보다 상하 온도차가 작고 복사에 의한 난방으로 개구부를 개방할 때 등 손실열량이 작다.

31 중

난방방식에 관한 설명으로 옳지 않은 것은? 제23회

① 대류(온풍)난방은 가습장치를 설치하여 습도조절을 할 수 있다.
② 온수난방은 증기난방에 비해 예열시간이 길어서 난방감을 느끼는 데 시간이 걸려 간헐운전에 적합하지 않다.
③ 온수난방에서 방열기의 유량을 균등하게 분배하기 위하여 역환수방식을 사용한다.
④ 증기난방은 응축수의 환수관 내에서 부식이 발생하기 쉽다.
⑤ 증기난방은 온수난방보다 열매체의 온도가 높아 열매량 차이에 따른 열량조절이 쉬우므로, 부하변동에 대한 대응이 쉽다.

해설

⑤ 증기난방은 온수난방보다 열매체의 온도가 높아 열매량 차이에 따른 열량조절이 어려워, 부하변동에 대한 대응이 곤란하다.

32 중

난방방식에 관한 설명으로 옳지 않은 것은? 제25회

① 온수난방은 증기난방과 비교하여 예열시간이 짧아 간헐운전에 적합하다.
② 난방코일이 바닥에 매설되어 있는 바닥복사난방은 균열이나 누수시 수리가 어렵다.
③ 증기난방은 비난방시 배관이 비어 있어 한랭지에서도 동결에 의한 파손 우려가 적다.
④ 바닥복사난방은 온풍난방과 비교하여 천장이 높은 대공간에서도 난방효과가 좋다.
⑤ 증기난방은 온수난방과 비교하여 난방부하와 변동에 따른 방열량 조절이 어렵다.

해설

① 증기난방은 온수난방과 비교하여 예열시간이 짧아 간헐운전에 적합하다.

Answer

29 ② 30 ⑤ 31 ⑤ 32 ①

33 중

지역난방방식의 특징에 관한 내용으로 옳지 않은 것은? 제24회

① 열병합발전인 경우에 미활용 에너지를 이용할 수 있어 에너지절약 효과가 있다.

② 단지 자체에 중앙난방보일러를 설치하는 경우와 비교하여 단지의 난방 운용 인원수를 줄일 수 있다.

③ 건물이 밀집되어 있을수록 배관매설 비용이 줄어든다.

④ 단지에 중앙난방보일러를 설치하지 않으므로 기계실 면적을 줄일 수 있다.

⑤ 건물이 플랜트로부터 멀리 떨어질수록 열매 반송 동력이 감소한다.

해설

⑤ 건물이 플랜트로부터 멀리 떨어질수록 배관이 길어지고, 열매 반송 동력이 증가한다.

6 복사난방

34 중

바닥복사난방에 관한 설명으로 옳지 않은 것은? 제12회

① 실내공기의 흐름이 적으므로 먼지의 비산이 거의 없다.

② 천장고가 높은 곳이나 외기침입이 있는 곳에서도 난방효과를 얻을 수 있다.

③ 복사난방을 하는 공동주택의 층간 바닥은 법령이 정한 단열성능을 확보하여야 한다.

④ 방열면에서 열복사가 많으므로 낮은 실내 공기온도에도 쾌적감을 얻을 수 있다.

⑤ 코일의 배치간격이 넓을수록 방열면의 온도분포가 좋다.

해설

⑤ 방열면의 온도분포가 좋으려면 코일의 배치 간격이 좁을수록 좋다.

35 상 온돌 및 난방설비 설치기준으로 옳지 않은 것은? 제17회

① 단열층은 열손실을 방지하기 위하여 배관층과 바탕층 사이에 단열재를 설치하는 층이다.
② 배관층은 단열층 또는 채움층 위에 방열관을 설치하는 층이다.
③ 배관층과 바탕층 사이의 열저항은 심야전기이용 온돌의 경우는 제외하고 층간 바닥인 경우 해당 바닥에 요구되는 열관류저항의 60% 이상, 최하층 바닥인 경우 70% 이상이어야 한다.
④ 바탕층이 지면에 접하는 경우 바탕층 아래와 주변 벽면에 높이 5cm 이상의 방수처리를 하여야 한다.
⑤ 마감층은 수평이 되도록 설치하고, 바닥 균열 방지를 위해 충분히 양생하여 마감재의 뒤틀림이나 변형이 없도록 한다.

해설
④ 바탕층이 지면에 접하는 경우 바탕층 아래와 주변 벽면에 높이 10cm 이상의 방수처리를 하여야 한다.

36 중 대류난방과 비교한 복사난방에 관한 설명으로 옳은 것을 모두 고른 것은? 제27회

보기

㉠ 실내 상하 온도분포의 편차가 작다.
㉡ 배관이 구조체에 매립되는 경우 열매체 누설시 유지보수가 어렵다.
㉢ 저온수를 이용하는 방식의 경우 일시적인 난방에 효과적이다.
㉣ 실(室)이 개방된 상태에서도 난방효과가 있다.

① ㉠, ㉡ ② ㉠, ㉢ ③ ㉡, ㉣
④ ㉠, ㉡, ㉣ ⑤ ㉠, ㉡, ㉢, ㉣

해설
㉢ 저온수를 이용하는 방식의 경우 열용량이 크므로 예열시간과 난방정지시 난방지속시간이 길고, 일시적인 난방보다 지속난방에 유리하다.

Answer
33 ⑤ 34 ⑤ 35 ④ 36 ④

37 중

바닥복사난방에 관한 설명으로 옳지 않은 것은? 제20회

① 난방코일이 바닥에 매설되어 균열이나 누수시 수리가 어렵다.
② 각 방으로 연결된 난방코일의 길이가 달라지면, 그 저항 손실도 달라진다.
③ 난방코일의 간격은 열손실이 많은 측에서는 넓게, 적은 측에서는 좁게 해야 한다.
④ 난방코일의 매설 깊이는 바닥표면 온도분포와 균열 등을 고려하여 결정한다.
⑤ 열손실을 막기 위해 방열면 반대측에 단열층 설치가 필요하다.

해설

③ 난방코일의 간격은 열손실이 많은 측에서는 좁게, 적은 측에서는 넓게 해야 한다.

38 중

바닥복사난방에 관한 특징으로 옳지 않은 것은? 제23회

① 실내에 방열기를 설치하지 않으므로 바닥면의 이용도가 높다.
② 증기난방과 비교하여 실내층고와 관계없이 상하 온도차가 항상 크다.
③ 방을 개방한 상태에서도 난방 효과가 있다.
④ 매설배관의 이상발생시 발견 및 수리가 어렵다.
⑤ 열손실을 막기 위해 방열면의 배면에 단열층이 필요하다.

해설

② 바닥복사난방은 복사열을 이용하므로 증기난방과 비교하여 실내층고와 관계없이 상하 온도차가 항상 작다.

39 중

바닥복사난방 방식에 관한 설명으로 옳지 않은 것은? 제24회

① 온풍난방 방식보다 천장이 높은 대공간에서도 난방효과가 좋다.
② 배관이 구조체에 매립되는 경우 열매체의 누설시 유지보수가 어렵다.
③ 대류난방, 온풍난방 방식보다 실의 예열시간이 길다.
④ 실내의 상하 온도분포 차이가 커서 대류난방 방식보다 쾌적성이 좋지 않다.
⑤ 바닥에 방열기를 설치하지 않아도 되므로 실의 바닥면적 이용도가 높아진다.

해설

④ 실내의 상하 온도분포 차이가 작아서 대류난방 방식보다 쾌적성이 좋다.

7 보일러와 난방용 부속

40 상 **난방용 보일러에 관한 설명으로 옳은 것은?** 제27회

① 상용출력은 난방부하, 급탕부하 및 축열부하의 합이다.
② 환산증발량은 100°C의 물을 102°C의 증기로 증발시키는 것을 기준으로 하여 보일러의 실제증발량을 환산한 것이다.
③ 수관보일러는 노통연관보일러에 비해 대규모 시설에 적합하다.
④ 이코노마이저(Economizer)는 보일러 배기가스에서 회수한 열로 연소용 공기를 예열하는 장치이다.
⑤ 저위발열량은 연료 연소시 발생하는 수증기의 잠열을 포함한 것이다.

해설

① 상용출력은 난방부하, 급탕부하 및 배관손실부하의 합이다.
② 환산증발량은 100°C의 물을 100°C의 증기로 증발시키는 것을 기준으로 하여 보일러의 실제증발량을 환산한 것이다.
④ 이코노마이저(Economizer)는 보일러 배기가스에서 회수한 열로 급수를 예열하는 장치이다.
⑤ 저위발열량은 연소직전 상변화에 포함되는 증발잠열을 뺀 실제로 효용되는 연료의 발열량을 말한다.

41 중 **보일러에 관한 설명으로 옳지 않은 것은?** 제16회

① 증기보일러의 용량은 단위시간당 증발량으로 나타낸다.
② 관류보일러는 드럼이 설치되어 있어 부하변동에 대한 응답이 느리다.
③ 노통연관보일러는 부하 변동에 대해 안정성이 있고, 수면이 넓어 급수조절이 용이하다.
④ 난방・급탕 겸용 보일러의 정격출력은 급탕부하, 난방부하, 배관부하, 예열부하의 합으로 표시된다.
⑤ 수관보일러는 고압 및 대용량에 적합하여 지역난방과 같은 대규모 설비나 대규모 공장 등에서 사용된다.

해설

② 긴 관을 코일 모양으로 만든 가열관을 설치하고, 순환 펌프에 의해 관내를 흐르는 동안에 예열, 증발부, 과열부의 순서로 관류하면서 빠르게 과열증기를 얻기 위한 것으로 드럼이 없다.

Answer

37 ③ 38 ② 39 ④ 40 ③ 41 ②

02 시설개론

42 보일러에 관한 용어의 설명으로 옳은 것을 모두 고른 것은? 제26회

상●●

> ㉠ 정격출력은 난방부하, 급탕부하, 예열부하의 합이다.
> ㉡ 보일러 1마력은 1시간에 100℃의 물 15.65kg을 증기로 증발시킬 수 있는 능력을 말한다.
> ㉢ 저위발열량은 연소직전 상변화에 포함되는 증발잠열을 포함한 열량을 말한다.
> ㉣ 이코노마이저(Economizer)는 에너지 절약을 위하여 배열에서 회수된 열을 급수 예열에 이용하는 방법을 말한다.

① ㉠, ㉡　② ㉠, ㉢　③ ㉡, ㉣
④ ㉡, ㉢, ㉣　⑤ ㉠, ㉡, ㉢, ㉣

해설

㉠ 정격출력은 난방부하, 급탕부하, 배관손실부하, 예열부하의 합이다.
㉢ 저위발열량은 연소직전 상변화에 포함되는 증발잠열을 포함하지 않은 실제로 효용되는 연료의 발열량을 말한다.

43 난방설비에 관한 내용으로 옳지 않은 것은? 제22회

●중●

① 보일러의 정격출력은 난방부하와 급탕부하의 합이다.
② 노통연관보일러는 증기나 고온수 공급이 가능하다.
③ 표준상태에서 증기방열기의 표준방열량은 약 756W/m²이다.
④ 온수방열기의 표준방열량 산정시 실내온도는 18.5℃를 기준으로 한다.
⑤ 지역난방용으로 수관식 보일러를 주로 사용한다.

해설

① 보일러의 정격출력은 난방부하, 급탕부하, 배관손실부하와 예열부하의 합이다.

44 상

증기트랩의 작동원리와 종류의 연결로 옳지 않은 것은? 제17회

① 기계식 – 플로트 트랩
② 기계식 – 버킷 트랩
③ 온도조절식 – 다이어프램 트랩
④ 온도조절식 – 디스크 트랩
⑤ 온도조절식 – 밸로스 트랩

해설

증기트랩의 종류

구 분	기계식 트랩 (Mechanical)	온도조절식 트랩 (Thermostatic)	열역학적 트랩 (Thermodynamic)
동작 원리	밀도 차이(부력)	온도 차이	열역학적 변화 (압력/속도 변화)
종 류	버켓(Bucket) 플로트(Float)	벨로우즈(Bellows) 바이메탈(Bimetalic) 와퍼(Wafer) 다이어프램(Diaphragm)	디스크(Disc)

45 중

난방설비에 사용되는 부속기기에 관한 설명으로 옳지 않은 것은? 제26회

① 방열기 밸브는 증기 또는 온수에 사용된다.
② 공기빼기 밸브는 증기 또는 온수로 사용된다.
③ 리턴 콕(Return Cock)은 온수의 유량을 조절하는 밸브이다.
④ 2중 서비스 밸브는 방열기 밸브와 열동트랩을 조합한 구조이다.
⑤ 버킷트랩은 증기와 응축수의 온도 및 엔탈피 차이를 이용하여 응축수를 배출하는 방식이다.

해설

⑤ 버킷트랩은 증기와 응축수의 부력 차이를 이용하여 응축수를 배출하는 방식이다.

Answer

42 ③ 43 ① 44 ④ 45 ⑤

8 환기/방음설계 등

46 ●●하

리모델링하는 100세대 이상의 공동주택에 환기설비를 설치할 경우, 세대당 요구되는 최소 환기횟수는? 제14회

① 시간당 0.3회
② 시간당 0.5회
③ 시간당 0.7회
④ 시간당 1회
⑤ 시간당 2회

해설

건축물의 설비기준 등에 관한 규칙 제11조【공동주택 및 다중이용시설의 환기설비기준 등】
① 영 제87조 제2항의 규정에 따라 신축 또는 리모델링하는 다음 각 호의 어느 하나에 해당하는 주택 또는 건축물(이하 "신축공동주택등"이라 한다)은 시간당 0.5회 이상의 환기가 이루어질 수 있도록 자연환기설비 또는 기계환기설비를 설치해야 한다.
1. 30세대 이상의 공동주택
2. 주택을 주택 외의 시설과 동일건축물로 건축하는 경우로서 주택이 30세대 이상인 건축물

47 ●중●

설비시스템의 소음방지에 관한 설명으로 옳지 않은 것은? 제14회

① 급수계통 배관은 유속과 급수압력을 적정하게 조절한다.
② 덕트계통에서는 마찰 저항을 최소로 하여 송풍기 정압을 감소시킨다.
③ 벽체를 관통하는 배관은 구조체와 직접 접촉하지 않도록 완충재를 사용하여 전달 소음을 저감시키도록 한다.
④ 진동발생 장비는 배관을 구조체와 직접 접촉하지 않도록 완충재를 사용하여 전달 소음을 저감시키도록 한다.
⑤ 소음이 공기전달음인 경우에는 제진재를, 구조체를 통한 고체전달음의 경우에는 흡음 및 차음재를 설치하는 것이 소음방지에 가장 효과적이다.

해설

⑤ 소음이 공기전달음인 경우에는 흡음이나 차음재를, 구조체를 통한 고체전달음의 경우에는 제진재를 설치하는 것이 소음방지에 가장 효과적이다.

48 중

설비시스템과 관련한 방음 또는 방진 대책에 관한 설명으로 옳지 않은 것은?

제18회

① 기계와 기초 사이에는 방진재를 설치하고 바닥 또는 실 전체를 뜬바닥 구조로 한다.
② 실내 공기전달음은 흡음처리 한다.
③ 송풍계통에는 플레넘(Plenum)이나 소음기(Silencer)를 설치한다.
④ 벽체를 관통하는 배관은 구조체에 직접 고정하여 일체화되도록 시공한다.
⑤ 급배수설비에는 당해층(층상) 배관방식을 도입한다.

해설

④ 덕트, 배관 등이 벽을 관통할 때, 관통부에서 덕트, 배관과 벽에 틈새가 생기면 이 틈을 통해 소음의 전파가 많이 이루어지므로 정밀한 시공을 통한 충분한 차음처리를 한다. 배관의 고정은 완충재를 사용, 방진처리한다.

49 상

150세대인 신축공동주택에 기계환기설비를 설치하고자 한다. 설치기준에 관한 설명으로 옳지 않은 것은?

제21회

① 적정 단계의 필요 환기량은 세대를 시간당 0.5회로 환기할 수 있는 풍량을 확보하여야 한다.
② 기계환기설비의 환기기준은 시간당 실내공기 교환횟수로 표시하여야 한다.
③ 기계환기설비는 주방 가스대 위의 공기배출장치, 화장실의 공기배출 송풍기 등 급속환기 설비와 함께 설치할 수 있다.
④ 기계환기설비의 각 부분의 재료는 충분한 내구성 및 강도를 유지하여 작동되는 동안 구조 및 성능에 변형이 없도록 하여야 한다.
⑤ 하나의 기계환기설비로 세대 내 2 이상의 실에 바깥공기를 공급할 경우의 필요 환기량은 각 실에 필요한 환기량의 평균 이상이 되도록 하여야 한다.

해설

⑤ 하나의 기계환기설비로 세대 내 2 이상의 실에 바깥공기를 공급할 경우의 필요 환기량은 각 실에 필요한 환기량의 합계 이상이 되도록 하여야 한다.

Answer

46 ② 47 ⑤ 48 ④ 49 ⑤

02 시설개론

50 상

다음은 건축물의 설비기준 등에 관한 규칙상 신축공동주택 등의 기계환기설비의 설치기준에 관한 내용의 일부이다. ( )에 들어갈 내용으로 옳은 것은? 제25회

> 외부에 면하는 공기흡입구와 배기구는 교차오염을 방지할 수 있도록 (㉠)미터 이상의 이격거리를 확보하거나, 공기흡입구와 배기구의 방향이 서로 (㉡)도 이상 되는 위치에 설치되어야 하고 화재 등 유사시 안전에 대비할 수 있는 구조와 성능이 확보되어야 한다.

① ㉠: 1.0, ㉡: 45
② ㉠: 1.0, ㉡: 90
③ ㉠: 1.5, ㉡: 45
④ ㉠: 1.5, ㉡: 90
⑤ ㉠: 3.0, ㉡: 45

해설

건축물의 설비기준 등에 관한 규칙 【별표 1의 5】 14. 외부에 면하는 공기흡입구와 배기구는 교차오염을 방지할 수 있도록 1.5미터 이상의 이격거리를 확보하거나, 공기흡입구와 배기구의 방향이 서로 90도 이상 되는 위치에 설치되어야 하고 화재 등 유사시 안전에 대비할 수 있는 구조와 성능이 확보되어야 한다.

09 전기설비

연계학습: 기본서 p.280~339

1 전기의 기초

01 중

전기설비에 대한 설명으로 알맞지 않은 것은? 제9회

① 전동기의 역률을 향상시키기 위하여 진상콘덴서를 사용한다.
② 분기회로에 별도의 분기 개폐기를 설치하여 사고시 피해범위를 제한한다.
③ 콘센트는 바닥 위 0.3m 전후 높이에 설치하며 문, 가구, 계기 등의 후면에 오지 않도록 한다.
④ 전기 계측시 전압계는 전기부하에 직렬로 접속한다.
⑤ 습기가 많은 장소의 콘센트는 접지형으로 설치하고 일반콘센트와 별도의 회로를 구성해야 한다.

해설

④ 전기 계측시 전압계는 전기부하에 병렬로 접속하며, 전류계는 전기부하에 직렬로 접속한다.

02 전기설비의 전압 구분에서 교류의 저압기준에 해당하는 것은? 제19회

하

① 600V 이하
② 700V 이하
③ 750V 이하
④ 800V 이하
⑤ 1,000V 이하

해설

전압의 종별

구 분	직 류	교 류	배전 전압의 표준 전압
저 압	1,500V 이하	1,000V 이하	110V, 220V, 380V, 440V
고 압	1,500V 초과 7,000V 이하	1,000V 초과 7,000V 이하	3,300V, 6,600V
특별고압	7,000V 초과		22,900V, 66,000V, 154,000V, 345,000V

03 전기설비에 관한 설명으로 옳지 않은 것은? 제20회

중

① 전선의 저항은 전선의 단면적에 비례한다.
② 전선의 저항은 전선길이가 길수록 커진다.
③ 단상교류의 유효전력은 전압, 전류, 역률의 곱이다.
④ 역률은 유효전력을 피상전력으로 나눈 값이다.
⑤ 역률을 개선하기 위해 콘덴서를 설치한다.

해설

① 전선의 저항은 전선의 단면적에 반비례한다.

04 공동주택 전기실에 역률개선용콘덴서를 부하와 병렬로 설치함으로서 얻어지는 효과로 옳지 않은 것은? 제21회

상

① 전기요금 경감
② 전압강하 경감
③ 설비용량의 여유분 증가
④ 돌입전류 및 이상전압 억제
⑤ 배전선 및 변압기의 손실 경감

해설

④ 역률개선용콘덴서를 설치하면 돌입전류 및 이상전압이 발생할 수 있어 직렬 리액터를 이용, 억제한다.

Answer

50 ④ / 01 ④ 02 ⑤ 03 ① 04 ④

05 상

전기설비에 관한 설명으로 옳지 않은 것은? 제21회

① 1주기는 60Hz의 경우 1/60초이다.
② 1W는 1초 동안에 1J의 일을 하는 일률이다.
③ 30Ω의 저항 3개를 병렬로 접속하면 합성저항은 10Ω이다.
④ 고유저항이 일정할 경우 전선의 굵기와 길이를 각각 2배로 하면 저항은 2배가 된다.
⑤ 저항이 일정할 경우 임의의 폐회로에서 전압을 2배로 하면 저항에 흐르는 전류는 2배가 된다.

해설

④ 고유저항이 일정할 경우 전선의 굵기와 길이를 각각 2배로 하면 전선의 굵기가 2배, 전선의 단면적은 4배가 되어 저항은 1/2배가 된다.

2 강전설비

06 중

전기설비의 금속관배선공사에 관한 설명으로 옳지 않은 것은? 제12회

① 외부의 기계적 충격으로부터 전선의 손상이 적다.
② 전선에 이상이 생겼을 때 교체공사가 용이하다.
③ 금속관 내에서는 전선에 접속점이 없도록 한다.
④ 습기가 많은 장소에 사용할 수 있다.
⑤ 증설공사가 쉬워 주로 대형건축물에 사용된다.

해설

⑤ 금속관공사는 전선의 교체는 용이하지만 증설은 곤란하다.

07 중 **전력설비에 관한 설명으로 옳지 않은 것은?** 제20회

① 분전반은 보수나 조작에 편리하도록 복도나 계단 부근의 벽에 설치하는 것이 좋다.
② 분전반은 배전반으로부터 배선을 분기하는 개소에 설치한다.
③ UPS는 교류 무정전 전원장치를 말한다.
④ 전선의 굵기 선정시 허용전류, 전압강하, 기계적 강도 등을 고려한다.
⑤ 부등률이 높을수록 설비이용률이 낮다.

해설
⑤ 부등률이 높을수록 설비이용률이 높다.

08 중 **전기설비의 배선공사에 대한 설명으로 옳지 않은 것은?** 제11회

① 가요전선관공사는 주로 철근콘크리트 건물의 매립배선 등에 사용된다.
② 금속몰드공사는 주로 철근콘크리트 건물에서 기설치된 금속관 배선을 증설할 경우에 사용된다.
③ 합성수지몰드공사는 접속점이 없는 절연전선을 사용하여 전선이 노출되지 않도록 해야 하며, 내식성이 좋다.
④ 라이팅덕트공사는 덕트 본체에 실링이나 콘센트를 구성하여 사용하며, 벽면 조명등과 같은 광원을 이동시킬 경우에 사용된다.
⑤ 경질비닐관공사는 관 자체가 우수한 절연성을 가지고 있으며, 중량이 가볍고 시공이 용이하나 열에 약하고 기계적 강도가 낮은 단점이 있다.

해설
① 가요전선관공사는 주로 기기 등이 다소 움직이거나 진동하는 장소로 전동기에 이르는 공사, 엘리베이터의 공사 등에 사용하며, 철근콘크리트 건물에서 매립공사용으로 사용하지 않는다.

Answer
05 ④ 06 ⑤ 07 ⑤ 08 ①

09 상

수변전설비에 관한 내용으로 옳지 않은 것은? 제26회

① 공동주택 단위세대 전용면적이 60㎡ 이하인 경우, 단위 세대 전기 부하용량은 3.0kW로 한다.

② 부하율이 작을수록 전기설비가 효율적으로 사용되고 있음을 나타낸다.

③ 역률개선용콘덴서라 함은 역률을 개선하기 위하여 변압기 또는 전동기 등에 병렬로 설치하는 커패시터를 말한다.

④ 수용률이라 함은 부하설비 용량 합계에 대한 최대 수용전력의 백분율을 말한다.

⑤ 부등률은 합성 최대수요전력을 구하는 계수로서 부하종별 최대수요전력이 생기는 시간차에 의한 값이다.

해설

② 부하율이 작을수록 공급전력을 제대로 사용하지 못하고 있고, 가동율이 떨어지고 있음을 나타낸다.

10 하

다음에서 설명하고 있는 배선공사는? 제22회

- 굴곡이 많은 장소에 적합하다.
- 기계실 등에서 전동기로 배선하는 경우나 건물의 확장부분 등에 배선하는 경우에 적용된다.

① 합성수지몰드공사　　② 플로어덕트공사
③ 가요전선관공사　　④ 금속몰드공사
⑤ 버스덕트공사

해설

③ 가요전선관공사는 굴곡장소가 많은 곳이나, 주로 기기 등이 다소 움직이거나 진동하는 장소로 전동기에 이르는 공사, 엘리베이터의 공사 등에 사용하며, 철근콘크리트 건물의 매립배선은 하지 않는다.

11 중 **옥내배선공사에 관한 내용으로 옳지 않은 것은?** 제24회

① 금속관공사는 철근콘크리트 구조의 매립공사에 사용된다.
② 합성수지관공사는 옥내의 점검할 수 없는 은폐장소에도 사용이 가능하다.
③ 버스덕트공사는 공장, 빌딩 등에서 비교적 큰 전류가 통하는 간선을 시설하는 경우에 사용된다.
④ 금속몰드공사는 매립공사용으로 적합하고, 기계실 등에서 전동기로 배선하는 경우에 사용된다.
⑤ 라이팅덕트공사는 화랑의 벽면조명과 같이 광원을 이동시킬 필요가 있는 경우에 사용된다.

해설

④ 금속몰드공사는 철근콘크리트 건물에서 기설의 금속관 배선에서 증설 배선하는 경우에 사용하며, 가요전선관공사는 기계실 등에서 진동이 많은 전동기로 배선하는 경우에 사용하지만 콘크리트 매립용으로 사용하지 않는다.

12 중 **피뢰설비에 관한 설명으로 옳지 않은 것은?** 제12회

① 높이 20m 이상의 건축물에는 피뢰설비를 설치한다.
② 피뢰설비의 보호등급은 한국산업규격에 따른다.
③ 돌침은 건축물의 맨 윗부분으로부터 25cm 이상 돌출시켜 설치한다.
④ 피뢰설비의 인하도선을 대신하여 철골조의 철골구조물과 철근콘크리트조의 철근구조체를 사용할 수 없다.
⑤ 접지는 환경오염을 일으킬 수 있는 시공방법이나 화학첨가물 등을 사용하지 않는다.

해설

④ 전기적 연속성이 보장되고 전기저항이 0.2Ω 이하인 경우 피뢰설비의 인하도선을 대신하여 철골조의 철골구조물과 철근콘크리트조의 철근구조체를 사용할 수 있다.

Answer

09 ② 10 ③ 11 ④ 12 ④

13 중

전기설비, 피뢰설비 및 통신설비 등의 접지극을 하나로 하는 통합접지공사시 낙뢰 등에 의한 과전압으로부터 전기설비를 보호하기 위해 설치하여야 하는 기계 · 기구는?

제21회

① 단로기(DS)
② 지락과전류보호계전기(OCGR)
③ 과전류보호계전기(OCR)
④ 서지보호장치(SPD)
⑤ 자동고장구분개폐기(ASS)

해설

④ 「건축물의 설비기준 등에 관한 규칙」에 의해서 전기설비의 접지계통과 건축물의 피뢰설비 및 통신설비 등의 접지극을 공용하는 통합접지공사를 하는 경우에는 낙뢰 등으로 인한 과전압으로부터 전기설비 등을 보호하기 위하여 한국산업표준에 적합한 서지보호장치(SPD)를 설치해야 한다.

3 조명설비

14 상

조명설비에 관한 설명으로 옳은 것은? 제27회

① 광도는 광원에서 발산하는 빛의 양을 의미하며, 단위는 루멘(lm)을 사용한다.
② 어떤 물체의 색깔이 태양광 아래에서 보이는 색과 동일한 색으로 인식될 경우, 그 광원의 연색지수를 Ra50으로 한다.
③ 밝은 곳에서 어두운 곳으로 들어갈 때 동공이 확장되어 감광도가 높아지는 현상을 암순응이라고 한다.
④ 수은등은 메탈할라이드등보다 효율과 연색성이 좋다.
⑤ 코브조명은 천장을 비추어 현휘를 방지할 수 있는 직접조명 방식이다.

해설

① 광속은 광원에서 발산하는 빛의 양을 의미하며, 단위는 루멘(lm)을 사용한다.
② 어떤 물체의 색깔이 태양광 아래에서 보이는 색과 동일한 색으로 인식될 경우, 그 광원의 연색지수를 Ra100으로 한다(연색성은 물체에 비추는 광원에 따라 색이 다르게 보이는 성질을 말하며, 태양광이 연색성이 가장 좋은 광원이 된다. 광원이 태양광과 비교하여 물체의 색상을 얼마나 정확하게 재현하는 평가 척도를 연색지수 CRI(Color Rendering Index)라고 하며 측정 단위는 Ra로 표기된다).
④ 메탈할라이드등은 수은등보다 효율과 연색성이 좋다.
⑤ 코브조명은 천장을 비추어 현휘를 방지할 수 있는 간접조명 방식이다.

15 조명 관련 용어 중 광원에서 나온 광속이 작업면에 도달하는 비율을 나타내는 것은?

중

제19회

① 반사율 ② 유지율 ③ 감광보상률
④ 보수율 ⑤ 조명률

해설

⑤ 조명률: 광원의 전 광속과 작업면에 대한 유효광속과의 비를 조명률(Efficiency of Illumination)이라 한다.

보수율

조명시설 후의 방 및 기구의 오염, 램프 광속의 저하 등에 의하여 평균 조도는 저하된다. 소요 평균 조도를 유지하기 위한 조도 저하에 대응하는 계수를 보수율(Maintenance Factor)이라 하며, 기구의 모양이나 사용 장소에 따라 다르게 된다. 또, 보수율의 역수를 감광보상율이라 하며, 기구의 모양이나 사용 장소에 따라 다르게 된다.

16 실내에 설치할 광원의 수를 광속법으로 결정하는 데 필요한 요소를 모두 고른 것은?

상

제20회

보기

㉠ 실의 면적 ㉡ 광원의 광속
㉢ 조명기구의 조명률 ㉣ 조명기구의 보수율
㉤ 평균수평면조도(작업면의 평균조도)

① ㉠, ㉤ ② ㉢, ㉣ ③ ㉠, ㉡, ㉢
④ ㉡, ㉢, ㉣, ㉤ ⑤ ㉠, ㉡, ㉢, ㉣, ㉤

해설

⑤ 모두 포함된다.

NFUM=EA

- 소요램프수: $N=\frac{E\times A}{F\times U\times M}$
- 소요광속: $N\times F=\frac{E\times A}{M\times U}=\frac{E\times A\times D}{U}$
- 소요평균조도: $E=\frac{N\times F\times U\times M}{A}$
- 여기서, N: 램프의 개수
  F: 램프의 1개당 광속(lm)
  E: 평균수평면조도(lx)
  D: 감광보상률
  U: 조명률
  M: 보수율(유지율)
  감광보상율과 유지율과의 관계: $D\times M=1$

Answer

13 ④ 14 ③ 15 ⑤ 16 ⑤

17 상

조명설비에 관한 설명으로 옳지 않은 것은? 제20회

① 명시조명을 위해서는 목적에 적합한 조도를 갖도록 하고 현휘(Glare)발생을 적게 해야 한다.

② 연색성은 광원 선정시 고려사항 중 하나이다.

③ 코브조명은 건축화 조명의 일종이며, 직접조명보다 조명률이 높다.

④ 조명설계 과정에는 소요조도 결정, 광원 선택, 조명방식 및 기구 선정, 조명기구 배치 등이 있다.

⑤ 전반조명과 국부조명을 병용할 경우, 전반조명의 조도는 국부조명 조도의 1/10 이상이 바람직하다.

해설

③ 코브조명은 건축화 조명의 일종이며, 간접조명이므로 직접조명보다 조명률이 낮다.

4 홈 네트워크 설비

18 중

지능형 홈 네트워크 설비 설치 및 기술기준에 관한 내용으로 옳지 않은 것은? 제24회

① 통신배관실의 출입문은 폭 0.7m, 높이 1.8m 이상(문틀의 내측치수)이어야 한다.

② 중형주택 이상의 무인택배함 설치수량은 세대수의 15~20% 정도 설치할 것을 권장한다.

③ 차수판 또는 차수막을 설치하지 않은 통신배관실에는 최소 40mm 이상의 문턱을 설치하여야 한다.

④ 단지네트워크장비는 집중구내통신실 또는 통신배관실에 설치하여야 한다.

⑤ 가스감지기는 LNG인 경우에는 천장쪽에, LPG인 경우에는 바닥쪽에 설치하여야 한다.

해설

③ 차수판 또는 차수막을 설치하지 않은 통신배관실에는 최소 50mm 이상의 문턱을 설치하여야 한다.

19 중 지능형 홈 네트워크 설비 설치 및 기술기준에서 정하고 있는 홈 네트워크 사용기기에 해당하는 것을 모두 고른 것은? 제26회

㉠ 무인택배시스템	㉡ 홈게이트웨이	㉢ 차량출입시스템
㉣ 감지기	㉤ 세대단말기	㉥ 원격검침시스템

① ㉠, ㉡, ㉣　② ㉠, ㉡, ㉤　③ ㉠, ㉢, ㉣, ㉥
④ ㉡, ㉢, ㉤, ㉥　⑤ ㉢, ㉣, ㉤, ㉥

해설

㉡ 홈게이트웨이, ㉤ 세대단말기는 홈 네트워크 장비에 속한다.

홈 네트워크 사용기기	원격제어기기	주택 내부 및 외부에서 가스, 조명, 전기 및 난방, 출입 등을 원격으로 제어할 수 있는 기기
	원격검침시스템	주택 내부 및 외부에서 전력, 가스, 난방, 온수, 수도 등의 사용량 정보를 원격으로 검침하는 시스템
	감지기	화재, 가스누설, 주거침입 등 세대 내의 상황을 감지하는 데 필요한 기기
	전자출입시스템	비밀번호나 출입카드 등 전자매체를 활용하여 주동출입 및 지하주차장 출입을 관리하는 시스템
	차량출입시스템	단지에 출입하는 차량의 등록여부를 확인하고 출입을 관리하는 시스템
	무인택배시스템	물품배송자와 입주자 간 직접대면 없이 택배화물, 등기우편물 등 배달물품을 주고받을 수 있는 시스템
	그 밖에 영상정보처리기기, 전자경비시스템 등 홈 네트워크 망에 접속하여 설치되는 시스템 또는 장비	

20 하 지능형 홈 네트워크 설비 설치 및 기술기준에서 명시하고 있는 원격검침시스템의 검침정보가 아닌 것은? 제27회

① 전력　② 가스　③ 수도
④ 난방　⑤ 출입

해설

⑤ 원격검침시스템은 주택 내부 및 외부에서 전력, 가스, 난방, 온수, 수도 등의 사용량 정보를 원격으로 검침하는 시스템을 말하며, 주택 내부 및 외부에서 가스, 조명, 전기 및 난방, 출입 등을 원격으로 제어할 수 있는 기기로 원격제어기기와 다르다.

Answer

17 ③　18 ③　19 ③　20 ⑤

21 중

지능형 홈 네트워크 설비 설치 및 기술기준에 관한 내용으로 옳은 것은? 제25회

① 가스감지기는 LNG인 경우에는 바닥쪽에, LPG인 경우에는 천장쪽에 설치되어야 한다.

② 차수판 또는 차수막을 설치하지 않은 통신배관실에는 최소 30mm 이상의 문턱을 설치하여야 한다.

③ 통신배관실 내의 트레이(Tray)또는 배관, 덕트 등의 설치용 개구부는 화재 시 층간 확대를 방지하도록 방화처리제를 사용하여야 한다.

④ 통신배관실의 출입문은 폭 0.6m, 높이 1.8m 이상이어야 한다.

⑤ 집중구내통신실은 TPS실이라고 하며, 통신용 파이프 샤프트 및 통신단자함을 설치하기 위한 공간을 말한다.

해설

① 가스감지기는 LPG인 경우에는 바닥쪽에, LNG인 경우에는 천장쪽에 설치되어야 한다.

② 차수판 또는 차수막을 설치하지 않은 통신배관실에는 최소 50mm 이상의 문턱을 설치하여야 한다.

④ 통신배관실의 출입문은 폭 0.7m, 높이 1.8m 이상이어야 한다.

⑤ 통신배관실은 TPS실이라고 하며, 통신용 파이프 샤프트 및 통신단자함을 설치하기 위한 공간을 말한다.

22 중

지능형 홈 네트워크 설비 설치 및 기술기준으로 옳은 것은? 제26회

① 무인택배함의 설치수량은 소형주택의 경우 세대수의 약 15~20% 정도 설치할 것을 권장한다.

② 단지네트워크장비는 집중구내통신실 또는 통신배관실에 설치하여야 한다.

③ 홈 네트워크 사용기기의 예비부품은 내구연한을 고려하고, 3% 이상 5년간 확보할 것을 권장한다.

④ 전자출입시스템의 접지단자는 프레임 외부에 설치하여야 한다.

⑤ 차수판 또는 차수막을 설치하지 아니한 경우, 통신배관실은 외부의 청소 등에 의한 먼지, 물 등이 들어오지 않도록 30mm 이상의 문턱을 설치하여야 한다.

해설

① 무인택배함의 설치수량은 소형주택의 경우 세대수의 약 10 ~ 15% 정도 설치할 것을 권장한다.

③ 홈 네트워크 사용기기의 예비부품은 내구연한을 고려하고, 5% 이상 5년간 확보할 것을 권장한다.

④ 전자출입시스템의 접지단자는 프레임 내부에 설치하여야 한다.

⑤ 차수판 또는 차수막을 설치하지 아니한 경우, 통신배관실은 외부의 청소 등에 의한 먼지, 물 등이 들어오지 않도록 50mm 이상의 문턱을 설치하여야 한다.

10 운송설비

연계학습 : 기본서 p.340~349

01 상 엘리베이터에 관한 설명으로 옳은 것은? 제17회

① 지연 스위치는 멈춤 스위치가 동작하지 않을 때 제2단의 동작으로 주회로를 차단한다.

② 비상용 승강기의 승강로 구조는 각 층으로부터 피난층까지 이르는 승강로를 단일구조로 연결하여 설치한다.

③ 최종제한 스위치는 종단 층에서 엘리베이터 카를 자동적으로 정지시킨다.

④ 비상용 승강기의 승강장 바닥면적은 옥외에 승강장을 설치하는 경우를 제외하고 비상용 승강기 1대에 대하여 $3m^2$ 이상으로 한다.

⑤ 비상멈춤장치는 전동기의 토크 소실시 엘리베이터 카를 정지시킨다.

해설

① 최종제한 스위치는 멈춤 스위치가 동작하지 않을 때 제2단의 동작으로 주회로를 차단한다.
③ 슬로다운 스위치는 종단 층을 넘어서면 엘리베이터 카를 자동적으로 정지시킨다.
④ 비상용 승강기의 승강장 바닥면적은 옥외에 승강장을 설치하는 경우를 제외하고 비상용 승강기 1대에 대하여 $6m^2$ 이상으로 한다.
⑤ 비상멈춤장치는 조속기에 의해 정격속도 1.3배 이내에서 작동된 뒤 하방으로 계속 과속 운행이 되는 경우 1.4배 이내에서 브레이크 슈를 작동시켜 카를 강제로 정지시키는 장치이다.

02 하 엘리베이터의 안전장치 중 카 부문에 설치되는 것은? 제26회

① 전자제동장치 ② 리밋 스위치 ③ 조속기
④ 비상정지장치 ⑤ 종점정지 스위치

해설

④ 비상정지장치는 카의 하강속도가 정격속도를 초과(1.4배 이내)한 경우에 작동되어 카를 정지시키는 것으로 카 부문에 설치되어 가이드레일을 붙잡는 방법으로 정지시킨다.

Answer

21 ③ 22 ② / 01 ② 02 ④

03 중 엘리베이터에 관한 설명으로 옳지 않은 것은? 제19회

① 기어레스식 감속기는 교류 엘리베이터에 주로 사용된다.
② 슬로다운(스토핑) 스위치는 해당 엘리베이터가 운행되는 최상층과 최하층에서 카(케이지)를 자동으로 정지시킨다.
③ 전자브레이크는 엘리베이터의 전기적 안전장치에 속한다.
④ 직류 엘리베이터는 속도제어가 가능하다.
⑤ 도어 인터록(Interlock) 장치는 엘리베이터의 기계적 안전장치에 속한다.

해설
① 기어레스식 감속기는 고속운전을 하는 승강용 직류 엘리베이터에 주로 사용된다.

04 중 엘리베이터에 관한 설명으로 옳지 않은 것은? 제22회

① 교류 엘리베이터는 저속도용으로 주로 사용된다.
② 파이널 리미트 스위치는 엘리베이터가 정격속도 이상일 경우 전동기에 공급되는 전기회로를 차단시키고 전자브레이크를 작동시키는 기기이다.
③ 과부하 계전기는 전기적인 안전장치에 해당된다.
④ 기어레스식 감속기는 직류 엘리베이터에 사용된다.
⑤ 옥내에 설치하는 비상용 승강기의 승강장 바닥면적은 승강기 1대당 6m^2 이상으로 해야 한다.

해설
② 엘리베이터가 정격속도 이상일 경우 전동기에 공급되는 전기회로를 차단시키고 전자브레이크를 작동시키는 기기는 조속기이다. 파이널 리미트 스위치는 리미트 스위치가 동작하지 않을 경우에 대비, 종단계(최상층 또는 최하층)를 현저하게 지나치지 않도록 설치하는 안전장치이다.

05 중

엘리베이터의 안전장치에 관한 설명으로 옳은 것은? 제23회

① 완충기는 스프링 또는 유체 등을 이용하여 카, 균형추 또는 평형추의 충격을 흡수하기 위한 장치이다.

② 파이널 리미트 스위치는 전자식으로 운전중에는 항상 개방되어 있고, 정지시에 전원이 차단됨과 동시에 작동하는 장치이다.

③ 과부하감지장치는 정전시나 고장 등으로 승객이 갇혔을 때 외부와의 연락을 위한 장치이다.

④ 과속조절기는 승강기가 최상층 이상 및 최하층 이하로 운행되지 않도록 엘리베이터의 초과운행을 방지하여 주는 장치이다.

⑤ 전자・기계 브레이크는 승강기 문에 승객 또는 물건이 끼었을 때 자동으로 다시 열리게 되어있는 장치이다.

해설

② (전자)브레이크에 대한 설명이다. 터미널 리미트 스위치(종점스위치)가 작동하지 않는 경우라도 종단층을 현저히 지나치지 않는 범위에서 확실하게 양방향 운전을 제지하는 장치이다.
③ 과부하감지(방지)장치는 최대 적재 중량 초과시 카의 작동을 정지시키는 장치이다.
④ 과속조절기는 과속에 대한 안전장치로는 조속기와 비상정지장치가 있다.
⑤ 전자・기계 브레이크는 제동기로서 엘리베이터 정지시에 작동한다.

06 중

승강기, 승강장 및 승강로에 관한 설명으로 옳지 않은 것은? 제25회

① 비상용 승강기의 승강로 구조는 각 층으로부터 피난층까지 이르는 승강로를 단일구조로 연결하여 설치한다.

② 옥내에 설치하는 피난용 승강기의 승강장 바닥면적은 승강기 1대당 $5m^2$ 이상으로 해야 한다.

③ 기어리스 구동기는 전동기의 회전력을 감속하지 않고 직접 권상도르래로 전달하는 구조이다.

④ 승강로, 기계실・기계류 공간, 풀리실의 출입문에 인접한 접근 통로는 50lx 이상의 조도를 갖는 영구적으로 설치된 전기 조명에 의해 비춰야 한다.

⑤ 완충기는 스프링 또는 유체 등을 이용하여 카, 균형추 또는 평형추의 충격을 흡수하기 위한 장치이다.

해설

② 옥내에 설치하는 피난용 승강기의 승강장 바닥면적은 승강기 1대당 $6m^2$ 이상으로 해야 한다.

Answer

03 ① 04 ② 05 ① 06 ②

07 중

건축물의 피난 · 방화구조 등의 기준에 관한 규칙상 피난용승강기의 설치기준의 일부이다. (　　)에 들어갈 내용으로 옳은 것은? 제27회

> **제30조【피난용승강기의 설치기준】**
> 4. 피난용승강기 전용 예비전원
> 가. 정전시 피난용승강기, 기계실, 승강장 및 폐쇄회로 텔레비전 등의 설비를 작동할 수 있는 별도의 예비전원 설비를 설치할 것
> 나. 가목에 따른 예비전원은 초고층 건축물의 경우에는 (㉠) 이상, 준초고층 건축물의 경우에는 (㉡) 이상 작동이 가능한 용량일 것

① ㉠: 30분, ㉡: 1시간　　② ㉠: 1시간, ㉡: 30분
③ ㉠: 2시간, ㉡: 30분　　④ ㉠: 2시간, ㉡: 1시간
⑤ ㉠: 3시간, ㉡: 30분

해설

4. 피난용승강기 전용 예비전원
가. 정전시 피난용승강기, 기계실, 승강장 및 폐쇄회로 텔레비전 등의 설비를 작동할 수 있는 별도의 예비전원 설비를 설치할 것
나. 가목에 따른 예비전원은 초고층 건축물의 경우에는 2시간 이상, 준초고층 건축물의 경우에는 1시간 이상 작동이 가능한 용량일 것

11 건축물 에너지절약설계기준 등

연계학습: 기본서 p.350~369

01 상

공기조화설비의 에너지절약방법에 관한 일반적 설명으로 옳지 않은 것은? 제14회

① 부하특성, 사용시간대, 사용조건 등을 고려하여 냉난방조닝을 한다.
② 동절기에 히트펌프를 이용하여 난방할 경우에는 가능한 한 보조열원의 운전을 최소화한다.
③ 난방 순환수 펌프는 운전효율을 증대시키기 위한 대수제어 또는 가변속제어방식 등을 채택한다.
④ 공기조화기 팬은 부하변동에 따른 풍량제어가 가능하도록 흡인베인제어방식, 가변익축류방식 등을 채택한다.
⑤ 단일덕트방식은 에너지 손실이 많으므로 지양하고 이중덕트방식은 에너지 절약에 도움이 되므로 적극적으로 채택한다.

해설

⑤ 공조방식에 의한 에너지 절약은 단일덕트의 변풍량방식(VAV)이 가장 에너지 절약적이며, 이중덕트방식은 열의 혼합손실에 의해 에너지 다소비형 방식이다.

02 중 **건축물의 에너지절약설계기준에 따른 용어의 정의로 옳지 않은 것은?** 제15회

① "수용률"은 부하설비 용량 합계에 대한 최대 수용전력의 백분율로 나타낸다.
② "역률 개선용 커패시터"는 역률을 개선하기 위하여 변압기 또는 전동기 등에 직렬로 설치하는 커패시터이다.
③ "일괄소등스위치"는 층 및 구역 단위 또는 세대 단위로 설치되어 층별 또는 세대 내의 조명 등을 일괄적으로 켜고 끌 수 있는 스위치이다.
④ "비례제어운전"은 기기의 출력값과 목표값의 편차에 비례하여 입력량을 조절하여 최적운전상태를 유지할 수 있도록 운전하는 방식을 말한다.
⑤ "이코노마이저시스템"은 중간기 또는 동계에 발생하는 냉방부하를 실내엔탈피보다 낮은 도입 외기에 의하여 제거 또는 감소시키는 시스템을 말한다.

해설

② "역률 개선용 커패시터"는 억률을 개선하기 위하여 변압기 또는 전동기 등에 병렬로 설치하는 커패시터이다.

03 중 **건축물의 에너지절약을 위한 방법으로 옳지 않은 것은?** 제16회

① 건축물의 연면적에 대한 외피면적의 비를 크게 한다.
② 지하주차장의 환기용 팬은 일산화탄소 농도에 따라 자동제어한다.
③ 난방 순환수 펌프는 대수제어 또는 가변속제어방식을 채택한다.
④ 송풍기에서 회전수제어가 댐퍼제어에 비해 동력절감에 유리하다.
⑤ 거실 층고와 반자 높이는 실의 용도와 기능에 지장을 주지 않는 범위 내에서 가능한 낮게 한다.

해설

① 건축물의 체적에 대한 외피면적의 비 또는 연면적에 대한 외피면적의 비는 가능한 작게 한다.

Answer

07 ④ / 01 ⑤ 02 ② 03 ①

04 상

건축물의 에너지절약설계기준에 따른 기밀 및 결로방지에 관한 설명으로 옳지 않은 것은? 제16회

① 단열재의 이음부는 최대한 밀착하여 시공하거나 2장을 엇갈리게 시공한다.
② 벽체 내부의 결로를 방지하기 위하여 단열재의 실외측에 방습층을 설치한다.
③ 건축물 외피 단열부위의 접합부, 틈 등은 밀폐될 수 있도록 코킹과 가스켓 등을 사용하여 기밀하게 처리한다.
④ 단열부위가 만나는 모서리 부위는 알루미늄박 또는 플라스틱계 필름 등을 사용할 경우에는 150mm 이상 중첩되게 시공한다.
⑤ 알루미늄박 또는 플라스틱계 필름 등을 사용하는 방습층의 이음부는 100mm 이상 중첩하고 내습성 테이프 등으로 기밀하게 마감한다.

해설

② 벽체 내부의 결로를 방지하기 위하여 단열재의 실내측에 방습층을 설치한다.

05 중

정보통신과 에너지기술을 융합·활용하여 건물에 최적의 환경을 제공하고 에너지를 효율적으로 관리하는 시스템은? 제17회

① EPI
② BEMS
③ Commissioning
④ TAB
⑤ CEC

해설

② BEMS : Building Energy Management System
① EPI : Energy Performance Index, 에너지 성능지표
③ Commissioning : 통상, 발주처의 의도에 맞추어 프로젝트의 전과정에 걸쳐 품질을 중심으로 관리하는 기법 또는 업무절차
④ TAB : Testing(시험), Adjusting(조정), Balancing(평가)의 약어로 건물 설계 목적에 부합하도록 빌딩의 모든 환경 체계를 검토하고 조정하는 과정을 말한다.
⑤ CEC : Coefficient of Energy Consumption, 빌딩의 에너지 소비효율을 알 수 있도록 나타낸 지표

06

중

공동주택에서 난방설비, 급수설비 등의 제어 및 상태감시를 위해 사용되는 현장제어 장치는? 제22회

① SPD ② PID
③ VAV ④ DDC
⑤ VVVF

해설

④ DDC(Direct Digital Control): 디지털 제어의 한 방식
① SPD(Serge Protecting Device): 서지 보호장치
② PID(Proportional Integral Differential): (비례, 적분, 미분) 3가지 조합으로 제어하는 것으로 유연한 제어가 가능
③ VAV(Variable Air Volume): 가변 풍량 제어
⑤ VVVF(Variable Voltage Variable Frequency): 가변 전압 가변 주파수 제어로 인버터 방식이라고도 함

07

중

「신에너지 및 재생에너지 개발 · 이용 · 보급 촉진법」상 재생에너지에 해당하지 않는 것은? 제19회

① 풍력 ② 수소에너지
③ 지열에너지 ④ 해양에너지
⑤ 태양에너지

해설

② 「신에너지 및 재생에너지 개발 · 이용 · 보급 촉진법」상 신에너지 및 재생에너지란 기존의 화석 연료를 변환시켜 이용하거나 햇빛 · 물 · 지열 · 강수 · 생물 유기체 등을 포함하는 재생 가능한 에너지를 변환시켜 이용하는 에너지라고 정의하고 있다.

1. 신에너지는 수소 · 연료 전지 등과 같이 새롭게 등장한 에너지 수단으로 연료 전지, 석탄액화 가스화에너지, 수소에너지의 3개 분야로 지정된다.
2. 재생에너지는 태양 · 물 · 지열 · 바람 등과 같이 자연에 존재하는 에너지로 무한히 공급되는 특징으로 하며, 태양에너지, 태양광 발전, 바이오에너지, 풍력에너지, 수력에너지, 지열에너지, 해양에너지, 폐기물에너지 8개 분야로 지정 총 11개 분야를 신 · 재생에너지로 지정하고 있다.

Answer

04 ② 05 ② 06 ④ 07 ②

08 상●●

수도법령상 절수설비와 절수기기의 종류 및 기준에 관한 내용으로 옳은 것은? (단, 공급수압은 98kPa이다) 제27회

① 소변기는 물을 사용하지 않는 것이거나, 사용수량이 2리터 이하인 것
② 공중용 화장실에 설치하는 수도꼭지는 최대토수유량이 1분당 6리터 이하인 것
③ 대변기는 사용수량이 9리터 이하인 것
④ 샤워용 수도꼭지는 해당 수도꼭지에 샤워호스(Hose)를 부착한 상태로 측정한 최대토수유량이 1분당 9리터 이하인 것
⑤ 대·소변 구분형 대변기는 평균사용수량이 9리터 이하인 것

해설

② 공중용 화장실에 설치하는 수도꼭지는 최대토수유량이 1분당 5리터 이하인 것
③ 대변기는 사용수량이 6리터 이하인 것
④ 샤워용 수도꼭지는 해당 수도꼭지에 샤워호스(Hose)를 부착한 상태로 측정한 최대토수유량이 1분당 7.5리터 이하인 것
⑤ 대·소변 구분형 대변기는 평균사용수량이 6리터 이하인 것

09 상●●

공동주택 층간소음의 범위와 기준에 관한 규칙상 층간소음에 관한 설명으로 옳지 않은 것은? 제25회

① 직접충격 소음은 뛰거나 걷는 동작 등으로 인하여 발생하는 층간소음이다.
② 공기전달 소음은 텔레비전, 음향기기 등의 사용으로 인하여 발생하는 층간소음이다.
③ 욕실, 화장실 및 다용도실 등에서 급수·배수로 인하여 발생하는 소음은 층간소음에 포함한다.
④ 층간소음의 기준 시간대는 주간은 06시부터 22시까지, 야간은 22시부터 06시까지로 구분한다.
⑤ 직접충격 소음은 1분간 등가소음도(Leq) 및 최고소음도(Lmax)로 평가한다.

해설

③ 욕실, 화장실 및 다용도실 등에서 급수·배수로 인하여 발생하는 소음은 층간소음에 제외한다.

12 계산문제

01 ●●하

물이 흐르고 있는 원형 배관에서 관지름이 1/2로 감소된다면, 이때 배관의 물의 속도는 몇 배로 증가하는가? (단, 배관 속의 물은 비압축성, 정상류로 가정한다) 제16회

① 2배
② 4배
③ 8배
④ 16배
⑤ 32배

해설

② 연속의 법칙은 $A_1v_1 = A_2v_2$이다. 따라서, 관지름이 1/2로 감소되면, $(\frac{1}{2})^2 A_1 \cdot 4v_1$ 이 되어 물의 속도는 4배가 된다.

02 ●중●

관경 50mm로 시간당 3,000kg의 물을 공급하고자 할 때, 배관 내 유속(m/s)은 약 얼마인가? (단, 배관 속의 물은 비압축성, 정상류로 가정하며, 원주율은 3.14로 한다) 제20회

① 0.15
② 0.42
③ 1.32
④ 4.14
⑤ 12.0

해설

② $유속(v) = \frac{Q(유량)}{A(단면적)} = \frac{Q}{\pi(\frac{d}{2})^2} = \frac{3(m^3/h) \div 3,600}{3.14 \times [\frac{0.05(m)}{2}]^2} = 0.4246$

Answer

08 ① 09 ③ / 01 ② 02 ②

03 (중)

고가수조방식에서 양수펌프의 전양정이 50m이고, 시간당 30m³를 양수할 경우의 펌프축동력은 약 몇 kW인가? (단, 펌프의 효율은 60%로 한다) 제22회

① 5.2
② 6.8
③ 8.6
④ 10.5
⑤ 12.3

해설

② 펌프의 축동력 $= \frac{WQH}{6,120E}(kW) = \frac{1,000 \times (30 \div 60) \times 50}{6,120 \times 0.6} = 6.8$

⇨ $30(m^3/h) = 30 \div 60(m^3/min)$

04 (중)

온수보일러에서 10°C의 물을 90°C까지 가열할 경우, 온수의 체적팽창률(e)은 몇 % 인가? [단, 10°C 물의 밀도(kg/ℓ) : 0.99973, 90°C 물의 밀도(kg/ℓ) : 0.96557] 제10회

① 약 3.4%
② 약 3.5%
③ 약 3.6%
④ 약 3.7%
⑤ 약 3.8%

해설

② 온수의 체적팽창률 $e = (\frac{P_c}{P_h} - 1) \times 100 = (\frac{0.99973}{0.96557} - 1) \times 100 =$ 약 3.5%

여기서, P_c : 가열 전 물의 밀도(kg/L)
P_h : 가열 후 물의 밀도(kg/L)

05 (중)

한 시간당 1,000kg의 온수를 65°C로 유지하여 공급하고자 할 때 필요한 가열기 최소 용량(kW)은? (단, 물의 비열은 4.2kJ/kg·K, 급수온도는 5°C, 가열기 효율은 100%로 한다) 제19회

① 40
② 50
③ 60
④ 70
⑤ 80

해설

④ 1kW = 1kJ/s이므로,

가열기 최소용량(kW) $= \frac{\text{열량}(kJ/s)}{\text{효율}}$

$= \frac{1,000(kg/h) \times 4.2(kJ/kg \cdot K) \times [65(°C) - 5(°C)]}{3,600(s/h) \times 1} = 70(kW)$

06 상

500인이 거주하는 아파트에서 급수온도는 5°C, 급탕온도는 65°C일 때, 급탕가열장치의 용량(kW)은 약 얼마인가? (단, 1인 1일당 급탕량은 100L/d · 인, 물의 비열은 4.2kJ/kg · K, 1일 사용량에 대한 가열능력 비율은 1/7, 급탕가열장치 효율은 100%, 이 외의 조건은 고려하지 않는다) 제23회

① 50 ② 250
③ 500 ④ 1,000
⑤ 3,000

해설

③ 가열기의 능력은 1일 최대급탕량에 1일의 최대 급탕량에 대한 가열기의 비율, 온도차를 곱하여 구한다.

$$H = \frac{Q_d \times r \times c \times (t_h - t_c)}{3,600}$$

H : 기열기 능력(kW)
Q_d : 1일 최대급탕량(L / d)
r : 1일 최대급탕량에 대한 가열기 비율
c : 비열(kJ / kg · K)
t_h : 급탕의 온도
t_c : 급수의 온도

$$= \frac{500(인) \times 100L/d \times (1/7) \times 4.2(kJ/kg \cdot K) \times [65(°C) - 5(°C)]}{3,600} = 500(kW)$$

07 하

오수의 BOD 제거율이 80%인 정화조에서 정화 후의 방류수 BOD 농도가 40ppm일 경우, 정화조로 유입되는 오수의 농도는 몇 ppm인가? 제10회

① 80ppm ② 120ppm
③ 160ppm ④ 200ppm
⑤ 240ppm

해설

④ 유입수 BOD = 40 / (1 − 0.8) = 200(ppm)

- BOD 제거율(%) = $\frac{유입수\ BOD - 방류수\ BOD}{유입수\ BOD} \times 100$

Answer

03 ② 04 ② 05 ④ 06 ③ 07 ④

08 하

오수의 BOD 제거율이 90%인 정화조에서 정화조로 유입되는 오수의 BOD 농도가 250ppm일 경우 정화 후의 방류수 BOD 농도는? 제15회

① 25ppm ② 75ppm
③ 125ppm ④ 175ppm
⑤ 225ppm

해설

① 방류수 BOD 농도 = 250 × (1 − 0.9) = 25ppm

- BOD 제거율(%) = $\frac{\text{유입수 BOD} - \text{유출수 BOD}}{\text{유입수 BOD}} \times 100$

09 하

옥내소화전이 1층에 4개, 2층에 6개, 3층에 5개가 설치되어 있는 건축물에서 소화활동에 필요한 유효저수량으로 옳은 것은? 제10회 수정

① 5.2m^3 ② 13m^3
③ 15.6m^3 ④ 23.4m^3
⑤ 39m^3

해설

① 2.6 × N개 = 2.6 × 2 = 5.2m^3

- 2.6m^3에 한 층의 최대 옥내소화전 설치 개수(2개까지)를 곱하여 저수량을 산출한다.

10 하

옥외소화전이 4개 설치되어 있는 경우 수원의 저수량으로 옳은 것은? 제13회

① 6m^3 ② 8m^3
③ 10m^3 ④ 12m^3
⑤ 14m^3

해설

⑤ 옥외소화전의 수량 = 7m^3 × N(소화전의 수로 최대 2개까지) ⇨ 7 × 2 = 14m^3

11 **20°C의 물 3kg을 100°C의 증기로 만들기 위해 필요한 열량은(kJ)은? (단, 물의 비열을 4.2kJ/kg · K, 100°C 온수의 증발잠열은 2,257kJ/kg로 한다)** 제27회

① 3,153
② 3,265
③ 6,771
④ 7,779
⑤ 8,031

해설

④ 열량 = 질량 × 비열 × 온도차 ⇨ 현열의 경우
= 질량 × 엔탈피의 차 ⇨ 잠열이 포함된 경우
= 3(kg) × [2,677(kJ/kg) − 84(kJ/kg)] = 7,779kJ
⊕ 100°C 증기의 엔탈피 = 100°C × 4.2(kJ/kg · K) + 2,257(kJ/kg) = 2,677(kJ/kg)
20°C 물의 엔탈피 = 20°C × 4.2(kJ/kg · K) + 84kJ/kg)

12 **열관류저항이 3.5m² · K/W인 기존 벽체에 열전도율 0.04W/m · K인 두께 60mm의 단열재를 보강하였다. 이때 단열이 벽체의 열관류율(W/m² · K)은?** 제27회

① 0.10
② 0.15
③ 0.20
④ 0.25
⑤ 0.30

해설

② $\frac{1}{K_a} = \frac{1}{K_w} + \frac{d}{\lambda} = 3.5(m^2 \cdot K/W) + \frac{0.06(m)}{0.04(W/m \cdot K)} = 5(m^2 \cdot K/W)$

[전체열관류저항 = 벽체열관류저항 + 단열재의 열전도저항]
K_a : 전체열관류율(W/m² · K)
K_w : 벽체열관류율(W/m² · K)
λ : 단열제의 열전도율(W/m · K)
d : 벽체의 두께

위 식에 따라

$\frac{1}{K_a} = 3.5(m^2 \cdot K/W) + \frac{0.06(m)}{0.04(W/m \cdot K)} = 5(m^2 \cdot K/W)$

$K_a = 0.2W/m^2 \cdot K$

Answer
08 ① 09 ① 10 ⑤ 11 ④ 12 ②

13 상

풍량 1,200m^3/h, 전압 300Pa, 회전수 500rpm, 전압효율 0.5인 송풍기의 회전수를 1,000rpm으로 변경할 경우 송풍기 축동력(kW)은? 제17회

① 1.6 ② 3.2
③ 5.2 ④ 6.4
⑤ 9.6

해설

- 동력은 회전속도의 3제곱에 비례한다.
- $L_2(W)=L_1(\frac{N_2}{N_1})^3=\frac{Q\triangle P}{60\times\eta_t}(\frac{N_2}{N_1})^3=\frac{1,200/60\times300}{60\times0.5}(\frac{1,000}{500})^3$

$=1,600(W)=1.6kW$
- Q : m^3/min, η_t : 전압효율

14 상

냉방시 실온 26°C를 유지하기 위한 거실 현열부하가 10.1kW이다. 이때 실내 취출구 공기온도를 16°C로 설정할 경우 필요한 최소 송풍량(m^3/h)은 약 얼마인가? (단, 공기의 밀도는 1.2kg/m^3, 정압비열은 1.01kJ/kg · K로 한다) 제19회

① 1,000 ② 2,355
③ 3,000 ④ 4,025
⑤ 4,555

해설

③ $송풍량(m^3/h)=\frac{현열부하(kW)}{밀도(kg/m^3)\times비열(kJ/kg\cdot K)\times온도차(K)}\times3,600s/h$

$=\frac{10.1\times3,600}{1.2\times1.01\times(26-16)}=3,000(m^3/h)$

15 중

가스보일러에서 10°C의 물 10,000kg을 70°C로 가열할 때 가스소비량은? (단, 가스의 발열량은 42,000kJ/m^3, 물의 비열은 4.2kJ/kg · K, 가스보일러의 효율은 80%이다) 제13회

① 70m^3 ② 75m^3
③ 80m^3 ④ 85m^3
⑤ 90m^3

해설

② $가스소비량=\frac{급탕량\times비열\times온도차}{가스연료의 발열량\times보일러의 효율}$

$=\frac{10,000\times4.2\times(70-10)}{42,000\times0.8}=75m^3$

16 중

가스보일러로 20°C의 물 3,000kg을 90°C로 올리기 위해 필요한 최소가스량(m^3)은? (단, 가스발열량은 40,000kJ/m^3, 보일러 효율은 90%로 가정하고, 물의 비열은 4.2kJ/kg·K로 한다) 제24회

① 19.60　② 22.05
③ 24.50　④ 25.25
⑤ 26.70

해설

③ $최소가스량 = \frac{질량 \times 비열 \times 온도차}{발열량 \times 효율}$

$$= \frac{3{,}000kg \times 4.2kJ/kg \cdot K \times (90°C - 20°C)}{40{,}000kJ/m^3 \times 0.9} = 24.5(m^3)$$

17 상

공동주택의 거실에서 시간당 0.7회의 환기횟수로 환기설비를 가동할 경우 예상되는 실내 CO_2 농도는? (단, 거실의 면적 100m^2, 천장고 2.5m, 1인당 CO_2 방출량 0.02m^3/h, 재실인원 4인, 외기 CO_2 농도 350ppm) 제12회

① 약 705ppm　② 약 745ppm
③ 약 807ppm　④ 약 857ppm
⑤ 약 910ppm

해설

1. 필요환기량 $Q = \frac{k}{P_i - P_o}(m^3/h)$
   - 유해가스 발생량(k), 허용 농도(P_i), 외기가스 농도(P_o)
   - $환기횟수 = \frac{환기량(m^3/h)}{실용적(m^3)}$
2. 실내 CO_2 농도$= \frac{k}{Q} \times 10^6 + P_o = \frac{4 \times 0.02}{0.7 \times (100 \times 2.5)} \times 10^6 + 350 =$약 807ppm

Answer

13 ① 14 ③ 15 ② 16 ③ 17 ③

18 중

단위 세대당 환기대상 체적이 200m^{3}인 아파트를 신축할 경우, 세대별 시간당 필요한 최소 환기량은? (단, 아파트 규모는 300세대이다) 제13회

① 120m^3/h
② 100m^3/h
③ 160m^3/h
④ 180m^3/h
⑤ 200m^3/h

해설

1. 「건축물의 설비기준 등에 관한 규칙」 제11조(공동주택 및 다중이용시설의 환기설비기준 등)에 의해 30세대 이상의 공동주택(기숙사 제외)의 시간당 0.5회 이상의 환기가 이루어질 수 있도록 자연환기설비 또는 기계환기설비를 설치해야 한다.
2. 따라서, 환기횟수는

$$n = \frac{Q}{V}(회/h)$$

여기서 Q는 환기량(m^3/h), V는 실의 용적(m^3)이므로 환기량 Q=n × V이고
0.5 × 200m^3 = 100m^3/h이다.

19 중

아파트 단지 내 상가 1층에 실용적 720m^{3}인 은행을 환기횟수 1.5회/h로 계획했을 때의 필요 풍량(m^3/min)은? 제17회

① 18
② 90
③ 270
④ 540
⑤ 1,080

해설

1. $n = \frac{Q}{V}(회/h)$

   여기서, Q는 환기량(m^3/h), V는 실의 용적(m^3)
2. 필요환기량 $Q = \frac{k}{P_i - P_o}$ (m$_3$/h)

   유해가스 발생량(k), 허용농도(P_i) 외기가스농도(P_o)
3. 위 식에서 환기량Q(m^3/h)를 구하고 단위환산을 하면 필요 풍량(m^3/min)을 구할 수 있다.
   - Q(m^3/h) = n × V = 1.5 × 720 = 1,080(m^3/h)
   - 필요 풍량(m^3/min) = 1,080/60 = 18(m^3/min)

20 ●중●

6인이 근무하는 공동주택 관리사무실에서 실내의 CO_2 허용농도는 1,000ppm, 외기의 CO_2 농도는 400ppm일 때 최소 필요 환기량(m^3/h)**은?** (단, 1인당 CO_2 발생량은 0.015m^3/h이다) 제25회

① 30
② 90
③ 150
④ 300
⑤ 400

해설

• 필요환기량 $Q = \frac{k}{P_a - P_o} = \frac{6(\text{인}) \times 0.015(m^3/h)}{1{,}000 - 400} \times 1{,}000{,}000 = 150(m_3/h)$

• 여기서, k : 유해가스 발생량
P_a : 허용농도, P_o : 외기가스농도

21 ●중●

바닥면적이 120m^2인 공동주택 관리사무실에서 소요조도를 400럭스(lx)**로 확보하기 위한 조명기구의 최소 개수는?** (단, 조명기구의 개당 광속은 4,000루멘(lm), 실의 조명율 60%, 보수율은 0.8로 한다.) 제25회

① 9개
② 13개
③ 16개
④ 20개
⑤ 25개

해설

• 소요램프수 : $N = \frac{E \times A}{F \times U \times M}(\text{개}) = \frac{400(lx) \times 120(m^2)}{4{,}000(lm) \times 0.6 \times 0.8} = 25(\text{개})$

• 여기서, N : 램프의 개수
F : 램프의 1개당 광속(lm)
E : 평균수평면조도(lx)
D : 감광보상률
U : 조명률
M : 보수율(유지율)
감광보상율과 유지율과 관계 : D × M = 1

Answer
18 ② 19 ① 20 ③ 21 ⑤

02 시설개론

22 중

바닥면적이 100m²인 공동주택 관리사무소에 설치된 25개의 조명기구를 광원만 LED로 교체하여 평균조도 400럭스(lx)를 확보하고자 할 때, 조명기구의 개당 최소 광속(lm)은? (단, 조명률은 50%, 보수율은 0.8로 한다) 제24회

① 3,000　　② 3,500
③ 4,000　　④ 4,500
⑤ 5,000

해설

- 개당 최소광속 : $F = \frac{E \times A}{N \times U \times M} = \frac{E \times A \times D}{N \times U}(lm) = \frac{400(lx) \times 100(m)}{25(개) \times 0.5 \times 0.8} = 4,000(lm)$
- 여기서, N : 램프의 개수
  F : 램프 1개당 광속(lm)
  E : 평균수평면조도(lx)
  D : 감광보상률
  U : 조명률
  M : 보수율(유지율)
  감광보상률과 유지율과 관계 : D × M=1

23 상

바닥면적 100m², 천장고 2.7m인 공동주택 관리사무소의 평균조도를 480럭스(lx)로 설계하고자 한다. 이때 조명률은 0.5에서 0.6으로 개선할 경우 줄일 수 있는 조명기구의 개수는? (단, 조명기구의 개당 광속은 4,000 루멘(lm), 보수율은 0.8로 한다) 제26회

① 3개　　② 5개　　③ 7개
④ 8개　　⑤ 10개

해설

② NFUM=EA에서, $N = \frac{EA}{FUM}$

- 소요램프수 : $N = \frac{E \times A}{F \times U \times M}[개] = \frac{480[lx] \times 100[m^2]}{4,000[lx] \times 0.5 \times 0.8} - \frac{480[lx] \times 100[m^2]}{4,000[lx] \times 0.6 \times 0.8} = 5(개)$
- 여기서, N : 램프의 개수, F : 램프 1개당 광속(lm)
  E : 평균수평면조도(lx), D : 감광보상률,
  U : 조명률, M : 보수율(유지율),
  감광보상률과 유지율과 관계 : D × M=1

Answer

22 ③　23 ②

PART

02 건축구조

01 구조총론

연계학습 : 기본서 p.372~394

1 건축구조의 분류 등

01 건물 구조 형식에 관한 설명으로 옳지 않은 것은? 제27회

중

① 건식구조는 물을 사용하지 않는 구조로 일체식구조, 목구조 등이 있다.
② 막구조는 주로 막이 갖는 인장력으로 저항하는 구조이다.
③ 현수구조는 케이블의 인장력으로 하중을 지지하는 구조이다.
④ 벽식구조는 벽체와 슬래브에 의해 하중이 전달되는 구조이다.
⑤ 플랫 플레이트 슬래브는 보와 지판이 없는 구조이다.

해설
① 건식구조는 물을 사용하지 않는 구조로 철골구조, 목구조 등이 있다.

02 구조 형식에 관한 설명으로 옳지 않은 것은? 제26회

중

① 조적조는 벽돌 등의 재료를 쌓는 구조로 벽식에 적합한 습식구조이다.
② 철근콘크리트 라멘구조는 일체식 구조로 습식구조이다.
③ 트러스는 부재에 전단력이 작용하는 건식구조이다.
④ 플랫 슬래브는 보가 없는 바닥판 구조이며 습식구조이다.
⑤ 현수구조는 케이블에 인장력이 작용하는 건식구조이다.

해설
③ 트러스의 부재는 인장력과 압축력만 받도록 만들어져 있으며, 모든 부재가 휘지 않게 접합점을 힌지(핀접합)로 만든 삼각형의 구조물이다.

Answer
01 ② 02 ③

03 중 **건축구조형식에 관한 설명으로 옳지 않은 것은?** 제20회

① 라멘구조는 기둥과 보가 강접합되어 이루어진 구조이다.
② 트러스구조는 가늘고 긴 부재를 강접합해서 삼각형의 형상으로 만든 구조이다.
③ 플랫 슬래브구조는 보가 없는 구조이다.
④ 아치구조는 주로 압축력을 전달하게 하는 구조이다.
⑤ 내력벽식구조는 내력벽과 바닥판에 의해 하중을 전달하는 구조이다.

해설

② 트러스구조는 가늘고 긴 부재를 핀접합해서 삼각형의 형상으로 만든 구조이다.

04 중 **건축물의 구조에 관한 설명으로 옳지 않은 것은?** 제22회

① 커튼월은 공장생산된 부재를 현장에서 조립하여 구성하는 비내력 외벽이다.
② 조적구조는 벽돌, 석재, 블록, ALC 등과 같은 조적재를 결합재 없이 쌓아 올려 만든 구조이다.
③ 강구조란 각종 형강과 강판을 볼트, 리벳, 고력볼트, 용접 등의 접합방법으로 조립한 구조이다.
④ 기초란 건축물의 하중을 지반에 안전하게 전달시키는 구조 부분이다.
⑤ 철근콘크리트구조는 철근과 콘크리트를 일체로 결합하여 콘크리트는 압축력, 철근은 인장력에 유효하게 작용하는 구조이다.

해설

② 조적구조는 벽돌, 석재, 블록, ALC 등과 같은 조적재를 결합재에 교착하여 쌓는 구조이다.

05 건물구조형식에 관한 설명으로 옳은 것은? 제24회

상

① 이중골조구조: 수평력의 25% 미만을 부담하는 가새골조가 전단벽이나 연성모멘트골조와 조합되어 있는 구조

② 전단벽구조: 전단벽이 캔틸레버 형태로 나와 외곽부의 기둥을 스트럿(Strut)이나 타이(Tie)처럼 거동하게 함으로써 응력 및 하중을 재분배시키는 구조

③ 골조-전단벽구조: 수평력을 전단벽과 골조가 각각 독립적으로 저항하는 구조

④ 절판구조: 판을 주름지게 하여 휨에 대한 저항능력을 향상시키는 구조

⑤ 플랫 슬래브구조: 슬래브의 상부하중을 보와 슬래브로 지지하는 구조

해설

① 이중골조구조: 횡력의 25% 이상을 부담하는 연성모멘트골조가 전단벽이나 가새골조와 조합되어 있는 구조형식

- 연성모멘트골조방식: 횡력에 대한 저항능력을 증가시키기 위하여 부재와 접합부의 연성을 증가시킨 모멘트골조방식
- 모멘트골조방식: 수직하중과 횡력을 보와 기둥으로 구성된 라멘골조가 저항하는 구조방식

② 전단벽구조: 주로 공간이 일정한 면적으로 분할, 구획되는 고층아파트, 호텔 등에 적용되는 구조시스템으로 수평하중에 따른 전단력을 벽체가 지지하도록 구성된 구조시스템

- 전단벽: 벽면에 평행한 횡력을 지지하도록 설계된 벽

③ 골조-전단벽구조: 전단벽과 골조의 상호작용을 고려하여 강성에 비례하여 횡력을 저항하도록 설계되는 전단벽과 골조의 조합구조시스템

⑤ 플랫 슬래브구조: 슬래브의 상부하중을 보 없이 기둥으로 지지하는 구조로 기둥과 슬래브와의 뚫림전단을 방지하기 위하여 지판과 주두로 기둥 상부를 보강한다.

Answer

03 ② 04 ② 05 ④

2 하중과 응력

06 중

건축물에 작용하는 활하중에 관한 설명으로 옳지 않은 것은? 제12회

① 활하중은 구조체 자체의 무게나 구조물의 존재기간 중 지속적으로 구조물에 작용하는 하중을 말한다.
② 활하중은 등분포 활하중과 집중 활하중으로 분류할 수 있다.
③ 활하중은 신축 건축물 및 공작물의 구조계산과 기존 건축물의 안전성 검토 시 적용된다.
④ 하중을 장기하중과 단기하중으로 구분할 경우 활하중은 장기하중에 포함된다.
⑤ 공동주택의 경우 발코니의 활하중은 거실의 활하중보다 큰 값을 사용하는 것이 일반적이다.

해설

① 고정하중(사하중)에 대한 설명이며, 활하중(Live Load)은 풍하중, 지진하중과 같은 환경하중이나 고정하중을 포함하지 않고, 건물이나 다른 구조물의 사용 및 점용에 의해 발생되는 하중으로서 사람, 가구, 이동칸막이, 창고의 저장물, 설비기계 등의 하중을 말한다.

07 중

건축물에 작용하는 하중에 관한 설명으로 옳은 것은? 제16회

① 지진하중은 건축물이 무거울수록 크다.
② 설하중은 지붕의 물매가 클수록 크다.
③ 풍하중은 바람을 받는 벽면의 면적이 작을수록 크다.
④ 고정하중은 건축물의 사용에 의해서 발생하는 하중으로 반영구적 하중을 포함한다.
⑤ 활하중은 사용기간 동안 위치가 고정되어 있고 크기가 변하지 않는 하중을 포함한다.

해설

② 설하중은 지붕의 물매가 작을수록 크다.
③ 풍하중은 바람을 받는 벽면의 면적이 클수록 크다.
④ 고정하중은 구조체에 지속적으로 작용하는 수직하중으로 구조물 하중과 구조부재에 부착된 비내력 부분과 각종 설비 등의 중량을 포함한다.
⑤ 활하중은 건물의 사용 및 점용에 의해서 발생되는 하중으로 사람, 가구, 이동칸막이, 창고의 저장물, 설비기계 등의 하중을 말한다.

08 중 건축물에 작용하는 하중에 관한 설명으로 옳지 않은 것은? 제18회

① 설하중은 구조물이 위치한 지역의 기상조건 등에 많은 영향을 받는다.
② 활하중은 분포 특성을 파악하기 어렵고, 건축물의 사용용도에 따라 변동폭이 크다.
③ 지진하중은 건물 지붕의 형상 및 경사 등에 영향을 크게 받는다.
④ 풍하중은 구조골조용, 지붕골조용, 외장 마감재용으로 분류된다.
⑤ 고정하중은 자중, 고정된 기계설비 등의 하중으로, 고정칸막이벽과 같은 비구조 부재의 하중도 포함한다.

해설
③ 건물 지붕의 형상 및 경사 등에 영향을 크게 받는 하중은 설하중이다.

09 중 건축물의 구조설계에 적용하는 하중에 관한 설명으로 옳지 않은 것은? 제19회 변형

① 설하중은 구조물에 쌓이는 눈의 무게에 의해서 발생하는 하중이다.
② 적재하중은 활하중이라고도 하며, 건축물을 점유・사용함으로써 발생하는 하중이다.
③ 공동주택에서 공용실의 기본등분포활하중은 주거용 구조물 거실의 활하중보다 작은 값을 사용한다.
④ 풍하중은 골조설계용과 외장재설계용 등으로 구분한다.
⑤ 고정하중은 설계에 적용하는 하중으로 장기하중이다.

해설
③ 공동주택에서 공용실의 기본등분포활하중은 주거용 구조물 거실의 활하중보다 큰 값을 사용한다.

Answer
06 ① 07 ① 08 ③ 09 ③

10 상

하중과 변형에 관한 용어 설명으로 옳은 것은? 제26회

① 고정하중은 기계설비 하중을 포함하지 않는다.

② 외력이 작용하는 구조부재 단면에 발생하는 단위면적당 힘의 크기를 응력도라 한다.

③ 외력을 받아 변형한 물체가 그 외력을 제거하면 본래의 모양으로 되돌아가는 성질을 소성이라고 한다.

④ 등분포활하중은 저감해서 사용하면 안 된다.

⑤ 지진하중 계산을 위해 사용하는 밑면적단력은 구조물유효무게에 반비례한다.

해설

① 고정하중에서 고정된 기계설비 하중을 포함한다.

③ 외력을 받아 변형한 물체가 그 외력을 제거하면 본래의 모양으로 되돌아가는 성질을 탄성이라고 한다.

④ 지붕활하중을 제외한 등분포활하중은 부재의 영향면적이 $36m^2$ 이상인 경우 기본등분포활하중에 다음의 활하중저감계수 C를 곱하여 저감할 수 있다.

$$C = 0.3 + \frac{4.2}{\sqrt{A}} \ (3.5 - 1)$$

여기서, C : 활하중저감계수

A : 영향면적(단, $A \geq 36m^2$)

⑤ 지진하중 계산을 위해 사용하는 밑면적단력은 구조물유효무게에 비례한다.

11 중

건축물의 하중에 관한 설명으로 옳지 않은 것은? 제21회

① 지진하중은 지반종류의 영향을 받는다.

② 풍하중은 지형의 영향을 받는다.

③ 고정하중은 구조체의 자중을 포함한다.

④ 설하중은 지붕형상의 영향을 받는다.

⑤ 가동성 경량칸막이벽은 고정하중에 포함된다.

해설

⑤ 가동성 경량칸막이벽은 적재하중에 포함된다.

12 건축물의 구조설계에 적용하는 하중에 관한 설명으로 옳은 것은? 제22회

상

① 기본지상설하중은 재현기간 100년에 대한 수직 최심적설깊이를 기준으로 한다.

② 지붕활하중을 제외한 등분포활하중은 부재의 영향면적이 $30m^2$ 이상인 경우 저감할 수 있다.

③ 고정하중은 점유·사용에 의하여 발생할 것으로 예상되는 최대하중으로, 용도별 최솟값을 적용한다.

④ 풍하중에서 설계속도압은 공기밀도에 반비례하고 설계풍속에 비례한다.

⑤ 지진하중 산정시 반응수정계수가 클수록 지진하중은 증가한다.

해설

② 지붕활하중을 제외한 등분포활하중은 부재의 영향면적이 $36m^2$ 이상인 경우 기본등분포활하중에 활하중저감계수를 곱하여 저감할 수 있다.

③ 활하중은 점유·사용에 의하여 발생할 것으로 예상되는 최대하중으로, 용도별 최솟값을 적용한다.

④ 풍하중에서 설계속도압은 공기밀도에 비례하고 설계풍속에 비례한다.

설계속도압

- 기준높이 H에서의 설계속도압 q_H는 다음 식으로 산정한다.

$$q_H = \frac{1}{2}\rho v_H^2 \ (N/m^2)$$

- 여기서, ρ : 공기밀도로서 균일하게 $1.22kg/m^3$로 한다.
  v_H : 설계풍속(m/s)

⑤ 지진하중 산정시 반응수정계수는 구조부재의 연성이 클수록 큰 값을 가지게 되는데 지진하중과 반비례하며, 반응수정계수가 클수록 지진하중은 감소한다.

13 건축물 주요실의 기본등분포활하중(kN/m^2)의 크기가 가장 작은 것은? 제27회

중

① 공동주택의 공용실 ② 주거용 건축물의 거실

③ 판매장의 상점 ④ 도서관의 서고

⑤ 기계실의 공조실

해설

① 공동주택의 공용실 : 5.0(kN/m^2)

② 주거용 건축물의 거실 : 2.0

③ 판매장의 상점 : 5.0(1층), 4.0(2층 이상)

④ 도서관의 서고 : 7.5

⑤ 기계실의 공조실 : 5.0

Answer

10 ② 11 ⑤ 12 ① 13 ②

14 중

건축물에 작용하는 하중에 관한 설명으로 옳은 것을 모두 고른 것은? 제23회

보기
ㄱ 풍하중과 지진하중은 수평하중이다.
ㄴ 고정하중과 활하중은 단기하중이다.
ㄷ 사무실 용도의 건물에서 가동성 경량칸막이벽은 고정하중이다.
ㄹ 지진하중 산정시 반응수정계수가 클수록 지진하중은 감소한다.

① ㄱ, ㄴ
② ㄱ, ㄹ
③ ㄴ, ㄷ
④ ㄱ, ㄷ, ㄹ
⑤ ㄴ, ㄷ, ㄹ

해설
ㄴ 고정하중과 활하중은 장기하중이다.
ㄷ 사무실 용도의 건물에서 가동성 경량칸막이벽은 활하중이다.

15 중

건축물에 작용하는 하중에 관한 설명으로 옳은 것은? 제24회

① 고정하중과 활하중은 단기하중이다.
② 엘리베이터의 자중은 활하중에 포함된다.
③ 기본지상설하중은 재현기간 100년에 대한 수직 최심적설깊이를 기준으로 한다.
④ 풍하중은 건축물 형태에 영향을 받지 않는다.
⑤ 반응수정계수가 클수록 산정된 지진하중의 크기도 커진다.

해설
① 고정하중과 활하중은 장기하중이다.
② 엘리베이터의 자중은 고정하중에 포함된다.
④ 풍하중은 건물의 모양, 지리적 위치, 구조물의 표면 상태, 건물 높이 등에 따라 다르다.
⑤ 반응수정계수가 클수록 산정된 지진하중의 크기는 작아진다.

02 기초구조

연계학습: 기본서 p.396~422

1 지반조사와 부동침하

01 중

점토지반과 사질토지반의 특성에 대한 설명으로 틀린 것은? 제10회

① 점토지반의 내부마찰각은 사질토보다 크다.
② 점토지반의 투수성은 사질토보다 적다.
③ 사질토지반에서는 양단부에서 침하가 일어나기 쉽다.
④ 사질토지반의 예민비는 점토지반보다 적다.
⑤ 사질토지반은 지진시 유동화 현상이 일어나기 쉽다.

해설

① 점토지반의 내부미찰각은 사질토보다 작다.

02 중

지반조사 방법에 관한 설명으로 옳지 않은 것은? 제16회

① 짚어보기는 인력으로 철봉 등을 지중에 꽂아 지반의 단단함을 조사하는 방법이다.
② 베인테스트는 + 자 날개형 테스터의 회전력으로 점토 지반의 점착력을 조사하는 방법이다.
③ 평판재하시험은 시험추를 떨어뜨려서 타격횟수 N값을 측정하여 지반을 조사하는 방법이다.
④ 물리적 지하탐사법은 전기저항, 탄성파, 강제진동 등을 통하여 지반을 조사하는 방법이다.
⑤ 보링은 지중 천공을 통해 토사를 채취하여 지반의 깊이에 따른 지층의 구성 상태 등을 조사하는 방법이다.

해설

③ 시험추를 떨어뜨려서 타격횟수 N값을 측정하여 지반을 조사하는 방법은 표준관입시험이고 평판재하시험은 재하판에 하중을 가하여 이에 따른 침하량과의 관계에서 지내력을 측정하는 방법이다.

Answer

14 ② 15 ③ / 01 ① 02 ③

03 상●●

표준관입시험에 관한 설명으로 옳은 것은? 제21회

① 점성토지반에서 실시하는 것을 원칙으로 한다.
② N값은 로드를 지반에 76cm 관입시키는 타격 횟수이다.
③ N값이 10~30인 모래지반은 조밀한 상태이다.
④ 표준관입시험에 사용하는 추의 무게는 65.3kgf이다.
⑤ 모래지반에서는 흐트러지지 않은 시료의 채취가 곤란하다.

해설

① 모래지반에서 실시하는 것을 원칙으로 한다.
② N값은 로드를 지반에 30cm 관입시키는 타격 횟수이다.
③ N값이 30~50인 모래지반은 조밀한 상태이다.
④ 표준관입시험에 사용하는 추의 무게는 63.5kgf이다.

04 상●●

지반특성 및 지반조사에 관한 설명으로 옳은 것은? 제27회

① 액상화는 점토지반이 진동 및 지진 등에 의해 압축저항력을 상실하여 액체와 같이 거동하는 현상이다.
② 사운딩(Sounding)은 로드의 선단에 설치된 저항체를 지중에 넣고 관입, 회전, 인발 등을 통해 토층의 성상을 탐사하는 시험이다.
③ 샌드벌킹(Sand Bulking)은 사질지반의 모래에 물이 배출되어 체적이 축소되는 현상이다.
④ 간극수압은 모래 속에 포함된 물에 의한 하향수압을 의미한다.
⑤ 압밀은 사질지반에서 외력에 의해 공기가 제거되어 체적이 증가되는 현상이다.

해설

① 액상화는 사질토지반이 진동 및 지진 등에 의해 압축저항력을 상실하여 액체와 같이 거동하는 현상이다.
③ 샌드벌킹(Sand Bulking)은 사질지반의 모래에 물이 흡수되어 체적이 확대되는 현상이다.
④ 간극수압은 흙 속에 포함된 물에 의한 상향수압을 의미한다.
⑤ 압밀은 포화된 점토지반에서 외력에 의해 물이 오랜 시간 간극수가 빠져나감과 동시에 체적이 감소하는 현상이다.

05 중

철근콘크리트 독립기초의 기초판 크기(면적) 결정에 큰 영향을 미치는 것은? 제27회

① 허용휨내력　② 허용전단내력
③ 허용인장내력　④ 허용부착내력
⑤ 허용지내력

해설
⑤ 허용지내력이란 지반의 허용지지력 내에서 침하 또는 부동침하가 허용한도 내로 될 수 있게 하는 하중으로 허용지내력도와 사용하중에 따라 기초판의 크기가 결정된다.

06 중

지반내력(허용지내력)의 크기가 큰 것부터 옳게 나열한 것은? 제24회

① 화성암 − 수성암 − 자갈과 모래의 혼합물 − 자갈 − 모래 − 모래 섞인 점토
② 화성암 − 수성암 − 자갈 − 자갈과 모래의 혼합물 − 모래 섞인 점토 − 모래
③ 화성암 − 수성암 − 자갈과 모래의 혼합물 − 자갈 − 모래 섞인 점토 − 모래
④ 수성암 − 화성암 − 자갈 − 자갈과 모래의 혼합물 − 모래 − 모래 섞인 점토
⑤ 수성암 − 화성암 − 자갈과 모래의 혼합물 − 자갈 − 모래 섞인 점토 − 모래

해설
② 화성암 − 수성암 − 자갈 − 자갈과 모래의 혼합물 − 모래 섞인 점토 − 모래
화성암은 마그마가 식어서 형성된 암석으로 생성시의 깊이에 따라서 화산암과 심성암으로 분류된다.

Answer
03 ⑤　04 ②　05 ⑤　06 ②

07 (중)

건축물에 발생하는 부등침하의 원인으로 옳지 않은 것은? 제22회

① 서로 다른 기초 형식의 복합시공
② 풍화암 지반에 기초를 시공
③ 연약지반의 분포 깊이가 다른 지반에 기초를 시공
④ 지하수위 변동으로 인한 지하수위의 상승
⑤ 증축으로 인한 하중의 불균형

해설

② 부동침하(부등침하)는 연약지반에 시공하거나 기초 또는 건축물의 균형이 맞지 않아 발생하는 것으로 풍화암 지반에 기초를 시공했다는 것 자체로는 부등침하가 발생한다고 보기 어렵다.
풍화암: 경암이 물, 햇빛, 미생물 따위의 영향으로 부서져 강도가 약해진 상태의 암석

08 (하)

부동(부등)침하에 의한 건축물의 피해현상이 아닌 것은? 제19회

① 구조체의 균열
② 구조체의 기울어짐
③ 구조체의 건조 수축
④ 구조체의 누수
⑤ 마감재의 변형

해설

③ 구조체의 건조 수축은 배합비율의 문제(물의 높은 배합비율), 시공불량의 문제(수분의 빠른 건조속도) 등에 의해 발생하는 문제이다.
부동침하에 의한 건축물의 피해현상
1. 상부 구조체의 균열
2. 지반의 침하
3. 구조체의 기울어짐
4. 구조체의 누수
5. 단열 및 방습효과의 저하
6. 마감재의 변형

09 (중)

연약지반에서 부등침하 저감대책으로 옳은 것은? 제17회

① 건물의 자중을 크게 한다.
② 건물의 평면길이를 길게 한다.
③ 상부구조의 강성을 작게 한다.
④ 지하실을 강성체로 설치한다.
⑤ 인접 건물과의 거리를 좁힌다.

해설

① 건물의 자중을 작게 한다.
② 건물의 평면길이를 짧게 한다.
③ 상부구조의 강성을 크게 한다.
⑤ 인접 건물과의 거리를 넓힌다.

2 기초와 기초파기

10 중
건축물의 기초에 관한 설명으로 옳지 않은 것은? 제19회

① 기초는 기초판, 지정 등으로 구성되어 있다.
② 기초판은 기둥 또는 벽체에 작용하는 하중을 지중에 전달하기 위하여 기초가 펼쳐진 부분을 말한다.
③ 지정은 기초를 보강하거나 지반의 내력을 보강하기 위한 것이다.
④ 말뚝기초는 직접기초의 한 종류이다.
⑤ 말뚝기초에는 지지기능상 지지말뚝과 마찰말뚝으로 분류한다.

해설
④ 기초판형식에 따른 분류에는 독립기초, 복합기초, 연속기초, 온통기초가 있으며, 지정형식에 따른 분류에 직접기초, 말뚝기초, 피어기초, 잠함기초가 있다.

11 하
벽 또는 일련의 기둥으로부터의 응력을 띠 모양으로 하여 지반 또는 지정에 전달하는 기초의 형식은? 제22회

① 병용기초
② 독립기초
③ 연속기초
④ 복합기초
⑤ 온통기초

해설
③ 조적조에 가장 적당한 기초로 내력벽의 하부 또는 일련의 기둥으로부터 상부하중을 지반 또는 지정에 전달하는 기초는 연속(줄)기초이다.

12 상
벽식구조로 된 고층 공동주택의 특징을 바르게 설명한 것은? 제10회

① 세대간 층고가 높아지는 단점이 있다.
② 무량판구조에 비해 공간구성의 가변성이 크다.
③ 기초판 형식은 줄(연속)기초보다 온통(전면)기초를 많이 사용한다.
④ 발코니 구조변경시 임의로 내력벽의 일부를 제거할 수 있다.
⑤ 벽체 상부와 바닥슬래브 사이에 상부하중을 지지하는 보가 설계된다.

해설
③ 고층의 공동주택은 내력벽을 통해 전달되는 하중이 크기 때문에 줄기초보다 온통기초가 유리하다.

Answer
07 ② 08 ③ 09 ④ 10 ④ 11 ③ 12 ③

13 중

기초를 설치할 때의 유의사항으로 옳지 않은 것은? 제13회

① 기초는 상부구조의 하중을 충분히 지반에 전달할 수 있는 구조로 한다.
② 독립기초를 지중보로 서로 연결하면 건물의 부등침하 방지에 효과적이다.
③ 기초는 그 지역의 동결선(凍結線) 이하에 설치해야 한다.
④ 동일 건물의 기초에서는 이종형식의 기초를 병용하는 것이 좋다.
⑤ 땅속의 경사가 심한 굳은 지반에 올려놓은 기초는 슬라이딩의 위험성이 있다.

해설

④ 동일 건물의 기초에서는 이종형식의 기초를 피하며 동일 형식의 기초를 사용한다.

14 중

건축물의 지정 및 기초공사에 관한 설명으로 옳지 않은 것은? 제12회

① 현장타설콘크리트말뚝(제자리콘크리트말뚝)은 지중에 구멍을 뚫어 그 속에 조립된 철근을 설치하고 콘크리트를 타설하여 형성하는 말뚝을 말한다.
② 지반의 연질층이 매우 두꺼운 경우 말뚝을 박아 말뚝 표면과 주위 흙과의 마찰력으로 하중을 지지하는 말뚝을 마찰말뚝이라 한다.
③ 사질지반의 경우 수직하중을 가하면 접지압은 주변에서 최대이고 중앙에서 최소가 된다.
④ 동일 건물에서는 지지말뚝과 마찰말뚝을 혼용하지 않는 것이 좋다.
⑤ 기성콘크리트말뚝의 설치방법은 타격공법, 진동공법, 압입공법 등이 있다.

해설

③ 사질지반의 경우 수직하중을 가하면 접지압은 중앙에서 최대이고 주변에서 최소가 되며, 점토지반은 그 반대이다.

15 기초에 관한 설명으로 옳지 않은 것은? 제21회

중

① 직접기초: 지지력이 확보되는 굳은 지반에 기초판을 설치하여 상부구조의 하중을 지지하는 기초
② 말뚝기초: 지지말뚝이나 마찰말뚝으로 상부구조의 하중을 지반에 전달하는 기초
③ 연속기초: 건물 전체의 하중을 두꺼운 하나의 기초판으로 지반에 전달하는 기초
④ 복합기초: 2개 이상의 기둥으로부터의 하중을 하나의 기초판을 통해 지반에 전달하는 기초
⑤ 독립기초: 독립된 기둥 1개의 하중을 1개의 기초판으로 지반에 전달하는 기초

해설
③ 건물 전체의 하중을 두꺼운 하나의 기초판으로 지반에 전달하는 기초는 온통기초이다.

16 (　)에 들어갈 기초 명칭으로 옳은 것은? 제23회

중

보기
- (㉠)기초: 기둥이나 벽체의 밑면을 기초판으로 확대하여 상부구조의 하중을 지반에 직접 전달하는 기초
- (㉡)기초: 지하실 바닥 전체를 일체식으로 축조하여 상부구조의 하중을 지반 또는 지정에 전달하는 기초
- (㉢)기초: 벽 또는 일련의 기둥으로부터의 응력을 띠모양으로 하여 지반 또는 지정에 전달하는 기초

① ㉠: 독립, ㉡: 온통, ㉢: 연속
② ㉠: 독립, ㉡: 연속, ㉢: 온통
③ ㉠: 연속, ㉡: 직접, ㉢: 독립
④ ㉠: 직접, ㉡: 독립, ㉢: 연속
⑤ ㉠: 직접, ㉡: 온통, ㉢: 연속

해설
㉠ 직접기초: 지정형식에 의한 분류에 속하는 기초로 기둥이나 벽체의 밑면을 기초판으로 확대하여 상부구조의 하중을 지반에 직접 전달하는 기초
㉡ 온통기초: 지하실 바닥 전체를 일체식으로 축조하여 상부구조의 하중을 지반 또는 지정에 전달하는 기초
㉢ 연속기초: 벽 또는 일련의 기둥으로부터의 응력을 띠모양으로 하여 지반 또는 지정에 전달하는 기초

Answer
13 ④ 14 ③ 15 ③ 16 ⑤

17 중

건축물의 지정 및 기초에 관한 설명으로 옳지 않은 것은? 제17회

① 지정은 기초를 안전하게 지지하기 위하여 기초를 보강하거나 지반의 내력을 보강하는 것이다.
② 지정 및 기초공사 재료는 시멘트 대체재료, 순환골재 등 순환자원의 사용을 적극적으로 고려한다.
③ 연속기초는 건축물의 밑바닥 전부를 두꺼운 기초판으로 한 것이다.
④ 복합기초는 기둥 간격이 좁아 2개 이상의 기둥들을 한 개의 기초판에 지지하는 구조이다.
⑤ 현장타설콘크리트말뚝 기초공사시 말뚝구멍을 굴착한 후 저면의 슬라임 제거에 유의해야 한다.

해설

③ 연속기초는 건축물의 내력벽을 따라 그 밑을 기초구조로 한 것으로 조적조 등에 적당하며, 바닥 대부분을 두꺼운 기초판으로 한 기초는 온통기초이다.

18 하

흙의 휴식각을 고려하여 별도의 흙막이를 설치하지 않는 터파기 공법은? 제26회

① 역타(Top Down) 공법
② 어스앵커(Earth Anchor) 공법
③ 오픈 컷(Open Cut) 공법
④ 아일랜드(Island) 공법
⑤ 트랜치 컷(Trench Cut) 공법

해설

③ 오픈 컷(Open Cut) 공법은 주변 공간에 여유가 있을 때 흙막이를 설치하지 않고 휴식각을 고려하여 경사각을 결정, 흙막이를 대신하여 경사면으로 하는 터파기 공법이다.

19 기초 및 지하층 공사에 관한 설명으로 옳지 않은 것은? 제20회

중

① RCD(Reverse Circulation Drill) 공법은 대구경 말뚝 공법의 일종으로 깊은 심도까지 시공할 수 있다.
② 샌드 드레인(Sand Drain) 공법은 연약 점토질 지반을 압밀하여 물을 제거하는 지반개량 공법이다.
③ 오픈 컷(Open Cut) 공법은 흙막이를 설치하지 않고 흙의 안식각을 고려하여 기초파기하는 공법이다.
④ 슬러리 월(Slurry Wall)은 터파기 공사의 흙막이벽으로 사용함과 동시에 구조벽체로 활용할 수 있다.
⑤ 탑 다운(Top Down) 공법은 넓은 작업공간을 필요로 하므로 도심지 공사에 적절하지 않은 공법이다.

해설

⑤ 탑 다운(Top Down) 공법은 넓은 작업공간을 필요로 하지 않아 도심지 공사에 적절한 공법이다.

20 기초구조 및 터파기 공법에 관한 설명으로 옳은 것은? 제25회

중

① 서로 다른 종류의 지정을 사용하면 부등침하를 방지할 수 있다.
② 지중보는 부등침하 억제에 영향을 미치지 못한다.
③ 2개의 기둥에서 전달되는 하중을 1개의 기초판으로 지지하는 방식의 기초를 연속기초라고 한다.
④ 웰포인트 공법은 점토질 지반의 대표적인 연약 지반 개량공법이다.
⑤ 중앙부를 먼저 굴토하고 구조체를 설치한 후, 외주부를 굴토하는 공법을 아일랜드 컷 공법이라 한다.

해설

① 부등침하를 방지하기 위해 서로 다른 종류의 지정을 사용하지 않도록 한다.
② 지중보는 부등침하 억제에 효과가 있다.
③ 2개의 기둥에서 전달되는 하중을 1개의 기초판으로 지지하는 방식의 기초를 복합기초라고 한다.
④ 웰포인트 공법은 사질토 지반의 대표적인 연약 지반 개량공법이다.

Answer

17 ③ 18 ③ 19 ⑤ 20 ⑤

21 흙막이 공사에서 발생하는 현상에 관한 설명으로 옳은 것을 모두 고른 것은?

중

제23회

보기

㉠ 히빙: 사질지반이 급속 하중에 의해 전단저항력을 상실하고 마치 액체와 같이 거동하는 현상
㉡ 파이핑: 부실한 흙막이의 이음새 또는 구멍을 통한 누수로 인해 토사가 유실되는 현상
㉢ 보일링: 연약한 점성토 지반에서 땅파기 외측의 흙의 중량으로 인하여 땅파기 된 저면이 부풀어오르는 현상

① ㉠
② ㉡
③ ㉠, ㉢
④ ㉡, ㉢
⑤ ㉠, ㉡, ㉢

해설

㉠ 히빙현상: 연약한 점성토 지반에서 땅파기 외측의 흙의 중량으로 인하여 땅파기 된 저면이 부풀어오르는 현상
㉢ 보일링현상: 흙막이 저면이 투수성이 좋은 사질지반이고, 지하수가 지반의 가까운 곳에 있을 경우에 사질지반이 부력을 받아 감당하지 못하여 지하수와 모래가 함께 솟아오르는 현상
⇒ 액상화현상(유동화현상): 사질지반이 급속 하중에 의해 전단저항력을 상실하고 마치 액체 같이 거동하는 현상

22 기초구조에 관한 설명으로 옳지 않은 것은?

상

제20회

① 독립기초에 배근하는 주철근은 부철근보다 위쪽에 설치되어야 한다.
② 말뚝의 개수를 결정하는 경우 사용하중(Service Load)을 적용한다.
③ 기초판의 크기를 결정하는 경우 사용하중을 적용한다.
④ 먼저 타설하는 기초와 나중 타설하는 기둥을 연결하는 데 사용하는 철근은 장부철근(Dowel Bar)이다.
⑤ 2방향으로 배근된 기초판의 경우 장변방향의 철근은 단면 폭 전체에 균등하게 배근한다.

해설

① 독립기초에 배근하는 주철근은 부철근보다 아래쪽에 설치되어야 한다.
1. 계수하중
   (1) 하중증가계수 × 하중
   (2) 건축물의 안전성을 검토시 사용
2. 사용하중
   (1) 하중증가계수를 고려하지 않은 하중
   (2) 사용성과 내구성 검토시 사용
   (3) 기초판의 밑면적과 말뚝의 개수 산정시 적용

03 철근콘크리트

연계학습 : 기본서 p.424~491

1 개요와 철근공사 등

01 철근콘크리트구조에 관한 설명으로 옳지 않은 것? 제21회

중

① 일반적으로 압축력은 콘크리트, 인장력은 철근이 부담한다.
② 압축강도 50MPa 이상의 콘크리트는 내구성과 내화성이 매우 우수하다.
③ 콘크리트의 강한 알칼리성은 철근 부식 방지에 효과적이다.
④ 철근과 콘크리트의 선팽창계수는 거의 같다.
⑤ 철근량이 동일한 경우 굵은 철근보다 가는 철근을 배근하는 것이 균열제어에 유리하다.

해설

② 압축강도 50MPa 이상의 콘크리트는 치밀한 구조로 화재시 폭렬의 위험성으로 내화성이 떨어진다.

02 철근공사에 관한 설명으로 옳은 것은? 제18회

상

① 벽 철근공사에 사용되는 간격재는 사전에 담당원의 승인을 받은 경우 플라스틱 제품을 측면에 사용할 수 있다.
② 상온에서 철근의 가공은 일반적으로 열간 가공을 원칙으로 한다.
③ 보에 사용되는 스터럽의 가공치수 허용오차는 ±8mm로 한다.
④ 철근을 용접이음하는 경우 용접부의 강도는 철근 설계기준 항복강도의 100% 성능을 발휘할 수 있어야 한다.
⑤ 용접철망이음은 일직선상에서 모두 이어지게 한다.

해설

② 철근은 상온에서 가공하는 것을 원칙으로 한다. 철근 및 용접망의 가공은 담당원의 특별한 지시가 없는 한 가열 가공은 금하고 상온에서 냉간 가공한다.
③ 보에 사용되는 스터럽의 가공치수 허용오차는 ±5mm로 한다.
④ 철근을 용접이음하는 경우 용접부의 강도는 철근 설계기준 항복강도의 125% 성능을 발휘할 수 있어야 한다.
⑤ 용접철망의 이음은 서로 엇갈리게 하여 일직선상에서 모두 이어지지 않도록 하며, 이음은 최소 한칸 이상 겹치도록 하고 겹쳐지는 부분은 결속선으로 묶어야 한다.

Answer

21 ③ 22 ① / 01 ② 02 ①

03 철근 및 철근 배근에 관한 설명으로 옳은 것은?

상 제26회

① 전단철근이 배근된 보의 피복두께는 보 표면에서 주근 표면까지의 거리이다.
② SD400 철근은 항복강도 400N/mm²인 원형철근이다.
③ 나선기둥의 주근은 최소 4개로 한다.
④ 1방향 슬래브의 배력철근은 단변방향으로 배근한다.
⑤ 슬래브 주근은 배력철근보다 바깥쪽에 배근한다.

해설

① 전단철근이 배근된 보의 피복두께는 보 표면에서 스터럽 표면까지의 거리이다.
② SD400 철근은 항복강도 400N/mm²인 이형철근이다.
③ 나선기둥의 주근은 최소 6개로 한다.
④ 1방향 슬래브의 주철근은 단변방향으로 배근한다.

04 철근의 정착 및 이음에 관한 설명으로 옳은 것은?

중 제25회

① D35 철근은 인장 겹침이음을 할 수 없다.
② 기둥의 주근은 큰 보에 정착한다.
③ 지중보의 주근은 기초 또는 기둥에 정착한다.
④ 보의 주근은 슬래브에 정착한다.
⑤ 갈고리로 가공하는 것은 인장과 압축저항에 효과적이다.

해설

① D35 초과하는 철근은 겹침이음을 할 수 없다.
② 기둥의 주근은 기초에 정착한다.
④ 보의 주근은 기둥에 정착한다.
⑤ 갈고리로 가공하는 것은 인장저항에 효과적이지만 압축저항에는 효과가 없다.

05 상●● **철근콘크리트 구조에 관한 설명으로 옳은 것은?** 제18회

① 주철근 표준갈고리의 각도는 180°와 90°로 분류된다.
② 흙에 접하지 않는 철근콘크리트 보의 최소 피복두께는 20mm이다.
③ 사각형 띠철근으로 둘러싸인 기둥 주철근의 최소 개수는 3개이다.
④ 콘크리트 압축강도용 원주공시체 ϕ100 × 200mm를 사용할 경우 강도보정계수 0.82를 사용한다.
⑤ 콘크리트 보강용 철근은 원형철근 사용을 원칙으로 한다.

해설

① 주철근을 정착할 때 사용하는 표준갈고리는 90°와 180° 두 가지로 기준을 정하고 있으며, 늑근이나 띠철근에는 90°와 135° 표준갈고리를 사용할 수 있다.
② 옥외의 공기나 흙에 직접 접하지 않는 콘크리트의 보, 기둥의 피복두께는 40mm이다.
③ 사각형 띠철근으로 둘러싸인 기둥 주철근의 최소 개수는 4개이다.
④ 콘크리트 압축강도용 원주공시체 ϕ100 × 200mm를 사용할 경우 강도보정계수 0.97를 사용한다.

공시체의 형상 치수와 압축강도와의 관계

공시체의 형상	공시체의 치수(cm)	D15 × 30 원주공시체 강도의 비	D15 × 30 원주공시체 강도환산값
원주체	D10 × 20	1.03	0.97
	D15 × 30	1.00	1.00
	D20 × 40	0.95	1.05
입방체	10	1.33	0.75
	15	1.25	0.80
	20	1.20	0.83
	30	1.11	0.90
직방체	15 × 15 × 45	0.95	1.05
	20 × 20 × 60	0.95	1.05

⑤ 콘크리트 보강용 철근은 이형철근 사용을 원칙으로 한다.

Answer
03 ⑤ 04 ③ 05 ①

06 상

철근콘크리트공사에 관한 설명으로 옳은 것은? 제24회

① 간격재는 거푸집 상호 간에 일정한 간격을 유지하기 위한 것이다.
② 철근 조립시 철근의 간격은 철근 지름의 1.25배 이상, 굵은 골재 최대치수의 1.5배 이상, 25mm 이상의 세 가지 값 중 최댓값을 사용한다.
③ 기둥의 철근 피복두께는 띠철근(Hoop) 외면이 아닌 주철근 외면에서 콘크리트 표면까지의 거리를 말한다.
④ 거푸집의 존치기간을 콘크리트 압축강도 기준으로 결정할 경우에 기둥, 보, 벽 등의 측면은 최소 14MPa 이상으로 한다.
⑤ 콘크리트의 설계기준압축강도가 30MPa인 경우에 옥외의 공기에 직접 노출되지 않는 철근콘크리트 보의 최소 피복두께는 40mm이다.

해설

⑤ 콘크리트의 설계기준압축강도가 옥외의 공기에 직접 노출되지 않는 철근콘크리트 보의 최소 피복두께는 40mm이다(40MPa 이상인 경우 10mm를 저감시킬 수 있다).
① 격리재는 거푸집 상호 간에 일정한 간격을 유지하기 위한 것이다.
② 철근 조립시 철근의 간격은 철근의 공칭 지름 이상, 굵은골재 최대치수의 4/3배 이상, 25mm 이상 중 큰 값을 사용한다.
③ 기둥의 철근 피복두께는 띠철근(Hoop) 외면에서 콘크리트 표면까지의 거리를 말한다.
④ 거푸집의 존치기간을 콘크리트 압축강도 기준으로 결정할 경우에 기둥, 보, 벽 등의 측면은 최소 5MPa 이상으로 한다.

07 중

철근콘크리트공사의 거푸집에 관한 설명으로 옳지 않은 것은? 제19회

① 부어넣은 콘크리트가 소정의 형상・치수를 유지하기 위한 가설구조물이다.
② 거푸집 설계시 적용하는 하중에는 콘크리트 중량, 작업하중, 측압 등이 있다.
③ 거푸집널을 일정한 간격으로 유지하는 동시에 콘크리트 측압을 지지하기 위하여 긴결재(폼타이)를 사용한다.
④ 콘크리트의 측압은 슬럼프값이 클수록 작다.
⑤ 거푸집널과 철근 등의 간격을 유지하기 위하여 간격재(스페이서)를 사용한다.

해설

④ 콘크리트의 측압은 슬럼프값이 클수록 크다.

08 철근과 콘크리트의 부착력에 영향을 주는 요인을 모두 고른 것은? 제26회

중

㉠ 콘크리트의 압축강도
㉡ 철근의 피복두께
㉢ 철근의 항복강도
㉣ 철근 표면의 상태

① ㉠, ㉡ ② ㉡, ㉢ ③ ㉢, ㉣
④ ㉠, ㉡, ㉣ ⑤ ㉠, ㉡, ㉢, ㉣

해설

④ 부착력은 콘크리트의 압축강도가 클수록 크며, 철근의 주장에 비례한다. 적정한 피복두께를 확보하여야 부착력을 확보할 수 있으나, 철근의 항복강도와 부착력은 관계가 없다.

2 콘크리트공사

09 수화열이 적고 화학저항성이 크며 장기강도를 증진시킨 시멘트로 댐, 터널 등 대규모 콘크리트공사에 많이 사용되는 시멘트는? 제10회

하

① 보통 포틀랜드 시멘트
② 백색 시멘트
③ 조강 포틀랜드 시멘트
④ 내황산염 포틀랜드 시멘트
⑤ 중용열 포틀랜드 시멘트

해설

⑤ 댐, 터널 등 대규모 콘크리트 공사는 시멘트의 수화열에 의한 온도균열 발생가능성이 크므로 수화열이 작은 중용열 시멘트를 사용한다.

Answer

06 ⑤ 07 ④ 08 ④ 09 ⑤

10 중

콘크리트공사에서 시멘트 분말도가 크면 나타나는 현상으로 옳지 않은 것은?

제17회

① 수화작용이 빠르다.
② 조기 강도가 커진다.
③ 시공연도가 좋아진다.
④ 균열발생이 적어진다.
⑤ 블리딩 현상이 감소된다.

해설

④ 균열발생이 커진다.
분말도가 크면(입도가 작으면)
1. 시공연도가 좋고 수밀한 콘크리트가 가능하다.
2. 비표면적이 크다.
3. 수화작용이 빠르다.
4. 발열량이 커지고, 초기 강도가 크다.
5. 균열발생이 크고, 풍화되기 쉽다.
6. 장기 강도는 저하된다.

11 중

철근콘크리트 공사에 사용되는 재료의 취급 및 저장에 관한 설명으로 옳지 않은 것은?

제13회

① 철근은 직접 지상에 놓지 말아야 한다.
② 3개월 이상 장기간 저장한 시멘트는 사용하기에 앞서 재시험을 실시하여 그 품질을 확인한다.
③ 골재의 저장설비에는 적당한 배수시설을 설치하여 골재의 표면수가 모두 제거되도록 하여야 한다.
④ 포대시멘트를 쌓아서 단기간 저장하는 경우, 시멘트를 쌓아올리는 높이는 13포대 이하로 하는 것이 바람직하다.
⑤ 혼화재는 방습적인 사일로 또는 창고 등에 품종별로 구분하여 저장한다.

해설

③ 골재의 저장설비에는 적당한 배수시설을 설치하고, 그 용량을 알맞게 하며 표면수가 균일한 골재를 사용할 수 있도록 한다.

12 중 **굳지 않은 콘크리트의 특성에 관한 설명으로 옳지 않은 것은?** 제25회

① 물의 양에 따른 반죽의 질기를 컨시스턴시(Consistency)라고 한다.
② 재료분리가 발생하지 않는 범위에서 단위수량이 증가하면 워커빌리티(Workability)는 증가한다.
③ 골재의 입도 및 입형은 워커빌리티(Workability)에 영향을 미친다.
④ 물·시멘트비가 커질수록 블리딩(Bleeding)의 양은 증가한다.
⑤ 콘크리트의 온도는 공기량에 영향을 주지 않는다.

해설
⑤ 콘크리트의 온도 상승은 공기량이 감소한다.

13 중 **콘크리트의 시공성에 영향을 주는 요인에 관한 설명으로 옳은 것은?** 제19회

① 쇄석 사용시 시공연도가 좋아진다.
② 온도가 높을수록 슬럼프값이 증가한다.
③ 시멘트의 분말도가 낮으면 시공연도가 나빠진다.
④ 시공연도는 일반적으로 빈배합이 부배합보다 좋다.
⑤ 단위수량이 크면 슬럼프값이 감소하고 반죽질기가 증가한다.

해설
① 쇄석 사용시 시공연도가 나빠진다.
② 온도가 높을수록 슬럼프값이 감소한다.
④ 시공연도는 일반적으로 부배합이 빈배합보다 좋다.
⑤ 단위수량이 크면 슬럼프값이 증가하고 반죽질기가 증가한다.

Answer
10 ④ 11 ③ 12 ⑤ 13 ③

14 상

콘크리트의 압축강도에 관한 설명으로 옳지 않은 것은? 제15회

① 습윤환경보다 건조환경에서 양생된 콘크리트의 강도가 낮다.
② 콘크리트 배합시 사용되는 물의 양이 많을수록 강도는 저하된다.
③ 현장 타설 구조체 콘크리트는 양생온도가 높을수록 강도 발현이 촉진된다.
④ 시험용 공시체의 크기가 클수록, 재하속도가 느릴수록 강도는 커진다.
⑤ 타설 후 초기재령에 동결된 콘크리트는 그 후 적절한 양생을 하여도 강도가 회복되기 어렵다.

해설
④ 시험용 공시체의 크기가 작을수록, 재하속도가 빠를수록 강도는 커진다.

15 중

콘크리트공사에 관한 설명으로 옳지 않은 것은? 제16회

① 물 · 시멘트비가 클수록 압축강도는 작아진다.
② 물 · 시멘트비가 클수록 레이턴스가 많이 생긴다.
③ 운반 및 타설시에 콘크리트에 물을 첨가하면 안 된다.
④ 단위수량이 많을수록 작업이 용이하고, 블리딩은 작아진다.
⑤ 콘크리트의 비빔시간이 너무 길면 워커빌리티는 나빠진다.

해설
④ 단위수량이 많을수록 작업이 용이하지만 블리딩은 증가한다.

16 콘크리트공사에 관한 설명으로 옳지 않은 것은? 제18회

중

① 콘크리트에 포함된 염화물량은 염소이온량으로서 철근 방청상 유효한 대책을 강구하지 않을 경우 0.30kg/m³ 이하로 한다.

② 시멘트 저장시 시멘트를 쌓아 올리는 높이는 13포대 이하로 한다.

③ 외기기온이 25℃ 이상의 경우, 레디믹스트 콘크리트는 비빔 시작부터 타설 종료까지의 시간을 90분으로 한다.

④ 콘크리트 타설 이음부 위치는 보의 경우 구조내력을 고려해 스팬의 단부로 한다.

⑤ 타설 이음부의 콘크리트는 살수 등에 의해 습윤시킨다.

해설

④ 타설 이음부의 위치는 구조부재의 내력의 영향이 가장 작은 곳에 정하도록 하며 다음을 표준으로 한다.

1. 보, 바닥슬래브 및 지붕슬래브의 수직 타설 이음부는 스팬의 중앙 부근에 주근과 직각방향으로 설치한다.
2. 기둥 및 벽의 수평 타설 이음부는 바닥슬래브(지붕슬래브), 보의 하단에 설치하거나 바닥슬래브, 보, 기초 보의 상단에 설치한다.

③ 레디믹스트 콘크리트는 비빔 시작부터 타설 종료까지의 시간한도는 외기온이 25°C 미만인 경우에는 120분, 25°C 이상인 경우에는 90분으로 한다.

17 콘크리트공사에 관한 설명으로 옳지 않은 것은? 제20회

중

① 보통 콘크리트에 사용되는 골재의 강도는 시멘트 페이스트 강도 이상이어야 한다.

② 콘크리트 제조시 혼화제(混和劑)의 양은 콘크리트 용적 계산에 포함된다.

③ 센트럴 믹스트(Central-Mixed) 콘크리트는 믹싱 플랜트에서 비빈 후 현장으로 운반하여 사용하는 콘크리트이다.

④ 콘크리트 배합시 골재의 함수 상태는 표면건조 내부 포수상태 또는 그것에 가까운 상태로 사용하는 것이 바람직하다.

⑤ 콘크리트 배합시 단위수량은 작업이 가능한 범위 내에서 될 수 있는 한 적게 되도록 시험을 통해 정하여야 한다.

해설

② 콘크리트 제조시 혼화제(混和劑)의 양은 소량이어서 콘크리트 용적 계산에 포함되지 않는다.

Answer

14 ④ 15 ④ 16 ④ 17 ②

18 하

콘크리트공사 현장에 반입되는 콘크리트의 품질관리 및 검사항목에 해당하지 않는 것은? 제14회

① 슬럼프 ② 공기량
③ 중성화 ④ 염화물량
⑤ 단위수량(單位水量)

해설

③ 반입되는 콘크리트의 품질관리 및 검사항목으로는 굳지 않은 콘크리트의 상태, 슬럼프, 공기량, 온도, 단위질량, 염소이온량, 배합, 펌퍼빌리티 등이 있다.

콘크리트의 중성화(Carbonation, 탄산화)란 시멘트와 물의 수화 반응에 의해 생긴 수산화칼슘이 공기 중의 탄산가스(CO_2)에 의해 탄산칼슘으로 변화하여 알칼리성을 상실해가는 현상으로 콘크리트가 경화된 후 발생하는 내구성 저하요인이다.

19 중

한중콘크리트공사에 관한 설명으로 옳지 않은 것은? 제14회

① 특별한 경우에 시멘트는 직접 가열하여 사용한다.
② 한중콘크리트에는 공기연행 콘크리트를 사용하는 것을 원칙으로 한다.
③ 동결한 지반 위에 콘크리트를 부어넣거나 거푸집의 동바리를 세워서는 안 된다.
④ 빙설이 혼입된 골재, 동결상태의 골재는 원칙적으로 비빔에 사용하지 않는다.
⑤ 단위수량(單位水量)은 콘크리트의 소요성능이 얻어지는 범위 내에서 될 수 있는 한 적게 한다.

해설

① 한중콘크리트는 하루 평균기온이 4°C 이하가 예상되는 조건에서 콘크리트의 응결반응이 늦어져 동결의 우려가 있을 때 사용하는 콘크리트로, 시멘트는 어떠한 경우에도 직접 가열하지 않는다.

20 중

콘크리트 종류에 대한 설명으로 틀린 것은? 제9회

① AE 콘크리트는 콘크리트에 미세한 기포를 발생시켜 시공연도를 좋게 한 것이다.
② 수밀 콘크리트는 물·시멘트비를 50% 이하로 하며 내수성을 갖도록 한 것이다.
③ 프리팩트 콘크리트는 거푸집에 미리 채워 넣은 굵은 골재 사이로 모르타르를 관을 통하여 주입한 것이다.
④ 중량 콘크리트는 비중이 큰 골재를 사용하며 주로 방사선 차폐용으로 사용하는 것이다.
⑤ 프리스트레스 콘크리트는 부재의 길이방향으로 스트레스를 미리 가하여 부재에 압축응력이 발생하지 않게 한 것이다.

해설

⑤ 프리스트레스트 콘크리트란 인장응력이 생기는 부분에 미리 압축의 프리스트레스를 주어 콘크리트의 인장능력을 증가하도록 한 것이다.

21 중

특수콘크리트에 관한 설명으로 옳지 않은 것은? 제15회

① 서중 콘크리트는 하루평균기온이 20°C를 넘는 시기에 타설되는 콘크리트이다.
② 한중 콘크리트는 하루평균기온이 4°C 이하의 낮은 온도에서 타설되는 콘크리트이다.
③ 고유동 콘크리트는 재료분리에 대한 저항성을 유지하면서 유동성을 현저하게 높여 밀실한 충전이 가능한 콘크리트이다.
④ 매스 콘크리트는 수화열에 의한 균열의 고려가 필요한 콘크리트이다.
⑤ 수밀 콘크리트는 수압이 구조체에 직접적인 영향을 미치는 구조물에서 방수, 방습 등을 목적으로 만들어진 흡수성과 투수성이 작은 콘크리트이다.

해설

① 서중 콘크리트는 일평균기온이 25°C를 초과하는 경우에 타설되는 콘크리트이다.

Answer

18 ③ 19 ① 20 ⑤ 21 ①

22 중

콘크리트 공사시 각종 줄눈(Joint)에 관한 설명으로 옳지 않은 것은? 제15회

① 콜드 조인트(Cold Joint)란 신·구 타설 콘크리트의 경계면에 발생되기 쉬운 이어치기의 불량 부위를 말한다.

② 신축줄눈(Expansion Joint)이란 구조물이 장대한 경우 수축, 팽창에 따른 변위를 흡수하기 위해 설치하는 줄눈을 말한다.

③ 시공줄눈(Construction Joint)이란 시공상의 여건 등에 의해 부어넣기 작업을 일시적으로 중단해야 하는 경우에 설치하는 줄눈을 말한다.

④ 조절줄눈(Control Joint)이란 콘크리트 구조체와 조적조가 접합되는 부위에 설치하는 줄눈을 말한다.

⑤ 지연줄눈(Delay Joint)이란 콘크리트의 침하나 수축의 편차가 크게 예상되는 경우에 일정 기간 방치하였다가 콘크리트를 추가적으로 타설하는 부위를 말한다.

해설

④ 조절줄눈(Control Joint)이란 지반 등 안정된 위치에 있는 바닥판이 신축에 의하여 표면에 발생하는 균열을 특정한 곳으로 유발하도록 만든 줄눈이며, 콘크리트 구조체와 조적조가 접합되는 부위에 설치하는 줄눈은 슬립 조인트(Slip Joint)이다.

23 중

철근콘크리트구조의 특성에 관한 설명으로 옳은 것은? 제25회

① 콘크리트 탄성계수는 인장시험에 의해 결정된다.

② SD400 철근의 항복강도는 400N/mm이다.

③ 스터럽은 보의 사인장균열을 방지할 목적으로 설치한다.

④ 나선철근은 기둥의 휨내력 성능을 향상시킬 목적으로 설치한다.

⑤ 1방향 슬래브의 경우 단변방향보다 장변방향으로 하중이 더 많이 전달된다.

해설

① 콘크리트 탄성계수는 압축시험에 의해 결정된다.

② SD400 철근의 항복강도는 400N/mm^2이다.

④ 나선철근은 축방향 철근의 좌굴방지, 전단저항능력 성능 향상, 심부콘크리트의 횡구속으로 기둥의 연성 능력 확보, 그리고 축방향 철근의 위치 고정 등이 있다.

⑤ 1방향 슬래브의 경우 장변방향보다 단변방향으로 하중이 더 많이 전달된다.

24 상●● **철근콘크리트구조에 관한 설명으로 옳지 않은 것은?** 제27회

① 2방향 슬래브의 경우 단변과 장변의 양방향으로 하중이 전달된다.
② 복근 직사각형보의 경우 보 단면의 인장 및 압축 양측에 철근이 배근된다.
③ T 형보는 보와 슬래브가 일체화되어 슬래브의 일부분이 보의 플랜지를 형성한다.
④ 내력벽은 자중과 더불어 상부층의 연직하중을 지지하는 벽체이다.
⑤ 내력벽의 철근배근 간격은 벽두께의 5배 이하, 500mm 이하로 한다.

해설
⑤ 내력벽의 철근배근 간격은 벽두께의 3배 이하, 450mm 이하로 한다.

25 상●● **철근콘크리트구조의 철근배근에 관한 설명으로 옳지 않은 것은?** 제27회

① 보 부재의 경우 휨모멘트에 의해 주근을 배근하고, 전단력에 의해 스터럽을 배근한다.
② 기둥부재의 경우 띠철근과 나선철근은 콘크리트의 횡방향 벌어짐을 구속하는 효과가 있다.
③ 주철근에 갈고리를 둘 경우 인장철근보다는 압축철근의 정착길이 확보에 더 큰 효과가 있다.
④ 독립기초판의 주근은 주로 휨인장응력을 받는 하단에 배근된다.
⑤ 보 주근의 2단 배근에서 상하 철근의 순간격은 25mm 이상으로 한다.

해설
③ 주철근에 갈고리를 둘 경우 압축철근보다는 인장철근의 정착길이 확보에 더 큰 효과가 있다.

Answer
22 ④ 23 ③ 24 ⑤ 25 ③

26 옹벽에 대한 설명으로 틀린 것은? 제10회

●중●

① 중력식 옹벽은 자중으로 토압에 견디게 설계된 옹벽이다.
② 캔틸레버식 옹벽은 철근콘크리트로 만들어지며, T형 및 L형 등이 있다.
③ 부축벽식 옹벽은 캔틸레버식옹벽에 일정한 간격으로 부축벽을 설치하여 보강한 옹벽이다.
④ 옹벽에 설치하는 전단키(Shear Key)는 벽체의 전단파괴를 방지하는 역할을 한다.
⑤ 옹벽은 전도(Overturning)에 대한 안정성이 있어야 한다.

해설

④ 전단키는 옹벽의 벽체의 전단파괴를 방지하기 위한 것이 아니라 토압에 의한 미끄러짐을 방지하기 위한 것이다.

전단활동 방지벽(Shear Key, 전단키) : 옹벽을 바깥쪽으로 밀어내는 힘이 큰 경우에 바닥에 길이가 짧은 캔틸레버인 전단활동 방지벽을 배치하여 옹벽의 활동(滑動)저항력을 증가시키기도 한다.

3 균열과 내구성

27 철근콘크리트공사에서 콘크리트의 타설 후 가장 먼저 나타날 수 있는 성능저하현상은? 제15회

●●하

① 염해현상
② 화학적 침식
③ 알칼리골재반응
④ 플라스틱 균열현상
⑤ 탄산화(중성화) 현상

해설

④ 플라스틱 균열은 콘크리트 타설 후 1~8시간 정도의 시간. 즉, 경화되기 전에 발생하는 균열을 말한다.

28 콘크리트의 크리프(Creep)에 관한 설명으로 옳지 않은 것은? 제16회

●중●

① 재하응력이 클수록 크리프는 증가한다.
② 물·시멘트비가 클수록 크리프는 증가한다.
③ 재하시기가 빠를수록 크리프는 증가한다.
④ 부재의 단면이 작을수록 크리프는 증가한다.
⑤ 온도가 낮고 습도가 높을수록 크리프는 증가한다.

해설

⑤ 크리프란 하중의 증가가 없어도 시간의 경과에 따라 변형이 증가하는 것이고 온도가 낮고 습도가 높을수록 크리프는 감소한다.

29 콘크리트의 균열발생 원인을 〈보기〉에서 모두 고른 것은? 제17회

중

보기

㉠ 시멘트의 이상 응결
㉡ 불균일한 타설 및 다짐
㉢ 시멘트의 수화열
㉣ 이어치기면의 처리 불량
㉤ 콘크리트의 중성화

① ㉠, ㉣
② ㉡, ㉢
③ ㉠, ㉢, ㉤
④ ㉡, ㉢, ㉣, ㉤
⑤ ㉠, ㉡, ㉢, ㉣, ㉤

해설

⑤ 위의 예문은 모두 콘크리트의 균열발생의 원인이며 이밖에도 콘크리트의 염해, 중성화, 알칼리골재반응, 동결융해 등이 있다.

30 철근콘크리트 구조물의 내구성을 저하시키는 주요 원인을 모두 고른 것은? 제19회

중

보기

㉠ 콘크리트의 중성화
㉡ 알칼리 골재반응
㉢ 화학적 침식
㉣ 동결융해

① ㉠, ㉡
② ㉢, ㉣
③ ㉠, ㉡, ㉢
④ ㉡, ㉢, ㉣
⑤ ㉠, ㉡, ㉢, ㉣

해설

⑤ 철근콘크리트 구조물의 내구성을 저하시키는 주요 원인에는 콘크리트의 중성화, 알칼리 골재반응, 화학적 침식, 동결융해 등이 있다.

Answer

26 ④ 27 ④ 28 ⑤ 29 ⑤ 30 ⑤

31 중

콘크리트 구조물에 발생하는 균열에 관한 설명으로 옳지 않은 것은? 제21회

① 보의 전단균열은 부재축에 경사방향으로 발생하는 균열이다.
② 침하균열은 배근된 철근 직경이 클수록 증가한다.
③ 건조수축균열은 물 · 시멘트비가 높을수록 증가한다.
④ 소성수축균열은 풍속이 약할수록 증가한다.
⑤ 온도균열은 콘크리트 내 · 외부의 온도차와 부재단면이 클수록 증가한다.

해설

④ 소성수축균열은 풍속이 클수록 증가한다.

32 중

철근콘크리트구조의 변형 및 균열에 관한 설명으로 옳지 않은 것은? 제20회

① 크리프(Creep) 변형은 지속하중으로 인해 콘크리트에 발생하는 장기변형이다.
② 콘크리트의 단위수량이 증가하면 블리딩과 건조수축이 증가한다.
③ AE제는 동결융해에 대한 저항성을 감소시킨다.
④ 보의 중앙부 하부에 발생한 균열은 휨모멘트가 원인이다.
⑤ 침하균열은 콘크리트 타설 후 자중에 의한 압밀로 철근 배근을 따라 수평부재 상부면에 발생하는 균열이다.

해설

③ AE제는 동결융해에 대한 저항성을 증가시킨다.

33 중

콘크리트의 재료분리 발생원인이 아닌 것은? 제24회

① 모르타르의 점성이 적은 경우
② 부어넣는 높이가 높은 경우
③ 입경이 너무 작고 표면이 거친 구형의 골재를 사용한 경우
④ 단위수량이 너무 많은 경우
⑤ 운반이나 다짐시 심한 진동을 가한 경우

해설

③ 재료분리의 원인으로는 큰 비중의 차이(굵은 골재가 클수록), 모르타르의 점성이 작을 때, 운반이나 다짐시 심한 진동, 부어넣기 높이가 높거나 철근간격이 좁을 경우, 단위수량이 너무 많은 경우 등에서 일어나기 쉽다. 표면이 거친 구형의 잔골재를 사용하는 것은 시멘트의 입경이 작을수록(비표면적이 증가할수록) 워커빌리티를 좋게 하고, 시멘트와의 결합력이 좋아지므로 재료분리 원인에 해당되지 않는다.

34 중 **콘크리트의 균열에 관한 설명으로 옳은 것은?** 제24회

① 침하균열은 콘크리트의 표면에서 물의 증발속도가 블리딩 속도보다 빠른 경우에 발생한다.
② 소성수축균열은 굵은 철근 아래의 공극으로 콘크리트가 침하하여 철근 위에 발생한다.
③ 하중에 의한 균열은 설계하중을 초과하거나 부동침하 등의 원인으로 생기며 주로 망상균열이 불규칙하게 발생한다.
④ 온도균열은 콘크리트의 내・외부 온도차가 클수록, 단면치수가 클수록 발생하기 쉽다.
⑤ 건조수축균열은 콘크리트 경화 전 수분의 증발에 의한 체적 증가로 발생한다.

해설

① 소성수축균열은 콘크리트 표면에서 물의 증발속도가 블리딩 속도보다 빠른 경우에 발생한다.
② 침하균열은 굵은 철근 아래의 공극으로 콘크리트가 침하하여 철근 위에 발생한다.
③ 하중에 의한 균열은 설계하중을 초과하거나 부동침하 등의 원인으로 생기며 휨모멘트에 의한 인장균열은 보의 중앙부 하단과 단부 상단에서 수직한 균열로, 전단응력에 의한 전단 균열은 보의 단부에서 경사진 균열이 발생하며, 망상균열이 불규칙하게 발생하는 것은 주로 동결융해 등에 의해 나타난다.
⑤ 건조수축균열은 콘크리트 경화 후 수분의 증발에 의한 체적 감소로 발생한다.

35 중 **철근콘크리트 보의 균열 및 배근에 관한 설명으로 옳지 않은 것은?** 제26회

① 늑근은 단부보다 중앙부에 많이 배근한다.
② 전단균열은 사인장균열 형태로 나타난다.
③ 양단 고정단 보의 단부 주근은 상부에 배근한다.
④ 주근은 휨균열 발생을 억제하기 위해 배근한다.
⑤ 휨균열은 보 중앙부에서 수직에 가까운 형태로 발생한다.

해설

① 늑근은 중앙부보다 단부에 많이 배근한다..

Answer

31 ④ 32 ③ 33 ③ 34 ④ 35 ①

36 철근콘크리트 구조물의 균열 및 처짐에 관한 설명으로 옳은 것은? 제27회

상

① 보단부의 사인장균열은 압축응력과 휨응력의 조합에 의한 응력으로 발생한다.
② 보단부의 사인장균열을 방지하기 위해 주로 수평철근으로 보강한다.
③ 연직하중을 받는 단순 보의 중앙부 상단에 휨인장응력에 의한 수직방향의 균열이 발생한다.
④ 압축철근비가 클수록 장기처짐은 증가한다.
⑤ 1방향 슬래브의 장변항향으로는 건조수축 및 온도변화에 따른 균열방지용 철근을 배근한다.

해설

① 보단부의 사인장균열은 전단응력으로 발생한다.
② 보단부의 사인장균열을 방지하기 위해 주로 스터럽으로 보강한다.
③ 연직하중을 받는 단순 보의 중앙부 하단에 휨인장응력에 의한 수직방향의 균열이 발생한다.
④ 압축철근비가 클수록 장기처짐은 감소한다.

04 철골구조

연계학습: 기본서 p.492~527

1 개요와 뼈대구조

01 철골구조에 관한 설명으로 옳지 않은 것은? 제16회

중

① 철근콘크리트구조에 비해 공사기간이 상대적으로 짧다.
② 내화성능이 비교적 낮아 내화피복에 대하여 고려해야 한다.
③ 강재는 재질이 균등하며, 철근콘크리트에 비해 인성이 우수하다.
④ 철근콘크리트구조에 비해 공사시 기후의 영향을 크게 받지 않는다.
⑤ 단면에 비하여 부재 길이가 비교적 길고 두께가 얇아 좌굴 저항성이 우수하다.

해설

⑤ 단면에 비하여 부재 길이가 비교적 길고 두께가 얇아 좌굴하기 쉽다.

02 철골구조의 장점 및 단점에 관한 설명으로 옳지 않은 것은? 제22회

중

① 강재는 재질이 균등하며, 강도가 커서 철근콘크리트에 비해 건물의 중량이 가볍다.
② 장경간 구조물이나 고층 건축물을 축조할 수 있다.
③ 시공정밀도가 요구되어 공사기간이 철근콘크리트에 비해 길다.
④ 고열에 약해 내화설계에 의한 내화피복을 해야 한다.
⑤ 압축력에 대해 좌굴하기 쉽다.

해설

③ 건식구조로 시공성이 좋아 공기를 단축할 수 있어 철근콘크리트에 비해 공기가 짧다.

03 철골구조에 관한 설명으로 옳지 않은 것은? 제24회

중

① 단면에 비하여 부재의 길이가 길고 두께가 얇아 좌굴되기 쉽다.
② 접합부의 시공과 품질관리가 어렵기 때문에 신중한 설계가 필요하다.
③ 강재의 취성파괴는 고온에서 인장할 때 또는 갑작스런 하중의 집중으로 생기기 쉽다.
④ 담금질은 강을 가열한 후 급랭하여 강도와 경도를 향상시키는 열처리 작업이다.
⑤ 고장력볼트접합은 철골부재 간의 마찰력에 의해 응력을 전달하는 방식이다.

해설

③ 강재의 취성파괴는 부재의 응력이 탄성한계 내에서 충격하중에 의하여 부재가 갑자기 파괴되는 현상으로 주위 온도의 저하로 인한 부재의 인성이 감소되어 에너지 흡수능력이 저하되거나, 하중의 갑작스러운 집중 등에 의해 발생할 수 있다.

04 구조용강재의 재질표시로 옳지 않은 것은? 제25회

하

① 일반구조용 압연강재: SS
② 용접구조용 압연강재: SM
③ 용접구조용 내후성 열간압연강재: SMA
④ 건축구조용 압연강재: SSC
⑤ 건축구조용 열간압연 H형강: SHN

해설

④ 건축구조용 압연강재: SN
SSC: 일반구조용 경량 형강

Answer

36 ⑤ / 01 ⑤ 02 ③ 03 ③ 04 ④

02 시설개론

05 H형강의 표시방법으로 옳은 것은?

하 · 제15회

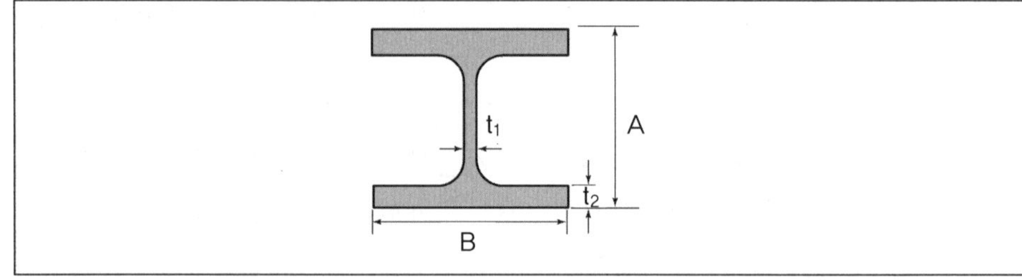

① $H - B \times A \times t_1 \times t_2$
② $H - t_1 \times t_2 \times B \times A$
③ $H - A \times B \times t_1 \times t_2$
④ $H - A \times t_1 \times B \times t_2$
⑤ $H - B \times t_2 \times A \times t_1$

해설

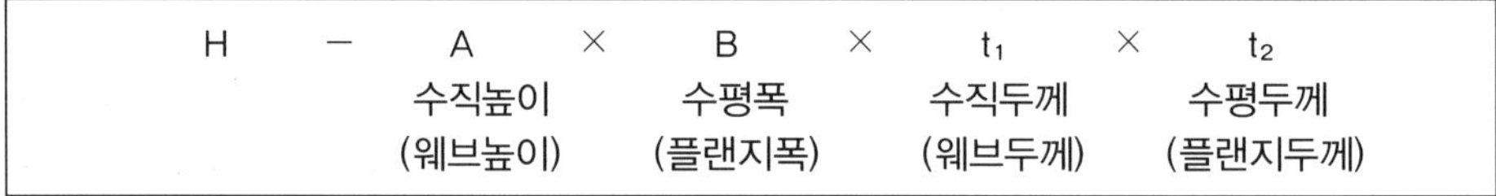

H	−	A	×	B	×	t_1	×	t_2
		수직높이 (웨브높이)		수평폭 (플랜지폭)		수직두께 (웨브두께)		수평두께 (플랜지두께)

06 구조용 강재에 관한 설명으로 옳지 않은 것은?

상 · 제27회

① 강재의 화학적 성질에서 탄소량이 증가하면 강도는 감소하나, 연성과 용접성은 증가한다.
② SN은 건축구조용 압연강재를 의미한다.
③ TMCP강은 극후판의 용접성과 내진성을 개선한 제어열처리강이다.
④ 판 두께 16mm 이하인 경우 SS275의 항복강도는 275MPa이다.
⑤ 판 두께 16mm 초과, 40mm 이하인 경우 SM355의 항복강도는 345MPa이다.

해설

① 강재의 화학적 성질에서 탄소량이 증가하면 강도는 증가하나, 연성과 용접성은 감소한다.

07 중

철골구조와 관련된 용어의 설명으로 옳지 않은 것은? 제16회

① 고장력볼트접합은 볼트의 인장력만으로 힘을 전달하는 접합방법이다.
② 스티프너는 판보에서 웨브의 좌굴을 방지하기 위해 사용된다.
③ 트러스는 가늘고 긴 부재를 삼각형 단위로 구성한 구조형식이다.
④ 베이스플레이트는 기둥으로부터 전달되는 힘을 기초에 전달하는 역할을 한다.
⑤ 데크플레이트는 강판에 적당한 간격으로 골 등을 낸 것으로 슬래브에 사용된다.

해설

① 고력볼트를 사용하여 강력한 회전토크로 너트를 강력하게 죄여 접합재 상호간에 생긴 마찰력으로 전달하는 접합방법을 고력볼트접합 또는 마찰접합이라 한다.

08

철골구조에 관한 설명으로 옳지 않은 것은? 제20회

① H형강 보의 플랜지는 전단력, 웨브는 휨모멘트에 저항한다.
② H형강 보에서 스티프너(Stiffener)는 전단보강, 덧판(Cover Plate)은 휨 보강에 사용된다.
③ 볼트의 지압파괴는 전단접합에서 발생하는 파괴의 일종이다.
④ 절점 간을 대각선으로 연결하는 부재인 가새는 수평력에 저항하는 역할을 한다.
⑤ 압축재 접합부에 볼트를 사용하는 경우 볼트 구멍의 단면결손은 무시할 수 있다.

해설

① H형강 보의 플랜지는 휨모멘트, 웨브는 전단력에 저항한다.

Answer

05 ③ 06 ① 07 ① 08 ①

09 중

철골구조공사에 관한 설명으로 옳지 않은 것은? 제21회

① 부재의 길이가 길고 두께가 얇아 좌굴이 발생하기 쉽다.
② H형강 보에서 플랜지의 국부좌굴 방지를 위해 스티프너를 사용한다.
③ 아크용접을 할 때 비드(Bead) 끝에 오목하게 패인 결함을 크레이터(Crater)라 한다.
④ 밀시트(Mill Sheet)는 강재의 품질보증서로 제조번호, 강재번호, 화학성분, 기계적 성질 등이 기록되어 있다.
⑤ 공장제작 및 현장조립으로 공사의 표준화를 도모할 수 있다.

해설
② H형강 보에서 웨브의 국부좌굴 방지를 위해 스티프너를 사용한다.

10 중

철골구조에 관한 설명으로 옳지 않은 것은? 제12회

① 고장력볼트 죄임(조임)기구에는 임팩트 렌치, 토크 렌치 등이 있다.
② 고장력볼트접합은 부재 간의 마찰력에 의하여 힘을 전달하는 마찰접합이 가능하다.
③ 얇은 강판에 적당한 간격으로 골을 내어 요철 가공한 것을 데크플레이트라 하며 주로 바닥판공사에 사용된다.
④ 시어커넥터(Shear Connector)는 철골 보에서 웨브의 좌굴을 방지하기 위해 사용된다.
⑤ 허니콤 보의 웨브는 설비의 배관 통로로 이용될 수 있다.

해설
④ 시어커넥터(Shear Connector)란 합성 보와 같은 철골 보와 RC슬래브, 즉 2개의 구조부재를 접합하여 일체화할 때 그 접합부에 생기는 전단력에 저항하기 위하여 배치된 접합재로 스터드 볼트가 주로 이용된다.

11 중

철골공사 용어에 관한 설명으로 옳지 않은 것은? 제26회

① 커버플레이트(Cover Plate): 휨모멘트 저항
② 스티프너(Stiffener): 웨브(Web) 좌굴방지
③ 스터드 볼트(Stud Bolt): 휨 연결 철물
④ 플랜지(Fange): 휨모멘트 저항
⑤ 크레이터(Crater): 용접결함

해설
③ 스터드 볼트(Stud Bolt): 전단 연결철물 – 합성보에서 철골보와 RC슬라브와 일체성을 확보하거나 데크플레이트에서 사용한다.

2 접합 방법

12 중 **철골구조에 대한 설명으로 옳지 않은 것은?** 제11회

① 기둥과 보는 주로 강관이나 형강을 사용한다.
② 기둥과 보를 연결하는 접합은 리벳이음을 주로 사용한다.
③ 강재를 용접하는 경우에는 용접용 강재를 사용하는 것이 유리하다.
④ 고장력볼트를 이용한 접합은 접합재 상호간 생긴 마찰력으로 힘을 전달한다.
⑤ 용접이음은 모재와 접합재가 일체되어 튼튼하며 구멍이 뚫려 생기는 단면 결손이 없다.

해설

② 기둥과 보를 연결하는 접합은 용접이음을 주로 사용하여 강접합한다.

13 중 **철골공사의 용접접합에 관한 설명으로 옳지 않은 것은?** 제12회

① 구멍에 의한 부재단면의 결손이 없다.
② 소음 발생이 적다.
③ 용접공의 숙련도에 따라서 품질이 좌우된다.
④ 용접 열에 의하여 부재의 변형이 생기기 쉽다.
⑤ 접합부의 검사가 쉽다.

해설

⑤ 접합부의 검사에 고도의 기술이 요구된다.

Answer

09 ② 10 ④ 11 ③ 12 ② 13 ⑤

14 중

철골구조의 접합에 관한 설명으로 옳지 않은 것은? 제17회

① 철골구조는 공장에서 가공한 강재를 현장에서 조립하는 방식으로 시공한다.
② 용접은 볼트접합에 비해 단면 결손이 있으나 소음 발생이 적은 장점이 있다.
③ 고장력볼트접합은 접합부 강성이 높아 변형이 거의 없다.
④ 고장력볼트접합은 내력이 큰 볼트로 접합재를 강하게 조여 생기는 마찰력을 통해 힘을 전달한다.
⑤ 용접은 시공기술에 따라 접합강도의 차이가 있으며 열에 의한 변형 등이 발생할 수 있다.

해설

② 용접은 볼트접합에 비해 단면 결손이 없으며, 소음 발생이 적은 장점이 있다.

15 상

철골구조의 고장력볼트에 관한 설명으로 옳지 않은 것은? 제21회

① 토크 − 전단형(T/S) 고장력볼트는 너트측에만 1개의 와셔를 사용한다.
② 볼트는 1차 조임 후 1일 정도의 안정화를 거친 다음 본조임하는 것을 원칙으로 한다.
③ 볼트는 원칙적으로 강우 및 결로 등 습한 상태에서 본조임해서는 안 된다.
④ 볼트 끼우기 중 나사부분과 볼트머리는 손상되지 않도록 보호한다.
⑤ 볼트 조임 및 검사용 토크렌치와 축력계의 정밀도는 ±3% 오차범위 이내가 되도록 한다.

해설

② 볼트의 끼움에서 본조임까지의 작업은 같은 날 이루어지는 것을 원칙으로 한다.

16 하

철골구조 용접접합에서 두 접합재의 면을 가공하지 않고 직각으로 맞추어 겹쳐지는 모서리 부분을 용접하는 방식은? 제25회

① 그루브(Groove)용접
② 필릿(Fillet)용접
③ 플러그(Plug)용접
④ 슬롯(Slot)용접
⑤ 스터드(Stud)용접

해설

② 필릿(Fillet)용접(모살용접)은 모재를 가공하지 않고 일정한 각도로 접합한 후 삼각형 모양으로 접합부를 용접하는 방법이다.

17 철골구조의 용접에 관한 설명으로 옳은 것을 〈보기〉에서 모두 고른 것은? 제18회

상

보기

㉠ 용접자세는 가능한 한 회전지그를 이용하여 아래보기 또는 수평자세로 한다.
㉡ 용접부에 대한 코킹은 허용된다.
㉢ 모든 용접은 전 길이에 대한 육안검사를 수행한다.
㉣ 아크 발생은 필히 용접부 내에서 일어나지 않도록 한다.

① ㉠, ㉡ ② ㉠, ㉢ ③ ㉡, ㉢
④ ㉡, ㉣ ⑤ ㉢, ㉣

해설

㉡ 용접부에 대한 코킹은 허용되지 않는다.
㉣ 아크 발생은 필히 용접부 내에서 일어나도록 해야 한다.

18 철골구조와 관련된 용어의 설명으로 옳지 않은 것은? 제15회

중

① 뒷댐재는 용접시 루트간격 아래에 대는 판을 말한다.
② 고력볼트의 접합력은 볼트의 장력에 의해 발생되는 마찰력이 좌우한다.
③ 턴버클(Turn Buckle)은 스터드 용접시 용접불량을 방지하기 위해 사용된다.
④ 엔드탭(End Tab)은 용접의 시점과 종점에 용접불량을 방지하기 위해 설치하는 금속판이다.
⑤ 스캘럽(Scallop)은 용접선이 교차할 경우 이를 피하기 위하여 오목하게 파놓은 것이다.

해설

③ 턴버클(Turn Buckle)은 좌우가 서로 다른 방향의 나사로 가공되어 긴장을 조절하는 조임용 연결장치를 말한다.

Answer

14 ② 15 ② 16 ② 17 ② 18 ③

19 중

용접결함에 관한 설명으로 옳지 않은 것은? 제16회

① 크레이터(Crater)는 아크용접을 할 때 비드(Bead) 끝에 오목하게 패인 결함이다.

② 공기구멍(Blow Hole)은 용융금속이 응고할 때 방출가스가 남아서 생기는 결함이다.

③ 오버랩(Over Lap)은 용접금속과 모재가 융합되지 않고 겹쳐지는 결함이다.

④ 언더컷(Under Cut)은 모재가 녹아 용착금속이 채워지지 않고 홈으로 남는 결함이다.

⑤ 슬래그(Slag) 함입은 기공에 의해 용접부 표면에 작은 구멍이 생기는 결함이다.

해설

⑤ 슬래그(Slag) 함입은 용접한 부분의 용접금속 속에 슬래그가 섞여 있는 것이고, 기공에 의해 용접부 표면에 작은 구멍이 생기는 결함은 피트(Pit)이다.

20 중

철골구조접합에 관한 설명으로 옳지 않은 것은? 제22회

① 일반볼트접합은 가설건축물 등에 제한적으로 사용되며, 높은 강성이 요구되는 주요 구조부분에는 사용하지 않는다.

② 언더컷은 약한 전류로 인해 생기는 용접결함의 하나이다.

③ 용접봉의 피복제 역할을 하는 분말상의 재료를 플럭스라 한다.

④ 고장력볼트접합은 응력집중이 적으므로 반복응력에 강하다.

⑤ 고장력볼트 마찰접합부의 마찰면은 녹막이칠을 하지 않는다.

해설

② 약한 전류로 인해 생기는 용접 결함은 오버랩이며, 언더컷은 용접전류의 과대에 의해 생기는 용접결함이다.

21 중 철골구조의 접합에 관한 설명으로 옳은 것을 모두 고른 것은? 제23회

보기

㉠ 볼트접합은 주요 구조부재의 접합에 주로 사용된다.
㉡ 용접금속과 모재가 융합되지 않고 겹쳐지는 용접결함을 언더컷이라고 한다.
㉢ 볼트접합에서 게이지라인상의 볼트 중심 간 간격을 피치라고 한다.
㉣ 용접을 먼저 시공하고 고력볼트를 시공하면 용접이 전체하중을 부담한다.

① ㉠, ㉡
② ㉠, ㉣
③ ㉢, ㉣
④ ㉠, ㉡, ㉢
⑤ ㉡, ㉢, ㉣

해설

㉠ 볼트접합은 볼트의 전단력과 볼트와 접합재와의 지압에 의해 응력을 전달하는 접합방법으로 가설건축물 등에 제한적으로 사용되며, 높은 강성이 요구되는 주요 구조부분에는 사용하지 않는다.
㉡ 용접금속과 모재가 융합되지 않고 겹치지는 용접결함을 오버랩이라고 한다.

22 중 철골구조에 관한 설명으로 옳은 것을 모두 고른 것은? 제25회

보기

㉠ 고장력볼트를 먼저 시공한 후 용접을 한 경우, 응력은 용접이 모두 부담한다.
㉡ H형강 보의 플랜지(Flange)는 휨 모멘트에 저항하고, 웨브(Web)는 전단력에 저항한다.
㉢ 볼트접합은 구조 안전성, 시공성 모두 우수하기 때문에 구조내력상 주요 부분접합에 널리 적용된다.
㉣ 철골 보와 콘크리트슬래브 연결부에는 시어커넥터(Shear Connector)가 사용된다.

① ㉠, ㉢
② ㉠, ㉣
③ ㉡, ㉢
④ ㉡, ㉣
⑤ ㉢, ㉣

해설

㉠ 고장력볼트를 먼저 시공한 후 용접을 한 경우, 응력은 각각 부담한다. 용접을 먼저 한 후 고장력볼트를 시공하면 전 응력을 용접이 부담한다.
㉢ 일반볼트접합은 가설건축물 등에 제한적으로 사용되며, 높은 강성이 요구되는 주요 구조부분에는 사용하지 않는다.

Answer

19 ⑤　20 ②　21 ③　22 ④

23 상

철골구조의 접합에 관한 설명으로 옳은 것은? 제27회

① 고장력볼트 F10T-m24의 표준구멍지름은 26mm이다.
② 고장력볼트의 경우 표준볼트장력은 설계볼트장력을 10% 할증한 값으로 한다.
③ 플러그용접은 겹침이음에서 전단응력보다는 휨응력을 주로 전달하게 해준다.
④ 필릿용접의 유효단면적은 유효목두께의 2배에 유효길이를 곱한 것이다.
⑤ 용접을 먼저 한 후 고장력볼트를 시공한 경우 접합부의 내력은 양쪽 접합내력의 합으로 본다.

해설

① 고장력볼트 F10T-m24의 표준구멍지름은 27mm이다.
③ 플러그용접은 겹침이음에서 휨응력보다는 전단응력을 주로 전달하게 해준다.
④ 필릿용접의 유효단면적은 유효목두께에 유효길이를 곱한 것이다.
⑤ 용접을 먼저 한 후 고장력볼트를 시공한 경우 접합부의 내력은 용접이 전부 부담하는 것으로 본다.

24 중

철골공사의 용접부 비파괴검사 방법인 초음파 탐상법의 특징으로 옳지 않은 것은? 제19회

① 복잡한 형상의 검사가 어렵다.
② 장치가 가볍고 기동성이 좋다.
③ T형 이음의 검사가 가능하다.
④ 소모품이 적게 든다.
⑤ 주로 표면결함 검출을 위해 사용한다.

해설

⑤ 초음파 탐상법은 초음파를 투시하여 초음파 속도와 반사시간을 측정하여 내부의 결함을 검출하는 방법이다.

3 도장과 내화피복

25 상 **철골조 내화피복 공법에 관한 설명으로 옳지 않은 것은?** 제26회

① 화재발생시 지정된 시간 동안 철골 부재의 내력을 유지하기 위하여 내화피복을 실시한다.
② 성형판 붙임공법은 작업능률이 우수하나, 재료 파손의 우려가 있다.
③ 뿜칠공법은 복잡한 형상에도 시공이 가능하며 균일한 피복두께의 확보가 용이하다.
④ 타설공법은 거푸집을 설치하여 철골부재에 콘크리트 등을 타설하는 공법이다.
⑤ 미장공법은 시공면적 $5m^2$당 1개소 단위로 핀 등을 이용하여 두께를 확인한다.

해설
③ 뿜칠공법은 복잡한 형상에도 시공이 가능하며 균일한 피복두께의 확보가 용이하지 않다.

26 상 **철골구조의 내화피복 공법에 관한 설명으로 옳지 않은 것은?** 제24회

① 12/50[최고층수/최고높이(m)]를 초과하는 주거시설의 보·기둥은 2시간 이상의 내화구조 성능기준을 만족해야 한다.
② 뿜칠공법은 작업성능이 우수하고 시공가격이 저렴하지만 피복두께 및 밀도의 관리가 어렵다.
③ 합성공법은 이종재료의 적층이나 이질재료의 접합으로 일체화하여 내화성능을 발휘하는 공법이다.
④ 도장공법의 내화도료는 화재시 강재의 표면 도막이 발포·팽창하여 단열층을 형성한다.
⑤ 건식공법은 내화 및 단열성이 좋은 경량 성형판을 연결철물 또는 접착제를 이용하여 부착하는 공법이다.

해설
① 12/50[최고층수/최고높이(m)]를 초과하는 주거시설의 보·기둥은 3시간 이상의 내화구조 성능기준을 만족해야 한다.

Answer
23 ② 24 ⑤ 25 ③ 26 ①

05 조적식구조

연계학습 : 기본서 p.528~562

1 조적조구조 기준과 벽돌공사

01 중

벽돌구조에 관한 설명으로 옳지 않은 것은? 제12회

① 내력벽으로 둘러싸인 바닥면적이 $60m^2$를 넘는 2층 건물인 경우에 1층 내력벽의 두께는 190mm 이상이어야 한다.

② 영롱쌓기는 벽돌벽면에 구멍을 내어쌓는 방식으로 장식적인 효과가 있다.

③ 내력벽으로 둘러싸인 부분의 바닥면적은 $80m^2$를 넘을 수 없다.

④ 영식쌓기는 모서리 부분에 반절 또는 이오토막을 사용하여 통줄눈이 생기지 않게 하는 방법이다.

⑤ 벽돌벽체의 강도에 영향을 미치는 요소에는 벽돌 자체의 강도, 쌓기방법, 쌓기작업의 정밀도 등이 있다.

해설

① 내력벽으로 둘러싸인 바닥면적이 $60m^2$를 넘는 2층 건물인 경우에 1층 내력벽의 두께는 290mm 이상이어야 하고, 2층 내력벽의 두께는 190mm 이상이어야 한다.

02 중

조적구조에서 테두리 보에 대한 설명으로 틀린 것은? 제7회

① 모든 층에 테두리 보를 반드시 설치한다.

② 테두리 보는 벽체를 일체로 연결하여 하중을 균등히 분배시키는 역할을 한다.

③ 테두리 보 바로 밑에 개구부를 위치시킬 때에는 테두리 보가 인방보 역할도 한다.

④ 테두리 보의 너비는 내력벽 두께 이상으로 한다.

⑤ 테두리 보의 춤은 두께의 1.5배 이상 또는 30cm 이상으로 한다.

해설

① 최상층 또는 단층의 경우 철근콘크리트 바닥판으로 할 경우에는 테두리 보를 설치하지 않을 수 있다.

03 중

콘크리트(시멘트) 벽돌을 사용하는 조적공사에 관한 설명으로 옳은 것은? 제26회

① 하루에 쌓기 높이는 1.2m(18켜 정도)를 표준으로 하고, 최대 1.5m(22켜 정도) 이하로 한다.
② 표준형 벽돌 크기는 210mm × 100mm × 60mm이다.
③ 내력 조적벽은 통줄눈으로 시공한다.
④ 치장줄눈파기는 줄눈 모르타르가 경화한 후 실시한다.
⑤ 줄눈의 표준 너비는 15mm로 한다.

해설
② 표준형 벽돌 크기는 190mm × 90mm × 57mm이다.
③ 내력 조적벽은 막힌 줄눈으로 시공한다.
④ 치장줄눈파기는 줄눈 모르타르가 경화 전 실시한다.
⑤ 줄눈의 표준 너비는 10mm로 한다.

04 중

벽돌구조의 쌓기 방식에 관한 설명으로 옳지 않은 것은? 제25회

① 엇모쌓기는 벽돌을 45° 각도로 모서리가 면에 나오도록 쌓는 방식이다.
② 영롱쌓기는 벽돌벽에 구멍을 내어 쌓는 방식이다.
③ 공간쌓기는 벽돌벽의 중간에 공간을 두어 쌓는 방식이다.
④ 내쌓기는 장선 및 마루 등을 받치기 위해 벽돌을 벽면에서 내밀어 쌓는 방식이다.
⑤ 아치쌓기는 상부하중을 아치의 축선을 따라 인장력으로 하부에 전달되게 쌓는 방식이다.

해설
⑤ 아치쌓기는 상부하중을 아치의 축선을 따라 압축력으로 하부에 전달되게 쌓는 방식이다.

Answer
01 ① 02 ① 03 ① 04 ⑤

05 중

조적구조에 관한 설명으로 옳지 않은 것은? 제12회

① 보강블록조는 블록의 빈 구멍에 철근과 콘크리트를 넣어 보강한 것으로 통줄눈 시공이 가능하다.
② 공간쌓기는 방한, 방음 및 방서의 효과를 높일 수 있다.
③ 내화벽돌은 내화성능을 향상시키기 위해 물축이기를 충분히 하여 사용한다.
④ 벽돌 내쌓기는 벽돌을 벽면에서 내밀어 쌓는 방법으로 벽돌 벽면 중간에서 1켜씩 내쌓기를 할 때에는 1/8B 내쌓기로 한다.
⑤ 개구부 아치의 하부에는 인장력이 발생하지 않게 한다.

해설

③ 내화벽돌쌓기에 쓰이는 모르타르는 기건성이어서 물축이기를 하지 않는다.

06 중

조적공사에 관한 설명으로 옳지 않은 것은? 제20회

① 공간쌓기는 벽돌벽의 중간에 공간을 두어 쌓는 것으로 별도 지정이 없을시 안쪽을 주벽체로 한다.
② 조적조 내력벽으로 둘러싸인 부분의 바닥면적은 $80m^2$를 넘을 수 없다.
③ 조적조 내력벽의 길이는 10m 이하로 한다.
④ 콘크리트 블록의 하루 쌓는 높이는 1.5m 이내를 표준으로 한다.
⑤ 내화벽돌의 줄눈 너비는 별도 지정이 없을시 가로, 세로 6mm를 표준으로 한다.

해설

① 공간쌓기는 벽돌벽의 중간에 공간을 두어 쌓는 것으로 별도 지정이 없을시 바깥쪽을 주벽체로 한다.

07 중

벽돌쌓기에 관한 설명으로 옳지 않은 것은? 제17회

① 하루의 쌓기 높이는 1.2m를 표준으로 하고, 최대 1.5m 이하로 한다.
② 가로 및 세로줄눈의 너비는 공사시방서에서 정한 바가 없을 때에는 10mm를 표준으로 한다.
③ 쌓기 직전에 붉은 벽돌은 물축임을 하지 않고, 시멘트 벽돌은 물축임을 한다.
④ 연속되는 벽면의 일부를 트이게 하여 나중쌓기로 할 때에는 그 부분을 층단 들여쌓기로 한다.
⑤ 벽돌쌓기는 공사시방서에서 정한 바가 없을 때에는 영식(영국식)쌓기 또는 화란식(네덜란드식)쌓기로 한다.

해설

③ 쌓기 직전에 시멘트 벽돌은 물축임을 하지 않고, 붉은 벽돌은 물축임을 한다.

08 상

벽돌공사에 관한 설명으로 옳은 것은? 제26회

① 벽량이란 내력벽 길이의 합을 그 층의 바닥면적으로 나눈 값으로 150mm/m^2 미만이어야 한다.
② 공간쌓기에서 주 벽체는 정한 바가 없을 경우 안벽으로 한다.
③ 점토 및 콘크리트 벽돌은 압축강도, 흡수율, 소성도의 품질기준을 모두 만족하여야 한다.
④ 거친 아치쌓기란 벽돌을 쐐기 모양으로 다듬어 만든 아치로 줄눈은 아치에 중심에 모이게 하여야 한다.
⑤ 미식쌓기는 다섯 켜 길이쌓기 후 그 위 한 켜 마구리쌓기를 하는 방식이다.

해설

① 벽량이란 내력벽 길이의 합을 그 층의 바닥면적으로 나눈 값으로 150mm/m^2 이상이어야 한다.
② 공간쌓기에서 주 벽체는 정한 바가 있을 경우 바깥쪽 벽으로 한다.
③ 점토 및 콘크리트 벽돌은 압축강도, 흡수율의 품질기준을 모두 만족하여야 한다.
④ 막만든 아치쌓기란 벽돌을 쐐기 모양으로 다듬어 만든 아치로 줄눈은 아치에 중심에 모이게 하여야 하며, 거친 아치쌓기란 보통 벽돌을 그대로 사용하여 줄눈을 쐐기 모양으로 쌓은 것이다.

09 중

벽돌구조에 관한 설명으로 옳지 않은 것은? 제19회

① 벽돌구조(내력벽)는 풍압력, 지진력 등의 횡력에 약하여 고층건물에 적합하지 않다.
② 콘크리트(시멘트) 벽돌 쌓기시 조적체는 원칙적으로 젖어서는 안 된다.
③ 벽돌벽이 블록벽과 서로 직각으로 만날 때는 연결철물을 5단마다 보강하여 쌓는다.
④ 벽돌벽이 콘크리트 기둥과 만날 때는 그 사이에 모르타르를 충전한다.
⑤ 치장줄눈을 바를 경우에는 줄눈 모르타르가 굳기 전에 줄눈파기를 한다.

해설

③ 벽돌벽이 블록벽과 서로 직각으로 만날 때에는 연결철물을 만들어 블록 3단마다 보강하여 쌓는다.

Answer

05 ③ 06 ① 07 ③ 08 ⑤ 09 ③

10 중

조적공사에 관한 설명으로 옳은 것은? 제22회

① 치장줄눈의 깊이는 1cm를 표준으로 한다.
② 공간쌓기의 목적은 방습, 방음, 단열, 방한, 방서이며 공간폭은 1.0B 이내로 한다.
③ 벽돌의 하루 쌓기높이는 최대 1.8m까지 한다.
④ 아치쌓기는 조적조에서 문꼴 너비가 1.5m 이하일 때는 평아치로 해도 좋다.
⑤ 조적조의 2층 건물에서 2층 내력벽의 높이는 4m 이하이다.

해설

① 치장줄눈의 깊이는 6mm를 표준으로 한다.
② 공간쌓기의 목적은 방습, 방음, 단열, 방한, 방서이며 공간폭은 0.5B 이내로 한다.
③ 벽돌의 하루 쌓기높이는 최대 1.5m까지 한다.
④ 아치쌓기는 조적조에서 문꼴 너비가 1m 이하일 때는 평아치로 해도 좋다.

11 중

조적공사에 관한 설명으로 옳지 않은 것은? 제23회

① 창대벽돌의 위끝은 창대 밑에 15mm 정도 들어가 물리게 한다.
② 창문틀 사이는 모르타르로 빈틈없이 채우고 방수 모르타르, 코킹 등으로 방수처리를 한다.
③ 창대벽돌의 윗면은 15° 정도의 경사로 옆세워 쌓는다.
④ 인방보는 좌우측 기둥이나 벽체에 50mm 이상 서로 물리도록 설치한다.
⑤ 인방보는 좌우의 벽체가 공간쌓기일 때에는 콘크리트가 그 공간에 떨어지지 않도록 벽돌 또는 철판 등으로 막고 설치한다.

해설

④ 인방보는 양 끝을 벽체의 블록에 200mm 이상 걸치고, 또한 위에서 오는 하중을 전달할 충분한 길이로 한다.

12 벽돌쌓기에 관한 설명으로 옳지 않은 것은? 제14회

중

① 벽돌벽이 콘크리트 기둥(벽)이나 슬래브 하부면과 만날 때는 그 사이에 모르타르를 충전한다.
② 벽돌쌓기는 도면 또는 공사시방서에서 정한 바가 없을 때에는 미식쌓기로 한다.
③ 연속되는 벽면의 일부를 트이게 하여 나중쌓기로 할 때에는 그 부분을 층단 들여쌓기로 한다.
④ 벽돌벽이 블록벽과 서로 직각으로 만날 때에는 연결철물을 만들어 블록 3단마다 보강하여 쌓는다.
⑤ 가로 및 세로 줄눈의 너비는 도면 또는 공사시방서에 정한 바가 없을 때에는 10mm를 표준으로 한다.

해설

② 벽돌쌓기 중 내력벽에서 통줄눈은 절대로 피하며 특별한 때 이외에는 영식쌓기나 화란식쌓기로 한다.

13 벽돌조 복원 및 청소공사에 관한 설명으로 옳지 않은 것은? 제15회

중

① 벽돌면의 물청소는 뻣뻣한 솔로 물을 뿌려가며 긁어내린다.
② 산세척을 실시하는 경우 벽돌을 물축임 한 후에 5% 이하의 묽은 염산을 사용한다.
③ 줄눈 속에 남아있는 찌꺼기, 흙, 모르타르 조각 등은 완전히 제거한다.
④ 벽돌면의 청소는 위에서부터 아래로 내려가며 시행하며, 개구부는 적절한 방수막으로 덮어야 한다.
⑤ 샌드 블라스팅, 그라인더, 마사포의 기계적인 방법을 사용하는 경우에는 시험청소 후 검사를 받아 담당원의 승인을 받은 후 본공사에 적용할 수 있다.

해설

② 부득이 산세척을 실시하는 경우는 담당원 입회하에 매입철물 등의 금속부를 적절히 보양하고, 벽돌을 표면수가 안정하게 잔류하도록 물축임 한 후에 3% 이하의 묽은 염산을 사용하여 실시한다.

Answer

10 ⑤ 11 ④ 12 ② 13 ②

14 중

벽돌조에 설치되는 신축줄눈의 위치에 관한 설명으로 옳지 않은 것은? 제13회

① 벽 높이가 변하는 곳에 설치한다.
② 개구부의 가장자리에 설치한다.
③ 응력이 집중되는 곳에 설치한다.
④ 벽 두께가 일정한 곳에 설치한다.
⑤ L, T, U형 건물에서는 벽 교차부 근처에 설치한다.

해설
④ 벽 두께가 변하는 곳에 신축줄눈을 설치한다.

15 상

조적공사에서 백화현상을 방지하기 위한 대책으로 옳지 않은 것은? 제24회

① 조립률이 큰 모래를 사용
② 분말도가 작은 시멘트를 사용
③ 물·시멘트(W/C)비를 감소시킴
④ 벽면에 차양, 돌림띠 등을 설치
⑤ 흡수율이 작고 소성이 잘된 벽돌을 사용

해설
② 분말도가 큰 시멘트를 사용하여 모르타르의 수밀성을 높인다.

2 콘크리트블록공사와 돌구조

16 중

블록쌓기에 관한 설명으로 옳지 않은 것은? 제15회

① 보강블록쌓기의 세로줄눈은 통줄눈으로 한다.
② 줄눈은 특별한 지정이 없는 경우 10mm 두께로 한다.
③ 블록의 하루쌓기 높이는 1.8m 이내를 표준으로 한다.
④ 가로줄눈 모르타르는 블록의 중간살을 제외한 양면살 전체에 발라 수평이 되게 쌓는다.
⑤ 줄기초, 연결보 및 바닥판 등 블록을 쌓는 밑바탕은 쌓기 전에 정리 및 청소를 하고 물축임을 한다.

해설
③ 블록의 하루쌓기 높이는 1.5m 이내를 표준으로 한다.

17 중 **건축공사표준시방서상 조적공사에 관한 설명으로 옳지 않은 것은?** 제19회

① 콘크리트(시멘트)벽돌 쌓기시 하루의 쌓기높이는 1.2m를 표준으로 하고, 최대 1.5m 이하로 한다.
② 인방보는 양 끝을 벽체에 200mm 이상 걸치고 또한 위에서 오는 하중을 전달할 충분한 길이로 한다.
③ 콘크리트블록제품의 길이, 두께 및 높이의 치수 허용치는 ±2mm이다.
④ 콘크리트블록을 쌓을 때, 살두께가 큰 편이 위로 가게 쌓는다.
⑤ 콘크리트블록을 쌓을 때, 하루의 쌓기 높이는 1.8m 이내를 표준으로 한다.

해설

⑤ 콘크리트블록을 쌓을 때, 하루의 쌓기 높이는 1.5m 이내를 표준으로 한다.

18 중 **조적공사에 관한 설명으로 옳지 않은 것은?** 제21회

① 벽돌의 하루 쌓기 높이는 1.2m(18켜 정도)를 표준으로 하고 최대 1.8m(27켜 정도) 이내로 한다.
② 벽돌의 치장줄눈 깊이는 6mm로 한다.
③ 블록쌓기 줄눈 너비는 가로 및 세로 각각 10mm를 표준으로 한다.
④ ALC블록의 하루 쌓기 높이는 1.8m를 표준으로 하고 최대 2.4m 이내로 한다.
⑤ 블록은 살두께가 큰 편이 위로 가게 쌓는다.

해설

① 벽돌의 하루 쌓기 높이는 1.2m(18켜 정도)를 표준으로 하고 최대 1.5m(27켜 정도) 이내로 한다.

Answer

14 ④ 15 ② 16 ③ 17 ⑤ 18 ①

19 중

석재 공사에 관한 설명으로 옳지 않은 것은? 제16회

① 석재는 밀도가 클수록 대부분 압축강도가 크다.
② 화강암과 대리석은 산성에 강하며 주로 외장용으로 사용된다.
③ 외벽 습식공법은 석재와 구조체를 모르타르로 일체화시키는 공법이다.
④ 석재선부착 PC공법은 콘크리트 공사와 병행 시공을 통한 공기단축이 가능한 공법이다.
⑤ 외벽 건식공법은 연결용 철물 등을 사용하므로 동절기 공사가 가능한 공법이다.

해설

② 화강암은 열에 약하지만 산에 강하며, 대리석은 열과 산에 약하며 외장용으로 곤란하다.

20 상

돌공사에 대한 설명으로 틀린 것은? 제10회

① 버너마감은 석재표면을 화염으로 가열하여 조면마감을 하는 방법이다.
② 대리석 판재는 내구성, 내산성이 우수하여 공동주택 저층부의 외벽 마감재로 적합하다.
③ 앵커긴결공법으로 시공할 경우, 상부석재의 하중이 하부석재에 전달되지 않는다.
④ 습식공법은 연결철물과 모르타르를 사용하여 석재를 구조체에 일체화시키는 공법이다.
⑤ 석재는 재료의 특성상 장대재를 얻기 어렵고, 화재시 균열이 생기거나 파괴되어 재사용이 곤란하다.

해설

② 대리석 판재는 열에 약하여 내화재로 곤란하고 또한 산에 약하여 풍화되기 쉬우므로 외벽 마감재로는 적당하지 않다.

21 중

앵커긴결 돌붙임 공법에서 긴결재(Fastner)의 시공시 주의사항에 대한 설명으로 틀린 것은? 제10회

① 꽂임촉 둘레의 파단에 주의하여 석재의 두께 및 크기를 결정한다.
② 갈라지기 쉬운 석재는 꽂임촉 주위에 합성수지를 주입한다.
③ 긴결철물은 합금재를 사용하거나 녹막이 방청처리를 한다.
④ 석재 하부의 것은 고정용, 상부의 것은 지지용으로 사용한다.
⑤ 줄눈의 크기는 조정판 두께보다 2mm 이상 크게 한다.

해설

④ 석재 하부의 것은 지지용으로, 상부의 것은 고정용으로 사용한다.

06 지붕공사

연계학습 : 기본서 p.564~575

1 개요와 지붕잇기

01 지붕의 형태와 명칭의 연결이 옳지 않은 것은? 제23회

상

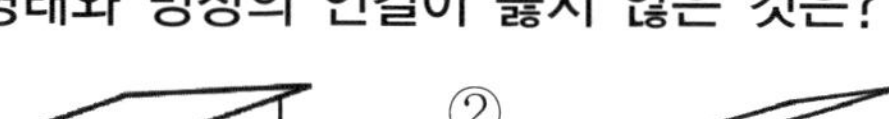
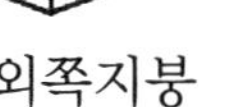
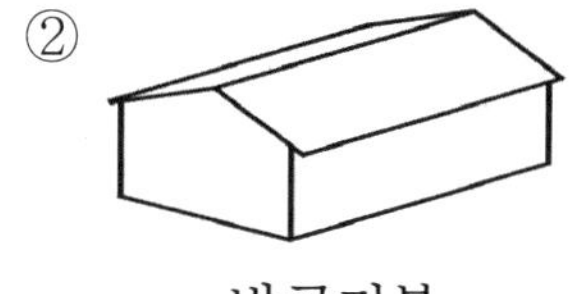
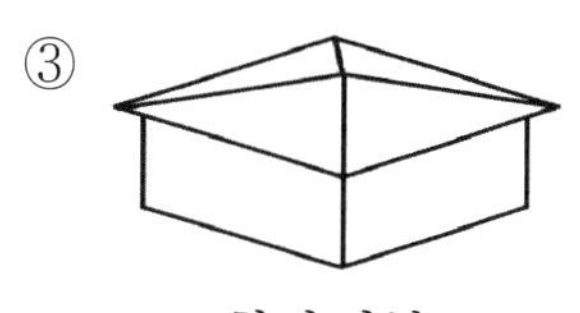

① 외쪽지붕 ② 박공지붕 ③ 합각지붕

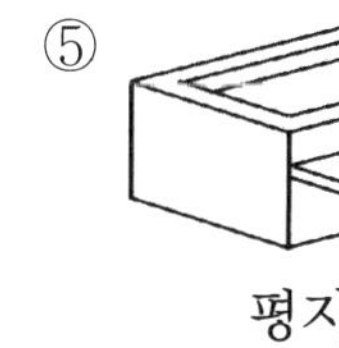

④ 눈썹지붕 ⑤ 평지붕

해설

③ 방형지붕의 형태이다. 합각지붕은 팔작지붕이라고도 하며, 지붕의 상부는 박공지붕과 하부는 모임지붕(또는 우진각지붕의 형태)로 맞배지붕(박공지붕)과 함께 한옥에 가장 많이 쓰이는 지붕 형태이다.

02 모임지붕 물매의 상하를 다르게 한 지붕으로 천장 속을 높게 이용할 수 있고, 비교적 큰 실내구성에 용이한 지붕은? 제25회

중

① 합각지붕 ② 솟을지붕
③ 꺾임지붕 ④ 맨사드(Mansard)지붕
⑤ 부섭지붕

해설

④ 맨사드(Mansard)지붕 : 지붕의 위쪽 물매는 완만하게, 아래쪽은 급경사로 설계되어 급경사인 아래쪽 부분의 공간 활용도가 높다는 장점이 있지만, 다른 지붕 구조에 비해 설치가 비싸고 비용 대비 실용성이 낮아 일반 주택에서는 잘 활용하지 않는다.

Answer

19 ② 20 ② 21 ④ / 01 ③ 02 ④

03 중

지붕 물매기준으로 옳지 않은 것은? 제21회

① 설계도면에 별도로 지정하지 않은 경우: 1/50 이상
② 금속기와 지붕: 1/2 이상
③ 아스팔트 싱글 지붕(강풍 이외 지역): 1/3 이상
④ 일반적인 금속판 및 금속패널 지붕: 1/4 이상
⑤ 합성고분자 시트 지붕: 1/50 이상

해설

② 금속기와 지붕: 1/4, 평잇기 금속 지붕: 1/2 이상

04 중

지붕의 경사(물매)에 관한 설명으로 옳지 않은 것은? 제24회

① 되물매는 경사 1: 2 물매이다.
② 평물매는 경사 45° 미만의 물매이다.
③ 반물매는 평물매의 1/2 물매이다.
④ 급경사 지붕은 경사가 3/4 이상의 지붕이다.
⑤ 평지붕은 경사가 1/6 이하의 지붕이다.

해설

① 되물매는 45° 경사의 물매, 즉 경사 1:1 물매이다. 된물매는 45° 경사보다 큰 물매이다.

물매 종류	내 용
되물매	45° 경사의 물매
된물매	45° 경사보다 큰 물매
평물매	45° 경사보다 작을 때의 물매로 수평길이보다 높이가 작을 때의 물매
반물매	평물매의 1/2의 물매
귀물매	지붕틀 추녀의 물매로 일반 지붕면의 물매(평물매)를 a라 할 때 귀물매는 $a/\sqrt{a}$ (=0.7 × a)이다.

05 중

지붕공사에 관한 설명으로 옳지 않은 것은? 제19회

① 기와에는 한식기와, 일식기와, 금속기와 등이 있다.
② 아스팔트 싱글은 다른 지붕잇기 재료와 비교하여 유연성이 있으며 복잡한 형상에서도 적용할 수 있다.
③ 금속기와는 점토기와보다 가벼워 운반에 따른 물류비를 절감할 수 있다.
④ 금속기와 잇기는 평판잇기, 절판잇기 등이 있다.
⑤ 박공지붕은 지붕마루에서 네 방향으로 경사진 지붕이다.

해설

⑤ 모임지붕은 지붕마루에서 네 방향으로 경사진 지붕이며, 박공지붕은 두 방향으로 경사진 지붕이다.

2 홈통공사

06 중

홈통공사에 관한 설명으로 옳지 않은 것은? 제19회

① 처마홈통의 물매는 1/400 이상으로 한다.
② 처마홈통은 안홈통과 밖홈통이 있다.
③ 깔때기홈통은 처마홈통에서 선홈통까지 연결한 것이다.
④ 장식홈통은 선홈통 상부에 설치되어 유수방향을 돌리며, 장식적인 역할을 한다.
⑤ 선홈통 하부는 건물의 외부방향으로 물이 배출되도록 바깥으로 꺾어 마감하는 것이 통상적이다.

해설

① 처마홈통의 물매는 1/200 이상으로 한다.
건축공사표준시방서
처마홈통의 경사는 선홈통쪽으로 원활한 배수가 되도록 충분한 경사를 갖도록 제작한다.

07

홈통공사에 관한 설명으로 옳지 않은 것은? 제20회

① 선홈통은 벽면과 틈이 없게 밀착하여 고정한다.
② 처마홈통의 양쪽 끝은 둥글게 감되 안감기를 원칙으로 한다.
③ 처마홈통의 선홈통쪽으로 원활한 배수가 되도록 설치한다.
④ 처마홈통의 길이가 길어질 경우, 신축이음을 둔다.
⑤ 장식홈통은 선홈통 상부에 설치되어 우수방향을 돌리거나, 집수 등으로 인한 넘쳐흐름을 방지하는 역할을 한다.

해설

① 선홈통은 벽면과 30mm 이상 이격시켜 고정한다.

Answer

03 ② 04 ① 05 ⑤ 06 ① 07 ①

08 홈통공사에 관한 설명으로 옳지 않은 것은? 제17회

상

① 처마홈통은 끝단막이, 물받이통 연결부, 깔때기관 이음통 및 홈통걸이 등 모든 부속물을 연결 부착하여 설치한다.
② 처마홈통 제작시 단위길이는 2,400~3,000mm 이내로 한다.
③ 처마홈통의 이음부는 겹침부분이 최소 30mm 이상으로 제작한다.
④ 선홈통의 하단부 배수구는 우배수관에 직접 연결하고 연결부 사이의 빈틈은 시멘트 모르타르로 채운다.
⑤ 처마홈통 연결관과 선홈통 연결부의 겹침길이는 최소 50mm 이상이 되도록 한다.

해설

⑤ 처마홈통 연결관과 선홈통 연결부의 겹침길이는 최소 100mm 이상이 되도록 한다.

09 지붕 및 홈통공사에 관한 설명으로 옳은 것은? 제22회

상

① 지붕의 물매가 1/6보다 큰 지붕을 평지붕이라고 한다.
② 평잇기 금속지붕의 물매는 1/4 이상이어야 한다.
③ 지붕 하부 데크의 처짐은 경사가 1/50 이하의 경우에 별도로 지정하지 않는 한 1/120 이내이어야 한다.
④ 처마홈통의 이음부는 겹침 부분이 최소 25mm 이상 겹치도록 제작하고 연결철물은 최대 60mm 이하의 간격으로 설치, 고정한다.
⑤ 선홈통은 최장 길이 3,000mm 이하로 제작·설치한다.

해설

① 지붕의 물매가 1/6 이하인 지붕을 평지붕이라고 한다.
  지붕의 경사(물매): 지붕 구조에서 수평 방향에 대한 높이의 비
  1. 평지붕: 지붕의 경사가 1/6 이하인 지붕
  2. 완경사 지붕: 지붕의 경사가 1/6에서 1/4 미만인 지붕
  3. 일반 경사 지붕: 지붕의 경사가 1/4에서 3/4 미만인 지붕
  4. 급경사 지붕: 지붕의 경사가 3/4 이상인 지붕
② 평잇기 금속지붕의 물매는 1/2 이상이어야 한다.
③ 지붕 하부 데크의 처짐은 경사가 1/50 이하의 경우에 별도로 지정하지 않는 한 1/240 이내이어야 한다.
④ 처마홈통의 이음부는 겹침 부분이 최소 30mm 이상 겹치도록 제작하고 연결철물은 간격 50mm 이하의 간격으로 설치, 고정한다.

10 지붕 및 홈통공사에 관한 설명으로 옳은 것은? 제27회

● 중 ●

① 지붕면적이 클수록 물매는 작게 하는 것이 좋다.
② 되물매란 경사가 30°일 때의 물매를 말한다.
③ 지붕 위에 작은 지붕을 설치하는 것은 박공지붕이다.
④ 수평 거멀접기는 이음 방향이 배수 방향과 평행한 방향으로 설치한다.
⑤ 장식홈통은 선홈통 하부에 설치되며, 장식기능 이외에 우수방향을 돌리거나 넘쳐흐름을 방지한다.

해설

① 지붕면적이 클수록 물매는 크게 하는 것이 좋다.
② 되물매란 경사가 45°일 때의 물매를 말한다.
③ 지붕 위에 작은 지붕을 설치하는 것은 솟을지붕이다.
⑤ 장식홈통은 선홈통 상부에 설치되며, 장식기능 이외에 우수방향을 돌리거나 넘쳐흐름을 방지한다.

07 방수공사

연계학습 : 기본서 p.576~601

1 아스팔트공사 등

01 아스팔트 방수공법에 관한 설명으로 옳지 않은 것은? 제24회

● 중 ●

① 아스팔트 용융공정이 필요하다.
② 멤브레인 방수의 일종이다.
③ 작업 공정이 복잡하다.
④ 결함부 발견이 용이하다.
⑤ 보호누름층이 필요하다.

해설

④ 결함부 발견이 용이하지 않다.

Answer

08 ⑤ 09 ⑤ 10 ④ / 01 ④

02 중 **아스팔트 방수공사에서 루핑 붙임에 관한 설명으로 옳지 않은 것은?** 제17회

① 일반 평면부의 루핑 붙임은 흘려 붙임으로 한다.
② 루핑의 겹침폭은 길이 및 폭 방향 100mm 정도로 한다.
③ 볼록, 오목모서리 부분은 일반 평면부의 루핑을 붙이기 전에 폭 300mm 정도의 스트레치 루핑을 사용하여 균등하게 덧붙임한다.
④ 루핑은 원칙적으로 물흐름을 고려하여 물매의 위쪽에서부터 아래쪽을 향해 붙인다.
⑤ 치켜올림부의 루핑은 각층 루핑의 끝이 같은 위치에 오도록 하여 붙인 후 방수층의 상단 끝부분을 누름철물로 고정하고 고무 아스팔트계 실링재로 처리한다.

해설
④ 루핑은 원칙적으로 물흐름을 고려하여 물매의 아래쪽에서부터 위쪽을 향해 붙인다.

03 중 **방수공사에 관한 설명으로 옳은 것은?** 제26회

① 기상조건은 방수층의 품질 및 성능에 큰 영향을 미치지 않는다.
② 안방수 공법은 수압이 크고 깊은 지하실 방수공사에 적합하다.
③ 도막 방수공법은 이음매가 있어 일체성이 좋지 않다.
④ 아스팔트 프라이머는 방수층과 바탕면의 부착력을 증대시키는 역할을 한다.
⑤ 아스팔트 방수는 보호누름이 필요하지 않는다.

해설
① 기상조건은 방수층의 품질 및 성능에 큰 영향을 미친다.
② 바깥방수 공법은 수압이 크고 깊은 지하실 방수공사에 적합하다.
③ 시트 방수공법은 이음매가 있어 일체성이 좋지 않다.
⑤ 아스팔트 방수는 보호누름이 필요하다.

04 중 **시트방수공법의 특징에 관한 설명으로 옳지 않은 것은?** 제15회

① 상온시공이 용이하다.
② 아스팔트 방수보다 공사기간이 짧다.
③ 바탕 돌기에 의한 시트의 손상이 우려된다.
④ 아스팔트 방수보다 바탕균열 저항성이 작고, 경제적이다.
⑤ 열을 사용하지 않는 시공이 가능하다.

해설
④ 시트방수는 신축성이 매우 커서 균열에 유리하다(바탕균열 저항성이 크다).

05 중

건축물의 방수공법에 관한 설명으로 옳지 않은 것은? 제19회

① 시멘트 모르타르 방수는 가격이 저렴하고 습윤바탕에 시공이 가능하다.
② 아스팔트 방수는 여러 층의 방수재를 적층시공하여 하자를 감소시킬 수 있다.
③ 시트방수는 바탕의 균열에 대한 저항성이 약하다.
④ 도막방수는 복잡한 형상에서 시공이 용이하다.
⑤ 복합방수는 시트재와 도막재를 복합적으로 사용하여 단일방수재의 단점을 보완한 공법이다.

해설
③ 시트방수는 바탕의 균열에 대한 저항성이 우수하다.

06 상

개량아스팔트시트 방수공사에 관한 설명으로 옳지 않은 것은? 제15회

① 개량아스팔트시트의 상호 겹침폭은 길이방향으로 200mm, 너비방향으로는 100mm 이상으로 한다.
② 개량아스팔트시트의 치켜올림 끝부분은 누름철물을 이용하여 고정하고 실링재로 처리한다.
③ 개량아스팔트시트 붙이기는 용융아스팔트를 시트의 뒷면과 바탕에 균일하게 도포하여 밀착시킨다.
④ 오목 및 볼록모서리 부분은 일반 평면부에서의 개량아스팔트시트 붙이기에 앞서 폭 200mm 정도의 덧붙임용 시트로 처리한다.
⑤ 지하외벽의 개량아스팔트시트 붙이기는 미리 개량아스팔트시트를 2m 정도로 재단하여 시공하고, 높이가 2m 이상인 벽은 같은 작업을 반복한다.

해설
③ 개량아스팔트시트 붙이기는 토치로 개량아스팔트시트의 뒷면과 바탕을 균일하게 가열하여 개량아스팔트를 용융시키면서 잘 밀착시키는 방법을 표준으로 한다.

Answer
02 ④ 03 ④ 04 ④ 05 ③ 06 ③

07 개량아스팔트시트 방수의 시공순서로 옳은 것은? 제25회

●●하

보기

㉠ 보호 및 마감　㉡ 특수부위 처리
㉢ 프라이머 도포　㉣ 바탕처리
㉤ 개량아스팔트시트 붙이기

① ㉣⇨㉠⇨㉤⇨㉡⇨㉢　② ㉣⇨㉡⇨㉠⇨㉢⇨㉤
③ ㉣⇨㉡⇨㉢⇨㉤⇨㉠　④ ㉣⇨㉢⇨㉡⇨㉠⇨㉤
⑤ ㉣⇨㉢⇨㉤⇨㉡⇨㉠

해설

⑤ 개량아스팔트시트 방수의 시공순서
바탕처리⇨프라이머의 도포⇨개량아스팔트시트 붙이기⇨특수부위의 처리⇨보호 및 마감
참고: 표준시방서에서는 특수부위의 처리와 개량아스팔트시트의 순서가 바뀌어 있으며, 그 순서는 다음과 같다.
바탕처리⇨프라이머의 도포⇨특수부위의 처리⇨개량아스팔트시트 붙이기⇨보호 및 마감

08 건축공사표준시방서상 도막방수공사에 관한 설명으로 옳은 것은? 제19회

●중●

① 고무 아스팔트계 도막방수재의 벽체에 대한 스프레이 시공은 아래에서부터 위의 순서로 실시한다.
② 바닥평면 부위를 도포한 다음 치켜올림 부위의 순서로 도포한다.
③ 방수재의 겹쳐 바르기는 원칙적으로 각 공정의 겹쳐 바르기 위치와 동일한 위치에서 한다.
④ 겹쳐 바르기 또는 이어 바르기 폭은 50mm로 한다.
⑤ 방수재는 핀홀이 생기지 않도록 솔, 고무주걱 또는 뿜칠기구를 사용하여 균일하게 도포한다.

해설

건축공사표준시방서에서의 도막방수공사 주요 내용
1. 고무 아스팔트계 도막방수재의 지하외벽에 대한 뿜칠은 위에서부터 아래의 순서로 실시한다.
2. 방수재는 핀홀(Pin Hole)이 생기지 않도록 솔·고무주걱·뿜칠기구 등으로 균일하게 치켜올림부와 평면부의 순서로 도포한다.
3. 방수재의 겹쳐 바르기는 원칙적으로 앞의 공정에서의 칠 방향과 직교하여 실시한다.
4. 겹쳐 바르기 또는 이어 바르기의 폭은 100mm 내외로 한다.

09 중 **건축물의 방수공법에 관한 설명으로 옳지 않은 것은?** 제21회

① 아스팔트방수: 아스팔트 펠트 및 루핑 등을 용융아스팔트로 여러 겹 적층하여 방수층을 형성하는 공법이다.
② 합성고분자 시트방수: 신장력과 내후성, 접착성이 우수하며, 여러 겹 적층하여 방수층을 형성하는 공법이다.
③ 아크릴 고무계 도막방수: 방수제에 포함된 수분의 증발 및 건조에 의해 도막을 형성하는 공법이다.
④ 시트 도막 복합방수: 기존 시트 또는 도막을 이용한 단층 방수공법의 단점을 보완한 복층 방수공법이다.
⑤ 시멘트 액체방수: 시공이 용이하며 경제적이지만 방수층 자체에 균열이 생기기 쉽기 때문에 건조수축이 심한 노출환경에서는 사용을 피한다.

해설
② 합성고분자 시트방수: 신장력과 내후성, 접착성이 우수하며, 한 겹으로 방수층을 형성하는 공법이다.

2 시멘트 모르타르계 방수공사

10 중 **시멘트 모르타르계 방수공사에 관한 설명으로 옳지 않은 것은?** 제14회

① 지붕 슬래브, 실내 바닥 등의 방수바탕은 1/100~1/50의 물매로 한다.
② 양생시 재령 초기에는 충격 및 진동 등의 영향을 주지 않도록 한다.
③ 바탕처리에 있어서 오목모서리는 직각으로 면처리하고, 볼록모서리는 완만하게 면처리한다.
④ 물은 청정하고 유해 함유량의 염분, 철분, 이온 및 유기물 등이 포함되지 않은 깨끗한 물을 사용한다.
⑤ 곰보, 콜드 조인트, 이음타설부, 균열 등의 부위는 방수층 시공 후에 실링재 등으로 방수처리를 한다.

해설
⑤ 방수층 시공 전에 곰보, 콜드 조인트, 이음타설부, 균열, 콘크리트 표면의 취약부 등은 실링재 또는 폴리머 모르타르 등으로 방수처리하여 둔다.

Answer
07 ⑤ 08 ⑤ 09 ② 10 ⑤

11 하

아스팔트 방수와 비교한 시멘트 액체방수의 특성에 관한 설명으로 옳지 않은 것은? 제26회

① 방수층의 신축성이 작다.
② 결함부의 발견이 어렵다.
③ 공사비가 비교적 저렴하다.
④ 시공에 소요되는 시간이 짧다.
⑤ 균열의 발생빈도가 높다.

해설

② 결함부의 발견이 용이하다.

12 중

시멘트 액체방수에 관한 설명으로 옳지 않은 것은? 제18회

① 치켜올림 부위에는 미리 방수시멘트 페이스트를 바르고, 그 위를 100mm 이상의 겹침폭을 두고 평면부와 치켜올림부를 바른다.
② 한랭 시공시 방수층의 동해를 방지할 목적으로 방동제를 사용한다.
③ 공기단축을 위한 경화를 촉진시킬 목적으로 지수제를 사용한다.
④ 방수층을 시공한 후 부착강도를 측정한다.
⑤ 바탕의 균열부 충전을 목적으로 KS F 4910에 따른 실링재를 사용한다.

해설

③ 공기단축을 위하여 경화를 촉진시킬 목적으로 사용하는 것은 경화촉진제이며, 지수제는 바탕 결함부로부터의 누수를 막기 위하여 사용한다.

13 중

방수공사에 관한 설명으로 옳지 않은 것은? 제27회

① 아스팔트 프라이머는 바탕면과 방수층을 밀착시킬 목적으로 사용한다.
② 안방수는 바깥방수에 비해 수압이 작고 얕은 지하실 방수공사에 적합하다.
③ 멤브레인 방수는 불투수성 피막을 형성하는 방수공사이다.
④ 시멘트 액체방수시 치켜올림 부위의 겹침폭은 30mm 이상으로 한다.
⑤ 백업재는 실링재의 줄눈깊이를 소정의 위치로 유지하기 위해 줄눈에 충전하는 성형 재료이다.

해설

④ 시멘트 액체방수시 치켜올림 부위의 겹침폭은 100mm 이상으로 한다.

14 중 **방수공법에 관한 설명으로 옳지 않은 것은?** 제25회

① 시멘트 액체방수는 모체에 균열이 발생하여도 방수층 손상이 효과적으로 방지된다.
② 아스팔트 방수는 방수층 보호를 위해 보호누름 처리가 필요하다.
③ 도막방수는 도료상의 방수재를 여러 번 발라 방수막을 형성하는 방식이다.
④ 바깥방수는 수압이 강하고 깊은 지하실 방수에 사용된다.
⑤ 실링방수는 접합부, 줄눈, 균열부위 등에 적용하는 방식이다.

해설

① 시멘트 액체방수는 모체에 균열이 발생하면 방수층의 손상이 불가피하기 때문에 확실한 바탕 처리가 필요하다.

3 실링공사와 지하실 방수

15 상 **실링방수공사에서 시공을 중지해야 하는 경우에 해당하지 않는 것은?** 제14회

① 기온이 2°C인 경우
② 기온이 33°C인 경우
③ 습도가 80%인 경우
④ 구성부재의 표면온도가 55°C인 경우
⑤ 강우 후 피착체가 아직 건조되지 않은 경우

해설

실링방수의 시공관리 조건
1. 강우, 강설시, 예상될 경우 또는 강우 및 강설 후 피착제가 아직 건조되지 않은 경우에는 시공해서는 안 된다.
2. 피착체의 표면온도가 50°C 이상, 기온 5°C 이하 또는 30°C 이상에는 시공을 중지한다.
3. 습도 85% 이상에는 시공 중지한다.

Answer

11 ② 12 ③ 13 ④ 14 ① 15 ③

16 중

방수공사에 대한 설명으로 옳지 않은 것은? 제11회

① 외벽의 바깥방수는 안방수에 비해 방수효과가 우수하다.
② 아스팔트방수, 도막방수 및 시트방수는 멤브레인방수에 속한다.
③ 기초 부분에서 바깥방수는 바닥방수를 한 후 밑창콘크리트를 타설한다.
④ 안방수는 보수가 쉽고 공사비가 저렴하지만, 지하수압이 크면 불리하다.
⑤ 안방수에서는 바닥에 누름콘크리트를 설치하고, 벽체에도 방수층 누름벽을 설치한다.

해설
③ 기초 부분에서 바깥방수는 밑창콘크리트를 타설한 후 바닥방수를 한다.

17 중

방수공법에 관한 설명으로 옳지 않은 것은? 제12회

① 지하실 안방수는 수압이 작은 지하실에 적당하다.
② 지하실 바깥방수는 본 공사에 선행하는 것이 일반적이다.
③ 옥상방수는 지하실 방수보다 아스팔트 침입도가 작고 연화점이 낮은 것을 사용한다.
④ 옥상방수의 바탕은 물흘림경사를 두어 배수가 잘 되도록 한다.
⑤ 외벽방수에 있어서 벽을 두껍게 하거나 공간을 두어 이중으로 하면 어느 정도 방수효과가 있다.

해설
③ 옥상방수는 아스팔트의 침입도가 크고, 지하실 방수보다 연화점이 높은 것을 사용해야 내구성을 유지할 수 있다.

18 중

지하실 바깥방수공법과 비교하여 안방수공법에 관한 설명으로 옳지 않은 것은? 제24회

① 수압이 크고 깊은 지하실에 적합하다.
② 공사시기가 자유롭다.
③ 공사비가 저렴하다.
④ 시공성이 용이하다.
⑤ 보호누름이 필요하다.

해설
① 수압이 작고 얕은 지하실에 적합하다.

4 간접 방수

19 중

방습공사에 사용되는 박판시트계 방습자재가 아닌 것은? 제21회

① 폴리에틸렌 방습층
② 종이 적층 방습자재
③ 펠트, 아스팔트 필름 방습층
④ 금속박과 종이로 된 방습자재
⑤ 플라스틱 금속박 방습자재

해설

① 신축성 시트계 방습재료이다.

20 중

신축성 시트계 방습자재에 해당하는 것을 모두 고른 것은? 제27회

보기

㉠ 비닐 필름 방습지
㉡ 폴리에틸렌 방습층
㉢ 아스팔트 필름 방습지
㉣ 방습층 테이프

① ㉠, ㉣
② ㉡, ㉢
③ ㉠, ㉡, ㉣
④ ㉡, ㉢, ㉣
⑤ ㉠, ㉡, ㉢, ㉣

해설

③ 신축성 시트계 방습재료에는 비닐 필름 방습지, 폴리에틸렌 방습층, 교착성이 있는 플라스틱 아스팔트 방습층, 방습층 테이프가 있으며, 아스팔트 필름 방습지는 박판시트계 방습재료에 속한다.

Answer

16 ③ 17 ③ 18 ① 19 ① 20 ③

21 중

방습공사에 관한 설명으로 옳지 않은 것은? 제13회

① 방습공사 시공법에는 박판 시트계, 아스팔트계, 시멘트 모르타르계, 신축성 시트계 등이 있다.
② 콘크리트, 블록, 벽돌 등의 벽체가 지면에 접하는 곳은 지상 100~200mm 내외 위에 수평으로 방습층을 설치한다.
③ 아스팔트 펠트, 아스팔트 루핑 등의 방습층 공사에서 아스팔트 펠트, 아스팔트 루핑 등의 너비는 벽체 등의 두께보다 15mm 내외로 좁게 하고 직선으로 잘라 쓴다.
④ 방습층을 방수 모르타르로 시공할 경우 바탕면을 충분히 물씻기 청소를 하고 시멘트 액체방수공법에 준하여 시공한다.
⑤ 콘크리트 다짐바닥, 벽돌깔기 등의 바닥면에 방습층을 둘 때에 사용되는 아스팔트 펠트, 비닐지의 이음은 50mm 이상 겹치고 필요할 때는 접착제로 접착한다.

해설

⑤ 이음은 100mm 이상 중첩하고 내습성 테이프, 접착제 등으로 기밀하게 마감한다.

22 상

방습공사에 관한 설명으로 옳지 않은 것은? 제17회

① 방습층에 방수 모르타르 바름을 할 경우 바름두께 및 횟수는 정한 바가 없을 때 두께 15mm 내외의 1회 바름으로 한다.
② 신축성 시트계 방습재료에는 비닐 필름 방습지, 플라스틱 금속박 방습재료, 폴리에틸렌 방습층 등이 있다.
③ 방습재료의 품질기준을 정하는 항목에서 강도는 23℃에서 15N 이상이고 발화하지 않아야 한다.
④ 아스팔트계 방습공사에서 수직 방습공사의 밑부분이 수평과 만나는 곳에는 밑변 50mm, 높이 50mm 크기의 경사끼움 스트립을 설치한다.
⑤ 콘크리트 다짐바닥, 벽돌깔기 등의 바닥면에 방습층을 둘 때에는 잡석다짐 또는 모래다짐 위에 아스팔트 펠트나 비닐지를 깔고 그 위에 콘크리트 또는 벽돌깔기를 한다.

해설

② 신축성 시트계 방습재료에는 비닐 필름 방습지, 폴리에틸렌 방습층, 교착성이 있는 플라스틱 아스팔트 방습층, 방습층 테이프가 있고, 플라스틱 금속박 방습재료는 박판 시트계 방습재료이다.

23 방습공사에 관한 설명으로 옳지 않은 것은? 제22회

상

① 방수 모르타르의 바름 두께 및 횟수는 정한 바가 없을 때 두께 15mm 내외의 1회 바름으로 한다.
② 방습공사 시공법에는 박판시트계, 아스팔트계, 시멘트 모르타르계, 신축성 시트계 등이 있다.
③ 아스팔트 펠트, 비닐지의 이음은 100mm 이상 겹치고 필요할 때는 접착제로 접착한다.
④ 방습도포는 첫 번째 도포층을 12시간 동안 양생한 후에 반복해야 한다.
⑤ 콘크리트, 블록, 벽돌 등의 벽체가 지면에 접하는 곳은 지상 100~200mm 내외 위에 수평으로 방습층을 설치한다.

해설

④ 방습도포는 첫 번째 도포층을 24시간 동안 양생한 후에 반복해야 한다.

Answer

21 ⑤ 22 ② 23 ④

08 창호 및 유리공사

연계학습: 기본서 p.602~621

1 창 호

01 창호의 종류 중 개폐방식에 따른 분류에 해당하는 것은? 제18회

하

① 자재문 ② 비늘살문 ③ 플러시문
④ 양판문 ⑤ 도듬문

해설

개폐방식에 의한 분류

분 류	내 용
여닫이문	문지도리(정첩, 돌쩌귀)를 문선틀에 달고 여닫는 문이다.
미서기문	미닫이문과 비슷한 구조이지만 문 한 짝을 다른 한 짝과 겹치게 밀어붙이는 문이다.
미닫이문	문짝을 상하 문틀에 홈을 파서 끼우고 옆벽으로 밀어 여닫게 만든 문이다.
회전문	① 문짝을 회전시켜 출입하는 문이다. ② 은행, 호텔 등의 출입구에 통풍, 기류를 방지하고 출입인원을 조절하기 위해 사용된다.
접 문	칸막이용으로 실을 구분하기 위해 사용하는 문이다.
주름문	문을 닫았을 때 창살처럼 되는 문으로 방범용으로 사용된다.
자재문	① 자유문이라고도 한다. ② 자유정첩을 달고 안팎 자유로이 열리며 저절로 닫혀진다.
기타문(창)	오르내리창, 미들창, 젖힘창, 들창, 붙박이창 등이 있다.

02 창호에 관한 설명으로 옳지 않은 것은? 제13회

중

① 여닫이 창호: 창호의 한쪽에 경첩 등을 선틀 또는 기둥에 달아 한쪽으로 여닫게 한 것
② 미서기 창호: 창호받이재에 홈을 한 줄 파거나 레일을 붙여 문을 이중벽 속 등에 밀어넣는 것
③ 오르내리창: 수직 홈에 문을 달아 상하로 슬라이딩 시키는 창으로 추를 매달아 균형을 유지함
④ 회전문: 통풍, 기류를 방지하고 출입인원을 조절하는 목적으로 사용함
⑤ 접문: 여러 장의 문을 경첩으로 연결하고 큰 방을 분할하거나 전체를 개방할 때 사용함

해설

② 미닫이 창호에 대한 설명이다. 미서기 창호는 웃틀과 밑틀에 두 줄로 홈을 파서 문 한 짝을 다른 한 짝 옆에 밀어붙이게 한 것으로 문꼴 전체를 열 수 없다.

03 창호에 관한 설명으로 옳은 것은? 제20회

중

① 알루미늄 창호는 강재에 비해 비중이 낮고 내알칼리성이 우수하다.
② 갑종 방화문은 강제틀에 두께 0.3mm 이상의 강판을 한쪽 면에 붙인 것이다.
③ 여밈대는 미닫이 또는 여닫이 문짝이 서로 맞닿는 선대를 말한다.
④ 나이트 래치는 미닫이 창호의 선대에 달아 잠그는 데 사용되는 철물이다.
⑤ 오르내리 꽂이쇠는 여닫이 창호에 상하 고정용으로 달아서 개폐상태를 유지하는 데 사용한다.

해설

① 알루미늄 창호는 강재에 비해 비중이 낮고 알칼리성에 약하다.
②

> **건축법 시행령 제64조【방화문의 구분】** ① 방화문은 다음 각 호와 같이 구분한다.
> 1. 60분+방화문: 연기 및 불꽃을 차단할 수 있는 시간이 60분 이상이고, 열을 차단할 수 있는 시간이 30분 이상인 방화문
> 2. 60분 방화문: 연기 및 불꽃을 차단할 수 있는 시간이 60분 이상인 방화문
> 3. 30분 방화문: 연기 및 불꽃을 차단할 수 있는 시간이 30분 이상 60분 미만인 방화문
>
> ② 제1항 각 호의 구분에 따른 방화문 인정 기준은 국토교통부령으로 정한다.

③ 여밈대는 미닫이 또는 여닫이 문짝이 서로 여며주는 선대를 말한다.
④ 나이트 래치는 여닫이 창호의 선대에 달아 잠그는 데 사용되는 철물이다.

04 창호에 관한 설명으로 옳은 것은? 제16회

중

① 플러시문은 울거미를 짜고 합판 등으로 양면을 덮은 문이다.
② 무테문은 방충 및 환기를 목적으로 울거미에 망사를 설치한 문이다.
③ 홀딩도어는 일광과 시선을 차단하고 통풍을 목적으로 설치하는 문이다.
④ 루버는 문을 닫았을 때 창살처럼 되고 도난방지를 위해 사용하는 문이다.
⑤ 주름문은 울거미 없이 강화 판유리 등을 접착제나 볼트로 설치한 문이다.

해설

② 무테문은 울거미 없이 강화 판유리 등을 접착제나 볼트로 설치한 문이다. 방충 및 환기를 목적으로 울거미에 망사를 설치한 문은 망사문이다.
③ 홀딩도어(Holding Door)는 실의 크기 조절이 필요한 경우에 칸막이 기능을 하기 위해 만든 병풍 모양의 문으로 신축이 자유롭다.
④ 루버는 일광과 시선을 차단하고 통풍을 목적으로 설치하는 문으로 비늘살문이라고도 한다.
⑤ 주름문은 문을 닫았을 때 창살처럼 되고 도난방지를 위해 사용하는 문이다.

Answer

01 ① 02 ② 03 ⑤ 04 ①

05 창호공사에 관한 설명으로 옳은 것을 모두 고른 것은? 제19회

중

보기

㉠ 알루미늄 창호는 알칼리에 약해서 시멘트 모르타르나 콘크리트에 부식되기 쉽다.
㉡ 스테인리스 강재 창호는 일반 알루미늄 창호에 비해 강도가 약하다.
㉢ 합성수지(PVC) 창호는 열손실이 많아 보온성이 떨어진다.
㉣ 크레센트(Crescent)는 여닫이 창호철물에 사용된다.
㉤ 목재의 함수율은 공사시방서에 정한 바가 없는 경우 18% 이하로 한다.

① ㉠, ㉡
② ㉠, ㉤
③ ㉡, ㉢, ㉣
④ ㉢, ㉣, ㉤
⑤ ㉡, ㉢, ㉣, ㉤

해설

㉡ 일반 알루미늄 창호는 스테인리스 강재 창호에 비해 강도가 약하다.
㉢ 합성수지(PVC) 창호는 강재창호에 비해 열손실이 작아 보온성이 우수하다.
㉣ 크레센트(Crescent)는 미서기 창호나 오르내리 창호에 사용된다.

06 창호철물에 관한 설명 중 옳지 않은 것은? 제6회

중

① 플로어 힌지(Floor Hinge)란 바닥 지도리라고도 하며 한쪽에서 열고나면 저절로 닫혀지는 장치이다.
② 도어 체크(Door Check)는 열려진 여닫이문이 저절로 닫혀지게 하는 장치이다.
③ 피봇 힌지(Pivot Hinge)란 열려진 버티어 고정하는 개폐조정기이다.
④ 창개폐 조정기(Sash Adjuster)는 여닫이창을 열어 젖혔을 때 문짝이 바람에 의하여 움직이지 않게 조정하는 장치이다.
⑤ 도어 스톱(Door Stop)은 열려진 문을 받쳐서 벽과 문의 충돌을 방지하기 위한 장치이다.

해설

③ 피봇 힌지(Pivot Hinge)란 용수철을 쓰지 않는 문장부식으로 된 문지도리로서 중량의 여닫이문에 사용한다.

07 중

창호공사에 관한 설명으로 옳지 않은 것은? 제26회

① 피봇 힌지(Pivot Hinge)는 문을 자동으로 닫히게 하는 경첩으로 중량의 자재문에 사용한다.

② 알루미늄 창호는 콘크리트나 모르타르에 직접적인 접촉을 피하는 것이 좋다.

③ 도어스톱(Door Stop)은 벽 또는 문을 파손으로부터 보호하기 위하여 사용한다.

④ 크레센트(Crescent)는 미서기창과 오르내리창의 잠금장치이다.

⑤ 도어체크(Door Check)는 문짝과 문 위틀에 설치하여 자동으로 문을 닫히게 하는 장치이다.

해설

① 플로어 힌지(Floor Hinge)는 문을 자동으로 닫히게 하는 장치가 바닥에 매입되어 있으며 중량의 자재문에 사용한다. 피봇 힌지는 중량의 여닫이문에 사용하는 경첩의 한 종류이다.

08 하

여닫이 창호에 사용하는 창호철물이 아닌 것은? 제17회

① 크레센트(Crescent)
② 피봇 힌지(Pivot Hinge)
③ 레버토리 힌지(Lavatory Hinge)
④ 도어 클로저(Door Closer)
⑤ 실린더 자물쇠(Cylinder Lock)

해설

① 크레센트는 미서기 창호나 오르내리 창호의 잠금철물이다.

09 하

문 위틀과 문짝에 설치하여 문을 열면 자동적으로 조용히 닫히게 하는 장치로 피스톤 장치가 있어 개폐 속도를 조절할 수 있는 창호철물은? 제22회

① 도어체크
② 플로어 힌지
③ 레버토리 힌지
④ 도어 스톱
⑤ 크레센트

해설

① 여닫이문에 사용하는 자동개폐장치로 도어 클로저라고도 한다.

Answer

05 ② 06 ③ 07 ① 08 ① 09 ①

10 중

창호 및 부속철물에 관한 설명으로 옳지 않은 것은? 제27회

① 풍소란은 마중대와 여밈대가 서로 접하는 부분에 방풍 등의 목적으로 사용한다.
② 레버토리 힌지는 문이 저절로 닫히지만 15cm 정도 열려있도록 하는 철물이다.
③ 주름문은 도난방지 등의 방범목적으로 사용한다.
④ 피봇힌지는 주로 중량문에 사용한다.
⑤ 도어체크는 피스톤장치가 있지만 개폐속도는 조절할 수 없다.

해설

⑤ 도어체크는 피스톤장치가 있어 문이 닫히는 속도는 조절할 수 있다.

11 상

창호철물에서 경첩(Hinge)에 관한 설명으로 옳지 않은 것은? 제25회

① 경첩은 문짝을 문틀에 달 때, 여닫는 축이 되는 역할을 한다.
② 경첩의 축이 되는 것은 핀(Pin)이고, 핀을 보호하기 위해 둘러감은 것이 행거(Hanger)이다.
③ 자유경첩(Spring Hinge)은 경첩에 스프링을 장치하여 안팎으로 자유롭게 여닫게 해주는 철물이다.
④ 플로어 힌지(Floor Hinge)는 바닥에 설치하여 한쪽에서 열고나면 저절로 닫혀지는 철물로 중량이 큰 자재문에 사용된다.
⑤ 피봇 힌지(Pivot Hinge)는 암수 돌쩌귀를 서로 끼워 회전으로 여닫게 해주는 철물이다.

해설

② 경첩의 축이 되는 것은 핀(Pin)이고, 핀을 보호하기 위해 둘러감은 것이 너클(Knuckle)이다.
경첩(Hinge)의 부분별 명칭은 Pin, Knuckle, Bearing, Leaf, Hall, Tip이 있다.

12 중

창호공사에 관한 설명으로 옳은 것을 모두 고른 것은? 제24회

보기

㉠ 알루미늄 창호는 알칼리에 약하므로 모르타르와의 직접 접촉을 피한다.
㉡ 여닫이 창호철물에는 플로어 힌지, 피벗 힌지, 도어 클로저, 도어 행거 등이 있다.
㉢ 멀리온은 창 면적이 클 때, 스틸바(Steel Bar)만으로는 부족하여 이를 보강하기 위해 강판을 중공형으로 접어 가로 또는 세로로 대는 것이다.
㉣ 레버토리 힌지는 자유정첩(경첩)의 일종으로 저절로 닫히지만 10~15cm 정도 열려 있도록 만든 철물이다.

① ㉠, ㉡
② ㉠, ㉢
③ ㉡, ㉣
④ ㉢, ㉣
⑤ ㉠, ㉢, ㉣

해설

㉡ 여닫이 창호철물에는 피벗 힌지, 도어 클로저, 도어 스톱 등이 있다. 플로어 힌지는 중량의 자재문에 도어행거는 접문 등에 사용된다.

2 유리공사

13 중

유리의 종류에 관한 설명으로 옳지 않은 것은? 제27회

① 강화유리는 판유리를 연화점 이상으로 가열 후 서서히 냉각시켜 열처리한 유리이다.
② 로이유리는 가시광선 투과율을 높인 에너지 절약형 유리이다.
③ 배강도 유리는 절단이 불가능하다.
④ 유리블록은 보온, 채광, 의장 등의 효과가 있다.
⑤ 접합유리는 파손시 유리파편의 비산을 방지할 수 있다.

해설

① 강화유리는 판유리를 연화점 이상으로 가열 후 급랭시켜 열처리한 유리로 강도가 일반 판유리에 비해 3~5배 정도이며, 배강도 유리는 연화점 근처로 가열 후 서서히 냉각시켜 열처리한 유리로 강도가 2배 정도이다.

Answer

10 ⑤ 11 ② 12 ⑤ 13 ①

14 하

유리가 파괴되어도 중간막(합성수지)에 의해 파편이 비산되지 않도록 한 안전유리는?

제20회

① 강화유리 ② 배강도유리
③ 복층유리 ④ 접합유리
⑤ 망입유리

해설

④ 2장 이상의 판유리 사이에 접합 필름인 합성수지 막을 삽입하여 가열 압착한 안전유리이다. 충격 흡수력이 강하고, 파손시 유리 파편의 비산을 방지한다.

15 하

일반유리를 연화점 이하의 온도에서 가열하고 찬 공기를 약하게 불어주어 냉각하여 만든 유리로 내풍압 강도가 우수하여 건축물의 외벽, 개구부 등에 사용되는 유리는 무엇인가?

제22회

① 배강도유리 ② 강화유리
③ 망입유리 ④ 접합유리
⑤ 로이유리

해설

② 강화유리: 일반 유리를 연화점 이상으로 재가열한 후 양 표면을 찬 공기로 급속히 냉각하여 제조하며 파편상태가 작은 팥알조각 모양으로 일반유리의 3~5배 정도의 강도를 가는 유리이다.
③ 망입유리: 성형시에 금속제의 망을 유리 내부에 삽입한 판유리
④ 접합유리: 2장 이상의 판유리 사이에 접합 필름인 합성수지 막을 삽입하여 가열 압착한 안전유리
⑤ 로이유리: 열적외선(Infrared)을 반사하는 은소재 도막으로 코팅하여 방사율과 열관류율을 낮추고 가시광선 투과율을 높인 유리

16 중

유리공사와 관련된 용어의 설명으로 옳지 않은 것은? 제21회

① 구조 가스켓: 클로로프렌 고무 등으로 압출성형에 의해 제조되어 유리의 보호 및 지지기능과 수밀기능을 지닌 가스켓

② 그레이징 가스켓: 염화비닐 등으로 압출성형에 의해 제조된 유리끼움용 가스켓

③ 로이유리(Low-E Glass): 은소재 도막으로 코팅하여 방사율과 열관류율을 낮추고, 가시광선 투과율을 높인 유리

④ 핀홀(Pin Hole): 유리를 프레임에 고정하기 위해 유리와 프레임에 설치하는 작은 구멍

⑤ 클린 컷: 유리의 절단면에 구멍 흠집, 단면결손, 경사단면 등이 없도록 절단된 상태

해설

④ 핀홀(Pin Hole): 바탕유리까지 도달하는 윤곽이 뚜렷한 얇은 막의 구멍을 말하며, 유리의 결함으로 파손의 염려가 증가한다. 유리를 프레임에 고정하기 위해 유리와 프레임에 설치하는 작은 구멍은 유리 홀(또는 Dot Point)이라 한다.

17 중

유리공사에 관한 설명으로 옳은 것은? 제19회

① 알루미늄 간봉은 단열에 우수하다.

② 로이유리는 열적외선을 반사하는 은(Silver) 소재로 코팅하여 가시광선 투과율을 낮춘 유리이다.

③ 동일한 두께일 때, 강화유리 강도는 판유리의 10배 이상이다.

④ 강화유리는 일반적으로 현장에서 절단이 가능하다.

⑤ 세팅블록은 새시 하단부에 유리끼움용 부재로서 유리의 자중을 지지하는 고임재이다.

해설

① 알루미늄 간봉은 단열성이 떨어진다.

   단열간봉: 복층 유리의 간격을 유지하여 열전달을 차단하는 자재로, 기존의 열전도율이 높은 알루미늄 간봉의 취약한 단열문제를 해결하기 위한 방법으로 Warm-Edge Technology를 적용한 간봉이다. 고단열 및 창호에서의 결로 방지를 위한 목적으로 적용된다.

② 로이유리는 열적외선을 반사하는 은(Silver) 소재로 코팅하여 열선반사유리에 비하여 가시광선 투과율을 높인 유리이다.

③ 동일한 두께일 때, 강화유리 강도는 판유리의 3~5배 정도이다.

④ 강화유리는 일반적으로 현장에서 절단할 수 없다.

Answer

14 ④ 15 ① 16 ④ 17 ⑤

18 하

반사유리나 컬러유리의 한쪽 면을 은으로 코팅한 것으로 열의 이동을 최소화시켜 주는 에너지 절약형 유리는? 제23회

① 망입유리
② 로이유리
③ 스팬드럴유리
④ 복층유리
⑤ 프리즘유리

해설

② 로이유리는 열적외선(Infrared)을 반사하는 은소재 도막으로 코팅하여 방사율과 열관류율을 낮추고 가시광선 투과율을 높인 유리로서 일반적으로 복층유리로 제조하여 사용한다.

19 중

유리공사에 관한 설명으로 옳은 것은? 제24회

① 방탄유리는 접합유리의 일종이다.
② 가스켓은 유리의 간격을 유지하며 흡습제의 용기가 되는 재료를 말한다.
③ 로이(Low-E)유리는 특수금속 코팅막을 실외측 유리의 외부면에 두어 단열효과를 극대화한 것이다.
④ 강화유리는 판유리를 연화점 이하의 온도에서 열처리한 후 급랭시켜 유리 표면에 강한 압축응력층을 만든 것이다.
⑤ 배강도유리는 판유리를 연화점 이상의 온도에서 열처리한 후 서냉하여 유리 표면에 압축응력층을 만든 것으로 내풍압이 우수하다.

해설

② 간봉은 유리의 간격을 유지하며 흡습제의 용기가 되는 재료를 말한다.
③ 로이(Low-E)유리는 특수금속 코팅막을 실외측 유리의 내부면에 두어 단열효과를 극대화한 것이다.
④ 강화유리는 판유리를 연화점 이상의 온도에서 열처리한 후 급랭시켜 유리 표면에 강한 압축응력층을 만든 것이다.
⑤ 배강도유리는 판유리를 연화점 이하의 온도에서 열처리한 후 서냉하여 유리 표면에 압축응력층을 만든 것으로 내풍압이 우수하다.

20 유리공사에 관한 설명으로 옳지 않은 것은? 제18회

중

① 그레이징 가스켓은 염화비닐 등으로 압출성형에 의해 제조된 유리끼움용 부자재이다.

② 로이유리는 열응력에 의한 파손 방지를 위하여 배강도 유리로 사용된다.

③ 유리블록은 도면에 따라 줄눈나누기를 하고, 방수재가 혼합된 시멘트 모르타르로 쌓는다.

④ 세팅블록은 새시 하단부의 유리끼움용 부자재로서 유리의 자중을 지지하는 고임재이다.

⑤ 열선반사유리는 판유리의 한쪽 면에 열선반사막을 코팅하여 일사열의 차폐 성능을 높인 유리이다.

해설

② 스팬드럴 유리는 열응력에 의한 파손 방지를 위하여 배강도 유리로 사용되며 지수 및 형상은 도면에 명시한 것으로 한다.

21 (   )에 들어갈 유리명칭으로 옳은 것은? 제25회

중

- (㉠)유리는 판유리에 소량의 금속산화물을 첨가하여 제작한 유리로서, 적외선이 잘 투과되지 않는 성질을 갖는다.
- (㉡)유리는 판유리 표면에 금속산화물의 얇은 막을 코팅하여 입힌 유리로서, 경면효과가 발생하는 성질을 갖는다.
- (㉢)유리는 판유리의 한쪽 면에 세라믹질 도료를 코팅하여 불투명하게 제작한 유리이다.

① ㉠: 열선흡수, ㉡: 열선반사, ㉢: 스팬드럴
② ㉠: 열선흡수, ㉡: 스팬드럴, ㉢: 복층유리
③ ㉠: 스팬드럴, ㉡: 열선흡수, ㉢: 복층유리
④ ㉠: 스팬드럴, ㉡: 열선반사, ㉢: 열선흡수
⑤ ㉠: 복층유리, ㉡: 열선흡수, ㉢: 스팬드럴

해설

㉠ 열선흡수유리는 태양광의 적외선 성분 및 가시광선 일부가 흡수되도록 하기 위해 원료의 투입과정에서 금속산화물이 배합된 원료를 첨가하여 착색한 판유리이다.

㉡ 열선반사유리는 판유리의 한쪽 면에 금속·금속산화물인 열선 반사막을 표면 코팅하여 얇은 막을 형성함으로써 태양열의 반사 성능을 높인 유리이다.

㉢ 스팬드럴유리는 세라믹질 도료를 코팅하여 불투명 배강도유리로 온도변화에 강하여 단열 기능을 높이기 위한 단열재 사용이 가능하며 건물 외벽 각 층간이나 천장의 빈 공간, 기둥이나 칸막이 등 자재나 건물 구성 요소들이 밖에서 보이지 않게 만든다.

Answer

18 ② 19 ① 20 ② 21 ①

22 상

유리의 열파손 특징에 대한 설명으로 틀린 것은? 제10회

① 유리중앙부와 주변부의 온도 차이에 의한 파손현상을 말한다.
② 가시광선의 투과율이 높은 판유리에 많이 발생한다.
③ 동절기의 맑은 날 오전에 많이 발생한다.
④ 유리가 두꺼울수록 많이 발생한다.
⑤ 열파손에 의한 균열은 프레임에 직각으로 시작하여 경사지게 진행한다.

해설

② 창에 끼운 열선흡수유리는 태양복사열에 의한 온도상승으로 파열이 되는 수가 있다. 열선흡수 유리는 흡열성 때문에 중심이 고온이 되어서 팽창하려고 한다.

23 중

유리에 관한 설명으로 옳지 않은 것은? 제26회

① 강화유리는 판유리를 연화점 이상으로 열처리 한 후 급랭한 것이다.
② 복층유리는 단열, 보온, 방음, 결로 방지 효과가 우수하다.
③ 로이(Low-E)유리는 열적외선을 반사하는 은소재 도막을 코팅하여 단열효과를 극대화한 것이다.
④ 접합유리는 유리사이에 접합필름을 삽입하여 파손시 유리 파편의 비산을 방지한다.
⑤ 열선반사유리는 소량의 금속산화물을 첨가하여 적외선이 잘 투과되지 않는 성질을 갖는다.

해설

⑤ 열선흡수유리는 소량의 금속산화물을 첨가하여 적외선이 잘 투과되지 않는 성질을 갖는다.

09 수장공사

연계학습: 기본서 p.622~633

01 중

다음의 용어에 관한 설명 중 옳지 않은 것은? 제14회

① 코너비드: 기둥과 벽의 모서리 등을 보호하기 위해 설치하는 것
② 코펜하겐 리브: 음향조절을 하기 위해 오림목을 특수한 형태로 다듬어 벽에 붙여 대는 것
③ 걸레받이: 바닥과 접한 벽체 하부의 보호 및 오염방지를 위하여 높이 10~20cm 정도로 설치하는 것
④ 고막이: 벽면 상부와 천장이 접하는 곳에 설치하는 수평가로재로, 경계를 구획하고 디자인이나 장식을 목적으로 하는 것
⑤ 멀리온: 창의 면적이 클 경우 창의 개폐시 진동으로 유리가 파손될 우려가 있으므로 창의 면적을 분할하기 위하여 설치하는 것

해설

④ 반자돌림대에 대한 설명으로, 고막이는 외벽 하부 지면에 닿는 부분을 약 1~3cm 정도 내밀거나 들이밀고, 지면에서 높이 약 50cm 정도의 폭으로 처리한 것으로 주로 의장적인 안정감을 주기 위해 설치한다.

02 중

공동주택의 소음 방지 공사에 관한 설명으로 옳지 않은 것은? 제16회

① 흡음성능이 우수한 재료는 대부분 차음성능도 우수하다.
② 이중벽을 설치하거나 건물의 기밀성을 높이면 차음성능은 향상된다.
③ 공기전송음, 고체전송음 등을 감소 또는 차단시키기 위한 공사이다.
④ 천장이나 바닥, 벽에 사용되는 재료의 면밀도가 클수록 차음성능은 향상된다.
⑤ 칸막이벽을 상층 바닥까지 높이고 방음재로 벽면을 시공하면, 내부 발생음에 대한 차단성능이 향상된다.

해설

① 흡음성능이 우수한 재료는 대부분 차음성능이 떨어진다.

Answer

22 ② 23 ⑤ / 01 ④ 02 ①

03 ●●하

바닥 마감판을 필요에 따라 들어내어 파이프, 전선 등의 설치를 용이하게 할 수 있는 바닥은? 제13회

① 프리 엑세스(Free Access) 바닥
② 데크 플레이트(Deck Plate) 바닥
③ 프리캐스트 콘크리트(Precast Concrete) 바닥
④ 프리스트레스트 콘크리트(Prestressed Concrete) 바닥
⑤ ALC(Autoclaved Lightweight Concrete) 바닥

해설

① 프리 액세스 바닥(이중 바닥)은 보통 프리액세스 플로어 또는 OA플로어로 불리며 전산실, 중앙감시반실, 방재센터 등의 실내바닥에 배선 또는 배관이 다량으로 집중 설치되어 있어 점검 및 교환작업 등을 자주 실시한 필요가 있는 공간의 바닥에 사용된다.

04 상●●

주거용 건물의 바닥재 공사에 대한 설명으로 틀린 것은? 제10회

① 바닥습기를 제거하기 위하여 시공 중 바닥난방을 가동한다.
② 중보행용 장판비닐시트는 전면부착공사를 한다.
③ 바닥의 균열 억제를 위하여 모르타르의 물・시멘트비를 가능한 낮추어 시공한다.
④ 합판마루용 수성에폭시 접착제를 사용할 경우, 동결에 유의하여야 한다.
⑤ 공사가 완료된 바닥표면은 골판지 등으로 보양한다.

해설

① 시공전 바닥에 7~14일간 난방을 실시하여 습기를 제거(습도 4.5% 이내 건조)

05 ●●하

계단의 구성요소에 해당되지 않는 것은? 제12회

① 디딤판
② 챌판
③ 징두리
④ 엄지기둥
⑤ 난간두겁(대)

해설

③ 징두리는 벽의 아랫부분을 말한다.

06 계단 각부에 관한 명칭으로 옳은 것을 모두 고른 것은? 제25회

하

보기
㉠ 디딤판 ㉡ 챌판
㉢ 논슬립 ㉣ 코너비드
㉤ 엔드탭

① ㉠, ㉡, ㉢ ② ㉠, ㉡, ㉤
③ ㉠, ㉢, ㉣ ④ ㉡, ㉣, ㉤
⑤ ㉢, ㉣, ㉤

해설

① 계단 관련 용어로는 엄지기둥, 동자기둥, 난간두겁대, 챌판, 디딤판, 계단참, 논슬립 등이 있다.

07 경량철골 천장틀이나 배관 등을 매달기 위하여 콘크리트에 미리 묻어 넣은 철물은? 제23회

상

① 익스팬션 볼트(Expansion Bolt) ② 코펜하겐 리브(Copenhagen Rib)
③ 드라이브 핀(Drive Pin) ④ 멀리온(Mullion)
⑤ 인서트(Insert)

해설

① 익스팬션 볼트(Expansion Bolt): 콘크리트에 창틀, 기타 실내 장식장을 볼트로 고정시키기 위한 준비로서 미리 볼트 결합을 위한 암나사나 절삭이 되어 있는 부품을 매립하는데 이것을 익스팬션 볼트라고 한다.
② 코펜하겐 리브(Copenhagen Rib): 목재루버라고도 하며, 오림목을 특수한 단면 모양으로 가공하여 벽에 붙인 것으로서 음향효과와 장식용으로 많이 사용한다
③ 드라이브 핀(Drive Pin): 특수 강재 못을 화약 폭발로 발사하는 기구를 써서 콘크리트, 벽돌벽 등에 박는 못
④ 멀리온(Mullion): 창 면적이 클 때 스틸바만으로는 약하므로 이것을 보강하기 위해 또는 외관을 꾸미기 위해 대는 중공형(中空形) 선대

Answer

03 ① 04 ① 05 ③ 06 ① 07 ⑤

08 도배공사에 관한 설명으로 옳지 않은 것은? 제14회

상

① 도배지 보관 장소의 온도는 5℃ 이상으로 유지되도록 한다.
② 창호지는 갓둘레 풀칠을 하여 붙이는 것을 원칙으로 한다.
③ 도배질을 완전하게 접착시키기 위하여 접착과 동시에 롤링을 하거나 솔질을 해야 한다.
④ 두꺼운 종이, 장판지 등은 물을 뿌려두거나 풀칠하여 2시간 정도 방치한 다음 풀칠을 고르게 하여 붙인다.
⑤ 도배공사를 시작하기 72시간 전부터 시공 후 48시간이 경과할 때까지는 시공 장소의 온도는 담당원과 협의하여 적정온도를 유지하도록 한다.

해설

② 창호지 풀칠은 일정하게 평행방향으로 온통묽은풀칠함을 원칙으로 한다.

10 미장 및 타일공사

연계학습: 기본서 p.634~665

1 미장공사

01 미장재료 및 시공방법에 대한 설명으로 알맞지 않은 것은? 제9회

중

① 수경성 재료는 경화과정에 물이 필요한 재료로서 시멘트 모르타르, 석고 플라스터 등이 있다.
② 바탕을 거칠게 하고 모르타르를 한 번에 두껍게 발라 접착력을 높이는 것이 좋다.
③ 벽, 기둥 등의 모서리를 보호하기 위하여 보호용 철물인 코너비드를 사용한다.
④ 실내미장은 천장 – 벽 – 바닥의 순서로 하고 실외미장은 옥상난간 – 지상층의 순서로 한다.
⑤ 석고 플라스터는 회반죽에 비하여 경화가 빠르고 단단하다.

해설

② 모르타르는 바닥을 제외하고 얇게 여러 번 바르는 것이 원칙이다.

02 ●중● 미장공사에 관한 설명으로 옳지 않은 것은? 제26회

① 미장재료에는 진흙질이나 석회질의 기경성 재료와 석고질과 시멘트질의 수경성 재료가 있다.
② 석고 플라스터는 시멘트, 소석회, 돌로마이트 플라스터 등과 혼합하여 사용하면 안 된다.
③ 스터코(Stucco) 바름이란 소석회에 대리석 가루 등을 섞어 흙손바름 성형이 가능한 외벽용 미장마감이다.
④ 덧먹임이란 작업면의 종석이 빠져나간 자리를 메우기 위해 반죽한 것을 작업면에 발라 채우는 작업이다.
⑤ 단열 모르타르는 외단열이 내단열보다 효과적이다.

해설

④ 눈먹임이란 작업면의 종석이 빠져나간 자리를 메우기 위해 반죽한 것을 작업면에 발라 채우는 작업이며, 덧먹임이란 바르기의 접합부 또는 균열의 틈새, 구멍 등에 반죽된 재료를 밀어 넣어 때워주는 것이다.

03 ●●하 미장공사에서 콘크리트, 콘크리트 블록 바탕에 초벌바름하기 전 마감두께를 균등하게 할 목적으로 모르타르 등으로 미리 요철을 조정하는 것은? 제24회

① 고름질 ② 라스먹임
③ 규준바름 ④ 손질바름
⑤ 실러바름

해설

④ 손질바름 : 콘크리트, 콘크리트 블록 바탕에서 초벌바름하기 전에 마감두께를 균등하게 할 목적으로 모르타르 등으로 미리 요철을 조정하는 것

04 ●중● 미장공사의 품질 요구조건으로 옳지 않은 것은? 제22회

① 마감면이 편평도를 유지해야 한다.
② 필요한 부착강도를 유지해야 한다.
③ 편리한 유지관리성이 보장되어야 한다.
④ 주름이 생기지 않아야 한다.
⑤ 균열의 폭과 간격을 일정하게 유지해야 한다.

해설

⑤ 균열을 방지하기 위해 줄눈의 폭과 간격을 일정하게 유지하는 것이 좋다.

Answer

08 ② / 01 ② 02 ④ 03 ④ 04 ⑤

05 미장공사에서 바름면의 박락(剝落) 및 균열 원인이 아닌 것은? 제19회

중

① 구조체의 수축 및 변형
② 재료의 불량 및 수축
③ 바름 모르타르에 감수제의 혼입 사용
④ 바탕면 처리불량
⑤ 바름두께 초과 및 미달

해설

③ 바름 모르타르에 감수제의 혼입 사용은 건조수축을 줄여줘 박락 및 균열 원인이 아니라 방지대책이 된다.

06 미장공사에 관한 설명으로 옳지 않은 것은? 제13회

중

① 바름면의 오염방지와 조기건조를 위해 통풍 및 일조량을 확보한다.
② 미장바름 작업 전에 근접한 다른 부재나 마감면 등은 오염되지 않도록 적절히 보양한다.
③ 시멘트 모르타르 바름공사에서 시멘트 모르타르 1회의 바름두께는 바닥의 경우를 제외하고 6mm를 표준으로 한다.
④ 시멘트 모르타르 바름공사에서 초벌바름의 바탕두께가 너무 두껍거나 얼룩이 심할 때는 고름질을 한다.
⑤ 바람 등에 의하여 작업장소에 먼지가 날려 작업면에 부착될 우려가 있는 경우는 방풍조치를 한다.

해설

① 미장바름면은 균열의 발생을 막기 위하여, 급격한 건조와 진동을 피한다.

07 시멘트 모르타르 미장공사에 관한 설명으로 옳지 않은 것은? 제23회

중

① 모래의 입도는 바름두께에 지장이 없는 한 큰 것으로 한다.
② 콘크리트 천장 부위의 초벌바름 두께는 6mm를 표준으로 하고, 전체 바름두께는 15mm 이하로 한다.
③ 초벌바름 후 충분히 건조시켜 균열을 발생시킨 후 고름질을 하고 재벌바름 한다.
④ 재료의 배합은 바탕에 가까운 바름층일수록 빈배합으로 하고, 정벌바름에 가까울수록 부배합으로 한다.
⑤ 바탕면은 적당히 물축이기를 하고, 면을 거칠게 해둔다.

해설

④ 재료의 배합은 바탕에 가까운 바름층일수록 부배합으로 하고, 정벌바름에 가까울수록 빈배합으로 한다.

08 미장공사에 관한 설명으로 옳지 않은 것은? 제16회

중

① 고름질은 요철이 심할 때 초벌바름 위에 발라 붙여 주는 작업이다.
② 마감두께는 손질바름을 포함한 바름층 전체의 바름두께를 말한다.
③ 미장두께는 각 미장 층별 발라 붙인 면적의 평균 바름두께를 말한다.
④ 라스먹임은 메탈 라스, 와이어 라스 등의 바탕에 모르타르 등을 최초로 발라 붙이는 것이다.
⑤ 덧먹임은 바르기 접합부 또는 균열 틈새 등에 반죽된 재료를 밀어넣어 때워 주는 것이다.

해설

② 마감두께는 바름층 전체의 두께를 말하며, 라스 또는 졸대 바탕일 때는 바탕 먹임의 두께를 제외한다.
손질바름은 콘크리트, 콘크리트 블록 바탕에서 초벌바름하기 전에 마감두께를 균등하게 할 목적으로 모르터 등으로 요철을 조정하는 것을 말하며 마감두께에는 포함하지 않는다.

09 시멘트 모르타르 바름의 일반적인 시공순서로 옳은 것은? 제17회

하

보기

㉠ 바탕처리 및 청소	㉡ 재벌바름
㉢ 정벌바름	㉣ 재료비빔
㉤ 초벌바름 및 라스먹임	㉥ 고름질
㉦ 보양	㉧ 마무리

① ㉠ ⇨ ㉣ ⇨ ㉤ ⇨ ㉥ ⇨ ㉡ ⇨ ㉢ ⇨ ㉧ ⇨ ㉦
② ㉠ ⇨ ㉣ ⇨ ㉥ ⇨ ㉤ ⇨ ㉡ ⇨ ㉢ ⇨ ㉦ ⇨ ㉧
③ ㉠ ⇨ ㉥ ⇨ ㉣ ⇨ ㉤ ⇨ ㉡ ⇨ ㉢ ⇨ ㉦ ⇨ ㉧
④ ㉣ ⇨ ㉠ ⇨ ㉤ ⇨ ㉡ ⇨ ㉥ ⇨ ㉢ ⇨ ㉧ ⇨ ㉦
⑤ ㉣ ⇨ ㉠ ⇨ ㉥ ⇨ ㉤ ⇨ ㉡ ⇨ ㉢ ⇨ ㉧ ⇨ ㉦

해설

① 바탕처리 및 청소 ⇨ 재료비빔 ⇨ 초벌바름 및 라스먹임 ⇨ 고름질 ⇨ 재벌바름 ⇨ 정벌바름 ⇨ 마무리 ⇨ 보양의 순이다.

Answer

05 ③ 06 ① 07 ④ 08 ② 09 ①

10
중

미장공사에 관한 설명으로 옳지 않은 것을 모두 고른 것은? 제21회

보기

㉠ 미장두께는 각 미장 층별 발라 붙인 면적의 평균 바름두께를 말한다.
㉡ 라스 또는 졸대바탕의 마감두께는 바탕먹임을 포함한 바름층 전체의 두께를 말한다.
㉢ 콘크리트 바탕 등의 표면 경화 불량은 두께가 2mm 이하의 경우 와이어 브러시 등으로 불량부분을 제거한다.
㉣ 외벽의 콘크리트 바탕 등 날짜가 오래되어 먼지가 붙어 있는 경우에는 초벌바름 작업 전날 물로 청소한다.

① ㉠
② ㉡
③ ㉠, ㉣
④ ㉡, ㉢
⑤ ㉢, ㉣

해설

㉡ 라스 또는 졸대바탕의 마감두께는 바탕먹임을 제외한 바름층 전체의 두께를 말한다.

11
중

미장공사에 관한 설명으로 옳은 것은? 제27회

① 소석회, 돌로마이트 플라스터 등은 수경성 재료로서 가수에 의해 경화한다.
② 바탕처리시 살붙임바름은 한꺼번에 두껍게 바르는 것이 좋다.
③ 시멘트 모르타르 바름시 초벌바름은 부배합, 재벌 및 정벌바름은 빈배합으로 부착력을 확보한다.
④ 석고 플라스터는 기경성으로 경화속도가 느려 작업시간이 자유롭다.
⑤ 셀프레벨링재 사용시 통풍과 기류를 공급해 건조시간을 단축하여 표면평활도를 높인다.

해설

① 소석회, 돌로마이트 플라스터 등은 기경성 재료로서 탄산가스에 의해 경화한다.
② 바탕처리시 손질바름은 얇게 잘 건조시킨 뒤 겹바르는 것이 좋다.
④ 석고 플라스터는 수경성으로 경화속도가 빨라 작업시간이 제한적이다.
⑤ 셀프레벨링재 사용시 통풍과 기류를 차단하고, 건조시간을 충분히 하여 표면평활도를 높인다.

2 타일공사

12 중

표면이 거친 석기질 타일로 주로 외부 바닥이나 옥상 등에 사용되는 것은? 제20회

① 테라코타(Terra Cotta) 타일 ② 클링커(Clinker) 타일
③ 모자이크(Mosaic) 타일 ④ 폴리싱(Polishing) 타일
⑤ 파스텔(Pastel) 타일

해설

② 클링커 타일은 석기질 무유 타일로 외부 바닥에 주로 사용된다.

13 중

타일공사에 관한 설명으로 옳지 않은 것은? 제25회

① 클링커 타일은 바닥용으로 적합하다.
② 붙임용 모르타르에 접착력 향상을 위해 시멘트 가루를 뿌린다.
③ 흡수성이 있는 타일의 경우 물을 축여 사용한다.
④ 벽타일 붙임공사에서 접착제 붙임공법은 내장공사에 주로 적용한다.
⑤ 벽타일 붙임공법에서 개량압착 붙임공법은 바탕면과 타일 뒷면에 붙임 모르타르를 발라 붙이는 공법이다.

해설

② 타일을 붙이는 모르타르에 시멘트 가루를 뿌리면 시멘트의 수축이 크기 때문에 타일이 떨어지기 쉽고 백화가 생기기 쉬우므로 뿌리지 않아야 한다.

14 중

타일공사에 관한 설명으로 옳지 않은 것은? 제15회

① 자기질 타일은 물기가 있는 곳과 외부에는 사용할 수 없다.
② 벽체타일이 시공되는 경우 바닥타일은 벽체타일을 먼저 붙인 후 시공한다.
③ 접착모르타르의 물·시멘트비를 낮추어 동해를 방지한다.
④ 줄눈누름을 충분히 하여 빗물침투를 방지한다.
⑤ 접착력 시험은 타일시공 후 4주 이상일 때 실시한다.

해설

① 자기질 타일은 압축강도가 크고, 흡수율이 매우 작아 물기가 있는 곳, 외부, 바닥 등에 사용할 수 있다.

Answer

10 ② 11 ③ 12 ② 13 ② 14 ①

15 중

벽타일 붙이기 공사에 관한 설명으로 옳지 않은 것은? 제12회

① 동시줄눈붙이기(밀착붙임공법)는 바탕면에 붙임모르타르를 발라 타일을 붙인 다음, 충격공구로 타일면에 충격을 가하여 붙이는 방법이다.

② 판형붙이기는 동시줄눈붙이기와 붙임 방법은 같으나 붙이는 재료로 모르타르 대신 유기질 접착제 또는 수지모르타르를 사용한다.

③ 떠붙이기는 타일 뒷면에 붙임모르타르를 바르고 빈틈이 생기지 않게 바탕에 눌러 붙이는 방법으로 백화가 발생하기 쉽기 때문에 외장용으로는 사용하지 않는 것이 좋다.

④ 압착붙이기는 평탄하게 마무리한 바탕모르타르면에 붙임모르타르를 바르고, 나무망치 등으로 타일을 두들겨 붙이는 방법이다.

⑤ 개량압착붙이기는 평탄하게 마무리한 바탕모르타르면에 붙임모르타르를 바르고, 타일 뒷면에도 붙임모르타르를 발라 붙이는 방법이다.

해설

② 판형붙이기는 낱장붙이기와 같은 방법으로 하되 타일 뒷면의 표시와 모양에 따라 그 위치를 맞추어 순서대로 붙이고 모르터가 줄눈 사이로 스며나오도록 표본 누름판을 사용하여 압착한다.

16 하

다음에서 설명하는 타일붙임공법은? 제23회

전용 전동공구(Vibrator)를 사용해 타일을 눌러 붙여 면을 고르고, 줄눈 부분의 배어나온 모르타르(Mortar)를 줄눈봉으로 눌러서 마감하는 공법

① 밀착공법
② 떠붙임공법
③ 접착제공법
④ 개량압착붙임공법
⑤ 개량떠붙임공법

해설

① 밀착공법이란 동시줄눈공법이라 하며, 붙임모르타르를 바탕면에 도포하여 모르타르가 부드러운 경우에 타일 붙임용 진동공구를 이용하여 타일에 진동을 주어 매입에 의해 벽타일을 붙이는 공법으로 솟아오르는 모르타르로 줄눈 부분을 시공하는 공법이다.

17 하

타일공사에서 일반적인 벽타일 붙임공법이 아닌 것은? 제19회

① 떠붙임공법
② 온통사춤공법
③ 압착공법
④ 접착붙임공법
⑤ 동시줄눈붙임공법

해설

② 일반적인 벽타일 붙임공법에는 다음과 같이 장소별로 구분이 되며, 온통사춤공법은 해당되지 않는다.

장소별 적용 타일 붙임공법

장 소	공법 구분
외 장	떠붙이기
	압착붙이기
	개량압착붙이기
	판형붙이기
	동시줄눈붙이기
내 장	떠붙이기
	낱장붙이기
	판형붙이기
	접착제붙이기

18 중

타일공사에 관한 설명으로 옳지 않은 것은? 제17회

① 도기질 타일은 자기질 타일에 비하여 흡수율이 높으며, 내장용으로 사용한다.
② 벽타일 붙이기에서 내장타일 붙임공법에는 압착붙이기, 개량압착붙이기, 동시줄눈붙이기가 있다.
③ 모자이크타일 붙이기를 할 경우 붙임모르타르를 바탕면에 초벌과 재벌로 두 번 바르고, 총 두께는 4~6mm를 표준으로 한다.
④ 타일에서 동해란 타일 자체가 흡수한 수분이 동결함에 따라 생기는 균열과 타일 뒷면에 스며든 물이 얼어 타일 전체를 박리시킨 것이다.
⑤ 타일붙임면의 모르타르 바탕 바닥면은 물고임이 없도록 구배를 유지하되 1/100을 넘지 않도록 한다.

해설

② 벽타일 붙임공법에서 압착붙이기, 개량압착붙이기, 동시줄눈붙이기는 외장타일 붙임공법에 해당하며, 내장타일 붙임공법에는 낱장붙이기, 접착제붙이기가 있으며 떠붙이기와 판형붙이기는 내·외장 붙임공법에 모두 사용된다.

Answer

15 ② 16 ① 17 ② 18 ②

19 중

타일공사의 바탕처리 및 만들기에 관한 설명으로 옳지 않은 것은? 제13회

① 타일을 붙이기 전에 바탕의 들뜸, 균열 등을 검사하여 불량부분을 보수한다.
② 바닥면은 물고임이 없도록 구배를 유지하되 1/100을 넘지 않도록 한다.
③ 여름에 외장타일을 붙일 경우에는 부착력을 높이기 위해 바탕면을 충분히 건조시킨다.
④ 타일붙임 바탕의 건조상태에 따라 뿜칠 또는 솔을 사용하여 물을 골고루 뿌린다.
⑤ 흡수성이 있는 타일에는 제조업자의 시방에 따라 물을 축여 사용한다.

해설

③ 여름에 외장타일을 붙일 경우에는 하루 전에 바탕면에 물을 충분히 적셔둔다.

20 중

벽체의 타일공사에 관한 설명으로 옳지 않은 것은? 제16회

① 하절기에 외장타일을 붙일 경우 하루 전에 바탕면에 물을 충분히 적셔둔다.
② 치장줄눈은 타일을 붙인 후 바로 줄눈파기를 실시하고, 줄눈부분을 청소한다.
③ 타일의 치장줄눈은 세로줄눈을 먼저 시공하고, 가로줄눈은 위에서 아래로 마무리한다.
④ 창문선, 문선 등 개구부 둘레와 설비 기구류와의 마무리 줄눈 너비는 10mm 정도로 한다.
⑤ 타일은 충분한 뒷굽이 붙어 있는 것을 사용하고, 뒷면은 유약이 묻지 않고 거친 것을 사용한다.

해설

② 치장줄눈은 붙인 후 3시간 후 줄눈파기 하고, 24시간 경과 후 치장줄눈 실시한다.

21 중

타일의 줄눈너비로 옳지 않은 것은? (단, 도면 또는 공사시방서에 타일 줄눈너비에 대하여 정한 바가 없을 경우) 제24회

① 개구부 둘레와 설비 기구류와의 마무리 줄눈: 10mm
② 대형벽돌형(외부): 10mm
③ 대형(내부일반): 6mm
④ 소형: 3mm
⑤ 모자이크: 2mm

해설

② 대형벽돌형(외부): 9mm

줄눈 너비의 표준 (단위: mm)

타일 구분	대형벽돌형(외부)	대형(내부일반)	소 형	모자이크
줄눈 너비	9	5~6	3	2

22 상

타일공사에 관한 설명으로 옳지 않은 것은? 제21회

① 치장줄눈파기는 타일을 붙이고 3시간이 경과한 후 실시한다.
② 타일의 접착력 시험결과 인장 부착강도는 0.39N/mm² 이상이어야 한다.
③ 바탕 모르타르 바닥면은 물고임이 없도록 구배를 유지하되 1/100을 넘지 않도록 한다.
④ 타일의 탈락(박락)은 떠붙임 공법에서 가장 많이 발생하며 모르타르의 시간 경과로 인한 강도저하가 주요 원인이다.
⑤ 내장타일의 크기가 대형화되면서 발생하는 타일의 옆면 파손은 벽체 모서리 등에 신축조정줄눈을 설치하여 방지할 수 있다.

해설

④ 타일의 탈락(박락)은 압착공법에서 가장 많이 발생하며 모르타르로 부착하는 붙임시간 경과로 인한 강도저하가 원인이다. 붙임시간(Open Time)은 붙임공법에 따라 다르다.

Answer

19 ③ 20 ② 21 ② 22 ④

23 타일공사에 관한 설명으로 옳은 것을 모두 고른 것은? 제22회

상●●

보기

㉠ 모르타르는 건비빔한 후 3시간 이내에 사용하며, 물을 부어 반죽한 후 1시간 이내에 사용한다.
㉡ 타일 1장의 기준치수는 타일치수와 줄눈치수를 합한 것으로 한다.
㉢ 타일을 붙이는 모르타르에 시멘트 가루를 뿌리면 타일의 접착력이 좋아진다.
㉣ 벽타일 압착붙이기에서 타일의 1회 붙임면적은 모르타르의 경화속도 및 작업성을 고려하여 $1.2m^2$ 이하로 한다.

① ㉠, ㉡　② ㉠, ㉢　③ ㉢, ㉣
④ ㉠, ㉡, ㉣　⑤ ㉡, ㉢, ㉣

해설

㉢ 타일을 붙이는 모르타르에 시멘트 가루를 뿌리면 시멘트의 수축이 크기 때문에 타일이 떨어지기 쉽고 백화가 생기기 쉬우므로 뿌리지 않아야 한다.

모르타르 비교

1. 벽돌공사
   어떤 경우에도 처음 물을 넣고 비빈 후 두 시간이 지난 모르타르나 한 시간이 지난 그라우트를 사용해서는 안 된다. 단, 공장에서 건조상태로 혼합되고 현장에서 비비는 경우에는 예외로 할 수 있다. 그라우트나 모르타르는 성형 가능할 때까지 비빔기계에서 비벼야 하며, 이 때의 비빔시간은 10분을 넘지 않도록 한다.
2. 단순조적 블록공사
   (1) 모르타르나 그라우트의 비빔시간은 기계믹서를 사용하는 경우 최소 5분 동안 비벼야 하며, 원하는 시공연도가 되도록 한다. 모르타르가 소량일 경우에는 손비빔을 할 수 있다. 모르타르나 그라우트의 비빔은 기계비빔을 원칙으로 한다.
   (2) 최초 물을 가해 비빈 후 모르타르는 2시간, 그라우트는 1시간을 초과하지 않은 것은 다시 비벼 쓸 수 있다. 그러나 반죽한 것은 될 수 있는 한 빨리 사용하고 물을 부어 반죽한 모르타르가 굳기 시작한 것은 사용하지 않는다. 굳기 시작한 모르타르에 물을 부어 되비빔하는 것은 금한다.
3. 시멘트 모르타르 바름
   (1) 시멘트와 모래를 혼합하고, 물을 부어서 잘 섞는다. 혼화재료로서 분말모양의 것은 섞을 때에 그대로 혼입하고 합성수지계 혼화제, 방수제 등 액상의 것은 미리 물과 섞는다. 비빔은 기계로 하는 것을 원칙으로 한다.
   (2) 1회 비빔량은 2시간 이내 사용할 수 있는 양으로 한다.
4. 타일공사
   (1) 배합은 규정된 표를 표준배합으로 하고, 물의 양은 바탕의 습윤상태에 따라 담당원의 지시에 따른다.
   (2) 모르타르는 건비빔한 후 3시간 이내에 사용하며, 물을 부어 반죽한 후 1시간 이내에 사용한다. 1시간 이상 경과한 것은 사용하지 않는다.
   (3) 기타 붙임 모르타르에 합성수지 에멀션 또는 합성고무 에멀션을 사용할 때에는 설계도서 또는 담당원의 지시에 따른다.

11 도장공사

연계학습 : 기본서 p.666~677

01 중 **도료의 선택시 주의사항에 대한 설명 중 옳은 것은?** 제7회

① 내열성을 고려할 경우 유성페인트나 비닐페인트 등을 선택한다.
② 콘크리트에 직접 접하는 면은 알칼리성이 강하므로 유성 페인트의 사용을 피한다.
③ 외장용으로는 수용성 페인트가 적절하다.
④ 래커(Lacker)는 내수성 · 내산성 · 내알칼리성 측면에서 불리하다.
⑤ 내수성을 고려할 경우 수성 페인트를 선택한다.

해설

① 유성페인트나 비닐페인트는 고열을 받는 곳에 사용할 수 없다.
③ 내후성을 고려시 랙(Lack), 수용성 페인트는 외장용으로 사용할 수 없다.
④ 래커(Lacker)는 내수성 · 내산성 · 내알칼리성 측면에서 우수하다.
⑤ 내수성을 고려할 경우 수성 페인트는 내후성이 떨어지므로 제외한다.

02 중 **도장공사시 잔금 및 균열의 원인으로 옳지 않은 것은?** 제13회

① 기온차가 심한 경우
② 초벌칠 건조가 불충분할 경우
③ 건조제를 과다 사용할 경우
④ 초벌칠과 재벌칠의 재질이 다를 경우
⑤ 초벌칠과 재벌칠의 색상을 다르게 했을 경우

해설

⑤ 초벌칠과 재벌칠의 색상을 다르게 하는 경우는 잔금이나 균열의 원인이 아니며, 칠한 횟수를 구분하기 위해 실시한다.

Answer

23 ④ / 01 ② 02 ⑤

03 중

가연성 도료의 보관 및 취급에 관한 설명으로 옳지 않은 것은? 제12회

① 사용하는 도료는 될 수 있는 대로 밀봉하여 새거나 엎지르지 않게 다루고, 샌 것 또는 엎지른 것은 발화의 위험이 없도록 닦아낸다.
② 건물 내의 일부를 도료의 저장장소로 이용할 때는 내화구조 또는 방화구조로 된 구획된 장소를 선택한다.
③ 지붕과 천장은 불에 잘 타지 않는 난연재로 한다.
④ 바닥에는 침투성이 없는 재료를 깐다.
⑤ 도료가 묻은 헝겊 등 자연발화의 우려가 있는 것을 도료 보관 창고 안에 두어서는 안 되며, 반드시 소각시켜야 한다.

해설

③ 지붕은 경량불연재로 하고, 천장은 설치하지 않는다.

04 상

도장공사 및 재료에 관한 설명으로 옳지 않은 것은? 제13회

① 도장공사의 목적은 방부, 방습, 방청 등의 특수목적의 달성, 물체의 보호, 외관의 미화 등이다.
② 도료를 사용하기 위해 개봉할 때에는 담당원이 입회하여 개봉하는 것을 원칙으로 한다.
③ 별도의 지시가 없을 경우 스테인리스강, 크롬판, 동, 주석 또는 이와 같은 금속으로 마감된 재료는 도장하지 않는다.
④ 가소제는 건조된 도막의 내구력을 증가시키는 데 사용된다.
⑤ 안료는 분산제로서 도장의 색상을 내며 햇빛으로부터 결합재의 손상을 방지한다.

해설

⑤ 안료는 도료에 색을 나타내거나(착색), 내구력을 증가시켜(체질), 금속의 녹을 방지하거나(방청안료), 도막강도를 증가 또는 가격을 낮추는 등의 목적으로 사용하며, 도료의 물성을 증진시키기 위하여 첨가되는 성분으로서의 첨가제는 분산제, 침전방지제, 증점제, 광안정제, 건조제, 소광제, 방부제, 동결방지제, 소포제 등이 있다.

05 중

도장공사의 하자가 아닌 것은? 제24회

① 은폐불량 ② 백화
③ 기포 ④ 핀홀
⑤ 피트

해설

⑤ 도장공사의 하자에는 은폐불량, 백화, 기포, 핀홀, 들뜸, 흘림, 오그라듬, 변색, 부풀어오름, 균열 등이 있다. 피트는 용접불량의 한 종류이다.

06 중

도장공사에 관한 설명으로 옳지 않은 것은? 제15회

① 유성 페인트는 건성유와 안료를 희석제로 섞어 만든 도료로서 목부 및 철부에 사용된다.
② 합성수지 페인트는 인공의 화합물을 이용하여 만든 도료로서 콘크리트나 플라스터면 등에 사용된다.
③ 본타일은 모르타르면에 스프레이를 이용하여 뿜칠도장으로 요철모양을 형성한 후 마감처리한 것이다.
④ 수성 페인트는 안료를 물에 용해하여 수용성 교착제와 혼합하여 제조한 도료로서 모르타르나 회반죽 등의 바탕에 사용된다.
⑤ 에나멜 페인트는 휘발성 용제나 지방유에 각종 수지를 용해시켜 제조한 도료로서 주로 목재의 무늬를 나타내기 위하여 사용된다.

해설

⑤ 바니쉬는 휘발성 용제나 지방유에 각종 수지를 용해시켜 제조한 도료로서 주로 목재의 무늬를 나타내기 위하여 사용된다.

Answer

03 ③ 04 ⑤ 05 ⑤ 06 ⑤

07 ●●하

유성 바니시(유성니스)에 페인트용 안료를 섞은 것으로 일반 유성 페인트보다 도막이 두껍고 광택이 좋은 도료는? 제19회

① 수성 페인트(Water Paint)
② 멜라민 수지 도료(Melamine Resin Paint)
③ 래커(Lacquer)
④ 에나멜 페인트(Enamel Paint)
⑤ 에멀션 페인트(Emulsion Paint)

해설

④ 에나멜 페인트는 유성바니시에 안료를 섞은 것으로 도막이 두껍고 광택이 우수하며 주로 금속바탕에 사용한다.

08 ●●하

도료의 사용목적이 아닌 것은? 제26회

① 단면 증가 ② 내화 ③ 방수
④ 방청 ⑤ 광택

해설

① 건축도료의 사용목적은 원재료의 성능 개선, 방청, 방습, 내화, 내구 수명의 연장 및 외관을 아름답게 하는 목적이지만, 단면 증가는 보통 역학적으로 하중에 대응하여 강성을 증가시킬 목적으로 사용하므로 도료의 사용목적이라 할 수 없다.

09 ●중●

도장공사에 관한 설명으로 옳은 것은? 제22회

① 유성페인트는 내화학성이 우수하여 콘크리트용 도료로 널리 사용된다.
② 철재면 바탕만들기는 일반적으로 가공장소에서 바탕재 조립 전에 한다.
③ 기온이 10°C 미만이거나 상대습도가 80%를 초과할 때는 도장작업을 피한다.
④ 뿜칠 시공시 약 40cm 정도의 거리를 두고 뿜칠넓이의 1/4 정도가 겹치도록 한다.
⑤ 롤러도장은 붓도장보다 도장속도가 빠르며 일정한 도막두께를 유지할 수 있다.

해설

① 유성페인트는 알칼리에 약하여 알칼리 바탕인 콘크리트 등 바탕에 적합하지 않다.
③ 기온이 5°C 미만이거나 상대습도가 85%를 초과할 때는 도장작업을 피한다.
④ 뿜칠 시공시 약 30cm 정도의 거리를 두고 뿜칠너비의 1/3 정도가 겹치도록 한다.
⑤ 롤러도장은 붓도장보다 도장속도가 빠르지만 붓도장과 달리 일정한 도막두께를 유지하기 어렵다.

10 중

도장공사에 관한 설명으로 옳지 않은 것은? 제14회

① 도료의 배합비율 및 시너의 희석비율은 용적비로 표시한다.
② 녹, 유해한 부착물 및 노화가 심한 기존의 도막은 완전히 제거한다.
③ 가연성 도료는 전용창고에 보관하는 것을 원칙으로 하며, 적절한 보관온도를 유지하도록 한다.
④ 도료는 바탕면의 조밀, 흡수성 및 기온의 상승 등에 따라 배합 규정의 범위 내에서 도장하기에 적당하도록 조절한다.
⑤ 도금된 표면, 스테인레스강, 크롬판, 동, 주석 또는 이와 같은 금속으로 마감된 재료는 별도의 지시가 없으면 도장하지 않는다.

해설
① 도료의 배합은 제출된 도료 설명서를 참조하고, 희석제는 전용 희석제를 사용하도록 한다.

11 중

도장공사에 관한 설명으로 옳지 않은 것은? 제18회

① 목재면 바탕만들기에서 목재의 연마는 바탕연마와 도막마무리연마 2단계로 행한다.
② 철재면 바탕만들기는 일반적으로 가공장소에서 바탕재 조립 후에 한다.
③ 아연도금면 바탕만들기에서 인산염 피막처리를 하면 밀착이 우수하다.
④ 플라스터면은 도장하기 전 충분히 건조시켜야 한다.
⑤ 5℃ 이하의 온도에서 수성도료 도장공사는 피한다.

해설
② 바탕만들기는 일반적으로 가공장소에서 바탕재 조립 전에 한다.

12 중

도장공사에 관한 설명으로 옳지 않은 것은? 제21회

① 불투명한 도장일 때 하도, 중도, 상도의 색깔은 가능한 달리한다.
② 스프레이건은 뿜칠면에 직각으로 평행운행하며 뿜칠너비의 1/3 정도 겹치도록 시공한다.
③ 롤러칠은 붓칠보다 속도가 빠르나 일정한 도막두께를 유지하기 어렵다.
④ 징크로메이트 도료는 철재 녹막이용으로 철재의 내구연한을 증대시킨다.
⑤ 처음 1회 방청도장은 가공장소에서 조립 전 도장을 원칙으로 한다.

해설
④ 징크로메이트 도료는 경금속(알루미늄)의 녹막이용으로 내구연한을 증대시킨다.

Answer
07 ④ 08 ① 09 ② 10 ① 11 ② 12 ④

13 중 **도장공사에 관한 설명으로 옳은 것은?** 제27회

① 바니시(Varnish)는 입체무늬 등의 도막이 생기도록 만든 에나멜이다.
② 롤러도장은 붓도장보다 도장 속도가 느리지만 일정한 도막두께를 유지할 수 있다.
③ 도료의 견본품 제출시 목재 바탕일 경우 100mm×200mm 크기로 제출한다.
④ 수지는 물이나 용제에 녹지 않는 무채 또는 유채의 분말이다.
⑤ 철재면 바탕 만들기는 일반적으로 가공 장소에서 바탕재 조립 후에 한다.

해설
① 바니시(Varnish)는 휘발성 용제나 지방유에 각종 수지를 용해시켜 제조한 도료로서 주로 목재의 무늬를 나타내기 위하여 사용된다.
② 롤러도장은 붓도장보다 도장 속도가 빠르지만 일정한 도막두께를 유지할 수 없다.
④ 안료는 물이나 용제에 녹지 않는 무채 또는 유채의 분말이다.
⑤ 철재면 바탕 만들기는 일반적으로 가공 장소에서 바탕재 조립 전에 한다.

14 중 **도장공사에 관한 설명으로 옳지 않은 것은?** 제17회

① 롤러도장은 붓도장보다 도장속도가 빠르며 붓도장과 같이 일정한 도막두께를 유지할 수 있는 장점이 있다.
② 방청도장에서 처음 1회째의 녹막이 도장은 가공장에서 조립 전에 도장함이 원칙이다.
③ 주위의 기온이 5℃ 미만이거나 상대습도가 85%를 초과할 때는 도장작업을 피한다.
④ 스프레이 도장에서 도장거리는 스프레이 도장면에서 300mm를 표준으로 하고 압력에 따라 가감한다.
⑤ 불투명한 도장일 때에는 하도, 중도, 상도 공정의 각 도막 층별로 색깔을 가능한 달리한다.

해설
① 롤러도장은 붓도장보다 도장속도가 빠르다. 그러나 붓도장 같이 일정한 도막두께를 유지하기가 매우 어려우므로 표면이 거칠거나 불규칙한 부분에는 특히 주의를 요한다.

12 적산(표준품셈)

연계학습 : 기본서 p.678~699

1 적산개요

01 건축적산 및 견적에 관한 설명으로 옳지 않은 것은? 제27회

① 비계, 거푸집과 같은 가설재는 간접재료비에 포함된다.

② 직접노무비에는 현장감독자의 기본급이 포함되지 않는다.

③ 개산견적은 과거 유사건물의 견적자료를 참고로 공사비를 개략적으로 산출하는 방법이다.

④ 공사원가는 일반관리비와 이윤을 포함한다.

⑤ 아파트 적산의 경우 단위세대에서 전체로 산출한다.

해설

④ 총공사비는 공사원가에 일반관리비와 이윤을 포함한다. 공사원가는 직접공사비와 간접공사비를 포함한다.

02 건축적산 및 견적에 관한 설명으로 옳지 않은 것은? 제25회

① 적산은 공사에 필요한 재료 및 품의 수량을 산출하는 것이다.

② 명세견적은 완성된 설계도서, 현장설명, 질의응답 등에 의해 정밀한 공사비를 산출하는 것이다.

③ 개산견적은 설계도서가 미비하거나 정밀한 적산을 할 수 없을 때 공사비를 산출하는 것이다.

④ 품셈은 단위공사량에 소요되는 재료, 인력 및 기계력 등을 단가로 표시한 것이다.

⑤ 일위대가는 재료비에 가공 및 설치비 등을 가산하여 단위단가로 작성한 것이다.

해설

④ 품셈은 어떤 물체를 인력이나 기계로 만드는 데 들어가는 단위당 노력 및 재료의 수량이다.

Answer

13 ③ 14 ① / 01 ④ 02 ④

03 중 **원가개념에 관한 설명으로 옳지 않은 것은?** 제20회

① 개산견적은 입찰가격을 결정하는 데 기초가 되는 정밀견적으로 입찰견적이라고도 한다.

② 예정가격작성기준상 직접공사비는 재료비, 직접노무비, 직접공사경비로 구성된다.

③ 산업안전보건관리비는 작업현장에서 산업재해 및 건강장해를 예방하기 위한 비용으로 경비에 포함된다.

④ 수장용 합판의 할증률은 5%이다.

⑤ 지상 30층 건물의 경우 품의 할증률은 7%이다.

해설

① 명세견적은 입찰가격을 결정하는 데 기초가 되는 정밀견적으로 입찰견적이라고도 한다.

04 상 **적산 및 견적에 관한 설명으로 옳지 않은 것은?** 제26회

① 할증률은 판재, 각재, 붉은 벽돌, 유리의 순으로 작아진다.

② 본사 및 현장의 여비, 교통비, 통신비는 일반관리비에 포함된다.

③ 이윤은 공사원가 중 노무비, 경비, 일반관리비 합계액의 15%를 초과 계상할 수 없다.

④ $10m^2$ 이하의 소단위 건축공사에서는 최대 50%까지 품을 할증할 수 있다.

⑤ 품셈이란 공사의 기본단위에 소요되는 재료, 노무 등의 수량으로 단가와는 무관하다.

해설

② 본사의 여비, 교통비, 통신비는 일반관리비에 포함되지만, 현장의 비용은 현장경비에 포함된다.

③ 이윤은 영업이익을 말하며 공사원가 중 노무비, 경비와 일반관리비의 합계액(이 경우에 기술료 및 외주가공비는 제외한다)의 15%를 초과하여 계상할 수 없다.

05 하

다음은 공사비 구성의 분류표이다. (　　)에 들어갈 항목으로 옳은 것은? 제22회

<table>
<tr><td rowspan="7">총공사비</td><td>부가이윤</td></tr>
<tr><td rowspan="6">총원가</td><td>일반관리비부담금</td></tr>
<tr><td rowspan="5">공사원가</td><td>간접공사비</td></tr>
<tr><td rowspan="4">(　　)</td><td>재료비</td></tr>
<tr><td>노무비</td></tr>
<tr><td>외주비</td></tr>
<tr><td>경 비</td></tr>
</table>

① 공통경비
② 직접경비
③ 직접공사비
④ 간접경비
⑤ 현장관리비

해설

③ 직접공사비란 계약목적물의 시공에 직접적으로 소요되는 비용을 말한다.

06 중

표준품셈의 적용에 관한 설명으로 옳지 않은 것은? 제12회

① 일일 작업시간은 8시간을 기준으로 한다.
② 건설공사의 예정가격 산정시 공사규모, 공사기간 및 현장조건 등을 감안하여 가장 합리적인 공법을 채택한다.
③ 볼트의 구멍은 구조물의 수량에서 공제한다.
④ 수량의 단위는 C.G.S 단위를 원칙으로 한다.
⑤ 철근 콘크리트의 일반적인 추정 단위 중량은 2.4ton/m^3이다.

해설

③ 볼트의 구멍은 구조물의 수량에서 공제하지 아니한다.
　참 다음에 열거하는 것의 체적과 면적은 구조물의 수량에서 공제하지 아니한다.
1. 콘크리트 구조물 중의 말뚝머리
2. 볼트의 구멍
3. 모따기 또는 물구멍(水切)
4. 이음줄눈의 간격
5. 포장 공종의 1개소당 0.1m^2 이하의 구조물 자리
6. 강(鋼) 구조물의 리벳 구멍
7. 철근 콘크리트 중의 철근
8. 조약돌 중의 말뚝 체적 및 책동목(柵胴木)
9. 기타 전항에 준하는 것

Answer

03 ①　04 ②　05 ③　06 ③

07 표준품셈에 의한 각 재료의 할증률로 옳지 않은 것은? 제12회

하

① 시멘트 블록: 4%
② 이형철근: 3%
③ 시멘트 벽돌: 5%
④ 단열재: 5%
⑤ 유리: 1%

해설

④ 단열재: 10%

할증률	종 류
1%	유리
3%	이형철근, 일반용 합판, 붉은 벽돌, 타일(모자이크, 도기, 자기)
4%	시멘트 블록
5%	일반볼트, 리벳, 강관, 목재, 시멘트 벽돌, 아스팔트 타일, 기와
10%	판재(목재), 단열재

08 건설공사 표준품셈의 적용기준에 관한 설명으로 옳은 것은? 제16회

중

① 시멘트 벽돌의 할증은 3%로 한다.
② 철근 콘크리트의 단위중량은 2,300kg/m^{3}이다.
③ 수량의 계산은 소수점 이하 첫째자리까지 구하고 끝수는 버린다.
④ 콘크리트 체적 계산시 콘크리트에 배근된 철근의 체적은 제외한다.
⑤ 재료 및 자재단가에 운반비가 포함되어 있지 않은 경우, 구입 장소로부터 현장까지의 운반비를 계상할 수 있다.

해설

① 시멘트 벽돌의 할증은 5%로 한다.
② 철근 콘크리트의 단위중량은 2,400kg/m^{3}이다.
③ 수량의 계산은 소수점 이하 첫째자리까지 구하고 끝수는 4사5입한다.
④ 콘크리트 체적 계산시 콘크리트에 배근된 철근의 체적은 제외하지 않는다.

09 건축 표준품셈의 설명으로 옳지 않은 것은? 제18회

① 이형철근의 할증률은 3%이다.
② 비닐타일의 할증률은 5%이다.
③ 상시 일반적으로 사용하는 일반공구 및 시험용 계측기구류의 공구손료는 인력품의 3%까지 계상한다.
④ 20층 이하 건물의 품의 할증률은 7%이다.
⑤ 소음, 진동 등의 사유로 작업 능력저하가 현저할 때 품의 할증시 50%까지 가산할 수 있다.

해설

1. 건물층수별 할증률

2층~5층 이하	1%
10 이하	3%
15 이하	4%
20 이하	5%
25 이하	6%
30 이하	7%
30층 초과	매 5층 증가마다 1% 가산

2. 지하층 할증

지하 1층	1%
지하 2~5층	2%
지하 6층 이하	상황에 따라 별도 계상

10 소요수량 산출시 할증률이 가장 작은 재료는? 제23회

① 도료
② 이형철근
③ 유리
④ 일반용 합판
⑤ 석고보드

해설

③ 유리 : 1%
① 도료 : 2%
② 이형철근 : 3%
④ 일반용 합판 : 3%
⑤ 석고보드(본드붙임) : 8%, 석고보드(못붙임용) : 5%

Answer

07 ④ 08 ⑤ 09 ④ 10 ③

11 중

재료의 일반적인 추정 단위 중량(kg/m^3)으로 옳지 않은 것은? 제24회

① 철근 콘크리트: 2,400
② 보통 콘크리트: 2,200
③ 시멘트 모르타르: 2,100
④ 시멘트(자연상태): 1,500
⑤ 물: 1,000

해설

② 보통 콘크리트: 2,300kg/m^3

2 공사별 수량 산출

12 중

길이 15m, 높이 3m의 내벽을 바름두께 20mm 모르타르 미장을 할 때, 재료할증이 포함된 시멘트와 모래의 양은 약 얼마인가? (단, 모르타르 1m^3당 재료의 양은 아래 표를 참조하며, 재료의 할증이 포함되어 있음) 제18회

시멘트(kg)	모래(m^3)
510	1.1

① 시멘트 359kg, 모래 0.79m^3
② 시멘트 359kg, 모래 0.89m^3
③ 시멘트 359kg, 모래 0.99m^3
④ 시멘트 459kg, 모래 0.89m^3
⑤ 시멘트 459kg, 모래 0.99m^3

해설

1. 모르타르의 총체적 = 15 × 3 × 0.02 = 0.9(m^3)
2. 시멘트 소요량 = 510(kg/m^3) × 0.9(m^3) = 459(kg)
3. 모래 소요량 = 1.1(m^3/m^3) × 0.9(m^3) = 0.99(m^3)

13 중

길이 6m, 높이 2m의 벽체를 두께 1.0B로 쌓을 때 필요한 표준형 시멘트 벽돌의 정미량은? (단, 줄눈 너비는 10mm를 기준으로 하고, 모르타르 배합비는 1 : 3이다) 제27회

조건 : 표준형 벽돌(190 × 90 × 57mm), 벽두께 1.0B, 줄눈 너비 10mm

① 1,720매
② 1,754매
③ 1,788매
④ 1,822매
⑤ 1,856매

해설

③ 벽체 두께 1.0B일 때 $1m^2$당 149매이고,
벽체 면적 $6 \times 2 = 12m^2$
띠라서, 표준형 시멘트 벽돌의 정미량은 = 189(매/m^2) × 12(m^2) = 1,788(매)

14 중

길이 12.0m, 높이 3.0m인 벽체를 1.5B(내부 1.0B 시멘트 벽돌, 외부 0.5B 붉은 벽돌)**로 쌓을 때 외부에 쌓는 0.5B 붉은 벽돌**(190mm × 90mm × 57mm)**의 소요량은?** (단, 줄눈은 10mm로 한다) 제21회

① 2,700매
② 2,781매
③ 2,800매
④ 2,888매
⑤ 2,991매

해설

1. 시멘트 벽돌 : 12 × 3.0 × 149(1.0B의 $1m^2$당 장수) × 1.05 = 5632.2 = 5,633
2. 붉은 벽돌 : 12 × 3.0 × 75(0.5B의 $1m^2$당 장수) × 1.03 = 2,781

Answer

11 ② 12 ⑤ 13 ③ 14 ②

15 중

화단벽체를 조적으로 시공하고자 한다. 길이 12m, 높이 1m, 두께 1.5B[내부 콘크리트(시멘트) 벽돌 1.0B, 외부 붉은 벽돌 0.5B]**로 쌓을 때 콘크리트**(시멘트) **벽돌과 붉은 벽돌의 소요량은?** [단, 벽돌의 크기는 표준형(190 × 90 × 57mm)으로 하고, 줄눈은 10mm로 하며, 소수점 이하는 무조건 올림으로 한다] 제22회

① 콘크리트(시멘트) 벽돌: 945매, 붉은 벽돌: 1,842매
② 콘크리트(시멘트) 벽돌: 1,842매, 붉은 벽돌: 927매
③ 콘크리트(시멘트) 벽돌: 1,842매, 붉은 벽돌: 945매
④ 콘크리트(시멘트) 벽돌: 1,878매, 붉은 벽돌: 927매
⑤ 콘크리트(시멘트) 벽돌: 1,878매, 붉은 벽돌: 945매

해설

1. 벽면적: $12 \times 1 = 12m^2$
2. 콘크리트(시멘트) 벽돌 1.0B 소요량(할증률 5%)
   $= 12(m^2) \times 149(매/m^2) \times 1.05 ≒ 1,878(매)$
3. 붉은 벽돌 0.5B 소요량(할증률 3%)
   $= 12(m^2) \times 75(매/m^2) \times 1.03 ≒ 927(매)$

16 중

면적 $100m^2$인 벽체를 콘크리트(시멘트) **벽돌**(190 × 90 × 57mm)**을 이용하여 0.5B 두께로 쌓을 때 콘크리트**(시멘트) **벽돌의 소요량은?** (단, 줄눈은 10mm로 한다) 제23회

① 6,695매 ② 6,825매
③ 7,500매 ④ 7,725매
⑤ 7,875매

해설

1. 할증률
   - 붉은 벽돌: 3%
   - 콘크리트(시멘트) 벽돌: 5%

m^2당 정미량

벽체 두께	0.5B	1.0B	1.5B
표준형 벽돌	75	149	224

2. 벽돌 소요량 = 단위면적당 정미량 × 벽면적 × (1 + 할증률/100)
   = 75 × 100 × 1.05
   = 7,875매

17 중

벽돌 담장의 크기를 길이 8m, 높이 2.5m, 두께 2.0B[콘크리트(시멘트) 벽돌 1.5B + 붉은 벽돌 0.5B]**로 할 때, 콘크리트**(시멘트) **벽돌과 붉은 벽돌의 정미량은?**(단, 사용 벽돌은 모두 표준형 190 × 90 × 57mm로 하고, 줄눈은 10mm로 하며, 소수점 이하는 무조건 올림한다) 제25회

① 콘크리트(시멘트) 벽돌: 1,500매, 붉은 벽돌: 4,704매
② 콘크리트(시멘트) 벽돌: 1,545매, 붉은 벽돌: 4,480매
③ 콘크리트(시멘트) 벽돌: 4,480매, 붉은 벽돌: 1,500매
④ 콘크리트(시멘트) 벽돌: 4,480매, 붉은 벽돌: 1,545매
⑤ 콘크리트(시멘트) 벽돌: 4,704매, 붉은 벽돌: 1,545매

해설

1. 벽돌 담장의 면적 = 8(m) × 2.5(m) = 20(m^2)
2. 면적 1m^2당 벽체 두께가 0.5B일 때 75매, 1.5B일 때 224매이므로
   - 콘크리트(시멘트) 벽돌의 정미량 = 20(m^2) × 224(매/m^2) = 4,480(매)
   - 붉은 벽돌의 정미량 = 20(m^2) × 75(매/m^2) = 1,500(매)

18 중

콘크리트 블록(290 × 190 × 150mm)**을 이용하여 길이 100m, 높이 3m의 벽을 막쌓기 할 경우, 콘크리트 블록과 모르타르의 소요량은?** [단, 쌓기 모르타르량(배합비 1 : 3)은 0.01m^3이다. 또한 블록할증률, 쌓기 모르타르 할증률 및 소운반이 포함된다] 제24회 변형

① 3,900매, 2.1m^3
② 3,900매, 3.0m^3
③ 4,500매, 3.0m^3
④ 5,100매, 2.1m^3
⑤ 5,100매, 3.0m^3

해설

② 블록은 1m^2당 13매(할증률 포함)이고, 쌓기 모르타르량은 0.01m^3이다.
벽의 면적은 300m^2(100m × 3m)이므로
1. 블록 소요량 = 13(매) × 300 = 3,900(매)
2. 쌓기 모르타르량 = 0.01(m^3) × 300 = 3.0(m^3)

Answer

15 ④ 16 ⑤ 17 ③ 18 ②

19 중

다음 조건으로 산출한 타일의 정미수량은? 제26회

• 바닥크기 : 11.2m × 6.4mm	• 개소 : 2개소
• 타일크기 : 150mm × 150mm	• 줄눈간격 : 10mm

① 2,600매　② 2,800매　③ 5,200매
④ 5,600매　⑤ 6,800매

해설

• 타일의 정미수량 $= \dfrac{\text{바닥면적}}{\text{타일 1장의 크기(줄눈두께 포함)}} = \dfrac{11.2 \times 6.4}{(0.15 + 0.01) \times (0.15 + 0.01)} \times 2$

$= 5{,}600$매

20 중

타일 1장의 크기가 200 × 200mm이고, 줄눈 너비가 6mm일 때, 벽면적 100m²에 소요되는 타일의 정미량(장)은? (단, 소수점 셋째자리에서 반올림) 제17회

① 2,156.49　② 2,256.49
③ 2,356.49　④ 2,456.49
⑤ 2,556.49

해설

• 타일의 정미량 $= \dfrac{100}{(0.200 + 0.006) \times (0.200 + 0.006)} = 2{,}356.49$

21 중

옥상평슬래브(가로 18m, 세로 10m)**에 8층**(3겹) **아스팔트 방수시 방수면적은?** [단, 4면의 수직파라펫(Parapet)의 방수 높이는 30cm로 한다] 제16회

① 180.0m^2　② 188.4m^2
③ 196.8m^2　④ 200.0m^2
⑤ 209.2m^2

해설

1. 옥상평슬래브 바닥면적=18 × 10 = 180(m^2)
2. 수직파라펫 면적 = (18 + 10) × 0.3 × 2 = 16.8(m^2)
3. 방수면적 = 옥상평슬래브 바닥면적 + 수직파라펫 면적 = 180 + 16.8 = 196.8(m^2)

22 가로(40cm) × 세로(50cm) × 높이(500cm)인 철근콘크리트 기둥이 20개일 때, 기둥의 전체 중량은? 제14회

① 32ton ② 40ton
③ 48ton ④ 56ton
⑤ 60ton

해설

③ 중량은 단위중량 × 체적이므로 2.4t/m³ × (0.4 × 0.5 × 5) × 20개 = 48ton이다.

3 도면 표시기호에 관한 문제

23 다음의 도시기호에서 급수관을 나타내는 것은? 제2회

① ─── D ───
② ------------
③ ─•──•──•─
④ ─N─
⑤ ─⋈─

해설

① 배수관 ② 통기관 ③ 급수관 ④ 체크밸브 ⑤ 스톱밸브

24 전기설비용 명칭과 도시기호의 연결이 옳지 않은 것은? 제18회

① 천장은폐배선 : ───
② 노출배선 : ------
③ 적산전력계 : [S]
④ 접지 : ⏚
⑤ 발전기 : Ⓖ

해설

③ 개폐기 표시이며 적산전력계 표시는 [WH]이다.

Answer

19 ④ 20 ③ 21 ③ 22 ③ 23 ③ 24 ③

25 중 **전자밸브의 도면 표시 기호는?** 제9회

①

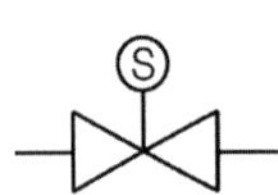

②

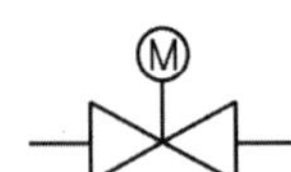

③

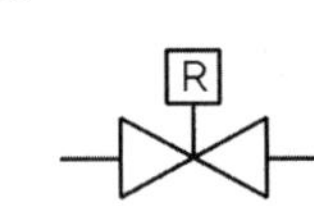

④

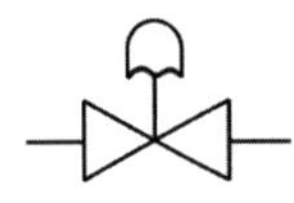

⑤

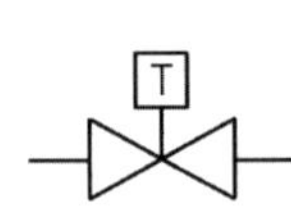

해설

① 전자밸브 ② 전동밸브 ③ 감압밸브 ④ 다이아프램밸브 ⑤ 온도조절밸브

26 상 **전기 배선 기호 중 지중매설배선을 나타낸 것은?** 제26회

① ————

② ------

③ — — —

④ —·—·—

⑤ —--——-·

해설

① 천장은폐배선
② 노출배선
③ 바닥은폐배선
④ 정원등에 사용하는 지중매설배선
⑤ 노출배선 중 바닥면 노출배선을 구별하는 경우 사용하여도 좋다.

Answer

25 ① 26 ④

제27회 출제경향 분석

제27회 주택관리사(보) 민법 시험은 최근에 치러진 이전의 시험과 비교해보면 가장 어렵게 출제되었다고 해도 과언이 아닙니다. 그만큼 예전의 기출문제 형식을 벗어나서 새로운 형식 또는 그동안 출제되지 않았던 부분에서 출제되어서 수험생 입장에서는 역대 최고의 난이도를 자랑하는 시험이었습니다.
제27회 주택관리사(보) 민법의 출제경향은 다음과 같습니다.
첫째, 민법총칙은 총 24문항이 출제되었습니다. 난이도를 상, 중, 하로 구분하여 분석하여 보면 '하' 문제가 18문항으로 예년의 시험정도 또는 그 이하의 난이도를 보였습니다. 다만 소멸시효 문항이 3문항이 출제되어 예년보다 많이 출제되어서 수험생 입장에서는 어렵게 느낄 수 있었습니다.
둘째, 물권법은 총 8문항이 출제되었습니다. 그동안 8문항에서 6문항 정도는 쉽게 출제되고 2문항 정도는 어렵게 출제되던 관행에서 벗어나 이번 시험은 6문항이 생각을 요하는 창의적이고 복합적인 문항으로 출제되어 수험생 입장에서는 4문항을 맞히는 것이 어려웠을 것입니다.
셋째, 채권법은 총 8문항이 출제되었습니다. 최근 경향을 보면 채권법은 어렵게 출제되던 관행이 있었는데 이 역시 올해 시험에서도 어렵게 출제되었습니다. 수험생으로서 전혀 예상하지 못한 문항이 2문항 정도 출제되어서 매우 어려웠을 것으로 생각됩니다.

민법총칙	민법통칙 7.0%, 자연인 8.0%, 법인 9.5%, 물건 5.0%, 법률행위 7.0%, 의사표시 7.0%, 대리 6.5%, 무효와 취소 2.5%, 부관·기간 2.5%, 소멸시효 5.0%
물권법	물권법 총론 5.0%, 점유권 1.5%, 소유권 3.5%, 지상권 2.0%, 지역권 0.0%, 전세권 2.0%, 유치권 2.5%, 질권 0.5%, 저당권 3.5%
채권법	채권법 총론 5.5%, 계약총론 4.0%, 매매 2.5%, 임대차 1.0%, 도급 2.0%, 위임 0.0%, 부당이득 2.0%, 불법행위 2.5%

박문각
주택관리사

PART

03

민 법

PART 01 민법총칙

01 통 칙

연계학습: 기본서 p.22~57

1 법 원

01 중

관습법과 사실인 관습에 관한 설명으로 옳은 것은? (다툼이 있으면 판례에 따름)

제26회

① 물권은 관습법에 의하여 창설될 수 없다.
② 사실인 관습은 법령에 저촉되지 않는 한 법칙으로서의 효력을 갖는다.
③ 사실인 관습은 당사자의 주장·증명이 없더라도 법원이 직권으로 확정하여야 한다.
④ 관습법이 사회질서의 변화로 인하여 적용 시점의 전체 법질서에 반하게 되면 법적 규범으로서의 효력이 부정된다.
⑤ 사실인 관습은 사회생활규범이 사회의 법적 확신에 의하여 법적 규범으로 승인된 것을 말한다.

해설

④ 사회의 거듭된 관행으로 생성된 사회생활규범이 관습법으로 승인되었다고 하더라도 사회 구성원들이 그러한 관행의 법적 구속력에 대하여 확신을 갖지 않게 되었다거나, 사회를 지배하는 기본적 이념이나 사회질서의 변화로 인하여 그러한 관습법을 적용하여야 할 시점에 있어서의 전체 법질서에 부합하지 않게 되었다면 그러한 관습법은 법적 규범으로서의 효력이 부정될 수밖에 없다(대판 전합 2005.7.21, 2002다13850).
① 관습법에 의해서도 물권은 창설될 수 있다(제185조 참조).
② 사실인 관습은 법령으로서의 효력이 없는 단순한 관행으로서 법률행위의 당사자의 의사를 보충함에 그치는 것이다(대판 1983.6.14, 80다3231).
③ 법령과 같은 효력을 갖는 관습법은 당사자의 주장 입증을 기다림이 없이 법원이 직권으로 이를 확정하여야 하고 사실인 관습은 그 존재를 당사자가 주장 입증하여야 한다(대판 1983.6.14, 80다3230).
⑤ 관습법이란 사회의 거듭된 관행으로 생성한 사회생활규범이 사회의 법적 확신과 인식에 의하여 법적 규범으로 승인·강행되기에 이르른 것을 말하고, 사실인 관습은 사회의 관행에 의하여 발생한 사회생활규범인 점에서 관습법과 같으나 사회의 법적 확신이나 인식에 의하여 법적 규범으로서 승인된 정도에 이르지 않은 것을 말한다(대판 1983.6.14, 80다3230).

02 ●중●

법원(法源)에 관한 설명으로 옳지 않은 것은? (다툼이 있으면 판례에 따름) 제24회

① 민사에 관하여 법률과 관습법이 없는 경우에는 사실인 관습에 의한다.
② 법률의 규정을 집행하기 위해 세칙을 정하는 집행명령이 민사에 관한 것이면 민법의 법원이 된다.
③ 관습법이 사회질서의 변화로 인하여 적용 시점의 전체 법질서에 반하게 된 때에는 법적 규범으로서의 효력이 부정된다.
④ 관습법은 당사자의 주장 · 증명이 없더라도 법원(法院)이 직권으로 이를 확정하여야 한다.
⑤ 헌법에 의해 체결 · 공포된 조약 중 민사에 관한 것은 민법의 법원이 된다.

해설

① 민사에 관하여 법률의 규정이 없으면 관습법에 의하고 관습법이 없으면 조리에 의한다(제1조).
② 명령도 민사에 관한 것이면 민법의 법원이 된다.
③ 사회의 거듭된 관행으로 생성된 사회생활규범이 관습법으로 승인되었다고 하더라도 사회 구성원들이 그러한 관행의 법적 구속력에 대하여 확신을 갖지 않게 되었다거나, 사회를 지배하는 기본적 이념이나 사회질서의 변화로 인하여 그러한 관습법을 적용하여야 할 시점에 있어서의 전체 법질서에 부합하지 않게 되었다면 그러한 관습법은 법적 규범으로서의 효력이 부정될 수밖에 없다(대판 전합 2005.7.21, 2002다1178).
④ 법령과 같은 효력을 갖는 관습법은 당사자의 주장 입증을 기다림이 없이 법원이 직권으로 이를 확정하여야 한다(대판 1983.6.14, 80다3231).
⑤ 조약도 민사에 관한 것이라면 민법의 법원이 된다.

Answer

01 ④ 02 ①

03 중

관습법에 관한 설명으로 옳지 않은 것은? (다툼이 있으면 판례에 따름) 제23회

① 물권은 관습법에 의해서도 창설할 수 있다.

② 미등기 무허가건물의 양수인에게는 소유권에 준하는 관습법상의 물권이 인정된다.

③ 사실인 관습은 관습법과는 달리 법령의 효력이 없는 단순한 관행으로서 법률행위 당사자의 의사를 보충함에 그친다.

④ 민사에 관하여 법률에 규정이 없으면 관습법에 의하고 관습법이 없으면 조리에 의한다.

⑤ 관습법으로 승인되었던 관행이 그러한 관습법을 적용해야 할 시점에서의 전체 법질서에 부합하지 않게 되었다면, 그 관습법은 법적 규범으로서의 효력이 부정된다.

해설

② 미등기 무허가건물의 양수인이라도 소유권이전등기를 마치지 않는 한 건물의 소유권을 취득할 수 없고, 소유권에 준하는 관습상의 물권이 있다고도 할 수 없다(대판 2016.7.29, 2016다214483).
① 물권은 법률 또는 관습법에 의하는 외에는 임의로 창설하지 못한다(제185조).
③ 사실인 관습은 법령으로서의 효력이 없는 단순한 관행으로서 법률행위의 당사자의 의사를 보충함에 그치는 것이다(대판 1983.6.14, 80다3231).
④ 민사에 관하여 법률의 규정이 없으면 관습법에 의하고 관습법이 없으면 조리에 의한다(제1조).
⑤ 대판 전합 2015.7.21, 2002다1178

04 중

민법의 법원(法源)에 관한 설명으로 옳지 않은 것은? (다툼이 있으면 판례에 따름) 제27회

① 일반적으로 승인된 국제법규가 민사에 관한 것이면 민법의 법원이 될 수 있다.

② 민사에 관한 대통령의 긴급재정명령은 민법의 법원이 될 수 없다.

③ 법원(法院)은 관습법에 관한 당사자의 주장이 없어도 직권으로 이를 확정할 수 있다.

④ 법원(法院)은 관습법이 헌법에 위반되는지 여부를 판단할 수 있다.

⑤ 사실인 관습은 사적자치가 인정되는 분야에서 법률행위 해석기준이 될 수 있다.

해설

② 민사에 관한 대통령의 긴급재정명령도 민사에 관한 것이라면 민법의 법원이 될 수 있다.
① 일반적으로 승인된 국제법규도 민사에 관한 것이면 민법의 법원이 될 수 있다.
③ 관습법은 당사자의 주장이 없더라도 법원이 직권으로 확정할 수 있다.
④ 헌법 제111조 제1항 제1호 및 헌법재판소법 제41조 제1항에서 규정하는 위헌심사의 대상이 되는 법률은 국회의 의결을 거친 이른바 형식적 의미의 법률을 의미하고, 또한 민사에 관한 관습법은 법원에 의하여 발견되고 성문의 법률에 반하지 아니하는 경우에 한하여 보충적인 법원이 되는 것에 불과하여 관습법이 헌법에 위반되는 경우 법원이 그 관습법의 효력을 부인할 수 있으므로, 결국 관습법은 헌법재판소의 위헌법률심판의 대상이 아니라 할 것이다(대결 2009.5.28, 2007카기134).
⑤ 사실인 관습은 사적자치가 인정되는 분야에서 법률행위의 해석기준이 될 수 있다.

05 상●●

관습법상의 권리에 관한 설명으로 옳지 않은 것을 모두 고른 것은? (다툼이 있으면 판례에 따름) 제22회

> ㉠ 온천에 관한 권리는 관습법상의 물권이다.
> ㉡ 미등기 무허가건물의 양수인은 사실상의 소유권이라는 관습법상의 물권을 취득한다.
> ㉢ 지역주민이 관련 법령에 따른 근린공원을 자유롭게 이용할 수 있는 경우, 그들에게 배타적인 관습법상의 공원이용권이 인정된다.

① ㉠　② ㉡　③ ㉢
④ ㉡, ㉢　⑤ ㉠, ㉡, ㉢

해설

㉠ (×) 온천에 관한 권리를 관습법상의 물권이라고 볼 수 없다(대판 1970.5.26, 69다1239).
㉡ (×) 미등기 무허가건물의 양수인이라도 소유권이전등기를 마치지 않는 한 건물의 소유권을 취득할 수 없고, 소유권에 준하는 관습상의 물권이 있다고도 할 수 없다(대판 2016.7.29, 2016다214483).
㉢ (×) 도시공원법상 근린공원으로 지정된 공원은 일반 주민들이 다른 사람의 공동 사용을 방해하지 않는 한 자유로이 이용할 수 있지만 그러한 사정만으로 인근 주민들이 누구에게나 주장할 수 있는 공원이용권이라는 배타적인 권리를 취득하였다고는 할 수 없다(대결 1995.5.23, 94자2218).

Answer
03 ②　04 ②　05 ⑤

2 권 리

06 권리와 의무에 관한 설명으로 옳은 것은? (다툼이 있으면 판례에 따름) 제26회

중

① 매매예약 완결권의 법적 성질은 청구권이다.
② 주된 권리가 시효로 소멸하면 종된 권리도 소멸한다.
③ 채권자취소권은 권리자의 의사표시만으로 그 효과가 발생한다.
④ 연기적 항변권의 행사는 상대방의 청구권을 소멸시킨다.
⑤ 임대인의 임대차계약 해지권은 행사상의 일신전속권이다.

해설

② 주된 권리가 소멸시효가 완성한 때에는 종속된 권리에 그 효력이 미친다(제183조).
① 매매예약 완결권의 법적 성질은 형성권이다.
③ 채권자취소권은 권리자의 의사표시만으로 그 효과가 발생하는 것이 아니라 반드시 재판상 행사하여 판결에 의하여 효과가 발생한다.
④ 연기적 항변권의 행사는 상대방의 청구권을 소멸시키는 것이 아니라 상대방의 청구권을 거절할 수 있는 권리이다.
⑤ 임대인의 임대차계약 해지권은 오로지 임대인의 의사에 행사의 자유가 맡겨져 있는 행사상의 일신전속권에 해당하는 것으로 볼 수 없다(대판 2007.5.10, 2006다82700).

07 형성권에 해당하는 것을 모두 고른 것은? (다툼이 있으면 판례에 따름) 제24회

중

㉠ 전세권자의 전세금반환채권
㉡ 점유자의 유익비상환청구권
㉢ 매매예약상 권리자의 일방예약완결권
㉣ 지상권자의 지상물매수청구권

① ㉠, ㉡ ② ㉠, ㉣ ③ ㉡, ㉢
④ ㉡, ㉣ ⑤ ㉢, ㉣

해설

⑤ 일방예약완결권(제564조) 또는 지상물매수청구권(제283조)은 형성권에 속한다. 전세권자의 전세금반환채권 또는 유익비상환청구권은 형성권이 아니라 청구권에 속한다.

08 상

사권(私權)에 관한 설명으로 옳지 않은 것은? (다툼이 있으면 판례에 따름) 제20회

① 토지임차인의 지상물매수청구권은 형성권이다.
② 채권자취소권은 소로써만 행사할 수 있다.
③ 청구권은 채권뿐만 아니라 물권으로부터도 생긴다.
④ 하자담보책임에 기한 토지 매수인의 손해배상청구권은 제척기간에 걸리므로, 소멸시효 규정의 적용이 배제된다.
⑤ 항변권은 상대방의 청구권 자체를 소멸시키는 권리가 아니라 그 작용을 저지할 수 있는 권리이다.

해설

④ 하자담보책임에 기한 토지 매수인의 손해배상청구권은 소멸시효의 적용을 받는다.
① 토지임차인의 지상물매수청구권(제643조)은 형성권이다.
② 채권자취소권은 형성권 중에서 반드시 재판상 행사하여야 하는(=소를 제기하여야 하는) 권리이다.
③ 청구권은 채권에서 생기는 것이 대부분이지만, 물권에서도 발생할 수 있고 기타 권리에서도 발생할 수 있다.
⑤ 항변권은 상대방의 권리를 부인하는 권리가 아니라 상대방의 권리를 인정하면서 상대방의 권리행사를 저지할 수 있는 권리이다.

09 하

민법상 권리와 의무에 관한 설명으로 옳지 않은 것은? (다툼이 있으면 판례에 따름) 제21회

① 임차인의 지상물매수청구권의 법적 성질은 형성권이다.
② 물권은 법률 또는 관습법에 의하는 외에는 임의로 창설하지 못한다.
③ 인격권 침해에 대하여는 예방적 구제수단으로서 금지청구권이 인정된다.
④ 주된 권리의 소멸시효가 완성한 때에는 종속된 권리에 그 효력이 미친다.
⑤ 저당권은 1필지의 토지 일부에도 분필하지 않은 상태로 설정할 수 있다.

해설

⑤ 토지의 일부에는 저당권을 설정할 수 없으므로, 분필되지 않은 1필지의 토지 일부에 저당권은 설정할 수 없다.
① 임차인의 지상물매수청구권은 형식은 청구권으로 표현되지만 실질은 형성권에 속한다.
② 제185조
③ 인격권은 그 성질상 일단 침해된 후의 구제수단(금전배상이나 명예회복 처분 등)만으로는 그 피해의 완전한 회복이 어렵고 손해전보의 실효성을 기대하기 어려우므로, 인격권 침해에 대하여는 사전(예방적) 구제수단으로 침해행위 정지·방지 등의 금지청구권도 인정된다(대판 1996.4.12. 93다40614, 40621).
④ 제183조

Answer

06 ② 07 ⑤ 08 ④ 09 ⑤

10 상

권리 상호간의 관계에 관한 설명으로 옳은 것을 모두 고른 것은? (다툼이 있으면 판례에 따름) 제25회

> ㉠ 일방 당사자의 잘못으로 인해 상대방 당사자가 계약을 취소하거나 불법행위로 인한 손해배상을 청구할 수 있는 경우, 계약 취소로 인한 부당이득반환청구권과 불법행위로 인한 손해배상청구권은 경합하여 병존한다.
> ㉡ 공무권이 공권력의 행사로 그 직무를 행함에 있어 고의 또는 과실로 위법하게 타인에게 손해를 가한 경우, 국가가 부담하는 민법상 불법행위책임과 국가배상법상 배상책임은 경합하여 병존한다.
> ㉢ 매매의 목적물에 물건의 하자가 있는 경우, 매도인의 하자담보책임과 채무불이행책임은 별개의 권원에 의하여 경합하여 병존할 수 있다.

① ㉡ ② ㉢ ③ ㉠, ㉡
④ ㉠, ㉢ ⑤ ㉠, ㉡, ㉢

해설

㉠ (○) 어떤 법률행위가 사기에 의한 것으로서 취소되는 경우에 그 법률행위가 동시에 불법행위를 구성하는 때에는 취소의 효과로 생기는 부당이득반환청구권과 불법행위로 인한 손해배상의 청구권은 경합하여 병존한다(대판 1993.4.27, 92다56087).

㉡ (×) 공무원이 그 직무(단순한 사경제의 주체로서 하는 작용을 제외한다)를 집행함에 당하여 고의 또는 과실로 법령에 위반하여 타인에게 손해를 가한 경우는 특별법인 국가배상법이 적용되므로, 국가 산하 기관의 대표자의 직무상의 의무 위반행위로 인하여 손해를 입었다 하여도 국가에 대하여 국가배상법에 의하여 손해배상을 청구하는 것은 별론으로 하고 그 공무원의 행위를 국가의 행위로 보아 민법 제750조의 불법행위책임을 물을 수는 없다(대판 2008.1.18, 2006다41471).

㉢ (○) 액젓 저장탱크의 제작·설치공사 도급계약에 의하여 완성된 저장탱크에 균열이 발생한 경우, 보수비용은 민법 제667조 제2항에 의한 수급인의 하자담보책임 중 하자보수에 갈음하는 손해배상이고, 액젓 변질로 인한 손해배상은 위 하자담보책임을 넘어서 수급인이 도급계약의 내용에 따른 의무를 제대로 이행하지 못함으로 인하여 도급인의 신체·재산에 발생한 손해에 대한 배상으로서 양자는 별개의 권원에 의하여 경합적으로 인정된다(대판 2004.8.20, 2001다70337).

3 신의성실의 원칙

11 상

신의성실의 원칙(이하 '신의칙')**에 관한 설명으로 옳지 않은 것은?** (다툼이 있으면 판례에 따름) 제24회

① 세무사와 의뢰인 사이에 약정된 보수액이 부당하게 과다하여 신의칙에 반하는 경우, 세무사는 상당하다고 인정되는 범위의 보수액만 청구할 수 있다.

② 계속적 보증계약의 보증인은 주채무가 확정된 이후에는 사정변경을 이유로 보증계약을 해지할 수 없다.

③ 병원은 입원계약에 따라 입원환자들의 휴대품이 도난되지 않도록 할 신의칙상 보호의무를 진다.

④ 인지청구권은 포기할 수 없는 권리이므로 실효의 원칙이 적용되지 않는다.

⑤ 관련 법령을 위반하여 무효인 편입허가를 받은 자에 대하여 오랜 기간이 경과한 후 편입학을 취소하는 것은 신의칙 위반이다.

해설

⑤ 학생에 대한 학교의 편입학허가, 대학교졸업인정, 대학원입학, 공학석사학위 수여 등이 그 자격요건을 규정한 교육법 제111조, 제112조, 제115조에 위반되어 무효라면 이와 같은 당연무효의 행위를 학교법인이 취소하는 것은 그 편입학허가 등의 행위가 처음부터 무효이었음을 당사자에게 통지하여 확인시켜주는 것에 지나지 않으므로 여기에 신의칙 내지 신뢰의 원칙을 적용할 수 없다(대판 1989.4.11, 87다카131).

① 세무사의 세무대리업무처리에 대한 보수에 관하여 의뢰인과의 사이에 약정이 있는 경우, 그 대리업무를 종료한 세무사는 특별한 사정이 없는 한 약정된 보수액을 전부 청구할 수 있는 것이 원칙이지만, 대리업무수임의 경위, 보수금의 액수, 세무대리업무의 내용 및 그 업무처리 과정, 난이도, 노력의 정도, 의뢰인이 세무대리의 결과 얻게 된 구체적 이익과 세무사보수규정, 기타 변론에 나타난 제반 사정을 고려하여 그 약정된 보수액이 부당하게 과다하여 신의성실의 원칙이나 형평의 원칙에 반하는 특별한 사정이 있는 경우에는 예외적으로 상당하다고 인정되는 범위 내의 보수액만을 청구할 수 있다고 할 것이다(대판 2006.6.15, 2004다59393).

② 회사의 이사의 지위에서 부득이 회사와 제3자 사이의 계속적 거래로 인한 회사의 채무에 대하여 보증인이 된 자가 그 후 퇴사하여 이사의 지위를 떠난 때에는 보증계약 성립 당시의 사정에 현저한 변경이 생긴 경우에 해당하므로 이를 이유로 보증계약을 해지할 수 있는 것이고, 한편 계속적 보증계약의 보증인이 장차 그 보증계약에 기한 보증채무를 이행할 경우 피보증인이 계속적 보증계약의 보증인에게 부담하게 될 불확정한 구상금채무를 보증한 자에게도 사정변경이라는 해지권의 인정 근거에 비추어 마찬가지로 해지권을 인정하여야 할 것이나, 이와 같은 경우에도 보증계약이 해지되기 전에 계속적 거래가 종료되거나 그 밖의 사유로 주채무 내지 구상금채무가 확정된 경우라면 보증인으로서는 더 이상 사정변경을 이유로 보증계약을 해지할 수 없다(대판 2002.5.31, 2002다1673).

Answer

10 ④ 11 ⑤

③ 환자가 병원에 입원하여 치료를 받는 경우에 있어서, 병원은 진료뿐만 아니라 환자에 대한 숙식의 제공을 비롯하여 간호, 보호 등 입원에 따른 포괄적 채무를 지는 것인 만큼, 병원은 병실에의 출입자를 통제·감독하든가 그것이 불가능하다면 최소한 입원환자에게 휴대품을 안전하게 보관할 수 있는 시정장치가 있는 사물함을 제공하는 등으로 입원환자의 휴대품 등의 도난을 방지함에 필요한 적절한 조치를 강구하여 줄 신의칙상의 보호의무가 있다고 할 것이고, 이를 소홀히 하여 입원환자와는 아무런 관련이 없는 자가 입원환자의 병실에 무단출입하여 입원환자의 휴대품 등을 절취하였다면 병원은 그로 인한 손해배상책임을 면하지 못한다(대판 2003.4.11, 2002다63275).

④ 인지청구권은 본인의 일신전속적인 신분관계상의 권리로서 포기할 수도 없으며 포기하였더라도 그 효력이 발생할 수 없는 것이고, 이와 같이 인지청구권의 포기가 허용되지 않는 이상 거기에 실효의 법리가 적용될 여지도 없다(대판 2001.11.27, 2001므1353).

12 중

신의성실의 원칙에 관한 설명으로 옳지 않은 것을 모두 고른 것은? (다툼이 있으면 판례에 따름) 제23회

㉠ 법령에 위반되어 무효임을 알고서도 법률행위를 한 자가 강행법규 위반을 이유로 무효를 주장하는 것은 특별한 사정이 없는 한 신의칙에 반한다. ㉡ 신의성실의 원칙에 반하는 것은 강행규정에 위배되는 것이다. ㉢ 일반보증의 경우에도 채권자의 권리행사가 신의칙에 반하여 허용될 수 없는 때에는 예외적으로 보증인의 책임을 제한할 수 있다. ㉣ 아파트 분양자는 아파트단지 인근에 대규모 공동묘지가 조성되어 있는 사실을 수분양자에게 고지할 신의칙상의 의무를 부담한다.

① ㉠　② ㉢　③ ㉠, ㉡
④ ㉡, ㉢　⑤ ㉢, ㉣

해설

㉠ (×) 강행규정을 위반하여 무효인 경우에, 그 무효를 주장하는 것이 신의칙에 위배되는 권리의 행사라는 이유로 이를 배척한다면, 강행규정으로 정한 입법 취지를 몰각시키는 결과가 될 것이므로, 그러한 주장은 신의칙에 위배된다고 볼 수 없다(대판 2019.4.23, 2016다37167).

㉡ (○) 신의성실의 원칙에 반하는 것 또는 권리남용은 강행규정에 위배되는 것이다(대판 1995.12.22, 94다42129).

㉢ (○) 특정채무를 보증하는 일반보증의 경우에 있어서도, 채권자의 권리행사가 신의칙에 비추어 용납할 수 없는 것인 때에는 보증인의 책임을 제한하는 것이 예외적으로 허용될 수 있다(대판 2013.7.12, 2011다66252).

㉣ (○) 우리 사회의 통념상으로는 공동묘지가 주거환경과 친한 시설이 아니어서 분양계약의 체결 여부 및 가격에 상당한 영향을 미치는 요인일 뿐만 아니라 대규모 공동묘지를 가까이에서 조망할 수 있는 곳에 아파트단지가 들어선다는 것은 통상 예상하기 어렵다는 점 등을 감안할 때 아파트 분양자는 아파트단지 인근에 공동묘지가 조성되어 있는 사실을 수분양자에게 고지할 신의칙상의 의무를 부담한다(대판 2007.6.1, 2005다5812).

13 중

신의성실의 원칙과 그 파생원칙에 관한 설명으로 옳은 것은? (다툼이 있으면 판례에 따름) 제27회

① 권리의 행사와 의무의 이행은 신의에 좇아 성실히 하여야 한다.
② 권리를 남용한 경우 그 권리는 언제나 소멸한다.
③ 신의성실의 원칙에 반하는지의 여부는 법원이 직권으로 판단할 수 없다.
④ 신의성실의 원칙은 사법관계에만 적용되고, 공법관계에는 적용될 여지가 없다.
⑤ 사정변경의 원칙에서 사정은 계약의 기초가 된 일방당사자의 주관적 사정을 의미한다.

해설

① 권리의 행사와 의무의 이행은 신의에 좇아 성실히 하여야 한다(제2조 제1항).
② 권리를 남용한 경우 원칙적으로 권리행사의 효과가 발생하지 않을 뿐, 권리 그 자체가 소멸하는 것은 아니다. 다만 예외적으로 친권의 남용인 경우에는 권리 그 자체가 부정되거나 소멸하는 경우도 있다.
③ 신의성실 또는 권리남용금지 원칙의 적용은 강행규정에 관한 것으로서 당사자의 주장이 없더라도 법원이 그 위반 여부를 직권으로 판단할 수 있다(대판 2023.5.11, 2017다35588 전합).
④ 신의성실의 원칙은 사법관계뿐만 아니라 공법관계에서도 적용된다.
⑤ 사정이라 함은 계약의 기초가 되었던 객관적인 사정으로서, 일방당사자의 주관적 또는 개인적인 사정을 의미하는 것은 아니다(대판 2007.3.29, 2004다31302).

Answer

12 ①　13 ①

14 중

신의성실의 원칙(이하 '신의칙')**에 관한 설명으로 옳은 것은?** (다툼이 있으면 판례에 따름)

제20회

① 신의칙에 위반하는지 여부는 당사자의 주장이 없는 한 법원이 직권으로 판단할 수 없다.

② 강행법규를 위반한 자가 스스로 그 약정의 무효를 주장하는 것은 특별한 사정이 없는 한 신의칙에 위반되어 허용되지 않는다.

③ 인지(認知)청구권을 장기간 행사하지 않아서 상대방에게 더 이상 그 권리를 행사하지 않을 것이라고 신뢰할 만한 정당한 기대가 형성되었다면, 인지청구권은 실효된다.

④ 신의칙은 사인 간의 법률관계에만 적용되므로, 일반 행정 법률관계에서의 관청의 행위에 대하여는 적용될 여지가 없다.

⑤ 채무자의 소멸시효에 기한 항변권의 행사에 대해서도 신의칙이 적용될 수 있다.

해설

⑤ 소멸시효를 이유로 한 항변권의 행사도 민법의 대원칙인 신의성실의 원칙과 권리남용금지의 원칙의 지배를 받는 것이어서 채무자가 소멸시효완성 후 시효를 원용하지 아니할 것 같은 태도를 보여 권리자로 하여금 이를 신뢰하게 하였고, 채무자가 그로부터 권리행사를 기대할 수 있는 상당한 기간 내에 자신의 권리를 행사하였다면, 채무자가 소멸시효완성을 주장하는 것은 신의성실 원칙에 반하는 권리남용으로 허용될 수 없다(대판 2013.5.16, 2012다202819).

① 신의성실의 원칙에 반하는 것은 강행규정에 위배되는 것으로서 당사자의 주장이 없더라도 법원이 직권으로 판단할 수 있다(대판 1998.8.21, 97다37821).

② 강행규정에 위반된 계약의 성립을 부정하거나 무효를 주장하는 것이 신의칙에 위배되는 권리의 행사라는 이유로 이를 배척한다면 위와 같은 입법취지를 몰각시키는 것이 될 것이어서 특별한 사정이 없는 한 그러한 주장이 신의칙에 위반된다고 볼 수는 없다(대판 2004.1.27, 2003다14812).

③ 인지청구권은 본인의 일신전속적인 신분관계상의 권리로서 포기할 수도 없으며 포기하였더라도 그 효력이 발생할 수 없는 것이고, 이와 같이 인지청구권의 포기가 허용되지 않는 이상 거기에 실효의 법리가 적용될 여지도 없다(대판 2001.11.27, 2001므1353).

④ 신의성실의 원칙은 법률관계의 당사자는 상대방의 이익을 배려하여 형평에 어긋나거나 신뢰를 저버리는 내용 또는 방법으로 권리를 행사하거나 의무를 이행하여서는 아니 된다는 추상적 규범을 말하는 것으로서, 신의성실의 원칙에 위배된다는 이유로 그 권리의 행사를 부정하기 위하여는 상대방에게 신의를 주었다거나 객관적으로 보아 상대방이 그러한 신의를 가짐이 정당한 상태에 이르러야 하고, 이와 같은 상대방의 신의에 반하여 권리를 행사하는 것이 정의관념에 비추어 용인될 수 없는 정도의 상태에 이르러야 하고, 일반 행정법률관계에서 관청의 행위에 대하여 신의칙이 적용되기 위해서는 합법성의 원칙을 희생하여서라도 처분의 상대방의 신뢰를 보호함이 정의의 관념에 부합하는 것으로 인정되는 특별한 사정이 있을 경우에 한하여 예외적으로 적용된다(대판 2004.7.22, 200두11233).

15 상 **신의칙에 관한 설명으로 옳은 것은?** (다툼이 있으면 판례에 따름) 제19회

① 신의칙상 보호의무는 불법행위에서만 문제될 뿐, 계약관계에서는 문제되지 않는다.

② 소멸시효는 시간의 경과라는 객관적 사실만을 요건으로 하므로, 그 완성의 효과를 주장하는 것은 신의칙에 반할 여지가 없다.

③ 사정변경의 원칙에서 말하는 '사정'에는 계약의 기초가 되었던 객관적 사정 외에 계약당사자의 주관적 사정도 포함된다.

④ 상계권 행사가 권리남용이 되기 위해서는 상계권자에게 아무런 이익이 없음에도 오직 상대방에게 고통을 주고 손해를 입히려는 주관적 요건이 충족되어야 한다.

⑤ 토지이용권이 없는 건물에 대한 토지소유자의 철거청구가 권리남용에 해당하여 허용되지 않더라도, 임료 상당의 부당이득반환청구권까지 배제되는 것은 아니다.

해설

⑤ 권리자의 권리행사인 건물의 철거청구가 권리남용에 해당하여 허용되지 않은 경우라도, 권리자의 권리가 소멸하거나 박탈되는 것은 아니므로 토지소유자는 건물의 소유자에게 임료 상당의 부당이득반환청구를 할 수 있다.

① 신의칙상의 보호의무는 불법행위에서 뿐만 아니라 일시사용을 위한 임대차(계약관계)에서도 발생할 수 있다(대판 2000.11.24, 2000다38718).

② 채무자가 소멸시효의 완성의 효과를 주장하는 것은 정당하지만(신의칙에 반하지 않지만), 특별한 사정이 있는 경우에는 채무자가 소멸시효의 완성을 주장하는 것이 신의성실의 원칙에 반하여 권리남용으로서 허용될 수 없다(대판 2011.9.8, 2009다66969).

③ 사정변경의 원칙에서 말하는 사정은 계약의 기초가 되었던 객관적 사정으로서, 일방 당사자의 주관적 또는 개인적인 사정을 의미하는 것은 아니다(대판 2007.3.29, 2004다31302).

④ 상계제도의 목적이나 기능을 일탈하고 법적으로 보호받을 만한 가치가 없는 경우에는, 그 상계권의 행사는 신의성실의 원칙에 반하거나 상계에 관한 권리를 남용하는 것으로서 허용되지 않는다고 함이 상당하고, 상계권 행사를 제한하는 위와 같은 근거에 비추어 볼 때 일반적인 권리 남용의 경우에 요구되는 주관적 요건을 필요로 하는 것은 아니다(대판 2003.4.11, 2002다59481).

Answer

14 ⑤ 15 ⑤

02 자연인

연계학습: 기본서 p.58~103

1 능 력

01 중

권리능력에 관한 설명으로 옳지 않은 것은? (다툼이 있으면 판례에 따름) 제24회

① 자연인의 권리능력을 제한하는 약정은 무효이다.
② 반려동물은 위자료 청구권의 귀속주체가 될 수 없다.
③ 태아는 증여와 유증에 관하여 이미 출생한 것으로 본다.
④ 사산한 태아에게는 포태시 그에게 가해진 불법행위에 대한 손해배상청구권이 인정되지 않는다.
⑤ 2인 이상이 동일한 위난으로 사망한 경우에는 동시에 사망한 것으로 추정한다.

해설

③ 태아에게 증여와 같은 계약상의 권리능력은 인정되지 않는다.
① 권리능력에 관한 규정은 강행규정이므로, 자연인의 권리능력을 제한하는 약정은 무효이다.
② 동물의 생명보호, 안전 보장 및 복지 증진을 꾀하고 동물의 생명 존중 등 국민의 정서를 함양하는 데에 이바지함을 목적으로 한 동물보호법의 입법 취지나 그 규정 내용 등을 고려하더라도, 민법이나 그 밖의 법률에 동물에 대하여 권리능력을 인정하는 규정이 없고 이를 인정하는 관습법도 존재하지 아니하므로, 동물 자체가 위자료 청구권의 귀속주체가 된다고 할 수 없다. 그리고 이는 그 동물이 애완견 등 이른바 반려동물이라고 하더라도 달리 볼 수 없다(대판 2013.4.25, 2012다118594).
④ 태아가 사산(死産)한 경우에는 불법행위에 의한 손해배상청구권이 인정되지 않는다.
⑤ 2인 이상이 동일한 위난으로 사망한 경우에는 동시에 사망한 것으로 추정한다(제30조).

02 하

권리능력에 관한 설명으로 옳은 것은? (다툼이 있으면 판례에 따름) 제26회

① 태아는 법정대리인에 의한 수증행위를 할 수 있다.
② 실종선고가 있더라도 당사자가 생존하는 한 권리능력이 상실되는 것은 아니다.
③ 인정사망 후 그에 대한 반증만으로 사망의 추정력이 상실되는 것은 아니다.
④ 출생 후 그 사실이 가족관계등록부에 기재되어야 권리능력이 인정된다.
⑤ 2인 이상이 동일한 위난으로 사망한 경우에는 동시에 사망한 것으로 간주된다.

해설

② 실종선고는 법적 사망이므로 권리능력을 상실하지 않는다.
① 태아인 동안에는 법정대리인이 있을 수 없으므로 법정대리인에 의한 수증행위도 할 수 없다(대판 1982.2.9, 81다534).
③ 인정사망은 사망 추정규정이므로, 그에 대한 반증만으로도 사망의 추정력이 상실된다.
④ 사람은 권리능력은 출생에 의하여 취득하는 것이지, 출생신고에 의하여 취득하는 것은 아니다.
⑤ 2인 이상이 동일한 위난으로 사망한 경우에는 동시에 사망한 것으로 추정한다(제30조).

03 상

민법상 자연인의 능력에 관한 설명으로 옳지 않은 것은? (다툼이 있으면 판례에 따름) 제27회

① 법원은 인정사망이나 실종선고에 의하지 않고 경험칙에 의거하여 사람의 사망사실을 인정할 수 없다.

② 의사능력의 유무는 구체적인 법률행위와 관련하여 개별적으로 판단되어야 한다.

③ 의사무능력을 이유로 법률행위의 무효를 주장하는 자는 의사무능력에 대하여 증명책임을 부담한다.

④ 의사무능력을 이유로 법률행위가 무효로 된 경우, 의사무능력자는 그 행위로 인해 받은 이익이 현존하는 한도에서 상환할 책임이 있다.

⑤ 태아가 불법행위로 인해 사산된 경우, 태아는 가해자에 대하여 자신의 생명침해로 인한 손해배상을 청구할 수 없다.

해설

① 수난, 전란, 화재 기타 사변에 편승하여 타인의 불법행위로 사망한 경우에 있어서는 확정적인 증거의 포착이 손쉽지 않음을 예상하여 법은 인정사망, 위난실종선고 등의 제도와 그밖에도 보통실종선고제도도 마련해 놓고 있으나 그렇다고 하여 위와 같은 자료나 제도에 의함이 없는 사망사실의 인정을 수소법원이 절대로 할 수 없다는 법리는 없다(대판 1989.1.31, 87다카2954).

② 의사능력 유무는 구체적인 법률행위와 관련하여 개별적으로 판단해야 한다(대판 2022.5.26, 2019다213344).

③ 의사능력이란 자기 행위의 의미나 결과를 정상적인 인식력과 예기력을 바탕으로 합리적으로 판단할 수 있는 정신적 능력이나 지능을 말하고, 의사무능력을 이유로 법률행위의 무효를 주장하는 측은 그에 대하여 증명책임을 부담한다(대판 2022.12.1, 2022다261237).

④ 무능력자의 책임을 제한하는 민법 제141조 단서는 부당이득에 있어 수익자의 반환범위를 정한 민법 제748조의 특칙으로서 무능력자의 보호를 위해 그 선의·악의를 묻지 아니하고 반환범위를 현존 이익에 한정시키려는 데 그 취지가 있으므로, 의사능력의 흠결을 이유로 법률행위가 무효가 되는 경우에도 유추적용 되어야 한다(대판 2009.1.15, 2008다58367).

⑤ 태아가 사산된 경우에는 어떠한 경우에도 권리능력이 인정되지 않는다.

Answer

01 ③ 02 ② 03 ①

04 상

태아의 권리능력에 관한 설명으로 옳은 것은? (다툼이 있으면 판례에 따름)

제22회

① 태아는 유류분권에 관하여 이미 출생한 것으로 본다.
② 태아인 동안에는 모(母)가 법정대리인으로서 법률행위를 할 수 있다.
③ 태아가 타인의 불법행위로 인하여 사산된 경우, 태아의 손해배상청구권은 그 법정상속인에게 상속된다.
④ 태아를 피보험자로 하는 상해보험계약은 그 효력이 인정되지 않는다.
⑤ 태아에 대한 유증이 그 방식을 갖추지 못하여 무효이더라도 증여로서의 효력은 인정된다.

해설

① 태아도 유류분권에 관하여 이미 출생한 것으로 본다(제1118조 참조).
② 정지조건설인 판례에 따르면 태아인 동안에는 법정대리인이 있을 수 없다.
③ 태아가 사산(死産)된 경우에는 어떠한 경우에도 권리능력이 인정되지 않으므로, 그의 법정대리인은 상속받을 수 없다.
④ 상해보험계약을 체결할 때 약관 또는 보험자와 보험계약자의 개별 약정으로 태아를 상해보험의 피보험자로 할 수 있다(대판 2019.3.28, 2016다211224).
⑤ 태아에 대한 유증이 그 방식을 갖추지 못하여 무효라면, 태아는 증여를 받을 수 없으므로 증여로서의 효력도 인정되지 않는다.

2 제한능력자

05 중

미성년자에 관한 설명으로 옳지 않은 것은? (다툼이 있으면 판례에 따름) 제25회

① 미성년자가 제한능력을 이유로 자신의 법률행위를 취소한 경우, 악의인 미성년자는 받은 이익에 이자를 붙여 반환해야 한다.
② 미성년자는 타인의 임의대리인이 될 수 있다.
③ 법정대리인이 범위를 정하여 처분을 허락한 재산은 미성년자가 임의로 처분할 수 있다.
④ 미성년자의 법률행위에 대한 법정대리인의 동의는 묵시적으로도 할 수 있다.
⑤ 미성년자는 법정대리인으로부터 허락을 얻은 특정한 영업에 관하여 성년자와 동일한 행위능력이 있다.

해설

① 취소된 법률행위는 처음부터 무효인 것으로 본다. 다만, 제한능력자는 그 행위로 인하여 받은 이익이 현존하는 한도에서 상환할 책임이 있다(제141조).
② 대리인은 행위능력자임을 요하지 아니하므로(제117조 참조), 미성년자도 타인의 임의대리인이 될 수 있다.
③ 법정대리인이 범위를 정하여 처분을 허락한 재산은 미성년자가 임의로 처분할 수 있다(제6조).
④ 미성년자가 법률행위를 함에 있어서 요구되는 법정대리인의 동의는 언제나 명시적이어야 하는 것은 아니고 묵시적으로도 가능하다(대판 2007.11.16, 2005다71659).
⑤ 미성년자가 법정대리인으로부터 허락을 얻은 특정한 영업에 관하여는 성년자와 동일한 행위능력이 있다(제8조 제1항).

06 (중)

미성년자가 단독으로 행한 행위 중 제한능력자의 행위임을 이유로 취소할 수 있는 것은? 제24회

① 만 17세 5개월 된 자의 유언행위
② 대리권을 수여받고 행한 대리행위
③ 법정대리인의 허락을 얻은 특정한 영업행위
④ 시가 300만원 상당의 물품을 100만원에 매수한 행위
⑤ 미성년자가 속임수를 써서 자신을 능력자로 상대방이 오신하게 하여 이루어진 법률행위

해설

④ 경제적으로 유리한 매매계약은 권리만을 얻거나 의무만을 면하는 행위에 해당하지 않으므로 미성년자가 단독으로 시가 300만원 상당의 물품을 100만원에 매수한 행위를 한 경우에는 제한능력자임을 이유로 취소할 수 있다.
① 만 17세 이상부터는 단독으로 유언할 수 있다(민법 제1061조 참조).
② 대리인은 행위능력자임을 요하지 않으므로(제117조), 미성년자가 타인의 대리인으로 행한 대리행위는 제한능력자임을 이유로 취소할 수 없다.
③ 미성년자가 법정대리인으로부터 허락을 얻은 특정한 영업에 관하여는 성년자와 동일한 행위능력이 있으므로(제8조), 제한능력을 이유로 취소할 수 없다.
⑤ 제한능력자가 속임수로써 자기를 능력자로 믿게 한 경우에는 그 행위를 취소할 수 없으므로(제17조 제1항), 미성년자가 속임수를 써서 자신을 능력자로 상대방이 오신하게 하여 이루어진 법률행위는 취소할 수 없다.

Answer

04 ① 05 ① 06 ④

07 중

제한능력자에 관한 설명으로 옳은 것은? 제26회

① 특정후견의 심판이 있으면 피특정후견인의 행위능력이 제한된다.

② 피성년후견인이 법정대리인의 동의서를 위조하여 주택 매매계약을 체결한 경우, 성년후견인은 이를 취소할 수 있다.

③ 가정법원은 피한정후견인에 대하여 한정후견의 종료 심판 없이 성년후견개시의 심판을 할 수 있다.

④ 의사능력이 없는 자는 성년후견개시의 심판 없이도 피성년후견인이 된다.

⑤ 피한정후견인이 동의를 요하는 법률행위를 동의 없이 하였더라도 그 후 한정후견심판이 종료되었다면 그 법률행위는 취소할 수 없다.

해설

② 피성년후견인이 법정대리인의 동의서를 위조하여 매매계약을 체결한 경우, 성년후견인은 이를 취소할 수 있다(제17조 제2항 참조).

① 피특정후견인은 행위능력자이므로 특정후견의 심판이 있더라도 행위능력이 제한되지 않는다.

③ 가정법원이 피한정후견인 또는 피특정후견인에 대하여 성년후견개시의 심판을 할 때에는 종전의 한정후견 또는 특정후견의 종료를 한다(제14조의3 제1항).

④ 의사능력이 없더라도 성년후견개시의 심판이 없다면 피성년후견인이 되지 않는다.

⑤ 한정후견심판의 종료는 소급효가 없으므로, 피한정후견인이 한정후견인의 동의를 요하는 법률행위를 동의 없이 하였다면 심판이 종료되더라도 종료 되기 전에 동의없이 행한 행위를 취소할 수 있다.

08 중

행위능력에 관한 설명으로 옳지 않은 것은? (다툼이 있으면 판례에 따름) 제27회

① 가정법원은 성년후견 개시의 심판을 할 때 본인의 의사를 고려하여야 한다.

② 가정법원은 성년후견 개시의 청구가 있더라도 필요하다면 한정후견을 개시할 수 있다.

③ 가정법원은 피한정후견인이 한정후견인의 동의를 받아야 하는 행위의 범위를 정할 수 있다.

④ 가정법원은 특정후견의 심판을 하는 경우에는 특정후견의 기간 또는 사무의 범위를 정하여야 한다.

⑤ 가정법원은 본인의 의사에 반하더라도 특정사무에 관한 후원의 필요가 있으면 특정후견심판을 할 수 있다.

해설

⑤ 특정후견은 본인의 의사에 반하여 할 수 없다(제14조의2 제2항).
① 가정법원은 성년후견개시의 심판을 할 때 본인의 의사를 고려하여야 한다(제9조 제2항).
② 성년후견이나 한정후견 개시의 청구가 있는 경우 가정법원은 청구 취지와 원인, 본인의 의사, 성년후견 제도와 한정후견 제도의 목적 등을 고려하여 어느 쪽의 보호를 주는 것이 적절한지를 결정하고, 그에 따라 필요하다고 판단하는 절차를 결정해야 한다. 따라서 한정후견의 개시를 청구한 사건에서 의사의 감정 결과 등에 비추어 성년후견 개시의 요건을 충족하고 본인도 성년후견의 개시를 희망한다면 법원이 성년후견을 개시할 수 있고, 성년후견 개시를 청구하고 있더라도 필요하다면 한정후견을 개시할 수 있다고 보아야 한다(대결 2021.6.10, 2020스596).
③ 가정법원은 피한정후견인이 한정후견인의 동의를 받아야 하는 행위의 범위를 정할 수 있다(제13조 제1항).
④ 특정후견의 심판을 하는 경우에는 특정후견의 기간 또는 사무의 범위를 정하여야 한다(제14조의2 제3항).

09 제한능력자에 관한 설명으로 옳지 않은 것은? 제25회

중

① 제한능력자의 단독행위에 대한 거절의 의사표시는 제한능력자에게도 할 수 있다.
② 가정법원은 취소할 수 없는 피성년후견인의 법률행위의 범위를 정할 수 있다.
③ 가정법원은 한정후견개시심판을 할 때 본인의 의사를 고려해야 한다.
④ 제한능력자와 계약을 맺은 상대방은 계약 당시에 제한능력자임을 알았을 경우에는 그 의사표시를 철회할 수 없다.
⑤ 피성년후견인이 적극적으로 속임수를 써서 자기를 능력자로 믿게 한 경우에도 그 행위를 취소할 수 있다.

해설

⑤ 제한능력자가 속임수로써 자기를 능력자로 믿게 한 경우에는 그 행위를 취소할 수 없다(제17조 제1항).
① 철회나 거절의 의사표시는 제한능력자에게도 할 수 있다(제16조 제3항).
② 가정법원은 취소할 수 없는 피성년후견인의 법률행위의 범위를 정할 수 있다(제10조 제2항).
③ 가정법원은 한정후견개시의 심판을 할 때 본인의 의사를 고려하여야 한다(제12조 제2항).
④ 상대방이 계약 당시에 제한능력자임을 알았을 경우에는 철회할 수 없다(제16조 제1항 단서 참조).

Answer

07 ② 08 ⑤ 09 ⑤

10 (중)

17세인 甲은 법정대리인 乙의 동의 없이 丙으로부터 고가의 자전거를 구입하는 계약을 체결하였다. 이에 관한 설명으로 옳은 것은? 제26회

① 甲이 성년자가 되더라도 丙은 甲에게 계약의 추인 여부에 대한 확답을 촉구할 수 없다.

② 甲은 乙의 동의 없이는 자신이 미성년자임을 이유로 계약을 취소할 수 없다.

③ 乙은 甲이 미성년자인 동안에는 계약을 추인할 수 없다.

④ 丙이 계약체결 당시 甲이 미성년자임을 알았다면, 丙은 乙에게 추인 여부의 확답을 촉구할 수 없다.

⑤ 丙이 계약체결 당시 甲이 미성년자임을 몰랐다면, 丙은 추인이 있기 전에 甲에게 철회의 의사표시를 할 수 있다.

해설

⑤ 계약 체결 당시 제한능력자임을 몰랐다면, 선의의 상대방은 제한능력자에게도 철회할 수 있다(제16조 제1항 참조).
① 제한능력자의 상대방은 제한능력자가 능력자가 된 후에 그에게 1개월 이상의 기간을 정하여 그 취소할 수 있는 행위를 추인할 것인지 여부의 확답을 촉구할 수 있다(제15조 제1항 참조).
② 미성년자도 법정대리인의 동의 없이 자신이 체결한 계약을 취소할 수 있다(제140조 참조).
③ 법정대리인은 취소의 원인이 종료하기 전에도 추인할 수 있다(제144조 제2항 참조).
④ 계약 당시 제한능력자임을 알았던 상대방도 최고할 수 있다(제15조 제1항 참조).

11 (상)

미혼인 18세의 甲은 친권자인 모(母) 乙과 생계를 같이 하고 있으며, 이웃의 丙을 친아버지처럼 의지하며 살고 있다. 이에 관한 설명으로 옳은 것은? (다툼이 있으면 판례에 따름) 제22회

① 丙의 甲에 대한 수권행위가 있더라도 甲이 丙의 대리인으로 행한 법률행위는 미성년임을 이유로 취소할 수 있다.

② 甲은 자신의 재산을 丙에게 준다는 유언을 할 수 없다.

③ 乙이 甲에게 특정한 영업을 허락하였다면, 乙은 그 영업에 관한 법정대리권을 상실하므로 더 이상 그 영업에 대한 허락을 취소할 수 없다.

④ 甲이 법정대리인의 동의를 요하는 법률행위를 乙의 동의없이 하였다면, 甲은 乙의 동의 없음을 이유로 그 행위를 취소할 수 없다.

⑤ 甲이 법정대리인의 동의를 요하는 법률행위를 하면서 상대방에게 단순히 자신이 능력자라고 사언(詐言)한 경우라면, 乙의 동의 없음을 이유로 그 행위를 취소할 수 있다.

해설

⑤ 단순히 자기가 능력자라 사언함은 사술을 쓴 것이라고 할 수 없으므로(대판 1971.12.14, 71다 2045), 미성년자 甲은 법정대리인 乙의 동의 없음을 이유로 그 행위를 취소할 수 있다.
① 미성년자도 타인의 대리인이 될 수 있으므로 미성년자가 타인의 대리인으로서 행한 법률행위는 더 이상 제한능력을 이유로 취소할 수 없다.
② 17세 이상부터 단독으로 유언할 수 있으므로, 현재 18세인 甲은 유언할 수 있다.
③ 법정대리인 乙이 특정한 영업을 허락하였더라도, 그 영업을 제한하거나 허락을 취소할 수 있다(제8조 제2항 참조).
④ 미성년자가 스스로 법정대리인의 동의 없이 행한 법률행위는 법정대리인의 동의가 없더라도 단독으로 취소할 수 있다(제140조 참조).

12 상

2017. 6. 3. 15세인 甲이 친권자 乙의 동의 및 처분허락 없이 본인 소유의 자전거를 丙에게 30만원에 매도하였다. 이에 관한 설명으로 옳지 않은 것은? (다툼이 있으면 판례에 따름) 제20회

① 甲은 乙의 동의 없이 매매계약을 취소할 수 있다.
② 2017. 7. 14. 甲이 乙의 동의 없이 丙에 대한 대금채권을 丁에게 양도한 후 丙에게 양도사실을 통지하였다면, 甲은 매매계약을 취소할 수 없다.
③ 甲과 丙이 제한능력자에 관한 규정의 적용을 배제하기로 약정하였더라도 乙은 매매계약을 취소할 수 있다.
④ 丙이 乙에게 1개월 이상의 기간을 정하여 매매계약에 대한 추인 여부의 확답을 촉구한 경우, 乙이 그 기간 내에 확답을 발송하지 아니하면 이를 추인한 것으로 본다.
⑤ 丙이 계약체결 당시 甲이 미성년자라는 사실을 알았다면, 丙은 乙의 추인 전이라도 자신의 의사표시를 철회할 수 없다.

해설

② 2017. 7. 14. 甲이 乙의 동의 없이 丙에 대한 대금채권을 丁에게 양도하였더라도, 미성년자가 미성년 상태(취소의 원인이 소멸하기 전)에서 丙에 대한 대금채권(취소할 수 있는 법률행위로 취득한 권리)을 양도하더라도 법정추인에 해당하지 않으므로 다시 취소할 수 있다(제145조 참조).
① 미성년자도 법정대리인의 동의 없이 자신의 법률행위를 취소할 수 있으므로, 甲은 법정대리인 乙의 동의 없이 매매계약을 취소할 수 있다(제140조 참조).
③ 제한능력자에 관한 민법의 규정은 강행규정이므로, 甲과 丙이 제한능력자에 관한 규정의 적용을 배제하기로 약정하였다면 그 약정은 무효이므로 乙은 매매계약을 취소할 수 있다.
④ 상대방이 법정대리인에게 1개월 이상을 정하여 확답을 촉구한 경우, 그 기간 내에 확답을 발하지 아니하면 그 행위를 추인한 것으로 본다(제15조 제2항 참조).
⑤ 제한능력자와 계약을 체결한 상대방이 악의라면 악의의 상대방은 철회할 수 없다(제16조 제1항 참조).

Answer

10 ⑤ 11 ⑤ 12 ②

3 부재와 실종

13 중

부재자의 재산관리에 관한 설명으로 옳지 않은 것은? (다툼이 있으면 판례에 따름)

제27회

① 법원이 선임한 재산관리인은 법정대리인이다.

② 부재자는 성질상 자연인에 한하고 법인은 해당하지 않는다.

③ 법원이 선임한 재산관리인의 권한초과행위에 대한 법원의 허가는 사후적으로 그 행위를 추인하는 방법으로는 할 수 없다.

④ 재산관리인을 정한 부재자의 생사가 분명하지 아니한 경우, 그 재산관리인이 권한을 넘는 행위를 할 때에는 법원의 허가를 얻어야 한다.

⑤ 법원의 부재자 재산관리인 선임 결정이 취소된 경우, 그 취소의 효력은 장래에 향하여서만 생긴다.

해설

③ 부재자 재산관리인에 의한 부재자 소유의 부동산 매매행위에 대한 법원의 허가결정은 그 허가를 받은 재산에 대한 장래의 처분행위뿐만 아니라 기왕의 매매를 추인하는 방법으로도 할 수 있다(대판 2000.12.26, 99다19278).

① 법원이 선임한 부재자 재산관리인은 법률에 규정된 사람의 청구에 따라 선임된 부재자의 법정대리인에 해당한다(대판 2022.5.26, 2021도2488).

② 민법상 부재자는 자연인에 한하며 법인은 부재자에 해당하지 않는다(대판 1965.2.9, 64민상9 참조).

④ 부재자의 생사가 분명하지 아니한 경우에 부재자가 정한 재산관리인이 권한을 넘는 행위를 할 때에도 법원의 허가를 얻어야 한다(제25조 단서 참조).

⑤ 법원에 의하여 일단 부재자의 재산관리인 선임결정이 있었던 이상, 가령 부재자가 그 이전에 사망하였음이 위 결정 후에 확실하여졌다 하더라도 법에 정하여진 절차에 의하여 결정이 취소되지 않는 한 선임된 부재자재산관리인의 권한이 당연히는 소멸되지 아니한다 함이 당원의 판례로 하는 견해이며 위 결정 이후에 이르러 취소된 경우에도 그 취소의 효력은 장래에 향하여서만 생기는 것이며 그간의 그 부재자재산관리인의 적법한 권한행사의 효과는 이미 사망한 그 부재자의 재산상속인에게 미친다 할 것이다(대판 1970.1.27, 69다719).

14 상

부재자에 대한 설명으로 옳지 않은 것은? (다툼이 있으면 판례에 따름) 제23회

① 법인은 부재자에 해당하지 않는다.

② 법원이 선임한 부재자의 재산관리인은 일종의 법정대리인이다.

③ 법원에 의하여 재산관리인이 선임된 후에도 부재자는 스스로 재산관리인을 정할 수 있다.

④ 재산관리인이 법원의 처분허가를 얻어 부재자의 재산을 처분한 후 그 허가결정이 취소된 경우, 처분행위는 소급하여 효력을 잃는다.

⑤ 법원에 의하여 선임된 재산관리인이 있는 경우, 부재자 본인을 상대로 한 공시송달은 그 효력이 인정되지 않는다.

해설

④ 부재자 재산관리인이 권한초과처분허가를 얻어 부동산을 매매한 후 그 허가결정이 취소되었다 할지라도 위 매매행위 당시는 그 권한초과처분허가처분이 유효한 것이고 그 후에 한 동 취소결정이 소급하여 효력을 발생하는 것이 아니다(대판 1960.2.4, 4291민상636).

① 민법상 부재자는 성질상 자연인에 한하며, 법인에게는 부재자에 관한 규정이 적용될 수 없다(대판 1965.2.9, 64스9).

② 법원이 선임한 재산관리인은 일종의 법정대리인이다.

③ 법원에 의하여 재산관리인이 선임된 후에도 부재자는 스스로 재산관리인을 정할 수 있다(제22조 제2항).

⑤ 법원에 의하여 부재자 재산관리인의 선임이 있는 경우에는 부재자를 위하여 그 재산관리인만이 또는 그 재산관리인에게 대하여서만 송달 등 소송행위를 할 수 있으므로(대판 1968.12.24, 68다2021), 부재자 본인을 상대로 한 공시송달은 그 효력이 없다.

Answer

13 ③ 14 ④

15 중

부재자의 재산관리인에 관한 설명으로 옳지 않은 것은? (다툼이 있으면 판례에 따름)

제26회

① 법원은 그가 선임한 재산관리인에 대하여 부재자의 재산으로 보수를 지급할 수 있다.

② 법원이 선임한 재산관리인은 언제든지 사임할 수 있다.

③ 법원이 선임한 재산관리인이 부재자의 사망을 확인하였다면, 그 선임결정이 취소되지 않아도 재산관리인은 권한을 행사할 수 없다.

④ 재산관리인을 둔 부재자의 생사가 분명하지 않은 경우, 법원은 재산관리인의 청구에 의하여 재산관리인을 개임할 수 있다.

⑤ 법원이 선임한 재산관리인이 법원의 허가 없이 부재자 소유의 부동산을 매각한 후 법원의 허가를 얻어 소유권이전등기를 마쳤다면 그 매각행위는 추인된 것으로 본다.

해설

③ 법원이 선임한 부재자의 재산관리인은 그 부재자의 사망이 확인된 후라 할지라도 위 선임결정이 취소되지 않는 한 그 관리인으로서의 권한이 소멸되는 것은 아니다(대판 1971.3.23, 71다189).

① 법원은 그 선임한 재산관리인에 대하여 부재자의 재산으로 상당한 보수를 지급할 수 있다(제26조 제2항).

② 법원에서 선임한 재산관리인은 법정대리인이라 하더라도 언제든지 사임할 수 있다.

④ 부재자가 재산관리인을 정한 경우에 부재자의 생사가 분명하지 아니한 때에는 법원은 재산관리인, 이해관계인 또는 검사의 청구에 의하여 재산관리인을 개임할 수 있다(제23조).

⑤ 부재자의 재산관리인에 의한 부재자소유 부동산매각행위의 추인행위가 법원의 허가를 얻기 전이어서 권한없이 행하여진 것이라고 하더라도, 법원의 재산관리인의 초과행위 결정의 효력은 그 허가받은 재산에 대한 장래의 처분행위 뿐만 아니라 기왕의 처분행위를 추인하는 행위로도 할 수 있는 것이므로 그후 법원의 허가를 얻어 소유권이전등기절차를 경료케 한 행위에 의하여 종전에 권한없이 한 처분행위를 추인한 것이라 할 것이다(대판 1982.12.14, 80다1872).

16 중

부재와 실종에 관한 설명으로 옳지 않은 것은? (다툼이 있으면 판례에 따름)

제21회

① 실종선고를 받은 자는 실종기간이 만료한 때에 사망한 것으로 본다.
② 부재자의 후순위 재산상속인은 선순위 재산상속인이 있는 경우에도 실종선고를 청구할 수 있다.
③ 법원은 자신이 선임한 부재자의 재산관리인으로 하여금 재산의 관리 및 반환에 관하여 상당한 담보를 제공하게 할 수 있다.
④ 실종기간이 만료한 때와 다른 시점에 사망한 사실이 증명되면, 법원은 이해관계인 또는 검사의 청구에 의하여 실종선고를 취소하여야 한다.
⑤ 법원이 선임한 부재자의 재산관리인은 그 부재자의 사망이 확인된 후라도 그 선임결정이 취소되지 않는 한 그 권한을 상실하는 것은 아니다.

해설

② 부재자에 대하여 실종선고를 청구할 수 있는 이해관계인은 그 실종선고로 인하여 일정한 권리를 얻고 의무를 면하는 등의 신분상 또는 재산상의 이해관계를 갖는 자에 한한다고 할 것이므로(대결 1992.4.14. 92스4), 후순위 상속인은 선순위 상속인이 있는 경우에는 실종선고를 청구할 수 없다.
① 제28조 ③ 제26조 제1항 ④ 제29조 제1항
⑤ 법원이 선임한 부재자의 재산관리인은 그 부재자의 사망이 확인된 후라 할지라도 위 선임결정이 취소되지 않는 한 그 관리인으로서의 권한이 소멸되는 것은 아니다(대판 1971.3.23, 71다189).

03 민법

Answer

15 ③ 16 ②

17 중

부재와 실종에 관한 설명으로 옳은 것은? (다툼이 있으면 판례에 따름) 제24회

① 생존하고 있음이 분명한 자는 부재자가 될 수 없다.

② 법원이 선임한 부재자의 재산관리인은 일종의 법정대리인이므로 자유로이 사임할 수 없다.

③ 법원이 선임한 부재자의 재산관리인은 법원에 의한 별도의 허가가 없더라도 부재자의 재산에 대한 처분행위를 자유롭게 할 수 있다.

④ 실종선고를 받은 자가 종전의 주소에서 새로운 법률행위를 하기 위해서는 실종선고를 취소하여야 한다.

⑤ 잠수장비를 착용하고 바다에 입수한 후 행방불명되었다고 하여 이를 특별실종의 원인되는 사유에 해당한다고 할 수 없다.

해설

⑤ 갑이 잠수장비를 착용한 채 바다에 입수하였다가 부상하지 아니한 채 행방불명되었다 하더라도, 이는 "사망의 원인이 될 위난"이라고 할 수 없다(대결 2011.1.31, 2010스165).

① 부재자는 생사불명임을 요하지 않으므로, 생존하고 있음이 분명한 자도 부재자가 될 수 있다.

② 법원이 선임한 재산관리인은 일종의 법정대리인일지라도 자유로이 사임할 수 있다.

③ 법원에서 선임한 재산관리인은 처분행위를 할 때에는 법원의 허가를 얻어야 한다(제25조 참조).

④ 실종선고를 받은 자라 할지라도 권리능력을 상실하는 것은 아니므로, 실종선고를 받은 자가 종전의 주소에서 새로운 법률행위를 하기 위해서는 실종선고를 취소하지 않고도 할 수 있다.

18 하

부재와 실종에 관한 설명으로 옳지 않은 것은? (다툼이 있으면 판례에 따름) 제22회

① 외국에 장기 체류하더라도 그 소재가 분명하고 소유재산을 타인을 통하여 직접 관리하고 있는 자는 민법상 부재자라고 할 수 없다.

② 부재자에게 1순위 상속인이 있는 경우에 2순위 상속인은 특별한 사정이 없는 한, 실종선고를 청구할 수 있는 이해관계인이 아니다.

③ 실종선고를 받은 자가 생존해 있더라도 실종선고가 취소되지 않는 한 그 사망의 효과는 지속된다.

④ 부재자가 실종선고를 받은 경우에 실종자는 그 선고일까지 생존한 것으로 본다.

⑤ 부재자가 돌아올 가망이 전혀 없는 경우에도 생존해 있다는 사실이 증명되었다면 실종선고를 받을 수 없다.

해설

④ 부재자가 실종선고를 받은 경우 그 실종기간 만료시에 사망한 것으로 간주되기에(제28조 참조), 실종기간 만료시 전까지 생존한 것으로 본다.
① 당사자가 외국에 가 있다 하여도 그것이 정주(定住)의 의사로써 한 것이 아니고 유학의 목적으로 간 것에 불과하고, 현재 그 나라의 일정한 주거지에 거주하여 그 소재가 분명할 뿐만 아니라, 부동산이나 그 소유재산을 국내에 있는 사람을 통하여 그 당사자가 직접 관리하고 있는 사실이 인정되는 때에는 부재자라고 할 수 없다(대판 1960.4.21, 4292민상252).
② 부재자가 사망할 경우 제1순위의 상속인이 따로 있어 제2순위의 상속인에 불과한 청구인은 특별한 사정이 없는 한 위 부재자에 대하여 실종선고를 청구할 수 있는 신분상 또는 경제상의 이해관계를 가진 자라고 할 수 없다(대결 1992.4.14, 92스4).
③ 실종선고는 사망간주 규정이므로 실제로 실종자가 생존해있더라도, 실종선고가 취소되지 않는 한 실종선고 사망의 효과는 지속된다.
⑤ 실종선고는 생사불명을 요건으로 하므로, 부재자가 생존해 있다는 사실이 증명되면 실종선고를 받을 수 없다.

19 상

부재와 실종에 관한 설명으로 옳은 것은? (다툼이 있으면 판례에 따름) 제25회

① 법원이 선임한 재산관리인은 법원의 허가 없이도 민법 제118조에서 정한 권한을 넘는 행위를 할 수 있다.
② 법원이 선임한 재산관리인에 대하여 법원은 부재자의 재산을 보존하기 위하여 필요한 처분을 명할 수 없다.
③ 부재자의 제1순위 상속인이 있는 경우에 제4순위의 상속인은 그 부재자에 대한 실종선고를 청구할 수 없다.
④ 실종선고가 확정되면 실종선고를 받은 자는 실종선고시에 사망한 것으로 본다.
⑤ 보통실종의 실종기간은 3년이다.

해설

③ 실종선고를 청구할 수 있는 이해관계인이라 함은 법률상뿐만 아니라 경제적, 신분적 이해관계인이어야 할 것이므로 부재자의 제1순위 재산상속인이 있는 경우에 제4순위의 재산상속인은 위 부재자에 대한 실종선고를 청구할 이해관계인이 될 수 없다(대결 1980.9.8, 80스27).
① 법원이 선임한 재산관리인은 제118조에 규정한 권한을 넘는 행위를 함에는 법원의 허가를 얻어야 한다(제25조 본문).
② 법원이 그 선임한 재산관리인에 대하여 부재자의 재산을 보존하기 위하여 필요한 처분을 명할 수 있다(제24조 제2항).
④ 실종선고를 받은 자는 실종기간이 만료한 때에 사망한 것으로 본다(제28조).
⑤ 보통실종의 실종기간은 5년이다(제27조 제1항 참조).

Answer

17 ⑤ 18 ④ 19 ③

03 법 인

연계학습 : 기본서 p.104~154

1 법인 서론

01 상●● **민법상 법인에 관한 설명으로 옳지 않은 것은?** (다툼이 있으면 판례에 따름)

제20회

① 사단법인의 사원의 지위는 정관에 의해 양도될 수 있다.
② 부동산의 생전처분으로 재단법인을 설립하는 경우, 법인의 성립 외에 부동산에 대한 등기가 있어야 법인은 제3자에 대한 관계에서 소유권을 취득한다.
③ 재단법인 설립시 출연자가 출연재산의 소유명의만을 재단법인에 귀속시키고 실질적 소유권은 자신에게 유보하는 부관을 붙여서 이를 기본재산으로 출연하는 것도 가능하다.
④ 재단법인의 목적을 달성할 수 없는 때에는 설립자나 이사는 주무관청의 허가를 얻어 설립의 취지를 참작하여 그 목적 기타 정관의 규정을 변경할 수 있다.
⑤ 법인의 이사가 수인인 경우에는 정관에 다른 규정이 없으면 법인의 사무집행은 이사의 과반수로써 결정한다.

해설

③ 재단법인의 기본재산은 재단법인의 실체를 이루는 것이므로, 재단법인 설립을 위한 기본재산의 출연행위에 관하여 그 재산출연자가 소유명의만을 재단법인에 귀속시키고 실질적 소유권은 출연자에게 유보하는 등의 부관을 붙여서 출연하는 것은 재단법인 설립의 취지에 어긋나는 것이어서 관할관청은 이러한 부관이 붙은 출연재산을 기본재산으로 하는 재단법인의 설립을 허가할 수 없다(대판 2011.2.10, 2006다65774).
① 사단법인의 사원의 지위는 양도 또는 상속할 수 없다고 규정한 민법 제56조의 규정은 강행규정이라고 할 수 없으므로, 비법인사단에서도 사원의 지위는 규약이나 관행에 의하여 양도 또는 상속될 수 있다(대판 1997.9.26, 95다6205).
② 출연재산이 부동산인 경우에 있어서도 위 양 당사자 간의 관계에 있어서는 위 요건(법인의 성립) 외에 등기를 필요로 하는 것이 아니나, 제3자에 대한 관계에 있어서는 출연행위가 법률행위이므로 출연재산의 법인에의 귀속에는 부동산의 권리에 관해서는 법인 성립 외에 등기를 필요로 한다(대판 1993.9.14, 93다8054).
④ 재단법인의 목적을 달성할 수 없는 때에는 설립자나 이사는 주무관청의 허가를 얻어 설립의 취지를 참작하여 그 목적 기타 정관의 규정을 변경할 수 있다(제46조).
⑤ 이사가 수인인 경우에는 정관에 다른 규정이 없으면 법인의 사무집행은 이사의 과반수로써 결정한다(제58조 제2항).

02 중

민법상 법인의 설립에 관한 설명으로 옳지 않은 것은? (다툼이 있으면 판례에 따름)

제26회

① 법인은 법률의 규정에 의하지 않으면 성립하지 못한다.

② 사단법인 설립행위는 2인 이상의 설립자가 정관을 작성하여 기명날인하여야 하는 요식행위이다.

③ 사단법인의 정관변경은 총사원 3분의 2 이상의 동의가 있으면 주무관청의 허가가 없더라도 그 효력이 생긴다.

④ 법인의 설립등기는 특별한 사정이 없는 한 주된 사무소 소재지에서 하여야 한다.

⑤ 사단법인의 사원들이 정관의 규범적인 의미 내용과 다른 해석을 사원총회의 결의라는 방법으로 표명하였다 하더라도 그 결의에 의한 해석은 그 사단법인의 사원을 구속하는 효력이 없다.

해설

③ 사단법인의 정관의 변경은 주무관청의 허가를 얻지 아니하면 그 효력이 없다(제42조 제2항).

① 법인은 법률의 규정에 의함이 아니면 성립하지 못한다(제31조).

② 사단법인의 설립행위는 요식행위이다(제40조 참조).

④ 법인은 그 주된 사무소의 소재지에서 설립등기를 함으로써 성립한다(제33조).

⑤ 사단법인의 정관은 이를 작성한 사원뿐만 아니라 그 후에 가입한 사원이나 사단법인의 기관 등도 구속하는 점에 비추어 보면 그 법적 성질은 계약이 아니라 자치법규로 보는 것이 타당하므로, 이는 어디까지나 객관적인 기준에 따라 그 규범적인 의미 내용을 확정하는 법규해석의 방법으로 해석되어야 하는 것이지, 작성자의 주관이나 해석 당시의 사원의 다수결에 의한 방법으로 자의적으로 해석될 수는 없다 할 것이어서, 어느 시점의 사단법인의 사원들이 정관의 규범적인 의미 내용과 다른 해석을 사원총회의 결의라는 방법으로 표명하였다 하더라도 그 결의에 의한 해석은 그 사단법인의 구성원인 사원들이나 법원을 구속하는 효력이 없다(대판 2000.11.24, 99다12437).

Answer

01 ③ 02 ③

03 중

민법상 비영리법인에 관한 설명으로 옳지 않은 것은? (다툼이 있으면 판례에 따름)

제27회

① 법인은 법률의 규정에 의함이 아니면 성립하지 못한다.
② 감사의 임면에 관한 규정은 정관의 필요적 기재사항이므로 감사의 성명과 주소는 법인의 등기사항이다.
③ 법인과 이사의 이익이 상반하는 사항에 관하여는 그 이사는 대표권이 없다.
④ 사단법인의 사원의 지위는 정관에 별도의 정함이 있으면 상속될 수 있다.
⑤ 재단법인의 목적을 달성할 수 없는 경우, 설립자는 주무관청의 허가를 얻어 설립의 취지를 참작하여 그 목적에 관한 정관규정을 변경할 수 있다.

해설

② 감사의 임면에 관한 규정은 정관의 필요적 기재사항에 해당하지 아니하고, 감사의 성명과 주소 역시 등기사항에 해당하지 않는다(제40조 또는 49조 참조).
① 법인은 법률의 규정에 의함이 아니면 성립하지 못한다(제31조).
③ 법인과 이사의 이익이 상반하는 사항에 관하여는 이사는 대표권이 없다(제64조 본문).
④ 사단법인의 사원의 지위는 양도 또는 상속할 수 없다고 규정한 민법 제56조의 규정은 강행규정이라고 할 수 없으므로, 비법인사단에서도 사원의 지위는 규약이나 관행에 의하여 양도 또는 상속될 수 있다(대판 1997.9.26, 95다6205).
⑤ 재단법인의 목적을 달성할 수 없는 때에는 설립자나 이사는 주무관청의 허가를 얻어 설립의 취지를 참작하여 그 목적 기타 정관의 규정을 변경할 수 있다(제46조).

04 중

민법상 재단법인에 관한 설명으로 옳지 않은 것은? (다툼이 있으면 판례에 따름)

제22회

① 1인의 설립자에 의한 재단법인 설립행위는 상대방 없는 단독행위이다.
② 재단법인의 설립을 위해서는 반드시 재산의 출연이 있어야 한다.
③ 출연재산이 부동산인 경우 법인의 설립등기만으로도 그 재산은 제3자에 대한 관계에서 법인에게 귀속된다.
④ 재단법인의 설립을 위하여 서면에 의한 증여를 하였더라도, 착오에 기한 의사표시를 이유로 증여의 의사표시를 취소할 수 있다.
⑤ 법인 아닌 재단에게도 부동산에 관한 등기능력이 인정될 수 있다.

해설

③ 출연재산이 부동산인 경우에 있어서도 법인과 출연자간의 관계에 있어서는 법인의 성립 외에 등기를 필요로 하는 것이 아니나, 제3자에 대한 관계에 있어서는 출연행위가 법률행위이므로 출연재산의 법인에의 귀속에는 부동산의 권리에 관해서는 법인성립 외에 등기를 필요로 한다(대판 1993.9.14, 93다8054).
① 1인의 설립자에 의한 재단법인 설립행위는 상대방 없는 단독행위이고, 2인 이상의 설립자에 의한 재단법인 설립행위는 단독행위의 경합에 해당한다.
② 재단법인의 설립에는 정관의 작성뿐만 아니라 일정한 재산의 출연이 있어야 한다.

④ 민법 제47조 제1항에 의하여 생전처분으로 재단법인을 설립하는 때에 준용되는 민법 제555조는 "증여의 의사가 서면으로 표시되지 아니한 경우에는 각 당사자는 이를 해제할 수 있다."고 함으로써 서면에 의한 증여(출연)의 해제를 제한하고 있으나, 그 해제는 민법 총칙상의 취소와는 요건과 효과가 다르므로 서면에 의한 출연이더라도 민법 총칙규정에 따라 출연자가 착오에 기한 의사표시라는 이유로 출연의 의사표시를 취소할 수 있고, 상대방 없는 단독행위인 재단법인에 대한 출연행위라고 하여 달리 볼 것은 아니다(대판 1999.7.9, 98다9045).
⑤ 종중(宗中), 문중(門中), 그 밖에 대표자나 관리인이 있는 법인 아닌 사단(社團)이나 재단(財團)에 속하는 부동산의 등기에 관하여는 그 사단이나 재단을 등기권리자 또는 등기의무자로 한다(부동산등기법 제26조 제1항).

2 법인의 불법행위능력

05 하

민법상 법인의 불법행위능력에 관한 설명으로 옳지 않은 것은? (다툼이 있으면 판례에 따름) 제21회

① 청산인은 법인의 대표기관이 아니므로 그 직무에 관하여는 법인의 불법행위가 성립하지 않는다.
② 법인의 대표자가 직무에 관하여 타인에게 불법행위를 한 경우, 사용자책임에 관한 민법규정이 적용되지 않는다.
③ 법인의 대표자가 직무에 관하여 타인에게 불법행위를 한 경우, 그 법인은 불법행위로 인한 손해를 배상할 책임을 진다.
④ 비법인사단 대표자의 행위가 직무에 관한 행위에 해당하지 않음을 피해자가 중대한 과실로 알지 못한 경우에는 비법인사단에게 손해배상책임을 물을 수 없다.
⑤ 법인의 목적범위 외의 행위로 인하여 타인에게 손해를 가한 때에는 그 사항의 의결에 찬성하거나 그 의결을 집행한 사원, 이사 기타 대표자가 연대하여 배상해야 한다.

해설

① 청산인도 법인의 대표기관이므로, 청산인이 직무에 관하여 타인에게 손해를 가한 경우 법인의 불법행위가 성립한다.
② 법인에 있어서 그 대표자가 직무에 관하여 불법행위를 한 경우에는 민법 제35조 제1항에 의하여, 법인의 피용자가 사무집행에 관하여 불법행위를 한 경우에는 민법 제756조 제1항에 의하여 각기 손해배상책임을 부담한다(대판 2009.11.26, 2009다57033).
③ 제35조
④ 대판 2003.7.25, 2002다27088
⑤ 제35조 제2항

Answer
03 ②　04 ③　05 ①

06 상●●

민법상 법인의 불법행위능력에 관한 설명으로 옳지 않은 것은? (다툼이 있으면 판례에 따름) 제19회

① 법인의 불법행위책임이 성립하여 법인이 피해자에게 손해를 배상한 경우, 법인은 불법행위를 한 대표기관 개인에게 구상권을 행사할 수 있다.

② 법인의 대표자가 직무에 관하여 불법행위를 한 경우, 사용자책임에 관한 민법규정이 적용되지 않는다.

③ 대표기관의 불법행위가 외형상으로만 직무관련성을 보이는 경우, 실제 직무관련성에 대한 피해자의 악의·과실 유무와 상관없이 법인은 불법행위책임을 진다.

④ 법인의 불법행위책임과 대표기관 개인의 책임은 과실상계와 관련하여 그 범위가 달라질 수 있다.

⑤ 법인의 사원이 법인 대표자의 직무집행과 관련하여 대표자와 공동으로 불법행위를 한 경우, 피해자에 대한 법인, 법인 대표자 및 그 사원의 손해배상책임은 모두 부진정연대관계에 있다.

해설

③ 외형상으로 직무관련성이 있으면 '직무'에 해당하지만, 실제 대표자의 직무가 직무에 해당하지 않음을 피해상대방이 알았거나 중대한 과실로 인하여 알지 못한 경우에는 법인의 불법행위가 성립하지 않는다(대판 2003.7.25, 2002다27088 참조). 따라서 피해자의 악의 또는 중대한 과실이 있는 경우 법인의 불법행위책임은 인정되지 않는다.

① 법인이 상대방에게 손해를 배상하면 법인은 대표기관에게 선량한 관리자의 주의의무 위반을 이유로 구상권을 행사할 수 있다(제65조 참조).

② 법인에 있어서 그 대표자가 직무에 관하여 불법행위를 한 경우에는 민법 제35조 제1항에 의하여, 법인의 피용자가 사무집행에 관하여 불법행위를 한 경우에는 민법 제756조 제1항에 의하여 각기 손해배상책임을 부담한다(대판 2009.11.26, 2009다57033).

④ 법인의 대표자가 피해자의 부주의를 이용하여 고의의 불법행위를 저지른 경우에, 대표자는 과실상계를 주장하지 못하지만, 법인의 배상범위를 정함에는 피해자의 부주의가 고려되므로 대표자와 법인의 배상범위가 달라질 수 있다(대판 2008.6.12, 2008다22276).

⑤ 법인의 불법행위가 성립하는 경우 법인, 대표자 그리고 대표자와 공동으로 불법행위를 저지른 사원의 피해자에 대한 손해배상책임은 부진정연대의 관계에 선다.

07 중

법인의 불법행위능력(민법 제35조)**에 관한 설명으로 옳은 것은?** (다툼이 있으면 판례에 의함) 제17회

① 법인의 손해배상책임이 대표기관의 고의적 불법행위에 기한 것이라 해도 손해발생과 관련하여 피해자의 과실이 있다면 과실상계의 법리는 적용 가능하다.
② 실제로는 직무와 관련 없는 대표기관의 행위가 외형상 직무에 관한 것으로 보인다면 피해자가 이에 관해 선의인 한 그 선의에 중과실이 있더라도 법인의 불법행위책임은 성립한다.
③ 대표기관이 직무와 관련하여 불법행위를 한 경우 피해자는 민법 제35조(법인의 불법행위능력)에 따른 손해배상과 민법 제756조(사용자의 배상책임)에 따른 손해배상을 선택적으로 청구할 수 있다.
④ 법인의 불법행위책임이 성립하면 대표기관은 손해배상책임을 면한다.
⑤ 법인의 불법행위능력에 관한 규정은 권리능력 없는 사단에 유추적용되지 않는다.

해설

① 법인에 대한 손해배상책임 원인이 대표기관의 고의적인 불법행위라고 하더라도, 피해자에게 그 불법행위 내지 손해발생에 과실이 있다면 법원은 과실상계의 법리에 좇아 손해배상의 책임 및 그 금액을 정함에 있어 이를 참작하여야 한다(대판 1987.12.8, 86다카1170).
② 대표자의 행위가 직무에 관한 행위에 해당하지 아니함을 피해자 자신이 알았거나 또는 중대한 과실로 인하여 알지 못한 경우에는 비법인사단에게 손해배상책임을 물을 수 없다고 할 것이다(대판 2003.7.25, 2002다27088).
③ 민법 제35조가 성립하면 제756조의 사용자책임은 물을 수 없다.
④ 법인의 불법행위가 성립하더라도 대표기관은 책임을 면하지 못한다(제35조 제1항).
⑤ 비법인사단에도 제35조가 유추적용된다(대판 1994.3.25, 93다32828).

Answer

06 ③ 07 ①

3 법인의 기관

08 상

민법상 법인의 이사에 관한 설명으로 옳은 것은? (다툼이 있으면 판례에 따름)

제23회

① 이사가 없거나 결원이 있는 경우에 이로 인하여 손해가 생길 염려 있는 때에는 법원은 특별대리인을 선임해야 한다.

② 이사가 여럿인 경우에는 정관에 다른 규정이 없으면 법인의 사무집행은 이사가 각자 결정한다.

③ 정관에 이사의 해임사유에 관한 규정이 있는 경우, 특별한 사정이 없는 한 정관에서 정하지 아니한 사유로 이사를 해임할 수 없다.

④ 법원의 직무집행정지 가처분결정으로 대표권이 정지된 대표이사가 그 정지기간 중에 체결한 계약은 후에 그 가처분신청이 취하되면 유효하게 된다.

⑤ 법인의 이사회 결의에 무효 등 하자가 있는 경우, 법률에 별도의 규정이 없으므로 이해관계인은 그 무효를 주장할 수 없다.

해설

③ 법인이 정관에 이사의 해임사유 및 절차 등을 따로 정한 경우 그 규정은 법인과 이사와의 관계를 명확히 함은 물론 이사의 신분을 보장하는 의미도 아울러 가지고 있어 이를 단순히 주의적 규정으로 볼 수는 없다. 따라서 법인의 정관에 이사의 해임사유에 관한 규정이 있는 경우 법인으로서는 이사의 중대한 의무위반 또는 정상적인 사무집행 불능 등의 특별한 사정이 없는 이상, 정관에서 정하지 아니한 사유로 이사를 해임할 수 없다(대판 2013.11.28, 2011다41741).

① 이사가 없거나 결원이 있는 경우에 이로 인하여 손해가 생길 염려가 있는 때에는 법원은 이해관계인이나 검사의 청구에 의하여 임시이사를 선임하여야 한다(제63조).

② 이사가 수인인 경우에 정관에 다른 규정이 없으면 법인의 사무집행은 이사의 과반수로써 결정한다(제58조 제2항).

④ 법원의 직무집행정지 가처분결정에 의해 회사를 대표할 권한이 정지된 대표이사가 그 정지기간 중에 체결한 계약은 절대적으로 무효이고, 그 후 가처분신청의 취하에 의하여 보전집행이 취소되었다 하더라도 집행의 효력은 장래를 향하여 소멸할 뿐 소급적으로 소멸하는 것은 아니라 할 것이므로, 가처분신청이 취하되었다 하여 무효인 계약이 유효하게 되지는 않는다(대판 2008.5.29, 2008다4537).

⑤ 민법상 법인의 이사회의 결의에 하자가 있는 경우에 관하여 법률에 별도의 규정이 없으므로 그 결의에 무효사유가 있는 경우에는 이해관계인은 언제든지 또 어떤 방법에 의하든지 그 무효를 주장할 수 있다(대판 2000.1.28, 98다26187).

09 ●중● **민법상 법인 등에 관한 설명으로 옳지 않은 것은?** (다툼이 있으면 판례에 따름)

제25회

① 대표권이 없는 이사는 법인의 대표기관이 아니므로 그의 행위로 인하여 법인의 불법행위가 성립하지 않는다.

② 법인의 정관에 규정된 대표권제한을 등기하지 않았더라도 그 제한으로 악의의 제3자에게 대항할 수 있다.

③ 비법인사단의 정관에 대표자의 대표권이 제한되어 있어도 그 거래 상대방이 대표권제한에 대해 선의·무과실이면 그 거래행위는 유효하다.

④ 이사는 정관 또는 사원총회의 결의로 금지하지 않은 사항에 한하여 타인으로 하여금 특정한 행위를 대리하게 할 수 있다.

⑤ 이사는 특별한 사정이 없는 한 법인의 사무에 관하여 각자 법인을 대표한다.

해설

② 법인의 정관에 법인 대표권의 제한에 관한 규정이 있으나 그와 같은 취지가 등기되어 있지 않다면 법인은 그와 같은 정관의 규정에 대하여 선의냐 악의냐에 관계없이 제3자에 대하여 대항할 수 없다(대판 1992.2.14, 91다24564).

① 대표권이 없는 이사는 법인의 기관이기는 하지만 대표기관은 아니기 때문에 그들의 행위로 인하여 법인의 불법행위가 성립하지 않는다(대판 2005.12.23, 2003다30159).

③ 비법인사단의 경우에는 대표자의 대표권 제한에 관하여 등기할 방법이 없어 민법 제60조의 규정을 준용할 수 없고, 비법인사단의 대표자가 정관에서 사원총회의 결의를 거쳐야 하도록 규정한 대외적 거래행위에 관하여 이를 거치지 아니한 경우라도, 이와 같은 사원총회 결의사항은 비법인사단의 내부적 의사결정에 불과하다 할 것이므로, 그 거래 상대방이 그와 같은 대표권 제한 사실을 알았거나 알 수 있었을 경우가 아니라면 그 거래행위는 유효하다(대판 2003.7.22, 2002다64780).

④ 이사는 정관 또는 총회의 결의로 금지하지 아니한 사항에 한하여 타인으로 하여금 특정한 행위를 대리하게 할 수 있다(제62조).

⑤ 이사는 법인의 사무에 관하여 각자 법인의 대표한다(제59조 제1항 본문).

Answer

08 ③ 09 ②

10 중

민법상 법인의 기관에 관한 설명으로 옳지 않은 것은? (다툼이 있으면 판례에 따름)

제24회

① 사단법인은 감사를 두지 않을 수 있다.
② 이사의 대표권에 대한 제한은 이를 정관에 기재하지 아니하면 그 효력이 없다.
③ 사원총회에서 사단법인과 어느 사원과의 관계사항을 의결하는 경우에는 그 사원은 결의권이 없다.
④ 사원총회의 소집통지에서 목적사항으로 기재하지 않은 사항에 관한 사원총회의 결의는 특별한 사정이 없는 한 무효이다.
⑤ 이사의 결원으로 인하여 손해가 발생할 염려가 있는 경우, 법원은 직권으로 임시이사를 선임할 수 있다.

해설

⑤ 이사가 없거나 결원이 있는 경우에 이로 인하여 손해가 생길 염려가 있는 때에는 법원은 이해관계인이나 검사의 청구에 의하여 임시이사를 선임하여야 한다(제63조).
① 법인은 정관 또는 총회의 결의로 감사를 둘 수 있으므로(제66조), 사단법인은 감사를 두지 않을 수 있다.
② 이사의 대표권에 대한 제한은 이를 정관에 기재하지 아니하면 그 효력이 없다(제41조).
③ 사단법인과 어느 사원과의 관계사항을 의결하는 경우에는 그 사원은 결의권이 없다(제74조).
④ 총회는 통지한 사항에 관하여서만 결의할 수 있으므로(제72조 참조), 사원총회의 소집통지에서 목적사항으로 기재하지 않은 사항에 관한 사원총회의 결의는 특별한 사정이 없는 한 무효이다.

11 상

법인의 등기에 관한 설명으로 옳지 않은 것은?

제25회

① 법인은 그 주된 사무소의 소재지에서 설립등기를 함으로써 성립한다.
② 법인설립의 허가가 있는 때에는 그 허가서가 도착한 날로부터 3주간 내에 설립등기를 해야 한다.
③ 대표권 있는 이사의 성명과 주소는 등기사항이다.
④ 청산이 종결한 때에는 감사는 3주간 내에 이를 등기하고 주무관청에 신고해야 한다.
⑤ 법인이 동일한 등기소의 관할구역 내에서 사무소를 이전한 때에는 그 이전한 것을 등기하면 된다.

해설

④ 청산이 종결한 때에는 청산인은 3주간 내에 이를 등기하고 주무관청에 신고하여야 한다(제94조).
① 법인은 그 주된 사무소의 소재지에서 설립등기를 함으로써 성립한다(제33조).
② 법인설립의 허가가 있는 때에는 3주간 내에 주된 사무소 소재지에서 설립등기를 하여야 한다(제49조 제1항, 제53조 참조).
③ 이사의 성명과 주소는 설립등기사항이다(제49조 제2항 참조).
⑤ 동일한 등기소의 관할구역 내에서 사무소를 이전한 때에는 그 이전한 것을 등기하면 된다(제51조 제2항).

12 (중) **민법상 법인의 정관에 관한 설명으로 옳지 않은 것은?** (다툼이 있으면 판례에 따름)

제24회

① 사단법인의 정관의 법적 성질은 계약이 아니라 자치법규이다.
② 사원자격의 득실에 관한 규정은 사단법인 정관의 필요적 기재사항이다.
③ 재단법인의 목적을 달성할 수 없다고 하여 이사가 주무관청의 허가를 얻어 정관을 변경할 수는 없다.
④ 재단법인의 기본재산에 관한 저당권 설정행위는 특별한 사정이 없는 한 정관의 변경을 필요로 하지 않으므로 주무관청의 허가를 얻을 필요가 없다.
⑤ 재단법인의 설립자가 정관에서 이사의 임면방법을 정하지 않고 사망한 때에는 이해관계인 또는 검사의 청구에 의해 법원이 이를 정한다.

해설

③ 재단법인의 목적을 달성할 수 없는 때에는 설립자나 이사는 주무관청의 허가를 얻어 설립의 취지를 참작하여 그 목적 기타 정관의 규정을 변경할 수 있다(제46조).
① 사단법인의 정관은 이를 작성한 사원뿐만 아니라 그 후에 가입한 사원이나 사단법인의 기관 등도 구속하는 점에 비추어 보면 그 법적 성질은 계약이 아니라 자치법규로 보는 것이 타당하다(대판 2000.11.24, 99다12437).
② 사원자격의 득실에 관한 규정은 사단법인의 정관의 필요적 기재사항이다(제40조 제6호 참조).
④ 민법상 재단법인의 기본재산에 관한 저당권 설정행위는 특별한 사정이 없는 한 정관의 기재사항을 변경하여야 하는 경우에 해당하지 않으므로, 그에 관하여는 주무관청의 허가를 얻을 필요가 없다(대결 2018.7.20, 2017마1565).
⑤ 재단법인의 설립자가 그 명칭, 사무소소재지 또는 이사임면의 방법을 정하지 아니하고 사망한 때에는 이해관계인 또는 검사의 청구에 의하여 법원이 이를 정한다(제44조).

Answer

10 ⑤ 11 ④ 12 ③

4 법인의 해산

13 ●중●

민법상 법인의 해산 및 청산에 관한 설명으로 옳은 것은? (다툼이 있으면 판례에 따름) 제26회

① 재단법인의 목적 달성은 해산사유가 될 수 없다.
② 청산절차에 관한 규정에 반하는 잔여재산의 처분행위는 특별한 사정이 없는 한 무효이다.
③ 청산 중인 법인은 변제기에 이르지 않은 채권에 대하여 변제할 수 없다.
④ 재단법인의 해산사유는 정관의 필요적 기재사항이다.
⑤ 법인의 청산사무가 종결되지 않았더라도 법인에 대한 청산종결등기가 마쳐지면 법인은 소멸한다.

해설

② 민법상의 청산절차에 관한 규정은 모두 제3자의 이해관계에 중대한 영향을 미치기 때문에 이른바 강행규정이라고 해석되므로 이에 반하는 잔여재산의 처분행위는 특단의 사정이 없는 한 무효라고 보아야 한다(대판 1995.2.10, 94다13473).
① 재단법인의 목적달성도 재단법인의 해산사유이다(제77조 참조).
③ 청산 중의 법인은 변제기에 이르지 아니한 채권에 대하여도 변제할 수 있다(제91조).
④ 재단법인의 해산사유는 재단법인의 필수적 정관의 기재사항이 아니다(제43조 참조).
⑤ 법인에 대한 청산종결등기가 경료되었다고 하더라도 청산사무가 종결되지 않는 한 그 범위 내에서는 청산법인으로서 존속한다(대판 2003.2.11, 99다66427).

14 ●중●

민법상 법인의 해산과 청산에 관한 설명으로 옳지 않은 것은? (다툼이 있으면 판례에 따름) 제25회

① 법인의 해산 및 청산은 법원이 검사, 감독한다.
② 사단법인의 사원이 없게 되면 이는 법인의 해산사유가 될 뿐 이로써 곧 법인의 권리능력이 소멸하는 것은 아니다.
③ 청산 중의 법인은 변제기에 이르지 아니한 채권에 대하여 변제할 수 있다.
④ 법인의 목적달성이 불가능한 경우, 법인은 설립허가가 취소되어야 해산할 수 있다.
⑤ 해산한 법인이 정관에 반하여 잔여재산을 처분한 경우, 그 처분행위는 특단의 사정이 없는 한 무효이다.

해설

④ 법인의 목적달성이 불가능한 경우 법인은 당연히(별도의 절차없이) 해산한다(제77조 제1항 참조).
① 법인의 해산 및 청산은 법원이 검사, 감독한다(제95조).
② 사단법인에 있어서는 사원이 없게 된다고 하더라도 이는 해산사유가 될 뿐 막바로 권리능력이 소멸하는 것이 아니다(대판 1992.10.9, 92다23087).
③ 청산 중의 법인은 변제기에 이르지 아니한 채권에 대해서도 변제할 수 있다(제91조 제1항).
⑤ 민법 제80조 제1항, 제81조 및 제87조 등 청산절차에 관한 규정은 모두 제3자의 이해관계에 중대한 영향을 미치는 것으로서 강행규정이므로, 해산한 법인이 잔여재산의 귀속자에 관한 정관규정에 반하여 잔여재산을 달리 처분할 경우 그 처분행위는 청산법인의 목적범위 외의 행위로서 특단의 사정이 없는 한 무효이다(대판 2000.12.8, 98두5279).

15 중

민법상 비영리법인의 해산 및 청산에 관한 설명으로 옳은 것은? 제27회

① 재단법인은 사원이 없게 되거나 총회의 결의로도 해산한다.
② 해산한 법인의 재산은 정관으로 지정한 자에게 귀속하고, 정관에 정함이 없으면 출연자에게 귀속한다.
③ 해산한 법인은 청산의 목적범위 내에서만 권리가 있고 의무를 부담한다.
④ 청산인은 현존사무의 종결, 채권의 추심 및 채무의 변제, 잔여재산의 인도만 할 수 있다.
⑤ 청산인은 알고 있는 채권자에게 채권신고를 최고하여야 하고, 최고를 받은 그 채권자가 채권신고를 하지 않으면 청산으로부터 제외하여야 한다.

해설

③ 해산한 법인은 청산의 목적범위 내에서만 권리가 있고 의무를 부담한다(제81조).
① 재단법인은 사원 또는 사원총회가 존재하지 않으므로 사원이 없게 되거나 총회의 결의로 해산하지 못한다(제77조 참조).
② 정관으로 귀속권리자를 지정하지 아니하거나 이를 지정한 방법을 정하지 아니한 때에는 이사 또는 청산인은 주무관청의 허가를 얻어 그 법인의 목적에 유사한 목적을 위하여 그 재산을 처분할 수 있다(제80조 제2항, 제3항 참조).
④ 청산인은 현존사무의 종결, 채권의 추심 및 채무의 변제, 잔여재산의 인도뿐만 아니라(제87조) 임시총회의 소집 등도(제96조 참조)할 수 있다.
⑤ 청산인은 알고 있는 채권자에 대하여는 각각 그 채권신고를 최고하여야 한다. 알고 있는 채권자는 청산으로부터 제외하지 못한다(제89조).

Answer

13 ② 14 ④ 15 ③

5 법인 아닌 사단

16 중

법인 아닌 사단에 관한 설명으로 옳지 않은 것은? (다툼이 있으면 판례에 따름)

제26회

① 법인 아닌 사단이 타인 간의 금전채무를 보증하는 행위는 총유물의 관리·처분행위에 해당한다.

② 고유한 의미의 종중의 경우에는 종중원이 종중을 임의로 탈퇴할 수 없다.

③ 법인 아닌 사단의 사원이 집합체로서 물건을 소유할 때에는 총유로 한다.

④ 구성원 개인은 특별한 사정이 없는 한 총유재산의 보존을 위한 소를 단독으로 제기할 수 없다.

⑤ 이사의 대표권 제한에 관한 민법 제60조는 법인 아닌 사단에 유추적용될 수 없다.

해설

① 비법인사단이 타인 간의 금전채무를 보증하는 행위는 총유물 그 자체의 관리·처분이 따르지 아니하는 단순한 채무부담행위에 불과하여 이를 총유물의 관리·처분행위라고 볼 수는 없다(대판 전합 2007.4.19, 2004다60072).

② 고유의 의미의 종중의 경우에는 종중이 종중원의 자격을 박탈한다든지 종중원이 종중을 탈퇴할 수 없다(대판 1998.2.27, 97도1993).

③ 법인 아닌 사단의 사원이 집합체로서 물건을 소유할 때에는 총유로 한다(제275조 제1항).

④ 총유재산에 관한 소송은 법인 아닌 사단이 그 명의로 사원총회의 결의를 거쳐 하거나 또는 그 구성원 전원이 당사자가 되어 필수적 공동소송의 형태로 할 수 있을 뿐 그 사단의 구성원은 설령 그가 사단의 대표자라거나 사원총회의 결의를 거쳤다 하더라도 그 소송의 당사자가 될 수 없다(대판 전합 2005.9.15, 2004다44971).

⑤ 비법인사단의 경우에는 대표자의 대표권 제한에 관하여 등기할 방법이 없어 민법 제60조의 규정을 준용할 수 없다(대판 2003.7.22, 2002다64780).

17 중

법인 아닌 사단에 관한 설명으로 옳지 않은 것은? (다툼이 있으면 판례에 따름)

제23회

① 법인 아닌 사단이 소유하는 물건은 사원의 총유에 속한다.
② 법인 아닌 사단에 대하여는 사단법인에 관한 민법규정 중 법인격을 전제로 하는 것을 제외한 규정을 유추적용한다.
③ 종중이 법인 아닌 사단이 되기 위해서는 특별한 조직행위와 이를 규율하는 성문의 규약이 있어야 한다.
④ 교회가 그 실체를 갖추어 법인 아닌 사단으로 성립한 후 교회의 대표자가 교회를 위하여 취득한 권리의무는 교회에 귀속된다.
⑤ 사단법인의 하부조직이라도 스스로 단체로서의 실체를 갖추고 독자적인 활동을 하고 있다면 사단법인과 별개의 독립된 법인 아닌 사단이 될 수 있다.

해설

③ 종중은 공동선조의 후손 중 성년 이상의 남자들이 구성원이 되어 공동선조의 분묘수호와 봉제사 및 종중원 상호간의 친목을 목적으로 하는 자연적 족집단체로서 특별한 조직행위를 필요로 하는 것은 아니고 서면화한 성문의 규약이 있어야 하는 것도 아니다(대판 1991.10.11, 91다24663).
① 제27조 제1항
② 대판 1992.10.9, 92다23087
④ 대판 2008.2.28, 2007다37394
⑤ 대판 2009.1.30, 2006다60908

Answer

16 ①　17 ③

18 상

법인 아닌 사단 및 재단에 관한 설명으로 옳은 것을 모두 고른 것은? (다툼이 있으면 판례에 따름) 제27회

㉠ 총유물에 관한 보존행위는 특별한 사정이 없는 한 법인 아닌 사단의 사원 각자가 할 수 있다. ㉡ 법인 아닌 재단은 법인격이 인정되지 않지만, 대표자 또는 관리인이 있는 경우에는 민사소송의 당사자능력은 인정된다. ㉢ 공동주택의 입주자대표회의는 동별 세대수에 비례하여 선출되는 동별대표자를 구성원으로 하는 법인 아닌 사단에 해당한다. ㉣ 민법은 법인 아닌 재단의 재산 소유로 규정하고 있으므로, 법인 아닌 재단 자체의 명의로 부동산등기를 할 수 있다.

① ㉠, ㉡ ② ㉠, ㉣ ③ ㉡, ㉢
④ ㉠, ㉢, ㉣ ⑤ ㉡, ㉢, ㉣

해설

㉠ (×) 총유재산에 관한 소송은 법인 아닌 사단이 그 명의로 사원총회의 결의를 거쳐 하거나 또는 그 구성원 전원이 당사자가 되어 필수적 공동소송의 형태로 할 수 있을 뿐 그 사단의 구성원은 설령 그가 사단의 대표자라거나 사원총회의 결의를 거쳤다 하더라도 그 소송의 당사자가 될 수 없고, 이러한 법리는 총유재산의 보존행위로서 소를 제기하는 경우에도 마찬가지라 할 것이다(대판 2005.9.15, 2004다44971).

㉡ (○) 법인이 아닌 사단이나 재단은 대표자 또는 관리인이 있는 경우에는 그 사단이나 재단의 이름으로 당사자가 될 수 있다(민사소송법 제52조).

㉢ (○) 공동주택의 입주자대표회의는 동별세대수에 비례하여 선출되는 동별대표자를 구성원으로 하는 법인 아닌 사단이다(대판 2007.6.15, 2007다6307).

㉣ (×) 민법은 법인 아닌 재단에 대해서는 규정하고 있지 않다. 다만 법인 아닌 재단도 그 명의로 등기할 수 있다(부동산등기법 제26조 참조).

04 물 건

연계학습: 기본서 p.155~173

1 물건의 의의

01 중

물건에 관한 설명으로 옳지 않은 것은? (다툼이 있으면 판례에 따름) 제27회

① 권리의 객체는 물건에 한정된다.

② 사람은 재산권의 객체가 될 수 없으나, 사람의 일정한 행위는 재산권의 객체가 될 수 있다.

③ 사람의 유체·유골은 매장·관리·제사·공양의 대상이 될 수 있는 유체물로서, 분묘에 안치되어 있는 선조의 유체·유골은 그 제사주재자에게 승계된다.

④ 반려동물은 민법 규정의 해석상 물건에 해당한다.

⑤ 자연력도 물건이 될 수 있으나, 배타적 지배를 할 수 있는 등 관리할 수 있어야 한다.

해설

① 지상권 또는 전세권은 저당권의 객체가 될 수 있으므로 권리의 객체는 물건에 한정되지 않는다.
② 사람의 일정한 행위도 재산권의 객체가 될 수 있다.
③ 사람의 유체·유골은 매장·관리·제사·공양의 대상이 될 수 있는 유체물로서, 분묘에 안치되어 있는 선조의 유체·유골은 민법 제1008조의3 소정의 제사용 재산인 분묘와 함께 그 제사주재자에게 승계되고, 피상속인 자신의 유체·유골 역시 위 제사용 재산에 준하여 그 제사주재자에게 승계된다(대판 2008.11.20, 2007다27670 전합).
④ 현재 반려동물은 민법상 물건 즉 동산에 해당한다.
⑤ 관리 가능한 자연력은 물건 즉 동산에 해당한다.

Answer

18 ③ / 01 ①

02 중

동산과 부동산에 관한 설명으로 옳은 것은? (다툼이 있으면 판례에 따름) 제27회

① 건물은 토지와 별개의 독립한 동산이며, 이는 민법이 명문으로 규정하고 있다.
② 지하에 매장되어 있는 미채굴 광물인 금(金)에는 토지의 소유권이 미치지 않는다.
③ 토지에 식재된 「입목에 관한 법률」상의 입목은 토지와 별개의 동산이다.
④ 지하수의 일종인 온천수는 토지와 별개의 부동산이다.
⑤ 토지는 질권의 객체가 될 수 있다.

해설

② 지하에 매장된 미채굴의 광물에는 토지 소유권이 미치지 아니한다.
① 건물은 토지와 별개의 독립한 부동산이다.
③ 토지에 식재된 입목은 토지와 별개의 부동산이다.
④ 지하수의 일종인 온천수는 토지의 구성부분에 해당하지, 토지와 별개의 부동산은 아니다.
⑤ 질권의 객체는 부동산이 될 수 없으므로, 토지는 질권의 객체가 될 수 없다.

03 상

토지소유권의 범위에 포함되는 것은? (다툼이 있으면 판례에 따름) 제24회

① 지중(地中)에 있는 지하수
② 지상권자가 식재한 수목
③ 완성된 미등기건물
④ 바다
⑤ 명인방법을 갖춘 미분리과실

해설

① 토지의 소유권은 정당한 이익이 있는 범위 내에서 토지의 상하에 미치므로(제212조), 지중(地中)에 있는 지하수도 토지의 소유권의 범위에 포함된다. 그러나 지상권자가 식재한 수목은 토지에 부합하지 않고, 완성된 미등기건물도 토지에 부합하지 않으며, 바다는 물건에 해당하지 않고, 명인방법을 갖춘 미분리과실은 독립성이 있으므로 토지의 소유권이 미치지 아니한다.

04 상

물건에 관한 설명으로 옳지 않은 것은? (다툼이 있으면 판례에 따름) 제22회

① 부합한 동산의 주종을 구별할 수 있는 경우, 특별한 사정이 없는 한 각 동산의 소유자는 부합 당시의 가액 비율로 합성물을 공유한다.

② 반려동물의 권리능력을 인정하는 관습법은 존재하지 않는다.

③ 제사주재자에게는 자기 유골의 매장장소를 지정한 피상속인의 의사에 구속되어야 할 법률적 의무가 없다.

④ 건물의 개수는 공부상의 등록에 의하여 결정되는 것이 아니라 건물의 상태 등 객관적 사정과 소유자의 의사 등 주관적 사정을 참작하여 결정된다.

⑤ 분할이 가능한 토지의 일부에도 유치권이 성립할 수 있다.

해설

① 동산과 동산이 부합하여 훼손하지 아니하면 분리할 수 없거나 그 분리에 과다한 비용을 요할 경우에는 그 합성물의 소유권은 주된 동산의 소유자에게 속한다. 부합한 동산의 주종을 구별할 수 없는 때에는 동산의 소유자는 부합 당시의 가액의 비율로 합성물을 공유한다(제257조).

② 동물의 생명보호, 안전 보장 및 복지 증진을 꾀하고 동물의 생명 존중 등 국민의 정서를 함양하는 데에 이바지함을 목적으로 한 동물보호법의 입법 취지나 그 규정 내용 등을 고려하더라도, 민법이나 그 밖의 법률에 동물에 대하여 권리능력을 인정하는 규정이 없고 이를 인정하는 관습법도 존재하지 아니하므로, 동물 자체가 위자료 청구권의 귀속주체가 된다고 할 수 없다. 그리고 이는 그 동물이 애완견 등 이른바 반려동물이라고 하더라도 달리 볼 수 없다(대판 2013.4.25, 2012다118594).

③ 피상속인이 생전행위 또는 유언으로 자신의 유체·유골을 처분하거나 매장장소를 지정한 경우에, 선량한 풍속 기타 사회질서에 반하지 않는 이상 그 의사는 존중되어야 하고 이는 제사주재자로서도 마찬가지이지만, 피상속인의 의사를 존중해야 하는 의무는 도의적인 것에 그치고, 제사주재자가 무조건 이에 구속되어야 하는 법률적 의무까지 부담한다고 볼 수는 없다(대판 전합 2008.11.20, 2007다27670).

④ 건물의 개수를 판단함에 있어서는 물리적 구조뿐만 아니라 거래 또는 이용의 목적물로서 관찰한 건물의 상태도 그 개수 판단요건의 중요한 자료가 될 것이며 이러한 상태를 판별하기 위하여는 주위건물과 인근의 정도, 주위의 상황 등 객관적 사정은 물론 건축한 자의 의사와 같은 주관적 사정도 고려하여야 할 것으로서 단순히 건물의 물리적 구조로서만 그 개수를 판단할 수 없는 것이다(대판 1961.11.23, 4293민상623).

⑤ 민법 제320조 제1항에서 '그 물건에 관하여 생긴 채권'은 유치권 제도 본래의 취지인 공평의 원칙에 특별히 반하지 않는 한 채권이 목적물 자체로부터 발생한 경우는 물론이고 채권이 목적물의 반환청구권과 동일한 법률관계나 사실관계로부터 발생한 경우도 포함하고, 한편 민법 제321조는 "유치권자는 채권 전부의 변제를 받을 때까지 유치물 전부에 대하여 그 권리를 행사할 수 있다"고 규정하고 있으므로, 유치물은 그 각 부분으로써 피담보채권의 전부를 담보하며, 이와 같은 유치권의 불가분성은 그 목적물이 분할 가능하거나 수개의 물건인 경우에도 적용된다(대판 2007.9.7, 2005다16942).

Answer

02 ② 03 ① 04 ①

03 민법

05 중

물건에 관한 설명으로 옳지 않은 것은? (다툼이 있으면 판례에 따름) 제26회

① 물건의 용법에 의하여 수취하는 산출물은 천연과실이다.
② 다른 물건과 구별되고 특정되어 있는 집합동산에 대하여 양도담보권을 설정할 수 있다.
③ 1필의 토지의 일부에 대하여 분필절차 없이도 독립하여 시효로 그 소유권을 취득할 수 있다.
④ 미분리 천연과실은 명인방법에 의해 소유권의 객체가 될 수 있다.
⑤ 최소한의 기둥과 지붕 그리고 주벽이 이루어지면 사회통념상 독립된 부동산으로서 건물로 인정될 수 있다.

해설

③ 토지의 일부도 취득시효 할 수 있지만 이 경우 분필하여 등기함으로써 취득시효 할 수 있다.
① 물건의 용법에 의하여 수취하는 산출물은 천연과실이다(제101조 제1항).
② 일반적으로 일단의 증감 변동하는 동산을 하나의 물건으로 보아 이를 채권담보의 목적으로 삼으려는 이른바 집합물에 대한 양도담보설정계약체결도 가능하며 이 경우 그 목적 동산이 담보설정자의 다른 물건과 구별될 수 있도록 그 종류, 장소 또는 수량지정 등의 방법에 의하여 특정되어 있으면 그 전부를 하나의 재산권으로 보아 이에 유효한 담보권의 설정이 된 것으로 볼 수 있다(대판 1990.12.26, 88다카20224).
④ 미분리 천연과실도 명인방법을 갖추면 독립한 소유권의 객체가 될 수 있다.
⑤ 독립된 부동산으로서의 건물이라고 하기 위하여는 최소한의 기둥과 지붕 그리고 주벽이 이루어지면 된다(대판 2003.5.30, 2002다21592).

2 주물과 종물

06 상

주물과 종물에 관한 설명으로 옳지 않은 것은? (다툼이 있으면 판례에 따름) 제26회

① 부동산은 종물이 될 수 있다.
② 주물을 처분하면서 특약으로 종물을 제외할 수 있다.
③ 주물에 저당권이 설정된 경우, 특별한 사정이 없는 한 저당권의 효력은 그 설정 후의 종물에도 미친다.
④ 점유에 의하여 주물을 시효취득하면 종물을 점유하지 않아도 그 효력이 종물에 미친다.
⑤ 주유소건물의 소유자가 설치한 주유기는 주유소 건물의 종물이다.

해설

④ 취득시효는 점유를 요건으로 하므로, 주물을 점유하여 취득시효 하더라도 점유하지 않는 종물을 취득시효할 수는 없다.
① 독립성이 인정됨녀 부동산도 종물이 될 수 있다.
② 종물은 주물의 처분에 수반된다는 민법 제100조 제2항은 임의규정이므로, 당사자는 주물을 처분할 때에 특약으로 종물을 제외할 수 있고 종물만을 별도로 처분할 수도 있다(대판 2012.1.26, 2009다76546).

③ 저당권의 효력은 저당권 설정 전의 종물뿐만 아니라 저당권 설정 후의 종물에도 미친다(제358조 참조).
⑤ 주유소 건물의 주유기는 주유소 건물의 종물이다(대판 1995.6.29, 94다6345).

07 상

주물과 종물에 관한 설명으로 옳지 않은 것은? (다툼이 있으면 판례에 따름) 제23회

① 주물 그 자체의 효용과 직접 관계가 없는 물건은 종물이 아니다.
② 원본채권이 양도되면 특별한 사정이 없는 한 이미 변제기에 도달한 이자채권도 함께 양도된다.
③ 당사자가 주물을 처분하는 경우, 특약으로 종물을 제외할 수 있고 종물만을 별도로 처분할 수도 있다.
④ 저당부동산의 상용에 이바지하는 물건이 다른 사람의 소유에 속하는 경우, 그 물건에는 원칙적으로 부동산에 대한 저당권의 효력이 미치지 않는다.
⑤ 토지임차인 소유의 건물에 대한 저당권이 실행되어 매수인이 그 소유권을 취득한 경우, 특별한 사정이 없는 한 건물의 소유를 목적으로 한 토지임차권도 건물의 소유권과 함께 매수인에게 이전된다.

해설

② 이자채권은 원본채권에 대하여 종속성을 갖고 있으나 이미 변제기에 도달한 이자채권은 원본채권과 분리하여 양도할 수 있고 원본채권과 별도로 변제할 수 있으며 시효로 인하여 소멸되기도 하는 등 어느 정도 독립성을 갖게 되는 것이므로, 원본채권이 양도된 경우 이미 변제기에 도달한 이자채권은 원본채권의 양도당시 그 이자채권도 양도한다는 의사표시가 없는 한 당연히 양도되지는 않는다(대판 1989.3.28, 88다카12803).
① 저당권의 효력이 미치는 저당부동산의 종물은 민법 제100조가 규정하는 종물과 같은 의미인 바, 어느 건물이 주된 건물의 종물이기 위하여는 주물의 상용에 이바지하는 관계에 있어야 하고 이는 주물 자체의 경제적 효용을 다하게 하는 것을 말하는 것이므로, 주물의 소유자나 이용자의 사용에 공여되고 있더라도 주물 자체의 효용과 관계없는 물건은 종물이 아니다(대판 2007.12.13, 2007도7247).
③ 종물은 주물의 처분에 수반된다는 민법 제100조 제2항은 임의규정이므로, 당사자는 주물을 처분할 때에 특약으로 종물을 제외할 수 있고 종물만을 별도로 처분할 수도 있다(대판 2012.1.26, 2009다76546).
④ 그 부동산의 상용에 공하여진 물건일지라도 그 물건이 부동산의 소유자가 아닌 다른 사람의 소유인 때에는 이를 종물이라고 할 수 없으므로 부동산에 대한 저당권의 효력에 미칠 수 없다(대판 2008.5.8, 2007다36933).
⑤ 건물의 소유를 목적으로 하여 토지를 임차한 사람이 그 토지 위에 소유하는 건물에 저당권을 설정한 때에는 민법 제358조 본문에 따라서 저당권의 효력이 건물뿐만 아니라 건물의 소유를 목적으로 한 토지의 임차권에도 미친다고 보아야 할 것이므로, 건물에 대한 저당권이 실행되어 경락인이 건물의 소유권을 취득한 때에는 특별한 다른 사정이 없는 한 건물의 소유를 목적으로 한 토지의 임차권도 건물의 소유권과 함께 경락인에게 이전된다(대판 1993.4.13, 92다24950).

Answer

05 ③ 06 ④ 07 ②

08 중

주물과 종물, 원물과 과실에 관한 설명으로 옳지 않은 것은? (다툼이 있으면 판례에 따름) **제22회**

① 주물과 다른 사람의 소유에 속하는 물건은 원칙적으로 종물이 될 수 없다.
② 유치권자는 금전을 유치물의 과실로 수취한 경우, 이를 피담보채권의 변제에 충당할 수 있다.
③ 종물을 주물의 처분에 따르도록 한 법리는 권리 상호간에는 적용되지 않는다.
④ 매수인이 매매대금을 모두 지급하였다면 특별한 사정이 없는 한, 그 이후의 과실수취권은 매수인에게 귀속된다.
⑤ 주물 소유자의 사용에 공여되고 있더라도 주물 그 자체의 효용과 직접 관계가 없는 물건은 종물이 아니다.

해설

③ 민법 제100조 제2항의 종물과 주물의 관계에 관한 법리는 물건 상호간의 관계뿐 아니라 권리 상호간에도 적용된다(대판 2006.10.26, 2006다29020).
① 종물은 물건의 소유자가 그 물건의 상용에 공하기 위하여 자기 소유인 다른 물건을 이에 부속하게 한 것을 말하므로(민법 제100조 제1항) 주물과 다른 사람의 소유에 속하는 물건은 종물이 될 수 없다(대판 2008.5.8, 2007다36933).
② 유치권자는 유치물의 과실을 수취하여 다른 채권보다 먼저 그 채권의 변제에 충당할 수 있다(제323조 참조).
④ 민법 제587조에 의하면, 매매계약 있은 후에도 인도하지 아니한 목적물로부터 생긴 과실은 매도인에게 속하고, 매수인은 목적물의 인도를 받은 날로부터 대금의 이자를 지급하여야 한다고 규정하고 있는바, 이는 매매당사자 사이의 형평을 꾀하기 위하여 매매목적물이 인도되지 아니하더라도 매수인이 대금을 완제한 때에는 그 시점 이후의 과실은 매수인에게 귀속된다(대판 2004.4.23, 2004다8210).
⑤ 저당권의 효력이 미치는 저당부동산의 종물이라 함은 민법 제100조가 규정하는 종물과 같은 의미로서 어느 건물이 주된 건물의 종물이기 위하여는 주물의 상용에 이바지하는 관계에 있어야 하고, 주물의 상용에 이바지한다 함은 주물 그 자체의 경제적 효용을 다하게 하는 것을 말하는 것으로서, 주물의 소유자나 이용자의 사용에 공여되고 있더라도 주물 그 자체의 효용과 직접 관계가 없는 물건은 종물이 아니다(대결 2000.11.2, 2000마3530).

09 ●●하 **주물과 종물, 원물과 과실에 관한 설명으로 옳지 않은 것은?** (다툼이 있으면 판례에 의함) 제17회

① 주물 소유자의 사용을 도울 뿐, 주물 자체의 경제적 효용과는 무관한 물건은 종물이 아니다.

② 종물은 주물의 처분에 따르도록 한 민법규정은 강행규정이다.

③ 주물과 종물의 법리는 권리 상호간에도 유추적용될 수 있다.

④ 물건의 용법에 의하여 수취하는 산출물은 천연과실이다.

⑤ 매매목적물이 매도인의 이행지체로 인도되지 않고 있고 그에 따라 매수인이 대금을 완제하지 않고 있다면, 특별한 사정이 없는 한 과실은 매도인에게 귀속한다.

해설

② 민법 제100조 제2항 종물은 주물에 처분에 따른다는 규정은 임의규정이다(대판 2012.1.26, 2009다76546).

① 주물의 소유자나 이용자의 상용에 공여되고 있더라도 주물 그 자체의 효용과 직접 관계가 없는 물건은 종물이 아니다(대판 1997.10.10, 97다3750).

③ 민법 제100조 제2항의 종물과 주물의 관계에 관한 법리는 물건 상호간의 관계뿐 아니라 권리 상호간에도 적용된다(대판 2006.10.26, 2006다29020).

④ 물건의 용법에 의하여 수취하는 산출물은 천연과실이다(제101조 제1항).

⑤ 매매계약이 있은 후에도 인도하지 아니한 목적물로부터 생긴 과실은 매도인에게 속한다(제587조).

Answer

08 ③ 09 ②

3 과 실

10 중

물건에 관한 설명으로 옳은 것은? (다툼이 있으면 판례에 따름) 제18회

① 법정과실은 물건의 사용대가로 받는 금전 기타의 물건이다.
② 분필절차 없이 토지의 특정부분에 대하여 저당권이나 전세권을 설정할 수는 없으나 지역권은 설정할 수 있다.
③ 천연과실은 수취할 권리의 존속기간일수의 비율로 취득한다.
④ 정당한 권원 없이 타인의 토지 위에 경작·재배한 농작물은 명인방법을 갖추지 않으면 토지소유자에 속한다.
⑤ 주물 위에 설정된 저당권은 특별한 사정이 없는 한 저당권설정 당시의 종물에는 미치나 그 이후의 종물에는 그렇지 않다.

해설

① 물건의 사용대가로 받은 금전 기타의 물건은 법정과실이다(제101조 제2항).
② 토지의 일부에는 저당권을 설정할 수 없다.
③ 법정과실은 수취할 권리의 존속기간일수의 비율로 취득한다(제102조 제2항).
④ 농작물은 토지에 부합하지 않으므로, 권원 없이 경작한 농작물은 토지소유자가 아니라 경작자에게 속한다.
⑤ 저당권은 저당권설정 전의 종물뿐만 아니라 저당권설정 후의 종물에도 미친다.

11 중

주물과 종물, 원물과 과실(果實)에 관한 설명으로 옳지 않은 것은? (다툼이 있으면 판례에 따름) 제25회

① 주물의 소유자의 사용에 공여되고 있더라도 주물 자체의 효용과 관계없는 물건은 종물이 아니다.
② 저당목적 토지 위의 건물은 특별한 사정이 없는 한 그 토지의 종물이다.
③ 천연과실은 그 원물로부터 분리하는 때에 이를 수취할 권리자에게 속한다.
④ 건물을 사용함으로써 얻는 이득은 그 건물의 과실에 준하는 것으로 본다.
⑤ 법정과실은 수취할 권리의 존속기간일수의 비율로 취득한다.

해설

② 저당토지 위의 건물은 토지와는 별개의 독립물이다. 즉 토지의 종물이나 부합물이 아니다.
① 어느 건물이 주된 건물의 종물이기 위하여는 주물의 상용에 이바지하는 관계에 있어야 하고 이는 주물 자체의 경제적 효용을 다하게 하는 것을 말하는 것이므로, 주물의 소유자나 이용자의 사용에 공여되고 있더라도 주물 자체의 효용과 관계없는 물건은 종물이 아니다(대판 2007.12.13, 2007도7247).
③ 천연과실은 그 원물로부터 분리하는 때에 이를 수취할 권리자에게 속한다(제102조 제1항).
④ 건물을 사용함으로써 얻는 이득은 그 건물의 과실에 준하는 것이다(대판 1996.1.26, 95다44290).
⑤ 법정과실은 수취할 권리의 존속기간일수의 비율로 취득한다(제102조 제2항).

05 법률행위

연계학습: 기본서 p.174~213

1 법률행위의 의의

01 상

甲은 X부동산을 乙에게 매도하고 소유권이전등기를 해 주었다. 乙은 丙으로부터 금전을 차용하면서 X부동산에 丙을 위한 저당권을 설정하였다. 이에 관한 설명으로 옳은 것은? (다툼이 있으면 판례에 의함) 제15회

① 甲과 乙 사이의 매매계약을 법률요건이고, 그로 인한 乙의 소유권이전등기 청구권은 법률효과에 해당한다.
② 乙의 소유권 취득은 포괄승계에 해당한다.
③ 丙의 저당권 취득은 이전적 승계에 해당한다.
④ 乙의 저당권설정은 준법률행위에 해당한다.
⑤ 乙의 저당권설정은 소유권의 질적 변경에 해당한다.

해설
① 甲과 乙 사이의 매매계약은 법률요건에 해당하고, 그로 인한 매수인 乙의 소유권이전등기청구권은 법률효과에 해당한다.
② 乙의 소유권 취득은 포괄승계가 아니라 특정승계에 해당한다.
③ 丙의 저당권 취득은 이전적 승계가 아니라 설정적 승계취득에 해당한다.
④ 乙의 저당권설정은 법률행위에 해당한다.
⑤ 乙의 저당권설정은 소유권의 질적 변경이 아니라 양적 변경에 해당한다.

02 상

준법률행위에 해당하는 것을 모두 고른 것은? 제24회

> ㉠ 기한을 정함이 없는 채무에 대한 이행의 최고
> ㉡ 시효중단을 위한 채무의 승인
> ㉢ 채권양도의 통지
> ㉣ 무주물의 선점
> ㉤ 유실물의 습득

① ㉠, ㉡, ㉢　② ㉢, ㉣, ㉤　③ ㉠, ㉡, ㉣, ㉤
④ ㉡, ㉢, ㉣, ㉤　⑤ ㉠, ㉡, ㉢, ㉣, ㉤

해설
⑤ 준법률행위에는 표현행위와 사실행위가 있다. 이행의 최고, 채무승인, 통지는 표현행위에 속하고 선점, 습득은 사실행위에 속한다.

Answer
10 ①　11 ②　/　01 ①　02 ⑤

03 중

권리의 원시취득에 해당하는 것을 모두 고른 것은? (다툼이 있으면 판례에 따름)

제26회

> ㉠ 유실물을 습득하여 적법하게 소유권을 취득한 경우
> ㉡ 금원을 대여하면서 채무자 소유의 건물에 저당권을 설정 받은 경우
> ㉢ 점유취득시효가 완성되어 점유자 명의로 소유권이전등기가 마쳐진 경우

① ㉠
② ㉡
③ ㉠, ㉡
④ ㉠, ㉢
⑤ ㉡, ㉢

해설

④ 유실물 습득에 의한 소유권의 취득, 점유취득시효완성에 따른 소유권의 취득은 원시취득에 해당한다. 그러나 채무자 소유의 건물에 저당권을 취득하는 것은 승계취득에 해당한다.

04 중

상대방 없는 단독행위에 해당하는 것을 모두 고른 것은? (다툼이 있으면 판례에 따름)

제25회

> ㉠ 1인의 설립자에 의한 재단법인 설립행위
> ㉡ 공유지분의 포기
> ㉢ 법인의 이사를 사임하는 행위
> ㉣ 계약의 해지

① ㉠
② ㉠, ㉡
③ ㉢, ㉣
④ ㉠, ㉡, ㉢
⑤ ㉡, ㉢, ㉣

해설

㉠ 1인의 설립자에 의한 재단법인 설립행위는 상대방 없는 단독행위에 속한다.
㉡㉢㉣ 공유지분의 포기, 법인의 이사를 사임하는 행위, 계약의 해지는 상대방 있는 단독행위에 속한다.

05
중

권리변동의 원인과 그 성질이 올바르게 연결된 것을 모두 고른 것은? (다툼이 있으면 판례에 따름) 제22회

㉠ 지명채권의 양도 – 준물권행위
㉡ 해약금(민법 제565조)으로서의 계약금계약 – 요물계약
㉢ 무권대리행위의 추인 – 단독행위
㉣ 점유취득시효에 의한 소유권취득 – 승계취득

① ㉠
② ㉠, ㉡
③ ㉢, ㉣
④ ㉠, ㉡, ㉢
⑤ ㉡, ㉢, ㉣

해설

④ 점유취득시효에 의한 소유권취득은 승계취득이 아니라 원시취득에 해당한다.

06
중

법률행위에 관한 설명으로 옳은 것을 모두 고른 것은? 제17회

㉠ 매매계약을 대리함에 있어서 대리권의 존재는 특별효력요건이다.
㉡ 교환은 요식행위이다.
㉢ 저당권설정계약은 금전소비대차계약의 주된 계약이다.
㉣ 추심을 위한 채권양도는 민법학상 신탁행위이다.

① ㉠, ㉣
② ㉡, ㉢
③ ㉡, ㉣
④ ㉠, ㉢, ㉣
⑤ ㉡, ㉢, ㉣

해설

㉡ 교환계약은 불요식계약이다.
㉢ 저당권설정계약은 금전소비대차계약의 종된 계약이다.

Answer

03 ④ 04 ① 05 ④ 06 ①

07 중

법률행위의 종류 또는 그 효과에 관한 설명으로 옳은 것은? 제15회

① 채권자는 단독행위로 채무를 면제할 수 없다.
② 처분권 없는 자의 물권행위는 무효이다.
③ 준물권행위는 이행의 문제를 남기므로 물권행위와 구별된다.
④ 방식을 갖추지 않은 요식행위는 원시적 불능으로 무효이다.
⑤ 출연행위는 모두 유상행위이다.

해설

② 처분권 없는 자(무권한자)의 물권행위(처분행위)는 무효이다. 이에 비하여 처분권 없는 자의 의무부담행위는 유효이다.
① 채무면제는 단독행위이다.
③ 준물권행위도 처분행위이므로, 이행의 문제가 남지 않는다는 점에서 물권행위와 같다.
④ 방식을 갖추지 않는 요식행위도 후에 방식이 갖추어지면 유효하게 될 수 있다.
⑤ 출연행위 중에서 증여는 무상행위이므로, 출연행위가 모두 유상행위는 아니다.

08 중

법률행위의 목적 실현이 원시적 불능인 것은? 제15회

① 공용수용된 토지를 수용당한 자로부터 매수한 경우
② 공연계약을 체결한 특정 가수가 공연 전에 사망한 경우
③ 저당권이 설정된 토지를 매수하였으나 저당권이 실행되어 제3자가 그 토지의 소유권을 취득한 경우
④ 가압류된 건물에 대하여 매매계약을 체결하였으나 강제경매되어 제3자가 그 건물의 소유권을 취득한 경우
⑤ 임대차계약을 체결한 후 제3자의 방화로 임차목적물이 전소된 경우

해설

① 공용수용된 토지를 수용당한 자로부터 매수한 경우 원시적 불능이므로 무효이다. 나머지는 후발적 불능에 속한다.

2 반사회질서 법률행위

09 중

사회질서에 반하는 법률행위에 해당하지 않는 것은? (다툼이 있으면 판례에 따름)

제26회

① 형사사건에서 변호사가 성공보수금을 약정한 경우
② 변호사 아닌 자가 승소를 조건으로 소송의뢰인으로부터 소송물 일부를 양도받기로 약정한 경우
③ 당초부터 오로지 보험사고를 가장하여 보험금을 취득할 목적으로 생명보험계약을 체결한 경우
④ 증인이 사실을 증언하는 조건으로 그 소송의 일방 당사자로부터 통상적으로 용인될 수 있는 수준을 넘어서는 대가를 지급받기로 약정한 경우
⑤ 양도소득세의 일부를 회피할 목적으로 계약서에 실제로 거래한 가액보다 낮은 금액을 대금으로 기재하여 매매계약을 체결한 경우

해설

⑤ 양도소득세의 일부를 회피할 목적으로 매매계약서에 실제로 거래한 가액을 매매대금으로 기재하지 아니하고 그보다 낮은 금액을 매매대금으로 기재하였다 하여, 그것만으로 그 매매계약이 사회질서에 반하는 법률행위로서 무효로 된다고 할 수는 없다(대판 2007.6.14, 2007다3285).

Answer

07 ② 08 ① 09 ⑤

10 중

반사회질서의 법률행위로 무효인 것은? (다툼이 있으면 판례에 따름) 제23회

① 양도소득세 회피 목적의 미등기 전매계약
② 부첩관계인 부부생활의 종료를 해제조건으로 하는 증여계약
③ 매매계약에서 매도인에게 부과될 공과금을 매수인이 책임진다는 취지의 특약
④ 강제집행을 면할 목적으로 자신의 아파트에 허위의 근저당권설정등기를 마치는 행위
⑤ 도박채무의 변제를 위하여 채무자로부터 부동산의 처분을 위임받은 도박채권자가 이를 모르는 제3자와 체결한 매매계약

해설

② 부첩관계인 부부생활의 종료를 해제조건으로 하는 증여계약은 그 조건만이 무효인 것이 아니라 증여계약 자체가 무효이다(대판 1966.6.21, 66다530).
① 양도소득세의 회피 및 투기의 목적으로 자신 앞으로 소유권이전등기를 하지 아니하고 미등기인 채로 매매계약을 체결하였다 하여 그것만으로 그 매매계약이 사회질서에 반하는 법률행위로서 무효로 된다고 할 수 없다(대판 1993.5.25, 93다296).
③ 매매계약에서 매도인에게 부과될 공과금을 매수인이 책임진다는 취지의 특약을 하였다 하더라도 이는 공과금이 부과되는 경우 그 부담을 누가 할 것인가에 관한 약정으로서 그 자체가 불법조건이라고 할 수 없고 이것만 가지고 사회질서에 반한다고 단정하기도 어렵다(대판 1993.5.25, 93다296).
④ 강제집행을 면할 목적으로 부동산에 허위의 근저당권설정등기를 경료하는 행위는 민법 제103조의 선량한 풍속 기타 사회질서에 위반한 사항을 내용으로 하는 법률행위로 볼 수 없다(대판 2004.5.28, 2003다70041).
⑤ 도박채무의 변제를 위하여 채무자로부터 부동산의 처분을 위임받은 채권자가 그 부동산을 제3자에게 매도한 경우, 도박채무 부담행위 및 그 변제약정이 민법 제103조의 선량한 풍속 기타 사회질서에 위반되어 무효라 하더라도, 그 무효는 변제약정의 이행행위에 해당하는 위 부동산을 제3자에게 처분한 대금으로 도박채무의 변제에 충당한 부분에 한정되고, 위 변제약정의 이행행위에 직접 해당하지 아니하는 부동산 처분에 관한 대리권을 도박 채권자에게 수여한 행위 부분까지 무효라고 볼 수는 없으므로, 위와 같은 사정을 알지 못하는 거래 상대방인 제3자가 도박 채무자부터 그 대리인인 도박 채권자를 통하여 위 부동산을 매수한 행위까지 무효가 된다고 할 수는 없다(대판 1995.7.14, 94다40147).

11 **사회질서에 반하는 법률행위에 해당하는 것을 모두 고른 것은?** (다툼이 있으면 판례에 따름) **제27회**

●●㊍

> ㉠ 양도소득세의 회피 및 투기의 목적으로 자신 앞으로 소유권이전등기를 하지 아니하고 미등기인 채로 매매계약을 체결한 경우
> ㉡ 보험계약자가 다수의 보험계약을 통하여 보험금을 부정취득할 목적으로 보험계약을 체결한 경우
> ㉢ 전통사찰의 주지직을 거액의 금품을 대가로 양도·양수하기로 하는 약정이 있음을 알고도 이를 방조한 상태에서 한 종교법인의 주지임명행위

① ㉠　② ㉡　③ ㉠, ㉢
④ ㉡, ㉢　⑤ ㉠, ㉡, ㉢

해설

㉠ 양도소득세의 회피 및 투기의 목적으로 자신 앞으로 소유권이전등기를 하지 아니하고 미등기인 채로 매매계약을 체결하였다 하여 그것만으로 그 매매계약이 사회질서에 반하는 법률행위로서 무효로 된다고 할 수 없다(대판 1993.5.25, 93다296).

㉡ 보험계약자가 다수의 보험계약을 통하여 보험금을 부정취득할 목적으로 보험계약을 체결한 경우, 이러한 목적으로 체결된 보험계약에 의하여 보험금을 지급하게 하는 것은 보험계약을 악용하여 부정한 이득을 얻고자 하는 사행심을 조장함으로써 사회적 상당성을 일탈하게 될 뿐만 아니라, 또한 합리적인 위험의 분산이라는 보험제도의 목적을 해치고 위험발생의 우발성을 파괴하며 다수의 선량한 보험가입자들의 희생을 초래하여 보험제도의 근간을 해치게 되므로, 이와 같은 보험계약은 민법 제103조 소정의 선량한 풍속 기타 사회질서에 반하여 무효이다(대판 2005.7.28, 2005다23858).

㉢ 전통○○사의 주지직을 거액의 금품을 대가로 양도·양수하기로 하는 약정이 있음을 알고도 이를 묵인 혹은 방조한 상태에서 한 종교법인의 주지임명행위가 민법 제103조 소정의 반사회질서의 법률행위에 해당하지 않는다(대판 2001.2.9, 99다38613).

Answer

10 ②　**11** ②

12 중

반사회질서의 법률행위에 해당하는 것은? (다툼이 있으면 판례에 따름) 제24회

① 양도세 회피를 목적으로 한 부동산에 관한 명의신탁약정
② 강제집행을 면할 목적으로 부동산에 허위의 근저당권설정등기를 경료하는 행위
③ 전통사찰의 주지직을 거액의 금품을 대가로 양도·양수하기로 하는 약정이 있음을 알고도 이를 묵인한 상태에서 이루어진 종교법인의 양수인에 대한 주지임명행위
④ 변호사 아닌 자가 승소 조건의 대가로 소송당사자로부터 소송목적물 일부를 양도받기로 한 약정
⑤ 도박채무의 변제를 위하여 채무자가 그 소유의 부동산 처분에 관하여 도박채권자에게 대리권을 수여한 행위

해설

④ 변호사 아닌 갑과 소송당사자인 을이 갑은 을이 소송당사자로 된 민사소송사건에 관하여 을을 승소시켜주고 을은 소송물의 일부인 임야지분을 그 대가로 갑에게 양도하기로 약정한 경우 위 약정은 강행법규인 변호사법 제78조 제2호에 위반되는 반사회적 법률행위로서 무효이다(대판 1990.5.11, 89다카10514).

① 양도소득세를 회피하기 위한 방법으로 부동산을 명의신탁한 것이라 하더라도 그러한 이유 때문에 민법 제103조의 반사회적 법률행위로서 위 명의신탁이 무효라고 할 수 없다(대판 1991.9.13, 91다16334,16341).

② 강제집행을 면할 목적으로 부동산에 허위의 근저당권설정등기를 경료하는 행위는 민법 제103조의 선량한 풍속 기타 사회질서에 위반한 사항을 내용으로 하는 법률행위로 볼 수 없다(대판 2004.5.28, 2003다70041).

③ 전통○○사의 주지직을 거액의 금품을 대가로 양도·양수하기로 하는 약정이 있음을 알고도 이를 묵인 혹은 방조한 상태에서 한 종교법인의 주지임명행위가 민법 제103조 소정의 반사회질서의 법률행위에 해당하지 않는다(대판 2001.2.9, 99다38613).

⑤ 도박채무의 변제를 위하여 채무자로부터 부동산의 처분을 위임받은 채권자가 그 부동산을 제3자에게 매도한 경우, 도박채무 부담행위 및 그 변제약정이 민법 제103조의 선량한 풍속 기타 사회질서에 위반되어 무효라 하더라도, 그 무효는 변제약정의 이행행위에 해당하는 위 부동산을 제3자에게 처분한 대금으로 도박채무의 변제에 충당한 부분에 한정되고, 위 변제약정의 이행행위에 직접 해당하지 아니하는 부동산 처분에 관한 대리권을 도박 채권자에게 수여한 행위 부분까지 무효라고 볼 수는 없으므로, 위와 같은 사정을 알지 못하는 거래 상대방인 제3자가 도박 채무자부터 그 대리인인 도박 채권자를 통하여 위 부동산을 매수한 행위까지 무효가 된다고 할 수는 없다(대판 1995.7.14, 94다40147).

13 중

甲은 자신의 X건물을 乙에게 5천만원에 매도하는 계약을 체결한 후, X건물을 丙에게 8천만원에 매도 · 인도하고 소유권이전등기도 해 주었다. 다음 설명 중 옳지 않은 것은? (다툼이 있으면 판례에 의함) 제16회

① 甲과 丙 사이의 매매계약이 유효한 경우, 乙은 채권자취소권을 행사할 수 있다.
② 甲과 丙 사이의 매매계약이 유효한 경우, 乙은 甲에게 채무불이행을 이유로 손해배상을 청구할 수 있다.
③ 甲과 丙 사이의 매매계약이 반사회적 법률행위로 무효인 경우, 乙은 甲을 대위하여 丙에게 X건물에 대한 소유권이전등기의 말소를 청구할 수 있다.
④ 甲과 丙 사이의 매매계약이 반사회적 법률행위로 무효인 경우, 甲은 소유권에 기하여 丙에게 X건물의 반환을 청구할 수 없다.
⑤ 丙이 甲과 乙 사이의 매매사실을 알면서 甲의 배임행위에 적극 가담하여 甲과 계약을 체결한 경우, 甲과 丙 사이의 매매계약은 무효이다.

해설

① 이중매매가 유효한 경우, 제1매수인 乙은 채권자취소권을 행사할 수 없다.
② 이중매매계약이 유효인 경우, 제2매수인 丙은 건물에 대한 소유권을 취득하므로 제1매수인은 매도인에게 채무불이행을 이유로 손해배상을 청구할 수 있을 뿐이다.
③ 이중매매가 제2매수인의 적극 가담에 의하여 이루어져 반사회적 법률행위에 해당하여 무효인 경우에는 제1매수인은 직접 제2매수인에게 등기의 말소를 청구할 수 없고, 매도인을 대위하여 제2매수인에게 등기의 말소를 청구할 수 있다(대판 1980.5.27, 80다565).
④ 이중매매가 반사회적 법률행위에 해당하여 무효인 경우에 제746조가 적용되기에 매도인 甲은 제2매수인에게 건물의 반환을 청구할 수 없다.
⑤ 제2매수인이 매도인의 배임행위에 적극 가담하여 이루어진 이중매매계약은 제103조 반사회적 법률행위에 해당하여 무효이다.

03 민법

Answer
12 ④ 13 ①

3 불공정한 법률행위

14 (중)

불공정한 법률행위(민법 제104조)**에 관한 설명으로 옳지 않은 것은?** (다툼이 있으면 판례에 따름) 제26회

① 무상계약에는 제104조가 적용되지 않는다.
② 대가관계를 상정할 수 있는 한 단독행위의 경우에도 제104조가 적용될 수 있다.
③ 경매절차에서 경매부동산의 매각대금이 시가에 비해 현저히 저렴한 경우에는 제104조가 적용될 수 있다.
④ 불공정한 법률행위에서 궁박, 경솔, 무경험은 법률행위 당시를 기준으로 판단하여야 한다.
⑤ 불공정한 법률행위는 추인에 의해서도 유효로 될 수 없다.

해설

③ 경매에 있어서는 불공정한 법률행위 또는 채무자에게 불리한 약정에 관한 것으로서 효력이 없다는 민법 제104조, 제608조는 적용될 여지가 없다(대결 1980.3.21, 80마77).
① 기부행위와 같이 아무런 대가관계 없이 당사자 일방이 상대방에게 일방적인 급부를 하는 법률행위는 그 공정성 여부를 논의할 수 있는 성질의 법률행위가 아니다(대판 1997.3.11, 96다49650).
② 채권의 포기 등과 같은 대가를 상정할 수 있는 단독행위에도 제104조가 적용될 수 있다(대판 1975.5.13, 75다92).
④ 어떠한 법률행위가 불공정한 법률행위에 해당하는지는 법률행위 시를 기준으로 판단하여야 한다(대판 전합 2013.9.26, 2011다53683).
⑤ 불공정한 법률행위로서 무효인 경우에는 추인에 의하여 무효인 법률행위가 유효로 될 수 없다(대판 1994.6.24, 94다10900).

15 상●●

불공정한 법률행위에 관한 설명으로 옳지 않은 것을 모두 고른 것은? (다툼이 있으면 판례에 따름) 제27회

> ㉠ 공경매에 있어서도 불공정한 법률행위에 관한 민법 제104조가 적용된다.
> ㉡ 급부와 반대급부가 현저히 균형을 잃은 법률행위는 궁박, 경솔 또는 무경험으로 인해 이루어진 것으로 추정된다.
> ㉢ 대리인이 한 법률행위에 관하여 불공정한 법률행위가 문제되는 경우에 무경험은 대리인을 기준으로 판단하여야 한다.
> ㉣ 대물변제예약의 경우, 대차의 목적물가격과 대물변제의 목적물가격이 불균형한지 여부는 원칙적으로 대물변제 예약 당시를 표준으로 결정한다.

① ㉠, ㉡　② ㉡, ㉢　③ ㉠, ㉡, ㉣
④ ㉠, ㉢, ㉣　⑤ ㉡, ㉢, ㉣

해설

㉠ (×) 경매에 있어서는 불공정한 법률행위 또는 채무자에게 불리한 약정에 관한 것으로서 효력이 없다는 민법 제104조, 제608조는 적용될 여지가 없다(대결 1980.3.21, 80마77).

㉡ (×) 불공정한 법률행위를 주장하는 자는 스스로 궁박, 경솔, 무경험으로 인하였음을 증명하여야 하고, 그 법률행위가 현저하게 공정을 잃었다 하여 곧 그것이 경솔하게 이루어졌다고 추정하거나 궁박한 사정이 인정되는 것이 아니다(대판 1969.7.8, 69다594).

㉢ (○) 대리인에 의하여 법률행위가 이루어진 경우 그 법률행위가 민법 제104조의 불공정한 법률행위에 해당하는지 여부를 판단함에 있어서 경솔과 무경험은 대리인을 기준으로 하여 판단하고, 궁박은 본인의 입장에서 판단하여야 한다(대판 2002.10.22, 2002다38927).

㉣ (×) 대물변제예약이 불공정한 법률행위가 되는 요건의 하나인 대차의 목적물가격과 대물변제의 목적물가격에 있어서의 불균형이 있느냐 여부를 결정할 시점은 대물변제의 효력이 발생할 변제기당시를 표준으로 하여야 할 것임이 원칙이므로 채권액수도 역시 변제기까지의 원리액을 기준으로 하여야 할 것이다(대판 1965.6.15, 65다610).

Answer

14 ③　15 ③

16 중

불공정한 법률행위에 관한 설명으로 옳지 않은 것은? (다툼이 있으면 판례에 따름)

제25회

① 무상증여에는 불공정한 법률행위에 관한 규정이 적용되지 않는다.

② 급부와 반대급부 사이의 '현저한 불균형' 여부의 판단은 당사자의 주관적 가치에 의해야 한다.

③ 불공정한 법률행위에 해당하여 무효인 경우에도 무효행위의 전환에 관한 민법 제138조가 적용될 수 있다.

④ 대리행위가 불공정한 법률행위에 해당하는지를 판단함에 있어서 '무경험'은 대리인을 기준으로 한다.

⑤ 불공정한 법률행위에서의 '궁박'에는 정신적·심리적 원인에 의한 것도 포함될 수 있다.

해설

② 급부와 반대급부 사이의 '현저한 불균형'은 단순히 시가와의 차액 또는 시가와의 배율로 판단할 수 있는 것은 아니고 구체적·개별적 사안에 있어서 일반인의 사회통념에 따라 결정하여야 한다. 그 판단에 있어서는 피해 당사자의 궁박·경솔·무경험의 정도가 아울러 고려되어야 하고, 당사자의 주관적 가치가 아닌 거래상의 객관적 가치에 의하여야 한다(대판 2010. 7.15, 2009다50308).

① 민법 제104조가 규정하는 현저히 공정을 잃은 법률행위라 함은 자기의급부에 비하여 현저하게 균형을 잃은 반대급부를 하게 하여 부당한 재산적 이익을 얻는 행위를 의미하는 것이므로 기부행위와 같이 아무런 대가관계 없이 당사자 일방이 상대방에게 일방적인 급부를 하는 법률행위는 그 공정성 여부를 운위할 수 있는 성질의 법률행위가 아니다(대판 1993.3.23, 92다52238).

③ 매매계약이 약정된 매매대금의 과다로 말미암아 민법 제104조에서 정하는 '불공정한 법률행위'에 해당하여 무효인 경우에도 무효행위의 전환에 관한 민법 제138조가 적용될 수 있다(대판 2010.7.15, 2009다50308).

④ 대리인에 의하여 법률행위가 이루어진 경우 그 법률행위가 민법 제104조의 불공정한 법률행위에 해당하는지 여부를 판단함에 있어서 경솔과 무경험은 대리인을 기준으로 하여 판단하고, 궁박은 본인의 입장에서 판단하여야 한다(대판 2002.10.22, 2002다38927).

⑤ '궁박'이라 함은 '급박한 곤궁'을 의미하는 것으로서 경제적 원인에 기인할 수도 있고 정신적 또는 심리적 원인에 기인할 수도 있다(대판 2002.10.22, 2002다38927).

4 법률행위의 해석

17 중

법률행위의 해석에 관한 설명으로 옳은 것은? (다툼이 있으면 판례에 따름) 제24회

① 사실인 관습은 법률행위의 당사자의 의사를 보충할 뿐만 아니라 법칙으로서의 효력을 갖는다.
② 유언의 경우 우선적으로 규범적 해석이 이루어져야 한다.
③ 법률행위의 성립이 인정되는 경우에만 보충적 해석이 가능하다.
④ 처분문서가 존재한다면 처분문서의 기재내용과 다른 묵시적 약정이 있는 사실이 인정되더라도 그 기재내용을 달리 인정할 수는 없다.
⑤ 계약당사자 쌍방이 X토지를 계약목적물로 삼았으나, 계약서에는 착오로 Y토지를 기재하였다면, Y토지에 관하여 계약이 성립한 것이다.

해설

③ 보충적 해석은 자연적 해석이나 규범적 해석에 의하여 유효하게 성립한 이후에 행하여진다. 따라서 법률행위가 무효인 경우에는 보충적 해석이 적용될 여지가 없다.
① 사실인 관습은 법칙으로서의 효력은 인정되지 않는다.
② 유언은 상대방 없는 의사표시이므로 규범적 해석이 아니라 자연적 해석이 이루어져야 한다.
④ 처분문서의 진정성립이 인정되는 이상 법원은 반증이 없는 한 그 문서의 기재내용에 따른 의사표시의 존재 및 내용을 인정하여야 하고, 합리적인 이유설시도 없이 이를 배척하여서는 아니 되나, 처분문서라 할지라도 그 기재내용과 다른 명시적, 묵시적 약정이 있는 사실이 인정될 경우에는 그 기재내용과 다른 사실을 인정할 수 있고, 작성자의 법률행위를 해석함에 있어서도 경험법칙과 논리법칙에 어긋나지 않는 범위 내에서 자유로운 심증으로 판단할 수 있다(대판 1996.9.10, 95누7239).
⑤ 계약당사자 쌍방이 X토지를 계약의 목적물로 삼았으나, 계약서에는 착오를 일으켜 Y토지를 기재한 경우, 당사자가 의욕했던 X토지에 관하여 계약이 성립한다.

Answer

16 ② 17 ③

18 중

甲은 자신의 X토지를 乙에게 매도하기로 약정하였다. 甲과 乙은 계약서를 작성하면서 지번을 착각하여 매매목적물을 甲소유의 Y토지를 표시하였다. 그 후 甲은 Y토지에 관하여 위 매매계약을 원인으로 하여 乙명의로 소유권이전등기를 마쳐주었다. 이에 관한 설명으로 옳은 것은? (다툼이 있으면 판례에 따름) 제21회

① 甲과 乙 사이의 매매계약은 무효이다.
② Y토지에 관한 소유권이전등기는 유효이다.
③ 甲은 착오를 이유로 乙과의 매매계약을 취소할 수 있다.
④ 乙은 甲에게 X토지의 소유권이전등기를 청구할 수 있다.
⑤ 甲은 乙의 채무불이행을 이유로 Y토지에 대한 매매계약을 해제할 수 있다.

해설

④ 매수인 乙은 매도인 甲에게 X토지에 대한 소유권이전등기를 청구할 수 있다.
① 甲과 乙 사이의 X토지에 대한 매매계약은 유효이다.
② 매수인 乙명의의 Y토지에 대한 소유권이전등기는 무효이다.
③ 甲과 乙 사이의 X토지에 대한 매매계약은 유효하게 성립하였으므로, 甲은 착오를 이유로 乙과의 매매계약을 취소할 수 없다.
⑤ 甲과 乙 사이에 Y토지에 대한 매매계약은 그 자체가 성립하지 않았으므로, 해제의 대상이 되지 않는다.

06 의사표시

연계학습: 기본서 p.214~253

1 진의 아닌 의사표시

01 중

진의 아닌 의사표시에 관한 설명으로 옳은 것을 모두 고른 것은? (다툼이 있으면 판례에 따름) 제25회

㉠ 진의는 표의자가 진정으로 마음속에서 바라는 사항을 말한다.
㉡ 진의와 표시가 일치하지 않음을 표의자가 과실로 알지 못하고 한 의사표시는 진의 아닌 의사표시에 해당하지 않는다.
㉢ 어떠한 의사표시가 진의 아닌 의사표시로서 무효라고 주장하는 경우에 그 증명책임은 그 주장자에게 있다.

① ㉠ ② ㉡ ③ ㉠, ㉢
④ ㉡, ㉢ ⑤ ㉠, ㉡, ㉢

해설

㉠ (×) 진의 아닌 의사표시에 있어서의 '진의'란 특정한 내용의 의사표시를 하고자 하는 표의자의 생각을 말하는 것이지 표의자가 진정으로 마음 속에서 바라는 사항을 뜻하는 것은 아니다(대판 2001.1.19, 2009다51919).
㉡ (○) 진의 아닌 의사표시는 표의자가 진의와 표시의 불일치를 반드시 알면서 하여야 한다. 따라서 그 불일치는 과실로 알지 못한 경우에는 진의 아닌 의사표시에 해당하지 않는다.
㉢ (○) 어떠한 의사표시가 비진의 의사표시로서 무효라고 주장하는 경우에 그 입증책임은 그 주장자에게 있다(대판 1992.5.22, 92다2295).

02 중

진의 아닌 의사표시에 관한 설명으로 옳지 않은 것은? (다툼이 있으면 판례에 의함)

제15회

① 사용자의 퇴직권유에 의해 의원면직의 형식으로 근로계약관계를 종료시킨 경우, 근로자가 최선이라고 판단하고 제출한 사직서는 진의 아닌 의사표시이다.
② 상대방이 표의자의 진의 아님을 알았거나 알 수 있었을 경우에는 진의 아닌 의사표시는 무효이다.
③ 상대방이 표의자의 진의 아님을 알았거나 알 수 있었다는 것은 의사표시의 무효를 주장하는 자가 증명하여야 한다.
④ 진의 아닌 의사표시의 무효는 선의의 제3자에게 대항하지 못한다.
⑤ 가족법상의 신분행위에는 진의 아닌 의사표시에 관한 민법규정이 적용되지 않는다.

해설

① 진의 아닌 의사표시에 있어서의 '진의'란 특정한 내용의 의사표시를 하고자 하는 표의자의 생각을 말하는 것이지 표의자가 진정으로 마음 속에서 바라는 사항을 뜻하는 것은 아니므로, 표의자가 의사표시의 내용을 진정으로 마음속에서 바라지는 아니하였다고 하더라도 당시의 상황에서는 그것이 최선이라고 판단하여 그 의사표시를 하였을 경우에는 이를 내심의 효과의사가 결여된 진의 아닌 의사표시라고 할 수 없다(대판 2001.1.19, 2000다51919).
② 제107조 제1항 참조
③ 어떠한 의사표시가 비진의의사표시로서 무효라고 주장하는 경우에 그 입증책임은 그 주장자에게 있다(대판 1992.5.22, 92다2295).
④ 제107조 제2항 참조
⑤ 민법의 의사표시에 관한 규정은 신분행위에는 적용되지 않는다.

Answer

18 ④ / 01 ④ 02 ①

2 통정허위표시

03 중

통정허위표시에 기초하여 새로운 법률상 이해관계를 맺은 제3자에 해당하는 경우를 모두 고른 것은? (다툼이 있으면 판례에 따름) 제27회

> ㉠ 가장소비대차에서 대주의 계약상 지위를 이전받은 자
> ㉡ 가장채권을 보유하고 있는 자가 파산선고를 받은 경우의 파산관재인
> ㉢ 가장전세권설정계약에 의하여 형성된 법률관계로 생긴 전세금반환채권을 가압류한 채권자

① ㉠ ② ㉡ ③ ㉠, ㉢
④ ㉡, ㉢ ⑤ ㉠, ㉡, ㉢

해설

㉠ 구 상호신용금고법 소정의 계약이전은 금융거래에서 발생한 계약상의 지위가 이전되는 사법상의 법률효과를 가져오는 것이므로, 계약이전을 받은 금융기관은 계약이전을 요구받은 금융기관과 대출채무자 사이의 통정허위표시에 따라 형성된 법률관계를 기초로 하여 새로운 법률상 이해관계를 가지게 된 민법 제108조 제2항의 제3자에 해당하지 않는다(대판 2004.1.15, 2002다31537).

㉡ 파산관재인이 민법 제108조 제2항의 경우 등에 있어 제3자에 해당하는 것은 파산관재인은 파산채권자 전체의 공동의 이익을 위하여 선량한 관리자의 주의로써 그 직무를 행하여야 하는 지위에 있기 때문이므로, 그 선의·악의도 파산관재인 개인의 선의·악의를 기준으로 할 수는 없고 총파산채권자를 기준으로 하여 파산채권자 모두가 악의로 되지 않는 한 파산관재인은 선의의 제3자라고 할 수밖에 없다(대판 2006.11.10, 2004다10299).

㉢ 통정한 허위표시에 의하여 외형상 형성된 법률관계로 생긴 채권을 가압류한 경우, 그 가압류권자는 허위표시에 기초하여 새로운 법률상 이해관계를 가지게 되므로 민법 제108조 제2항의 제3자에 해당한다(대판 2004.5.28, 2003다70041).

04 상

의사와 표시의 불일치에 관한 설명으로 옳은 것은? (다툼이 있으면 판례에 따름)

제22회

① 진의 아닌 의사표시에서 '진의'란 표의자가 진정으로 마음속에서 바라는 사항을 뜻한다.

② 진의 아닌 의사표시는 상대방이 악의인 경우에만 무효이므로 상대방의 과실 여부는 그 효력에 영향을 미치지 않는다.

③ 통정허위표시에 기초하여 새로운 이해관계를 맺은 제3자는 특별한 사정이 없는 한 악의로 추정된다.

④ 부동산의 가장양수인으로부터 소유권이전등기청구권 보전의 가등기를 받은 자는 통정허위표시의 제3자에 해당하지 않는다.

⑤ 채무자의 법률행위가 채권자취소권의 대상이 되더라도 통정허위표시의 요건을 갖추면 무효이다.

해설

⑤ 채무자의 법률행위가 통정허위표시인 경우에도 채권자취소권의 대상이 되고, 한편 채권자취소권의 대상으로 된 채무자의 법률행위라도 통정허위표시의 요건을 갖춘 경우에는 무효라고 할 것이다(대판 1998.2.27, 97다50985).

① 진의 아닌 의사표시에 있어서의 '진의'란 특정한 내용의 의사표시를 하고자 하는 표의자의 생각을 말하는 것이지 표의자가 진정으로 마음속에서 바라는 사항을 뜻하는 것은 아니다(대판 2001.1.19, 2000다51919).

② 진의 아닌 의사표시는 상대방이 알았거나 알 수 있었을 경우에는 무효이므로(제107조 단서 참조), 상대방의 과실 여부는 진의 아닌 의사표시의 효력에 영향을 미친다.

③ 민법 제108조 제2항에 규정된 제3자는 특별한 사정이 없는 한 선의로 추정되고, 제3자가 악의라는 사실에 관한 주장・입증책임은 그 허위표시의 무효를 주장하는 자에게 있다(대판 2007.11.29, 2007다53013).

④ 부동산의 가장양수인으로부터 소유권이전등기청구권 보전의 가등기를 받은 자는 통정허위표시의 제3자에 해당한다.

03 민법

Answer

03 ④ 04 ⑤

05 중

통정허위표시에 기초하여 새로운 법률상 이해관계를 맺은 '제3자'에 해당하지 않는 것은? (다툼이 있으면 판례에 따름) 제26회

① 채권의 가장양수인으로부터 추심을 위하여 채권을 양수한 자
② 가장의 근저당설정계약이 유효하다고 믿고 그 피담보채권을 가압류한 자
③ 허위표시인 전세권설정계약에 기하여 등기까지 마친 전세권에 관하여 저당권을 취득한 자
④ 가장매매의 매수인으로부터 매매예약에 기하여 소유권이전등기청구권 보전을 위한 가등기권을 취득한 자
⑤ 임대차보증금 반환채권을 가장 양수한 자의 채권자가 그 채권에 대하여 압류 및 추심명령을 받은 경우, 그 채권자

해설

① 채권의 가장양수인으로부터 추심을 위하여 채권을 양수한 자는 제3자에 해당하지 않는다.

3 착오에 의한 의사표시

06 상

착오에 관한 의사표시에 관한 설명으로 옳지 않은 것은? (다툼이 있으면 판례에 따름) 제25회

① 매도인이 매수인의 채무불이행을 이유로 매매계약을 적법하게 해제한 후에도 매수인은 착오를 이유로 그 매매계약을 취소할 수 있다.
② 물건의 하자로 매도인의 하자담보책임이 성립하는 경우, 매수인은 매매계약 내용의 중요부분에 착오가 있더라도 그 계약을 취소할 수 없다.
③ 부동산 매매계약에서 시가에 관한 착오는 원칙적으로 법률행위의 중요부분에 관한 착오가 아니다.
④ 상대방이 표의자의 착오를 알고 이용한 경우에는 착오가 표의자의 중대한 과실로 인한 것이라도 표의자는 그 의사표시를 취소할 수 있다.
⑤ 계약당사자의 합의로 착오로 인한 의사표시 취소에 관한 민법 제109조 제1항의 적용을 배제할 수 있다.

해설

② 착오로 인한 취소 제도와 매도인의 하자담보책임 제도는 취지가 서로 다르고, 요건과 효과도 구별된다. 따라서 매매계약 내용의 중요 부분에 착오가 있는 경우 매수인은 매도인의 하자담보책임이 성립하는지와 상관없이 착오를 이유로 매매계약을 취소할 수 있다(대판 2018.9.13, 2015다78703).

① 매도인이 매수인의 중도금 지급채무불이행을 이유로 매매계약을 적법하게 해제한 후라도 매수인으로서는 상대방이 한 계약해제의 효과로서 발생하는 손해배상책임을 지거나 매매계약에 따른 계약금의 반환을 받을 수 없는 불이익을 면하기 위하여 착오를 이유로 한 취소권을 행사하여 위 매매계약 전체를 무효로 돌리게 할 수 있다(대판 1991.8.27, 91다11308).
③ 부동산의 매매에 있어 시가에 관한 착오는 그 동기의 착오에 불과할 뿐 법률행위의 중요부분에 관한 착오라고는 할 수 없다(대판 1991.2.12, 90다17927).
④ 상대방이 표의자의 착오를 알고 이를 이용한 경우에는 착오가 표의자의 중대한 과실로 인한 것이라고 하더라도 표의자는 의사표시를 취소할 수 있다(대판 2014.11.27, 2013다49794).
⑤ 당사자의 합의로 착오로 인한 의사표시 취소에 관한 민법 제109조 제1항의 적용을 배제할 수 있다(대판 2016.4.15, 2013다97694).

07 중

착오에 의한 의사표시에 관한 설명으로 옳지 않은 것은? (다툼이 있으면 판례에 따름) 제26회

① 매도인이 매매계약을 적법하게 해제한 경우, 매수인은 착오를 이유로 그 계약을 취소할 수 없다.
② 착오로 인하여 표의자가 경제적인 불이익을 입은 것이 아니라면 이를 법률행위 내용의 중요부분의 착오라고 할 수 없다.
③ 상대방이 표의자의 착오를 알면서 이를 이용한 경우, 표의자는 자신에게 중대한 과실이 있더라도 그 의사표시를 취소할 수 있다.
④ 출연재산이 재단법인의 기본재산인지 여부는 착오에 의한 출연행위의 취소에 영향을 주지 않는다.
⑤ 표의자에게 중대한 과실이 있는지 여부에 관한 증명책임은 그 의사표시를 취소하게 하지 않으려는 상대방에게 있다.

해설

① 매도인이 매수인의 중도금 지급채무불이행을 이유로 매매계약을 적법하게 해제한 후라도 매수인으로서는 상대방이 한 계약해제의 효과로서 발생하는 손해배상책임을 지거나 매매계약에 따른 계약금의 반환을 받을 수 없는 불이익을 면하기 위하여 착오를 이유로 한 취소권을 행사하여 위 매매계약 전체를 무효로 돌리게 할 수 있다(대판 1991.8.27, 91다11308).
② 만일 그 착오로 인하여 표의자가 무슨 경제적인 불이익을 입은 것이 아니라고 한다면 이를 법률행위 내용의 중요 부분의 착오라고 할 수 없다(대판 1999.2.23, 98다47924).
③ 상대방이 표의자의 착오를 알고 이를 이용한 경우에는 착오가 표의자의 중대한 과실로 인한 것이라고 하더라도 표의자는 의사표시를 취소할 수 있다(대판 2023.4.27, 2017다227264).
④ 재단법인의 출연자가 착오를 원인으로 취소를 한 경우에는 출연자는 재단법인의 성립 여부나 출연된 재산의 기본재산인 여부와 관계없이 그 의사표시를 취소할 수 있다(대판 1999.7.9, 98다9045).
⑤ 민법 제109조 제1항 단서에서 규정하는 착오한 표의자의 중대한 과실 유무에 관한 주장과 입증책임은 착오자가 아니라 의사표시를 취소하게 하지 않으려는 상대방에게 있다(대판 2005.5.12, 2005다6228).

Answer

05 ① 06 ② 07 ①

08 상●●

甲은 乙 소유의 X토지에 관하여 乙과 매매계약을 체결하였다. 이에 관한 설명으로 옳은 것은? (다툼이 있으면 판례에 따름) 제27회

① 甲이 乙에 의하여 유발된 동기의 착오로 매매계약을 체결한 경우, 甲은 체결 당시 그 동기를 표시한 경우에 한하여 그 계약을 취소할 수 있다.

② 甲이 착오를 이유로 매매계약을 취소하려는 경우, 乙이 이를 저지하려면 甲의 중대한 과실을 증명하여야 한다.

③ X의 시가에 대한 甲의 착오는 특별한 사정이 없는 한 법률행위의 중요부분에 대한 착오에 해당한다.

④ 乙이 甲의 중도금 지급채무 불이행을 이유로 매매계약을 적법하게 해제한 경우, 甲은 그 계약내용에 착오가 있었더라도 이를 이유로 취소권을 행사할 여지가 없다.

⑤ 법률행위 내용의 중요부분의 착오가 되기 위해서는 특별한 사정이 없는 한 착오에 빠진 甲이 그로 인하여 경제적 불이익을 입어야 하는 것이 아니다.

해설

② 착오한 표의자의 중대한 과실 유무에 관한 주장과 입증책임은 착오자가 아니라 의사표시를 취소하게 하지 않으려는 상대방에게 있다(대판 2005.5.12, 2005다6228).

① 상대방으로부터 유발된 동기의 착오는 상대방에게 표시하지 않더라도 착오를 이유로 취소할 수 있다(대판 1978.7.11, 78다719 참조).

③ 토지매매에 있어서 시가에 관한 착오는 토지를 매수하려는 의사를 결정함에 있어 그 동기의 착오에 불과할 뿐 법률행위의 중요부분에 관한 착오라 할 수 없다(대판 1985.4.23, 84다카890).

④ 매도인이 매수인의 중도금 지급채무불이행을 이유로 매매계약을 적법하게 해제한 후라도 매수인으로서는 상대방이 한 계약해제의 효과로서 발생하는 손해배상책임을 지거나 매매계약에 따른 계약금의 반환을 받을 수 없는 불이익을 면하기 위하여 착오를 이유로 한 취소권을 행사하여 위 매매계약 전체를 무효로 돌리게 할 수 있다(대판 1991.8.27, 91다11308).

⑤ 만일 그 착오로 인하여 표의자가 무슨 경제적인 불이익을 입은 것이 아니라고 한다면 이를 법률행위 내용의 중요 부분의 착오라고 할 수 없다(대판 1999.2.23, 98다47924).

4 사기 · 강박에 의한 의사표시

09 중

사기 또는 강박에 의한 의사표시에 관한 설명으로 옳지 않은 것은? (다툼이 있으면 판례에 따름) 제25회

① 강박에 의하여 의사결정의 자유가 완전히 박탈된 상태에서 이루어진 의사표시는 무효이다.

② 교환계약의 당사자가 자기가 소유하는 목적물의 시가를 묵비하여 상대방에게 고지하지 않은 것은 특별한 사정이 없는 한 기망행위에 해당하지 않는다.

③ 어떤 해악의 고지가 없이 단지 각서에 서명 · 날인할 것을 강력히 요구한 것만으로도 강박에 해당한다.

④ 제3자의 사기행위로 체결한 계약에서 그 사기행위 자체가 불법행위를 구성하는 경우, 피해자가 제3자에게 불법행위로 인한 손해배상을 청구하기 위하여 그 계약을 취소할 필요는 없다.

⑤ 상대방 있는 의사표시에 있어서 상대방과 동일시할 수 있는 자의 사기는 제3자의 사기에 해당하지 않는다.

해설

③ 강박에 의한 의사표시라고 하려면 상대방이 불법으로 어떤 해악을 고지하므로 말미암아 공포를 느끼고 의사표시를 한 것이어야 하므로 각서에 서명 · 날인할 것을 강력히 요구하였다고 설시한 것은 심리미진 또는 강박에 의한 의사표시의 법리를 오해한 것이라 할 것이다(대판 1979.1.16, 78다1968).

① 강박에 의한 법률행위가 하자 있는 의사표시로서 취소되는 것에 그치지 않고 나아가 무효로 되기 위하여는, 강박의 정도가 단순한 불법적 해악의 고지로 상대방으로 하여금 공포를 느끼도록 하는 정도가 아니고, 의사표시자로 하여금 의사결정을 스스로 할 수 있는 여지를 완전히 박탈한 상태에서 의사표시가 이루어져 단지 법률행위의 외형만이 만들어진 것에 불과한 정도이어야 한다(대판 2003.5.13, 2002다73708).

② 일반적으로 교환계약을 체결하려는 당사자는 (중략) 특별한 사정이 없는 한, 어느 일방이 교환 목적물의 시가나 그 가액 결정의 기초가 되는 사항에 관하여 상대방에게 설명 내지 고지를 할 주의의무를 부담한다고 할 수 없고, 일방 당사자가 자기가 소유하는 목적물의 시가를 묵비하여 상대방에게 고지하지 아니하거나 혹은 허위로 시가보다 높은 가액을 시가라고 고지하였다 하더라도 이는 상대방의 의사결정에 불법적인 간섭을 한 것이라고 볼 수 없다(대판 2002.9.4, 2000다54406).

④ 제3자의 사기행위로 인하여 피해자가 주택건설사와 사이에 주택에 관한 분양계약을 체결하였다고 하더라도 제3자의 사기행위 자체가 불법행위를 구성하는 이상, 제3자로서는 그 불법행위로 인하여 피해자가 입은 손해를 배상할 책임을 부담하는 것이므로, 피해자가 제3자를 상대로 손해배상청구를 하기 위하여 반드시 그 분양계약을 취소할 필요는 없다(대판 1998.3.10, 97다5829).

⑤ 의사표시의 상대방이 아닌 자로서 기망행위를 하였으나 민법 제110조 제2항에서 정한 제3자에 해당되지 아니한다고 볼 수 있는 자란 그 의사표시에 관한 상대방의 대리인 등 상대방과 동일시할 수 있는 자만을 의미한다(대판 1998.1.23, 96다41496).

Answer

08 ②　09 ③

10 상

사기 · 강박에 의한 의사표시에 관한 설명으로 옳지 않은 것은? (다툼이 있으면 판례에 따름) **제26회**

① 매매계약의 일방 당사자가 목적물의 시가를 묵비하여 상대방에게 고지하지 않은 것은 특별한 사정이 없는 한 기망행위에 해당하지 않는다.
② 상대방의 피용자는 제3자에 의한 사기에 관한 민법 제110조 제2항에서 정한 제3자에 해당하지 않는다.
③ 제3자의 사기행위로 체결한 계약에서 그 사기행위 자체가 불법행위를 구성하는 경우, 피해자가 제3자에게 불법행위로 인한 손해배상을 청구하기 위해서는 그 계약을 취소할 수 필요는 없다.
④ 타인의 기망행위에 의해 동기의 착오가 발생한 경우에는 사기와 착오의 경합이 인정될 수 있다.
⑤ 강박에 의한 의사표시가 취소된 동시에 불법행위의 성립요건을 갖춘 경우, 그 취소로 인한 부당이득반환청구권과 불법행위로 인한 손해배상청구권은 경합하여 병존한다.

해설

② 단순히 상대방의 피용자이거나 상대방이 사용자책임을 져야 할 관계에 있는 피용자에 지나지 않는 자는 상대방과 동일시할 수는 없어 이 규정에서 말하는 제3자에 해당한다(대판 1998.1.23, 96다41496).
① 매매거래에 있어서 매수인은 될수록 염가로 매수할 것을 희망하고 매도인은 반대로 될수록 고가로 처분할 것을 희망하는 이해가 상반되는 지위에 있는 것이므로 그 품질시가에 대하여 묵비를 지켜 고지 아니하였다 하여도 그 상대방은 사기행위에 의한 법률행위라고 할 수 없다(대판 1973.7.24, 73다114).
③ 제3자의 사기행위로 인하여 피해자가 주택건설사와 사이에 주택에 관한 분양계약을 체결하였다고 하더라도 제3자의 사기행위 자체가 불법행위를 구성하는 이상, 제3자로서는 그 불법행위로 인하여 피해자가 입은 손해를 배상할 책임을 부담하는 것이므로, 피해자가 제3자를 상대로 손해배상청구를 하기 위하여 반드시 그 분양계약을 취소할 필요는 없다(대판 1998.3.10, 97다55829).
④ 기망행위로 인하여 법률행위의 중요부분에 관하여 착오를 일으킨 경우 뿐만 아니라 법률행위의 내용으로 표시되지 아니한 의사결정의 동기에 관하여 착오를 일으킨 경우에도 표의자는 그 법률행위를 사기에 의한 의사표시로서 취소할 수 있다(대판 1985.4.9, 85도167).
⑤ 법률행위가 사기에 의한 것으로서 취소되는 경우에 그 법률행위가 동시에 불법행위를 구성하는 때에는 취소의 효과로 생기는 부당이득반환청구권과 불법행위로 인한 손해배상청구권은 경합하여 병존하는 것이므로, 채권자는 어느 것이라도 선택하여 행사할 수 있지만 중첩적으로 행사할 수는 없다(대판 1993.4.27, 92다56087).

11 중

사기 · 강박의 의사표시에 관한 설명으로 옳지 않은 것은? (다툼이 있으면 판례에 따름) 제27회

① 교환계약의 당사자가 자기 소유 목적물의 시가를 묵비한 것은 특별한 사정이 없는 한 기망행위가 아니다.

② 매수인의 대리인이 매도인을 기망하여 매도인과 매매계약을 체결한 경우, 매수인이 그 대리인의 기망사실을 알 수 없었더라도 매도인은 사기를 이유로 의사표시를 취소할 수 있다.

③ 양수인의 사기로 의사표시를 한 부동산의 양도인이 제3자에 대하여 사기에 의한 의사표시의 취소를 주장하는 경우, 제3자는 특별한 사정이 없는 한 자신의 선의를 증명해야 한다.

④ 매매계약에 있어서 사기에 기한 취소권과 매도인의 담보책임이 경합하는 경우, 매도인으로부터 기망당한 매수인은 사기를 이유로 취소할 수 있다.

⑤ 강박에 의하여 의사결정의 자유가 완전히 박탈된 상태에서 이루어진 의사표시는 무효이다.

해설

③ 사기의 의사표시로 인한 매수인으로부터 부동산의 권리를 취득한 제3자는 특별한 사정이 없는 한 선의로 추정할 것이므로 사기로 인하여 의사표시를 한 부동산의 양도인이 제3자에 대하여 사기에 의한 의사표시의 취소를 주장하려면 제3자의 악의를 입증할 필요가 있다(대판 1970.11.24, 70다2155).

① 일반적으로 교환계약을 체결하려는 당사자는 서로 자기가 소유하는 교환 목적물은 고가로 평가하고, 상대방이 소유하는 목적물은 염가로 평가하여, 보다 유리한 조건으로 교환계약을 체결하기를 희망하는 이해상반의 지위에 있고, 각자가 자신의 지식과 경험을 이용하여 최대한으로 자신의 이익을 도모할 것이 예상되기 때문에, 당사자 일방이 알고 있는 정보를 상대방에게 사실대로 고지하여야 할 신의칙상의 주의의무가 인정된다고 볼만한 특별한 사정이 없는 한, 일방 당사자가 자기가 소유하는 목적물의 시가를 묵비하여 상대방에게 고지하지 아니하거나, 혹은 허위로 시가보다 높은 가액을 시가라고 고지하였다 하더라도, 이는 상대방의 의사결정에 불법적인 간섭을 한 것이라고 볼 수 없으므로 불법행위가 성립한다고 볼 수 없다(대판 2001.7.13, 99다38583).

② 상대방의 대리인 등 상대방과 동일시할 수 있는 자의 사기나 강박은 여기서 말하는 제3자의 사기 · 강박에 해당하지 아니하므로(대판 1999.2.23, 98다60828), 매수인이 대리인의 기망사실을 알았던 몰랐던 관계없이 언제든지 기망을 당한 매도인은 사기를 이유로 취소할 수 있다.

④ 기망에 의하여 하자 있는 권리나 물건에 관한 매매가 성립한 경우에 담보책임규정과 사기에 의한 취소권이 경합한다. 따라서 담보책임과 사기에 의한 취소권을 선택적으로 행사할 수 있다(대판 1973.10.23, 73다268).

⑤ 강박에 의한 법률행위가 하자 있는 의사표시로서 취소되는 것에 그치지 않고 나아가 무효로 되기 위하여는, 강박의 정도가 단순한 불법적 해악의 고지로 상대방으로 하여금 공포를 느끼도록 하는 정도가 아니고, 의사표시자로 하여금 의사결정을 스스로 할 수 있는 여지를 완전히 박탈한 상태에서 의사표시가 이루어져 단지 법률행위의 외형만이 만들어진 것에 불과한 정도이어야 한다(대판 2002.12.10, 2002다56031).

Answer

10 ② 11 ③

03 민법

5 의사표시의 효력발생시기

12 **의사표시의 효력발생에 관한 설명으로 옳은 것은?** (다툼이 있으면 판례에 따름)

상●●

제23회

① 의사표시자가 그 통지를 발송한 후 제한능력자가 된 경우, 그 의사표시는 효력이 없다.

② 보통우편의 방법으로 발송되었다는 사실만으로 그 우편물은 상당기간 내에 도달한 것으로 추정된다.

③ 의사표시가 상대방에게 도달하더라도 상대방이 그 내용을 알기 전에는 그 효력이 발생하지 않는다.

④ 의사표시의 상대방이 의사표시를 받은 때에 피특정후견인인 경우에는 의사표시자는 그 의사표시로써 대항할 수 있다.

⑤ 이사의 사임 의사표시가 법인의 대표자에게 도달한 때에는 정관에 따라 사임의 효력이 발생하지 않았더라도 그 사임의사를 철회할 수 없다.

해설

④ 피특정후견인은 제한능력자가 아니라 행위능력자이므로, 의사표시의 상대방이 피특정후견인인 경우 의사표시자는 그 의사표시로써 대항할 수 있다(제112조 참조).

① 의사표시자가 그 통지를 발송한 후 사망하거나 제한능력자가 되어도 의사표시의 효력에 영향을 미치지 아니한다(제111조 제2항).

② 내용증명우편이나 등기우편과는 달리, 보통우편의 방법으로 발송되었다는 사실만으로는 그 우편물이 상당한 기간 내에 도달하였다고 추정할 수 없고, 송달의 효력을 주장하는 측에서 증거에 의하여 이를 입증하여야 한다(대판 2009.12.10, 2007두20140).

③ 도달이라 함은 사회관념상 채무자가 통지의 내용을 알 수 있는 객관적 상태에 놓여졌다고 인정되는 상태를 지칭한다고 해석되므로, 채무자가 이를 현실적으로 수령하였다거나 그 통지의 내용을 알았을 것까지는 필요로 하지 않으므로(대판 1997.11.25, 97다31281), 의사표시는 상대방에게 도달하면 효력을 발생한다(제111조 제1항).

⑤ 이사의 사임의 의사표시가 법인의 대표자에게 도달하였다고 하더라도 그와 같은 사정만으로 곧바로 사임의 효력이 발생하는 것은 아니고 정관에서 정한 바에 따라 사임의 효력이 발생하는 것이므로, 이사가 사임의 의사표시를 하였더라도 정관에 따라 사임의 효력이 발생하기 전에는 그 사임의사를 자유롭게 철회할 수 있다(대판 2008.9.25, 2007다17109).

13 (중) **의사표시의 효력발생에 관한 설명으로 옳은 것은?** (다툼이 있으면 판례에 따름) 제26회

① 격지자 간의 계약은 승낙의 통지가 도달한 때 성립한다.
② 사원총회의 소집은 특별한 사정이 없는 한 1주간 전에 그 통지가 도달하여야 한다.
③ 표의자가 의사표시를 발신한 후 사망하더라도 그 의사표시의 효력에는 영향을 미치지 아니한다.
④ 의사표시를 보통우편으로 발송한 경우, 그 우편이 반송되지 않는 한 의사표시는 도달된 것으로 추정된다.
⑤ 의사표시가 상대방에게 도달한 후에도 상대방이 이를 알기 전이라면 특별한 사정이 없는 한 그 의사표시를 철회할 수 있다.

해설

③ 의사표시자가 그 통지를 발송한 후 사망하거나 제한능력자가 되어도 의사표시의 효력에 영향을 미치지 아니한다(제111조 제2항).
① 격지자 간의 계약은 승낙의 통지를 발송한 때 성립한다(제531조).
② 총회의 소집은 1주간 전에 그 회의의 목적사항을 기재한 통지를 발하고 기타 정관에 정한 방법에 의하여야 한다(제71조).
④ 내용증명우편이나 등기우편과는 달리, 보통우편의 방법으로 발송되었다는 사실만으로는 그 우편물이 상당기간 내에 도달하였다고 추정할 수 없고 송달의 효력을 주장하는 측에서 증거에 의하여 도달사실을 입증하여야 한다(대판 2002.7.26, 2000다25002).
⑤ 상대방에게 의사표시가 도달하면 효력을 발생하므로(제111조 제1항), 상대방이 이를 알기 전이라도 그 의사표시를 철회할 수 없다.

14 (중) **의사표시의 효력발생에 관하여 발신주의를 따르는 것을 모두 고른 것은?** 제21회

㉠ 이행불능으로 인한 계약의 해제
㉡ 무권대리인의 상대방이 한 추인 여부의 최고에 대한 본인의 확답
㉢ 제한능력자의 법률행위에 대한 법정대리인의 동의
㉣ 제한능력자의 상대방이 한 추인 여부의 촉구에 대한 법정대리인의 확답

① ㉠, ㉡ ② ㉡, ㉢ ③ ㉡, ㉣
④ ㉢, ㉣ ⑤ ㉠, ㉢, ㉣

해설

③ 무권대리인의 상대방이 한 추인 여부의 최고에 대한 본인의 확답(제131조), 제한능력자의 상대방이 한 추인 여부의 촉구에 대한 법정대리인의 확답(제15조 제2항)은 발신주의에 따른다. 그러나 계약의 해제 의사표시 또는 법정대리인의 동의는 상대방 있는 의사표시이므로 원칙적으로 도달주의에 따른다.

Answer
12 ④ 13 ③ 14 ③

03 민법

07 대리

연계학습 : 기본서 p.254~299

1 대리의 의의 및 대리권

01 **대리에 관한 설명으로 옳지 않은 것은?** (다툼이 있으면 판례에 따름) 제23회

중

① 임의대리권은 원인된 법률관계의 종료에 의하여 소멸한다.
② 대리인은 본인의 허락이 없어도 쌍방을 대리하여 다툼이 없는 채무의 이행을 할 수 있다.
③ 복대리인이 그 권한 내에서 본인을 위한 것임을 표시한 의사표시는 직접 본인에게 효력이 생긴다.
④ 법률행위에 의해 대리권을 부여받은 대리인은 특별한 사정이 없는 한 복대리인을 선임할 수 있다.
⑤ 매매계약의 체결과 이행에 관한 포괄적 대리권을 수여받은 대리인은 특별한 사정이 없는 한 약정된 매매대금 지급기일을 연기해 줄 권한도 가진다.

해설

④ 대리권이 법률행위에 의하여 부여된 경우 즉 임의대리인은 원칙적으로 복임권이 없다(제120조 참조).
① 법률행위에 의하여 수여된 대리권은 그 원인된 법률관계의 종료에 의하여 소멸한다(제128조).
② 대리인은 본인의 허락이 없으면 본인을 위하여 자기와 법률행위를 하거나 동일한 법률행위에 관하여 당사자 쌍방을 대리하지 못한다. 그러나 채무의 이행은 할 수 있다(제124조).
③ 복대리인도 본인의 대리인이므로, 복대리인이 그 권한 내에서 본인을 위한 것임을 표시한 의사표시는 직접 본인에게 효력이 생긴다(제123조 제1항, 제114조).
⑤ 부동산의 소유자로부터 매매계약을 체결할 대리권을 수여받은 대리인은 특별한 다른 사정이 없는 한 그 매매계약에서 약정한 바에 따라 중도금이나 잔금을 수령할 수도 있다고 보아야 하고, 매매계약의 체결과 이행에 관하여 포괄적으로 대리권을 수여받은 대리인은 특별한 다른 사정이 없는 한 상대방에 대하여 약정된 매매대금지급기일을 연기하여 줄 권한도 가진다고 보아야 할 것이다(대판 1992.4.14, 91다43107).

02 대리에 관한 설명으로 옳은 것은? 제22회

하

① 임의대리권은 대리인에 대한 한정후견 개시에 의하여 소멸한다.
② 무권대리행위의 추인은 다른 의사표시가 없는 한 추인한 때부터 효력이 생긴다.
③ 법정대리인은 본인의 승낙이 있거나 부득이한 사유있는 때가 아니면 복대리인을 선임하지 못한다.
④ 법률 또는 수권행위에 다른 정한 바가 없으면, 수인의 대리인은 공동으로 본인을 대리한다.
⑤ 본인이 특정한 법률행위를 위임한 경우, 임의대리인이 본인의 지시에 좇아 그 행위를 하였다면, 본인은 자기의 과실로 알지 못한 사정에 관하여 그 대리인의 부지를 주장하지 못한다.

해설

⑤ 제116조 제2항
① 대리인의 한정후견 개시의 심판은 대리권 소멸사유가 아니다(제127조 참조).
② 무권대리행위의 추인은 다른 의사표시가 없는 때에는 계약시에 소급하여 그 효력이 생긴다(제133조).
③ 대리권이 법률행위에 의하여 부여된 경우에는 대리인은 본인의 승낙이 있거나 부득이한 사유 있는 때가 아니면 복대리인을 선임하지 못한다(제120조).
④ 대리인이 수인인 때에는 각자가 본인을 대리한다(제119조).

Answer

01 ④ 02 ⑤

03 상●●

대리에 관한 설명으로 옳지 않은 것은? (다툼이 있으면 판례에 따름) 제27회

① 민법상 조합은 법인격이 없으므로 조합대리의 경우에는 반드시 조합원 전원의 성명을 표시하여 대리행위를 하여야 한다.

② 매매계약을 체결할 대리권을 수여받은 대리인이 상대방으로부터 매매대금을 지급받은 경우, 특별한 사정이 없는 한 이를 본인에게 전달하지 않더라도 상대방의 대금지급의무는 소멸한다.

③ 임의대리의 경우, 대리권 수여의 원인이 된 법률관계가 기간만료로 종료되었다면 원칙적으로 그 시점에 대리권도 소멸한다.

④ 매매계약의 체결과 이행에 관하여 포괄적으로 대리권을 수여받은 대리인은 특별한 사정이 없는 한 상대방에 대하여 약정된 매매대금지급기일을 연기하여 줄 권한도 가진다.

⑤ 대여금의 영수권한만을 위임받은 대리인이 그 대여금 채무의 일부를 면제하기 위하여는 본인의 특별수권이 필요하다.

해설

① 민법상 조합의 경우 법인격이 없어 조합 자체가 본인이 될 수 없으므로, 이른바 조합대리에 있어서는 본인에 해당하는 모든 조합원을 위한 것임을 표시하여야 하나, 반드시 조합원 전원의 성명을 제시할 필요는 없고, 상대방이 알 수 있을 정도로 조합을 표시하는 것으로 충분하다(대판 2009.1.30, 2008다79340).

② 부동산의 소유자로부터 매매계약을 체결할 대리권을 수여받은 대리인은 특별한 사정이 없는 한 그 매매계약에서 약정한 바에 따라 중도금이나 잔금을 수령할 권한이 있으므로(대판 1994.2.8, 93다39379), 상대방이 대리인에게 매매대금을 지급한 경우 상대방의 대금지급의무는 소멸한다.

③ 원인된 법률관계가 종료된 경우 임의대리권은 소멸한다(제128조 참조).

④ 부동산의 소유자로부터 매매계약을 체결할 대리권을 수여받은 대리인은 특별한 다른 사정이 없는 한 그 매매계약에서 약정한 바에 따라 중도금이나 잔금을 수령할 수도 있다고 보아야 하고, 매매계약의 체결과 이행에 관하여 포괄적으로 대리권을 수여받은 대리인은 특별한 다른 사정이 없는 한 상대방에 대하여 약정된 매매대금지급기일을 연기하여 줄 권한도 가진다고 보아야 할 것이다(대판 1992.4.14, 91다43107).

⑤ 대여금의 영수권한만을 위임받은 대리인이 그 대여금 채무의 일부를 면제하기 위하여는 본인의 특별수권이 필요하다(대판 1981.6.23, 80다3221).

04 중

甲은 자신의 X토지를 매도할 것을 미성년자 乙에게 위임하고 대리권을 수여하였다. 乙은 甲을 대리하여 丙과 X토지의 매매계약을 체결하였는데, 계약체결 당시 丙의 위법한 기망행위가 있었다. 이에 관한 설명으로 옳은 것은? (다툼이 있으면 판례에 따름) 제23회

① 乙이 사기를 당했는지 여부는 甲을 표준으로 하여 결정한다.
② 甲이 아니라 乙이 사기를 이유로 丙과의 매매계약을 취소할 수 있다.
③ 甲은 乙이 제한능력자라는 이유로 乙이 체결한 매매계약을 취소할 수 없다.
④ 甲은 특별한 사정이 없는 한 乙과의 위임계약을 일방적으로 해지할 수 없다.
⑤ 乙이 丙의 사기에 의해 착오를 일으켜 계약을 체결한 경우, 착오에 관한 법리는 적용되지 않고 사기에 관한 법리만 적용된다.

해설

③ 미성년자도 대리인이 될 수 있으므로(제117조 참조), 본인 甲은 대리인 乙이 제한능력자라는 이유로 대리인 乙이 체결한 매매계약(=대리행위)를 취소할 수 없다.
① 대리행위의 하자여부는 본인을 기준으로 판단할 것이 아니라 대리인 乙을 기준으로 판단하여야 한다(제116조 참조).
② 임의대리인은 원칙적으로 취소권자에 해당하지 않는다. 따라서 사안의 경우 乙이 아니라 본인 甲이 매매계약을 취소할 수 있다.
④ 위임계약은 언제든지 해지할 수 있다(제689조 제1항 참조).
⑤ 착오와 사기는 그 인정근거 및 요건이 서로 다른 별개의 제도이므로, 표의자는 어느 쪽이든 그 요건을 증명하여 의사표시를 취소할 수 있다(대판 1985.4.9. 85도167).

Answer

03 ①　04 ③

05 상

甲이 乙에게 X토지를 매도 후 등기 전에 丁이 丙의 임의대리인으로서 甲의 배임행위에 적극 가담하여 甲으로부터 X토지를 매수하고 丙 명의로 소유권이전등기를 마쳤다. 이에 관한 설명으로 옳지 않은 것은? (다툼이 있으면 판례에 따름) 제24회

① 수권행위의 하자유무는 丙을 기준으로 판단한다.
② 대리행위의 하자유무는 특별한 사정이 없는 한 丁을 기준으로 판단한다.
③ 대리행위의 하자로 인하여 발생한 효과는 특별한 사정이 없는 한 丙에게 귀속된다.
④ 乙은 반사회질서의 법률행위임을 이유로 甲과 丙 사이의 계약이 무효임을 주장할 수 있다.
⑤ 丁이 甲의 배임행위에 적극 가담한 사정을 丙이 모른다면, 丙 명의로 경료된 소유권이전등기는 유효하다.

해설

⑤ 대리인이 본인을 대리하여 매매계약을 체결함에 있어서 매매대상 토지에 관한 저간의 사정을 잘 알고 그 배임행위에 가담하였다면, 대리행위의 하자 유무는 대리인을 표준으로 판단하여야 하므로, 설사 본인이 미리 그러한 사정을 몰랐거나 반사회성을 야기한 것이 아니라고 할지라도 그로 인하여 매매계약이 가지는 사회질서에 반한다는 장애사유가 부정되는 것은 아니므로(대판 1998.2.27, 97다45532), 대리인이 적극가담하여 이루어진 이중매매는 무효이므로 丙명의로 경료된 소유권이전등기는 무효이다.
① 수권행위의 하자유무는 본인 丙을 기준으로 하여 판단한다.
② 대리행위의 하자유무는 대리인 丁을 기준으로 하여 판단한다.
③ 대리행위의 효과는 본인 丙에게 귀속된다.
④ 무효인 법률행위는 계약의 당사자뿐만 아니라 누구든지 무효를 주장할 수 있으므로, 乙도 무효를 주장할 수 있다.

06 중

민법상 복대리권의 소멸사유가 아닌 것은? 제25회

① 본인의 사망
② 대리인의 성년후견의 개시
③ 본인의 특정후견의 개시
④ 복대리인의 파산
⑤ 복대리인의 사망

해설

③ 본인의 특정후견의 개시는 복대리권의 소멸사유가 아니다.
본인이 사망하거나 대리인의 성년후견의 개시 등은 대리권의 소멸사유이고, 대리권이 소멸하면 복대리권도 소멸한다. 또한 복대리인의 사망 또는 복대리인의 파산 등은 복대리권의 소멸사유이다.

07 (중)

甲의 임의대리인 乙은 甲의 승낙을 얻어 복대리인 丙을 선임하였다. 이에 관한 설명으로 옳은 것은? (다툼이 있으면 판례에 따름) 제26회

① 丙은 乙의 대리인이 아니라 甲의 대리인이다.
② 乙의 대리권은 丙의 선임으로 소멸한다.
③ 丙의 대리권은 특별한 사정이 없는 한 乙이 사망하더라도 소멸하지 않는다.
④ 丙은 甲의 지명이나 승낙 기타 부득이한 사유가 없더라도 복대리인을 선임할 수 있다.
⑤ 만약 甲의 지명에 따라 丙을 선임한 경우, 乙은 甲에게 그 부적임을 알고 통지나 해임을 하지 않더라도 책임이 없다.

해설

① 복대리인 丙은 대리인의 대리인이 아니라 본인 甲의 대리인이다(제123조 제1항).
② 대리인이 복대리인을 선임하더라도 대리인의 대리권은 소멸하지 않는다.
③ 대리인이 사망하면 대리권이 소멸하고, 대리인의 대리권이 소멸하면 복대리권도 소멸한다.
④ 임의대리인은 원칙적으로 복임권이 없다. 다만 예외적으로 본인의 승낙 또는 부득이한 사유, 본인의 지명에 의하여 복대리인을 선임할 수 있다.
⑤ 임의대리인이 본인의 지명에 의하여 복대리인을 선임한 경우에는 그 부적임 또는 불성실함을 알고 본인에게 대한 통지나 그 해임을 태만한 때가 아니면 책임이 없다(제121조 제2항).

03 민법

Answer
05 ⑤ 06 ③ 07 ①

2 표현대리

08 중

표현대리에 관한 설명으로 옳은 것은? (다툼이 있으면 판례에 따름) 제26회

① 사회통념상 대리권을 추단할 수 있는 직함이나 명칭 등의 사용을 승낙한 경우라도 특별한 사정이 없는 한 대리권 수여의 표시가 있는 것으로 볼 수는 없다.
② 복대리인의 권한을 권한을 넘은 표현대리의 기본대리권이 될 수 없다.
③ 대리행위가 강행규정에 반하여 무효인 경우에도 표현대리가 성립할 수 있다.
④ 유권대리에 관한 주장에는 표현대리의 주장이 포함되어 있다고 볼 수 있다.
⑤ 표현대리가 성립하는 경우에는 상대방에게 과실이 있더라도 과실상계의 법리를 유추적용하여 본인의 책임을 경감할 수 없다.

해설

⑤ 표현대리행위가 성립하는 경우에 그 본인은 표현대리행위에 의하여 전적인 책임을 져야 하고, 상대방에게 과실이 있다고 하더라도 과실상계의 법리를 유추적용하여 본인의 책임을 경감할 수 없다(대판 1996.7.12, 95다49554).
① 본인에 의한 대리권 수여의 표시는 반드시 대리권 또는 대리인이라는 말을 사용하여야 하는 것이 아니라 사회통념상 대리권을 추단할 수 있는 직함이나 명칭 등의 사용을 승낙 또는 묵인한 경우에도 대리권 수여의 표시가 있은 것으로 볼 수 있다(대판 1998.6.12, 97다53762).
② 복대리인 선임권이 없는 대리인에 의하여 선임된 복대리인의 권한도 기본대리권이 될 수 있다(대판 1998.3.27, 97다48982).
③ 계약체결의 요건을 규정하고 있는 강행법규에 위반한 계약은 무효이므로 그 경우에 계약상대방이 선의・무과실이더라도 민법 제107조의 비진의표시의 법리 또는 표현대리 법리가 적용될 여지는 없다(대판 2016.5.12, 2013다49381).
④ 유권대리에 관한 주장 속에 무권대리에 속하는 표현대리의 주장이 포함되어 있다고 볼 수 없다(대판 전합 1983.12.13, 83다카1489).

09 상

표현대리에 관한 설명으로 옳지 않은 것은? (다툼이 있으면 판례에 따름) 제23회

① 대리권수여의 표시에 의한 표현대리가 성립하기 위해서는 대리권이 없다는 사실에 대해 상대방은 선의・무과실이어야 한다.
② 사실혼 관계에 있는 부부간에도 일상가사에 관한 대리권이 인정되므로, 이를 기본대리권으로 하는 권한을 넘은 표현대리가 성립할 수 있다.
③ 대리인이 사자(使者)를 통해 권한 외의 대리행위를 한 경우, 그 사자에게는 기본대리권이 없으므로 권한을 넘은 표현대리가 성립할 수 없다.
④ 권한을 넘은 표현대리의 경우, 권한이 있다고 믿을 만한 정당한 이유가 있는지 여부는 대리행위 당시를 기준으로 해야 한다.
⑤ 대리인이 대리권 소멸 후 복대리인을 선임하여 복대리인으로 하여금 상대방과 대리행위를 하도록 한 경우에도 대리권 소멸 후의 표현대리가 성립할 수 있다.

해설

③ 대리인이 아니고 사실행위를 위한 사자라 하더라도 외견상 그에게 어떠한 권한이 있는 것의 표시 내지 행동이 있어 상대방이 그를 믿었고 또 그를 믿음에 있어 정당한 사유가 있다면 표현대리의 법리에 의하여 본인에게 책임이 있다(대판 1962.2.8, 4294민상192).

① 민법 제125조의 표현대리에 해당하기 위하여는 상대방은 선의·무과실이어야 하므로 상대방에게 과실이 있다면 제125조의 표현대리를 주장할 수 없다(대판 1997.3.25, 96다51271).

② 판례는 사실혼 관계에 있는 부부사이에서도 제126조의 표현대리의 성립가능성을 인정하고 있다(대판 1984.6.26, 81다524).

④ 권한을 넘은 표현대리에 있어서 대리인에 그 권한이 있다고 믿을 만한 정당한 이유가 있는가의 여부는 대리행위(매매계약) 당시를 기준으로 하여 판정하여야 하는 것이다(대판 1981.8.20, 80다3247).

⑤ 대리인이 대리권 소멸 후 직접 상대방과 사이에 대리행위를 하는 경우는 물론 대리인이 대리권 소멸 후 복대리인을 선임하여 복대리인으로 하여금 상대방과 사이에 대리행위를 하도록 한 경우에도, 상대방이 대리권 소멸 사실을 알지 못하여 복대리인에게 적법한 대리권이 있는 것으로 믿었고 그와 같이 믿은 데 과실이 없다면 민법 제129조에 의한 표현대리가 성립할 수 있다(대판 1998.5.29, 97다55317).

10 상

甲의 대리인 乙은 본인을 위한 것임을 표시하고 그 권한 내에서 丙과 甲소유의 건물에 대한 매매계약을 체결하였다. 다음 중 甲과 丙 사이에 매매계약의 효력이 발생하는 경우는? (다툼이 있으면 판례에 따름) 제21회

① 乙이 의사무능력 상태에서 丙과 계약을 체결한 경우
② 乙과 丙이 통정한 허위의 의사표시로 계약을 체결한 경우
③ 乙이 대리권을 남용하여 계약을 체결하고 丙이 이를 안 경우
④ 甲이 乙과 丁으로 하여금 공동대리를 하도록 했는데, 乙이 단독의 의사결정으로 계약하였고 丙이 이러한 제한을 안 경우
⑤ 乙의 대리권이 소멸하였으나 이를 과실 없이 알지 못한 채 계약을 체결한 丙이 甲에게 건물의 소유권이전등기를 청구한 경우

해설

⑤ 대리인 乙의 대리권이 소멸한 상태에서, 즉 무권대리에서 상대방이 선의·무과실로 대리인과 대리행위를 한 경우 표현대리가 성립하였으므로, 상대방 丙이 본인 甲에게 표현대리를 주장하였으므로 본인 甲에게 효력이 미친다.

①②③④는 대리행위 자체가 무효이므로 본인과 상대방 사이에 효력이 발생하지 않는다.

Answer

08 ⑤ 09 ③ 10 ⑤

11 중

표현대리에 관한 설명으로 옳은 것을 모두 고른 것은? (다툼이 있으면 판례에 따름)

제27회

> ㉠ 표현대리가 성립하여 본인이 이행책임을 지는 경우, 상대방에게 과실이 있더라도 과실상계의 법리가 유추적용되지 않는다.
> ㉡ 권한을 넘는 표현대리규정은 법정대리의 경우에도 적용된다.
> ㉢ 대리인의 권한을 넘는 행위가 범죄를 구성하는 경우에는 권한을 넘는 표현대리의 법리는 적용될 여지가 없다.

① ㉠　② ㉢　③ ㉠, ㉡
④ ㉡, ㉢　⑤ ㉠, ㉡, ㉢

해설

㉠ (○) 표현대리행위가 성립하는 경우에 그 본인은 표현대리행위에 의하여 전적인 책임을 져야 하고, 상대방에게 과실이 있다고 하더라도 과실상계의 법리를 유추적용하여 본인의 책임을 경감할 수 없다(대판 1996.7.12, 95다49554).

㉡ (○) 민법 제126조 소정의 권한을 넘는 표현대리 규정은 거래의 안전을 도모하여 거래상대방의 이익을 보호하려는 데에 그 취지가 있으므로 법정대리라고 하여 임의대리와는 달리 그 적용이 없다고 할 수 없다(대판 1997.6.27, 97다3828).

㉢ (×) 대리인의 권한유월이 범죄를 구성한다 하더라도 표현대리의 법리를 적용하는 데 지장이 없다(대판 1963.8.31, 63다326).

3 무권대리

12 상

甲의 무권대리인 乙이 甲을 대리하여 丙과 매매계약을 체결하였고, 그 당시 丙은 제한능력자가 아닌 乙이 무권대리인임을 과실 없이 알지 못하였다. 이에 관한 설명으로 옳지 않은 것은? (표현대리는 성립하지 않으며, 다툼이 있으면 판례에 따름)

제26회

① 乙과 丙 사이에 체결된 매매계약은 甲이 추인하지 않는 한 甲에 대하여 효력이 없다.

② 甲이 乙에게 추인의 의사표시를 하였으나 丙이 그 사실을 알지 못한 경우, 丙은 매매계약을 철회할 수 있다.

③ 甲을 단독 상속한 乙이 丙에게 추인거절권을 행사하는 것은 신의칙에 반하여 허용될 수 없다.

④ 乙의 무권대리행위가 제3자의 위법행위로 야기된 경우, 乙은 과실이 없으므로 丙에게 무권대리행위로 인한 책임을 지지 않는다.

⑤ 丙이 乙에게 가지는 계약의 이행 또는 손해배상청구권의 소멸시효는 丙이 이를 선택할 수 있는 때부터 진행한다.

해설

④ 무권대리인의 상대방에 대한 책임은 무과실책임으로서 대리권의 흠결에 관하여 대리인에게 과실 등의 귀책사유가 있어야만 인정되는 것이 아니고, 무권대리행위가 제3자의 기망이나 문서위조 등 위법행위로 야기되었다고 하더라도 책임은 부정되지 아니한다(대판 2014.2.27, 2013다213038).

① 대리권 없는 자가 타인의 대리인으로 한 계약은 본인이 이를 추인하지 아니하면 본인에 대하여 효력이 없다(제130조).

② 선의의 상대방 丙은 매매계약을 철회할 수 있다(제134조 참조).

③ 대리권한 없이 타인의 부동산을 매도한 자가 그 부동산을 상속한 후 소유자의 지위에서 자신의 대리행위가 무권대리로 무효임을 주장하여 등기말소 등을 구하는 것이 금반언원칙이나 신의칙상 허용될 수 없다(대판 1994.9.27, 94다20617).

⑤ 상대방이 가지는 계약이행 또는 손해배상청구권의 소멸시효는 그 선택권을 행사할 수 있는 때로부터 진행한다 할 것이고 또 선택권을 행사할 수 있는 때라고 함은 대리권의 증명 또는 본인의 추인을 얻지 못한 때라고 할 것이다(대판 1965.8.24, 64다1156).

Answer

11 ③ 12 ④

13 중

협의의 무권대리에 관한 설명으로 옳지 않은 것은? (다툼이 있으면 판례에 따름)

제23회

① 무권대리행위의 추인은 원칙적으로 의사표시의 전부에 대하여 해야 한다.

② 무권대리행위에 대한 본인의 추인 또는 추인거절이 없는 경우, 상대방은 최고권을 행사할 수 있다.

③ 추인의 상대방은 무권대리행위의 직접 상대방뿐만 아니라 그 무권대리행위로 인한 권리의 승계인도 포함한다.

④ 무권대리행위가 제3자의 기망 등 위법행위로 야기된 경우, 무권대리인의 상대방에 대한 책임은 부정된다.

⑤ 무권대리행위의 내용을 변경하여 추인한 경우, 상대방의 동의를 얻지 못하면 그 추인은 효력이 없다.

해설

④ 민법 제135조 제1항은 "타인의 대리인으로 계약을 한 자가 그 대리권을 증명하지 못하고 또 본인의 추인을 얻지 못한 때에는 상대방의 선택에 좇아 계약의 이행 또는 손해배상의 책임이 있다."고 규정하고 있다. 위 규정에 따른 무권대리인의 상대방에 대한 책임은 무과실책임으로서 대리권의 흠결에 관하여 대리인에게 과실 등의 귀책사유가 있어야만 인정되는 것이 아니고, 무권대리행위가 제3자의 기망이나 문서위조 등 위법행위로 야기되었다고 하더라도 책임은 부정되지 아니한다(대판 2014.2.27, 2013다213038).

①⑤ 무권대리행위의 추인은 무권대리인에 의하여 행하여진 불확정한 행위에 관하여 그 행위의 효과를 자기에게 직접 발생케 하는 것을 목적으로 하는 의사표시이며, 무권대리인 또는 상대방의 동의나 승락을 요하지 않는 단독행위로서 추인은 의사표시의 전부에 대하여 행하여져야 하고, 그 일부에 대하여 추인을 하거나 그 내용을 변경하여 추인을 하였을 경우에는 상대방의 동의를 얻지 못하는 한 무효이다(대판 1982.1.26, 81다카549).

② 무권대리행위에서 상대방의 최고권은 본인의 추인 또는 추인거절이 있기 전에만 행사할 수 있다. 즉 본인의 추인에 의하여 유효로 확정되거나, 본인의 추인거절에 의하여 무효로 확정된 경우에 최고권을 행사할 수 없고, 행사할 필요가 없다.

③ 무권대리행위의 추인에 특별한 방식이 요구되는 것이 아니므로 명시적인 방법만 아니라 묵시적인 방법으로도 할 수 있고, 그 추인은 무권대리인, 무권대리행위의 직접의 상대방 및 그 무권대리행위로 인한 권리 또는 법률관계의 승계인에 대하여도 할 수 있다(대판 1981.4.14, 80다2314).

14 중

표현대리와 무권대리에 관한 설명으로 옳지 않은 것은? (다툼이 있으면 판례에 따름)

제24회

① 표현대리가 성립된다고 하더라도 무권대리의 성질이 유권대리로 전환되는 것은 아니다.

② 표현대리가 성립하는 경우, 상대방에게 과실이 있다면 과실상계의 법리가 유추적용되어 본인의 책임이 경감될 수 있다.

③ 법정대리의 경우에도 대리권 소멸 후의 표현대리가 성립할 수 있다.

④ 사실혼관계에 있는 부부의 경우, 일상가사대리권을 기본대리권으로 하는 권한을 넘은 표현대리가 성립할 수 있다.

⑤ 무권대리행위에 대해 본인이 이의를 제기하지 않고 장기간 방치해 둔 사실만으로 무권대리행위에 대한 추인이 있다고 볼 수 없다.

해설

② 표현대리행위가 성립하는 경우에 그 본인은 표현대리행위에 의하여 선적인 책임을 져야 하고, 상대방에게 과실이 있다고 하더라도 과실상계의 법리를 유추적용하여 본인의 책임을 경감할 수 없다(대판 1996.7.12, 95다49554).

① 유권대리에 있어서는 본인이 대리인에게 수여한 대리권의 효력에 의하여 법률효과가 발생하는 반면 표현대리에 있어서는 대리권이 없음에도 불구하고 법률이 특히 거래상대방 보호와 거래안전유지를 위하여 본래 무효인 무권대리행위의 효과를 본인에게 미치게 한 것으로서 표현대리가 성립된다고 하여 무권대리의 성질이 유권대리로 전환되는 것은 아니므로, 양자의 구성요건 해당사실 즉 주요사실은 다르다고 볼 수밖에 없으니 유권대리에 관한 주장 속에 무권대리에 속하는 표현대리의 주장이 포함되어 있다고 볼 수 없다(대판 전합 1983.12.13, 83다카1489).

③ 대리권소멸 후의 표현대리에 관한 민법 제129조는 법정대리인의 대리권소멸에 관하여도 적용이 있다(대판 1975.1.28, 74다1199).

④ 사실혼 관계의 부부의 경우에도 일상가사 대리권을 기본대리권으로 하여 권한을 넘은 표현대리가 성립할 수 있다(대판 1984.6.26, 81다524).

⑤ 무권대리행위에 대하여 본인이 그 직후에 그것이 자기에게 효력이 없다고 이의를 제기하지 아니하고 이를 장시간에 걸쳐 방치하였다고 하여 무권대리행위를 추인하였다고 볼 수 없다(대판 1990.3.27, 88다카181).

Answer

13 ④　14 ②

15 중

甲으로부터 대리권을 수여받지 않은 乙이 甲을 대리하여 丙과 계약을 체결하였다. 이에 관한 설명으로 옳지 않은 것은? (표현대리는 성립하지 않았고, 다툼이 있으면 판례에 따름) 제22회

① 乙의 무권대리를 丙이 안 경우, 丙은 상당한 기간을 정하여 甲에게 추인 여부의 확답을 최고할 수 있다.

② 계약 당시 乙의 무권대리를 丙이 알았다면, 丙은 甲을 상대로 계약을 철회할 수 없다.

③ 계약을 철회하고자 하는 丙은 乙에게 대리권이 없음을 알지 못하였다는 사실을 증명해야 한다.

④ 계약 당시 乙의 무권대리를 丙이 알지 못하였다면, 甲의 추인이 있을 때까지 丙은 乙을 상대로 계약을 철회할 수 있다.

⑤ 甲이 乙에게 무권대리행위에 대한 추인의 의사표시를 하였다면, 甲은 추인 사실을 알지 못한 丙에 대하여 그 추인으로 대항할 수 없다.

해설

③ 상대방이 대리권이 없음을 알았다는 사실 또는 알 수 있었음에도 불구하고 알지 못하였다는 사실에 관한 입증책임은 무권대리인 자신에게 있으므로(대판 1962.4.12, 4294민상1021), 증명책임을 상대방이 丙이 부담하는 것은 아니다.

① 상대방 丙은 악의인 경우에도, 본인 甲에게 최고할 수 있다(제131조 참조).

② 상대방 丙이 악의인 경우에는, 그 계약을 철회할 수 없다(제134조 참조).

④ 상대방 丙이 선의여서 철회권을 행사하는 경우, 철회권은 본인뿐만 아니라 무권대리인에게도 행사할 수 있다(제134조 참조).

⑤ 본인이 상대방에게 추인하지 않은 경우, 그 추인을 상대방에게 대항하지 못한다(제132조 참조).

16 상●● **대리에 관한 설명으로 옳지 않은 것은?** (다툼이 있으면 판례에 따름) 제25회

① 대리권수여의 표시에 의한 표현대리는 어떤 자가 본인을 대리하여 제3자와 법률행위를 함에 있어서 본인이 그 자에게 대리권을 수여하였다는 표시를 그 제3자에게 한 경우에 성립할 수 있다.
② 대리인이 대리권 소멸 후 복대리인을 선임하여 복대리인으로 하여금 상대방과 대리행위를 하도록 한 경우에도 대리권 소멸 후의 표현대리가 성립할 수 있다.
③ 등기신청의 대리권도 권한을 넘은 표현대리의 기본대리권이 될 수 있다.
④ 매매계약을 체결할 권한을 수여받은 대리인이라도 특별한 사정이 없는 한 그 계약을 해제할 권한은 없다.
⑤ 무권대리행위가 제3자의 위법행위로 야기된 경우에는 무권대리인에게 귀책사유가 있어야 민법 제135조에 따른 무권대리인의 상대방에 대한 책임이 인정된다.

해설

⑤ 민법 제135조 제1항은 "타인의 대리인으로 계약을 한 자가 그 대리권을 증명하지 못하고 또 본인의 추인을 얻지 못한 때에는 상대방의 선택에 좇아 계약의 이행 또는 손해배상의 책임이 있다."고 규정하고 있다. 위 규정에 따른 무권대리인의 상대방에 대한 책임은 무과실책임으로서 대리권의 흠결에 관하여 대리인에게 과실 등의 귀책사유가 있어야만 인정되는 것이 아니고, 무권대리행위가 제3자의 기망이나 문서위조 등 위법행위로 야기되었다고 하더라도 책임은 부정되지 아니한다(대판 2014.2.27, 2013다213038).
① 민법 제125조가 규정하는 대리권 수여의 표시에 의한 표현대리는 본인과 대리행위를 한 자 사이의 기본적인 법률관계의 성질이나 그 효력의 유무와는 관계없이 어떤 자가 본인을 대리하여 제3자와 법률행위를 함에 있어 본인이 그 자에게 대리권을 수여하였다는 표시를 제3자에게 한 경우에 성립한다(대판 2007.8.23, 2007다23425).
② 대리인이 대리권 소멸 후 복대리인을 선임하여 복대리인으로 하여금 상대방과 사이에 대리행위를 하도록 한 경우에도, 상대방이 대리권 소멸 사실을 알지 못하여 복대리인에게 적법한 대리권이 있는 것으로 믿었고 그와 같이 믿은 데 과실이 없다면 민법 제129조에 의한 표현대리가 성립할 수 있다(대판 1998.5.29, 97다55317).
③ 기본대리권이 등기신청행위라 할지라도 표현대리인이 그 권한을 유월하여 대물변제라는 사법행위를 한 경우에는 표현대리의 법리가 적용된다(대판 1978.3.28, 78다282).
④ 그 계약을 대리하여 체결하였던 대리인이 체결된 계약의 해제 등 일체의 처분권과 상대방의 의사를 수령할 권한까지 가지고 있다고 볼 수는 없다(대판 2008.6.12, 2008다11276).

Answer

15 ③ 16 ⑤

08 무효와 취소

연계학습: 기본서 p.299~322

1 무 효

01 **다음 중 법률행위가 유효한 경우는?** 제16회

하

① 불공정한 법률행위
② 의사무능력자의 법률행위
③ 부첩관계 유지를 위한 증여계약
④ 도박채무를 변제하기 위한 토지양도계약
⑤ 타인소유에 속하는 목적물에 대한 매매계약

해설

⑤ 타인소유에 속하는 목적물에 대한 매매계약은 무권한자의 의무부담행위이므로, 유효하다(제569조).
① 제104조
② 의사무능력자의 법률행위는 무효이다.
③ 부첩관계를 유지하기 위한 증여계약도 반사회질서 법률행위에 해당하여 무효이다.
④ 도박채무를 변제하기 위한 토지양도계약 역시 반사회질서 법률행위에 해당하여 무효이다.

02 **甲은 토지거래허가구역 내에 있는 자신의 X토지를 乙에게 매도하는 계약을 체결하였다. 다음 설명 중 옳지 않은 것은?** (다툼이 있으면 판례에 의함) 제15회

중

① 甲은 관할관청의 허가가 있기 전이라도 매매대금의 지급을 청구할 수 있다.
② 유동적 무효상태에서 허가구역 지정이 해제되면 매매계약은 확정적 유효로 된다.
③ 당사자 쌍방이 이행거절의 의사를 명백히 한 경우 매매계약은 확정적 무효로 된다.
④ 甲은 乙이 매매계약의 효력이 완성되도록 협력할 의무를 이행하지 않았음을 이유로 매매계약을 해제할 수 없다.
⑤ 유동적 무효상태에서 乙은 이미 지급한 계약금을 부당이득으로 반환청구할 수 없다.

해설

① 유동적 무효상태의 법률행위도 일종의 무효에 해당하므로 허가가 있기 전에는 채권적 효력이 발생하지 않으므로 매도인은 매수인에게 매매대금의 지급을 청구할 수 없다.
② 허가구역 지정이 해제되면 유효로 확정된다.
③ 당사자 쌍방이 명백하게 이행거절의 의사를 표시하면 그 매매계약은 무효로 확정된다.
④ 일방 당사자가 협력의무를 이행하지 않음을 이유로 매매계약을 해제할 수 없고, 협력의무의 이행을 소구할 수 있다.
⑤ 유동적 무효상태에서 매수인은 계약금을 부당이득으로 반환청구하지 못한다.

03

상

甲은 자신의 부동산을 乙에게 매도하였다. 이에 관한 설명으로 옳지 않은 것은? (다툼이 있으면 판례에 따름) 제21회

① 착오로 인한 의사표시 취소에 관한 민법규정의 적용을 배제하는 甲과 乙의 약정은 유효하다.
② 甲이 착오에 빠졌으나 경제적인 불이익을 입지 않았다면 이는 중요부분의 착오라고 할 수 없다.
③ 甲과 乙 사이의 계약이 반사회적 법률행위에 해당하는 경우, 추인에 의해서도 계약이 유효로 될 수 없다.
④ 甲과 乙 사이의 계약이 통정허위표시인 경우, 乙은 甲에게 채무불이행으로 인한 손해배상을 청구할 수 있다.
⑤ 乙의 대리인 丙이 甲을 기망하여 甲과 계약을 체결한 경우, 乙이 丙의 기망사실을 알 수 없었더라도 甲은 사기를 이유로 계약을 취소할 수 있다.

해설

④ 무효인 법률행위는 그 법률행위가 성립한 당초부터 당연히 효력이 발생하지 않는 것이므로, 무효인 법률행위에 따른 법률효과를 침해하는 것처럼 보이는 위법행위나 채무불이행이 있다고 하여도 법률효과의 침해에 따른 손해는 없는 것이므로 그 손해배상을 청구할 수는 없다(대판 2003.3.28, 2002다72125). 따라서, 甲과 乙 사이의 계약이 통정허위표시로서 무효인 경우, 채무불이행을 이유로 손해배상을 청구할 수 없다.
① 당사자의 합의로 착오로 인한 의사표시 취소에 관한 민법 제109조 제1항의 적용을 배제할 수 있으므로(대판 2016.4.15, 2013다97694), 甲과 乙의 취소권 배제약정은 유효이다.
② 만일 그 착오로 인하여 표의자가 무슨 경제적인 불이익을 입은 것이 아니라고 한다면 이를 법률행위 내용의 중요부분의 착오라고 할 수 없다(대판 1999.2.23, 98다47924).
③ 반사회질서 법률행위는 추인에 의해서 유효로 될 수 없다.
⑤ 상대방의 대리인 등 상대방과 동일시 할 수 있는 자의 사기나 강박은 제3자의 사기·강박에 해당하지 아니하므로, 甲은 乙의 인식 여부와 관계없이 취소할 수 있다.

Answer

01 ⑤ 02 ① 03 ④

04 중

법률행위의 무효에 관한 설명으로 옳지 않은 것은? (다툼이 있으면 판례에 따름)

제18회

① 법률행위의 일부분이 무효인 때에는 원칙적으로 그 전부가 무효이다.
② 무효인 법률행위는 그 법률행위가 성립한 때부터 효력이 발생하지 않는다.
③ 매매의 목적이 된 권리가 타인에게 속한 경우에는 특별한 사정이 없는 한 매매계약은 무효이다.
④ 불공정한 법률행위로서 무효인 경우, 추인에 의하여 유효로 될 수 없다.
⑤ 무효인 법률행위에 따른 법률효과를 침해하는 것처럼 보이는 위법행위가 있더라도 그 법률효과의 침해에 따른 손해배상을 청구할 수 없다.

해설

③ 매매의 목적이 된 권리가 타인에게 속한 경우에도 특별한 사정이 없는 한 그 매매계약은 유효이다(제569조).
① 법률행위의 일부분이 무효인 때에는 원칙적으로 그 전부가 무효이다(제137조).
② 무효인 법률행위는 그 법률행위가 성립한 때, 즉 처음부터 효력이 발생하지 않는다.
④ 불공정한 법률행위로서 무효인 경우에는 추인에 의하여 무효인 법률행위가 유효로 될 수 없다(대판 1994.6.24, 94다10900).
⑤ 무효인 법률행위는 그 법률행위가 성립한 당초부터 당연히 효력이 발생하지 않는 것이므로 무효인 법률행위에 따른 법률효과를 침해하는 것처럼 보이는 위법행위나 채무불이행이 있다고 하여도 법률효과의 침해에 따른 손해는 없는 것이므로 그 손해배상을 청구할 수는 없다(대판 2003.3.28, 2002다72125).

2 취 소

05 하

재산법상의 법률관계에서 소급효가 인정되지 않는 것은?

제16회

① 실종선고의 취소
② 착오에 의한 의사표시의 취소
③ 사기 · 강박에 의한 의사표시의 취소
④ 법원의 부재자재산관리에 관한 처분허가의 취소
⑤ 법정대리인의 동의 없는 미성년자의 법률행위의 취소

해설

④ 법원의 재산관리인에 대한 처분허가의 취소는 소급효가 없다.

06 중

법률행위의 무효와 취소에 관한 설명으로 옳지 않은 것은? (다툼이 있으면 판례에 따름) 제26회

① 취소할 수 있는 법률행위를 취소한 경우, 무효행위 추인의 요건을 갖추면 이를 다시 추인할 수 있다.

② 토지거래허가구역 내의 토지에 대한 매매계약이 처음부터 허가를 배제하는 내용의 계약일 경우, 그 계약은 확정적 무효이다.

③ 집합채권의 양도가 양도금지특약을 위반하여 무효인 경우, 채무자는 일부 개별 채권을 특정하여 추인할 수 없다.

④ 무권리자의 처분행위에 대한 권리자의 추인의 의사표시는 무권리자나 그 상대방 어느 쪽에 하여도 무방하다.

⑤ 취소할 수 있는 법률행위의 추인은 추인권자가 그 행위가 취소할 수 있는 것임을 알고 하여야 한다.

해설

③ 집합채권의 양도가 양도금지특약을 위반하여 무효인 경우 채무자는 일부 개별 채권을 특정하여 추인하는 것이 가능하다(대판 2009.10.29, 2009다47685).

① 취소한 법률행위는 처음부터 무효인 것으로 간주되므로 취소할 수 있는 법률행위가 일단 취소된 이상 그 후에는 취소할 수 있는 법률행위의 추인에 의하여 이미 취소되어 무효인 것으로 간주된 당초의 의사표시를 다시 확정적으로 유효하게 할 수는 없고, 다만 무효인 법률행위의 추인의 요건과 효력으로서 추인할 수는 있다(대판 1997.12.12, 95다38240).

② 토지거래허가구역 내 토지에 관한 매매계약이 처음부터 허가를 배제하거나 잠탈할 목적으로 이루어진 경우에는 확정적으로 무효이다(대판 전합 2011.7.21, 2010두23644).

④ 무권리자가 타인의 권리를 자기의 이름으로 또는 자기의 권리로 처분한 경우에, 권리자는 후일 이를 추인함으로써 그 처분행위를 인정할 수 있고, 특별한 사정이 없는 한 이로써 권리자 본인에게 위 처분행위의 효력이 발생함은 사적 자치의 원칙에 비추어 당연하고, 이 경우 추인은 명시적으로뿐만 아니라 묵시적인 방법으로도 가능하며 그 의사표시는 무권대리인이나 그 상대방 어느 쪽에 하여도 무방하다(대판 2001.11.9, 2001다44291).

⑤ 추인은 취소권을 가지는 자가 취소원인이 종료한 후에 취소할 수 있는 행위임을 알고서 추인의 의사표시를 하거나 법정추인사유에 해당하는 행위를 행할 때에만 법률행위의 효력을 유효로 확정시키는 효력이 발생한다(대판 1997.5.30, 97다2986).

Answer

04 ③ 05 ④ 06 ③

07 중

무효와 취소에 관한 설명으로 옳지 않은 것은? (다툼이 있으면 판례에 따름) 제23회

① 취소할 수 있는 법률행위는 취소권을 행사하지 않더라도 처음부터 무효이다.

② 취소할 수 있는 법률행위의 상대방이 확정된 경우, 취소는 그 상대방에 대한 의사표시로 해야 한다.

③ 제한능력자가 제한능력을 이유로 법률행위를 취소한 경우, 그는 법률행위로 인하여 받은 이익이 현존하는 한도에서 상환할 책임이 있다.

④ 무효인 가등기를 유효한 등기로 전용하기로 한 약정은 그때부터 유효하고, 이로써 가등기가 소급하여 유효한 등기로 전환되지 않는다.

⑤ 무효인 법률행위에 따른 법률효과를 침해하는 것처럼 보이는 위법행위가 있다고 하여도 법률효과의 침해에 따른 손해는 없으므로 그 배상을 청구할 수 없다.

해설

① 취소할 수 있는 법률행위는 취소권을 행사하지 않으면 유효이다. 다만 후에 취소권을 행사하면 소급하여 무효이다.

② 취소할 수 있는 법률행위의 상대방이 확정한 경우에는 그 취소는 그 상대방에 대한 의사표시로 하여야 한다(제142조).

③ 취소된 법률행위는 처음부터 무효인 것으로 본다. 다만, 제한능력자는 그 행위로 인하여 받은 이익이 현존하는 한도에서 상환할 책임이 있다(제141조).

④ 무효인 법률행위는 당사자가 무효임을 알고 추인할 경우 새로운 법률행위를 한 것으로 간주할 뿐이고 소급효가 없는 것이므로 무효인 가등기를 유효한 등기로 전용키로 한 약정은 그때부터 유효하고 이로써 위 가등기가 소급하여 유효한 등기로 전환될 수 없다(대판 1992.5.12, 91다26546).

⑤ 무효인 법률행위는 그 법률행위가 성립한 당초부터 당연히 효력이 발생하지 않는 것이므로, 무효인 법률행위에 따른 법률효과를 침해하는 것처럼 보이는 위법행위나 채무불이행이 있다고 하여도 법률효과의 침해에 따른 손해는 없는 것이므로 그 손해배상을 청구할 수는 없다(대판 2003.3.28, 2002다72125).

08 중

법률행위의 무효와 취소에 관한 설명으로 옳지 않은 것은? (다툼이 있으면 판례에 따름) 제25회

① 법률행위의 일부분이 무효인 경우, 특별한 사정이 없는 한 그 전부를 무효로 한다.

② 일부무효에 관한 민법 제137조는 당사자의 합의로 그 적용을 배제할 수 있다.

③ 무효인 가등기를 유효한 등기로 전용하기로 약정한 경우, 그 가등기는 등기 시로 소급하여 유효한 등기로 된다.

④ 취소할 수 있는 법률행위의 상대방이 확정된 경우, 취소는 그 상대방에 대한 의사표시로 해야 한다.

⑤ 제한능력자의 법정대리인이 제한능력자의 법률행위를 추인한 후에는 제한능력을 이유로 그 법률행위를 취소하지 못한다.

해설

③ 무효인 법률행위는 당사자가 무효임을 알고 추인할 경우 새로운 법률행위를 한 것으로 간주할 뿐이고 소급효가 없는 것이므로 무효인 가등기를 유효한 등기로 전용키로 한 약정은 그때부터 유효하고 이로써 위 가등기가 소급하여 유효한 등기로 전환될 수 없다(대판 1992.5.12, 91다26546).

① 법률행위의 일부분이 무효인 때에는 그 전부를 무효로 한다(제137조 본문).

② 민법 제137조는 임의규정으로서 의사자치의 원칙이 지배하는 영역에서 적용된다고 할 것이므로(대판 2008.9.11, 2008다32501), 당사자의 합의로 그 적용을 배제할 수 있다.

④ 취소할 수 있는 법률행위의 상대방이 확정한 경우에는 그 취소는 그 상대방에 대한 의사표시로 하여야 한다(제142조).

⑤ 법정대리인이 취소할 수 있는 법률행위를 추인한 후에는 취소하지 못한다(제143조 제1항 참조).

Answer

07 ① 08 ③

09 중

법률행위의 취소에 관한 설명으로 옳지 않은 것은? (다툼이 있으면 판례에 따름)

제24회

① 취소할 수 있는 법률행위에 관하여 법정추인 사유가 존재하더라도 이의를 보류했다면 추인의 효과가 발생하지 않는다.

② 취소할 수 있는 법률행위를 취소한 경우, 무효행위의 추인요건을 갖추더라도 다시 추인할 수 없다.

③ 계약체결에 관한 대리권을 수여받은 대리인이 취소권을 행사하려면 특별한 사정이 없는 한 취소권의 행사에 관한 본인의 수권행위가 있어야 한다.

④ 매도인이 매매계약을 적법하게 해제하였더라도 매수인은 해제로 인한 불이익을 면하기 위해 착오를 이유로 한 취소권을 행사할 수 있다.

⑤ 가분적인 법률행위의 일부에 취소사유가 존재하고 나머지 부분을 유지하려는 당사자의 가정적 의사가 있는 경우, 일부만의 취소도 가능하다.

해설

② 취소한 법률행위는 처음부터 무효인 것으로 간주되므로 취소할 수 있는 법률행위가 일단 취소된 이상 그 후에는 취소할 수 있는 법률행위의 추인에 의하여 이미 취소되어 무효인 것으로 간주된 당초의 의사표시를 다시 확정적으로 유효하게 할 수는 없고, 다만 무효인 법률행위의 추인의 요건과 효력으로서 추인할 수는 있다(대판 1997.12.12, 95다38240).

① 당사자가 이의를 보류한 경우에는 법정추인에 해당하지 않는다(제145조 단서 참조).

③ 임의대리인은 원칙적으로 취소권자에 해당하지 않으므로, 임의대리인이 본인의 취소권을 행사하려면 취소권 행사에 관한 본인의 수권행위가 있어야 한다.

④ 매도인이 매수인의 중도금 지급채무불이행을 이유로 매매계약을 적법하게 해제한 후라도 매수인으로서는 상대방이 한 계약해제의 효과로서 발생하는 손해배상책임을 지거나 매매계약에 따른 계약금의 반환을 받을 수 없는 불이익을 면하기 위하여 착오를 이유로 한 취소권을 행사하여 위 매매계약 전체를 무효로 돌리게 할 수 있다(대판 1991.8.27, 91다11308).

⑤ 하나의 법률행위의 일부분에만 취소사유가 있다고 하더라도 그 법률행위가 가분적이거나 그 목적물의 일부가 특정될 수 있다면, 그 나머지 부분이라도 이를 유지하려는 당사자의 가정적 의사가 인정되는 경우 그 일부만의 취소도 가능하다고 할 것이고, 그 일부의 취소는 법률행위의 일부에 관하여 효력이 생긴다(대판 2002.9.10, 2002다21509).

10 중

甲은 자신의 X부동산을 2억원에 매도하는 계약을 乙과 체결한 후, 그 계약이 乙이 기망행위로 이루어진 것임을 알면서도 다음 사유에 대해 이의를 보류하지 않았다. 甲이 매매계약을 취소할 수 있는 경우는? 제18회

① 甲이 乙로부터 이행청구를 받은 경우
② 甲이 乙로부터 담보를 제공받은 경우
③ 甲이 乙로부터 중도금 1억원을 수령한 경우
④ 甲이 매매대금채권을 제3자에게 양도한 경우
⑤ 甲이 乙에게 X부동산에 대한 소유권이전등기를 해준 경우

민법

해설

① 법정추인사유 중에 상대방이 취소권자에게 행한 이행의 청구는 법정추인사유에 해당하지 않는다. 사안의 경우 甲(취소권자)이 乙(상대방)로부터 이행의 청구를 받은 경우에는 법정추인사유에 해당하지 않으므로 甲은 乙과 맺은 매매계약을 사기를 이유로 취소할 수 있다.

Answer

09 ② 10 ①

09 부 관

연계학습: 기본서 p.323~337

1 조 건

01 (중)

법률행위의 부관으로서 조건에 관한 설명으로 옳지 않은 것은? (다툼이 있으면 판례에 따름) 제20회

① 조건부 법률행위에 있어 조건이 공서양속에 반하는 경우, 그 조건만을 분리하여 무효로 할 수 없다.

② 조건의 성취에 소급효가 없으나 당사자가 그 성취 전에 소급하게 할 의사를 표시한 때에는 그 의사에 따른다.

③ 조건이 법률행위 당시 이미 성취된 경우, 그 조건이 해제조건이면 그 법률행위는 무효로 한다.

④ 조건이 법률행위 당시 이미 성취될 수 없는 경우, 그 조건이 정지조건이면 그 법률행위는 무효로 한다.

⑤ 조건의 성취로 인하여 불이익을 받을 당사자가 신의성실에 반하여 조건의 성취를 방해한 경우, 그 방해시에 조건이 성취된 것으로 추정된다.

해설

⑤ 조건의 성취로 인하여 불이익을 받을 당사자가 신의성실에 반하여 조건의 성취를 방해한 경우, 조건이 성취된 것으로 의제되는 시점은 이러한 신의성실에 반하는 행위가 없었더라면 조건이 성취되었으리라고 추산되는 시점이다(대판 1998.12.22, 98다42356).

① 불법조건이 붙어 있는 법률행위는 조건만 무효가 아니라 전부 무효이므로, 조건만을 분리하여 무효로 할 수 없다.

② 조건은 원칙적으로 소급효가 없으나, 당사자가 조건성취의 효력을 그 성취 전에 소급하게 할 의사를 표시한 때에는 그 의사에 의한다(제147조 제3항 참조).

③ 조건이 법률행위의 당시 이미 성취한 것인 경우에는 그 조건이 정지조건이면 조건 없는 법률행위로 하고 해제조건이면 그 법률행위는 무효로 한다(제151조 제2항).

④ 조건이 법률행위의 당시에 이미 성취할 수 없는 것인 경우에는 그 조건이 해제조건이면 조건 없는 법률행위로 하고 정지조건이면 그 법률행위는 무효로 한다(제151조 제3항).

02 법률행위의 부관에 관한 설명으로 옳지 않은 것은? 제27회

하

① 정지조건있는 법률행위는 특별한 사정이 없는 한 그 조건이 성취한 때로부터 그 효력이 생긴다.
② 해제조건있는 법률행위는 특별한 사정이 없는 한 그 조건이 성취한 때로부터 그 효력을 잃는다.
③ 법률행위의 조건이 선량한 풍속 기타 사회질서에 위반한 것인 때에는 그 법률행위는 무효로 한다.
④ 시기(始期)있는 법률행위는 그 기한이 도래한 때로부터 그 효력이 소멸한다.
⑤ 기한의 이익은 이를 포기할 수 있지만, 상대방의 이익을 해하지 못한다.

해설

④ 시기 있는 법률행위는 기한이 도래한 때로부터 그 효력이 생긴다(제152조 제1항).
① 정지조건 있는 법률행위는 조건이 성취한 때로부터 그 효력이 생긴다(제147조 제1항).
② 해제조건 있는 법률행위는 조건이 성취한 때로부터 그 효력을 잃는다(제147조 제2항).
③ 조건이 선량한 풍속 기타 사회질서에 위반한 것인 때에는 그 법률행위는 무효로 한다(제151조 제1항).
⑤ 기한의 이익은 이를 포기할 수 있다. 그러나 상대방의 이익은 해하지 못한다(제153조 제2항).

03 조건과 기한에 관한 설명으로 옳은 것은? (다툼이 있으면 판례에 따름) 제25회

중

① 특별한 사정이 없는 한 기한의 이익은 이를 포기할 수 없다.
② 정지조건있는 법률행위는 조건이 성취한 때로부터 그 효력을 잃는다.
③ 조건의 성취가 미정한 권리는 일반규정에 의하여 담보로 할 수 없다.
④ 정지조건이 법률행위 당시에 이미 성취할 수 없는 것인 경우, 그 법률행위는 무효이다.
⑤ 법률행위에 어떤 조건이 붙어 있었는지 여부는 그 조건의 부존재를 주장하는 자가 이를 증명해야 한다.

해설

④ 조건이 법률행위의 당시에 이미 성취할 수 없는 것인 경우에는 그 조건이 해제조건이면 조건 없는 법률행위로 하고 정지조건이면 그 법률행위는 무효로 한다(제151조 제3항).
① 기한의 이익은 이를 포기할 수 있다. 그러나 상대방의 이익을 해하지 못한다(제153조 제2항).
② 정지조건 있는 법률행위는 조건이 성취한 때로부터 그 효력이 생긴다(제147조 제1항).
③ 조건의 성취가 미정한 권리의무는 일반규정에 의하여 처분, 상속, 보존 또는 담보로 할 수 있다(제149조).
⑤ 어느 법률행위에 어떤 조건이 붙어 있었는지 아닌지는 사실인정의 문제로서 그 조건의 존재를 주장하는 자가 이를 증명하여야 한다(대판 2011.8.25, 2008다47367).

Answer

01 ⑤ 02 ④ 03 ④

04 중

법률행위의 부관에 관한 설명으로 옳지 않은 것은? (다툼이 있으면 판례에 따름)

제26회

① 조건은 의사표시의 일반원칙에 따라 조건의사와 그 표시가 필요하다.

② 법률행위가 정지조건부 법률행위에 해당한다는 사실은 그 법률효과의 발생을 다투려는 자에게 증명책임이 있다.

③ 당사자 사이에 기한이익 상실의 특약이 있는 경우, 특별한 사정이 없는 한 이는 형성권적 기한이익 상실의 특약으로 추정된다.

④ 보증채무에서 주채무자의 기한이익의 포기는 보증인에게 효력이 미치지 아니한다.

⑤ 조건의 성취로 인하여 불이익을 받을 당사자가 신의칙에 반하여 조건의 성취를 방해한 경우, 그러한 행위가 있었던 시점에 조건은 성취된 것으로 의제된다.

해설

⑤ 조건의 성취로 인하여 불이익을 받을 당사자가 신의성실에 반하여 조건의 성취를 방해한 경우, 조건이 성취된 것으로 의제되는 시점은 이러한 신의성실에 반하는 행위가 없었더라면 조건이 성취되었으리라고 추산되는 시점이다(대판 1998.12.22, 98다42356).

① 조건은 법률행위의 효력의 발생 또는 소멸을 장래의 불확실한 사실의 성부에 의존케 하는 법률행위의 부관으로서 당해 법률행위를 구성하는 의사표시의 일체적인 내용을 이루는 것이므로, 의사표시의 일반원칙에 따라 조건을 붙이고자 하는 의사 즉 조건의사와 그 표시가 필요하며, 조건의사가 있더라도 그것이 외부에 표시되지 않으면 법률행위의 동기에 불과할 뿐이고 그것만으로는 법률행위의 부관으로서의 조건이 되는 것은 아니다(대판 2003.5.13, 2003다10797).

② 어떠한 법률행위가 조건의 성취시 법률행위의 효력이 발생하는 소위 정지조건부 법률행위에 해당한다는 사실은 그 법률행위로 인한 법률효과의 발생을 저지하는 사유로서 그 법률효과의 발생을 다투려는 자에게 주장입증책임이 있다(대판 1993.9.28, 93다20832).

③ 일반적으로 기한이익 상실의 특약이 채권자를 위하여 둔 것인 점에 비추어 명백히 정지조건부 기한이익 상실의 특약이라고 볼 만한 특별한 사정이 없는 이상 형성권적 기한이익 상실의 특약으로 추정하는 것이 타당하다(대판 2002.9.4, 2002다28340).

④ 주채무자의 항변포기는 보증인에게 효력이 없으므로(제433조 제2항), 주채무자가 시효이익을 포기하더라도 보증인에게는 미치지 않는다.

05 조건부 법률행위로서 유효한 것은? 제15회

중

① 딸과 사위가 이미 이혼한 사실을 모르는 장인이 이혼하면 돌려받기로 하고 그 사위에게 건물을 증여하기로 하는 약정
② 건물이 철거되면 그 부지를 매수하기로 하는 약정
③ 금괴밀수에 성공하면 5억원을 배당해 주기로 하는 약정
④ 사육하고 있는 진돗개가 죽으면 풍산개 한 마리를 사 주기로 하는 약정
⑤ 해저 1만 미터에 빠진 결혼반지를 찾아주면 사례금을 지급하기로 하는 약정

해설

② 건물이 철거되면 그 부지를 매수하기로 하는 약정은 유효하다.
① 기성조건에 해제조건이면 그 법률행위는 무효이다.
③ 불법조건이 붙어 있는 법률행위는 무효이다.
④ 사육하고 있는 진돗개가 죽는다는 것은 조건이 아니라 기한이다.
⑤ 불능조건에 정지조건이면 무효이다.

2 기 한

06 기한의 이익을 갖는 자를 모두 고른 것은? 제18회

상

㉠ 사용대차에서 차주 ㉡ 임대차에서 임차인 ㉢ 무상임치에서 수치인 ㉣ 이자 없는 소비대차에서 차주 ㉤ 이자 있는 소비대차에서 차주

① ㉠, ㉤
② ㉢, ㉣
③ ㉠, ㉡, ㉢
④ ㉠, ㉡, ㉣, ㉤
⑤ ㉡, ㉢, ㉣, ㉤

해설

㉠ 사용대차에서 차주는 기한의 이익을 갖는다.
㉡ 임대차에서 임차인은 기한의 이익을 갖는다.
㉢ 무상임치에서 수치인은 기한의 이익을 갖지 못한다.
㉣ 이자 없는 소비대차에서 차주는 기한의 이익을 갖는다.
㉤ 이자 있는 소비대차에서 차주는 기한의 이익을 갖는다.

Answer

04 ⑤ 05 ② 06 ④

07 중

조건과 기한에 관한 설명으로 옳지 않은 것은? (다툼이 있으면 판례에 따름) 제24회

① 법률행위에 정지조건이 붙어 있다는 사실은 그 법률행위의 효력발생을 다투려는 자가 증명하여야 한다.

② 조건의사가 외부로 표시되지 않은 경우, 조건부 법률행위로 인정되지 않는다.

③ 당사자가 조건성취의 효력을 그 성취 전에 소급하게 할 의사를 표시한 경우, 그 의사표시는 무효이다.

④ 불확정한 사실이 발생한 때를 이행기한으로 정한 경우, 그 사실의 발생이 불가능하게 된 때에도 기한이 도래한 것으로 본다.

⑤ 상계의 의사표시에는 기한을 붙일 수 없다.

해설

③ 당사자가 조건성취의 효력을 그 성취 전에 소급하게 할 의사를 표시한 때에는 그 의사에 의한다(제147조 제3항).

① 어떠한 법률행위가 조건의 성취시 법률행위의 효력이 발생하는 소위 정지조건부 법률행위에 해당한다는 사실은 그 법률행위로 인한 법률효과의 발생을 저지하는 사유로서 그 법률효과의 발생을 다투려는 자에게 주장입증책임이 있다(대판 1993.9.28, 93다20832).

② 조건은 법률행위의 효력의 발생 또는 소멸을 장래의 불확실한 사실의 성부에 의존케 하는 법률행위의 부관으로서 당해 법률행위를 구성하는 의사표시의 일체적인 내용을 이루는 것이므로, 의사표시의 일반원칙에 따라 조건을 붙이고자 하는 의사 즉 조건의사와 그 표시가 필요하며, 조건의사가 있더라도 그것이 외부에 표시되지 않으면 법률행위의 동기에 불과할 뿐이고 그것만으로는 법률행위의 부관으로서의 조건이 되는 것은 아니다(대판 2003.5.13, 2003다10797).

④ 당사자가 불확정한 사실이 발생한 때를 이행기한으로 정한 경우에는 그 사실이 발생한 때는 물론 그 사실의 발생이 불가능하게 된 때에도 이행기한은 도래한 것으로 보아야 한다(대판 2002.3.29, 2001다41766).

⑤ 상계의 의사표시에는 조건 또는 기한을 붙이지 못한다(제493조 제1항 단서).

10 기 간

연계학습: 기본서 p.338~340

01 상

기간의 만료점이 빠른 시간 순서대로 나열한 것은? (다툼이 있으면 판례에 따름)

제23회

㉠ 2020년 6월 2일 오전 0시 정각부터 4일간
㉡ 2020년 5월 4일 오후 2시 정각부터 1개월간
㉢ 2020년 6월 10일 오전 10시 정각부터 1주일 전(前)

① ㉠ - ㉡ - ㉢
② ㉠ - ㉢ - ㉡
③ ㉡ - ㉠ - ㉢
④ ㉡ - ㉢ - ㉠
⑤ ㉢ - ㉡ - ㉠

해설

㉠ '2020년 6월 2일 오전 0시 정각부터 4일간'의 만료점은 2020년 6월 5일 24시이다.
㉡ '2020년 5월 4일 오후 2시 정각부터 1개월간'의 만료점은 2020년 6월 4일 24시이다.
㉢ '2020년 6월 10일 오전 10시 정각부터 1주일 전(前)'의 만료점은 2020년 6월 2일 24시이다.

02 하

법령 또는 약정 등으로 달리 정한 바가 없는 경우, 기간에 관한 설명으로 옳지 않은 것은? (다툼이 있으면 판례에 따름)

제22회

① 기간계산에 관한 민법 규정은 공법관계에 적용되지 않는다.
② 기간을 월 또는 연으로 정한 때에는 역(曆)에 의하여 계산한다.
③ 기간의 말일이 토요일 또는 공휴일에 해당한 때에는 기간은 그 익일로 만료한다.
④ 기간을 일 또는 주로 정한 때에는 그 기간이 오전 영시로부터 시작하지 않는 경우, 기간의 초일은 산입하지 아니한다.
⑤ 연령계산에는 출생일을 산입한다.

해설

① 기간계산에 관한 민법 규정은 공법관계에도 적용된다(대판 2012.12.26, 2012도13215 참조).
② 제160조 제1항 ③ 제161조 ④ 제157조 ⑤ 제158조

Answer

07 ③ / 01 ⑤ 02 ①

11 소멸시효

연계학습 : 기본서 p.341~380

1 소멸시효의 대상 및 기산점

01 중

소멸시효에 관한 설명으로 옳지 않은 것은? (다툼이 있으면 판례에 따름) 제27회

① 채권 및 소유권은 10년간 행사하지 아니하면 소멸시효가 완성한다.
② 지역권은 20년간 행사하지 아니하면 소멸시효가 완성한다.
③ 금전채무의 이행지체로 인하여 발생하는 지연손해금은 3년의 단기소멸시효가 적용되지 않는다.
④ 이자채권이라도 1년 이내의 정기로 지급하기로 한 것이 아니면 3년의 단기 소멸시효가 적용되지 않는다.
⑤ 상행위로 인하여 발생한 상품 판매 대금채권은 3년의 단기소멸시효가 적용된다.

해설

① 소유권은 소멸시효에 걸리지 않는다.
② 지역권은 20년간 행사하지 아니하면 소멸시효가 완성한다(제162조 제2항 참조).
③ 금전채무의 이행지체로 인하여 발생하는 지연손해금은 그 성질이 손해배상금이지 이자가 아니며, 민법 제163조 제1호의 1년 이내의 기간으로 정한 채권도 아니므로 3년간의 단기소멸시효의 대상이 되지 아니한다(대판 1995.10.13, 94다57800).
④ 이자채권이라도 1년 이내의 기간으로 정한 경우에는 3년의 단기소멸시효에 걸리지만(제163조 제1호 참조), 1년 이내의 것이 아니라면 일반 채권처럼 10년의 소멸시효에 걸린다.
⑤ 생산자 및 상인이 판매한 생산물 및 상품의 대가는 3년의 단기소멸시효에 걸린다(제163조 제6호 참조).

02 상

소멸시효에 관한 설명으로 옳은 것을 모두 고른 것은? (다툼이 있으면 판례에 따름) 제26회

ㄱ 소유권에 기한 물권적 청구권은 소멸시효에 걸리지 않는다.
ㄴ 하자담보책임에 기한 토지 매수인의 손해배상청구권은 제척기간에 걸리므로 소멸시효의 적용이 배제된다.
ㄷ 사실상 권리의 존재나 권리행사 가능성을 알지 못하였다는 사유는 특별한 사정이 없는 한 소멸시효의 진행을 방해하지 않는다.

① ㄴ　　② ㄱ, ㄴ　　③ ㄱ, ㄷ
④ ㄴ, ㄷ　　⑤ ㄱ, ㄴ, ㄷ

해설

㉠ (○) 소유권에 기한 물권적 청구권은 소멸시효에 걸리지 않는다.

㉡ (×) 하자담보에 기한 매수인의 손해배상청구권은 권리의 내용・성질 및 취지에 비추어 민법 제162조 제1항의 채권 소멸시효의 규정이 적용되고, 민법 제582조의 제척기간 규정으로 인하여 소멸시효 규정의 적용이 배제된다고 볼 수 없다(대판 2011.10.13, 2011다10266).

㉢ (○) 소멸시효는 객관적으로 권리가 발생하여 그 권리를 행사할 수 있는 때로부터 진행하고 그 권리를 행사할 수 없는 동안만은 진행하지 않는바, '권리를 행사할 수 없는' 경우라 함은 그 권리행사에 법률상의 장애사유, 예컨대 기간의 미도래나 조건불성취 등이 있는 경우를 말하는 것이고, 사실상 권리의 존재나 권리행사 가능성을 알지 못하였고 알지 못함에 과실이 없다고 하여도 이러한 사유는 법률상 장애사유에 해당하지 않는다고 할 것이다(대판 2004.4.27, 2003두10763).

03

상

甲은 그 소유 부동산을 1980. 7. 16. 乙에게 매도하였다. 2016. 7. 16. 현재 乙의 甲에 대한 소유권이전등기청구권의 소멸시효가 완성된 경우를 모두 고른 것은? (다툼이 있으면 판례에 따름) 제19회

> ㉠ 乙이 매매와 동시에 부동산을 인도받아 현재까지 계속 점유・사용하고 있는 경우
> ㉡ 乙이 매매와 동시에 부동산을 인도받아 사용・수익하다가 2000년 丙에 의해 그 점유를 침탈당한 뒤 현재까지 점유를 회복하지 못한 경우
> ㉢ 乙이 매매와 동시에 부동산을 인도받아 사용・수익하다가 2005년 丁에게 전매하고 인도한 경우

① ㉡　② ㉢　③ ㉠, ㉡
④ ㉠, ㉢　⑤ ㉡, ㉢

해설

㉡ 부동산의 매수인이 매매목적물을 인도받아 사용・수익하고 있는 경우에는 그 매수인의 이전등기청구권은 소멸시효에 걸리지 아니하나, 매수인이 그 목적물의 점유를 상실하여 더 이상 사용・수익하고 있는 상태가 아니라면 그 점유상실 시점으로부터 매수인의 이전등기청구권에 관한 소멸시효는 진행하므로(대판 1992.7.24, 91다40924), 매수인이 점유를 상실한 날로부터 10년이 경과하였으므로 매수인의 소유권이전등기청구권은 시효로 인하여 소멸한다.

㉠ 부동산 매수인이 그 목적물을 인도받아서 이를 사용・수익하고 있는 경우에는 그 매수인을 권리 위에 잠자는 것으로 볼 수도 없고, 그 매수인의 등기청구권은 다른 채권과는 달리 소멸시효에 걸리지 않는다고 해석함이 타당하다(대판 전합 1976.11.6, 76다148).

㉢ 부동산의 매수인이 그 부동산을 인도받은 이상 이를 사용・수익하다가 그 부동산에 대한 보다 적극적인 권리 행사의 일환으로 다른 사람에게 그 부동산을 처분하고 그 점유를 승계하여 준 경우에도 이전등기청구권의 소멸시효는 진행되지 않는다고 보아야 한다(대판 전합 1999. 3.18, 98다32175).

Answer

01 ①　02 ③　03 ①

04 상●●

소멸시효에 관한 설명으로 옳은 것은? (다툼이 있으면 판례에 따름) 제25회

① 소멸시효의 이익은 미리 포기할 수 있다.

② 1개월 단위로 지급되는 집합건물의 관리비채권의 소멸시효기간은 3년이다.

③ 부작위를 목적으로 하는 채권의 소멸시효는 계약체결시부터 진행한다.

④ 근저당권설정계약에 의한 근저당권설정등기청구권은 그 피담보채권이 될 채권과 별개로 소멸시효에 걸리지 않는다.

⑤ 당사자가 본래의 소멸시효 기산일과 다른 기산일을 주장하는 경우, 법원은 원칙적으로 본래의 소멸시효 기산일을 기준으로 소멸시효를 계산해야 한다.

해설

② 민법 제163조 제1호에서 3년의 단기소멸시효에 걸리는 것으로 규정한 '1년 이내의 기간으로 정한 채권'이란 1년 이내의 정기로 지급되는 채권을 말하는 것으로서, 1개월 단위로 지급되는 집합건물의 관리비채권은 이에 해당한다고 할 것이다(대판 2007.2.22, 2005다65821).

① 소멸시효의 이익은 미리 포기하지 못한다(제184조 제1항).

③ 부작위를 목적으로 하는 채권의 소멸시효는 위반행위를 한 때로부터 진행한다(제166조 제2항).

④ 근저당권설정 약정에 의한 근저당권설정등기청구권이 그 피담보채권이 될 채권과 별개로 소멸시효에 걸린다(대판 2004.2.13, 2002다7213).

⑤ 본래의 소멸시효 기산일과 당사자가 주장하는 기산일이 서로 다른 경우에는 변론주의의 원칙상 법원은 당사자가 주장하는 기산일을 기준으로 소멸시효를 계산하여야 한다(대판 1995.8.25, 94다35886).

2 소멸시효의 중단

05 상

소멸시효의 중단에 관한 설명으로 옳은 것은? (다툼이 있으면 판례에 따름) 제22회

① 과세처분의 취소 또는 무효 확인의 소는 소멸시효 중단사유인 재판상 청구에 해당하지 않는다.
② 권리의 일부에 대하여 소를 제기한 것이 명백한 경우, 원칙적으로 그 일부뿐만 아니라 나머지 부분에 대하여도 시효중단의 효력이 발생한다.
③ 채권자가 파산법원에 대한 파산채권신고를 한 경우, 시효중단의 효력이 발생하지 않는다.
④ 주채무자에 대한 시효의 중단은 보증인에 대하여 그 효력이 있다.
⑤ 소멸시효가 중단된 때에는 그 시효의 진행이 일시 중지되었다가 중단사유가 종료한 때로부터 다시 이어서 진행한다.

해설

④ 주채무자에 대한 시효의 중단은 보증인에 대하여 그 효력이 있다(제440조).
① 과세처분의 취소 또는 무효확인청구의 소가 비록 행정소송이라고 할지라도 조세환급을 구하는 부당이득반환청구권의 소멸시효중단사유인 재판상 청구에 해당한다고 볼 수 있다(대판 전합 1992.3.31, 91다32053).
② 한 개의 채권 중 일부에 관하여만 판결을 구한다는 취지를 명백히 하여 소송을 제기한 경우에는 소제기에 의한 소멸시효중단의 효력이 그 일부에 관하여만 발생하고, 나머지 부분에는 발생하지 아니하지만 비록 그중 일부만을 청구한 경우에도 그 취지로 보아 채권 전부에 관하여 판결을 구하는 것으로 해석된다면 그 청구액을 소송물인 채권의 전부로 보아야 하고, 이러한 경우에는 그 채권의 동일성의 범위 내에서 그 전부에 관하여 시효중단의 효력이 발생한다고 해석함이 상당하다(대판 1992.4.10, 91다43695).
③ 채무자가 파산할 경우 채권자의 그 파산자에 대한 채권의 이행청구 등 권리행사는 파산법이 정하는 바에 따라 파산법원에 대한 파산채권신고 등의 방법으로 제한 및 변경되는 것이므로 채권자는 파산법원에 대한 파산채권신고라는 변경된 형태로 그 권리를 행사함으로써 약정에 의한 이행청구기간의 도과 혹은 소멸시효의 완성을 저지할 수 있다(즉, 이 경우 채권자는 파산한 채무자에게 이행청구를 하여야만 자신의 채권을 보전할 수 있는 것은 아니다)(대판 2006.4.14, 2004다70253).
⑤ 시효가 중단된 때에는 중단까지에 경과한 시효기간은 이를 산입하지 아니하고 중단사유가 종료한 때로부터 새로이 진행한다(제178조 제1항).

Answer

04 ② 05 ④

06 상

소멸시효의 중단에 관한 설명으로 옳지 않은 것은? (다툼이 있으면 판례에 따름)

제23회

① 재판상 청구는 그 소가 각하되더라도 최고의 효력은 있다.
② 응소행위로 인한 시효중단의 효력은 원고가 소를 제기한 때에 발생한다.
③ 소멸시효가 중단되면 중단사유가 종료된 때부터 새로 시효가 진행한다.
④ 시효중단의 효력 있는 승인에는 상대방의 권리에 관한 처분의 능력이나 권한 있음을 요하지 않는다.
⑤ 부진정연대채무자 1인에 대한 이행의 청구는 다른 부진정연대채무자에 대하여 시효중단의 효력이 없다.

해설

② 응소행위로 인한 시효중단의 효력은 피고가 현실적으로 권리를 행사하여 응소한 때에 발생한다(대판 2012.1.12, 2011다78606).
① 민법 제174조가 시효중단 사유로 규정하고 있는 최고를 여러 번 거듭하다가 재판상 청구 등을 한 경우에 시효중단의 효력은 항상 최초의 최고시에 발생하는 것이 아니라 재판상 청구 등을 한 시점을 기준으로 하여 이로부터 소급하여 6월 이내에 한 최고시에 발생하고, 민법 제170조의 해석상 재판상의 청구는 그 소송이 취하된 경우에는 그로부터 6월 내에 다시 재판상의 청구를 하지 않는 한 시효중단의 효력이 없고 다만 재판 외의 최고의 효력만을 갖게 된다. 이러한 법리는 그 소가 각하된 경우에도 마찬가지로 적용된다(대판 2019.3.14, 2018두56435).
③ 시효가 중단된 때에는 중단까지에 경과한 시효기간은 이를 산입하지 아니하고 중단사유가 종료한 때로부터 새로이 진행한다(제178조 제1항).
④ 시효중단의 효력있는 승인에는 상대방의 권리에 관한 처분의 능력이나 권한있음을 요하지 아니한다(제177조).
⑤ 부진정연대채무에 있어 채무자 1인에 대한 이행의 청구는 타 채무자에 대하여 그 효력이 미치지 않는다(대판 1997.9.12, 95다42027).

07 상●●

소멸시효의 중단과 정지에 관한 설명으로 옳지 않은 것은? (다툼이 있으면 판례에 따름) 제24회

① 시효의 중단은 원칙적으로 당사자 및 그 승계인간에만 효력이 있다.
② 가압류에 의한 시효중단의 효력은 가압류의 집행보전의 효력이 존속하는 동안 계속된다.
③ 물상보증인 소유의 부동산에 대한 압류는 그 통지와 관계없이 주채무자에 대하여 시효중단의 효력이 생긴다.
④ 재산을 관리하는 후견인에 대한 제한능력자의 권리는 그가 능력자가 되거나 후임 법정대리인이 취임한 때부터 6개월 내에는 소멸시효가 완성되지 않는다.
⑤ 부부 중 한쪽이 다른 쪽에 대하여 가지는 권리는 혼인관계가 종료된 때부터 6개월 내에는 소멸시효가 완성되지 않는다.

해설

③ 물상보증인에 대한 임의경매의 신청은 피담보채권의 만족을 위한 강력한 권리실행수단으로서, 채무자 본인에 대한 압류와 대비하여 소멸시효의 중단사유로서 차이를 인정할 만한 실질적인 이유가 없기 때문에, 중단행위의 당사자나 그 승계인 이외의 시효의 이익을 받는 채무자에게도 시효중단의 효력이 미치도록 하되, 다만 채무자가 시효의 중단으로 인하여 예측하지 못한 불이익을 입게 되는 것을 막아주기 위하여 채무자에게 압류사실이 통지되어야만 시효중단의 효력이 미치게 함으로써, 채권자와 채무자간에 이익을 조화시키려는 것이, 민법 제169조에 규정된 시효중단의 상대적 효력에 대한 예외를 인정한 민법 제176조의 취지라고 해석되는 만큼, 압류사실을 채무자가 알 수 있도록 경매개시결정이나 경매기일통지서가 우편송달(발송송달) 이나 공시송달의 방법이 아닌 교부송달의 방법으로 채무자에게 송달되어야만 압류사실이 통지된 것으로 볼 수 있는 것이다(대판 1990.1.12, 89다카4946).
① 시효의 중단은 당사자 및 그 승계인간에만 효력이 있다(제169조).
② 민법 제168조에서 가압류를 시효중단사유로 정하고 있는 것은 가압류에 의하여 채권자가 권리를 행사하였다고 할 수 있기 때문인바, 가압류에 의한 집행보전의 효력이 존속하는 동안은 가압류채권자에 의한 권리행사가 계속되고 있다고 보아야 하므로 가압류에 의한 시효중단의 효력은 가압류의 집행보전의 효력이 존속하는 동안은 계속된다(대판 2006.7.27, 2006다32781).
④ 제180조 제1항
⑤ 제180조 제2항

Answer

06 ② 07 ③

08 상

추가적인 조치가 없더라도 소멸시효 중단의 효력이 발생하는 것은? (다툼이 있으면 판례에 따름) 제27회

① 채권자의 승소 확정판결
② 최고
③ 재산명시명령의 송달
④ 이행청구 의사가 표명된 소송고지
⑤ 내용증명우편에 의한 이행청구

해설

① 채권자의 승소 확정판결은 별도의 조치가 없더라도 소멸시효의 중단의 효력이 발생한다. 그 밖의 경우에는 소송고지의 요건이 갖추어진 경우에 그 소송고지서에 고지자가 피고지자에 대하여 채무의 이행을 청구하는 의사가 표명되어 있으면 민법 제174조에 정한 시효중단사유로서의 최고의 효력이 인정되는 것처럼(대판 2009.7.9, 2009다14340) 별도의 추가적인 조치가 있어야만 시효중단의 효력이 발생한다.

3 소멸시효의 일반

09 상

소멸시효에 관한 설명으로 옳은 것은? (다툼이 있으면 판례에 따름) 제21회

① 소멸시효는 당사자의 합의에 의하여 단축할 수 없으나 연장할 수는 있다.
② 법원은 어떤 권리의 소멸시효기간이 얼마나 되는지를 직권으로 판단할 수 없다.
③ 연대채무자 중 한 사람에 대한 이행청구는 다른 연대채무자에 대하여도 시효중단의 효력이 있다.
④ 재판상 청구는 소송이 각하된 경우에는 시효중단의 효력이 없으나, 기각된 경우에는 시효중단의 효력이 있다.
⑤ 주채무가 민사채무이고 보증채무는 상행위로 인한 것일 경우, 보증채무는 주채무에 따라 10년의 소멸시효에 걸린다.

해설

③ 어느 연대채무자에 대한 이행청구는 다른 연대채무자에게도 효력이 있으므로(제416조), 연대채무자 중 1인에 대한 이행청구는 다른 연대채무자에 대해서도 시효중단의 효력이 있다.
① 소멸시효는 배제 · 연장 · 가중할 수 없지만, 단축 또는 경감할 수 있다(제184조 참조).
② 민사소송절차에서 변론주의 원칙은 권리의 발생 · 변경 · 소멸이라는 법률효과 판단의 요건이 되는 주요사실에 관한 주장 · 증명에 적용된다. 따라서 권리를 소멸시키는 소멸시효 항변은 변론주의 원칙에 따라 당사자의 주장이 있어야만 법원의 판단대상이 된다.
그러나 이 경우 어떤 시효기간이 적용되는지에 관한 주장은 권리의 소멸이라는 법률효과를 발생시키는 요건을 구성하는 사실에 관한 주장이 아니라 단순히 법률의 해석이나 적용에 관한 의견을 표명한 것이다. 이러한 주장에는 변론주의가 적용되지 않으므로 법원이 당사자의 주장에 구속되지 않고 직권으로 판단할 수 있다(대판 2017.3.22, 2016다25824).

④ 재판상의 청구는 소송의 각하 · 기각 또는 취하의 경우에는 시효중단의 효력이 없다(제170조 제1항).
⑤ 보증채무는 주채무와는 별개의 독립한 채무이므로 보증채무와 주채무의 소멸시효기간은 채무의 성질에 따라 각각 별개로 정해진다. 그리고 주채무자에 대한 확정판결에 의하여 민법 제163조 각 호의 단기소멸시효에 해당하는 주채무의 소멸시효기간이 10년으로 연장된 상태에서 주채무를 보증한 경우, 특별한 사정이 없는 한 보증채무에 대하여는 민법 제163조 각 호의 단기소멸시효가 적용될 여지가 없고, 성질에 따라 보증인에 대한 채권이 민사채권인 경우에는 10년, 상사채권인 경우에는 5년의 소멸시효기간이 적용된다(대판 2014.6.12, 2011다76105).

10 상●●

소멸시효에 관한 설명으로 옳은 것은? (다툼이 있으면 판례에 따름) 제27회

① 소멸시효 중단사유인 채무의 승인은 의사표시에 해당한다.
② 시효중단의 효력있는 승인에는 상대방의 권리에 관한 처분의 능력이나 권한있음을 요하지 아니한다.
③ 소멸시효 이익의 포기사유인 채무의 묵시적 승인은 관념의 통지에 해당한다.
④ 시효완성 전에 채무의 일부를 변제한 경우에는 그 수액에 관하여 다툼이 없는 한 채무 승인의 효력이 있어 채무 전부에 관하여 소멸시효 이익 포기의 효력이 발생한다.
⑤ 채무자가 담보 목적의 가등기를 설정하여 주는 것은 채무의 승인에 해당하므로, 그 가등기가 계속되고 있는 동안 그 피담보채권에 대한 소멸시효는 진행하지 않는다.

해설
② 시효중단의 효력 있는 승인에는 상대방의 권리에 관한 처분의 능력이나 권한 있음을 요하지 아니한다(제177조).
① 소멸시효 중단사유로서의 채무승인은 시효이익을 받는 당사자인 채무자가 소멸시효의 완성으로 채권을 상실하게 될 자에 대하여 상대방의 권리 또는 자신의 채무가 있음을 알고 있다는 뜻을 표시함으로써 성립하는 이른바 관념의 통지로 여기에 어떠한 효과의사가 필요하지 않다(대판 2017.7.11, 2014다32458).
③ 시효이익을 받을 채무자는 소멸시효가 완성된 후 시효이익을 포기할 수 있고, 이것은 시효의 완성으로 인한 법적인 이익을 받지 않겠다고 하는 효과의사를 필요로 하는 의사표시이다(대판 2017.7.11, 2014다32458).
④ 시효완성 전에 채무의 일부를 변제한 경우에는, 그 수액에 관하여 다툼이 없는 한 채무승인으로서의 효력이 있어 시효중단의 효과가 발생한다(대판 1996.1.23, 95다39854).
⑤ 채무자가 채권자에 대하여 자기 소유의 부동산에 담보 목적의 가등기를 설정하여 주는 것은 민법 제168조 소정의 채무의 승인에 해당한다고 볼 수 있다(대판 1997.12.26, 97다22676).

Answer
08 ①　09 ③　10 ②

PART 02 물권법

01 물권법 총론

연계학습 : 기본서 p.384~424

01 (중)

물권에 관한 설명으로 옳지 않은 것은? (다툼이 있으면 판례에 따름) 제24회

① 물권법정주의에 관한 민법 제185조의 “법률”에는 규칙이나 지방자치단체의 조례가 포함되지 않는다.

② 온천에 관한 권리는 독립한 물권으로 볼 수 없다.

③ 일물일권주의 원칙상 특정 양만장 내의 뱀장어들 전부에 대해서는 1개의 양도담보권을 설정할 수 없다.

④ 사용·수익권능이 영구적·대세적으로 포기된 소유권은 특별한 사정이 없는 한 허용될 수 없다.

⑤ 소유권에 기한 물권적 청구권은 소멸시효의 대상이 아니다.

해설

③ 성장을 계속하는 어류일지라도 특정 양만장 내의 뱀장어 등 어류 전부에 대한 양도담보계약은 그 담보목적물이 특정되었으므로 유효하게 성립하였다고 할 것이다(대판 1990.12.26, 88다카20224).

① 민법 제185조의 ‘법률’은 형식적 의미의 법률만을 의미하고 실질적 의미의 법률은 포함하지 않으므로 규약이나 지방자치단체의 조례는 제185조의 ‘법률’에는 포함하지 않는다.

② 온천에 관한 권리를 관습법상의 물권이라고 볼 수 없고 또한 온천수는 민법 제235조, 제236조 소정의 공용수 또는 생활상 필요한 용수에 해당하지 아니한다(대판 1970.5.26, 69다1239).

④ 물건에 대한 배타적인 사용·수익권은 소유권의 핵심적 권능이므로, 소유자가 제3자와의 채권관계에서 소유물에 대한 사용·수익의 권능을 포기하거나 사용·수익권의 행사에 제한을 설정하는 것을 넘어 이를 대세적, 영구적으로 포기하는 것은 법률에 의하지 않고 새로운 물권을 창설하는 것과 다를 바 없어 허용되지 않는다(대판 2013.8.22, 2012다54133).

02 상 **물권적 청구권에 관한 설명으로 옳은 것은?** (다툼이 있으면 판례에 따름) 제27회

① 지상권을 설정한 토지소유권자는 그 토지에 대한 불법점유자에 대하여 물권적 청구권을 행사할 수 없다.

② 점유를 상실하여 현실적으로 점유하고 있지 아니한 불법점유자에 대하여 소유자는 그 소유물의 인도를 청구할 수 있다.

③ 소유권을 상실한 전(前)소유자가 그 물건의 양수인에게 인도의무를 부담하는 경우, 제3자인 불법점유자에 대하여 소유권에 기한 물권적 청구권을 행사할 수 있다.

④ 소유자는 소유권을 현실적으로 방해하지 않고 그 방해를 할 염려있는 행위를 하는 자에 대하여도 그 예방을 청구할 수 있다.

⑤ 지역권자는 지역권의 행사를 방해하는 자에게 승역지의 반환청구를 할 수 있다.

해설

④ 소유자는 소유권을 방해하는 자에 대하여 방해의 제거를 청구할 수 있고 소유권을 방해할 염려 있는 행위를 하는 자에 대하여 그 예방이나 손해배상의 담보를 청구할 수 있다(제214조).

① 지상권을 설정한 토지소유권자는 그 토지에 대한 불법점유자에 대하여 물권적 청구권을 행사할 수 있다(제213조 참조).

② 소유권에 기한 소유물반환청구권은 현재 침해를 하고 있는 상태이어야 하므로, 점유를 상실하여 현실적으로 점유하고 있지 아니한 불법점유자에 대하여 소유자는 그 소유물의 인도를 청구할 수 없다.

③ 소유권을 양도함에 있어 소유권에 의하여 발생되는 물상청구권을 소유권과 분리, 소유권 없는 전소유자에게 유보하여 제3자에게 대하여 이를 행사케 한다는 것은 소유권의 절대적 권리인 점에 비추어 허용될 수 없는 것이라 할 것으로서, 이는 양도인인 전소유자가 그 목적물을 양수인에게 인도할 의무가 있고 그 의무이행이 매매대금 잔액의 지급과 동시이행관계에 있다거나 그 소유권의 양도가 소송계속 중에 있었다 하여 다를 리 없고 일단 소유권을 상실한 전소유자는 제3자인 불법점유자에 대하여 물권적 청구권에 의한 방해배제를 청구할 수 없다(대판 1969.5.27, 68다725 전합).

⑤ 지역권자는 독점적인 점유할 권리가 없으므로 점유침탈을 이유로 한 반환청구권은 인정되지 않는다(제301조 참조).

Answer

01 ③ 02 ④

03 상●●

채권적 청구권에 해당하는 등기청구권을 모두 고른 것은? (다툼이 있으면 판례에 따름) 제24회

> ㉠ 매매계약에 기한 매수인의 소유권이전등기청구권
> ㉡ 위조서류에 의해 마쳐진 소유권이전등기에 대한 소유자의 말소등기청구권
> ㉢ 점유취득시효완성자의 소유자에 대한 소유권이전등기청구권
> ㉣ 민법 제621조에 의한 임차인의 임대인에 대한 임차권설정등기청구권

① ㉠, ㉡　② ㉡, ㉢
③ ㉢, ㉣　④ ㉠, ㉡, ㉣
⑤ ㉠, ㉢, ㉣

해설

⑤ 위조서류에 의해 마쳐진 소유권이전등기에 대한 소유자의 말소등기청구권은 소유권에 기한 물권적 청구권에 해당한다.

04 상●●

부동산매매계약으로 인한 등기청구권에 관한 설명으로 옳은 것을 모두 고른 것은? (다툼이 있으면 판례에 따름) 제25회

> ㉠ 부동산 매수인이 목적 부동산을 인도받아 계속 점유하는 경우, 그 소유권이전등기청구권의 소멸시효는 진행되지 않는다.
> ㉡ 부동산 매수인 甲이 목적 부동산을 인도받아 이를 사용·수익하다가 乙에게 그 부동산을 처분하고 그 점유를 승계하여 준 경우, 甲의 소유권이전등기청구권의 소멸시효는 진행되지 않는다.
> ㉢ 부동산매매로 인한 소유권이전등기청구권은 특별한 사정이 없는 한 권리의 성질상 양도가 제한되고 양도에 채무자의 승낙이나 동의를 요한다.

① ㉠　② ㉢　③ ㉠, ㉡
④ ㉡, ㉢　⑤ ㉠, ㉡, ㉢

해설

㉠ (○) 매수인이 목적 부동산을 인도받아 계속 점유하는 경우에는 그 소유권이전등기청구권의 소멸시효가 진행하지 않는다(대판 전합 1999.3.18, 98다32175).
㉡ (○) 부동산의 매수인이 그 부동산을 인도받은 이상 이를 사용·수익하다가 그 부동산에 대한 보다 적극적인 권리 행사의 일환으로 다른 사람에게 그 부동산을 처분하고 그 점유를 승계하여 준 경우에도 그 이전등기청구권의 행사 여부에 관하여 그가 그 부동산을 스스로 계속 사용·수익만 하고 있는 경우와 특별히 다를 바 없으므로 위 두 어느 경우에나 이전등기청구권의 소멸시효는 진행되지 않는다고 보아야 한다(대판 전합 1999.3.18, 98다32175).

㉢ (○) 부동산의 매매로 인한 소유권이전등기청구권은 물권의 이전을 목적으로 하는 매매의 효과로서 매도인이 부담하는 재산권이전의무의 한 내용을 이루는 것이고, 매도인이 물권행위의 성립요건을 갖추도록 의무를 부담하는 경우에 발생하는 채권적 청구권으로 그 이행과정에 신뢰관계가 따르므로, 소유권이전등기청구권을 매수인으로부터 양도받은 양수인은 매도인이 그 양도에 대하여 동의하지 않고 있다면 매도인에 대하여 채권양도를 원인으로 하여 소유권이전등기절차의 이행을 청구할 수 없고, 따라서 매매로 인한 소유권이전등기청구권은 특별한 사정이 없는 이상 그 권리의 성질상 양도가 제한되고 그 양도에 채무자의 승낙이나 동의를 요한다(대판 2001.10.9, 2000다51216).

05 중

물권변동에 관한 설명으로 옳지 않은 것은? (다툼이 있으면 판례에 따름) 제26회

① 별도의 공시방법을 갖추면 토지 위에 식재된 입목은 그 토지와 독립하여 거래의 객체로 할 수 있다.

② 지역권은 20년간 행사하지 않으면 시효로 소멸한다.

③ 취득시효에 의한 소유권취득의 효력은 점유를 개시한 때로 소급한다.

④ 부동산 공유자가 자기 지분을 포기한 경우, 그 지분은 이전등기 없이도 다른 공유자에게 각 지분의 비율로 귀속된다.

⑤ 공유물분할의 조정절차에서 협의에 의하여 조정조서가 작성되더라도 그 즉시 공유관계가 소멸하지는 않는다.

해설

④ 공유지분의 포기는 법률행위로서 상대방 있는 단독행위에 해당하므로, 부동산 공유자의 공유지분 포기의 의사표시가 다른 공유자에게 도달하더라도 이로써 곧바로 공유지분 포기에 따른 물권변동의 효력이 발생하는 것은 아니고, 다른 공유자는 자신에게 귀속될 공유지분에 관하여 소유권이전등기청구권을 취득하며, 이후 민법 제186조에 의하여 등기를 하여야 공유지분 포기에 따른 물권변동의 효력이 발생한다(대판 2016.10.27, 2015다52978).

① 입목법에 의하여 등기된 수목의 집단은 토지와 별개의 거래의 객체가 될 수 있다.

② 지역권은 20년간 행사하지 않으면 시효로 인하여 소멸한다(제162조 제2항 참조).

③ 취득시효에 의한 소유권취득의 효력은 점유를 개시한 때에 소급한다(제247조 제1항 참조).

⑤ 공유물분할의 소송절차 또는 조정절차에서 공유자 사이에 공유토지에 관한 현물분할의 협의가 성립하여 그 합의사항을 조서에 기재함으로써 조정이 성립하였다고 하더라도, 그와 같은 사정만으로 재판에 의한 공유물분할의 경우와 마찬가지로 그 즉시 공유관계가 소멸하고 각 공유자에게 그 협의에 따른 새로운 법률관계가 창설되는 것은 아니고, 공유자들이 협의한 바에 따라 토지의 분필절차를 마친 후 각 단독소유로 하기로 한 부분에 관하여 다른 공유자의 공유지분을 이전받아 등기를 마침으로써 비로소 그 부분에 대한 대세적 권리로서의 소유권을 취득하게 된다고 보아야 한다(대판 전합 2013.11.21, 2011두1917).

Answer

03 ⑤ 04 ⑤ 05 ④

06
상

청구권보전을 위한 가등기에 관한 설명으로 옳은 것은? (다툼이 있으면 판례에 따름)

제27회

① 소유권이전등기청구권 보전을 위한 가등기가 있는 경우, 소유권이전등기를 청구할 어떤 법률관계가 있다고 추정된다.

② 가등기된 소유권이전등기청구권은 타인에게 양도될 수 없다.

③ 가등기에 기하여 본등기가 마쳐진 경우, 본등기에 의한 물권변동의 효력은 가등기한 때로 소급하여 발생한다.

④ 가등기 후에 제3자에게 소유권이전등기가 이루어진 경우, 가등기권리자는 가등기 당시의 소유명의인이 아니라 현재의 소유명의인에게 본등기를 청구하여야 한다.

⑤ 가등기권리자는 가등기에 기하여 무효인 중복된 소유권보존등기의 말소를 구할 수 없다.

해설

⑤ 가등기는 부동산등기법 제6조 제2항의 규정에 의하여 그 본등기시에 본등기의 순위를 가등기의 순위에 의하도록 하는 순위보전적 효력만이 있을 뿐이고, 가등기만으로는 아무런 실체법상 효력을 갖지 아니하고 그 본등기를 명하는 판결이 확정된 경우라도 본등기를 경료하기까지는 마찬가지이므로, 중복된 소유권보존등기가 무효이더라도 가등기권리자는 그 말소를 청구할 권리가 없다(대판2001.3.23, 2000다51285).

① 소유권이전청구권 보전을 위한 가등기가 있다 하여, 소유권이전등기를 청구할 어떤 법률관계가 있다고 추정되지 아니한다(대판 1979.5.22, 79다239).

② 가등기는 원래 순위를 확보하는 데에 그 목적이 있으나, 순위 보전의 대상이 되는 물권변동의 청구권은 그 성질상 양도될 수 있는 재산권일 뿐만 아니라 가등기로 인하여 그 권리가 공시되어 결과적으로 공시방법까지 마련된 셈이므로, 이를 양도한 경우에는 양도인과 양수인의 공동신청으로 그 가등기상의 권리의 이전등기를 가등기에 대한 부기등기의 형식으로 경료할 수 있다고 보아야 한다(대판 1998.11.19, 98다24105 전합).

③ 가등기는 본등기 순위보전의 효력만이 있고, 후일 본등기가 마쳐진 때에는 본등기의 순위가 가등기한 때로 소급함으로써 가등기 후 본등기 전에 이루어진 중간처분이 본등기보다 후 순위로 되어 실효될 뿐이고, 본등기에 의한 물권변동의 효력이 가등기한 때로 소급하여 발생하는 것은 아니다(대판 1981.5.26, 80다3117).

④ 가등기권자는 가등기의무자인 전소유자를 상대로 본등기청구권을 행사할 것이고 제3자를 상대로 할 것이 아니다(대결 1962.12.24, 4296민재항675).

07 상

X토지가 소유자인 최초 매도인 甲으로부터 중간 매수인 乙에게, 다시 乙로부터 최종 매수인 丙에게 순차로 매도되었다. 한편 甲, 乙, 丙은 전원의 의사합치로 X토지에 대하여 甲이 丙에게 직접 소유권이전등기를 하기로 하는 중간생략등기의 합의를 하였다. 이에 관한 설명으로 옳은 것을 모두 고른 것은? (다툼이 있으면 판례에 따름) 제25회

ㄱ 중간생략등기합의로 인해 乙의 甲에 대한 소유권이전등기청구권은 소멸한다.
ㄴ 중간생략등기합의 후 甲과 乙 사이에 매매대금을 인상하기로 약정한 경우, 甲은 인상된 매매대금이 지급되지 않았음을 이유로 丙 명의로의 소유권이전등기의무의 이행을 거절할 수 있다.
ㄷ 만약 X토지가 토지거래허가구역 내의 토지라면, 丙이 자신과 甲을 매매 당사자로 하는 토지거래허가를 받아 자신 앞으로 소유권이전등기를 경료하였더라도 그 소유권이전등기는 무효이다.

① ㄱ
② ㄷ
③ ㄱ, ㄴ
④ ㄴ, ㄷ
⑤ ㄱ, ㄴ, ㄷ

해설

ㄱ (×) 중간생략등기의 합의가 있었다 하더라도 이러한 합의는 중간등기를 생략하여도 당사자 사이에 이의가 없겠고 또 그 등기의 효력에 영향을 미치지 않겠다는 의미가 있을 뿐이지 그러한 합의가 있었다 하여 중간매수인의 소유권이전등기청구권이 소멸된다거나 첫 매도인의 그 매수인에 대한 소유권이전등기의무가 소멸되는 것은 아니라 할 것이다(대판 1991.12.13, 91다18316).

ㄴ (○) 최초 매도인과 중간 매수인, 중간 매수인과 최종 매수인 사이에 순차로 매매계약이 체결되고 이들 간에 중간생략등기의 합의가 있은 후에 최초 매도인과 중간 매수인 간에 매매대금을 인상하는 약정이 체결된 경우, 최초 매도인은 인상된 매매대금이 지급되지 않았음을 이유로 최종 매수인 명의로의 소유권이전등기의무의 이행을 거절할 수 있다(대판 2005.4.29, 2003다66431).

ㄷ (○) 토지거래허가구역 내의 토지가 관할 관청의 허가 없이 전전매매되고 그 당사자들 사이에 최초의 매도인으로부터 최종 매수인 앞으로 직접 소유권이전등기를 경료하기로 하는 중간생략등기의 합의가 있는 경우, (중략) 설사 최종 매수인이 자신과 최초 매도인을 매매 당사자로 하는 토지거래허가를 받아 최종 매수인 앞으로 소유권이전등기를 경료하더라도 그러한 소유권이전등기는 적법한 토지거래허가 없이 경료된 등기로서 무효이다(대판 1996.6.28, 96다3982).

Answer

06 ⑤ 07 ④

08 상

등기의 추정력이 깨지는 경우를 모두 고른 것은? (다툼이 있으면 판례에 따름) 제23회

> ㉠ 건물 소유권보존등기의 명의자가 건물을 신축한 것이 아닌 경우
> ㉡ 등기부상 등기명의자의 공유지분의 분자 합계가 분모를 초과하는 경우
> ㉢ 소유권보존등기의 명의인이 부동산을 양수받은 것이라 주장하는데 전(前) 소유자가 양도사실을 부인하는 경우

① ㉠ ② ㉡
③ ㉠, ㉢ ④ ㉡, ㉢
⑤ ㉠, ㉡, ㉢

해설

㉠ 신축된 건물의 소유권은 이를 건축한 사람이 원시취득하는 것이므로, 건물 소유권보존등기의 명의자가 이를 신축한 것이 아니라면 그 등기의 권리 추정력은 깨어지고, 등기 명의자가 스스로 적법하게 그 소유권을 취득한 사실을 입증하여야 한다(대판 1996.7.30, 95다30734).

㉡ 소유권지분이전등기가 경료되어 있는 경우, 일단 등기명의자는 공유지분 비율에 의한 적법한 공유자로 추정되는 것이나, 등기부상 등기명의자의 공유지분의 분자 합계가 분모를 초과하는 경우에는 등기부의 기재 자체에 의하여 그 등기가 불실함이 명백하므로 그 중 어느 공유지분에 관한 등기가 무효인지를 가려보기 전에는 등기명의자는 등기부상 공유지분의 비율로 공유한다고 추정할 수 없을 뿐만 아니라, 공유지분의 분모를 분자 합계로 수정한 공유지분의 비율로 공유한다고 추정할 수도 없다(대판 1997.9.5, 96다33709).

㉢ 부동산 소유권보존등기가 경료되어 있는 이상 그 보존등기 명의자에게 소유권이 있음이 추정된다 하더라도 그 보존등기 명의자가 보존등기하기 이전의 소유자로부터 부동산을 양수한 것이라고 주장하고 전 소유자는 양도사실을 부인하는 경우에는 그 보존등기의 추정력은 깨어지고 그 보존등기 명의자 측에서 그 양수사실을 입증할 책임이 있다(대판 1982.9.14, 82다카707).

09 중

등기에 관한 설명으로 옳은 것은? (다툼이 있으면 판례에 따름) 제26회

① 등기는 물권의 효력발생요건이자 효력존속요건에 해당한다.
② 동일인 명의로 소유권보존등기가 중복으로 된 경우에는 특별한 사정이 없는 한 후행등기가 무효이다.
③ 매도인이 매수인에게 소유권이전등기를 마친 후 매매계약의 합의해제에 따른 매도인의 등기말소청구권의 법적 성질은 채권적 청구권이다.
④ 소유자의 대리인으로부터 토지를 적법하게 매수하였더라도 소유권이전등기가 위조된 서류에 의하여 마쳐졌다면 그 등기는 무효이다.
⑤ 무효등기의 유용에 관한 합의는 반드시 명시적으로 이루어져야 한다.

해설

② 동일한 부동산에 관하여 등기명의인이 다른 소유권보존등기가 중복되어 경료된 경우에 먼저 된 소유권보존등기가 원인이 무효인 등기가 아닌 한, 뒤에 된 소유권보존등기는 1부동산1용지주의를 채택하고 있는 우리 부동산등기법 아래서는 무효라고 해석하여야 한다(대판 1992.10.27, 92다16522).
① 등기는 물권의 효력발생요건이고, 그 존속요건은 아니므로 물권에 관한 등기가 원인없이 말소된 경우에도 그 물권의 효력에는 아무런 변동이 없다(대판 1988.12.27, 87다카2431).
③ 매매계약이 합의해제된 경우에도 매수인에게 이전되었던 소유권은 당연히 매도인에게 복귀하는 것이므로 합의해제에 따른 매도인의 원상회복청구권은 소유권에 기한 물권적 청구권이라고 할 것이고 이는 소멸시효의 대상이 되지 아니한다(대판 1982.7.27, 80다2968).
④ 소유자의 대리인으로부터 토지를 적법하게 매수한 이상 설사 매수인의 소유권이전등기가 위조된 서류에 의하여 경료되었다 하더라도 그 등기는 유효한 것이다.
⑤ 무효등기의 유용에 관한 합의 내지 추인은 묵시적으로도 이루어질 수 있다(대판 2007.1.11, 2006다50055).

10 중

선의취득에 관한 설명으로 옳지 않은 것은? (다툼이 있으면 판례에 따름) 제22회

① 선의취득에 관한 민법 제249조는 동산질권에 준용한다.
② 연립주택의 입주권은 선의취득의 대상이 아니다.
③ 동산을 경매로 취득하는 것은 선의취득을 위한 거래행위에 해당하지 않는다.
④ 점유개정에 의한 점유취득만으로는 선의취득이 인정되지 않는다.
⑤ 금전 아닌 유실물이 선의취득의 목적물인 경우, 유실자는 유실한 날로부터 2년 내에 그 물건의 반환을 청구할 수 있다.

해설

③ 상속의 경우에는 거래행위에 해당하지 않으므로 상속에 의한 선의취득은 인정되지 않지만, 판례에 의하면 경매도 거래행위에 해당하여 일정한 요건하에서 경매로 인하여 선의취득할 수 있다고 한다(대판 2008.5.8, 2007다36933).
① 제343조 참조
② 서울특별시가 무허가 건물을 자진철거하는 시민들을 위하여 건립하는 연립주택의 입주권은 수분양자로서의 지위에 불과한 것이므로 선의취득의 대상이 될 수 없다(대판 1980.9.9, 79다2233).
④ 동산의 선의취득에 필요한 점유의 취득은 현실적 인도가 있어야 하고 점유개정에 의한 점유취득만으로서는 그 요건을 충족할 수 없다(대판 1978.1.17, 77다1872).
⑤ 제250조

Answer

08 ⑤ 09 ② 10 ③

02 점유권

연계학습 : 기본서 p.425~443

01 상

점유에 관한 설명으로 옳지 않은 것은? (다툼이 있으면 판례에 따름) 제26회

① 건물에 대하여 유치권을 행사하는 자는 건물의 부지를 점유하는 자에 해당하지 않는다.

② 미등기건물을 양수하여 사실상의 처분권을 가진 자는 토지소유자에 대하여 건물부지의 점유・사용에 따른 부당이득반환의무를 진다.

③ 간접점유가 인정되기 위해서는 직접점유자와 간접점유자 사이에 점유매개관계가 존재하여야 한다.

④ 계약명의신탁약정에 따라 명의수탁자 명의로 등기된 부동산을 명의신탁자가 점유하는 경우, 특별한 사정이 없는 한 명의신탁자의 점유는 타주점유에 해당한다.

⑤ 선의의 타주점유자는 자신에게 책임있는 사유로 점유물이 멸실되더라도 현존이익의 범위에서만 손해배상책임을 진다.

해설

⑤ 소유의 의사가 없는 점유자는 선의인 경우에도 손해의 전부를 배상하여야 한다(제202조 단서).

① 건물의 소유명의자가 아닌 자는 실제 건물을 점유하고 있다 하더라도 그 부지를 점유하는 자로 볼 수 없다(대판 2009.9.10, 2009다28462).

② 미등기건물을 양수하여 건물에 관한 사실상의 처분권을 보유하게 됨으로써 그 양수인이 건물부지 역시 아울러 점유하고 있다고 볼 수 있는 경우에는 미등기건물에 관한 사실상의 처분권자도 건물 부지의 점유・사용에 따른 부당이득반환의무를 부담한다(대판 2022.9.29, 2018다243133).

③ 간접점유를 인정하기 위해서는 간접점유자와 직접점유를 하는 자 사이에 일정한 법률관계, 즉 점유매개관계가 필요하다(대판 2012.2.23, 2011다61424).

④ 계약명의신탁에서 명의신탁자는 부동산의 소유자가 명의신탁약정을 알았는지 여부와 관계없이 부동산의 소유권을 갖지 못할 뿐만 아니라 매매계약의 당사자도 아니어서 소유자를 상대로 소유권이전등기청구를 할 수 없고, 이는 명의신탁자도 잘 알고 있다고 보아야 한다. 명의신탁자가 명의신탁약정에 따라 부동산을 점유한다면 명의신탁자에게 점유할 다른 권원이 인정되는 등의 특별한 사정이 없는 한 명의신탁자는 소유권 취득의 원인이 되는 법률요건이 없이 그와 같은 사실을 잘 알면서 타인의 부동산을 점유한 것이다. 이러한 명의신탁자는 타인의 소유권을 배척하고 점유할 의사를 가지지 않았다고 할 것이므로 소유의 의사로 점유한다는 추정은 깨어진다(대판 2022.5.12, 2019다249428).

02 중

자주점유에 관한 설명으로 옳지 않은 것은? (다툼이 있으면 판례에 따름) 제25회

① 부동산의 점유자가 지적공부 등의 관리주체인 국가나 지방자치단체인 경우에는 자주점유로 추정되지 않는다.

② 매매로 인한 점유의 승계가 있는 경우, 전(前) 점유자의 점유가 타주점유라도 현(現) 점유자가 자기의 점유만을 주장하는 때에는 현(現) 점유자의 점유는 자주점유로 추정된다.

③ 점유자가 스스로 주장한 매매와 같은 자주점유의 권원이 인정되지 않는다는 사유만으로는 자주점유의 추정이 깨진다고 볼 수 없다.

④ 자주점유인지 여부는 점유취득의 원인이 된 권원의 성질이나 점유와 관계가 있는 모든 사정에 의하여 외형적・객관적으로 결정되어야 한다.

⑤ 자주점유에서 소유의 의사는 사실상 소유할 의사가 있는 것으로 충분하다.

해설

① 자주점유의 추정은 국가나 지방자치단체가 점유하는 도로의 경우에도 적용된다(대판 1997.3.14, 96다55211).

② 점유의 승계가 있는 경우 전 점유자의 점유가 타주점유라 하여도 점유자의 승계인이 자기의 점유만을 주장하는 경우에는 현 점유자의 점유는 자주점유로 추정된다(대판 2002.2.26, 99다72743).

③ 점유자가 스스로 매매 또는 증여와 같이 자주점유의 권원을 주장하였으나 이것이 인정되지 않는 경우에도, 원래 자주점유의 권원에 관한 입증책임이 점유자에게 있지 아니한 이상 그 주장의 점유권원이 인정되지 않는다는 사유만으로 자주점유의 추정이 번복된다거나 또는 점유권원의 성질상 타주점유라고 볼 수 없다(대판 2002.2.26, 99다72743).

④ 점유자의 점유가 소유의 의사 있는 자주점유인지 아니면 소유의 의사 없는 타주점유인지 여부는 점유자의 내심의 의사에 의하여 결정되는 것이 아니라 점유 취득의 원인이 된 권원의 성질이나 점유와 관계가 있는 모든 사정에 의하여 외형적・객관적으로 결정되어야 한다(대판 전합 2000.3.16, 97다37661).

⑤ 민법 제197조 제1항이 규정하고 있는 점유자에게 추정되는 소유의 의사는 사실상 소유할 의사가 있는 것으로 충분한 것이지 반드시 등기를 수반하여야 하는 것은 아니므로 등기를 수반하지 아니한 점유임이 밝혀졌다고 하여 이 사실만 가지고 바로 점유권원의 성질상 소유의 의사가 결여된 타주점유라고 할 수 없다(대판 전합 2000.3.16, 97다37661).

Answer

01 ⑤ 02 ①

03 중

자주점유에 관한 설명으로 옳지 않은 것은? (다툼이 있으면 판례에 따름) 제27회

① 자주점유는 소유자와 동일한 지배를 하려는 의사를 가지고 하는 점유를 의미한다.

② 매매계약이 무효가 되는 사정이 있음을 알지 못하고 부동산을 매수한 자의 점유는 후일 그 매매가 무효로 되면 그 점유의 성질이 타주점유로 변한다.

③ 동산의 무주물선점에 의한 소유권취득은 자주점유인 경우에 인정된다.

④ 무허가 건물 부지가 타인의 소유라는 사정을 알면서 그 건물만을 매수한 경우, 특별한 사정이 없는 한 매수인의 그 부지에 대한 자주점유는 인정되지 않는다.

⑤ 타주점유자가 자신의 명의로 소유권이전등기를 마친 것만으로는 점유시킨 자에 대하여 소유의 의사를 표시한 것으로 인정되지 않으므로 자주점유로 전환되었다고 볼 수 없다.

해설

② 부동산 매수인이 부동산을 매수하여 그 점유를 개시하였다면 설사 매매계약에 무효사유가 있어 그 소유권을 적법히 취득하지 못한다는 사정을 인식하였다 하더라도 그 점유 자체에 소유의 의사가 없다고 볼 것은 아니다(대판 1992.10.27, 92다30375).

① 소유의 의사로 점유한다고 함은 소유자와 동일한 지배를 하는 의사로 점유한다는 것을 의미하는 것이고 점유자가 그 물건의 소유자임을 믿고 있어야 하는 것은 아니다(대판 1980.5.27, 80다671).

③ 무주의 동산을 소유의 의사로 점유한 자는 그 소유권을 취득한다(제252조 제1항).

④ 무허가건물을 매수할 당시에 이미 그 건물의 부지가 타인의 소유라는 사정을 잘 알면서도 건물만을 매수한 후 그 건물 부지에 대한 점유를 개시한 경우, 매수인이 그 건물 부지에 대한 점유를 개시할 당시에 성질상 소유권 취득의 원인이 될 수 있는 법률행위 기타 법률요건이 없이 그와 같은 법률요건이 없다는 사정을 알면서 점유한 것이므로, 매수인이 그 건물 부지를 소유의 의사로 점유한 것이라는 추정은 깨어졌다고 보아야 하고, 달리 특별한 사정이 없는 한 그의 점유는 타주점유로 보아야 한다(대판 1998.3.13, 97다55447).

⑤ 타주점유가 자주점유로 전환하는 데에는 그 명의로 소유권이전등기를 마쳤다는 사실만으로는 부족하고 그 점유자가 자기에게 점유를 시킨 자에 대하여 소유의 의사가 있는 것을 표시하거나 또는 신권원에 의하여 다시 소유의 의사로서 점유를 시작하지 아니하면 점유는 그 성질을 변하지 아니하는 것이다(대판 1966.10.18, 66다1256).

03 소유권

연계학습: 기본서 p.444~487

01 중

부동산점유취득시효에 관한 설명으로 옳지 않은 것은? (다툼이 있으면 판례에 따름)

제26회

① 부동산에 대한 압류 또는 가압류는 취득시효의 중단사유에 해당하지 않는다.
② 취득시효기간 중 계속해서 등기명의자가 동일한 경우, 점유개시 후 임의의 시점을 시효기간의 기산점으로 삼을 수 있다.
③ 시효완성자는 시효완성 당시의 진정한 소유자에 대하여 채권적 등기청구권을 가진다.
④ 시효완성 후 그에 따른 소유권이전등기 전에 소유자가 부동산을 처분하면 시효완성자에 대하여 채무불이행책임을 진다.
⑤ 시효완성자가 소유자에게 등기이전을 청구하더라도 특별한 사정이 없는 한, 부동산의 점유로 인한 부당이득반환의무를 지지 않는다.

해설

④ 부동산 점유자에게 시효취득으로 인한 소유권이전등기청구권이 있다고 하더라도 이로 인하여 부동산 소유자와 시효취득자 사이에 계약상의 채권·채무관계가 성립하는 것은 아니므로, 그 부동산을 처분한 소유자에게 채무불이행 책임을 물을 수 없다(대판 1995.7.11, 94다4509).
① 취득시효기간의 완성 전에 부동산에 압류 또는 가압류 조치가 이루어졌다고 하더라도 이로써 종래의 점유상태의 계속이 파괴되었다고는 할 수 없으므로 이는 취득시효의 중단사유가 될 수 없다(대판 2019.4.3, 2018다296878).
② 취득시효를 주장하는 자는 소유자의 변동이 없는 토지에 관하여는 취득시효의 기산점을 임의로 선택할 수 있다(대판 1992.11.10, 92다20774).
③ 부동산에 대한 점유취득시효 완성을 원인으로 하는 소유권이전등기청구권은 채권적 청구권으로서, 취득시효가 완성된 점유자가 그 부동산에 대한 점유를 상실한 때로부터 10년간 이를 행사하지 아니하면 소멸시효가 완성한다(대판 1995.12.5, 95다24241).
⑤ 부동산에 대한 취득시효가 완성되면 점유자는 소유명의자에 대하여 취득시효완성을 원인으로 한 소유권이전등기절차의 이행을 청구할 수 있고 소유명의자는 이에 응할 의무가 있으므로 점유자가 그 명의로 소유권이전등기를 경료하지 아니하여 아직 소유권을 취득하지 못하였다고 하더라도 소유명의자는 점유자에 대하여 점유로 인한 부당이득반환청구를 할 수 없다(대판 1993.5.25, 92다51280).

Answer

03 ② / 01 ④

02 상●● **부동산 점유취득시효에 관한 설명으로 옳지 않은 것은?** (다툼이 있으면 판례에 따름) 제25회

① 시효완성자의 시효이익의 포기는 특별한 사정이 없는 한 시효완성 당시의 원인무효인 등기의 등기부상 소유명의자에게 하여도 그 효력이 있다.
② 점유자가 시효완성 후 점유를 상실하였다고 하더라도 이를 시효이익의 포기로 볼 수 있는 경우가 아닌 한, 이미 취득한 소유권이전등기청구권이 즉시 소멸되는 것은 아니다.
③ 시효완성 당시의 점유자로부터 양수하여 점유를 승계한 현(現) 점유자는 전(前) 점유자의 시효완성의 효과를 주장하여 직접 자기에게로 소유권이전등기를 청구할 수 없다.
④ 시효완성 당시의 소유자는 특별한 사정이 없는 한 시효완성자가 등기를 마치지 않았더라도 그에 대하여 부동산의 점유로 인한 부당이득반환청구를 할 수 없다.
⑤ 시효완성 당시의 소유자는 특별한 사정이 없는 한 시효완성자가 등기를 마치지 않았더라도 그에 대하여 불법점유임을 이유로 그 부동산의 인도를 청구할 수 없다.

해설

① 시효이익의 포기는 달리 특별한 사정이 없는 한 시효취득자가 취득시효 완성 당시의 진정한 소유자에 대하여 하여야 그 효력이 발생하는 것이지 원인무효인 등기의 등기부상 소유명의자에게 그와 같은 의사를 표시하였다고 하여 그 효력이 발생하는 것은 아니다(대판 2011.7.14, 2011다23200).
② 대판 1996.3.8, 95다34866
③ 대판 1995.11.28, 95다22078
④ 대판 1993.5.25, 92다51280
⑤ 대판 1988.5.10, 87다카1979

03 부동산점유취득시효에 관한 설명으로 옳지 않은 것은? (다툼이 있으면 판례에 따름)

상

제24회

① 취득시효 완성 당시에는 일반재산이었으나 취득시효 완성 후에 행정재산으로 변경된 경우, 국가를 상대로 소유권이전등기청구를 할 수 없다.

② 점유자가 매매와 같은 자주점유의 권원을 주장하였다가 그 점유권원이 인정되지 않았다는 것만으로는 자주점유의 추정은 번복되지 않는다.

③ 취득시효기간 중 계속해서 등기명의자가 동일한 경우, 점유개시 후 임의의 시점을 시효기간의 기산점으로 삼을 수 있다.

④ 취득시효의 완성을 알고 있는 소유자가 부동산을 선의의 제3자에게 처분하여 소유권이전등기를 마친 경우, 그 소유자는 시효완성자에게 불법행위로 인한 손해배상책임을 진다.

⑤ 취득시효 완성 후 그로 인한 등기 전에 소유자가 저당권을 설정한 경우, 특별한 사정이 없는 한 시효완성자는 등기를 함으로써 저당권의 부담이 없는 소유권을 취득한다.

해설

⑤ 원소유자가 취득시효의 완성 이후 그 등기가 있기 전에 그 토지를 제3자에게 처분하거나 제한물권의 설정, 토지의 현상 변경 등 소유자로서의 권리를 행사하였다 하여 시효취득자에 대한 관계에서 불법행위가 성립하는 것이 아님은 물론 위 처분행위를 통하여 그 토지의 소유권이나 제한물권 등을 취득한 제3자에 대하여 취득시효의 완성 및 그 권리취득의 소급효를 들어 대항할 수도 없다 할 것이니, 이 경우 시효취득자로서는 원소유자의 적법한 권리행사로 인한 현상의 변경이나 제한물권의 설정 등이 이루어진 그 토지의 사실상 혹은 법률상 현상 그대로의 상태에서 등기에 의하여 그 소유권을 취득하게 된다(대판 2006.5.12, 2005다75910).

① 원래 잡종재산이던 것이 행정재산으로 된 경우 잡종재산일 당시에 취득시효가 완성되었다고 하더라도 행정재산으로 된 이상 이를 원인으로 하는 소유권이전등기를 청구할 수 없다(대판 1997.11.14, 96다10782).

② 점유자가 스스로 매매나 증여와 같이 자주점유의 권원을 주장하였는데, 이것이 인정되지 않는다는 사유만으로는 자주점유의 추정이 깨진다고 볼 수 없다(대판 2017.12.22, 2017다360,377).

③ 취득시효를 주장하는 자는 점유기간 중에 소유자의 변동이 없는 토지에 관하여는 취득시효의 기산점을 임의로 선택할 수 있다(대판 전합 1994.3.22, 93다46360),

④ 부동산의 소유자가 취득시효의 완성 사실을 알 수 있는 경우에 부동산 소유자가 부동산을 제3자에게 처분하여 소유권이전등기를 넘겨줌으로써 취득시효 완성을 원인으로 한 소유권이전등기의무가 이행불능에 빠지게 되어 취득시효 완성을 주장하는 자가 손해를 입었다면 불법행위를 구성한다 할 것이다(대판 1998.4.10, 97다56495).

Answer

02 ① 03 ⑤

04 상

공유에 관한 설명으로 옳은 것은? (다툼이 있으면 판례에 따름) 제26회

① 공유자 1인이 무단으로 공유물을 임대하고 그 보증금을 수령한 경우, 다른 공유자에게 지분비율에 상응하는 보증금액을 부당이득으로 반환하여야 한다.

② 공유자들이 공유물의 무단점유자에게 가지는 차임 상당의 부당이득반환채권은 특별한 사정이 없는 한 불가분채권에 해당한다.

③ 공유물의 소수지분권자가 다른 공유자와 협의 없이 공유물의 일부를 독점적으로 사용하는 경우, 다른 소수지분권자는 공유물에 대한 보존행위로서 공유물의 인도를 청구할 수 있다.

④ 구분소유적 공유관계의 성립을 주장하는 자는 구분소유 약정의 대상이 되는 해당 토지의 위치를 증명하면 족하고, 그 면적까지 증명할 필요는 없다.

⑤ 공유물분할청구의 소가 제기된 경우, 법원은 청구권자가 요구한 분할방법에 구애받지 않고 공유자의 지분 비율에 따라 합리적으로 분할하면 된다.

해설

⑤ 공유물분할청구의 소는 형성의 소로서 법원은 공유물분할을 청구하는 원고가 구하는 방법에 구애받지 않고 재량에 따라 합리적 방법으로 분할을 명할 수 있다(대판 2015.7.23, 2014다88888).

① 부동산의 1/7 지분 소유권자가 타공유자의 동의없이 그 부동산을 타에 임대하여 임대차보증금을 수령하였다면, 이로 인한 수익 중 자신의 지분을 초과하는 부분에 대하여는 법률상 원인 없이 취득한 부당이득이 되어 이를 반환할 의무가 있고, 또한 위 무단임대행위는 다른 공유지분권자의 사용, 수익을 침해한 불법행위가 성립되어 그 손해를 배상할 의무가 있다. 여기서 반환 또는 배상해야 할 범위는 위 부동산의 임대차로 인한 차임 상당액이라 할 것으로서 타공유자는 그 임대보증금 자체에 대한 지분비율 상당액의 반환 또는 배상을 구할 수는 없다(대판 1991.9.24, 91다23639).

② 공유물 무단 점유자에 대한 차임 상당 부당이득반환청구권은 특별한 사정이 없는 한 각 공유자에게 지분 비율만큼 귀속된다(대판 2021.12.16, 2021다257255).

③ 공유물의 소수지분권자인 피고가 다른 공유자와 협의하지 않고 공유물의 전부 또는 일부를 독점적으로 점유하는 경우 다른 소수지분권자인 원고가 피고를 상대로 공유물의 인도를 청구할 수는 없다(대판 전합 2020.5.21, 2018다287522).

④ 구분소유적 공유관계는 부동산의 위치와 면적을 특정하여 2인 이상이 구분소유하기로 하는 약정이 있어야만 적법하게 성립할 수 있으므로, 구분소유적 공유관계를 주장하여 특정 토지 부분을 취득했다고 주장하는 사람은 구분소유약정의 대상이 되는 해당 토지의 위치뿐만 아니라 면적까지도 주장·증명해야 한다(대판 2019.7.10, 2017다253522).

05 상

甲, 乙, 丙이 X토지를 같은 지분비율로 공유하고 있는데, 甲은 乙, 丙과 어떠한 합의도 없이 X토지 전부를 독점적으로 점유·사용하고 있다. 이에 관한 설명으로 옳은 것을 모두 고른 것은? (다툼이 있으면 판례에 따름) 제25회

> ㉠ 乙은 甲에게 공유물의 보존행위로서 X토지의 인도청구를 할 수 있다.
> ㉡ 丙은 甲에게 자신의 공유지분권에 기초하여 X토지에 대한 방해배제청구를 할 수 있다.
> ㉢ 乙은 甲에게 자신의 지분에 상응하는 부당이득반환청구를 할 수 있다.

① ㉠
② ㉡
③ ㉠, ㉢
④ ㉡, ㉢
⑤ ㉠, ㉡, ㉢

해설

㉠ (×) ㉡ (○) 공유물의 소수지분권자가 다른 공유자와 협의 없이 공유물의 전부 또는 일부를 독점적으로 점유·사용하고 있는 경우 다른 소수지분권자는 공유물의 보존행위로서 그 인도를 청구할 수는 없고, 다만 자신의 지분권에 기초하여 공유물에 대한 방해 상태를 제거하거나 공동 점유를 방해하는 행위의 금지 등을 청구할 수 있다고 보아야 한다(대판 전합 2020.5.21, 2018다287522).

㉢ (○) 소수지분권자는 독점 점유하는 다른 소수지분권자에게 자신의 지분비율에 따른 사용·수익을 하지 못한 데에 대한 부당이득은 청구할 수 있다.

06 상

甲(1/3 지분)과 乙(2/3 지분)이 공유하는 X토지를 乙이 단독으로 丙에게 임대한 후 丁과 매매계약을 체결하였으나 丁 명의로의 이전등기는 마쳐지지 않았다. 이에 관한 설명으로 옳지 않은 것은? (다툼이 있으면 판례에 따름) 제22회

① 乙의 丙에 대한 임대행위는 X토지의 관리방법으로서 적법하다.
② 丙은 甲에 대하여 X토지의 사용에 따른 부당이득반환의무를 부담하지 아니한다.
③ 乙과 丁 사이의 매매계약은 무효이다.
④ 甲이 X토지에 관한 공유물분할 청구의 소를 제기한 경우, 법원은 甲이 청구한 분할방법에 구애받지 않고 공유자의 지분 비율에 따른 합리적인 분할을 하면 된다.
⑤ 甲이 1년 이상 X토지의 관리비용 기타 의무의 이행을 지체한 경우, 乙은 상당한 가액으로 甲의 지분을 매수할 수 있다.

Answer

04 ⑤ 05 ④ 06 ③

해설

③ 공유자 1인이 공유물 전부를 타인에게 매매한 경우 일종의 타인 권리매매에 해당하므로 유효하다.

① 공유토지에 관하여 과반수지분권을 가진 자가 그 공유토지의 특정된 한 부분을 배타적으로 사용·수익할 것을 정하는 것은 공유물의 관리방법으로서 적법하다고 할 것이다(대판 2009.6.11, 2009도2461).

② 그 과반수 지분의 공유자로부터 다시 그 특정 부분의 사용·수익을 허락받은 제3자의 점유는 다수지분권자의 공유물관리권에 터잡은 적법한 점유이므로 그 제3자는 소수지분권자에 대하여도 그 점유로 인하여 법률상 원인 없이 이득을 얻고 있다고는 볼 수 없다(대판 2002.5.14, 2002다9738).

④ 공유물의 분할은 공유자 간에 협의가 이루어지는 경우에는 그 방법을 임의로 선택할 수 있으나 협의가 이루어지지 아니하여 재판에 의하여 공유물을 분할하는 경우에는 법원은 현물로 분할하는 것이 원칙이고, 현물로 분할할 수 없거나 현물로 분할을 하게 되면 현저히 그 가액이 감손될 염려가 있는 때에 비로소 물건의 경매를 명하여 대금분할을 할 수 있는 것이므로, 그와 같은 사정이 없는 한 법원은 각 공유자의 지분 비율에 따라 공유물을 현물 그대로 수개의 물건으로 분할하고 분할된 물건에 대하여 각 공유자의 단독소유권을 인정하는 판결을 하여야 하며, 그 분할의 방법은 당사자가 구하는 방법에 구애받지 아니하고 법원의 재량에 따라 공유관계나 그 객체인 물건의 제반 상황에 따라 공유자의 지분 비율에 따른 합리적인 분할을 하면 된다(대판 1997.9.9, 97다18219).

⑤ 공유자가 1년 이상 관리비용 기타 의무이행을 지체한 때에는 다른 공유자는 상당한 가액으로 지분을 매수할 수 있다(제266조 제2항 참조).

07 (중)

공유에 관한 설명으로 옳지 않은 것은? (다툼이 있으면 판례에 따름) **제27회**

① 공유자는 그 지분권을 다른 공유자의 동의없이 담보로 제공할 수 있다.

② 공유자 중 1인이 다른 공유자의 동의없이 그 공유 토지의 특정부분을 매도하여 타인 명의로 소유권이전등기가 마쳐졌다면 그 등기는 전부무효이다.

③ 공유자가 1년 이상 그 지분비율에 따른 공유물의 관리비용 등의 의무이행을 지체한 경우, 다른 공유자는 상당한 가액으로 그 지분을 매수할 수 있다.

④ 공유물의 소수지분권자가 다른 공유자와 협의없이 공유물의 일부를 독점적으로 점유·사용하고 있는 경우, 다른 소수지분권자는 공유물의 보존행위로서 공유물의 인도를 청구할 수 없다.

⑤ 공유자들이 공유물의 무단점유자에게 가지는 차임상당의 부당이득반환채권은 특별한 사정이 없는 한 가분채권에 해당한다.

해설

② 공유자 중 1인이 다른 공유자의 동의 없이 그 공유 토지의 특정부분을 매도하여 타인 명의로 소유권이전등기가 마쳐졌다면, 그 매도 부분 토지에 관한 소유권이전등기는 처분공유자의 공유지분 범위 내에서는 실체관계에 부합하는 유효한 등기라고 보아야 한다(대판 1994.12.2, 93다1596).

① 공유지분을 담보로 제공하는 것은 공유지분의 처분에 해당하므로 다른 공유자의 동의 없이 공유지분을 담보로 제공(=저당권 설정)할 수 있다.

③ 공유자가 1년 이상의 공유물의 관리비용 등의 의무이행을 지체한 때에는 다른 공유자는 상당한 가액으로 지분을 매수할 수 있다(제266조 제2항).

④ 공유물의 소수지분권자가 다른 공유자와 협의 없이 공유물의 전부 또는 일부를 독점적으로 점유·사용하고 있는 경우 다른 소수지분권자는 공유물의 보존행위로서 그 인도를 청구할 수는 없다(대판 2020.10.15, 2019다245822).

⑤ 제3자가 공유물을 불법점유하여 사용·수익하는 경우에, 공유자 1인은 자기의 지분범위 안에서 부당이득반환청구할 수 있으므로 가분채권에 해당한다(대판 2001.12.11, 2000다13948).

04 지상권

연계학습: 기본서 p.488~505

01 (중)

지상권과 관련하여 인정되지 않는 것을 모두 고른 것은? (다툼이 있으면 판례에 따름) 제27회

㉠ 지상물과 지상권의 분리 처분	㉡ 지료 없는 지상권
㉢ 지상권의 법정갱신	㉣ 수목의 소유를 위한 구분지상권

① ㉠, ㉡ ② ㉠, ㉣ ③ ㉡, ㉢
④ ㉡, ㉣ ⑤ ㉢, ㉣

해설

㉠ 지상권자는 지상권과 지상물을 분리하여 처분할 수 있다(대판 2006.6.15, 2006다6126).

㉡ 지상권에서 지료는 지상권의 성립요소가 아니므로 지료 없는 지상권도 존재한다(대판 1999.9.3, 99다24874).

㉢ 전세권에는 법정갱신제도가 인정되지만, 지상권에는 법정갱신제도가 없다.

㉣ 수목의 소유를 위한 구분지상권은 인정되지 않는다(제289조의2).

Answer

07 ② / 01 ⑤

02 상

甲은 X토지와 그 지상에 Y건물을 소유하고 있으며, 그 중에서 Y건물을 乙에게 매도하고 乙명의로 소유권이전등기를 마쳐주었다. 그 후 丙은 乙의 채권자가 신청한 강제경매에 의해 Y건물의 소유권을 취득하였다. 乙과 丙의 각 소유권취득에는 건물을 철거한다는 등의 조건이 없다. 이에 관한 설명으로 옳지 않은 것은? (다툼이 있으면 판례에 따름) 제23회

① 丙은 등기 없이 甲에게 관습법상의 법정지상권을 주장할 수 있다.
② 甲은 丙에 대하여 Y건물의 철거 및 X토지의 인도를 청구할 수 없다.
③ 丙은 Y건물을 개축한 때에도 甲에게 관습상 법정지상권을 주장할 수 있다.
④ 甲은 법정지상권에 관한 지료가 결정되지 않았더라도 乙이나 丙의 2년 이상의 지료지급지체를 이유로 지상권소멸을 청구할 수 있다.
⑤ 만일 丙이 관습상 법정지상권을 등기하지 않고 Y건물만을 丁에게 양도한 경우, 丁은 甲에게 관습상 법정지상권을 주장할 수 없다.

해설

④ 민법 제366조 단서의 규정에 의하여 법정지상권의 경우 그 지료는 당사자의 협의나 법원에 의하여 결정하도록 되어 있는데, 당사자 사이에 지료에 관한 협의가 있었다거나 법원에 의하여 지료가 결정되었다는 아무런 입증이 없고 법정지상권에 관한 지료가 결정된 바 없다면, 법정지상권자가 지료를 지급하지 않았다고 하더라도 지료 지급을 지체한 것으로는 볼 수 없으므로 법정지상권자가 2년 이상의 지료를 지급하지 아니하였음을 이유로 하는 토지소유자의 지상권 소멸청구는 이유가 없다(대판 1996.4.26, 95다52864).

① 건물 소유를 위하여 법정지상권을 취득한 사람으로부터 경매에 의하여 그 건물의 소유권을 이전받은 매수인은 매수 후 건물을 철거한다는 등의 매각조건하에서 경매되는 경우 등 특별한 사정이 없는 한 건물의 매수취득과 함께 위 지상권도 당연히 취득한다(대판 2013.9.12, 2013다43345).

② 법정지상권을 가진 건물소유자로부터 건물을 양수하면서 지상권까지 양도받기로 한 사람에 대하여 대지소유자가 소유권에 기하여 건물철거 및 대지의 인도를 구하는 것은 지상권의 부담을 용인하고 그 설정등기절차를 이행할 의무있는 자가 그 권리자를 상대로 한 청구라 할 것이어서 신의성실의 원칙상 허용될 수 없다(대판 1988.9.27, 87다카279).

③ 민법 제366조 소정의 법정지상권이나 관습상의 법정지상권이 성립한 후에 건물을 개축 또는 증축하는 경우는 물론 건물이 멸실되거나 철거된 후에 신축하는 경우에도 법정지상권은 성립한다(대판 1997.1.21, 96다40080).

⑤ 법률행위에 의한 물권변동은 등기를 요하므로, 법정지상권을 취득한 丙이 건물을 丁에게 양도한 경우, 丁이 토지소유자에게 지상권을 주장하기 위해서는 등기를 하여야 한다(대판 1988.9.27, 87다카279 참조).

03 지상권에 관한 설명으로 옳지 않은 것은? (다툼이 있으면 판례에 따름) 제26회

중

① 지상권의 설정은 처분행위이므로 토지소유자가 아니어서 처분권한이 없는 자는 지상권설정계약을 체결할 수 없다.

② 분묘기지권을 시효로 취득한 자는 토지소유자가 지료를 청구한 날로부터 지료지급의무가 있다.

③ 토지와 건물을 함께 매도하였으나 토지에 대해서만 소유권이전등기가 이루어진 경우, 매도인인 건물소유자를 위한 관습법상의 법정지상권은 인정되지 않는다.

④ 동일인 소유에 속하는 토지와 건물이 매매를 이유로 그 소유자를 달리하게 된 경우, 건물의 소유를 위하여 토지에 임대차계약을 체결하였다면 관습법상의 법정지상권은 인정되지 않는다.

⑤ 나대지(裸垈地)에 저당권을 설정하면서 그 대지의 담보가치를 유지하기 위해 무상의 지상권이 설정된 경우, 피담보채권이 시효로 소멸하면 지상권도 소멸한다.

해설

① 지상권의 설정은 처분행위이지만, 지상권설정계약은 처분행위가 아니라 의무부담행위이므로 처분권 없는 자도 지상권설정계약은 할 수 있다.

② 장사법 시행일인 2001. 1. 13. 이전에 타인의 토지에 분묘를 설치한 다음 20년간 평온·공연하게 분묘의 기지(기지)를 점유함으로써 분묘기지권을 시효로 취득하였더라도, 분묘기지권자는 토지소유자가 분묘기지에 관한 지료를 청구하면 그 청구한 날부터의 지료를 지급할 의무가 있다고 보아야 한다(대판 전합 2021.4.29, 2017다228007).

③ 원소유자로부터 대지와 건물이 한 사람에게 매도되었으나 대지에 관하여만 그 소유권이전등기가 경료되고 건물의 소유 명의가 매도인 명의로 남아 있게 되어 형식적으로 대지와 건물이 그 소유 명의자를 달리하게 된 경우에 있어서는, 그 대지의 점유·사용 문제는 매매계약 당사자 사이의 계약에 따라 해결할 수 있는 것이므로 양자 사이에 관습에 의한 법정지상권을 인정할 필요는 없다(대판 1998.4.24, 98다4798).

④ 대지에 관한 관습상의 법정지상권을 취득한 피고가 동 대지소유자와 사이에 위 대지에 관하여 임대차계약을 체결한 경우에는 특별한 사정이 없는 한 위 관습상의 법정지상권을 포기하였다고 볼 것이다(대판 1981.7.7, 80다2243).

⑤ 근저당권 등 담보권 설정의 당사자들이 그 목적이 된 토지 위에 차후 용익권이 설정되거나 건물 또는 공작물이 축조·설치되는 등으로써 그 목적물의 담보가치가 저감하는 것을 막는 것을 주요한 목적으로 하여 채권자 앞으로 아울러 지상권을 설정하였다면, 그 피담보채권이 변제 등으로 만족을 얻어 소멸한 경우는 물론이고 시효소멸한 경우에도 그 지상권은 피담보채권에 부종하여 소멸한다(대판 2011.4.14, 2011다6342).

Answer

02 ④ 03 ①

04 중

지상권에 관한 설명으로 옳지 않은 것은? (다툼이 있으면 판례에 따름) 제24회

① 지료연체를 이유로 한 지상권 소멸청구에 의해 지상권이 소멸한 경우, 지상권자는 지상물에 대한 매수청구권을 행사할 수 없다.

② 나대지(裸垈地)에 저당권을 설정하면서 그 대지의 담보가치를 유지하기 위해 무상의 지상권을 설정하고 채무자로 하여금 그 대지를 사용하도록 한 경우, 제3자가 그 대지를 무단으로 점유・사용한 것만으로는 특별한 사정이 없는 한 지상권자는 그 제3자에게 지상권침해를 이유로 손해배상을 청구할 수 없다.

③ 지상권자는 지상권을 유보한 채 지상물 소유권만을 양도할 수 있고, 지상물 소유권을 유보한 채 지상권만을 양도할 수도 있다.

④ 담보가등기가 마쳐진 나대지(裸垈地)에 그 소유자가 건물을 신축한 후 그 가등기에 기한 본등기가 경료되어 대지와 건물의 소유자가 달라진 경우, 특별한 사정이 없는 한 관습상 법정지상권이 성립된다.

⑤ 법정지상권을 취득한 건물소유자가 법정지상권의 설정등기를 경료함이 없이 건물을 양도하는 경우, 특별한 사정이 없는 한 토지소유자는 건물의 양수인을 상대로 건물의 철거를 청구할 수 없다.

해설

④ 원래 채권을 담보하기 위하여 나대지상에 가등기가 경료되었고, 그 뒤 대지소유자가 그 지상에 건물을 신축하였는데, 그 후 그 가등기에 기한 본등기가 경료되어 대지와 건물의 소유자가 달라진 경우에 관습상 법정지상권을 인정하면 애초에 대지에 채권담보를 위하여 가등기를 경료한 사람의 이익을 크게 해하게 되기 때문에 특별한 사정이 없는 한 건물을 위한 관습상 법정지상권이 성립한다고 할 수 없다(대판 1994.11.22, 94다5458).

① 민법 제283조 제2항 소정의 지상물매수청구권은 지상권이 존속기간의 만료로 인하여 소멸하는 때에 지상권자에게 갱신청구권이 있어 그 갱신청구를 하였으나 지상권설정자가 계약갱신을 원하지 아니할 경우 행사할 수 있는 권리이므로, 지상권자의 지료연체를 이유로 토지소유자가 그 지상권소멸청구를 하여 이에 터잡아 지상권이 소멸된 경우에는 매수청구권이 인정되지 않는다(대판 1993.6.29, 93다10781).

② 금융기관이 대출금 채권의 담보를 위하여 토지에 저당권과 함께 지료 없는 지상권을 설정하면서 채무자 등의 사용・수익권을 배제하지 않은 경우, 위 지상권은 근저당목적물의 담보가치를 확보하는 데 목적이 있으므로, 그 위에 도로개설・옹벽축조 등의 행위를 한 무단점유자에 대하여 지상권 자체의 침해를 이유로 한 임료 상당 손해배상을 구할 수 없다(대판 2008.1.17, 2006다586).

③ 지상권자는 지상권을 유보한 채 지상물 소유권만을 양도할 수도 있고 지상물 소유권을 유보한 채 지상권만을 양도할 수도 있다(대판 2006.6.15, 2006다6126,2133).

⑤ 법정지상권을 가진 건물소유자로부터 건물을 양수하면서 지상권까지 양도받기로 한 사람에 대하여 대지소유자가 소유권에 기하여 건물철거 및 대지의 인도를 구하는 것은 지상권의 부담을 용인하고 그 설정등기절차를 이행할 의무있는 자가 그 권리자를 상대로 한 청구라 할 것이어서 신의성실의 원칙상 허용될 수 없다(대판 1988.9.27, 87다카279).

05 지역권

연계학습: 기본서 p.506~511

01 (중) **지역권에 관한 설명으로 옳지 않은 것은?** (다툼이 있으면 판례에 따름) 제18회

① 공유자의 1인이 지역권을 취득한 때에는 다른 공유자도 이를 취득한다.
② 지역권자에게는 승역지의 반환청구권이 인정되지 않는다.
③ 요역지가 수인의 공유인 경우에 그 1인에 의한 지역권 소멸시효의 중단 또는 정지는 다른 공유자를 위하여 효력이 있다.
④ 승역지와 요역지는 서로 인접하여야 하며, 떨어진 토지에 대하여는 지역권을 설정할 수 없다.
⑤ 토지공유자 1인은 그 지분에 관하여 그 토지를 위한 지역권 또는 그 토지가 부담한 지역권을 소멸하게 하지 못한다.

해설

④ 요역지와 승역지는 서로 인접할 것을 요하지 않는다.
① 공유자의 1인이 지역권을 취득한 때에는 다른 공유자도 이를 취득한다(제295조 제1항).
② 지역권자에게도 물권적 청구권이 인정되지만, 물권적 청구권 중에서 반환청구권은 인정되지 않는다.
③ 요역지가 수인의 공유인 경우에 그 1인에 의한 지역권 소멸시효의 중단 또는 정지는 다른 공유자를 위하여 효력이 있다(제296조).
⑤ 토지공유자의 1인은 지분에 관하여 그 토지를 위한 지역권 또는 그 토지가 부담한 지역권을 소멸하게 하지 못한다(제293조).

Answer
04 ④ / 01 ④

06 전세권

연계학습: 기본서 p.512~528

01 상●●

전세권에 관한 설명으로 옳은 것은? (다툼이 있으면 판례에 따름) 제27회

① 전세목적물의 인도는 전세권의 성립요건이다.

② 존속기간의 만료로 토지전세계약이 종료되면 그 계약을 원인으로 한 전세권설정등기 절차의 이행청구권은 소멸한다.

③ 전세권이 존속하는 동안 전세권을 존속시키기로 하면서 전세금반환채권만을 전세권과 분리하여 확정적으로 양도하는 것은 허용된다.

④ 전세권이 존속하는 동안 목적물의 소유권이 이전되는 경우, 전세권자와 구소유자 간의 전세권 관계가 신 소유자에게 이전되는 것은 아니다.

⑤ 전세금은 현실적으로 수수되어야 하므로 임차보증금채권으로 전세금 지급에 갈음할 수 없다.

해설

② 전세계약이 그 존속기간의 만료로 종료되면 위 계약을 원인으로 하는 전세권설정등기절차의 이행청구권도 소멸한다(대판 1974.4.23, 73다1262).

① 목적물의 인도는 전세권의 성립요건이 아니다(대판 1995.2.10, 94다18508).

③ 전세권이 존속하는 동안은 전세권을 존속시키기로 하면서 전세금반환채권만을 전세권과 분리하여 확정적으로 양도하는 것은 허용되지 않는다(대판 2002.8.23, 2001다69122).

④ 전세권이 성립한 후 목적물의 소유권이 이전되는 경우에 있어서 (중략) 전세권은 전세권자와 목적물의 소유권을 취득한 신 소유자 사이에서 계속 동일한 내용으로 존속하게 된다고 보아야 한다(대판 2000.6.9, 99다15122).

⑤ 전세금의 지급은 전세권 성립의 요소가 되는 것이지만 그렇다고 하여 전세금의 지급이 반드시 현실적으로 수수되어야만 하는 것은 아니고 기존의 채권으로 전세금의 지급에 갈음할 수도 있다(대판 1995.2.10, 94다18508).

02 전세권에 관한 설명으로 옳은 것을 모두 고른 것은? (다툼이 있으면 판례에 따름)

중

제20회

㉠ 전세권은 전세권의 양도나 상속에 의해서도 취득할 수 있다.
㉡ 전세권자와 인지소유자 사이에는 상린관계에 관한 민법규정이 준용된다.
㉢ 동일한 건물에 저당권이 전세권보다 먼저 설정된 경우, 전세권자가 경매를 신청하여 매각되면 전세권과 저당권은 모두 소멸한다.
㉣ 임대인과 임차인이 임대차계약을 체결하면서 임차보증금을 전세금으로 하는 전세권설정계약을 체결하고 전세권설정등기를 경료한 경우, 다른 약정이 없는 한 임차보증금반환의무와 전세권설정등기 말소의무는 동시이행관계에 있다.

① ㉠, ㉡ ② ㉢, ㉣ ③ ㉠, ㉡, ㉢
④ ㉡, ㉢, ㉣ ⑤ ㉠, ㉡, ㉢, ㉣

해설

㉠ 전세권은 전세권설정계약에 의한 전세권의 취득뿐만 아니라 전세권의 양도나 상속에 의해서도 취득할 수 있다.
㉡ 전세권에도 상린관계에 관한 규정이 준용되므로(제319조 참조), 전세권자와 인지소유자 사이에도 상린관계에 관한 민법의 규정이 준용된다.
㉢ 경매절차에 따른 매각으로 최선순위 저당권도 소멸하게 되므로(민사집행법 제91조), 저당권과 용익물권의 우열은 최선순위 성립시를 기준으로 판단하여야 한다. 따라서 최선순위 저당권보다 먼저 설정된 전세권은 경락절차에 따른 매각으로 소멸하지 않으나, 저당권보다 나중에 설정된 전세권은 매각으로 소멸한다.
㉣ 임대인과 임차인이 임대차계약을 체결하면서 임대차보증금을 전세금으로 하는 전세권설정등기를 경료한 경우 임대차보증금은 전세금의 성질을 겸하게 되므로, 당사자 사이에 다른 약정이 없는 한 임대차보증금반환의무는 민법 제317조에 따라 전세권설정등기의 말소의무와도 동시이행관계에 있다(대판 2011.3.24, 2010다95062).

03 민법

Answer

01 ② 02 ⑤

03 **전세권에 관한 설명으로 옳지 않은 것은?** (다툼이 있으면 판례에 따름) 제25회

중

① 전세권이 갱신 없이 그 존속기간이 만료되면 전세권의 용익물권적 권능은 전세권설정등기의 말소 없이도 당연히 소멸한다.

② 전세권이 존속하는 동안은 전세권을 존속시키기로 하면서 전세금반환채권만을 전세권과 분리하여 확정적으로 양도하는 것은 허용되지 않는다.

③ 토지임차인의 건물 기타 공작물의 매수청구권에 관한 민법 제643조의 규정은 토지의 전세권에도 유추적용될 수 있다.

④ 전세권이 성립한 후 그 소멸 전에 전세목적물의 소유권이 이전된 경우, 목적물의 구(舊) 소유자는 전세권이 소멸하는 때에 전세권자에 대하여 전세금반환의무를 부담한다.

⑤ 대지와 건물이 동일한 소유자에 속한 경우에 건물에 전세권을 설정한 때에는 그 대지소유권의 특별승계인은 전세권설정자에 대하여 지상권을 설정한 것으로 본다.

해설

④ 전세권이 성립한 후 목적물의 소유권이 이전되는 경우에 있어서, (중략) 전세권은 전세권자와 목적물의 소유권을 취득한 신 소유자 사이에서 계속 동일한 내용으로 존속하게 된다고 보아야 할 것이고, 따라서 목적물의 신 소유자는 구 소유자와 전세권자 사이에 성립한 전세권의 내용에 따른 권리의무의 직접적인 당사자가 되어 전세권이 소멸하는 때에 전세권자에 대하여 전세권설정자의 지위에서 전세금반환의무를 부담하게 되고, 구 소유자는 전세권설정자의 지위를 상실하여 전세금반환의무를 면하게 된다(대판 2000.6.9, 99다15122).

① 전세권설정등기를 마친 민법상의 전세권은 그 성질상 용익물권적 성격과 담보물권적 성격을 겸비한 것으로서, 전세권의 존속기간이 만료되면 전세권의 용익물권적 권능은 전세권설정등기의 말소 없이도 당연히 소멸한다(대판 2005.3.25, 2003다35659).

② 전세권이 존속하는 동안은 전세권을 존속시키기로 하면서 전세금반환채권만을 전세권과 분리하여 확정적으로 양도하는 것은 허용되지 아니한다(대판 2018.7.20, 2014다83937).

③ 토지임차인의 건물 기타 공작물의 매수청구권에 관한 민법 제643조의 규정은 성질상 토지의 전세권에도 유추 적용될 수 있다(대판 2007.9.21, 2005다41740).

⑤ 대지와 건물이 동일한 소유자에 속한 경우에 건물에 전세권을 설정한 때에는 그 대지소유권의 특별승계인은 전세권설정자에 대하여 지상권을 설정한 것으로 본다(제305조 본문).

04 상

甲이 乙 소유의 대지에 전세권을 취득한 후 丙에 대한 채무의 담보로 그 전세권에 저당권을 설정하여 주었다. 이에 관한 설명으로 옳지 않은 것은? (다툼이 있으면 판례에 따름) 제22회

① 甲과 乙은 전세권을 설정하면서 존속기간을 6개월로 정할 수 있다.
② 설정행위로 금지하지 않은 경우, 甲은 전세권의 존속기간 중에 丙에게 전세권을 양도할 수 있다.
③ 전세권의 존속기간 중에 甲이 전세권을 보유한 채, 전세금반환채권을 丙에게 확정적으로 양도할 수 없다.
④ 전세권의 갱신 없이 甲의 전세권의 존속기간이 만료되면, 丙은 甲의 전세권 자체에 대하여 저당권을 실행할 수 없다.
⑤ 존속기간의 만료로 甲의 전세권이 소멸하면 특별한 사정이 없는 한, 乙은 丙에게 전세금을 반환하여야 한다.

03 민법

해설

⑤ 전세권저당권이 설정된 경우에도 전세권이 기간만료로 소멸되면 전세권설정자는 전세금반환채권에 대한 제3자의 압류 등이 없는 한 전세권자에 대하여만 전세금반환의무를 부담한다(대판 1999.9.17, 98다31301).
① 토지전세권의 최단존속기간은 민법에 규정이 없으므로 토지전세권의 존속기간을 6개월로 정할 수 있다.
② 전세권자는 전세권을 타인에게 양도 또는 담보로 제공할 수 있고 그 존속기간 내에서 그 목적물을 타인에게 전전세 또는 임대할 수 있다. 그러나 설정행위로 이를 금지한 때에는 그러하지 아니하다(제306조).
③ 전세권이 존속하는 동안은 전세권을 존속시키기로 하면서 전세금반환채권만을 전세권과 분리하여 확정적으로 양도하는 것은 허용되지 않는다(대판 2002.8.23, 2001다69122).
④ 전세권에 대하여 저당권이 설정된 경우 그 저당권의 목적물은 물권인 전세권 자체이지 전세금반환채권은 그 목적물이 아니고, 전세권의 존속기간이 만료되면 전세권은 소멸하므로 더 이상 전세권 자체에 대하여 저당권을 실행할 수 없다(대판 1999.9.17, 98다31301).

Answer

03 ④ 04 ⑤

07 유치권

연계학습: 기본서 p.532~542

01 상

甲 소유 X주택의 공사수급인 乙이 공사대금채권을 담보하기 위하여 X에 관하여 적법하게 유치권을 행사하고 있다. 이에 관한 설명으로 옳지 않은 것은? (다툼이 있으면 판례에 따름) 제27회

① 乙이 X에 계속 거주하며 사용하는 것은 특별한 사정이 없는 한 적법하다.

② 乙은 X에 관하여 경매를 신청할 수 있으나 매각대금으로부터 우선변제를 받을 수는 없다.

③ 甲의 X에 관한 소유물반환청구의 소에 대하여 乙이 유치권의 항변을 하는 경우, 법원은 상환이행판결을 한다.

④ 乙이 X의 점유를 침탈당한 경우, 1년 내에 점유회수의 소를 제기하여 승소하면 점유를 회복하지 않더라도 유치권은 회복된다.

⑤ 乙이 X의 점유를 침탈당한 경우, 점유침탈자에 대한 유치권 소멸을 원인으로 한 손해배상청구권은 점유를 침탈당한 날부터 1년 내에 행사할 것을 요하지 않는다.

해설

④ 유치권자가 점유회수의 소를 제기하여 승소판결을 받아 점유를 회복하면 점유를 상실하지 않았던 것으로 되어 유치권이 되살아나지만, 위와 같은 방법으로 점유를 회복하기 전에는 유치권이 되살아나는 것이 아니다(대판 2012.2.9, 2011다72189).

① 공사대금채권에 기하여 유치권을 행사하는 자가 스스로 유치물인 주택에 거주하며 사용하는 것은 특별한 사정이 없는 한 유치물인 주택의 보존에 도움이 되는 행위로서 유치물의 보존에 필요한 사용에 해당한다(대판 2013.4.11, 2011다107009).

② 유치권자는 채권의 변제를 받기 위하여 유치물을 경매할 수 있지만(제322조 제1항), 우선변제권은 인정되지 않는다.

③ 물건의 인도를 청구하는 소송에서 피고의 유치권 항변이 인용되는 경우에는 물건에 관하여 생긴 채권의 변제와 상환으로 물건의 인도를 명하여야(=상환이행판결) 한다(대판 2011.12.13, 2009다5162).

⑤ 민법 제204조에 따르면, 점유자가 점유의 침탈을 당한 때에는 그 물건의 반환 및 손해의 배상을 청구할 수 있고, 위 청구권은 점유를 침탈당한 날부터 1년 내에 행사하여야 하며, 여기서 말하는 1년의 행사기간은 제척기간으로서 소를 제기하여야 하는 기간을 말한다. 그런데 민법 제204조 제3항은 본권 침해로 발생한 손해배상청구권의 행사에는 적용되지 않으므로 점유를 침탈당한 자가 본권인 유치권 소멸에 따른 손해배상청구권을 행사하는 때에는 민법 제204조 제3항이 적용되지 아니하고, 점유를 침탈당한 날부터 1년 내에 행사할 것을 요하지 않는다(대판 2021.8.19, 2021다213866).

02 하

민사유치권에 관한 설명으로 옳지 않은 것은? (다툼이 있으면 판례에 따름) 제26회

① 유치권은 약정담보물권이므로 당사자의 약정으로 그 성립을 배제할 수 있다.
② 유치권의 불가분성은 그 목적물이 분할가능하거나 수개의 물건인 경우에도 적용된다.
③ 유치물의 소유권자는 채무자가 아니더라도 상당한 담보를 제공하고 유치권의 소멸을 청구할 수 있다.
④ 신축건물의 소유권이 수급인에게 인정되는 경우, 그 공사대금의 지급을 담보하기 위한 유치권은 성립하지 않는다.
⑤ 부동산 매도인은 매수인의 매매대금 지급을 담보하기 위하여 매매목적물에 대해 유치권을 행사할 수 없다.

해설

① 유치권은 법정담보물권이기는 하나 채권자의 이익보호를 위한 채권담보의 수단에 불과하므로 이를 포기하는 특약은 유효하다(대판 2016.5.12, 2014나52087).
② 유치권의 불가분성은 그 목적물이 분할 가능하거나 수 개의 물건인 경우에도 적용된다(대판 2022.6.16, 2018다301350).
③ 유치권 소멸청구는 민법 제327조에 규정된 채무자뿐만 아니라 유치물의 소유자도 할 수 있다(대판 2021.7.29, 2019다216077).
④ 유치권은 타물권인 점에 비추어 볼 때 수급인의 재료와 노력으로 건축되었고 독립한 건물에 해당되는 기성부분은 수급인의 소유라 할 것이므로 수급인은 공사대금을 지급받을 때까지 이에 대하여 유치권을 가질 수 없다(대판 1993.3.26, 91다14116).
⑤ 매도인이 부동산을 점유하고 있고 소유권을 이전받은 매수인에게서 매매대금 일부를 지급받지 못하고 있다고 하여 매매대금채권을 피담보채권으로 매수인이나 그에게서 부동산 소유권을 취득한 제3자를 상대로 유치권을 주장할 수 없다(대결 2012.1.12, 2011마2380).

03 중

민법상 유치권에 관한 설명으로 옳지 않은 것은? (다툼이 있으면 판례에 따름) 제25회

① 채권자가 채무자를 직접점유자로 하여 유치물을 간접점유하는 경우, 그 유치물에 대한 유치권은 성립하지 않는다.
② 타인의 물건에 대한 점유가 불법행위로 인한 경우, 그 물건에 대한 유치권은 성립하지 않는다.
③ 유치권배제특약에 따른 효력은 특약의 상대방만 주장할 수 있다.
④ 유치권배제특약에는 조건을 붙일 수 있다.
⑤ 유치권의 행사는 피담보채권의 소멸시효의 진행에 영향을 미치지 않는다.

Answer

01 ④ 02 ① 03 ③

해설

③ 유치권배제특약이 있는 경우 다른 법정요건이 모두 충족되더라도 유치권은 발생하지 않는데, 특약에 따른 효력은 특약의 상대방뿐 아니라 그 밖의 사람도 주장할 수 있다(대판 2018.1.24, 2016다234043).
① 유치권은 목적물을 유치함으로써 채무자의 변제를 간접적으로 강제하는 것을 본체적 효력으로 하는 권리인 점 등에 비추어, 그 직접점유자가 채무자인 경우에는 유치권의 요건으로서의 점유에 해당하지 않는다고 할 것이다(대판 2008.4.11, 2007다27236).
② 불법행위로 인한 점유의 경우 유치권은 성립하지 않는다(제320조 제2항 참조).
④ 유치권배제특약에도 조건을 붙일 수 있다(대판 2018.1.24, 2016다234043).
⑤ 유치권의 행사는 채권의 소멸시효의 진행에 영향을 미치지 아니한다(제326조).

08 질 권

연계학습 : 기본서 p.543~552

01 (중)

유치권, 질권에 관한 설명으로 옳은 것을 모두 고른 것은? (다툼이 있으면 판례에 의함) 제17회

> ㉠ 유치권에는 언제나 우선변제적 효력이 인정된다.
> ㉡ 유치권에는 원칙적으로 물상대위가 인정된다.
> ㉢ 유치권과 동시이행의 항변권은 동시에 함께 존재할 수 있다.
> ㉣ 양도할 수 없는 채권은 질권의 목적이 될 수 없다.
> ㉤ 물상보증인은 질권설정계약의 당사자가 될 수 없다.

① ㉠, ㉡　　② ㉠, ㉤　　③ ㉡, ㉢
④ ㉢, ㉣　　⑤ ㉣, ㉤

해설

㉠ 유치권에는 우선변제적 효력이 없다.
㉡ 유치권은 원칙적으로 물상대위가 인정되지 않는다.
㉤ 물상보증인도 질권설정계약의 당사자가 될 수 있다.

02 동산질권에 관한 설명으로 옳지 않은 것은? 제16회

●●하

① 질권은 점유개정에 의한 인도에 의해서도 성립한다.
② 질권은 양도할 수 없는 물건을 목적으로 하지 못한다.
③ 질권자는 질물의 과실을 수취하여 다른 채권보다 먼저 자기채권의 변제에 충당할 수 있다.
④ 질권자는 채권의 변제를 받기 위하여 질물을 경매할 수 있다.
⑤ 질권자는 피담보채권의 변제를 받을 때까지 질물을 유치할 수 있으나, 자기보다 우선권이 있는 채권자에게 대항하지 못한다.

해설

① 점유개정에 의한 질권은 성립할 수 없다(제332조).
② 제331조 ③ 제343조 ④ 제338조 ⑤ 제335조

03 질권에 관한 설명으로 옳지 않은 것은? (다툼이 있으면 판례에 따름) 제24회

상●●

① 타인의 채무를 담보하기 위하여 질권을 설정한 자는 채무자에 대한 사전구상권을 갖는다.
② 선의취득에 관한 민법 제249조는 동산질권에 준용한다.
③ 양도할 수 없는 채권은 질권의 목적이 될 수 없다.
④ 임대차보증금채권에 질권을 설정한 경우, 임대차계약서를 교부하지 않더라도 채권질권은 성립한다.
⑤ 채권질권의 설정자가 그 목적인 채권을 양도하는 경우, 질권자의 동의는 필요하지 않다.

해설

① 사전구상권은 수탁보증인에게 인정되는 권리이다(제442조 참조). 타인의 채무를 담보하기 위하여 질권을 설정한 자(= 물상보증인)에게는 사전구상권이 인정되지 않는다.
② 선의취득에 관한 민법 제249조는 동산질권에도 준용된다(제343조).
③ 질권은 양도할 수 없는 물건을 목적으로 하지 못한다(제331조).
④ 민법 제347조는 채권을 질권의 목적으로 하는 경우에 채권증서가 있는 때에는 질권의 설정은 그 증서를 질권자에게 교부함으로써 효력이 생긴다고 규정하고 있다. 여기에서 말하는 '채권증서'는 채권의 존재를 증명하기 위하여 채권자에게 제공된 문서로서 특정한 이름이나 형식을 따라야 하는 것은 아니지만, 장차 변제 등으로 채권이 소멸하는 경우에는 민법 제475조에 따라 채무자가 채권자에게 그 반환을 청구할 수 있는 것이어야 한다. 이에 비추어 임대차계약서와 같이 계약 당사자 쌍방의 권리의무관계의 내용을 정한 서면은 그 계약에 의한 권리의 존속을 표상하기 위한 것이라고 할 수는 없으므로 위 채권증서에 해당하지 않는다(대판 2013. 8.22. 2013다32574).
⑤ 질권의 목적인 채권의 양도행위는 민법 제352조 소정의 질권자의 이익을 해하는 변경에 해당되지 않으므로 질권자의 동의를 요하지 아니한다(대판 2005.12.22. 2003다55059).

Answer

01 ④ 02 ① 03 ①

09 저당권

연계학습 : 기본서 p.553~579

01 중

저당권에 관한 설명으로 옳지 않은 것은? (다툼이 있으면 판례에 따름) 제25회

① 지상권은 저당권의 목적으로 할 수 없다.
② 등록된 자동차는 저당권의 목적물이 될 수 있다.
③ 저당권자는 피담보채권의 변제를 받기 위해 저당물의 경매를 청구할 수 있다.
④ 저당부동산의 제3취득자는 그 부동산에 대한 저당권 실행을 위한 경매절차에서 매수인이 될 수 있다.
⑤ 저당목적물을 권한 없이 멸실·훼손하거나 담보가치를 감소시키는 행위는 특별한 사정이 없는 한 불법행위가 될 수 있다.

해설

① 지상권은 저당권의 목적으로 할 수 있다(제371조 제1항 참조).
② 등록된 자동차도 저당권의 목적물이 될 수 있다(자동차 등 특정동산 저당법 제5조 참조).
③ 저당권자는 그 채권의 변제를 받기 위하여 저당물의 경매를 청구할 수 있다(제363조 제1항).
④ 저당물의 소유권을 취득한 제3자도 경매인이 될 수 있다(제363조 제2항).
⑤ 담보물을 권한 없이 멸실·훼손하거나 담보가치를 감소시키는 행위는 위법한 행위로서 불법행위를 구성한다(대판 1998.11.10, 98다34126).

02 하

저당권의 효력이 미치는 피담보채권의 범위에 속하는 것은? (근저당은 고려하지 않고, 이해관계 있는 제3자가 존재함) 제27회

① 등기된 금액을 초과하는 원본
② 저당물의 보존비용
③ 저당물의 하자로 인한 손해배상
④ 등기된 손해배상예정액
⑤ 원본의 이행기일 경과 후 1년분을 넘는 지연배상

해설

④ 등기된 손해배상예정액은 저당권의 효력이 미치는 피담보채권에 포함된다. 그러나 등기된 금액을 초과한 원본, 원본의 이행기일 경과 후 1년분을 넘는 지연배상 등은 포함되지 않는다. 그리고 저당권은 저당물을 점유하지 않으므로 저당물의 보존비용 또는 저당물의 하자로 인한 손해배상은 포함되지 않는다.

03 저당권에 관한 설명으로 옳은 것은? (다툼이 있으면 판례에 따름) 제26회

상

① 근저당권을 설정한 이후 피담보채권이 확정되기 전에 근저당권설정자와 근저당권자의 합의로 채무자를 추가할 경우에는 특별한 사정이 없는 한, 이해관계인의 승낙을 받아야 한다.

② 저당권으로 담보할 채권에 질권을 설정하였다면 특별한 사정이 없는 한, 저당권은 질권의 목적이 될 수 없다.

③ 무담보채권에 질권이 설정된 이후 그 채권을 담보하기 위하여 저당권이 설정되었다면 특별한 사정이 없는 한, 저당권은 질권의 목적이 될 수 없다.

④ 저당부동산의 제3취득자는 저당권설정자의 의사에 반하여 피담보채무를 변제하고 저당권의 소멸을 청구할 수는 없다.

⑤ 저당권설정자로부터 저당토지에 대해 용익권을 설정받은 자가 그 지상에 건물을 신축한 후 저당권설정자가 그 건물의 소유권을 취득한 경우, 저당권자는 토지와 건물에 대해 일괄경매를 청구할 수 있다.

해설

⑤ 저당지상의 건물에 대한 일괄경매청구권은 저당권설정자가 건물을 축조한 경우뿐만 아니라 저당권설정자로부터 저당토지에 대한 용익권을 설정받은 자가 그 토지에 건물을 축조한 경우라도 그 후 저당권설정자가 그 건물의 소유권을 취득한 경우에는 저당권자는 토지와 함께 그 건물에 대하여 경매를 청구할 수 있다(대판 2003.4.11, 2003다3850).

① 근저당권은 피담보채무의 최고액만을 정하고 채무의 확정을 장래에 보류하여 설정하는 저당권이다(민법 제357조 제1항 본문 참조). 근저당권을 설정한 후에 근저당설정자와 근저당권자의 합의로 채무의 범위 또는 채무자를 추가하거나 교체하는 등으로 피담보채무를 변경할 수 있다. 이러한 경우 위와 같이 변경된 채무가 근저당권에 의하여 담보된다. 후순위저당권자 등 이해관계인은 근저당권의 채권최고액에 해당하는 담보가치가 근저당권에 의하여 이미 파악되어 있는 것을 알고 이해관계를 맺었기 때문에 이러한 변경으로 예측하지 못한 손해를 입었다고 볼 수 없으므로, 피담보채무의 범위 또는 채무자를 변경할 때 이해관계인의 승낙을 받을 필요가 없다(대판 2021.12.16, 2021다255648).

② 저당권으로 담보된 채권에 질권을 설정한 경우 원칙적으로는 저당권이 피담보채권과 함께 질권의 목적이 된다(대판 2020.4.29, 2016다235411).

③ 담보가 없는 채권에 질권을 설정한 다음 그 채권을 담보하기 위하여 저당권이 설정된 경우 원칙적으로는 저당권도 질권의 목적이 된다(대판 2020.4.29, 2016다235411).

④ 저당부동산의 제3취득자는 저당권설정자의 의사에 반하여 피담보채무를 변제하고 저당권의 소멸을 청구할 수는 있다.

Answer

01 ① 02 ④ 03 ⑤

04 중 **근저당권에 관한 설명으로 옳은 것은?** (다툼이 있으면 판례에 따름) 제22회

① 저당권과 달리 근저당권은 채권최고액을 정하여 등기하여야 한다.
② 피담보채무의 이자는 채권최고액에서 제외된다.
③ 피담보채권의 확정 전에 발생한 원본채권에 관하여 그 확정 후에 발생한 이자채권은 피담보채권의 범위에 속하지 않는다.
④ 채권자는 피담보채권이 확정되기 전에 그 채권의 일부를 양도하여 근저당권의 일부양도를 할 수 있다.
⑤ 확정된 피담보채무액이 채권최고액을 초과하더라도 근저당권설정자인 채무자는 채권최고액을 변제하고 근저당권의 말소를 청구할 수 있다.

해설

① 근저당권은 채권최고액을 등기하여야 한다(부동산등기법 제75조 제2항 참조).
② 채무의 이자는 최고액 중에 산입한 것으로 본다(제357조 제2항).
③ 근저당권자의 경매신청 등의 사유로 인하여 근저당권의 피담보채권이 확정되었을 경우, 확정 이후에 새로운 거래관계에서 발생한 원본채권은 그 근저당권에 의하여 담보되지 아니하지만, 확정 전에 발생한 원본채권에 관하여 확정 후에 발생하는 이자나 지연손해금 채권은 채권최고액의 범위 내에서 근저당권에 의하여 여전히 담보되는 것이다(대판 2007.4.26, 2005다38300).
④ 근저당권이라고 함은 계속적인 거래관계로부터 발생하고 소멸하는 불특정다수의 장래채권을 결산기에 계산하여 잔존하는 채무를 일정한 한도액의 범위 내에서 담보하는 저당권이어서, 거래가 종료하기까지 채권은 계속적으로 증감변동되는 것이므로, 근저당 거래관계가 계속 중인 경우 즉 근저당권의 피담보채권이 확정되기 전에 그 채권의 일부를 양도하거나 대위변제한 경우 근저당권이 양수인이나 대위변제자에게 이전할 여지가 없다(대판 1996.6.14, 95다53812).
⑤ 채무자의 채무액이 근저당 채권최고액을 초과하는 경우에 채무자 겸 근저당권설정자가 그 채무의 일부인 채권최고액과 지연손해금 및 집행비용 만을 변제하였다면 채권전액의 변제가 있을 때까지 근저당권의 효력은 잔존채무에 미치는 것이므로 위 채무일부의 변제로써 위 근저당권의 말소를 청구할 수 없다(대판 1981.11.10, 80다2712).

05 상

甲이 5,000만원의 채권을 담보하기 위해, 채무자 乙소유의 X부동산과 물상보증인 丙소유의 Y부동산에 각각 1번 저당권을 취득하였다. 그 후 丁이 4,000만원의 채권으로 X부동산에, 戊가 3,000만원의 채권으로 Y부동산에 각각 2번 저당권을 취득하였다. 甲이 X부동산과 Y부동산에 대하여 담보권실행을 위한 경매를 신청하여 X부동산은 6,000만원, Y부동산은 4,000만원에 매각되어 동시에 배당하는 경우, 이자 및 경매비용 등을 고려하지 않는다면 甲이 Y부동산의 매각대금에서 배당받을 수 있는 금액은? (다툼이 있으면 판례에 따름) 제23회

① 0원
② 1,000만원
③ 2,000만원
④ 3,000만원
⑤ 4,000만원

해설

① 공동저당권이 설정되어 있는 수개의 부동산 중 일부는 채무자 소유이고 일부는 물상보증인의 소유인 경우 위 각 부동산의 경매대가를 동시에 배당하는 때에는, 물상보증인이 민법 제481조, 제482조의 규정에 의한 변제자대위에 의하여 채무자 소유 부동산에 대하여 담보권을 행사할 수 있는 지위에 있는 점 등을 고려할 때, "동일한 채권의 담보로 수개의 부동산에 저당권을 설정한 경우에 그 부동산의 경매대가를 동시에 배당하는 때에는 각 부동산의 경매대가에 비례하여 그 채권의 분담을 정한다"고 규정하고 있는 민법 제368조 제1항은 적용되지 아니한다고 봄이 상당하다. 따라서 이러한 경우 경매법원으로서는 채무자 소유 부동산의 경매대가에서 공동저당권자에게 우선적으로 배당을 하고, 부족분이 있는 경우에 한하여 물상보증인 소유 부동산의 경매대가에서 추가로 배당을 하여야 하므로(대판 2010.4.15, 2008다41475), 사안의 경우 채권자 甲은 채무자 乙 소유 부동산 X부동산의 경매대가 6,000만원 중에서 5,000만원을 우선적으로 전부 배당받을 수 있으므로, 물상보증인 丙 소유의 Y부동산의 경매대가 4,000만원 중에서는 배당받을 금액은 없다.

Answer

04 ①　05 ①

PART 03 채권법

01 채권법 총론

연계학습 : 기본서 p.582~666

01 상 **선택채권에 관한 설명으로 옳은 것은?** (다툼이 있으면 판례에 따름) 제25회

① 선택권에 관하여 법률의 규정이나 당사자의 약정이 없으면 선택권은 채권자에게 있다.

② 선택권 행사의 기간이 있는 경우, 선택권자가 그 기간내에 선택권을 행사하지 않으면 즉시 상대방에게 선택권이 이전된다.

③ 제3자가 선택권을 행사하기로 하는 당사자의 약정은 무효이다.

④ 선택채권의 소멸시효는 선택권을 행사한 때부터 진행한다.

⑤ 채권의 목적으로 선택할 여러 개의 행위 중에 당사자의 과실없이 처음부터 불능한 것이 있으면 채권의 목적은 잔존한 것에 존재한다.

해설

⑤ 채권의 목적으로 선택할 수 개의 행위 중에 처음부터 불능한 것이나 또는 후에 이행불능하게 된 것이 있으면 채권의 목적은 잔존한 것에 존재한다(제385조 제1항).

① 채권의 목적이 수개의 행위 중에서 선택에 좇아 확정될 경우에 다른 법률의 규정이나 당사자의 약정이 없으면 선택권은 채무자에게 있다(제380조).

② 선택권행사의 기간이 있는 경우에 선택권자가 그 기간 내에 선택권을 행사하지 아니하는 때에는 상대방은 상당한 기간을 정하여 그 선택을 최고할 수 있고 선택권자가 그 기간 내에 선택하지 아니하면 선택권은 상대방에게 있다(제381조 제1항).

③ 선택권을 제3자도 행사할 수 있다(제383조 제1항 참조).

④ 선택채권의 소멸시효는 선택권을 행사할 수 있는 때로부터 진행한다.

02 채권의 효력에 관한 설명으로 옳지 않은 것은? 제27회

상●●

① 채무자는 귀책사유가 없으면 민법 제390조의 채무불이행에 따른 손해배상 책임을 지지 않는다.

② 채무자의 법정대리인이 채무자를 위하여 채무를 이행하는 경우, 법정대리인의 고의나 과실은 채무자의 고의나 과실로 본다.

③ 채무이행의 불확정한 기한이 있는 경우에는 채무자는 기한이 도래함을 안 때로부터 지체책임이 있다.

④ 특별한 사정으로 인한 손해는 채무자가 그 사정을 알았거나 알 수 있었을 때에 한하여 배상의 책임이 있다.

⑤ 채무가 채무자의 법률행위를 목적으로 한 경우, 채무자가 이를 이행하지 않으면 채권자는 채무자의 비용으로 제3자에게 이를 하게 할 것을 법원에 청구할 수 있다.

해설

⑤ 채무자가 임의로 채무를 이행하지 아니한 때에는 그 채무가 법률행위를 목적으로 한 때에는 채무자의 의사표시에 갈음할 재판을 청구할 수 있고 채무의 일신에 전속하지 아니한 작위를 목적으로 한 때에는 채무자의 비용으로 제3자에게 이를 하게 할 것을 법원에 청구할 수 있다(제389조 제2항 참조).

① 제390조의 채무불이행 책임은 채무자에게 고의 또는 과실(=귀책사유)가 없으면 적용되지 아니한다(제390조 참조).

② 채무자의 법정대리인이 채무자를 위하여 이행하거나 채무자가 타인을 사용하여 이행하는 경우에는 법정대리인 또는 피용자의 고의나 과실은 채무자의 고의나 과실로 본다(제391조).

③ 채무이행의 불확정한 기한이 있는 경우에는 채무자는 기한이 도래함을 안 때로부터 지체책임이 있다(제387조 제1항 후문).

④ 특별한 사정으로 인한 손해는 채무자가 그 사정을 알았거나 알 수 있었을 때에 한하여 배상의 책임이 있다(제393조 제2항).

03 민법

Answer

01 ⑤ 02 ⑤

03 상

이행지체에 관한 설명으로 옳지 않은 것은? (다툼이 있으면 판례에 따름) 제21회

① 이행지체를 이유로 한 계약의 해제는 손해배상의 청구에 영향을 미치지 않는다.

② 불법행위로 인한 손해배상채무의 지연손해금 기산일은 채무이행을 통지받은 때이다.

③ 채무이행의 기한이 없는 경우, 채무자는 이행청구를 받은 다음 날부터 지체책임이 있다.

④ 채무자는 자기에게 과실이 없는 경우에도 원칙적으로 이행지체 중에 생긴 손해를 배상하여야 한다.

⑤ 동시이행관계에 있는 채무의 이행기가 도래하였더라도 상대방이 이행제공을 하지 않는 한 이행지체가 성립하지 않는다.

해설

② 불법행위로 인한 손해배상채권은 손해 발생과 동시에 이행기에 이르게 되는 것이므로(대판 2007.9.6, 2007다30263), 불법행위로 인한 손해배상채권은 불법행위시부터 이행지체가 되는 것이지, 채무이행을 통지받은 때부터 이행지체가 되는 것은 아니다.

① 계약의 해지 또는 해제는 손해배상의 청구에 영향을 미치지 아니한다(제551조).

③ 채무에 이행기의 정함이 없는 경우에는 채무자가 이행의 청구를 받은 다음 날부터 이행지체의 책임을 진다(대판 2014.4.10, 2012다29557).

④ 제392조 본문

⑤ 쌍무계약에서 쌍방의 채무가 동시이행 관계에 있는 경우 일방의 채무의 이행기가 도래하더라도 상대방 채무의 이행제공이 있을 때까지는 그 채무를 이행하지 않아도 이행지체의 책임을 지지 않는다(대판 2002.10.25, 2002다43370).

04 상●●

채무불이행에 따른 손해배상에 관한 설명으로 옳은 것은? (다툼이 있으면 판례에 따름) 제24회

① 채무불이행을 이유로 계약을 해제하면 별도로 손해배상을 청구하지 못한다.
② 채무불이행에 관해 채권자에게 과실이 있는 경우, 법원은 채무자의 주장에 의해 손해배상의 책임 및 그 금액을 정함에 이를 참작할 수 있다.
③ 채권자가 그 채권의 목적인 물건의 가액일부를 손해배상으로 받은 경우, 채무자는 그 물건의 소유권을 취득한다.
④ 지연손해배상액을 예정한 경우, 채권자는 예정배상액의 청구와 함께 본래의 급부이행을 청구할 수 있다.
⑤ 금전채무불이행의 경우, 채무자는 과실없음을 항변할 수 있다.

해설

④ 손해배상액의 예정은 이행의 청구나 계약의 해제에 영향을 미치지 아니하므로(제398조 제3항), 지연손해배상액을 예정한 경우, 채권자는 예정배상액의 청구와 함께 본래의 급부이행을 청구할 수 있다.
① 해제는 손해배상청구권에 영향을 미치지 아니한다(제551조 참조).
② 채무불이행에 관하여 채권자에게 과실이 있는 때에는 법원은 손해배상의 책임 및 그 금액을 정함에 이를 참작하여야 한다(제396조). 민법상의 과실상계제도는 채권자가 신의칙상 요구되는 주의를 다하지 아니한 경우 공평의 원칙에 따라 손해의 발생에 관한 채권자의 그와 같은 부주의를 참작하게 하려는 것이므로 단순한 부주의라도 그로 말미암아 손해가 발생하거나 확대된 원인을 이루었다면 피해자에게 과실이 있는 것으로 보아 과실상계를 할 수 있고, 피해자에게 과실이 인정되면 법원은 손해배상의 책임 및 그 금액을 정함에 있어서 이를 참작하여야 하며, 배상의무자가 피해자의 과실에 관하여 주장하지 않는 경우에도 소송자료에 의하여 과실이 인정되는 경우에는 이를 법원이 직권으로 심리·판단하여야 한다(대판 1996.10.25, 96다30113).
③ 채권의 목적인 물건 또는 권리가 가분적인 것이라는 등의 특별한 사정이 있는 경우는 별론으로 하고 그 밖의 경우에는 성질상 채무자가 채권의 목적인 물건 또는 권리의 가액의 일부를 손해배상한 것만으로는 채권자를 대위할 수 없다(대판 2007.10.12, 2006다42566). 즉 손해배상자의 대위 즉 민법 제399조는 가액전부를 배상한 경우에 적용되고, 일부의 배상이 있는 때에는 손해배상자의 대위는 발생하지 않는다.
⑤ 금전채무불이행의 경우 채무자는 과실 없음을 항변하지 못한다(제397조 제2항 참조).

Answer

03 ② 04 ④

05

상 ●●

보증채무에 관한 설명으로 옳은 것은? (다툼이 있으면 판례에 따름) 제26회

① 장래의 채무에 대한 보증계약은 효력이 없다.
② 주채무자에 대한 시효의 중단은 보증인에 대하여 그 효력이 없다.
③ 보증인은 그 보증채무에 관한 위약금 기타 손해배상액을 예정할 수 없다.
④ 보증인의 보증의사를 표시하기 위한 '기명날인'은 보증인이 직접 하여야 하고 타인이 이를 대행하는 방법으로 할 수 없다.
⑤ 채무자의 부탁으로 보증인이 된 자의 구상권은 면책된 날 이후의 법정이자 및 피할 수 없는 비용 기타 손해배상을 포함한다.

해설

⑤ 채무자의 부탁으로 보증인이 된 자의 구상권은 면책된 날 이후의 법정이자 및 피할 수 없는 비용 기타 손해배상을 포함한다(제441조 제2항, 제425조 제2항).
① 보증은 장래의 채무에 대하여도 할 수 있다(제428조 제2항).
② 주채무자에 대한 시효의 중단은 보증인에 대하여 그 효력이 있다(제440조).
③ 보증인은 그 보증채무에 관한 위약금 기타 손해배상액을 예정할 수 있다(제429조 제2항).
④ 민법 제428조의2 제1항 전문은 "보증은 그 의사가 보증인의 기명날인 또는 서명이 있는 서면으로 표시되어야 효력이 발생한다."라고 규정하고 있는데, '보증인의 서명'은 원칙적으로 보증인이 직접 자신의 이름을 쓰는 것을 의미하므로 타인이 보증인의 이름을 대신 쓰는 것은 이에 해당하지 않지만, '보증인의 기명날인'은 타인이 이를 대행하는 방법으로 하여도 무방하다(대판 2019.3.14, 2018다282473).

06

상 ●●

채권자대위권에 관한 설명으로 옳은 것은? (다툼이 있으면 판례에 따름) 제23회

① 채권자는 자신의 채권을 보전하기 위하여 채무자의 제3자에 대한 채권자취소권을 대위행사할 수 없다.
② 이혼으로 인한 재산분할청구권은 그 구체적 내용이 심판에 의해 명확하게 확정되었더라도 피보전채권이 될 수 없다.
③ 채무자가 자신의 제3채무자에 대한 권리를 이미 재판상 행사하였더라도 채권자는 그 권리를 대위행사할 수 있다.
④ 채권자는 피보전채권의 이행기가 도래하기 전이라도 피대위채권의 시효중단을 위해서 채무자를 대위하여 제3채무자에게 이행청구를 할 수 있다.
⑤ 채권자가 채무자에 대한 소유권이전등기청구권을 보전하기 위하여 채무자의 제3자에 대한 소유권이전등기청구권을 대위행사하는 경우에도 채무자의 무자력을 그 요건으로 한다.

해설

④ 채권자대위권의 피보전채권은 이행기가 도래하여야 하는 것이 원칙이지만, 법원의 허가 또는 보존행위의 경우에는 이행기가 도래하기 전이라도 채권자대위권을 행사할 수 있다(제404조 제2항 참조). 따라서 피대위채권의 시효중단을 위하여 이행을 청구하는 것은 보존행위이므로 이행기 도래 전이라도 행사할 수 있다.

① 채권자취소권도 채권자가 채무자를 대위하여 행사하는 것이 가능하다(대판 2001.12.27, 2000다73049).
② 이혼으로 인한 재산분할청구권은 협의 또는 심판에 의하여 그 구체적 내용이 형성되기까지는 그 범위 및 내용이 불명확·불확정하기 때문에 구체적으로 권리가 발생하였다고 할 수 없으므로 이를 보전하기 위하여 채권자대위권을 행사할 수 없다(대판 1999.4.9, 98다58016). 따라서 이혼으로 인한 재산분할청구권의 그 구체적 내용이 심판에 의해서 확정되었다면 피보전채권이 될 수 있다.
③ 채권자대위권은 채무자가 제3채무자에 대한 권리를 행사하지 아니하는 경우에 한하여 채권자가 자기의 채권을 보전하기 위하여 행사할 수 있는 것이어서, 채권자가 대위권을 행사할 당시에 이미 채무자가 그 권리를 재판상 행사하였을 때에는 채권자는 채무자를 대위하여 채무자의 권리를 행사할 수 없다(대판 2009.3.12, 2008다65839).
⑤ 채권자는 자기의 채무자에 대한 부동산의 소유권이전등기청구권 등 특정채권을 보전하기 위하여 채무자가 방치하고 있는 그 부동산에 관한 특정권리를 대위하여 행사할 수 있고 그 경우에는 채무자의 무자력을 요건으로 하지 아니하는 것이다(대판 1992.10.27, 91다483).

07 중

채권자취소권에 관한 설명으로 옳은 것을 모두 고른 것은? (다툼이 있으면 판례에 따름) 제22회

> ㉠ 채권자취소권은 상대방에 대한 의사표시로 행사할 수 있다.
> ㉡ 채무자를 상대로 채권자취소권을 행사할 수 없다.
> ㉢ 채권자취소권 행사에 따른 원상회복은 가액반환이 원칙이다.

① ㉠
② ㉡
③ ㉠, ㉢
④ ㉡, ㉢
⑤ ㉠, ㉡, ㉢

해설

㉠ (×) 채권자취소권은 상대방에 대한 의사표시의 방법으로는 행사할 수 없고, 반드시 재판상 행사하여야 한다.
㉡ (○) 채권자취소의 소에 있어 상대방은 채무자가 아니라 그 수익자나 전득자가 되어야 한다(대판 1988.2.23, 87다카1586).
㉢ (×) 채권자의 사해행위취소 및 원상회복청구가 인정되면, 수익자 또는 전득자는 원상회복으로서 사해행위의 목적물을 채무자에게 반환할 의무를 지게 되고, 원물반환이 불가능하거나 현저히 곤란한 경우에는 원상회복의무의 이행으로서 사해행위 목적물의 가액 상당을 배상하여야 하므로(대판 1998.5.15, 97다58316), 원상회복의 원칙은 원물반환이다.

Answer
05 ⑤ 06 ④ 07 ②

08 상

甲이 乙에 대한 매매대금채권을 丙에게 양도하였다. 이에 관한 설명으로 옳지 않은 것을 모두 고른 것은? (다툼이 있으면 판례에 따름) 제26회

> ㉠ 채권양도의 통지는 양도인이 해야 하므로 丙이 甲의 대리인으로서 채권양도의 통지에 관한 위임을 받았더라도 丙에 의한 양도통지는 효력이 없다.
> ㉡ 甲이 乙과의 양도금지특약에 반하여 매매대금채권을 양도하였는데, 丙이 그 특약을 경과실로 알지 못하였다면 丙은 乙을 상대로 그 양수금의 지급을 청구할 수 있다.
> ㉢ 乙이 채권양도에 관하여 이의를 보류하지 않고 승낙하였으나 그 전에 甲의 매매대금채권과 상계적상에 있는 채권을 가지고 있었다면, 이러한 사정을 알고 있었던 丙의 양수금 지급청구에 대해서 乙은 상계로 대항할 수 있다.

① ㉠　　② ㉢　　③ ㉠, ㉡
④ ㉡, ㉢　　⑤ ㉠, ㉡, ㉢

해설

㉠ (×) 민법 제450조에 의한 채권양도통지는 양도인이 직접하지 아니하고 사자를 통하여 하거나 대리인으로 하여금 하게 하여도 무방하고, 채권의 양수인도 양도인으로부터 채권양도통지 권한을 위임받아 대리인으로서 그 통지를 할 수 있다(대판 2004.2.13, 2003다43490).

㉡ (○) 양도금지특약을 위반하여 채권을 제3자에게 양도한 경우에 채권양수인이 양도금지특약이 있음을 알았거나 중대한 과실로 알지 못하였다면 채권 이전의 효과가 생기지 아니한다. 반대로 양수인이 중대한 과실 없이 양도금지특약의 존재를 알지 못하였다면 채권양도는 유효하게 되어 채무자는 양수인에게 양도금지특약을 가지고 채무 이행을 거절할 수 없으므로(대판 2019.12.19, 2016다24284), 경과실이 있는 채권의 양수인 丙은 채무자 乙에게 양수금의 지급을 청구할 수 있다.

㉢ (○) 지명채권의 양도는 양도인이 채무자에게 통지하거나 채무자가 승낙하지 않으면 채무자에게 대항하지 못한다(민법 제450조 제1항). 채무자가 채권양도 통지를 받은 경우 채무자는 그때까지 양도인에 대하여 생긴 사유로써 양수인에게 대항할 수 있고(제451조 제2항), 당시 이미 상계할 수 있는 원인이 있었던 경우에는 아직 상계적상에 있지 않더라도 그 후에 상계적상에 이르면 채무자는 양수인에 대하여 상계로 대항할 수 있다(대판 2019.6.27, 2017다222962).

09 상

매도인 甲은 매수인 乙에 대한 매매대금채권 전부를 丙에게 즉시 양도하기로 丙과 합의하였다. 이에 관한 설명으로 옳지 않은 것은? (다툼이 있으면 판례에 따름)

제25회

① 甲의 매매대금채권은 그 성질상 원칙적으로 양도가 가능하다.
② 채권의 양도통지는 甲이 乙에게 직접 해야 하며 丙에게 이를 위임할 수 없다.
③ 乙이 채권의 양도통지만을 받은 경우, 그 통지 전에 乙이 甲에게 일부 변제한 것이 있으면 乙이 이를 가지고 丙에게 대항할 수 있다.
④ 甲이 乙에게 채권의 양도통지를 한 경우, 甲은 丙의 동의가 없으면 그 통지를 철회하지 못한다.
⑤ 만일 甲이 乙과의 양도금지특약에 반하여 매매대금채권을 양도하였고 丙이 그 특약을 과실 없이 알지 못하였다면, 위 채권양도는 유효하다.

해설

② 민법 제450조에 의한 채권양도통지는 양도인이 직접하지 아니하고 사자를 통하여 하거나 대리인으로 하여금 하게 하여도 무방하고, 채권의 양수인도 양도인으로부터 채권양도통지 권한을 위임받아 대리인으로서 그 통지를 할 수 있다(대판 2004.2.13, 2003다43490).
① 매매대금채권도 그 성질상 양도할 수 있다.
③ 양도인인 양도통지만을 한 때에는 채무자는 그 통지를 받은 때까지 양도인에 대하여 생긴 사유로써 양수인에게 대항할 수 있다(제451조 제2항).
④ 채권양도의 통지는 양수인의 동의가 없으면 철회하지 못한다(제452조 제2항).
⑤ 양도금지특약을 위반하여 채권을 제3자에게 양도한 경우에 채권양수인이 양도금지특약이 있음을 알았거나 중대한 과실로 알지 못하였다면 채권 이전의 효과가 생기지 아니한다. 반대로 양수인이 중대한 과실 없이 양도금지특약의 존재를 알지 못하였다면 채권양도는 유효하게 되어 채무자는 양수인에게 양도금지특약을 가지고 채무 이행을 거절할 수 없다(대판 전합 2019.12.19, 2016다24684).

Answer

08 ①　09 ②

10 중

변제에 관한 설명으로 옳은 것은? (다툼이 있으면 판례에 따름) 제22회

① 특정물의 인도가 채권의 목적인 때에는 채무자는 채권발생 당시의 현상대로 그 물건을 인도하여야 한다.

② 채무의 변제로 타인의 물건을 인도한 채무자는 채권자에게 손해를 배상하고 물건의 반환을 청구할 수 있다.

③ 채무자가 채권자의 승낙없이 본래의 채무이행에 갈음하여 동일한 가치의 물건으로 급여한 때에는 변제와 같은 효력이 있다.

④ 채무의 성질 또는 당사자의 의사표시로 변제장소를 정하지 아니한 경우 특정물의 인도는 채권자의 현주소에서 하여야 한다.

⑤ 법률상 이해관계 있는 제3자는 특별한 사정이 없는 한, 채무자의 의사에 반하여 변제할 수 있다.

해설

⑤ 이해관계 없는 제3자는 채무자의 의사에 반하여 변제하지 못하므로(제469조 제2항), 반대해석상 이해관계 있는 제3자는 채무자의 의사에 반하여 변제할 수 있다.

① 특정물의 인도가 채권의 목적인 때에는 채무자는 이행기의 현상대로 그 물건을 인도하여야 한다(제462조).

② 채무의 변제로 타인의 물건을 인도한 채무자는 다시 유효한 변제를 하지 아니하면 그 물건의 반환을 청구하지 못한다(제463조).

③ 채무자가 채권자의 승낙을 얻어 본래의 채무이행에 갈음하여 다른 급여를 한 때에는 변제와 같은 효력이 있다(제466조).

④ 채무의 성질 또는 당사자의 의사표시로 변제장소를 정하지 아니한 때에는 특정물의 인도는 채권성립 당시에 그 물건이 있던 장소에서 하여야 한다(제467조 제1항).

11 **변제에 관한 설명으로 옳지 않은 것은?** (다툼이 있으면 판례에 따름) 제24회

중

① 법률상 이해관계 없는 제3자는 채무자의 의사에 반하여 변제할 수 없다.
② 지명채권증서의 반환과 변제는 동시이행관계에 있다.
③ 채권의 준점유자에 대한 변제는 변제자가 선의이며 과실 없는 때에 한하여 효력이 있다.
④ 채무자가 채무의 변제로 인도한 타인의 물건을 채권자가 선의로 소비한 경우에는 채권은 소멸한다.
⑤ 영수증 소지자가 변제를 받을 권한이 없음을 변제자가 알면서도 변제한 경우에는 변제로서의 효력이 없다.

해설

② 채권증서의 반환과 변제는 동시이행의 관계에 있지 않다(제475조). 즉 先(선) 변제 後(후) 채권증서의 반환이다.
① 이해관계 없는 제3자는 채무자의 의사에 반하여 변세하지 못한디(제469조 제2항).
③ 채권의 준점유자에 대한 변제는 변제자가 선의이며 과실 없는 때에 한하여 효력이 있다(제470조).
④ 채무의 변제로 타인의 물건의 인도한 경우 채권자가 변제로 받은 물건을 선의로 소비하거나 타인에게 양도한 때에는 그 변제는 효력이 있다(제465조 제1항 참조).
⑤ 영수증을 소지한 자에 대한 변제는 그 소지자가 변제를 받을 권한이 없는 경우에도 효력이 있다. 그러나 변제자가 그 권한 없음을 알았거나 알 수 있었을 경우에는 그러하지 아니하다(제471조).

Answer

10 ⑤ 11 ②

02 계약법 총론

연계학습: 기본서 p.667~704

01 계약의 성립에 관한 설명으로 옳지 않은 것은? 제24회

●●하

① 승낙기간이 정해진 경우에 승낙의 통지가 그 기간 내에 도달하지 않으면 특별한 사정이 없는 한 계약은 성립하지 않는다.
② 격지자간의 계약은 승낙의 통지가 도달한 때에 성립한다.
③ 청약이 상대방에게 도달하여 그 효력이 발생하면 청약자는 임의로 이를 철회하지 못한다.
④ 청약자의 의사표시에 의하여 승낙의 통지가 필요 없는 경우, 계약은 승낙의 의사표시로 인정되는 사실이 있는 때에 성립한다.
⑤ 당사자 간에 동일한 내용의 청약이 상호 교차된 경우에는 양청약이 상대방에게 도달한 때에 계약이 성립한다.

해설

② 격지자간의 계약은 승낙의 통지를 발송한 때에 성립한다(제531조).
① 승낙의 기간을 정한 계약의 청약은 청약자가 그 기간 내에 승낙의 통지를 받지 못한 때에는 그 효력을 잃으므로(제528조 제1항), 계약은 성립하지 않는다.
③ 청약은 상대방에게 도달하여 효력이 발생하면 임의로 철회하지 못한다(제527조 참조).
④ 청약자의 의사표시나 관습에 의하여 승낙의 통지가 필요하지 아니한 경우에는 계약은 승낙의 의사표시로 인정되는 사실이 있는 때에 성립한다(제532조).
⑤ 당사자 간에 동일한 내용의 청약이 상호교차된 경우에는 양청약이 상대방에게 도달한 때에 계약이 성립한다(제533조).

02 상

甲은 그 소유의 X주택을 乙에게 매도하기로 약정하였는데, 인도와 소유권이전등기를 마치기 전에 X주택이 소실되었다. 이에 관한 설명으로 옳지 않은 것은? (다툼이 있으면 판례에 따름) 제24회

① X주택이 불가항력으로 소실된 경우, 甲은 乙에게 대금지급을 청구할 수 없다.
② X주택이 甲의 과실로 소실된 경우, 乙은 甲에게 이행불능에 따른 손해배상을 청구할 수 있다.
③ X주택이 乙의 과실로 소실된 경우, 甲은 乙에게 대금지급을 청구할 수 있다.
④ 乙의 수령지체 중에 X주택이 甲과 乙에게 책임 없는 사유로 소실된 경우, 甲은 乙에게 대금지급을 청구할 수 없다.
⑤ 乙이 이미 대금을 지급하였는데 X주택이 불가항력으로 소실된 경우, 乙은 甲에게 부당이득을 이유로 대금의 반환을 청구할 수 있다.

해설

④ 채권자의 수령지체 중에 당사자 쌍방의 책임 없는 사유로 이행할 수 없게 된 때에는 채무자는 상대방의 이행을 청구할 수 있으므로(제538조 제1항 참조), 甲(채무자)는 상대방 乙에게 대금지급을 청구할 수 있다.
① 쌍무계약의 당사자 일방의 채무가 당사자 쌍방의 책임 없는 사유로 이행할 수 없게 된 때에는 채무자는 상대방의 이행을 청구하지 못하므로(제537조), 甲(채무자)은 乙에게 대금지급을 청구할 수 없다.
② 주택이 채무자의 과실로 소실(이행불능)된 경우에는 채권자 乙은 채무자 甲에게 이행불능에 따른 손해배상을 청구할 수 있다(제551조 참조).
③ 쌍무계약의 당사자 일방의 채무가 채권자의 책임 있는 사유로 이행할 수 없게 된 때에는 채무자는 상대방의 이행을 청구할 수 있으므로(제538조 제1항 참조), 채무자 甲은 상대방 乙에게 대금지급을 청구할 수 있다.
⑤ 쌍방 당사자 책임 없는 사유로 이행불능이 된 경우 채무자는 상대방에게 이행을 청구하지 못하므로, 채권자 乙은 채무자 甲에게 이미 지급한 대금을 부당이득을 이유로 반환을 청구할 수 있다.

Answer

01 ② 02 ④

03 중

동시이행의 관계에 있는 것을 모두 고른 것은? (다툼이 있으면 판례에 따름) 제23회

> ㉠ 가압류등기가 있는 부동산매매에서 매도인의 소유권이전등기의무 및 가압류등기의 말소의무와 매수인의 대금지급의무
> ㉡ 주택임대인과 임차인 사이의 임대차보증금 반환의무와 임차권등기명령에 의해 마쳐진 임차권등기의 말소의무
> ㉢ 채권담보의 목적으로 마쳐진 가등기의 말소의무와 피담보채무의 변제의무

① ㉠
② ㉢
③ ㉠, ㉡
④ ㉡, ㉢
⑤ ㉠, ㉡, ㉢

해설

㉠ 가압류등기 등이 있는 부동산의 매매계약에 있어서는 매도인의 소유권이전등기 의무와 아울러 가압류등기의 말소의무도 매수인의 대금지급의무와 동시이행 관계에 있다고 할 것이다(대판 2000.11.28, 2000다8533).

㉡ 주택임대차보호법 제3조의3 규정에 의한 임차권등기는 이미 임대차계약이 종료하였음에도 임대인이 그 보증금을 반환하지 않는 상태에서 경료되게 되므로, 이미 사실상 이행지체에 빠진 임대인의 임대차보증금의 반환의무와 그에 대응하는 임차인의 권리를 보전하기 위하여 새로이 경료하는 임차권등기에 대한 임차인의 말소의무를 동시이행관계에 있는 것으로 해석할 것은 아니고, 특히 위 임차권등기는 임차인으로 하여금 기왕의 대항력이나 우선변제권을 유지하도록 해주는 담보적 기능만을 주목적으로 하는 점 등에 비추어 볼 때, 임대인의 임대차보증금의 반환의무가 임차인의 임차권등기 말소의무보다 먼저 이행되어야 할 의무이다(대판 2005.6.9, 2005다4529).

㉢ 가등기절차에 의해 이루어진 본등기가 채권담보의 뜻으로 이루어진 것이라 하더라도 피담보채무의 변제의무와 등기의 말소의무가 동시이행의 관계에 있는 것이 아니다(고등법원 1976.4.2, 75나470).

04 해제에 관한 설명으로 옳지 않은 것은? (다툼이 있으면 판례에 따름) 제27회

중

① 매도인의 소유권이전등기의무가 매수인의 귀책사유에 의해 이행불능이 된 경우, 매수인은 이를 이유로 계약을 해제할 수 있다.

② 부수적 채무의 불이행을 이유로 계약을 해제하기 위해서는 그로 인하여 계약의 목적을 달성할 수 없거나 특별한 약정이 있어야 한다.

③ 소제기로써 계약해제권을 행사한 후 나중에 그 소송을 취하한 때에도 그 행사의 효력에는 영향이 없다.

④ 당사자의 일방 또는 쌍방이 수인인 경우, 해제권이 당사자 1인에 대하여 소멸한 때에는 다른 당사자에 대하여도 소멸한다.

⑤ 일방 당사자의 계약위반을 이유로 계약이 해제된 경우, 계약을 위반한 당사자도 당해 계약이 상대방의 해제로 소멸되었음을 들어 그 이행을 거절할 수 있다.

해설

① 이행불능을 이유로 계약을 해제하기 위해서는 그 이행불능이 채무자의 귀책사유에 의한 경우여야 할 것이므로, 매도인의 매매목적물에 관한 소유권이전의무가 이행불능이 되었다고 할지라도, 그 이행불능이 매수인의 귀책사유에 의한 경우에는 매수인은 그 이행불능을 이유로 계약을 해제할 수 없다(대판 2009.4.9, 2008다88207).

② 계약으로부터 발생하는 부수적 채무의 불이행을 원인으로 하여 계약을 해제할 수 있는 것은 그 불이행으로 인하여 채권자가 계약의 목적을 달성할 수 없는 경우 또는 특별한 약정이 있는 경우에 한정된다고 볼 것이다(대판 2012.3.29, 2011다102301).

③ 소제기로써 계약해제권을 행사한 후 그 뒤 소송을 취하하였다 하여도 해제권은 형성권이므로 그 행사의 효력에는 아무런 영향을 미치지 아니한다(대판 1982.5.11, 80다916).

④ 당사자의 일방 또는 쌍방이 수인인 경우에 해지나 해제의 권리가 당사자 1인에 대하여 소멸한 때에는 다른 당사자에 대하여도 소멸한다(제547조 제2항).

⑤ 계약의 해제권은 일종의 형성권으로서 당사자의 일방에 의한 계약해제의 의사표시가 있으면 그 효과로서 새로운 법률관계가 발생하고 각 당사자는 그에 구속되는 것이므로, 일방 당사자의 계약위반을 이유로 한 상대방의 계약해제 의사표시에 의하여 계약이 해제되었음에도 상대방이 계약이 존속함을 전제로 계약상 의무의 이행을 구하는 경우 계약을 위반한 당사자도 당해 계약이 상대방의 해제로 소멸되었음을 들어 그 이행을 거절할 수 있다(대판 2001.6.29, 2001다21441).

Answer

03 ①　04 ①

05 상●●

계약의 해제와 해지에 관한 설명으로 옳은 것은? (다툼이 있으면 판례에 따름)

제26회

① 해지의 의사표시는 도달되더라도 철회할 수 있으나 해제의 의사표시는 철회할 수 없다.

② 채무불이행을 원인으로 계약을 해제하면 그와 별도로 손해배상을 청구하지 못한다.

③ 당사자의 일방이 2인인 경우, 특별한 사정이 없는 한 그중 1인의 해제권이 소멸하더라도 다른 당사자의 해제권은 소멸하지 않는다.

④ 당사자 사이에 별도의 약정이 없는 한 합의해지로 인하여 반환할 금전에는 그 받은 날로부터의 이자를 더하여 지급할 의무가 없다.

⑤ 소유권이전등기의무의 이행불능을 이유로 매매계약을 해제하기 위해서는 그와 동시이행관계에 있는 잔대금지급의무의 이행제공이 필요하다.

해설

④ 당사자 사이에 약정이 없는 이상 합의해지로 인하여 반환할 금전에 그 받은 날로부터의 이자를 가하여야 할 의무가 있는 것은 아니다(대판 2003.1.24, 2000다5336).

① 해지 또는 해제 의사표시는 상대방에게 도달하면 효력을 발생하므로 철회할 수 없다.

② 채무불이행을 이유로 해제하더라도 별도로 손해배상을 청구할 수 있다(제551조).

③ 해지나 해제의 권리가 당사자 1인에 대하여 소멸한 때에는 다른 당사자에 대하여도 소멸한다(제547조 제2항).

⑤ 매도인의 매매계약상의 소유권이전등기의무가 이행불능이 되어 이를 이유로 매매계약을 해제함에 있어서는 상대방의 잔대금지급의무가 매도인의 소유권이전등기의무와 동시이행관계에 있다고 하더라도 그 이행의 제공을 필요로 하는 것이 아니다(대판 2003.1.24, 2000다22850).

06 중

계약의 합의해제에 관한 설명으로 옳지 않은 것은? (다툼이 있으면 판례에 따름)

제25회

① 일부 이행된 계약의 묵시적 합의해제가 인정되기 위해서는 그 원상회복에 관하여도 의사가 일치되어야 한다.

② 당사자 일방이 합의해제에 따른 원상회복 및 손해배상의 범위에 관한 조건을 제시한 경우, 그 조건에 관한 합의까지 이루어져야 합의해제가 성립한다.

③ 계약이 합의해제된 경우, 원칙적으로 채무불이행에 따른 손해배상을 청구할 수 있다.

④ 계약의 해제에 관한 민법 제543조 이하의 규정은 합의해제에는 원칙적으로 적용되지 않는다.

⑤ 매매계약이 합의해제된 경우, 원칙적으로 매수인에게 이전되었던 매매목적물의 소유권은 당연히 매도인에게 복귀한다.

해설

③ 계약이 합의해제된 경우에는 그 해제시에 당사자 일방이 상대방에게 손해배상을 하기로 특약하거나 손해배상청구를 유보하는 의사표시를 하는 등 다른 사정이 없는 한 채무불이행으로 인한 손해배상을 청구할 수 없다(대판 1989.4.25, 86다카1147).

① 계약의 합의해제는 묵시적으로 이루어질 수도 있으나, 계약이 묵시적으로 합의해제되었다고 하려면 계약의 성립 후에 당사자 쌍방의 계약실현의사의 결여 또는 포기로 인하여 당사자 쌍방의 계약을 실현하지 아니할 의사가 일치되어야만 하고, 계약이 일부 이행된 경우에는 그 원상회복에 관하여도 의사가 일치되어야 할 것이다(대판 2011.4.28, 2010다98412).

② 계약이 합의해제되기 위하여는 일반적으로 계약이 성립하는 경우와 마찬가지로 계약의 청약과 승낙이라는 서로 대립하는 의사표시가 합치될 것을 그 요건으로 하는바, 이와 같은 합의가 성립하기 위하여는 쌍방 당사자의 표시행위에 나타난 의사의 내용이 객관적으로 일치하여야 하므로, 계약당사자의 일방이 계약해제에 따른 원상회복 및 손해배상의 범위에 관한 조건을 제시한 경우 그 조건에 관한 합의까지 이루어져야 합의해제가 성립된다(대판 1996.2.27, 95다43044).

④ 합의해제·해지의 요건과 효력은 그 합의의 내용에 의하여 결정되고 이에는 해제·해지에 관한 민법 제543조 이하의 규정은 적용되지 않는다(대판 1997.11.14, 97다6193).

⑤ 매매계약이 합의해제된 경우에도 매수인에게 이전되었던 소유권은 당연히 매도인에게 복귀하는 것이므로 합의해제에 따른 매도인의 원상회복청구권은 소유권에 기한 물권적 청구권이라고 할 것이고 이는 소멸시효의 대상이 되지 아니한다(대판 1982.7.27, 80다2968).

Answer

05 ④ 06 ③

03 계약법 각론

연계학습: 기본서 p.705~761

1 매 매

01 중

매매의 예약에 관한 설명으로 옳지 않은 것은? (다툼이 있으면 판례에 따름)

제27회

① 매매의 일방예약은 예약완결권자가 매매를 완결할 의사를 표시하는 때에 매매의 효력이 생긴다.

② 예약목적물인 부동산을 인도받은 경우, 예약완결권은 제척기간의 경과로 인하여 소멸하지 않는다.

③ 예약완결권을 재판상 행사하는 경우, 그 의사표시가 담긴 소장 부본이 제척기간 내에 상대방에게 송달되면 적법하게 예약완결권을 행사하였다고 볼 수 있다.

④ 매매예약 완결의 의사표시 전에 목적물이 멸실된 경우, 매매예약 완결의 의사표시를 하여도 매매의 효력은 발생하지 않는다.

⑤ 예약완결권의 제척기간 도과 여부는 법원이 직권으로 조사하여 재판에 고려하여야 한다.

해설

② 상대방이 예약목적물인 부동산을 인도받은 경우라도 예약완결권은 제척기간의 경과로 인하여 소멸된다(대판 1992.7.28, 91다44766).

① 매매의 일방예약은 상대방이 매매를 완결할 의사를 표시하는 때에 매매의 효력이 생긴다(제564조 제1항).

③ 예약완결권은 재판상이든 재판외이든 그 기간 내에 행사하면 되는 것으로서, 예약완결권자가 예약완결권 행사의 의사표시를 담은 소장 부본을 상대방에게 송달함으로써 재판상 행사하는 경우에는 그 소장 부본이 상대방에게 도달한 때에 비로소 예약완결권 행사의 효력이 발생하여 예약완결권자와 상대방 사이에 매매의 효력이 생기므로, 예약완결권 행사의 의사표시가 담긴 소장 부본이 제척기간 내에 상대방에게 송달되어야만 예약완결권자가 제척기간 내에 적법하게 예약완결권을 행사하였다고 볼 수 있다(대판 2019.7.25, 2019다227817).

④ 매매예약이 성립한 이후 상대방의 매매예약 완결의 의사표시 전에 목적물이 멸실 기타의 사유로 이전할 수 없게 되어 예약 완결권의 행사가 이행불능이 된 경우에는 예약 완결권을 행사할 수 없고, 이행불능 이후에 상대방이 매매예약 완결의 의사표시를 하여도 매매의 효력이 생기지 아니한다(대판 2015.8.27, 2013다28247).

⑤ 매매예약완결권의 제척기간이 도과하였는지 여부는 소위 직권조사 사항으로서 이에 대한 당사자의 주장이 없더라도 법원이 당연히 직권으로 조사하여 재판에 고려하여야 한다(대판 2000.10.13, 99다18725).

02 중

甲은 乙 소유의 X토지를 3억원에 매수하면서 계약금으로 3천만원을 乙에게 지급하기로 약정하고, 그 즉시 계약금 전액을 乙의 계좌로 입금하였다. 이에 관한 설명으로 옳지 않은 것은? (다툼이 있으면 판례에 따름) 제25회

① 甲과 乙의 계약금계약은 요물계약이다.
② 甲과 乙 사이에 다른 약정이 없는 한 계약금은 해약금의 성질을 갖는다.
③ 乙에게 지급된 계약금은 특약이 없는 한 손해배상액의 예정으로 볼 수 없다.
④ 만약 X토지가 토지거래허가구역 내의 토지이고 甲과 乙이 이행에 착수하기 전에 관할관청으로부터 토지거래허가를 받았다면, 甲은 3천만원을 포기하고 매매계약을 해제할 수 있다.
⑤ 乙이 甲에게 6천만원을 상환하고 매매계약을 해제하려는 경우, 甲이 6천만원을 수령하지 않은 때에는 乙은 이를 공탁해야 유효하게 해제할 수 있다.

해설

⑤ 매매당사자 간에 계약금을 수수하고 계약해제권을 유보한 경우에 매도인이 계약금의 배액을 상환하고 계약을 해제하려면 계약해제의 의사표시 외에 계약금 배액의 이행의 제공이 있으면 족하고, 상대방이 이를 수령하지 아니한다 하여 이를 공탁할 필요는 없다(대판 1981.10.27, 80다2784).
① 계약금계약은 요물계약이다(대판 2008.3.13, 2007다73611).
②③ 채권계약에 있어서 당사자 사이에 교부된 계약금은 해약금으로서의 성질을 가지나, 그 계약금을 위약금으로 하기로 하는 특약이 없는 한, 당연히는 손해배상액의 예정으로서의 성질을 가진 것이라고 볼 수 없다(대판 1979.4.24, 79다217).
④ 국토의 계획 및 이용에 관한 법률에 정한 토지거래계약에 관한 허가구역으로 지정된 구역 안의 토지에 관하여 매매계약이 체결된 후 계약금만 수수한 상태에서 당사자가 토지거래허가신청을 하고 이에 따라 관할관청으로부터 그 허가를 받았다 하더라도, 그러한 사정만으로는 아직 이행의 착수가 있다고 볼 수 없어 매도인으로서는 민법 제565조에 의하여 계약금의 배액을 상환하여 매매계약을 해제할 수 있다(대판 2009.4.23, 2008다62427).

Answer

01 ② 02 ⑤

03 매매에 관한 설명으로 옳지 않은 것은? (다툼이 있으면 판례에 따름) 제20회

중

① 매매예약의 완결권은 형성권에 속한다.

② 매매계약에 관한 비용은 다른 약정이 없으면 당사자 쌍방이 균분하여 부담한다.

③ 타인권리의 매매에서 매도인이 그 권리를 취득하여 매수인에게 이전할 수 없는 경우, 악의의 매수인은 매매계약을 해제할 수 없다.

④ 매매목적물이 인도되지 않았더라도 매수인이 대금을 완납하였다면, 특별한 사정이 없는 한 그 시점 이후의 과실은 매수인에게 귀속한다.

⑤ 매매당사자 일방에 대한 의무이행의 기한이 있는 때에는 상대방의 의무이행에 대하여도 동일한 기한이 있는 것으로 추정한다.

해설

③ 타인권리의 매매에서 매도인이 그 권리를 취득하여 매수인에게 이전할 수 없는 경우, 악의의 매수인도 매매계약을 해제할 수 있다(제570조 참조).

① 매매의 일방예약에서 예약자의 상대방이 매매예약완결의 의사표시를 하여 매매의 효력을 생기게 하는 권리, 즉 매매예약의 완결권은 일종의 형성권이다(대판 2000.10.13, 99다18725).

② 매매계약에 관한 비용은 당사자 쌍방이 균분하여 부담한다(제566조).

④ 민법 제587조에 의하면, 매매계약 있은 후에도 인도하지 아니한 목적물로부터 생긴 과실은 매도인에게 속하고, 매수인은 목적물의 인도를 받은 날로부터 대금의 이자를 지급하여야 한다고 규정하고 있는바, 이는 매매당사자 사이의 형평을 꾀하기 위하여 매매목적물이 인도되지 아니하더라도 매수인이 대금을 완제한 때에는 그 시점 이후의 과실은 매수인에게 귀속된다(대판 2004.4.23, 2004다8210).

⑤ 매매의 당사자 일방에 대한 의무이행의 기한이 있는 때에는 상대방의 의무이행에 대하여도 동일한 기한이 있는 것으로 추정한다(제585조).

04 상

甲이 乙에게 X토지 1천m^2를 10억원에 매도하였는데, 그 중 200m^2가 丙 소유에 속하였고 이를 乙에게 이전할 수 없게 되었으며 乙은 이러한 사실을 모르고 있었다. 이에 관한 설명으로 옳은 것을 모두 고른 것은? (다툼이 있으면 판례에 따름) 제24회

> ㉠ 乙은 X토지 중에서 그 200m^2의 비율에 따라 대금감액을 청구할 수 있다.
> ㉡ 乙은 잔존한 800m^2 부분만이면 X토지를 매수하지 아니하였을 때에는 계약 전부를 해제할 수 있다.
> ㉢ 乙은 대금감액청구와 함께 손해배상청구도 할 수 있다.
> ㉣ 乙은 단순히 그 200m^2 부분이 丙에게 속한 사실을 안 날로부터 1년 내에 손해배상청구권을 행사하여야 한다.

① ㉠, ㉡ ② ㉡, ㉢ ③ ㉢, ㉣
④ ㉠, ㉡, ㉢ ⑤ ㉡, ㉢, ㉣

해설

㉠ (○) 일부 타인 권리의 매매에서 선의의 매수인은 그 부분의 비율로 대금의 감액을 청구할 수 있다(제572조 제1항 참조).
㉡ (○) 일부 타인 권리 매매에서 잔존한 부분만이며 선의의 매수인이 이를 매수하지 아니하였을 때에는 선의의 매수인은 계약전부를 해제할 수 있다(제572조 제2항).
㉢ (○) 매매의 목적이 된 권리의 일부가 타인에게 속함으로 인하여 매도인이 그 권리를 취득하여 매수인에게 이전할 수 없게 된 경우, 선의의 매수인은 매도인에게 담보책임을 물어 그 부분의 비율로 대금의 감액을 청구할 수 있을 뿐만 아니라 이로써 전보되지 못하는 손해가 있는 경우에는 그 손해배상도 청구할 수 있다(대판 2002.12.6, 2000두2976).
㉣ (×) 매도인의 담보책임에 기한 매수인의 대금감액청구권은 매수인이 선의인 경우에는 사실을 안 날로부터, 악의인 경우에는 계약한 날로부터 1년 이내에 행사하여야 하며, 여기서 매수인이 사실을 안 날이라 함은 단순히 권리의 일부가 타인에게 속한 사실을 안 날이 아니라 그 때문에 매도인이 이를 취득하여 매수인에게 이전할 수 없게 되었음이 확실하게 된 사실을 안 날을 말한다(대판 1997.6.13, 96다15596).

Answer
03 ③ 04 ④

05 중

매도인의 담보책임에 관한 설명으로 옳은 것을 모두 고른 것은? (다툼이 있으면 판례에 따름)

제26회

> ㉠ 변제기에 이르지 않은 채권의 매도인이 채무자의 자력을 담보한 경우, 변제기의 자력을 담보한 것으로 추정한다.
> ㉡ 매매의 목적 부동산에 설정된 저당권 행사로 매수인이 그 소유권을 취득할 수 없는 경우, 저당권 설정 사실에 관하여 악의의 매수인은 그 입은 손해의 배상을 청구할 수 없다.
> ㉢ 매매의 목적이 된 권리가 타인에게 속하여 매도인이 그 권리를 취득한 후 매수인에게 이전할 수 없는 때에는 매수인이 계약 당시 그 권리가 매도인에게 속하지 아니함을 알았더라도 손해배상을 청구할 수 있다.

① ㉠ ② ㉡ ③ ㉢
④ ㉠, ㉡ ⑤ ㉡, ㉢

해설

㉠ (○) 변제기에 도달하지 아니한 채권의 매도인이 채무자의 자력을 담보한 때에는 변제기의 자력을 담보한 것으로 추정한다(제579조 제2항).
㉡ (×) 매매의 목적 부동산에 설정된 저당권 행사로 매수인이 그 소유권을 취득할 수 없는 경우, 악의의 매수인도 손해배상을 청구할 수 있다(제576조 제3항 참조).
㉢ (×) 매매의 목적이 된 권리가 타인에게 속하여 매도인이 그 권리를 취득한 후 매수인에게 이전할 수 없는 때에는 악의의 매수인은 해제할 수 있지만, 손해배상은 청구할 수 없다.

2 임대차

06 중

乙은 건물 소유의 목적으로 甲 소유 X토지를 10년간 월차임 2백만원에 임차한 후, X토지에 Y건물을 신축하여 자신의 명의로 보존등기를 마쳤다. 이에 관한 설명으로 옳지 않은 것은? 제25회

① 甲은 다른 약정이 없는 한 임대기간 중 X토지를 사용, 수익에 필요한 상태로 유지할 의무를 부담한다.

② X토지에 대한 임차권등기를 하지 않았다면 특별한 사정이 없는 한 乙은 X토지에 대한 임차권으로 제3자에게 대항하지 못한다.

③ 甲이 X토지의 보존을 위한 행위를 하는 경우, 乙은 특별한 사정이 없는 한 이를 거절하지 못한다.

④ 乙이 6백만원의 차임을 연체하고 있는 경우에 甲은 임대차계약을 해지할 수 있다.

⑤ 甲이 변제기를 경과한 후 최후 2년의 차임채권에 의하여 Y건물을 압류한 때에는 저당권과 동일한 효력이 있다.

민법

해설

② 건물의 소유를 목적으로 하는 토지임대차는 이를 등기하지 아니한 경우에도 임차인이 지상건물을 등기한 때에는 제3자에 대하여 임대차의 효력이 생긴다(제622조 제1항).

① 임대인은 목적물을 임차인에게 인도하고 계약존속 중 그 사용, 수익에 필요한 상태를 유지하게 할 의무를 부담한다(제623조).

③ 임대인이 임대물의 보존에 필요한 행위를 하는 때에는 임차인은 이를 거절하지 못한다(제624조).

④ 건물 기타 공작물의 소유 또는 식목, 채염, 목축을 목적으로 한 토지임대차의 경우 임차인이 차임연체액이 2기의 차임액에 달하는 때에는 임대인은 계약을 해지할 수 있다(제641조).

⑤ 토지임대인이 변제기를 경과한 최후 2년의 차임채권에 의하여 그 지상에 있는 임차인 소유의 건물을 압류한 때에는 저당권과 동일한 효력이 있다(제649조).

Answer

05 ①　06 ②

07 중

임차인의 부속물매수청구권에 관한 설명으로 옳지 않은 것은? (다툼이 있으면 판례에 따름)

제20회

① 일시사용을 위한 임대차가 명백한 경우, 임차인은 부속물매수청구권을 행사할 수 없다.

② 임대차계약이 임차인의 채무불이행으로 인하여 해지된 경우에는 부속물매수청구권이 인정되지 않는다.

③ 임차인이 부속물매수청구권을 적법하게 행사한 경우, 임차인은 임대인이 매도대금을 지급할 때까지 부속물의 인도를 거절할 수 있다.

④ 오로지 임차인의 특수목적에 사용하기 위하여 부속된 물건은 부속물매수청구권의 대상이 되지 않는다.

⑤ 건물 임차인이 자신의 비용으로 증축한 부분을 임대인 소유로 귀속시키기로 약정하였더라도, 특별한 사정이 없는 한 이는 강행규정에 반하여 무효이므로 임차인의 부속물매수청구권은 인정된다.

해설

⑤ "임차인이 임차건물을 증·개축하였을시는 임대인의 승낙 유무를 불구하고 그 부분이 무조건 임대인의 소유로 귀속된다."고 하는 약정은 임차인이 원상회복의무를 면하는 대신 투입비용의 변상이나 권리주장을 포기하는 내용이 포함되었다고 봄이 상당하다 할 것이고 이러한 약정의 특별한 사정이 없는 한 유효하다(대판 1983.2.22, 80다589).

① 제653조 참조

② 임대차계약이 임차인의 채무불이행으로 인하여 해지된 경우에는 임차인은 민법 제646조에 의한 부속물매수청구권이 없다(대판 1990.1.23, 88다카7245).

④ 민법 제646조가 규정하는 건물임차인의 매수청구권의 대상이 되는 부속물이라 함은 건물에 부속된 물건으로 임차인의 소유에 속하고, 건물의 구성부분이 되지 아니한 것으로서 건물의 사용에 객관적인 편익을 가져오게 하는 물건이라 할 것이므로, 부속된 물건이 오로지 임차인의 특수목적에 사용하기 위하여 부속된 것일 때는 이를 부속물매수청구권의 대상이 되는 물건이라 할 수 없다(대판 1993.2.26, 92다41627).

08 상

임대인의 동의가 있는 전대차에 관한 설명으로 옳지 않은 것은? (다툼이 있으면 판례에 따름) 제27회

① 전차인은 전대차계약으로 전대인에 대하여 부담하는 의무 이상으로 임대인에게 의무를 지지 않고 동시에 임대차계약으로 임차인이 임대인에 대하여 부담하는 의무 이상으로 임대인에게 의무를 지지 않는다.

② 전차인은 전대차의 차임지급시기 이후 전대인에게 차임을 지급한 것으로 임대인에게 대항할 수 있다.

③ 전차인이 전대차의 차임지급시기 이전에 전대인에게 차임을 지급한 경우, 임대인의 차임청구 전에 그 차임지급시기가 도래한 때에는 임대인에게 대항할 수 있다.

④ 건물전차인은 임대차 및 전대차의 기간이 동시에 만료되고 건물이 현존하는 경우, 특별한 사정이 없는 한 임대인에 대하여 이전 전대차와 동일한 조건으로 임대할 것을 청구할 수 있다.

⑤ 임대차계약이 해지의 통고로 인하여 종료된 경우, 임대인은 전차인에 대하여 그 사유를 통지하지 아니하면 해지로써 전차인에게 대항하지 못한다.

해설

④ 적법한 전차인에게 인정되는 임대청구권(제644조)은 건물전차인이 아니라 토지전차인에게 인정되는 권리이다.

① 임차인이 임대인의 동의를 얻어 임차물을 전대한 경우, 임대인과 임차인 사이의 종전 임대차계약은 계속 유지되고(민법 제630조 제2항), 임차인과 전차인 사이에는 별개의 새로운 전대차계약이 성립한다. 한편 임대인과 전차인 사이에는 직접적인 법률관계가 형성되지 않지만, 임대인의 보호를 위하여 전차인이 임대인에 대하여 직접 의무를 부담한다(민법 제630조 제1항). 이 경우 전차인은 전대차계약으로 전대인에 대하여 부담하는 의무 이상으로 임대인에게 의무를 지지 않고 동시에 임대차계약으로 임차인이 임대인에 대하여 부담하는 의무 이상으로 임대인에게 의무를 지지 않는다(대판 2018.7.11, 2018다200518).

②③ 전차인은 전대차계약상의 차임지급시기 전에 전대인에게 차임을 지급한 사정을 들어 임대인에게 대항하지 못하지만, 차임지급시기 이후에 지급한 차임으로는 임대인에게 대항할 수 있고, 전대차계약상의 차임지급시기 전에 전대인에게 지급한 차임이라도, 임대인의 차임청구 전에 차임지급시기가 도래한 경우에는 그 지급으로 임대인에게 대항할 수 있다(대판 2018.7.11, 2018다200518).

⑤ 임대차계약이 해지의 통고로 인하여 종료된 경우에 그 임대물이 적법하게 전대되었을 때에는 임대인은 전차인에 대하여 그 사유를 통지하지 아니하면 해지로써 전차인에게 대항하지 못한다(제638조 제1항).

Answer

07 ⑤ 08 ④

3 도 급

09 도급계약에 관한 설명으로 옳지 않은 것은? 제26회

중

① 목적물의 인도를 요하지 않는 경우, 보수(報酬)는 수급인이 일을 완성한 후 지체없이 지급하여야 한다.

② 하자보수에 관한 담보책임이 없음을 약정한 경우에는 수급인이 하자에 관하여 알고서 고지하지 아니한 사실에 대하여 담보책임이 없다.

③ 수급인이 일을 완성하기 전에는 도급인은 손해를 배상하고 계약을 해제할 수 있다.

④ 완성된 목적물의 하자가 중요하지 않은 경우, 그 보수(補修)에 과다한 비용을 요할 때에는 하자의 보수(補修)를 청구할 수 없다.

⑤ 부동산공사의 수급인은 보수(報酬)에 관한 채권을 담보하기 위하여 그 부동산을 목적으로 한 저당권설정청구권을 갖는다.

해설

② 수급인은 담보책임이 없음을 약정한 경우에도 알고 고지하지 아니한 사실에 대하여는 그 책임을 면하지 못한다(제672조).

① 도급계약에서 목적물의 인도를 요하지 아니하는 경우에는 그 일을 완성한 후 지체 없이 보수를 지급하여야 한다(제665조 제1항 참조).

③ 수급인이 일을 완성하기 전에는 도급인은 손해를 배상하고 계약을 해제할 수 있다(제673조).

④ 완성된 목적물에 하자가 있는 때에 그 하자가 중요하지 아니한 경우에 그 보수에 과다한 비용을 요할 때에는 그 하자의 보수를 청구할 수 없다(제667조 제1항 단서 참조).

⑤ 부동산공사의 수급인은 보수에 관한 채권을 담보하기 위하여 그 부동산을 목적으로 한 저당권의 설정을 청구할 수 있다(제666조).

10 상

도급계약에 관한 설명으로 옳지 않은 것은? (다툼이 있으면 판례에 따름) 제25회

① 부대체물을 제작하여 공급하기로 하는 계약은 도급의 성질을 갖는다.

② 당사자 사이의 특약 등 특별한 사정이 없는 한 수급인 자신이 직접 일을 완성해야 하는 것은 아니다.

③ 도급계약의 보수(報酬) 일부를 선급하기로 하는 특약이 있는 경우, 수급인은 그 제공이 있을 때까지 일의 착수를 거절할 수 있다.

④ 제작물공급계약에서 완성된 목적물의 인도와 동시에 보수(報酬)를 지급해야 하는 경우, 특별한 사정이 없는 한 목적물의 인도는 단순한 점유의 이전만으로 충분하다.

⑤ 완성된 목적물에 중요하지 않은 하자가 있고 그 보수(補修)에 과다한 비용이 필요한 경우, 도급인은 특별한 사정이 없는 한 그 하자의 보수(補修)를 청구할 수 없다.

해설

④ 제작물공급계약에서 보수의 지급시기에 관하여 당사자 사이의 특약이나 관습이 없으면 도급인은 완성된 목적물을 인도받음과 동시에 수급인에게 보수를 지급하는 것이 원칙이고, 이때 목적물의 인도는 완성된 목적물에 대한 단순한 점유의 이전만을 의미하는 것이 아니라 도급인이 목적물을 검사한 후 그 목적물이 계약내용대로 완성되었음을 명시적 또는 묵시적으로 시인하는 것까지 포함하는 의미이다(대판 2006.10.13, 2004다21862).

① 제작물공급계약은 그 제작의 측면에서는 도급의 성질이 있고 공급의 측면에서는 매매의 성질이 있어 대체로 매매와 도급의 성질을 함께 가지고 있으므로, 그 적용 법률은 계약에 의하여 제작 공급하여야 할 물건이 대체물인 경우에는 매매에 관한 규정이 적용되지만, 물건이 특정의 주문자의 수요를 만족시키기 위한 부대체물인 경우에는 당해 물건의 공급과 함께 그 제작이 계약의 주목적이 되어 도급의 성질을 띠게 된다(대판 2006.10.13, 2004다21862).

② 공사도급계약에 있어서 당사자 사이에 특약이 있거나 일의 성질상 수급인 자신이 하지 않으면 채무의 본지에 따른 이행이 될 수 없다는 등의 특별한 사정이 없는 한 반드시 수급인 자신이 직접 일을 완성하여야 하는 것은 아니고, 이행보조자 또는 이행대행자를 사용하더라도 공사도급계약에서 정한 대로 공사를 이행하는 한 계약을 불이행하였다고 볼 수 없다(대판 2002.4.12, 2001다82545).

③ 도급계약의 보수 일부를 선급하기로 하는 특약이 있는 경우, 수급인은 그 제공이 있을 때까지 일의 착수를 거절할 수 있고 이로 말미암아 일의 완성이 지연되더라도 채무불이행책임을 지지 않는다(대판 2016.12.15, 2014다14429).

⑤ 하자가 중요하지 아니한 경우에 그 보수에 과다한 비용을 요할 때에는 하자의 보수를 청구할 수 없다(제667조 제1항 단서).

03 민법

Answer

09 ② 10 ④

11 상●●

도급에 관한 설명으로 옳지 않은 것은? (다툼이 있으면 판례에 따름) 제27회

① 공사도급계약의 경우, 특별한 사정이 없는 한 수급인은 제3자를 사용하여 일을 완성할 수 있다.

② 수급인이 완공기한 내에 공사를 완성하지 못한 채 완공기한을 넘겨 도급계약이 해제된 경우, 그 지체상금의 발생 시기는 완공기한 다음 날이다.

③ 도급인이 파산선고를 받은 때에는 파산관재인은 도급계약을 해제할 수 있다.

④ 보수 일부를 선급하기로 하는 특약이 있는 경우, 도급인이 선급금 지급을 지체한 기간만큼은 수급인이 지급하여야 하는 지체상금의 발생기간에서 공제된다.

⑤ 하자확대손해로 인한 수급인의 손해배상채무와 도급인의 공사대금채무는 동시이행관계가 인정되지 않는다.

해설

⑤ 도급인이 수급인에 대하여 하자보수와 함께 청구할 수 있는 손해배상채권과 수급인의 공사대금채권은 서로 동시이행관계에 있는 점 등에 비추어 보면, 하자확대손해로 인한 수급인의 손해배상채무와 도급인의 공사대금채무도 동시이행관계에 있는 것으로 보아야 한다(대판 2005.11.10, 2004다37676).

① 공사도급계약에 있어서 당사자 사이에 특약이 있거나 일의 성질상 수급인 자신이 하지 않으면 채무의 본지에 따른 이행이 될 수 없다는 등의 특별한 사정이 없는 한 반드시 수급인 자신이 직접 일을 완성하여야 하는 것은 아니고, 이행보조자 또는 이행대행자를 사용하더라도 공사도급계약에서 정한 대로 공사를 이행하는 한 계약을 불이행하였다고 볼 수 없다(대판 2002.4.12, 2001다82545).

② 수급인이 완공기한 내에 공사를 완성하지 못한 채 완공기한을 넘겨 도급계약이 해제된 경우에 있어서 그 지체상금 발생의 시기는 완공기한 다음날이다(대판 2002.9.4, 2001다1386).

③ 도급인이 파산선고를 받은 때에는 수급인 또는 파산관재인은 계약을 해제할 수 있다(제674조 제1항 본문).

④ 수급인이 납품기한 내에 납품을 완료하지 못하면 지연된 일수에 비례하여 계약금액에 일정 비율을 적용하여 산정한 지체상금을 도급인에게 지급하기로 약정한 경우, 수급인이 책임질 수 없는 사유로 의무 이행이 지연되었다면 해당 기간만큼은 지체상금의 발생기간에서 공제되어야 한다. 그리고 도급계약의 보수 일부를 선급하기로 하는 특약이 있는 경우, 수급인은 그 제공이 있을 때까지 일의 착수를 거절할 수 있고 이로 말미암아 일의 완성이 지연되더라도 채무불이행책임을 지지 않으므로, 도급인이 수급인에 대하여 약정한 선급금의 지급을 지체하였다는 사정은 일의 완성이 지연된 데 대하여 수급인이 책임질 수 없는 사유에 해당한다. 따라서 도급인이 선급금 지급을 지체한 기간만큼은 수급인이 지급하여야 하는 지체상금의 발생기간에서 공제되어야 한다(대판 2016.12.15, 2014다14429).

4 위 임

12 위임에 관한 설명으로 옳지 않은 것은? 제21회

●중●

① 위임계약은 각 당사자가 언제든지 해지할 수 있다.
② 복위임은 위임인이 승낙한 경우나 부득이한 경우에만 허용된다.
③ 수임인은 위임이 종료한 때에는 지체 없이 그 전말을 위임인에게 보고하여야 한다.
④ 위임이 무상인 경우, 수임인은 선량한 관리자의 주의의무로써 위임사무를 처리해야 한다.
⑤ 당사자 일방이 상대방의 불리한 시기에 위임계약을 해지하는 경우, 부득이한 사유가 있더라도 그 손해를 배상해야 한다.

해설
⑤ 당사자 일방이 부득이한 사유 없이 상대방의 불리한 시기에 계약을 해지한 때에는 그 손해를 배상하여야 한다(제689조 제2항). 따라서 부득이한 사유에 의한 해지의 경우 손해배상의무가 없다.

13 위임계약에 관한 설명으로 옳지 않은 것은? 제22회

●●하

① 수임인은 보수의 약정이 없는 경우에도 선량한 관리자의 주의의무를 진다.
② 위임인은 수임인이 위임사무의 처리에 필요한 비용을 미리 청구한 경우 이를 지급하여야 한다.
③ 무상위임의 수임인이 위임사무의 처리를 위하여 과실없이 손해를 받은 때에는 위임인에 대하여 그 배상을 청구할 수 있다.
④ 수임인이 부득이한 사정에 의해 위임사무를 처리할 수 없게 된 경우, 제3자에게 그 사무를 처리하게 할 수 있다.
⑤ 수임인이 위임인의 승낙을 얻어서 제3자에게 위임사무를 처리하게 한 경우, 위임인에 대하여 그 선임감독에 관한 책임이 없다.

해설
⑤ 수임인이 위임인의 승낙을 얻어서 제3자에게 위임사무를 처리하게 한 경우, 위임인에 대하여 그 선임감독에 관한 책임이 있다(제682조 제2항 참조).
① 제681조 ② 제687조 ③ 제688조 제3항 ④ 제682조 제1항

Answer
11 ⑤ 12 ⑤ 13 ⑤

04 부당이득, 불법행위

연계학습 : 기본서 p.762~791

01 상

부당이득에 관한 설명으로 옳지 않은 것은? (다툼이 있으면 판례에 따름) 제26회

① 채무자가 채무 없음을 알고 변제한 때에는 원칙적으로 그 반환을 청구하지 못한다.

② 채무자가 변제기에 있지 아니한 채무를 변제한 때에는 특별한 사정이 없는 한 그 반환을 청구하지 못한다.

③ 악의의 수익자는 그 받은 이익에 이자를 붙여 반환하고 손해가 있으면 이를 배상하여야 한다.

④ 수익자가 이익을 받은 후 법률상 원인 없음을 안 때에는 이익을 받은 때부터 악의의 수익자로서 이익반환의 책임이 있다.

⑤ 불법의 원인으로 인하여 재산을 급여하거나 노무를 제공한 경우, 특별한 사정이 없는 한 그 이익의 반환을 청구하지 못한다.

해설

④ 수익자가 이익을 받은 후 법률상 원인 없음을 안 때에는 그 때부터 악의의 수익자로서 이익반환의 책임이 있다(제749조 제1항).

① 채무 없음을 알고 이를 변제한 때에는 그 반환을 청구하지 못한다(제742조).

② 변제기에 있지 아니한 채무를 변제한 때에는 그 반환을 청구하지 못한다. 그러나 채무가 착오로 인하여 변제한 때에는 채권자는 이로 인하여 얻은 이익을 반환하여야 한다(제743조).

③ 악의의 수익자는 그 받은 이익에 이자를 붙여 반환하고 손해가 있으면 이를 배상하여야 한다(제748조 제2항).

⑤ 불법의 원인으로 인하여 재산을 급여하거나 노무를 제공한 때에는 그 이익의 반환을 청구하지 못한다(제746조 본문).

02 부당이득에 관한 설명으로 옳지 않은 것은? (다툼이 있으면 판례에 따름) 제23회

중

① 채무 없음을 알고 이를 변제한 때에는 원칙적으로 그 반환을 청구하지 못한다.

② 부당이득반환에 있어 수익자가 악의라는 점에 대하여는 이를 주장하는 측에서 증명책임을 진다.

③ 계약상 급부가 계약의 상대방뿐만 아니라 제3자의 이익으로 된 경우, 급부를 한 계약당사자는 제3자에 대하여 직접 부당이득반환청구를 할 수 있다.

④ 채무 없는 자가 착오로 인하여 변제한 경우, 그 변제가 도의관념에 적합한 때에는 그 반환을 청구하지 못한다.

⑤ 타인의 토지를 점유함으로 인한 부당이득반환채무는 그 이행청구를 받은 때부터 지체책임을 진다.

해설

③ 계약상 급부가 계약의 상대방뿐만 아니라 제3자의 이익으로 된 경우에 급부를 한 계약당사자가 계약 상대방에 대하여 계약상의 반대급부를 청구할 수 있는 이외에 그 제3자에 대하여 직접 부당이득반환청구를 할 수 있다고 보면, 자기 책임하에 체결된 계약에 따른 위험부담을 제3자에게 전가시키는 것이 되어 계약법의 기본원리에 반하는 결과를 초래할 뿐만 아니라, 채권자인 계약당사자가 채무자인 계약 상대방의 일반채권자에 비하여 우대받는 결과가 되어 일반채권자의 이익을 해치게 되고, 수익자인 제3자가 계약 상대방에 대하여 가지는 항변권 등을 침해하게 되어 부당하므로, 위와 같은 경우 계약상 급부를 한 계약당사자는 이익의 귀속 주체인 제3자에 대하여 직접 부당이득반환을 청구할 수는 없다(대판 2010.6.24, 2010다9269).

① 제742조

② 대판 2013.3.14, 2011다103472

④ 제744조

⑤ 대판 2008.2.1, 2007다8914

Answer

01 ④ 02 ③

03 상

부당이득에 관한 설명으로 옳지 않은 것은? (다툼이 있으면 판례에 따름) 제25회

① 채무자가 피해자로부터 횡령한 금전을 자신의 채권자에 대한 변제에 사용한 경우, 채권자가 변제를 수령할 때 횡령사실을 알았던 때에도 채권자의 금전취득은 피해자에 대한 관계에서 법률상 원인이 있다.

② 연대보증인이 있는 주채무를 제3자가 변제하여 주채무가 소멸한 경우, 그 제3자는 연대보증인에게 부당이득반환을 청구할 수 없다.

③ 임차인이 임대차계약이 종료한 후 임차건물을 계속 점유하였더라도 이익을 얻지 않았다면 임차인은 그로 인한 부당이득반환의무를 지지 않는다.

④ 과반수 지분의 공유자로부터 제3자가 공유물의 사용·수익을 허락받아 그 공유물을 점유하고 있는 경우, 소수지분권자는 그 제3자에게 점유로 인한 부당이득반환청구를 할 수 없다.

⑤ 변제자가 채무없음을 알고 있었지만 자신의 자유로운 의사에 반하여 변제를 강제당한 경우, 변제자는 부당이득반환청구권을 상실하지 않는다.

해설

① 채무자가 횡령한 금전으로 자신의 채권자에 대한 채무를 변제하는 경우 채권자가 그 변제를 수령함에 있어 악의 또는 중대한 과실이 있는 경우에는 채권자의 금전 취득은 피해자에 대한 관계에 있어서 법률상 원인을 결여한 것으로 봄이 상당하나, 채권자가 그 변제를 수령함에 있어 단순히 과실이 있는 경우에는 그 변제는 유효하고 채권자의 금전 취득이 피해자에 대한 관계에 있어서 법률상 원인을 결여한 것이라고 할 수 없다(대판 2003.6.13, 2003다8862).

② 제3자의 출재로 인하여 주채무가 소멸되면 제3자로서는 주채무자에 대하여 자신의 출재에 대한 구상권을 행사할 수 있어 그에게 손해가 있다고 보기도 어려우므로 제3자의 연대보증인에 대한 부당이득반환청구는 받아들일 수 없다(대판 1996.9.20, 96다22655).

③ 임차인이 임대차계약 관계가 소멸된 이후에도 임차건물 부분을 계속 점유하기는 하였으나 이를 본래의 임대차계약상의 목적에 따라 사용·수익하지 아니하여 실질적인 이득을 얻은 바 없는 경우에는, 그로 인하여 임대인에게 손해가 발생하였다 하더라도 임차인의 부당이득반환의무는 성립되지 아니한다(대판 1995.7.25, 95다14664).

④ 과반수 지분의 공유자는 공유자와 사이에 미리 공유물의 관리방법에 관하여 협의가 없었다 하더라도 공유물의 관리에 관한 사항을 단독으로 결정할 수 있으므로 과반수 지분의 공유자는 그 공유물의 관리방법으로서 그 공유토지의 특정된 한 부분을 배타적으로 사용·수익할 수 있으나, 그로 말미암아 지분은 있으되 그 특정 부분의 사용·수익을 전혀 하지 못하여 손해를 입고 있는 소수지분권자에 대하여 그 지분에 상응하는 임료 상당의 부당이득을 하고 있다 할 것이므로 이를 반환할 의무가 있다 할 것이나, 그 과반수 지분의 공유자로부터 다시 그 특정 부분의 사용·수익을 허락받은 제3자의 점유는 다수지분권자의 공유물관리권에 터잡은 적법한 점유이므로 그 제3자는 소수지분권자에 대하여도 그 점유로 인하여 법률상 원인 없이 이득을 얻고 있다고는 볼 수 없다(대판 2002.5.14, 2002다9738).

⑤ 지급자가 채무 없음을 알면서도 임의로 지급한 경우에는 민법 제742조 소정의 비채변제로서 수령자에게 그 반환을 구할 수 없으나, 지급자가 채무 없음을 알고 있었다고 하더라도 변제를 강제당한 경우나 변제거절로 인한 사실상의 손해를 피하기 위하여 부득이 변제하게 된 경우 등 그 변제가 자유로운 의사에 반하여 이루어진 것으로 볼 수 있는 사정이 있는 때에는 지급자가 그 반환청구권을 상실하지 않는다(대판 2004.1.27, 2003다46451).

04 상 **부당이득에 관한 설명으로 옳은 것은?** (다툼이 있으면 판례에 따름) 제27회

① 불법도박채무에 대하여 양도담보의 명목으로 소유권이전등기를 해주는 것은 불법원인 급여에 해당하지 않는다.

② 부당이득반환채무는 이행의 기한이 없는 채무로서 이행청구 후 상당한 기간이 경과하면 지체책임이 있다.

③ 수익자가 부당이득을 얻기 위하여 비용을 지출한 경우, 그 비용은 수익자가 반환하여야 할 이득의 범위에서 공제되지 않는다.

④ 채무없는 자가 착오로 인하여 변제한 경우에 그 변제가 도의관념에 적합한 때에도 그 반환을 청구할 수 있다.

⑤ 불법원인급여가 인정되어 부당이득반환청구가 불가능한 경우, 특별한 사정이 없는 한 그 불법의 원인에 가공한 상대방에게 불법행위에 의한 손해배상청구권도 행사할 수 없다.

해설

⑤ 불법의 원인으로 재산을 급여한 사람은 상대방 수령자가 그 '불법의 원인'에 가공하였다고 하더라도 상대방에게만 불법의 원인이 있거나 그의 불법성이 급여자의 불법성보다 현저히 크다고 평가되는 등으로 제반 사정에 비추어 급여자의 손해배상청구를 인정하지 아니하는 것이 오히려 사회상규에 명백히 반한다고 평가될 수 있는 특별한 사정이 없는 한 상대방의 불법행위를 이유로 그 재산의 급여로 말미암아 발생한 자신의 손해를 배상할 것을 주장할 수 없다(대판 2013. 8.22, 2013다35412).

① 민법 제746조의 규정취의는 민법 제103조와 함께 사법의 기본이념으로 사회적 타당성이 없는 행위를 한 사람은 그 형식여하를 불문하고 스스로 한 불법행위의 무효를 주장하여 그 복구를 소구할 수 없다는 법의 이상을 표현한 것이고 부당이득반환청구만을 제한하는 규정이 아니므로 불법의 원인으로 급여를 한 사람이 그 원인행위가 무효라고 주장하고 그 결과 급여물의 소유권이 자기에게 있다는 주장으로 소유권에 기한 반환청구를 하는 것도 허용할 수 없는 것이니, 도박채무가 불법무효로 존재하지 않는다는 이유로 양도담보조로 이전해 준 소유권이전등기의 말소를 청구하는 것은 허용되지 않는다(대판 1989.9.29, 89다카5994).

② 부당이득반환의무는 일반적으로 기한의 정함이 없는 채무로서, 수익자는 이행청구를 받은 다음 날부터 이행지체로 인한 지연손해금을 배상할 책임이 있다(대판 2023.11.2, 2023다238029).

③ 일반적으로 수익자가 법률상 원인 없이 이득한 재산을 처분함으로 인하여 원물반환이 불가능한 경우에 있어서 반환하여야 할 가액은 특별한 사정이 없는 한 그 처분 당시의 대가이나, 이 경우에 수익자가 그 법률상 원인 없는 이득을 얻기 위하여 지출한 비용은 수익자가 반환하여야 할 이득의 범위에서 공제되어야 한다(대판 1995.5.12, 94다25551).

④ 채무 없는 자가 착오로 인하여 변제한 경우에 그 변제가 도의관념에 적합한 때에는 그 반환을 청구하지 못한다(제744조).

Answer

03 ① 04 ⑤

05 상

甲이 자신의 과실 없음을 스스로 증명하여 불법행위책임을 면할 수 있는 경우를 모두 고른 것은? (다툼이 있으면 판례에 따름) 제24회

> ㉠ 甲의 보호·감독을 받는 심신상실자가 매장에서 물건을 파손하여 타인에게 손해를 입힌 경우
> ㉡ 피자집 사장 甲의 종업원이 배달 중 행인에게 손해를 입힌 경우
> ㉢ 甲이 소유한 공작물에 대한 보존의 하자로 인하여 공작물의 임차인이 손해를 입은 경우

① ㉠ ② ㉢ ③ ㉠, ㉡
④ ㉡, ㉢ ⑤ ㉠, ㉡, ㉢

해설

③ 자신의 과실 없음을 스스로 증명하여 불법행위책임을 면할 수 있는 경우는 과실책임을 물어보는 지문이다. ㉠ 제775조의 감독자의 책임은 과실책임이다. ㉡ 제756조의 사용자배상책임 역시 과실책임의 유형이다. 그러나 ㉢ 공작물의 소유자의 책임은 무과실책임이다.

06 중

불법행위에 관한 설명으로 옳지 않은 것은? (다툼이 있으면 판례에 따름) 제22회

① 사용자가 피용자의 선임 및 그 사무감독에 상당한 주의를 한 때에는 피용자가 그 사무집행에 관하여 제3자에게 가한 손해를 배상할 책임이 없다.
② 도급인은 도급 또는 지시에 관하여 중대한 과실이 있는 경우, 수급인이 그 일에 관하여 제3자에게 가한 손해를 배상할 책임이 있다.
③ 공작물의 설치 또는 보존의 하자로 인하여 타인이 손해를 입은 경우, 1차적으로 공작물의 소유자가 배상책임을 진다.
④ 교사자나 방조자도 공동행위자로서 공동불법행위책임을 질 수 있다.
⑤ 대리감독자인 교사의 보호·감독책임은 소속 학교에서의 교육활동 및 이와 밀접 불가분의 관계에 있는 생활관계에 한하여 인정된다.

해설

③ 공작물의 설치 또는 보존의 하자로 인한 책임은 1차적으로 공작물의 점유자가 지며, 2차적으로 공작물의 소유자가 진다(제758조 참조).
① 제756조 ② 제757조 ④ 제760조
⑤ 민법 제755조에 의하여 책임능력 없는 미성년자를 감독할 친권자 등 법정감독의무자의 보호·감독책임은 미성년자의 생활 전반에 미치는 것이고, 법정감독의무자에 대신하여 보호·감독의무를 부담하는 교사 등의 보호·감독책임은 학교 내에서의 학생의 모든 생활관계에 미치는 것이 아니라 학교에서의 교육활동 및 이와 밀접 불가분의 관계에 있는 생활관계에 한하며, 이와 같은 대리감독자가 있다는 사실만 가지고 곧 친권자의 법정감독책임이 면탈된다고는 볼 수 없다(대판 2007.4.26, 2005다24318).

07 상

甲회사에 근무하는 乙은 甲의 관리감독 부실을 이용하여 그 직무와 관련하여 제3자 丙과 공동으로 丁을 상대로 불법행위를 하였고 그로 인해 丁에게 1억원의 손해를 입혔다. 이에 관한 설명으로 옳지 않은 것은? (다툼이 있으면 판례에 따름) 제21회

① 丁은 동시에 乙과 丙에게 1억원의 손해배상을 청구할 수 있다.
② 丁은 乙과 丙에게 각각 5천만원의 손해배상을 청구할 수 있다.
③ 丁은 甲과 乙에게 각각 5천만원의 손해배상을 청구할 수 있다.
④ 甲이 丁에게 1억원의 손해 전부를 배상한 경우, 甲은 乙에게 구상할 수 있다.
⑤ 丁이 丙에게 손해배상채무 중 5천만원을 면제해 준 경우, 丁은 乙에게 5천만원을 한도로 손해배상을 청구할 수 있다.

해설

⑤ 공동불법행위자의 책임(제760조)은 부진정연대채무이므로, 채무를 면제할 의사표시를 했다고 하더라도 다른 채무자에 대해서는 그 효력이 미치지 않는다. 따라서 丁은 乙에게 5천만원의 한도가 아니라 전액 손해배상을 청구할 수 있다.

08 상

공동불법행위에 관한 설명으로 옳은 것을 모두 고른 것은? (다툼이 있으면 판례에 따름) 제23회

> ㉠ 공동불법행위가 성립하기 위해서는 행위자 사이에 행위공동의 인식이 전제되어야 한다.
> ㉡ 공동불법행위자 중 1인에 대한 상계는 다른 공동불법행위자에게 공동면책의 효력이 없다.
> ㉢ 공동불법행위자 중 1인에 대하여 구상의무를 부담하는 다른 공동불법행위자가 여럿인 경우, 특별한 사정이 없는 한 그들의 구상권자에 대한 채무는 분할채무이다.

① ㉠　② ㉢　③ ㉠, ㉡
④ ㉡, ㉢　⑤ ㉠, ㉡, ㉢

해설

㉠ (×) 수인이 공동하여 타인에게 손해를 가하는 민법 제760조의 공동불법행위에 있어서 행위자 상호간의 공모는 물론 공동의 인식을 필요로 하지 아니한다(대판 2009.4.23, 2009다1313).
㉡ (×) 부진정연대채무자 중 1인이 자신의 채권자에 대한 반대채권으로 상계를 한 경우에도 채권은 변제, 대물변제, 또는 공탁이 행하여진 경우와 동일하게 현실적으로 만족을 얻어 그 목적을 달성하는 것이므로, 그 상계로 인한 채무소멸의 효력은 소멸한 채무 전액에 관하여 다른 부진정연대채무자에 대하여도 미친다고 보아야 한다(대판 전합 2010.9.16, 2008다97218).

Answer

05 ③　06 ③　07 ⑤　08 ②

㉢ (○) 공동불법행위자는 채권자에 대한 관계에서는 부진정연대책임을 지되, 공동불법행위자들 내부관계에서는 일정한 부담 부분이 있고, 이 부담 부분은 공동불법행위자의 과실의 정도에 따라 정하여지는 것으로서 공동불법행위자 중 1인이 자기의 부담 부분 이상을 변제하여 공동의 면책을 얻게 하였을 때에는 다른 공동불법행위자에게 그 부담 부분의 비율에 따라 구상권을 행사할 수 있고, 공동불법행위자 중 1인에 대하여 구상의무를 부담하는 다른 공동불법행위자가 수인인 경우에는 특별한 사정이 없는 이상 그들의 구상권자에 대한 채무는 이를 부진정연대채무로 보아야 할 근거는 없으며, 오히려 다수 당사자 사이의 분할채무의 원칙이 적용되어 각자의 부담 부분에 따른 분할채무로 봄이 상당하다(대판 2002.9.27, 2002다15917).

09 상

甲 소유의 X창고에 몰래 들어가 함께 놀던 책임능력 있는 17세 동갑인 乙, 丙, 丁이 공동으로 X에 부설된 기계를 고장 냈으며, 그에 따라 甲에게 300만원의 손해가 발생하였다. 이에 관한 설명으로 옳은 것은? (다툼이 있으면 판례에 따름) 제27회

① 乙, 丙, 丁이 甲에 대한 손해배상채무를 면하려면 스스로 고의나 과실이 없다는 것을 증명해야 한다.

② 과실비율이 50%인 乙이 甲에게 300만원을 배상한 경우, 乙은 丙과 丁에게 구상권을 행사할 수 없다.

③ 乙, 丙, 丁의 과실비율이 동일할 경우, 丙은 甲에게 100만원의 손해배상채무만을 부담한다.

④ 甲이 丁의 친권자 A의 丁에 대한 감독의무 위반과 甲의 손해 사이에 상당인과관계를 증명하면, 甲은 A에 대해 일반불법행위에 따른 손해배상책임을 물을 수 있다.

⑤ 甲의 부주의를 이용하여 乙, 丙, 丁이 고의로 기계를 고장 낸 경우, 甲의 부주의를 이유로 한 과실상계가 적용된다.

해설

④ 미성년자가 책임능력이 있어 스스로 불법행위책임을 지는 경우에도 그 손해가 미성년자의 감독의무자의 의무 위반과 상당인과관계가 있으면 감독의무자는 민법 제750조에 따라 일반불법행위자로서 손해배상책임이 있다. 이 경우 그러한 감독의무 위반사실과 손해 발생과의 상당인과관계는 이를 주장하는 자가 증명하여야 한다(대판 2022.4.14, 2020다240021).

① 불법행위에서 고의 또는 과실의 증명책임은 원칙적으로 피해자가 진다.

② 공동불법행위자 중 1인이 자기의 부담부분 이상을 변제하여 공동면책을 얻은 경우에 그는 다른 공동불법행위자에 대하여 그 부담부분의 비율에 따라 구상할 수 있다(제425조 참조).

③ 乙, 丙, 丁은 부진정연대채무관계에 있으므로 丙은 甲에게 300만원의 손해배상채무를 부담한다.

⑤ 피해자의 부주의를 이용하여 고의로 불법행위를 저지른 자가 바로 그 피해자의 부주의를 이유로 자신의 책임을 감하여 달라고 주장하는 것은 허용될 수 없다(대판 2000.9.29, 2000다13900).

10 상●●

불법행위에 관한 설명으로 옳은 것을 모두 고른 것은? (다툼이 있으면 판례에 따름)

제25회

> ㉠ 과실로 인하여 스스로 심신상실을 초래하고 그 상태에서 타인에게 위법하게 손해를 가한 자는 손해배상책임을 진다.
> ㉡ 도급인은 도급 또는 지시에 관하여 중대한 과실이 있는 경우, 수급인이 그 일에 관하여 제3자에게 가한 손해를 배상할 책임이 있다.
> ㉢ 제3자의 행위와 공작물의 설치 또는 보존상의 하자가 공동원인이 되어 발생한 손해는 공작물의 설치 또는 보존상의 하자에 의하여 발생한 것이라고 볼 수 없다.

① ㉠ ② ㉢ ③ ㉠, ㉡
④ ㉡, ㉢ ⑤ ㉠, ㉡, ㉢

해설

㉠ (○) 심신상실 중에 타인에게 손해를 가한 자는 배상의 책임이 없다. 그러나 고의 또는 과실로 인하여 심신상실을 초래한 때에는 그러하지 아니하다(제754조).
㉡ (○) 도급인은 수급인이 그 일에 관하여 제3자에게 가한 손해를 배상할 책임이 없다. 그러나 도급 또는 지시에 관하여 도급인에게 중대한 과실이 있는 때에는 그러하지 아니하다(제757조).
㉢ (×) 공작물의 설치 또는 보존상의 하자로 인한 사고라 함은 공작물의 설치 또는 보존상의 하자만이 손해발생의 원인이 되는 경우만을 말하는 것이 아니며, 다른 제3자의 행위 또는 피해자의 행위와 경합하여 손해가 발생하더라도 공작물의 설치 또는 보존상의 하자가 공동원인의 하나가 되는 이상 그 손해는 공작물의 설치 또는 보존상의 하자에 의하여 발생한 것이라고 보아야 한다(대판 2010.4.29, 2009다101343).

Answer

09 ④ 10 ③

Memo

2025 제28회 시험대비 전면개정판

박문각 주택관리사 1차 핵심기출문제

회계원리 | 공동주택시설개론 | 민법

초판인쇄 | 2024. 11. 25. 초판발행 | 2024. 11. 30.
편저 | 김종화·김용규·설신재 외 박문각 주택관리연구소
발행인 | 박 용 발행처 | (주)박문각출판 등록 | 2015년 4월 29일 제2019-000137호
주소 | 06654 서울시 서초구 효령로 283 서경빌딩 4층 팩스 | (02)584-2927
전화 | 교재주문·학습문의 (02)6466-7202

정가 30,000원

ISBN 979-11-7262-368-5 | ISBN 979-11-7262-367-8(1·2차세트)